Cataluña en España

Historia y mito

© 2016 Gadir Editorial, S.L.
Jazmín, 22 – 28033 Madrid
www.gadireditorial.com

© Fundación Alfonso Martín Escudero

© Gabriel Tortella, José Luis García Ruiz,
Clara Eugenia Núñez, Gloria Quiroga

Primera edición: abril 2016
Segunda edición: junio 2016

© de la ilustración de cubierta: Santiago Rusiñol, *El claustro de Sant Benet de Bages*, (1907)

Diseño: Gadir Editorial

Impreso en España - Printed in Spain
ISBN: 978-84-944455-83
Depósito legal: M-6247-2016

Esta edición ha contado con el apoyo del Colegio Libre de Eméritos

COLEGIO
LIBRE DE
EMERITOS

Todos los derechos reservados. Cualquier forma de reproducción, distribución, comunicación pública o transformación de esta obra solo puede ser realizada con la autorización de sus titulares, salvo excepción prevista por la ley. Diríjase a CEDRO (Centro Español de Derechos Reprográficos) si necesita fotocopiar o escanear algún fragmento de esta obra (www.conlicencia.com; 91 702 19 70, 93 272 04 47)

Gabriel Tortella,
José Luis García Ruiz,
Clara Eugenia Núñez,
Gloria Quiroga

Cataluña en España

Historia y mito

ÍNDICE

INTRODUCCIÓN i

CAPÍTULO 1. LOS ORÍGENES MEDIEVALES DE LA
    UNIDAD ESPAÑOLA 1
LA LENTA CREACIÓN DE ESPAÑA: MIL AÑOS DE HISTORIA 1
LA FORMACIÓN DE CATALUÑA EN LA ESPAÑA MEDIEVAL 5
HACIA LA UNIFICACIÓN 14
EL PENÚLTIMO PELDAÑO 24
LA UNIÓN 31
CONCLUSIONES 36

CAPÍTULO 2. CATALUÑA EN LA ESPAÑA
    MODERNA 39
EL SIGLO XVI. LA DIFÍCIL UNIÓN DE DOS CORONAS 39
EL SIGLO XVII. CRISIS POLÍTICA Y ECONÓMICA 51
El siglo de la crisis 51
*La Guerra dels Segadors, primera rebelión catalana:
causas y consecuencias* 57
La recuperación económica 64

CAPÍTULO 3. EL SIGLO XVIII. REFORMA Y
    CRECIMIENTO 71
LA GUERRA DE SUCESIÓN: LA SEGUNDA REBELIÓN CATALANA   71
LA NUEVA PLANTA: INNOVACIONES POLÍTICAS, FISCALES
Y ECONÓMICAS 80
La Nueva Planta política 80
La Nueva Planta fiscal: el Catastro 81
El intento de reformar la fiscalidad en Castilla 90
EL DESPEGUE ECONÓMICO DE CATALUÑA 92
Población 92
Agricultura 94
CATALUÑA EN EL IMPERIO ESPAÑOL: COMERCIO E INDUSTRIA.   97
Comercio 97
Industria 105
CONCLUSIONES 108

CAPÍTULO 4. CATALUÑA EN LA GUERRA DE INDEPENDENCIA ... 111
La Guerra de Independencia en España ... 113
La Guerra del Francès en Cataluña ... 118
Conclusiones ... 122

CAPÍTULO 5. EL SIGLO XIX. LIBERALISMO Y REACCIÓN ... 125
Estancamiento económico y parálisis política ... 125
Un creciente desfase ... 125
La Cataluña reaccionaria: la Guerra dels Malcontents y el carlismo ... 127
La lenta implantación del sistema liberal ... 134
El peso político de Cataluña ... 142
Los inicios de la industrialización. Proteccionismo y librecambio ... 164
Lenta recuperación económica y desarrollo industrial ... 164
La retórica proteccionista ... 177
El precio del proteccionismo ... 183
La Renaixença catalana ... 187
La crisis de 1898 y el nacionalismo ... 193
Conclusiones ... 197

CAPÍTULO 6. EL SIGLO XX (1900-1975) ... 201
España en la crisis del siglo XX ... 201
Industrialización y catalanismo ... 211
La Lliga: catalanistas en el Gobierno de España ... 211
El catalanismo durante la Dictadura y la Dictablanda ... 218
Los estatutos de la Segunda República (1931-1936) ... 227
Cataluña consigue su Estatut d'Autonomia ... 227
De la Revolución de 1934 a la Guerra Civil ... 232
La Guerra Civil en Cataluña ... 236
La represión franquista y Cataluña ... 244
El Plan de Estabilización y sus consecuencias ... 249
La consolidación de las economías de España y Cataluña en el siglo XX ... 253
Cataluña siempre en cabeza ... 253
Una industrialización con proteccionismo e intervenciones públicas ... 254
Los problemas de la banca catalana ... 260
Las balanzas comerciales y fiscales: primeros pasos ... 267
Conclusiones ... 270

CAPÍTULO 7. DE LA TRANSICIÓN A NUESTROS DÍAS 275
INTRODUCCIÓN: LA CRISIS Y EL CAMINO HACIA EL SEPARATISMO 275
CATALUÑA ¿FÁBRICA DE ESPAÑA? 277
Crisis y transformación en la economía española 277
La economía catalana del cambio de siglo 283
LA TRANSICIÓN POLÍTICA 292
LOS GOBIERNOS DE LA *GENERALITAT*: POLÍTICA IDENTITARIA Y CONTROL DE LA POBLACIÓN 305
Los primeros pasos en la catalanización forzada de la sociedad 310
El caso Banca Catalana 317
La consolidación y el fracaso de una política lingüística coercitiva 338
El control de los medios de comunicación 349
La población catalana 356
La política educativa de la Generalitat 370
La Historia de España en la Cataluña nacionalista 384
El apoyo social al independentismo 426
La cuestión de las balanzas fiscales, hoy 438
El problema de las balanzas comerciales en la actualidad 444
Los problemas de una hipotética separación 449

CAPÍTULO 8. CONCLUSIONES 463
EL PESO DE LA HISTORIA 463
NACIÓN Y NACIONALISMO 466
LAS CAUSAS DEL NACIONALISMO CATALÁN 472
¿POR QUÉ AHORA? 474

APÉNDICES 485
APÉNDICE A 485
APÉNDICE B 503

ABREVIATURAS, FUENTES Y BIBLIOGRAFÍA 505

ÍNDICE ALFABÉTICO 530

RELACIÓN DE GRÁFICOS

3.1. Equivalente de Aragón y Rentas Provinciales, como porcentaje de los Ingresos Totales 89
3.2. Rentas Generales (1763-1796) y exportaciones a América (1778-1796) 101
6.1. Evolución relativa del PIB de Cataluña (1800-2000) 211
7.1. Índices de Producción Industrial de Cataluña (IPICAT) y de España (IPIES), 1975-2007 284
7.2. Índices de Producción Industrial de Cataluña (IPICAT) y de España (IPIES), 2002-2014 284
7.3. Evolución mensual de los visados de obras en Cataluña y España, 1995-2015 287
7.4. Evolución de la tasa de paro en Cataluña, España y la Unión Europea, 2000-2014 288
7.5. Gasto en I+D respecto al PIB en Cataluña, España y la Unión Europea, 2002-2012 291
7.6. Distribución porcentual de la población española (1530-2011): principales regiones históricas 357
7.7. Crecimiento de la población y saldos migratorios decenales en Cataluña y Madrid, 1900-2011 362
7.8. Evolución del nivel educativo, la renta por habitante y el Índice de Desarrollo Humano (IDH) en Cataluña, Madrid y Andalucía (1980-2010) 377
7.9. Distribución porcentual de los escaños en el Parlamento de Cataluña, 1932-2015 431
A.1. Precios de los tejidos de algodón en España y Gran Bretaña 493
A.2. Sobrecoste por el diferencial de precios de los textiles catalanes respecto a los ingleses 495

ÍNDICE

RELACIÓN DE CUADROS

5.1. Cuotas textiles en el mercado de Madrid, 1789 y 1847 169
5.2. La concentración de la industria algodonera española en Cataluña, 1800-1807 y 1856 170
7.1. Las transformaciones económicas, sociales y culturales del siglo XIX en el *Manual de Historia de España* y el *Manual d'Història*, de Santillana (2009) 400
A.1. Estimación del sobrecoste por la protección a la industria textil, 1860 y 1865 498
A.2. Estimación del sobrecoste por la protección a la industria textil, 1850-1900 500
B.1. Comparación de los cuadros sinópticos sobre el siglo XVIII del *Manual de Historia de España* y el *Manual d'Història*, publicados por Santillana en 2009 503

INTRODUCCIÓN

La idea de escribir este libro está muy ligada a la campaña secesionista que el entonces *president* Artur Mas inició allá por 2011, tras fracasar su intento de que se concediera a Cataluña un régimen fiscal similar a los que rigen en Navarra y el País Vasco. Pero el impulso definitivo lo dieron Álvaro Delgado-Gal y Juan Torres, del Colegio Libre de Eméritos, y José Ramón Parada, de la Fundación Alfonso Martín Escudero, que desde finales de 2012 comenzaron a sondear a Gabriel Tortella sobre la posibilidad de llevar a cabo el proyecto cuya culminación ha sido el libro que el lector tiene en sus manos. En realidad, el germen de este libro estaba ya en una breve colaboración que Tortella y Clara Eugenia Núñez habían escrito para otro libro, preparado por la Fundación Unión, Progreso y Democracia[1]. En la primavera de 2013 se llegó a un acuerdo con el Colegio y la Fundación, y poco después iniciamos los trabajos de investigación y recopilación. Inicialmente se planeó que la labor durase un año o poco más, pero al cabo la redacción del texto no se terminó hasta noviembre de 2015.

La cantidad de libros que se han publicado recientemente sobre Cataluña, en especial sobre los acontecimientos políticos actuales, con mayor o menor perspectiva histórica, es apabullante: el lector quizá se pregunte para qué presentar uno más. En nuestra modesta opinión este no es un libro más y tiene algunos caracteres distintivos que justifican el esfuerzo que hemos hecho y el apoyo que nos han dado las personas y las instituciones arriba citadas.

En primer lugar, se trata de un libro con enfoque histórico y comparativo. Hemos estudiado la historia de Cataluña en lo mucho que tiene de relación con el resto de España. En nuestra opinión, y así creemos haberlo mostrado a lo largo de la obra, la historia de la una (Cataluña) no puede entenderse sin la de la otra (España en su conjunto) y viceversa. Los esfuerzos que han hecho algunos historiadores por desgajar la historia de Cataluña de la de toda España

---

[1] Núñez y Tortella (2014).

han producido extraños fenómenos historiográficos que muestran hasta qué punto la historia ideologizada puede deformar los hechos para tratar de amoldarlos a un marco preconcebido. El ejemplo más palmario (aunque sin duda no el más grave) es la práctica de cambiar la numeración de los reyes de Aragón en favor de la que hubieran tenido si solo hubieran sido condes de Barcelona, tema que comentamos en el cuerpo del libro, donde el lector encontrará otros casos igualmente chocantes, como la repugnancia de ciertos historiadores a emplear el término «Marca Hispánica». Más grave es el proyectar al pasado las instituciones presentes y pretender que la *Generalitat* o las *Corts* medievales eran instituciones democráticas, o tenían mucho que ver con las actuales del mismo nombre.

A estas prácticas y otras más inadmisibles hace referencia nuestro subtítulo. No pretendemos con él sostener que nosotros monopolizamos la verdad histórica y que todo lo que se desvíe de nuestra exposición merezca la calificación de mito. En historia no existe, por desgracia, la verdad absoluta: todo historiador —en realidad, todo científico social— hace violencia al pasado que, por ser esencialmente inabarcable, debe ser acotado para poder ser sometido a estudio[2]. Y esta acotación no es solo cronológica, sino también temática y metodológica: aun dentro de un mismo período, el historiador económico no buscará lo mismo que el historiador político, social, cultural, del arte, etc. No existe, por tanto, una frontera claramente delimitada entre historia y mito, entre verdad y falsedad histórica. Sin embargo, creemos que todo lector con una mente alerta y sin prejuicios puede distinguir entre una historia que pretende ser objetiva y aquella que trata de defender unas posiciones preconcebidas aunque para tal defensa sea necesario deformar la realidad deliberadamente.

En segundo lugar, y en estrecha relación con lo anterior, nosotros nos hemos esforzado por desprendernos de la mitología histórica fuera del signo que fuera, y de denunciarla cuando nos ha sido posible. Admitimos desde ahora que hemos partido en nuestra empresa con una idea preconcebida (solo una), la de que la historia de Cataluña estaba estrechamente imbricada desde sus inicios con la del resto de España, incluso en aquellas épocas en que tanto España

---

[2] Ver sobre estas cuestiones, Tortella (1988, 2010) y las referencias allí citadas.

como, sobre todo, Cataluña no eran más que conceptos geográficos, o simplemente, en este último caso, ni siquiera tenían aún ese nombre. Hubiéramos renunciado a esta idea si hubiéramos encontrado que era incompatible con los hechos. No ha sido así, antes al contrario. La pretensión de separar la historia de Cataluña de la del resto de España es una práctica relativamente reciente (data de poco más de un siglo), aunque con frecuencia llevada a cabo con un espíritu y un entusiasmo no por injustificados menos admirables. En realidad, la historia de Cataluña no es comprensible sin enmarcarla en la historia de España, como la historia de esta no puede entenderse cabalmente si no es enmarcándola en la historia de Europa.

Frente a lo que es y ha sido peculiar a cada una de estas comunidades, son más poderosas las grandes fuerzas históricas que las unen, las definen y las han conducido a lo que son hoy: sociedades democráticas y laicas, basadas en el principio de la igualdad de todos los ciudadanos ante una ley promulgada y sancionada democráticamente, y de una estructura política basada en la separación de poderes, y además, comunidades cuyos niveles de vida están entre los más elevados del mundo. Lo que hoy nos parece obvio, sin embargo, no siempre fue así. La democracia actual tal y como la conocemos es una conquista del siglo XX que solo se alcanzó plenamente en Europa (y en otros países adelantados) tras las brutales contiendas civiles europeas que fueron las dos guerras mundiales, de las que la guerra civil española formó parte. En España, la democracia plena llegó décadas más tarde que en el resto de Europa occidental (con la fugaz e inestable excepción de la Segunda República), tras la muerte del dictador Francisco Franco en 1975, pero antes que en la Europa del Este, cuya transición, para la que muchos de estos países tomaron a la española como modelo, se inició a partir de 1989, con la caída del muro de Berlín y la disolución de la antigua Unión Soviética.

Las raíces más profundas de la Cataluña, de la España y de la Europa actuales hay que buscarlas, sin embargo, en un pasado más lejano, en el mundo clásico greco-romano, cuyo eje económico y político era el Mediterráneo y del que Hispania formaba parte como una de las provincias o regiones más ricas. Su agricultura y sus riquezas mineras eran ya conocidas entonces y constituían la base de su prosperidad. Pero Europa salió del caos económico y político que supuso la caída del Imperio Romano muy lentamente, de modo que las raíces más próximas se encuentran mucho más tarde, en la Edad Media, en la lenta, y a menudo cruel, definición y consolidación de nuevas formas de organización política y social, inspiradas en el cristianismo y en una síntesis de la cultura mediterránea clásica con la de raíz germánica; formas de organización que resultaron favorables al crecimiento económico sostenido a largo plazo. En la Baja Edad Media esta sociedad feudal romano-germánica tuvo un proceso de expansión a costa de los pueblos fronterizos (nórdicos, musulmanes, eslavos), del que las Cruzadas y la Reconquista ibérica son capítulos muy importantes. En el crisol de este largo proceso expansivo (en el que parte de la cultura de los pueblos conquistados pasa también a formar parte del acervo común, como es el caso notorio del Al-Andalus en España), es donde se forma el germen de lo que define la Europa, la España y la Cataluña de hoy, el núcleo cultural (en el sentido más amplio de este término) que nos une y nos distingue de otros pueblos o regiones del mundo.

El Mediterráneo siguió siendo un poderoso eje económico durante toda la Edad Media (ver Capítulo 1), con el que rivalizó el Mar del Norte a medida que los pueblos germánicos iban nivelando su desarrollo con los del sur. El mundo fragmentado de la Europa feudal iba a iniciar un prolongado proceso de aglomeración política que aún hoy no se ha culminado plenamente. El descubrimiento de América y la apertura de nuevas vías de comunicación con el resto del mundo, abrió un nuevo cauce al expansionismo europeo que había tenido su origen en la Edad Media. El reino de Aragón, y Cataluña muy especialmente, había aprovechado la renta de situación que le daba su ribera marítima para prosperar económicamente e incluso para desarrollar algunas instituciones políticas relativamente avanzadas para la época —el *Consolat de Mar*, las *Corts*, la *Generalitat*, en Cataluña, la Unión Nobiliaria y el Justicia en Aragón— que permitieron a las élites locales ejercer un cierto control sobre el monarca reinante, en el que algunos han visto un *primus inter pares*. Los catalanes llegaron a consolidar un imperio propio en oriente próximo, con la incorporación de Cerdeña y Sicilia y los ducados griegos de Atenas y Neopatria, todo ello claramente enmarcado en el movimiento expansionista europeo de la Baja Edad Media.

El desplazamiento del eje económico desde el Mediterráneo hacia el Atlántico, del sur al norte, se consolidó y afianzó durante la Edad Media, con la aparición de nuevas técnicas de cultivo que

INTRODUCCIÓN

permitieron la explotación de las tierras del norte, más pesadas pero también más productivas que las del sur. En la Península, el centro económico y político se desplazó paulatinamente del Reino de Aragón al Reino de Castilla, y ambos se vieron unidos ya bajo una autoridad común, la Monarquía Hispánica instaurada por los Reyes Católicos. Simultáneamente, el descubrimiento de América reduciría de modo gradual el protagonismo comercial y político del Mediterráneo.

El siglo XVI (ver Capítulo 2) sería para España el momento de *cenit*, como lo ha definido acertadamente Jordi Nadal (2011). Fernando el Católico fue considerado el modelo de Príncipe y creador de un Estado moderno por Maquiavelo, y fue igualmente considerado por sus sucesores y descendientes, Carlos V y Felipe II. A la larga, sin embargo, pese a encontrarse entre los primeros reinos europeos en completar su unificación política y ser fundadora de un imperio gigantesco, España perdió su hegemonía durante el siglo XVII. Los condicionantes geográficos fueron determinantes, por supuesto, pero también lo fueron decisiones políticas que marginaron a España de las nuevas corrientes de pensamiento en las que se habría de basar la modernización económica y política futura. La expulsión de las minorías (judíos y moriscos) y la implantación de un férreo control sobre las ideas, a través de la Inquisición, convirtieron a la que había sido centro intelectual y artístico, económico y político de primer orden, en una sociedad aislada y cerrada en sí misma. El centro intelectual europeo también se desplazó hacia los países del norte, que se mostraron más abiertos y permisivos, y en los que fructificó la Revolución Científica del siglo XVII, gran impulsora del crecimiento económico moderno basado en el empirismo filosófico y en la tolerancia.

El Mediterráneo, y con él la Península Ibérica, los antiguos reinos de Castilla y Aragón, se estancaron económicamente y cayeron en la rigidez política y en la ignorancia popular, al igual que la península italiana o la propia Grecia. Pese a las recientes décadas de convergencia, el atraso es todavía evidente hoy en día. Los grandes cambios políticos e institucionales que llevaron a la aparición de los estados-nación democráticos se iniciaron en los países atlánticos, Inglaterra, Holanda, Francia, y fueron lentamente transferidos al resto de Europa. El proceso de cambio fue largo, difícil y cruento. Dos grandes hitos revolucionarios, de guerras fratricidas y de conflictos sociales, jalonan el proceso que lleva a la implantación de la democracia como régimen político[3]. El primero, caracterizado por el triunfo del sistema representativo parlamentario, se inicia con la revolución inglesa de 1688, que permitió a la aristocracia y la alta burguesía compartir el poder con el monarca; y se culmina con las revoluciones americana de 1776 y francesa de 1789, que dieron paso a la entrada de la burguesía en el poder. El segundo, la revolución del siglo XX, se desarrolla a partir de la primera guerra mundial, y, al generalizarse el sufragio universal, permitió el acceso al poder de la clase obrera y trabajadora, hasta entonces muy generalmente excluida. Un cambio político de tal magnitud, que dio a sectores cada vez más amplios de la sociedad capacidad de decisión sobre el gasto público, solo podía tener lugar en aquellos países cuyo nivel de renta y riqueza se lo permitía, es decir, los más desarrollados. El estado socialdemócrata actual, que garantiza derechos universales tales como el acceso a la educación, a la sanidad o a las pensiones, además de servicios más tradicionales como seguridad, interior y exterior, o justicia, a toda la población, sólo es posible en sociedades de renta alta. De ahí que el cambio, promovido por la presión de grupos cada vez más amplios de la sociedad para ser admitidos como socios de gobierno, se iniciara y pudiera lograr sus objetivos en la Europa del Norte, la más desarrollada económicamente.

 La historia que contamos en estas páginas nos muestra que España, y por tanto Cataluña, forman parte de esa historia común europea, aunque el caso español tenga ritmos y tempos propios (ver especialmente Capítulo 6). También Cataluña tiene, dentro de España, ritmos propios en la asimilación de las grandes revoluciones contemporáneas, a causa en gran parte del desfase económico entre Cataluña y el resto de España, que se manifiesta precisamente durante la era contemporánea. En el libro analizamos las causas y consecuencias de esta brecha económica en favor de Cataluña, que está en la raíz de los tan citados «problemas de encaje» de Cataluña en España. Como muestra nuestro análisis, el núcleo del problema reside en los estrechos nexos de dependencia entre la economía catalana y la del resto de España que se crearon a partir del siglo XVIII (ver Capítulos 3, 4 y 5), y en las tensiones nacionalistas que se suscitaron en Cataluña cuando la pervivencia de estos nexos se vio

---

[3] Ver Tortella (2007).

amenazada a finales del XIX y principios del XX. Este rescoldo nacionalista se vio avivado durante la transición a la democracia por una política deliberada llevada a cabo por los gobiernos de *Convergència i Unió*, utilizando, entre otros de los muchos medios a su alcance, y ante la pasividad de los gobiernos nacionales, una versión de la historia de España y de Cataluña absolutamente deformada y al servicio de la propaganda oficial (ver Capítulo 7).

En tercer lugar, dentro de los caracteres distintivos del presente libro, está el que, aunque es en parte una obra de síntesis, incorpora sin embargo una respetable cantidad de investigación original, especialmente a partir del Capítulo 3. En esta investigación se sustentan muchas opiniones novedosas acerca de temas intensamente debatidos sobre bases empíricas muy incompletas.

Como obra inspirada en temas de candente actualidad, este libro tiene problemas de incompletitud: es una historia que no está conclusa, porque la política en la Cataluña presente está evolucionando a gran velocidad y por derroteros muy difíciles de prever. La sociedad catalana está en una situación de profundo desequilibrio político, situación que tiende a perpetuarse, porque la inestabilidad desconcierta al electorado, y este desconcierto se traduce en resultados electorales inciertos que contribuyen al desequilibrio. Todo esto se debe, en gran parte, a lo difundida que está en esta comunidad la interpretación mítica de su historia. La difusión de los mitos independentistas con desprecio por la evidencia de los hechos reales ha llevado a una parte muy sustancial de la clase política catalana a creer en una Cataluña ajustada a esta historia mítica, una Cataluña unánime y de una sola pieza, que es protagonista de una historia en blanco y negro, de buenos y malos, de víctimas y verdugos. Pese a que una propaganda incesante llevada a cabo desde la *Generalitat* con todos los medios a su alcance (mediáticos, políticos, educativos, etc.), como describimos en el penúltimo capítulo del libro, ha difundido esta versión simplista y esencialmente falsa, y ha influido en una fracción considerable de la población, el adoctrinamiento no ha obtenido todos los frutos persuasivos que las élites gobernantes, con los señores Pujol y Mas a la cabeza, esperaban. Esto ha conducido a los políticos independentistas, perfectamente adoctrinados, ellos sí, a obcecarse en forjar una mayoría en las urnas que, pese a todos sus esfuerzos y derroche de medios, no existe. Tal obcecación ha quedado de manifiesto tras las elecciones autonómicas del 27 de septiembre de

2015 en las cuales la coalición separatista *Junts pel sí* (básicamente una coalición de *Convergència* y *Esquerra*) proclamó su intención de obtener una mayoría absoluta de votos, lo cual, según ellos, daría a los comicios validez plebiscitaria, y de obtener mayoría absoluta de escaños, lo cual legitimaría al gobierno resultante para proclamar la independencia. No obtuvieron ninguna de las dos cosas. Por un estrecho margen, eso sí, las formaciones separatistas (*Junts pel sí* más la CUP, *Candidatura d'Unitat Popular*, grupo anticapitalista, partidario no solo de la independencia de Cataluña, sino también de abandonar la Unión Europea y el euro, amén de adoptar un nebuloso sistema colectivista) no lograron la mitad de los sufragios; *Junts pel sí* tampoco logró la deseada mayoría absoluta de escaños, por lo que necesitaba los votos de la CUP para poder formar gobierno. Ahora bien, la CUP, movimiento (más que partido) de extrema izquierda, se había ya negado a unirse a *Junts pel sí* por considerar que los partidos en ella coaligados eran demasiado burgueses y conservadores, y había proclamado en la misma noche electoral que, puesto que el separatismo había perdido el referéndum, no estaba legitimado para proclamar la independencia.

A pesar de sus fracasos, sin embargo, la noche electoral los coaligados de *Junts pel sí* celebraban como un gran triunfo el simple hecho de que habían obtenido una mayoría relativa, aunque perdiendo una gran cantidad de votos en relación con los que habían obtenido separadamente en las anteriores elecciones autonómicas, y a pesar de no haber alcanzado los objetivos proclamados. Sin apoyos exteriores no podían formar gobierno y esos apoyos exteriores habían de venir de la CUP, con una ideología diametralmente opuesta a la de *Convergència*, y tampoco muy afín a la de *Esquerra*, y habiendo proclamado que los separatistas no estaban legitimados democráticamente para proclamar la independencia. La ceguera de estos fue quedando clara, incluso para ellos mismos, cuando, pese a que los de la CUP pronto olvidaron su afirmación sobre la falta de legitimidad democrática de una hipotética declaración de independencia y su rechazo a Artur Mas, y entablaron negociaciones, estas progresaron muy poco, porque en el movimiento anti-sistema y asambleario había fuertes reticencias a apoyar al líder (vergonzante, porque en la candidatura fue en cuarto lugar) de *Junts pel sí*, Artur Mas. A primeros de enero de 2016 la CUP se negó a apoyar a Mas, aunque sí ofreció negociar sobre la base de otro candidato a *president*. El sábado 9 de enero, a punto de cerrarse el plazo para convocar nuevas elecciones, se alcanzó un acuerdo *in extremis* por el cual el nuevo *president* será un *alter ego* de Mas, del ala más separatista de *Convergència*. Tal solución desesperada ha provocado entusiasmo en los círculos separatistas, que olvidan lo difícil que resultará gobernar eficazmente a una coalición que abarca todo el arco político convencional, desde la derecha conservadora hasta la izquierda antisistema. El único nexo que une a tan heterogénea alianza (aparte del miedo a nuevas elecciones, cuando durante años han proclamado «el derecho a decidir del pueblo catalán») es el separatismo, pero esta es una base demasiado estrecha para permitir una acción de gobierno coherente. El futuro hablará. Pero insistimos: en nuestra opinión, la testarudez obcecada de los separatistas se debe en gran parte a una interpretación falsa de la historia de Cataluña, basada en una visión de esta comunidad, compleja y dividida al igual que todas la sociedades modernas, como un ente monolítico con atributos individuales, con derechos históricos, víctima de agravios seculares y objeto de persecución incesante por entes ajenos, extraños y hostiles que se resumen en una sola palabra: España.

Parafraseando a Vicens Vives, las clases dirigentes catalanas se obstinan en luchar «contra la corriente histórica y esto suele pagarse caro». Porque persistir en esta actitud insolidaria de *nosaltres sols*, nosotros solos, sin la menor justificación ética, económica o política, sin el apoyo de la mayoría de la población catalana, y menos aún de la del resto de España y de la comunidad internacional, cuyos líderes han rechazado todas las pretensiones y aproximaciones de los separatistas, y que han manifestado repetidamente que la consecuencia inmediata de la separación de España sería la salida de la Unión Europea, en un mundo, por añadidura, donde la tendencia es a la agrupación en grandes bloques y en el que la vieja Europa está intentando lograr una unión cada vez más estrecha a costa de renunciar a parcelas cada vez mayores de la soberanía de las naciones tradicionales, el persistir en la pretensión separatista, insistimos, es «ir contra la corriente histórica», y esto Cataluña lo está pagando caro ya hoy, se lo está haciendo pagar caro a España en su conjunto, y no le está haciendo con ello ningún favor, sino todo lo contrario, a la Unión Europea.

Durante estos dos años y medio los autores del libro han contraído deudas con diversas personas e instituciones, aparte de las deudas internas, que no tienen por qué detallarse aquí. En primer lugar, están las personas e instituciones mencionadas en el primer párrafo de esta Introducción, a quienes reiteramos nuestro agradecimiento por su comprensión e interés, y por haber leído atentamente el manuscrito y haber hecho acertadas observaciones. También queremos agradecer a Javier Santillán, nuestro editor, que lo es más en el sentido anglosajón que en el español, ya que lee y relee los originales, emite opiniones, sugiere mejoras y propone ideas: es decir, que además, y previamente, de la manufactura y distribución del libro, contribuye a la parte más noble de su producción. Ángel de la Fuente ha leído partes del original, quizá las de lectura más ardua, y nos ha dado sabias opiniones y consejos. Xavier Pericay nos ha prodigado amistad y asesoramiento durante estos años de trabajo. En las Bibliotecas Nacional, del Banco de España, y de las Universidades de Alcalá, Complutense y UNED hemos encontrado casi siempre el libro o impreso que buscábamos y en especial nos hemos beneficiado de la atención y profesionalidad de sus amables y eficientes funcionarios. Mención especial merecen José Antonio Tartilán, de la Biblioteca del Banco de España, María Luisa García-Ochoa Roldán, de la de la Universidad Complutense, Rosa López del Bosque, gerente de la Facultad de Económicas de la Universidad de Alcalá, y Sagrario García-Ajofrín, de la Facultad de Ciencias Económicas de la UNED. En un plano más personal y familiar, todos los autores reconocen deudas con familiares y amigos, muy especialmente con aquellos cuya vinculación, conocimiento y amor a Cataluña, por razones de sangre, culturales o intelectuales, ha sido mayor. Todos ellos han estado muy presentes entre nosotros, mientras leíamos y escribíamos sobre Cataluña y España (especialmente, Carlos y Sofía Núñez, y Emilio, Vicky y Álex Pérez). Pero hay un agradecimiento especial, el que Gabriel Tortella quiere hacer póstumamente a su padre, Gabriel Tortella Oteo, por las enseñanzas que desde niño recibió de él sobre historia de Cataluña, tanto leídas como vividas. Por supuesto, pese a toda la ayuda recibida, lo escrito en este libro es responsabilidad exclusiva de sus cuatro autores.

CAPÍTULO 1

LOS ORÍGENES MEDIEVALES DE LA UNIDAD ESPAÑOLA

La lenta creación de España: mil años de historia

España es una designación geográfica que se refiere a una península europea (la Península Ibérica) de forma aproximadamente cuadrangular y compacta, con fachadas al océano Atlántico y al mar Mediterráneo, separada del resto de Europa por la barrera montañosa de los Pirineos, que desde la Antigüedad ha estado poblada por una diversidad de pueblos pero que, bajo el Imperio Romano, quedó dividida en cinco provincias y que, al comienzo de la Edad Media, quedó unificada en el inestable y efímero reino Hispano-Visigodo. La invasión musulmana en el siglo VIII trajo consigo una unificación casi completa de la Península bajo el Califato de Córdoba, pero en el siglo XI el califato se escindió en una serie de reinos, comúnmente llamados *taifas* o bandos, mientras los pequeños reinos cristianos, que se habían hecho fuertes en las montañas del norte, iniciaban un proceso de *Reconquista* de la Península, que se culminó en el siglo XV con la toma del último reino musulmán, el de Granada, y la agrupación de los reinos cristianos en dos: España y Portugal.

Los condicionantes geográficos explican buena parte de los movimientos políticos centrífugos en la Península Ibérica, separada del resto de Europa por la barrera pirenaica pero a su vez dividida en una serie de regiones naturales muy dispares por las cadenas montañosas que separan la meseta interior del litoral y a su vez dividen la meseta en una serie de subregiones. Las identidades regionales que caracterizan a Europa en su conjunto, tienen a menudo orígenes prehistóricos y resurgen tras la fragmentación política que el continente sufrió con el fin del Imperio Romano; en España tales identidades se acentúan durante la Edad Media debido a esta subdivisión geográfica y a la fragmentación política, que dan lugar a numerosas comunidades regionales, en algunos casos con sustratos prerromanos, como es el caso de los incipientes reinos cantábricos y pirenaicos. Las barreras montañosas y el caudal modesto de los ríos dificultan el transporte y las comunicaciones, lo que contribuye al aislamiento de los distintos reinos y principados medievales, que conservan rasgos culturales y lingüísticos distintivos. Al factor geográfico se unen en España las consecuencias de la conquista y la permanencia de la civilización musulmana en la Península, que añaden, especialmente en el sur, un factor diferenciador más, cultural, religioso, político, étnico y lingüístico.

Pero junto a todos estos factores de disgregación se da en la Península Ibérica un fuerte elemento centrípeto, que se hace sentir especialmente en la Baja Edad Media y que culmina en 1580. Al fin y al cabo, la Península añade a sus barreras orográficas una clara unidad geográfica que hace que se la conozca como una totalidad, con el nombre de *Hispania*, al menos desde tiempos romanos. Es curioso, a este respecto, que sea en la Edad Media cuando se acuña el término *español* para designar a los habitantes de estos reinos, y que ese término sea de origen no español, ya que éste es el único patronímico en nuestra lengua con esa desinencia, que trasluce su origen lemosín. En efecto, en el sur de Francia se llamaban españoles (o *spagnols*, *espanyols*, etc.) a los cristianos del sur de los Pirineos que se asentaron al norte de las montañas huyendo de la invasión musulmana[1]. Y parece lógico suponer que la mayor parte de estos primeros españoles provinieran de lo que luego se llamaría Cataluña, siendo antes, durante dos siglos, la Marca Hispánica del Imperio Carolingio[2].

En todo caso, existen varios factores que contribuyen a esta tendencia unificadora en la Baja Edad Media: probablemente el más fuerte sea la religión cristiana romana, pero muy importante es también el recuerdo de la monarquía visigoda, que es el primer Estado *español*; y sin duda lo es también el lingüístico: los cristianos hablan latín, o lenguas romances que tienen mucho en común. Pero la versión romance que acaba por imponerse en gran parte de la Península es el castellano, que incluso en las zonas donde hay otra lengua adopta el carácter de *lingua franca*[3].

---

[1] Lapesa, en Castro (1973).
[2] Para una introducción general y reciente a la historia de Cataluña, ver Canal (2015).
[3] Lapesa (1962), Cap. XI.

1. LOS ORÍGENES MEDIEVALES DE LA UNIDAD ESPAÑOLA

Otro factor unificador es la Reconquista, fenómeno no sólo español, sino europeo. En efecto, la Reconquista española tiene lugar en el período en que la Europa cristiana experimenta un fuerte empuje expansivo, que tiene sus manifestaciones más llamativas en las Cruzadas, pero también en la conquista o reconquista de tierras orientales (expansión alemana en el oriente, por tierras eslavas) y meridionales, no sólo en España, sino también en el sur de Italia (Sicilia), a lo que habríamos de añadir la conquista de Inglaterra por los normandos. En España este influjo de allende los Pirineos se manifiesta no sólo en las peregrinaciones a Santiago, sino en el papel de franceses e ingleses en varias batallas cruciales de la Reconquista (Navas de Tolosa, toma de Lisboa). Incidentalmente, un texto del cronista catalán Bernat Desclot pone de manifiesto hasta qué punto se consideraban españoles los catalano-aragoneses del siglo XIII y colaboradores en la causa común de la reconquista; dice Desclot que, tras la batalla de la Navas de Tolosa (1212), «el rey de Aragón y los otros reyes de España, se volvieron cada uno a su tierra»[4]. Por supuesto, la empresa reconquistadora agrupa a los reinos hispánicos, aunque también fomente las rivalidades. Son notables, en especial, las existentes entre Castilla y Aragón-Cataluña acerca de Murcia. El acuerdo final reservando a Castilla la reconquista de este reino musulmán puso fin a la expansión aragonesa en la Península, pero estimuló la creación de un imperio aragonés en el Mediterráneo durante el siglo XIV.

Otra manifestación del impulso centrípeto es la sucesiva adhesión a Castilla de los territorios vascos. Éstos, que, hasta muy recientemente «no constituyeron nunca ni una entidad política independiente, ni siquiera una unidad administrativa»[5], sin duda por razones geográficas —zona montañosa con abundantes valles casi aislados—, habían basculado en la Alta Edad Media entre Asturias y Navarra, pero en la Baja Edad Media se fueron adscribiendo voluntaria y separadamente al próspero y pujante reino de Castilla (Vizcaya en 1188, Guipúzcoa en 1200, Álava en 1332). Como señala Fusi, «hasta finales del siglo XVIII, la integración de los territorios vascos en el Estado castellano y español después, no fue nunca po-

---

[4] «Lo rey d'Aragó e els altres reys d'Espanya s'en tornaren cascú en sa terra», citado en Castro (1973), p. 77.
[5] Fusi (1990), p. 185.

líticamente problemática»[6]. Ello no fue óbice para que conservaran algunos rasgos lingüísticos, culturales y administrativos comunes, compartidos con el occidente de Navarra y otros tres territorios vascos al norte de los Pirineos.

En definitiva, la consecuencia de esta tendencia unificadora fue la aglutinación de la Península, en las postrimerías de la Edad Media, en tres grandes reinos, Portugal, Castilla y Aragón, siendo estos dos últimos, a su vez, resultado de la incorporación de otros reinos preexistentes, como Asturias, Galicia, y León, más varios reinos musulmanes, en el caso de Castilla; y el principado de Cataluña, más Valencia y Mallorca en el de Aragón. A ellos habría que añadir los reinos de Navarra (1512-1515) y Granada (1492) incorporados a Castilla, siendo este último el único musulmán restante en el siglo XV. A finales de esta centuria parecía claro que, siendo Castilla el mayor y más poderoso de estos tres grandes reinos, estaba llamado a absorber a Aragón y a Portugal, como así acabó ocurriendo. La primera unión, y la más duradera, fue con Aragón, en gran parte por decisión personal de la heredera del trono de Castilla, Isabel de Trastámara, que en 1469 decidió casarse con su primo Fernando, el heredero del reino de Aragón.

La Edad Media (siglos V-XV), por tanto, es el período, duro y oscuro para los habitantes de la Europa de entonces y para los historiadores de hoy, en que se forjan, a través de largas y complejas vicisitudes, los grandes reinos europeos (Portugal, España, Francia e Inglaterra) que terminarán dando lugar a las naciones actuales, que se encuentran hoy en proceso (lento sin duda, y con retrocesos) de incorporación en una unidad política mayor: la Unión Europea.

Según Fontana[7], la identidad (nacional, se entiende) es una realidad que nace de una larga existencia compartida y, aunque este autor piensa que esta existencia compartida se limita a Cataluña, la realidad es que este país ha compartido su ser y su historia con España desde la Antigüedad. El actual territorio catalán fue parte de una provincia romana (*Tarraconensis*) de las cinco que conformaban

---

[6] Fusi (1990), p. 186.
[7] Fontana (2013) y (2014). Esta última obra se citará a menudo, pero traduciendo los textos al castellano, como haremos con las obras de otros historiadores en catalán, para su mejor comprensión.

1. LOS ORÍGENES MEDIEVALES DE LA UNIDAD ESPAÑOLA

Hispania (las otras eran *Baetica, Lusitania, Carthaginense* y *Gallaecia*); formó parte del reino visigodo, tras cuya desintegración y la invasión musulmana, formó parte del Imperio Carolingio, y después de la Corona de Aragón, que a su vez acabaría uniéndose a Castilla para formar la España moderna.

Este proceso de construcción de la nación española tal y como la conocemos en la actualidad fue común a varios países europeos, pero en el nuestro tuvo la peculiaridad de venir ayudado por un proceso de reconquista y repoblación para expulsar al enemigo musulmán. Durante estos ocho siglos que duró el proceso de unificación de los reinos hispanos, al espacio peninsular ya se le conocía como España y el castellano se impuso como lengua de uso tanto coloquial como cortesano, aunque conviviendo con otras lenguas romances, como el catalán o el galaico-portugués. Hasta el siglo XI la mayor parte de la Península estuvo bajo dominio musulmán, el XII fue de equilibrio y a partir del XIII los reinos cristianos ocuparon la mayor parte del territorio. Durante el siglo XIV se produjo un alto en el proceso de Reconquista, motivado por ser un periodo de grave crisis generalizada, y no sería sino a finales del XV cuando se unificarían en una solo corona los dos grandes reinos peninsulares, Castilla y Aragón.

La formación de Cataluña en la España medieval

La historia de Cataluña durante la Edad Media estuvo ligada primero al reino de los francos y a partir del siglo XII a la Corona de Aragón, de la que formará parte inseparable hasta que ésta, a finales del siglo XV se una a Castilla. Y es una historia que se articula en torno a cuatro grandes temas: la reconquista contra los musulmanes; la asociación y luego enemistad con Francia; la relación de colaboración-rivalidad con el otro gran reino de la Península, Castilla; y su profundo interés por el Mediterráneo donde construirá un imperio, fruto y a su vez causa de su desarrollo comercial.

Cataluña desde sus orígenes tuvo una especialización marítima y mercantil, por su extensa costa y también por la herencia de su pasado como colonia griega (Emporion, la actual Ampurias) y cartaginesa, y como parte del Imperio Romano, que incluyó lo que hoy es Cataluña en la provincia Tarraconense, situando su capital en Tarraco (la actual Tarragona). Desde el siglo III, esta zona, al igual que el resto de la Península, en especial la franja costera mediterránea, era predominantemente cristiana.

Ya antes de la caída oficial del imperio romano, las provincias de Hispania, plenamente cristianas, se vieron sometidas a las invasiones de los pueblos bárbaros. A partir del año 411 llegaron oleadas de vándalos (de origen escandinavo y divididos en silingos y asdingos), suevos y alanos (éstos dos del Cáucaso) y visigodos (godos pertenecientes a los pueblos germánicos occidentales, aunque provenían del Imperio Oriental), que habían sido expulsados de sus tierras por los hunos, y que sometieron con gran rapidez y sin gran resistencia a la población. Los suevos se asentaron en la zona de Galicia y norte de Portugal y crearon un reino con capital en Braga (Bracara Augusta); los vándalos asdingos, en la zona oriental de Galicia y Asturias, mientras que los silingos lo hicieron en el sur de la Península; los alanos en la franja comprendida al sur del Tajo. Por último en la zona oriental se instalaron los visigodos, pueblo mucho más romanizado que los anteriores, que consiguió formar un reino, aun dependiente de Roma, que les había cedido Hispania y parte de la Galia (Francia), reino que subsistiría una vez desaparecido el Imperio Romano. Los visigodos entraron en la Península por la principal vía romana (Vía Augusta), instalándose en la ciudad de Tarraco en el 410 y asentándose la corte de Ataulfo en Barcelona en el 415, para incorporarse toda esta zona al reino visigodo de Tolosa (la actual Toulouse) en el 475, bajo el reinado de Eurico.

Pero la derrota de los visigodos ante los francos en la Batalla de Vouillé (507), hizo que aquellos se tuvieran que replegar hacia la Península Ibérica, asentándose en la zona centro, en torno a Toledo (consignada como capital en el 567) y formando el primer reino hispánico, del que sin embargo no controlaban varias zonas: la zona norte, donde astures, cántabros y vascones habían resistido al proceso de romanización, la zona del reino suevo de Braga, al noroeste, el sur de la Península, controlado por la élite hispano-romana local y la costa mediterránea, donde el emperador romano de oriente, el bizantino Justiniano, consiguió organizar la provincia de Spania, con capital en Cartagena.

La inestable monarquía visigoda acabó aceptando el cristianismo romano (atanasianismo) como religión de Estado (III Concilio de Toledo del 589), abjurando de la herejía arriana, y consiguió expulsar a los bizantinos en el año 620, pero sucumbió a la invasión

1. LOS ORÍGENES MEDIEVALES DE LA UNIDAD ESPAÑOLA

musulmana en el 711[8], que en pocos años controló prácticamente toda la Península Ibérica, cruzando incluso los Pirineos, donde los sarracenos fueron frenados en el 732 en la Batalla de Poitiers. De todos modos, el poder musulmán se extendió desde el Oriente medio hasta el Atlántico, formando un inmenso califato dirigido por la dinastía de los Omeyas desde Damasco y que incluía casi toda la Península Ibérica a la que ellos daban el nombre de Al-Andalus[9].

La zona no sometida a los musulmanes quedó reducida al norte de la Península, donde cántabros, astures y vascones, comunidades poco romanizadas y con una cierta influencia visigoda, se mantuvieron en la Cordillera Cantábrica, mientras que en la zona noroeste de los Pirineos, donde también se replegaron los visigodos, aparecieron núcleos cristianos aislados que pronto entraron en la órbita franca. Carlomagno y su hijo Ludovico Pío, a la sazón rey de Aquitania, hicieron incursiones al otro lado de los Pirineos, sufriendo en una de ellas la famosa derrota de Roncesvalles. No por eso cejaron los reyes francos en su empeño de establecer una zona de seguridad al sur de los Pirineos, por lo que siguieron una política de conquista de ciudades (Gerona, 785; Barcelona, 801) y establecimiento de condados.

---

[8] Con anterioridad, en el 707, los musulmanes ya habían llegado a Baleares. Sabaté (2009), p. 101.

[9] La invasión musulmana, que mantuvo intactas muchas de las estructuras sociopolíticas preexistentes, permitiendo la religión cristiana (los mozárabes) y ciertos grados de autonomía local a cambio de tributos (incluso reinos como el de Navarra), hizo que una parte de la población cristiana se replegara en la cordillera cantábrica y los Pirineos, lo que unido al rápido abandono por parte de los bereberes de las tierras del valle del Duero, permitió un tímido inicio del proceso de la Reconquista. En el 750, el derrocamiento de los Omeyas hizo que uno de sus herederos se refugiara en Córdoba donde en el 756 instauró su propio emirato en España, adoptando el nombre de Abderramán I, intensificando el proceso de islamización y ejerciendo un mayor control político, lo que conllevó numerosas revueltas por parte de la población y la aparición de poderes autónomos, que aunque nominalmente fieles al emirato, controlaban extensos territorios y que decidieron fortificar sus posesiones, iniciándose un proceso de feudalización. A partir del 929, el emirato se convirtió en califato, logrando su etapa de mayor esplendor no sólo cultural, sino sobre todo militar y político. Bajo la dirección del jefe militar, Almanzor (939-1002), se consiguieron grandes victorias, la recuperación de zonas del Duero o el saqueo de ciudades como León, Pamplona, Barcelona o incluso Santiago de Compostela, cuyas campanas fueron llevadas a Córdoba. La muerte de Almanzor en 1002 (que según la leyenda ocurrió en la Batalla de Calatañazor) supuso el inicio del declive del poderío del califato, independizándose muchos territorios, denominados taifas, muy débiles militarmente, por lo que acabaron sometiéndose y pagando tributos (las *parias*) a los reyes cristianos.

Al conjunto de condados feudatarios de Carlomagno y sus sucesores al sur de los Pirineos se le denominó colectivamente *Marca Hispanica*, mucho antes de que apareciera el nombre de Cataluña en la documentación[10].

Ambos reductos (la zona cantábrica y la pirenaica) se convertirían en núcleos de resistencia ante el poder musulmán, comenzando aquí también tempranamente el proceso de la Reconquista. La tradición cuenta que la batalla de Covadonga (722) ganada por los cristianos fue el inicio de la reconquista desde la zona norte, consiguiendo el rey Don Pelayo, probablemente un noble visigodo, convertirse en poderoso señor local al establecer alianzas con varias comunidades de la cordillera cantábrica y beneficiarse del abandono por parte de los musulmanes de la zona del valle del Duero. Todo ello permitió que en el año 856 la ciudad de León (*Legio VII*) se convirtiera en la capital del nuevo reino cristiano de ese mismo nombre (que incluía Galicia y la zona norte del actual Portugal, al que se le concedió el estatus de condado y que acabó siendo un reino independiente cuando el Papa reconoció como rey a Afonso Henriques, nieto de Alfonso VI de Castilla, en 1179, en tiempos de Alfonso VIII de Castilla y Alfonso II de Aragón). Todos estos núcleos cristianos septentrionales comenzaron gradualmente el desplazamiento de sus fronteras hacia el sur (con interrupciones importantes, como el periodo de Almanzor, 940-1002), mientras se iban conformando señoríos nobiliarios y eclesiásticos e instituciones como las merindades y los concejos abiertos. La conquista de Toledo en 1085 marcaría un hito fundamental, al permitir la repoblación de los territorios al norte del Tajo, que quedaron afianzados por la conquista de Cuenca en 1177.

Desde la zona de los Pirineos también comenzó un proceso de reconquista, aunque su desarrollo fue mucho más lento que el de la reconquista astur-leonesa, al haber fuertes divisiones entre los condes de la Marca y entre ellos y el Imperio Carolingio. Además, esta zona no tuvo la organización tan coordinada como la zona occidental,

---

[10] El nombre *Marca Hispanica* no gusta nada a los historiadores catalanistas. En el libro de Valls i Taberner y Soldevila (2002) ni se le menciona. En la *Historia de España* (1952) de Soldevila sí se menciona, pero procurando orillar el adjetivo y sin nunca aclarar qué fuera esa *Marca*. El historiador y político Ramón de Abadal se esforzó en demostrar que la Marca no era una unidad administrativa, sino una designación geográfica. Cf. García Moreno (1981), p. 423.

1. LOS ORÍGENES MEDIEVALES DE LA UNIDAD ESPAÑOLA

apareciendo dividida en lo que serían los reinos de Navarra[11] y Aragón[12] y los condados catalanes, situados geográficamente en la zona pirenaica oriental, que era la zona más poblada y urbanizada y cuyas élites (los futuros condes) mantuvieron, ya desde época visigoda, muchos contactos con la zona franca, por lo que, tras la invasión musulmana, acabaron haciéndose vasallos de los carolingios.

Este territorio pirenaico oriental se organizó políticamente en varios condados dependientes del rey (o emperador) franco; estos eran los de Barcelona, Berga, Besalú, Cerdaña, Conflent, Ampurias, Gerona, Manresa, Osona, Pallars, Rosellón y Urgel. Ahora bien, desde fecha muy temprana, la mayor parte de estos quedaron reducidos al Condado de Barcelona[13], al de Urgel, que estableció su propia dinastía (independiente hasta 1172 cuando fue anexionado a Aragón), y a los Condados de Ampurias, y parte del de Pallars y Rosellón que fueron incorporados directamente a la Corona de Aragón. Como dice Fontana, «hasta el año 1000 estos territorios no formaron una unidad política, sino que eran una yuxtaposición de comarcas independientes unidas por la identidad de la lengua y de una aceptación común de la preminencia barcelonesa: un principado sin príncipe»[14].

Personaje relevante según la historiografía catalana nacionalista fue el semi-legendario Wifredo el Velloso (*Guifre el Pilós*), quien hacia 870 fue designado por el rey carolingio Carlos el Calvo como conde de Cerdaña y Urgel, adquiriendo después el condado de Barcelona, lo que en la práctica suponía el control de buena parte de los

---

[11] El Reino de Navarra es el sucesor del Reino de Pamplona, fundado en torno a la capital navarra en 824, apareciendo la denominación de Navarra a partir del 900. Su apogeo tuvo lugar durante el reinado de Sancho III, el Mayor (1004-1035) que heredó el reino y el condado de Aragón y consiguió dominar casi todo el tercio norte peninsular y beneficiarse de una prosperidad económica importante, muy vinculada a la apertura del Camino de Santiago. En su proceso de reconquista, consiguió Tudela en 1119.

[12] El Reino de Aragón nació en 1035 como resultado de la unión efectuada por Ramiro I de los condados de Aragón, Sobrarbe y Ribagorza. En 1118 conquistó Zaragoza y en 1171 Teruel.

[13] De este condado siempre habían dependido el de Manresa y el de Osona; además, se unificó con el de Gerona a finales del siglo IX; y se anexionó parte del condado de Pallars (1110), el de Besalú (1111), el de Berga (1117) y el de Cerdaña (1134).

[14] Fontana (2014), p. 12.

territorios de la Marca Hispánica. A él se le atribuye la creación de los monasterios de Ripoll y San Juan de las Abadesas, y la restauración de la sede episcopal de Vich; según buena parte de la historiografía catalana, fue el artífice de la creación de Cataluña, e incluso de la bandera de las cuatro barras (la *senyera*), ya que, según la leyenda, Carlos el Calvo, con la sangre de una herida de Wifredo en sus dedos, creó las cuatro barras del escudo de armas del condado de Barcelona[15]. Esta imagen mítica choca al menos en parte con la realidad, ya que Wifredo fue simplemente un noble que, aprovechando la debilidad del imperio carolingio, se hizo con una parte de él, legándosela a sus herederos, hecho novedoso por otra parte, ya que hasta entonces los condes habían sido de nombramiento real; se habría instaurado así la casa condal de Barcelona.

Por tanto, el siglo X sería el de la independencia de los condados catalanes del poder carolingio, acelerada, paradójicamente por la destrucción de Barcelona por Almanzor, ya que el conde Borrell no logró recabar la ayuda solicitada de los reyes franceses, con lo cual se vio obligado a asumir él solo la reconstrucción y organización de la defensa[16]. También contribuyeron a la creciente autonomía la expansión de la población, de la producción agrícola (centrada en la vid y en el cereal y que mejoró su productividad por la introducción de innovaciones técnicas como el molino hidráulico), del comercio, de las actividades artesanales y de la circulación monetaria, ya que los condes empezaron a emitir moneda[17]. Parte de este crecimiento económico fue posible por la repoblación de estos territorios con inmigrantes del sur de Francia, creándose una clase social de pequeños propietarios, los *aloers*, que acabarían siendo vasallos de los señores, una vez que el feudalismo se estableció[18], lo que permitió la división de los condados en un gran número de señoríos, muchos de ellos eclesiásticos, el reforzamiento de cuyo poder implicó un retroceso de

---

[15] Sin embargo, los hechos más bien apoyan la versión de que el escudo de las cuatro barras lo empezó a usar Ramón Berenguer IV tras la unión del condado de Barcelona con el reino de Aragón.

[16] Zimmermann (1992), p. 220.

[17] Fontana (2014), pp. 13 y ss.; Sabaté (2009), pp. 117 y ss.; Zimmermann (1992), pp. 222-223.

[18] Según Fontana (2014, p. 17), «[e]l régimen de violencia del feudalismo, que se había extendido por Europa, se introdujo tardíamente en Cataluña, pero de golpe, con una brutalidad aterradora».

1. LOS ORÍGENES MEDIEVALES DE LA UNIDAD ESPAÑOLA

la autoridad del conde de Barcelona. Así, el conde Ramón Berenguer I (1023-1076) tuvo que soportar la revuelta del señor de Olérdola y de varios del Penedés, «que no aceptaban el régimen de libertades que los condes de Barcelona habían concedido a los campesinos que iban a repoblar las tierras de frontera»[19]. Y este mismo tipo de conflictos entre los nobles y la iglesia también se extendieron por la Cataluña de la época[20], aunque quedaron suavizados por la creación del régimen de *Pau i Treva* (Paz y Tregua) que implicaba la protección de las iglesias y su entorno (y por tanto de los campesinos). Asimismo, Ramón Berenguer I intentó aprovecharse de este movimiento para reforzar su autoridad, convocando un pacto de paz, del cual saldrían la compilación de los *Usatges de Barcelona*, un primer código legislativo que comienza así: «*Com lo señor en Ramon Berenguer vell, comte e marquès de Barcelona e subjugador de Espanya* [...]»[21]. Finalmente, Ramón Berenguer sólo conseguiría seguir siendo un *primus inter pares*, pero sus descendientes irían haciéndose con un poder creciente. Estas asambleas de *Pau i Treva* eclesiásticas acabarían convirtiéndose en el germen de las futuras Cortes catalanas, cuando las necesidades económicas de los condes se hicieron mayores y las asambleas se convirtieron en un instrumento cómodo para la recaudación de impuestos.

Se ha escrito mucho acerca del *fet diferencial* que distinguiría a Cataluña del resto de la Península, consistente en que la influencia francesa habría generalizado el régimen feudal en Cataluña hasta extremos no conocidos en otros territorios ibéricos, donde el feudalismo en un sentido estricto no se habría dado (los medievalistas prefieren hablar de *régimen señorial* para Castilla) a causa de que, por tratarse Castilla de una sociedad de frontera, con una mayor movilidad personal que la de la Europa septentrional, y tener las comunidades fronterizas mayor capacidad militar por las necesidades de autodefensa que la amenaza musulmana imponía, el poder de los señores nunca fue tan rígido y absoluto como allende los Pirineos. El hispanista francés Pierre Vilar se hace

---

[19] Fontana (2014), p. 19.
[20] Fontana, expone, quizá de manera un poco exagerada, que «la conflictividad creciente en la iglesia y la nobleza, que sería uno de los hechos más importantes, como una Guerra de los Cien años en la historia catalana y europea de los siglos XI y XII» (2014, p. 20).
[21] Fontana (2014), p. 20.

zona (dado que había otros reinos en la Corona de Aragón, como Valencia y Mallorca), pero sin las connotaciones políticas que los nacionalistas han querido darle[26].

El propio Fontana reconoce, que el nombre de Cataluña no aparece por primera vez antes de 1198[27], casi cincuenta años después de su unificación con Aragón, en una reunión de *Pau i Treva*[28]. Intentar dar el título de nación a un territorio que nunca lo fue, puede ser considerado una manipulación histórica, aunque los nacionalistas se apoyen en que tuvieron Cortes, leyes y lengua propia; también tuvieron estas cosas otros territorios dentro y fuera de la Corona de Aragón (entre estos León, Castilla, Navarra, Francia, los Países Bajos, ciertas ciudades-Estado italianas y alemanas, y un largo etcétera[29]) y esta a su vez tuvo rasgos plenamente feudales al constituir un «mosaico jurisdiccional y privado de una fiscalidad global» como la caracteriza Sabaté[30]. Por otra parte, el concepto de nación que hoy manejamos (y manejan con admirable desenfado los nacionalistas) tiene un origen claro en la Revolución Francesa y en la Revolución de la Independencia de Estados Unidos, por lo que retrotraerlo varios siglos es cometer un grave anacronismo[31].

Hacia la unificación

A finales del siglo XII y sobre todo tras la victoria cristiana en la Batalla de las Navas de Tolosa (1212)[32], se produjeron diferentes

---

[26] El caso de Portugal es distinto. Se convirtió en reino porque así fue reconocido por el Papa en 1179.

[27] Fontana (2014), p. 27.

[28] En realidad, al parecer, el primer documento en que se encuentran las palabras *Cataluña y catalanes*, escrito por un poeta pisano, es anterior en unas décadas a 1137. Ver Valls i Taberner y Soldevila (2002), p. 101, y Soldevila (1952), p. 220.

[29] Como se recoge en Myers (1975), pp. 66-95.

[30] Sabaté (2009), p. 214.

[31] El Estado-nación aparece con la Revolución francesa, que contrapone la nación al reino patrimonial del Antiguo régimen; la nación es el conjunto de ciudadanos libres e iguales por contraposición a los súbditos y vasallos de las antiguas monarquías. Por lo tanto, cuando Fontana (2014, p. 35) dice que Cataluña fue en el s. XIII, «el primer Estado-nación moderno de Europa», está incurriendo en un anacronismo de cinco siglos nada menos.

[32] El texto antes citado de Bernat Desclot pone de manifiesto hasta qué punto se consideraban españoles y colaboradores en la causa común de la reconquista los catalano-aragoneses del siglo XIII.

1. LOS ORÍGENES MEDIEVALES DE LA UNIDAD ESPAÑOLA

pactos de Aragón con el otro gran reino peninsular, el de Castilla. Estos pactos permitieron el reparto de las zonas de influencia para realizar la reconquista e iniciar así la gran expansión hacia el sur (el valle del Guadalquivir, los reinos de Mallorca, Valencia y Murcia), aunque el acuerdo no estuvo exento de rivalidades, siendo una de las más importantes la disputa por Murcia. Conviene señalar que en Carrión, en 1137 (el mismo año en que firmó su fusión con Aragón), Ramón Berenguer IV se había reconocido vasallo del rey de Castilla, Alfonso VII, a cambio de la devolución por el rey castellano de varias ciudades aragonesas, entre ellas la propia Zaragoza. Hubo un acuerdo posterior (Tudellén, 1151) por el cual se reconoció a Aragón el derecho a reconquistar Valencia y Murcia. Pero años más tarde, en 1179, Alfonso II el Casto, de Aragón, y Alfonso VIII de Castilla firmaron el acuerdo de Cazola por el cual Aragón renunciaba a la conquista de Murcia a cambio de la renuncia del rey de Castilla al vasallaje de Aragón[33]. El resultado de estos tratados fue que, hacia mediados del siglo XIII, tras el empuje reconquistador de Alfonso VIII y Fernando III el Santo, de Castilla, y de Jaime I de Aragón, la Península Ibérica quedó dividida en cinco reinos: Portugal, Navarra, Castilla (que había incorporado al de León), Aragón y el reino musulmán de Granada. El florecimiento económico de los reinos cristianos les permitió emprender grandes construcciones y obras de arte (primero de estilo románico y más tarde gótico, frecuentemente con influencias árabes, el mudéjar) y favorecer actividades intelectuales, como la creación de las primeras universidades: de Palencia (1208, posteriormente trasladada a Valladolid), Salamanca (1218), Murcia (1272), Coimbra (1290) y Lérida (1300). Pero sin lugar a dudas, el hecho más relevante fue la fijación de las lenguas romances: el castellano, el catalán y el galaico-portugués, cuyas primeras manifestaciones quedaron recogidas en obras literarias. Pero sólo el castellano conseguiría consolidarse plenamente como *lingua franca* y brillaría a gran altura por su uso cortesano y literario.

Por parte aragonesa, sería otro gran rey, Jaime I el Conquistador (1213-1276), quien realizaría la gran expansión. A lo largo del segundo cuarto del siglo XIII se incorporan a la corona de Aragón, Mallorca (1229) y Valencia (1238-45), que obtuvieron el título de

---

[33] Soldevila (1952), I, pp. 225-235.

reinos, y posteriormente Murcia (1266), que entregó a Castilla. Jaime obtuvo también, por el tratado de Corbeil (1258), la renuncia por parte del rey francés Luis IX (San Luis) a sus derechos, heredados de Carlomagno, sobre los condados catalanes al norte de los Pirineos (Rosellón, la Cerdaña, e incluso Montpellier), que quedaron así consolidados como parte de la Corona de Aragón. A cambio, Aragón renunciaba a sus derechos sobre el Languedoc y Toulouse. Corbeil fue un tratado conservador, que cedía lo mayor para asegurar lo menor, y ha sido muy criticado por una parte sustancial de la historiografía catalana[34].

Limitada así su capacidad de expansión en la Península y allende los Pirineos, el Reino de Aragón, tras controlar el área costera oriental de la Península, se lanzó a la conquista del Mediterráneo. Comenzaría así una etapa de expansión ultramarina[35], que se había iniciado con la conquista de Mallorca en 1229; siguieron Menorca (en condición de tributaria, 1231; fue conquistada y repoblada en 1287), Ibiza (1235), Sicilia (1282) y posteriormente Cerdeña (1323) e incluso los ducados de Atenas y Neopatria (expedición en 1319 de los almogávares de la Gran Compañía Catalana de Roger de Flor). Esta expansión estuvo basada en un gran crecimiento demográfico y económico del reino, y especialmente de las ciudades marítimas catalanas, que vieron florecer su comercio y cuyas élites se reservaron el monopolio de la navegación por el mediterráneo, así como la potestad de nombrar cónsules en los puertos extranjeros para que se encargaran de sus negocios, para lo cual crearon instituciones como las *costums de la mar* que serían el origen del *Consolat de Mar* y una nueva moneda, el *croat* (cruzado, por una gran cruz que llevaba en el reverso), como respuesta a la manipulación monetaria hecha por Jaime I para conseguir más recursos con los que financiar sus conquistas militares. Esta nueva moneda, en cuya efigie figuraba el rey

---

[34] Ver Soldevila, I, p. 296; Valls Taberner y Soldevila (2002), p. 138; Bleiberg, 1968, voz: *Corbeil*.

[35] La expansión marítima de Castilla y de Portugal fue mucho más tardía. Durante el siglo XIV, la expansión castellana consiguió el control del Estrecho de Gibraltar (aunque no fue oficialmente hasta 1462) lo que permitió a los cristianos participar de las rutas comerciales más activas del momento, creándose en Sevilla una importante colonia de mercaderes y banqueros genoveses. Ya en el siglo XV, ambos reinos comenzaron a bordear la costa africana, consiguiendo Canarias los castellanos en 1402 y Ceuta los portugueses en 1415.

1. LOS ORÍGENES MEDIEVALES DE LA UNIDAD ESPAÑOLA

de Aragón, fue acuñada en Barcelona por primera vez en 1285, y según Fontana, el control ejercido por la clase comerciante barcelonesa impedía su manipulación, pero de ahí a considerarla «la primera base del sistema monetario catalán» o a afirmar «que el derecho de moneda se considera un signo cabal de la soberanía y una de las prerrogativas más propias de un rey»[36] parece excesivo, máxime cuando la efigie que llevaba la moneda era la del rey de Aragón y años después fue emitida en Aragón por el propio rey Pedro III[37], y cuando se dan casos numerosos de monedas emitidas por señores feudales en la Edad Media.

El sucesor de Jaime, Pedro III el Grande (1276-1285)[38], acuciado también por las necesidades financieras, fue el primer rey aragonés en convocar las Cortes aragonesas (Tarazona, 1283-84). Jaime I había convocado las primeras Cortes catalanas en Lérida en 1213, aunque los tres brazos (nobleza, clero y ciudades) no se reunieron hasta 1283. Pero las Cortes no son un invento catalán ni fueron exclusivas del Reino de Aragón. Las primeras cortes del mundo fueron las del Reino de León[39], que se reunieron por primera vez en 1188. Posteriormente se constituyeron Cortes en Castilla, en Cataluña, en Aragón, en Valencia y en Navarra, que se reunieron de manera separada hasta los Decretos de Nueva Planta. Las de Navarra, al no verse afectadas por la Nueva Planta, fueron las únicas que se celebraron separadamente, hasta el siglo XIX. Pero también hubo Cortes similares en cuanto a sus funciones en Portugal (1254), en Francia (los Estados Generales que se reunieron por primera vez en 1302) o en Inglaterra (donde el Parlamento aparece a principios del siglo XIII). Como institución medieval, y por tanto estamental, que eran, las Cortes estaban organizadas por estamentos o *brazos*: Nobleza (que en el caso aragonés se subdividía en alta nobleza y caballeros), Clero y Pueblo, y era el rey quien las convocaba, pudiendo variar el lugar de reunión.

---

[36] Fontana (2014), p. 44.
[37] Fontana (2014), p. 54.
[38] Aunque la historiografía catalanista se empeñe en llamarle Pedro II de Cataluña, en realidad era rey de Aragón y por tanto, llevaba la numeración de ese reino, donde previamente a la unificación con el condado de Barcelona, habían existido un Pedro I (1094-1104) y un Alfonso I, el Batallador (1104-1134). Además de incorrecta, la numeración «catalanista» es fuente de innecesaria confusión para lectores no avisados
[39] Myers (1975), pp. 59-65.

En las primeras cortes generales del reino de Aragón (Monzón 1289) se sellaron los acuerdos del Privilegio General de la Unión[40], y por ende la celebración de las cortes particulares de Aragón, Cataluña y Valencia con pocas semanas de diferencia (el reino de Mallorca nunca tuvo cortes, sino que mandaba sus representantes a las catalanas). Y el nombre de Cortes de Aragón pasó a designar bien a las privativas del Reino de Aragón (lo que se conoció como *particulares*), bien a las de todos los reinos de la Corona (las llamadas *generales*).

En las cortes, cada brazo se reunía por separado y expresaba sus *greuges* (quejas o agravios) tras escuchar al rey. La principal función de las Cortes era dar respuesta a las necesidades financieras del rey (fundamentalmente para guerras), así como resolver conflictos de legislaciones o estamentos, teniendo también la capacidad para legislar, aunque esta prerrogativa la podía ejercer el rey en solitario.

Como hemos visto, fue Pedro III, acuciado por necesidades financieras, quien se vio obligado a recurrir a las Cortes para pedir aumentos de sus ingresos con objeto de mantener la paz en su territorio (como, por ejemplo, ante las revueltas de musulmanes en Valencia). La nobleza se resistió a este aumento de la presión fiscal y pronto se rebeló contra él por haber decretado un impuesto al acceder al trono sin haber reunido a las Cortes ni haber jurado como conde de Barcelona, tradición que habían seguido todos sus antepasados[41]. Sin embargo, Pedro logró sofocar la revuelta musulmana de Valencia y dominar la rebelión de los nobles. Entre sus logros destaca el haber incorporado a Sicilia como parte de su reino (ya que estaba casado con una princesa siciliana y los propios habitantes solicitaron su intervención para librarse del yugo francés —Francia había ocupado la isla, antes perteneciente al Papa— en el episodio conocido como las *vísperas sicilianas*) y haber iniciado la expansión por la costa africana, lo que situó a la Corona de Aragón entre los grandes Estados mediterráneos. Este repentino poderío internacional

---

[40] El Privilegio General de Aragón fue un acuerdo establecido en la Cortes privativas de 1283 entre representantes de la nobleza y las ciudades del Reino de Aragón y Pedro III por el que este se comprometía a respetar una serie de privilegios y fueros y a no tomar decisiones en política internacional sin consultarlo con las Cortes. A partir de este momento las Cortes se institucionalizaron en todo el reino. Ver Salrach (1980), pp. 295-300.

[41] Fontana (2014), p. 46.

se explica fundamentalmente por el uso de unos mercenarios llamados *almogávares* (literalmente, saqueadores), muy violentos y muy bien entrenados en la lucha. La expansión llegaría hasta tal punto que el rey francés, mucho más poderoso que Pedro III, se sentirá ofendido por haber sido expulsado de Sicilia, intentando invadir (ayudado por Jaime de Mallorca, hermano de Pedro) parte del territorio catalán sin éxito.

Como contrapartida a los impuestos que necesitaba para financiar la guerra con Francia, Pedro se vio obligado a negociar con las Cortes, y en especial con los nobles aragoneses, una nueva forma de organización de la aristocracia; en las Cortes de Tarazona (1283) el brazo nobiliario acordó constituir la Unión de la nobleza aragonesa y en las Cortes reunidas en Zaragoza ese mismo año Pedro tuvo que ceder ante la presión de la Unión y conceder todos sus fueros, usos y costumbres, proclamándose el llamado Privilegio General de Aragón, por el cual el rey se comprometía, entre otras cosas, a reunir Cortes en Zaragoza por lo menos una vez al año y a compartir con ellas el poder legislativo. A partir de ese momento, la Unión Nobiliaria (liga de nobles) sería un contrapeso importante a todos los monarcas aragoneses. La Unión pugnó continuamente para conseguir más prerrogativas cada vez que el rey tenía que recurrir a las Cortes para obtener mayores ingresos. De nuevo, fue un logro de la nobleza aragonesa, que junto con el clero tenía casi todo el poder en las Cortes, aunque por primera vez se iba a permitir la presencia en éstas a representantes de trece ciudades y villas reales; pero extraer de ahí la conclusión de que este hecho «explica la diferencia respecto al pobre desarrollo del sistema parlamentario castellano»[42] es arriesgado, tanto como lo es decir que la Corona de Aragón se regía por un sistema parlamentario, cuando, como hemos visto, las Cortes estaban dominadas por la nobleza.

Durante esta época, Barcelona creció mucho como centro artesanal[43], comercial y financiero (compitiendo con ciudades como Venecia o Génova), sobre todo al establecer contactos con la recién incorporada Sicilia, y con ello apareció una nueva clase social de

---

[42] Fontana (2014), p. 49.
[43] En 1203 el gremio de zapateros de la ciudad solicitó poder edificar un altar propio en la Catedral; en 1218, el rey reconoció a la corporación de los canteros de Montjuic la posibilidad de escoger tres consejeros para regirse. Sabaté (2009), p. 218.

pequeños comerciantes cuyos intereses iban a chocar con los de la aristocracia y que pronto protagonizarían algunas revueltas contra el patriciado urbano (como la de 1285), que propiciaron acuerdos que les iban a permitir tener representación en la organización municipal. Barcelona fue la ciudad más adelantada del reino (regida por el famoso Consejo del Ciento[44]) y su modelo se exportaría a otras ciudades[45].

A la muerte de rey Pedro III, el reino se dividió de nuevo en dos: de un lado el reino de Sicilia, que Pedro legó a su hijo Jaime (el futuro Jaime II) y la Corona de Aragón para el primogénito Alfonso III, el Liberal (1285-1291), quien, aunque tuvo que soportar revueltas de los nobles aragoneses y concederles prerrogativas a cambio de su apoyo, arrebatará Mallorca e Ibiza a su tío (que aún tenía el Rosellón y la Cerdaña), conquistará y repoblará Menorca, y establecerá alianzas de mutua defensa con su hermano, quien finalmente le sucederá tras su temprana muerte a los 27 años sin descendencia, volviendo a unir ambos reinos.

Hechos destacables del reinado de Jaime II, el Justo (1291-1327), hermano de Alfonso III, fueron la firma de la paz con Francia (el Tratado de Anagni de 1295); la devolución de Mallorca a su tío, quien a cambio le juró vasallaje; la pérdida, a favor del Papa, de las conquistas, que como rey de Sicilia había hecho al sur de la Península itálica, lo que conllevaría el rechazo de los sicilianos, que nombraron rey a su hermano Federico, y por ende, la pérdida del control sobre este territorio a pesar de las sucesivas operaciones militares en las que destacó Roger de Flor, como estratega de Federico; la firma con el reino de Castilla de la Paz de Ágreda (1304), por la cual, a cambio de renunciar a Murcia, se le permitiría anexionar al reino de Valencia territorios más al sur (Alicante); la conquista de Cerdeña; y, sobre todo, la firma en 1319, en las Cortes de Tarragona, del convenio por el que los reinos de Aragón, Valencia y el condado de Barcelona no se podrían dividir en el futuro. Obviamente, y para lograr y mantener sus conquistas, necesitó grandes cantidades de dinero y por supuesto tuvo que negociar con las Cortes, reconociendo su deuda y comprometiéndose a reunirlas en Barcelona

---

[44] Institución que tampoco es exclusiva de Barcelona, ya que otras ciudades, como Jaca, la tenían anteriormente.
[45] Sabaté (2009), pp. 222 y ss.

1. LOS ORÍGENES MEDIEVALES DE LA UNIDAD ESPAÑOLA

cada tres años. También tuvo que negociar, con frecuencia creciente, con la floreciente clase mercantil y bancaria de Barcelona, a la que pondría en más de un aprieto[46].

Heredero de Jaime II sería su segundo hijo, Alfonso IV, el Benigno, dado que su primogénito decidió llevar una vida monacal, negándose a consumar su matrimonio con Leonor de Castilla (1307-1359), por lo que al final fue Alfonso el que acabaría cumpliendo el acuerdo y casándose con su cuñada para evitar un conflicto más con Castilla. Según los testimonios, Leonor fue una reina con mucho poder y lo utilizó para mejorar la situación de sus hijos[47], que no eran herederos de la corona, dado que había un primogénito de un anterior matrimonio de Alfonso, lo que provocó graves conflictos entre los nobles y especialmente en el reino de Valencia.

A Pedro IV, el Ceremonioso o *el del Punyalet* (1336-1387), hijo de Alfonso el Benigno, le tocó vivir el fin de esta etapa de prosperidad que se llevaba disfrutando durante mucho tiempo en la Corona de Aragón y el inicio de la crisis del siglo XIV, crisis de carácter maltusiano que, aunque compartida con Europa (hambrunas, malas cosechas, la Guerra de los Cien Años, epidemias como la de peste negra de 1348, etc.)[48], fue especialmente virulenta en estos territorios. Este rey pasó a la historia como el que terminó con los privilegios de la Unión Nobiliaria, en represalia por haberse rebelado contra él, y a los que ganó en la Batalla de Épila (1348), ayudado por el militar y marino Bernat de Cabrera (es fama que Pedro desgarró en público con un puñal el pergamino en que se contenía el privilegio: de ahí el apodo); como el rey que consolidó el imperio mediterráneo, estrechando lazos con Sicilia, recuperando Mallorca y Cerdeña e incluso reclamando los ducados griegos, donde Bernat de Cabrera tuvo también un papel destacado; y como el rey que hizo que la Corona de Aragón entrara en crisis por la guerra que mantuvo con el rey castellano Pedro el Cruel (en realidad, es difícil establecer cuál

---

[46] De hecho, la crisis bancaria de 1298-99 estuvo muy ligada a la hacienda real, según Fontana (2014), p. 61.
[47] Finalmente, tanto ella como uno de sus dos hijos, Juan, morirían asesinados por su sobrino, el rey castellano Pedro I, el Cruel, mientras que el otro hijo, Fernando, moriría a manos de su hermanastro Pedro IV, rey de Aragón.
[48] Para más información, véase Sabaté (2009), p. 247 y ss. Sobre la crisis en Europa, Miskimin (1975 y 1977).

de los dos Pedros en liza era más cruel). La lucha entre una Castilla «muy superior en términos demográficos y económicos»[49]y un Aragón debilitado hizo que los castellanos amenazaran Valencia y Zaragoza e incluso que una flota castellana atacara Barcelona; pero de nuevo la intervención de Bernat de Cabrera[50] pudo frenar las incursiones castellanas, ayudado por el hecho de que Castilla a su vez estaba inmersa en una guerra civil fratricida entre Pedro el Cruel y su hermanastro, el futuro Enrique II de Trastámara. Ambas guerras (la civil castellana y la castellano-aragonesa) pueden ser consideradas como apéndices de la guerra europea de los Cien Años, dado que ingleses y franceses también intervinieron en España[51].

El resultado de todos estos trastornos fue que a finales del siglo XIV, la Corona de Aragón estuviera inmersa en una crisis política[52], económica y demográfica muy importante. A las guerras interiores y exteriores se unieron malas cosechas, epidemias, incluso un terremoto, el de 1373, y sobre todo una crisis financiera de la monarquía que le obligó a «una alienación masiva del patrimonio real sin precedentes en etapas anteriores»[53], que incluía la venta o el empeño no sólo de bienes, sino incluso de derechos, como el cobro del impuesto del bovaje (que pagaban los propietarios de yuntas de bueyes), que había sido instaurado por Ramón Berenguer III.

Pero la crisis de la hacienda real fue más allá, y además de arrastrar a los dos banqueros barceloneses más importantes (Pere Descaus y Andreu d'Olivella), supuso un aumento de la presión fiscal sobre las Cortes y las haciendas municipales, que se vieron obligadas a crear nuevos impuestos. Así el rey Pedro IV creó el impuesto de las generalidades (llamado así porque era universal y afectaba a todos los estamentos, incluido el propio rey), que gravaba el comercio exterior y en especial las importaciones (pronto adquirió tintes proteccionistas), la producción textil, y el consumo. La contrapartida que el rey tuvo que conceder a cambio de este impuesto sería la

---

[49] Fontana (2014), p. 69.
[50] Finalmente, este personaje tan valioso para la Corona de Aragón de este periodo fue acusado de traición y ejecutado en Zaragoza en 1364.
[51] En concreto, la intervención del caudillo francés Beltrán Duguesclin resultó decisiva para el triunfo de Enrique de Trastámara.
[52] Se perdieron definitivamente los ducados de Atenas y Neopatria en 1388 y 1390 a favor de los florentinos. Ver Sabaté (2009), p. 250.
[53] Fontana (2014), p. 72.

1. LOS ORÍGENES MEDIEVALES DE LA UNIDAD ESPAÑOLA

creación de la Diputación del General o Generalidades, instituciones que funcionaban entre sesiones de Cortes y que administraban una parte de los impuestos sin la intervención de los funcionarios reales. Un siglo después acabarían convirtiéndose en instituciones con poder político propio, beneficiadas por su carácter permanente, sobre todo a raíz de las prolongadas ausencias de Alfonso V el Magnánimo.

De nuevo, la Generalidad, cuyo nombre se utilizará muchos siglos después para referirse al Gobierno de Cataluña (idea, como veremos, de Antonio Maura), no fue una institución exclusiva del Principado, sino que existió también en Aragón y Valencia, aunque cada territorio estableció sistemas impositivos diferentes. En el caso catalán, dado el crecimiento económico e industrial que vivió Barcelona durante el siglo XIII, la cantidad recaudada por el *dret de bolla y segell* (derecho de bolla y sello, un impuesto sobre el comercio de textiles) aumentó considerablemente, lo que permitió que los ingresos de la Diputación fueran muy superiores a la cantidad destinada al rey, que era fija.

De todo lo anterior no se puede extraer conclusiones del tipo de: «El principado había conseguido a mediados del siglo XIV una estructura política y fiscal propia de un Estado nacional moderno como el que se implantaría en Holanda e Inglaterra tres siglos más tarde»; o «Pero sería justamente la conciencia de la singularidad de esta constitución, que garantizaba las libertades colectivas, lo que iría reforzando en Cataluña el fundamento de un sentido de identidad que perviviría mucho más allá de los accidentes políticos»[54]. Entre la Cataluña del siglo XIV, o, sobre todo, la del XVII, hay tales diferencias de riqueza y dinamismo económico, demográfico y social con la Holanda o la Inglaterra del XVII que la comparación resulta disparatada y cruel para Cataluña. En cuanto al sentimiento de identidad secular, se trata de una variable de difícil cuantificación, por lo que la segunda afirmación resulta muy difícil de contrastar.

Lo que sí parece claro es que entre los territorios que conformaban la Corona de Aragón subyacían importantes diferencias, derivadas de su distinto desarrollo económico y social, en función del cual tenían mayor o menor peso la nobleza o la burguesía en las tareas de

---

[54] Fontana (2014), pp. 73-74.

gobierno. Esto hizo que en alguna zona de Cataluña, como la ciudad de Barcelona, que era la parte más desarrollada socioeconómicamente del reino de Aragón hasta el siglo XIV, y donde predominaba una clase media de comerciantes e industriales, se apreciaran signos de modernización más evidentes que en el resto del reino[55].

A la muerte de Pedro IV el Ceremonioso, el reino de Aragón quedaba en un estado catastrófico y sus herederos, inmediatamente Juan I el Cazador (1387-1396), y más tarde su hermano, Martín I el Humano (1396-1410), se esforzaron por mejorar la situación, aunque sin grandes resultados. Lo más destacado de este periodo fue la persecución a los judíos, algo que también tuvo lugar en Castilla. Este grupo constituía una minoría económicamente poderosa, y muchos de ellos acabaron convirtiéndose al cristianismo (los conversos), aunque la animadversión persistió, tanto contra los conversos como contra los que se mantuvieron fieles a la fe talmúdica. También vale la pena mencionar el posicionamiento del reino de Aragón ante el cisma papal a favor del aragonés Benedicto XIII (el Papa Luna) y por ende del monje Vicente Ferrer, ambos aliados y destinados a desempeñar un papel importante en la elección del sucesor de Martín, como ahora veremos. También es de señalar la gradual transición de la sociedad feudal a la moderna, ejemplificada en el fin de la jurisdicción señorial, que Martín decretó y que le granjeó la enemistad de la nobleza; y la proclamación en 1399 de la Pragmática de la Unión de Reinos, que incluía la inalienabilidad de los bienes reales y que todo rey debería jurar. Al cabo, sin embargo, combatiendo en una nueva revuelta en Cerdeña murió, víctima de malaria, el heredero al trono, Martín el Joven, quedando sin descendencia el rey y el trono vacante.

El penúltimo peldaño

La muerte de Martín el Humano, acaecida en 1410, suponía el fin de la dinastía iniciada con el matrimonio del conde de Barcelona

---

[55] Barcelona realizó dos ampliaciones de las dársenas de su puerto entre 1378 y 1390 debido al pujante comercio, fundamentalmente textil, con otros puertos del Mediterráneo, especialmente Beirut y Alejandría. Así, el 55 por 100 de los productos exportados a Siria y Egipto era telas de lana. De ahí la importancia de los representantes «consulares» en estos puertos y del *Consolat del Mar*. Sabaté (2014), p. 260.

1. LOS ORÍGENES MEDIEVALES DE LA UNIDAD ESPAÑOLA

Ramón Berenguer IV y la reina Petronila de Aragón. A partir de ese momento se abrió el proceso para elegir sucesor entre los respectivos candidatos, proceso que iba a estar dirigido por las diferentes Diputaciones o Generalidades instauradas en el reino. Obviamente, cada candidato estaba apoyado por una facción nobiliaria distinta. Finalmente, se postularon seis[56], todos ellos con parentesco bastante cercano al rey muerto y tras serias disputas y muchas intrigas (con presiones papales incluidas) se decidió en la Concordia de Alcañiz la forma de elección[57] y más tarde en el Compromiso de Caspe, que se inició el 22 de abril de 1412, se eligió al castellano Fernando de Trastámara, más conocido como Fernando de Antequera (por haberse distinguido en la toma de esta ciudad), y que obtuvo los seis votos requeridos[58] en detrimento del otro candidato con importantes apoyos en Cataluña, Jaime de Urgel. El castellano fue proclamado rey el 28 de junio como Fernando I de Aragón (1412-1416).

Fernando I, que hasta ese momento había sido regente del reino de Castilla, pronto se dio cuenta de la singularidad de la política de la Corona de Aragón y cuando las exigencias económicas le acuciaron, fundamentalmente por las revueltas protagonizadas por Jaime de Urgel, que no se resignaba a no haber sido elegido, recurrió a lo que habían hecho sus predecesores: a cambio de dinero, conceder más privilegios a las Cortes, por otra parte ya muy divididas entre nobleza y burguesía. Entre estas concesiones, destacó la de autorizar que los *Usatges*, las ordenanzas basadas en el derecho común de Cataluña, fueran traducidas del latín al catalán y ordenadas por materias. A su temprana muerte, cuatro años después de ser proclamado rey, fue sucedido por su hijo, Alfonso V el Magnánimo (1416-

---

[56] Los candidatos eran Fadrique de Luna, hijo bastardo del heredero muerto y legitimado por el papa Benedicto XIII; Jaime II de Urgel; Alfonso de Aragón, que murió antes del Compromiso de Caspe y fue reemplazo por su hermano Juan de Prades; Luis de Anjou, nieto de Juan I; y, finalmente, el elegido, Fernando de Trastámara, infante de Castilla y nieto de Pedro el Ceremonioso.

[57] La Concordia de Alcañiz sólo fue suscrita por Aragón y Cataluña, dado que Valencia no llegó a tiempo, y se estableció que el tribunal de elección estaría compuesto por nueve compromisarios, se reuniría en Caspe y el candidato elegido debería obtener un mínimo de seis votos.

[58] Aunque no se sabe con seguridad, parece que esta candidatura fue apoyada por los tres compromisarios aragoneses, dos valencianos y uno catalán. El otro valenciano se abstuvo y los dos catalanes restantes votaron por Jaime de Urgel.

1458), cuya máxima preocupación fue la política mediterránea[59], y que se centró en mantener y aumentar las posesiones en esta región, especialmente en asegurar el control de Nápoles, donde conseguiría entrar triunfante en 1443, no sin sufrir antes sonadas derrotas (como la de Ponza ante los genoveses en 1435). A causa de sus habituales ausencias por este motivo, muchas de las decisiones políticas internas quedaron en manos de su mujer, María de Castilla, que en ocasiones fue la encargada de solicitar a las Cortes el necesario dinero para financiar las operaciones de su esposo, a cambio de concesiones como la aprobación de medidas proteccionistas para la industria textil catalana[60]. Resulta interesante que la burguesía catalana pidiera ya desde el siglo XV, e incluso desde antes, medidas proteccionistas para su industria. Y precisamente en una de estas reuniones sobre temas económicos es cuando por primera vez se usó el catalán en lugar del latín[61], que era la lengua culta y utilizada en esos ambientes.

Contra lo que pudiera parecer, y según Fontana, las consecuencias de la política mediterránea de Alfonso el Magnánimo fueron muy negativas para el comercio del reino y en especial para Barcelona, cuya clase comercial se manifestó en contra de esta política expansionista. El problema se hizo mayor cuando el partido representante de la burguesía (la *Busca*) pasó a controlar el gobierno municipal (compuesto de una serie de miembros elegidos entre las personas más prominentes de la ciudad y que formaban el Consejo del Ciento) en 1443, desalojando a la *Biga* (el grupo representante de la nobleza y el clero). El hecho se produjo en ausencia de Alfonso y estando el reino en manos de su lugarteniente, Galcerán de Recasens, que era más partidario de la Busca. Entre las decisiones de la Busca destacaron el intento de *democratizar* la institución abriendo más puestos a las clases burguesas, la devaluación del *croat*, y medidas proteccionistas para evitar la entrada en Barcelona de géneros textiles laneros.

---

[59] Aunque también intrigó en la política de su vecina Castilla, al apoyar a sus hermanos (los llamados «infantes de Aragón») en contra de Álvaro de Luna, el protegido de su primo el rey Juan II, lo que provocó una guerra entre ambos reinos que se saldó con la victoria de Castilla y la expulsión de los infantes.
[60] Sabaté (2009), p. 301.
[61] Fontana (2014), p. 89.

1. LOS ORÍGENES MEDIEVALES DE LA UNIDAD ESPAÑOLA

En el fondo, lo que subyace en este conflicto es una lucha entre el Antiguo Régimen, representado por la nobleza y el clero, y las nuevas clases sociales, la burguesía comercial e industrial: un conflicto que refleja el tránsito del feudalismo al capitalismo. Y en este mismo marco se encuadran las revueltas campesinas que tuvieron lugar durante esta época y que no fueron exclusivas de Cataluña (a modo de ejemplo, la revuelta de los *irmandiños* en Galicia entre 1467 y 1469). Eran luchas entre campesinos y señores (tanto nobles como eclesiásticos), unos defendiendo el fin de la servidumbre y otros intentando retener el poder feudal. Estas revueltas en Cataluña serían conocidas como la rebelión de los *remensas*. Estrictamente esta palabra designa a cultivadores de tierras ajenas adscritos a ellas de modo forzoso y hereditario, es decir siervos, aunque con la posibilidad de redimir su condición servil pagando un rescate o *remensa*. Pero este grupo no sólo estaba compuesto por siervos, sino que también había campesinos ricos con la doble condición de libres y siervos. Obviamente, el rey apoyaba a la nobleza y al clero, que controlaban las Cortes y por ende la financiación, pero el movimiento de los remensas era ya imparable y el rey decidió aceptar algunas de sus reivindicaciones, eso sí, y como no podría ser de otra manera, después de recibir un *donativo* de los campesinos[62].

La llegada al trono de Juan II el Grande (1458-1479) tras la muerte de su hermano Alfonso el Magnánimo se produce en un momento de máxima dificultad para el reino, con el conflicto de los remensas en pleno apogeo, viviéndose una de las dos más importantes revueltas, la de 1463 (la otra será en 1484, reinando ya su hijo Fernando el Católico) y con las tensiones en el gobierno municipal de Barcelona entre la Busca y la Biga muy acentuadas[63]. Pero aunque estos dos fueron sus principales conflictos, tuvo otros, fuera del reino, que tendrían consecuencias en la política interior.

Antes de reinar en Aragón, Juan II de Trastámara ya había tenido una vida muy azarosa. Casado en primeras nupcias con Blanca, la heredera de la corona de Navarra, acabó siendo rey de este territorio tras la muerte de su suegro, Carlos el Noble, en 1425, aunque decidió dejar el reino en manos de su esposa; a la muerte de

---

[62] Fontana (2014), p. 97.
[63] En las primeras Cortes de Juan II, la diputación de Barcelona envió dos delegaciones antagónicas, una por la Busca y otra por la Biga. Fontana (2014), p. 102.

ésta, el trono le correspondía al hijo de ambos, Carlos de Viana. Sin embargo, el testamento de Blanca era un tanto ambiguo, ya que para que el hijo fuera rey debía tener el consentimiento de su padre, hecho que aprovechó Juan para intentar hacerse con el trono. Estas disensiones provocaron gran descontento en Navarra hasta desembocar en una guerra civil en 1451 entre *beamonteses* (defensores de Carlos) y *agramonteses* (partidarios de Juan), que fueron los que finalmente ganaron, haciendo prisionero a Carlos. Entretanto, Juan II había contraído nuevo matrimonio con la castellana Juana Enríquez, hija del Almirante de Castilla, futura madre de Fernando el Católico, y muy interesada tras nacer este en que su hijo, aunque segundón, fuera el heredero. Así, consiguió que Juan II despojara de los derechos sucesorios a los hijos de su primer matrimonio, Carlos de Viana y Blanca. Finalmente, Carlos, ya liberado de su encarcelamiento, se refugió en Nápoles donde su tío el rey de Aragón, Alfonso el Magnánimo, le acogió y consiguió no sólo anular el desheredamiento, sino incluso que a la muerte de Alfonso, y tras ser coronado rey su padre, se le nombrara lugarteniente de Cataluña.

Por otra parte, Juan II de Aragón también decidió inmiscuirse en la política castellana en contra de su pariente y yerno[64], Enrique IV (conocido despectivamente como el Impotente o el de las Mercedes) al apoyar al sector nobiliario capitaneado por Juan Pacheco, marqués de Villena, que quería privar a Enrique del trono. La respuesta de este fue invadir Navarra para apoyar a Carlos de Viana y, aunque tuvo éxito, tuvo que retirarse a Castilla para poner freno a las conspiraciones nobiliarias y sucesorias en torno a él, con lo que la expedición navarra no logró sus fines. Sin embargo, cuando falleció Carlos de Viana, al que su padre había intentado casar primero con la futura Isabel la Católica y más tarde con una princesa portuguesa para establecer una alianza con que estrangular a Castilla, los catalanes, ya en plena guerra civil contra Juan II, acabaron nombrando rey nada menos que al propio Enrique IV, quien finalmente les abandonaría.

Pero volvamos al conflicto entre las oligarquías catalanas, que desembocó en una guerra civil. Tras los siete años de gobierno de la Busca, con el beneplácito de Juan II, el poder había sido recuperado por la Biga en 1460. Pero la chispa que encendió el conflicto fue el

---

[64] Ya que Enrique se había casado con su hija Blanca de Navarra, aunque el matrimonio fue anulado argumentando la impotencia *transitoria* del rey para consumar.

1. LOS ORÍGENES MEDIEVALES DE LA UNIDAD ESPAÑOLA

hecho de que Juan II apresara una vez más a su hijo Carlos de Viana, acusado de conspirar con Castilla, mientras se estaban celebrando las Cortes de Lérida en 1460 y se discutía quiénes debían ser los representantes de Barcelona, los de la Biga o los de la Busca. La prisión de Carlos de Viana provocó en el reino un gran rechazo que acabó en insurrección, por lo que el rey tuvo que ceder y poner a su hijo en libertad un año más tarde; cuando Carlos llegó a Barcelona fue recibido de manera entusiasta, sobre todo por los miembros de la Biga y fue nombrado heredero natural del reino y lugarteniente perpetuo de Cataluña en las capitulaciones de Vilafranca del Penedés (1461). Sin embargo, la muerte le sobrevino a los pocos meses, corriendo el rumor de que había sido envenenado por su madrastra para favorecer a Fernando (realmente murió de una tuberculosis que se agravó durante su encarcelamiento). Sea como fuere, la muerte de Carlos de Viana fue el desencadenante de la guerra civil en Cataluña. A los pocos días del fallecimiento, Fernando, con nueve años, y su madre, Juana Enríquez, llegaron a Barcelona donde él fue nombrado heredero; y fue precisamente durante esta ceremonia cuando los representantes de la Busca y de otros municipios pidieron a la reina que viniera a Barcelona el rey para que les diera su apoyo. Sin embargo, la reina y su hijo huyeron a Gerona y en ese momento se desencadenó en Barcelona una persecución contra los miembros de la Busca, siendo ajusticiados muchos de sus dirigentes.

Entre tanto, Juan II, acuciado por graves problemas financieros, firmaba un acuerdo con el rey de Francia por el cual, *hipotecaba* el Rosellón y la Cerdaña a cambio de un préstamo. Ya con recursos, el rey y sus tropas entraron en Cataluña sin solicitar el permiso que exigían las Capitulaciones de Vilafranca por lo que fue declarado «*enemic de la cosa pública*»[65], condena que se extendió a la reina. El ejército rebelde, dirigido por Hug Roger, conde de Pallars, atacó Gerona, donde estaban refugiados la reina y su hijo. No obstante, la ciudad pudo defenderse durante los cuatro meses que tardaron en llegar las tropas del rey, que, apoyadas por las francesas, consiguieron levantar el sitio de la ciudad.

Comenzaba así en 1462 una guerra civil en Cataluña (de la que se mantuvo al margen el resto de los territorios de la Corona de

---

[65] Fontana (2014), p. 110; Salrach (1980), pp. 345-352.

Aragón) en la que los bandos no estaban muy definidos, lo que propició que muchas personas cambiaran de facción hasta tres y cuatro veces, y que se iba a prolongar durante diez años. Los rebeldes querían tener derecho a elegir sus propios gobernantes que serían nombrados condes de Barcelona. Y así lo hicieron, aunque, a tenor de los resultados, parece que no tuvieron mucho éxito. El primer elegido, como hemos visto, fue Enrique IV de Castilla, quien abandonó rápidamente la empresa al ser presionado por el rey de Francia, que sin duda quería recuperar el préstamo hecho a Juan II. Le sucedió en el cargo Pedro de Portugal, nieto del conde de Urgel, que acabó muriendo víctima de una enfermedad en 1465; su legado fue unas instituciones endeudadas y una Barcelona hundida. El tercer elegido fue Renato de Anjou, duque de Provenza, que nunca llegó a pisar Cataluña, sino que en su lugar mandó a su hijo Juan de Lorena, y, a la muerte de este, a su nieto bastardo, Juan de Calabria, que llegó a pisar Cataluña en 1471; pero el apoyo francés languideció, y el obispo de Gerona y parte de la élite de la ciudad se pasaron al bando real, con lo que finalmente la guerra fue ganada por Juan II.

Tras diez largos años de conflicto y tras haber nombrado los rebeldes a cuatro condes de Barcelona, el resultado de este intento de *independencia* fue el hundimiento económico de Cataluña y sobre todo de Barcelona. El 24 de octubre de 1472 se firmaron las Capitulaciones de Pedralbes, en las que el rey no quiso tener actitud revanchista y respetó las leyes de Cataluña, aunque anuló las Capitulaciones de Vilafranca[66].

Si bien este episodio de guerra Civil ha sido visto por la historiografía nacionalista como la lucha por la libertad de un pueblo, de «una solidaridad colectiva basada en la fidelidad a la tierra [catalana]»[67], lo cierto es que fue más bien un conflicto encuadrado en el tránsito del Antiguo Régimen al capitalismo, una lucha entre élites por hacerse con el control del poder[68], centrado fundamentalmente en Barcelona y donde no había un objetivo claro, ni bandos definidos (prueba de ello es que las personas y ciudades variaron sus apo-

---

[66] Sabaté (2009), p. 306; Salrach (1980), p. 352.
[67] Fontana (2014), p. 115.
[68] Y tampoco fue un tipo de conflicto exclusivo de Cataluña; en Castilla hubo también luchas entre los defensores de la exportación de la lana y los industriales textiles.

yos). Como señala Salrach (1980, p. 346), «[l]as principales causas [de la guerra] fueron las rivalidades existentes entre los diversos sectores de la nobleza, la lucha entre la Busca y la Biga por ocupar el gobierno del municipio de Barcelona, las reivindicaciones de los payeses de remensa y el enfrentamiento político entre burguesía y monarquía».

Lo accidental fueron las disputas reales entre padre (Juan II) e hijo (Carlos de Viana); es evidente que las élites catalanas tampoco tenían claro el objetivo final de la contienda (prueba de ello fue la extraña sucesión de Condes de Barcelona, entre los que incluso hubo dos representantes de dos reinos rivales: Castilla y Francia). Quizá lo único claro fue el apoyo que Juan II daba a la pujante burguesía barcelonesa, es decir, a la modernidad, representada por la Busca, frente a los poderes tradicionales representados por la Biga.

El final del reinado de Juan II también fue bastante conflictivo: guerra contra los franceses, que habían ocupado Perpiñán y más tarde el Rosellón y el Ampurdán, creciente malestar de los campesinos, y una economía debilitada, aunque las últimas estimaciones muestran que el comercio exterior mediterráneo no se contrajo tanto como era de esperar y, sobre todo, que se produjo un aumento importante del comercio atlántico[69].

La unión

Juan II murió en 1479 a los ochenta años, dejando el reino de Navarra a su hija (del primer matrimonio) Leonor y el reino de Aragón a Fernando II (1479-1516), que ya era rey consorte de Castilla (donde fue Fernando V) desde 1474, aunque él se considerara con tanto derecho al trono como su esposa y prima segunda Isabel.

La figura de Fernando ha sido bastante denostada por la historiografía nacionalista: por su supuesta traición a los campesinos y burgueses a favor de la nobleza; por no acabar con el feudalismo en la Sentencia de Guadalupe; por introducir la Inquisición en Cataluña; por permitir un sistema que fomentaba la corrupción en las instituciones catalanas y fundamentalmente en las barcelonesas, al permitir que el control lo tuvieran unas pocas familias que tejieron una

---

[69] Fontana (2014), p. 117.

red clientelar y que eran dirigidas por una figura relevante, Jaume Deztorrent, quien «aprovechó su influencia para enriquecerse»[70]. Quinientos años después, la historia de enriquecimiento ilícito se repetiría con el *president* Jordi Pujol Soley, su familia y su círculo. Pero analicemos más detenidamente estas críticas, y también los logros de Fernando.

Primero, consiguió la pacificación completa de Cataluña al llegar a un pacto tácito con los vencidos (la oligarquía aristocrática barcelonesa, fundamentalmente), que respetaba las instituciones tradicionales, pero que otorgaba a la burguesía medidas proteccionistas. Segundo, puso fin al conflicto de los remensas (tuvo que soportar una nueva revuelta en 1484), mediante la Sentencia Arbitral de Guadalupe de 21 de abril de 1486, restaurando la paz entre los campesinos y la nobleza al hacer desaparecer, o por lo menos mitigar, los aspectos más abusivos relacionados con la servidumbre campesina (los *malos usos*), aunque, por supuesto, no liquidó el feudalismo y mantuvo prácticamente incólume el poder de la nobleza. Tercero, su modificación de las instituciones catalanas le permitió adquirir más control real sobre éstas, lo que no puede ser visto como un «retroceso importante en términos de democracia»[71], porque ésta nunca existió en la Cataluña medieval (recordemos, por si fuere necesario, que democracia significa sufragio universal), sino que consolidó el afianzamiento de un nuevo tipo de monarquía, de carácter más absolutista, que era el que se estaba imponiendo en las nacientes naciones europeas. Cuarto, las medidas económicas tomadas a raíz de las Cortes de 1481 permitieron un arreglo para el desorden (*desgavell*) económico que reinaba en especial en las cuentas de Barcelona, cuya deuda había crecido desmesuradamente[72]. Quinto, la Inquisición española es cierto que fue creada por los Reyes Católicos en 1478 con el objetivo de mantener la ortodoxia religiosa dentro de sus reinos (lo cual les llevó a cometer el grave error de expulsar a los judíos en 1492), tanto en Castilla como en Aragón; pero lo que los historiadores nacionalistas omiten es que, de todos los reinos de la Península, el único en el que en la inquisición pontificia estaba ya presente fue la Corona de Aragón, donde se estableció en 1242 contando

---

[70] Fontana (2014), p. 121.
[71] Fontana (2014), p. 122.
[72] Vicens (1936-1937), Vol. I, pp. 142-159, Caps. III y IV y Vol. II, *passim*.

1. LOS ORÍGENES MEDIEVALES DE LA UNIDAD ESPAÑOLA

con colaboradores de la talla de Raimundo de Peñafort y Nicholas Eymerich, ambos dominicos catalanes. Y, sexto, recuperó para la Corona de Aragón, mediante el Tratado de Barcelona (1493), el Rosellón y la Cerdaña, ocupados por Francia durante la recién concluida guerra civil. Todos estos éxitos (amén de las conquistas de Granada y Nápoles) despertaron la admiración de los escritores de la época, entre los que destaca el gran Maquiavelo que, en *El Príncipe*, dice de él que fue «por fama y gloria el primero de los reyes cristianos; y, si consideráis sus hazañas, las encontraréis todas grandísimas, y alguna extraordinaria»[73].

Pero, sobre todo, su gran éxito fue el matrimonio con Isabel de Castilla (que accedió al trono tras la muerte de su hermano Enrique IV y tras una disputa dinástica con su sobrina, Juana la Beltraneja), celebrado en Valladolid en 1469, que posibilitó la unión de ambos reinos, y que, junto a la toma de Granada en 1492, permitió por primera vez la construcción de un Estado moderno en España bajo una misma monarquía. Los niveles de integración en ese Estado se mantuvieron aún bajos (ya que los reinos unidos personalmente conservaron sus distintas instituciones políticas, cortes, leyes y monedas), dada la diferente configuración del poder en ambos reinos: mientras que en Castilla el poder real era más fuerte, en Aragón el considerable poder de las ciudades y de la nobleza daba un mayor peso a las Cortes y a las Generalidades. Para la completa unidad peninsular faltaban Navarra, que Fernando acabaría incorporando a Castilla en 1512-1515, ya muerta Isabel, y Portugal, que se uniría a España, eso sí, temporalmente, en 1580.

Los logros de este singular matrimonio (que más tarde recibiría el título papal de Reyes Católicos) son considerables: dieron el primer paso hacia la unificación de España al unir ambas monarquías, Castilla y Aragón, en sus personas, aunque no hicieron grandes esfuerzos por unificar política, o incluso administrativamente, ambos reinos; pero esta unión de hecho iba a conducir lentamente a la formación de la nación española en sentido moderno[74]. Además, incorporaron a sus reinos los de Granada y Navarra, con lo que se lograba

---

[73] Machiavelli (1994), p. 176. En la nota 1 de esta página y edición se dice que Fernando fue «el fundador del Estado nacional español».
[74] Fusi (2000), *passim*; Morales, Fusi y de Blas (2013), esp. Cap. I, nos. 3, 4, y 5, y Caps. II y III.

33

la unidad peninsular, a excepción de Portugal. Otro señaladísimo éxito fue el patrocinio del viaje transatlántico de Colón, que produjo el descubrimiento de América, hecho histórico de consecuencias universales incalculables, al dar lugar a que el mundo tuviera por primera vez conciencia y prueba irrefutable de su naturaleza global. También ensancharon las posesiones aragonesas en Italia, y, por medio de una sabia política matrimonial, establecieron una larga relación de España con el Imperio Romano-Germánico. Todas estas victorias hicieron de la nueva corona de España una de las mayores potencias mundiales. Además, fueron notables las reformas interiores emprendidas por ambos soberanos en sus respectivos reinos. En Castilla se restauró el orden mediante la creación de la Santa Hermandad, se recopiló la legislación en las Ordenanzas de Montalvo, se puso, por medio especialmente de las llamadas Leyes de Toro, coto a los desmanes de la nobleza, abusivamente beneficiaria de las llamadas *mercedes enriqueñas* (las concesiones hechas por Enrique IV), y se promulgó una eficaz y duradera reforma monetaria; en Aragón tuvo gran importancia la sentencia de Guadalupe (1486), que puso fin a la larga *guerra de los remensas*, restaurando la paz entre los campesinos y la nobleza, aboliendo los poderes más odiosos de que ésta gozaba, aunque manteniendo prácticamente incólume su poder. También tuvieron gran trascendencia las medidas económicas tomadas a raíz de las *Corts* de 1481 que bosquejaron un *redreç* (arreglo) al *desgavell* (desorden) económico que reinaba en especial en la cuentas de Barcelona, cuya deuda había crecido desmesuradamente. En una palabra, el reinado de los Reyes Católicos es la culminación definitiva del impulso de unión y colaboración de los diversos reinos peninsulares (Portugal será anexionado por Felipe II, pero esta unión sólo durará 60 años) y sus éxitos dan la medida de la fuerza creada por esta unificación.

Sin embargo, hay que reconocer que los Reyes Católicos cometieron también serios errores: el establecimiento de la Inquisición, la expulsión de los judíos, la asimetría en el tratamiento de los reinos de Castilla y Aragón, y el monopolio castellano sobre América. Las dos primeras medidas obedecieron al deseo de llevar más allá la unificación y homogeneización de los reinos, con la idea de fomentar la paz interior y la fortaleza exterior. La equivocación (consideraciones éticas aparte) fue gravísima: la Inquisición ejerció una opresión ideológica que dañó grave y secularmente los resortes intelectuales de la sociedad española; a ello contribuyó la expulsión de los judíos, que eran uno de los grupos más dinámicos de esa sociedad. Consideración aparte merecen los otros dos errores, que son dos caras del mismo problema, cuya causa fundamental fue la asimetría existente entre los reinos de Castilla y Aragón: no sólo era Castilla mucho mayor en extensión y en población (la población aragonesa era aproximadamente una quinta parte de la castellana), sino que poseía mayor vitalidad y empuje: el reino de Aragón, y en especial Cataluña, se había visto muy debilitado por las guerras civiles de los siglos XIV y XV y por la terrible epidemia de peste que asoló Europa en esa época con intensidad desigual: el declive de la población y de la actividad de Barcelona en esa época es bien conocido. También es conocido que los fueros de Aragón, y en particular los de Cataluña, dificultaban extraordinariamente el ejercicio del poder real en una época en que la tendencia en Europa era hacia el absolutismo. En consecuencia, Castilla se convirtió en el centro de la política de los Reyes Católicos: Fernando, que se consideraba rey de Castilla por propio derecho, residió allí y visitó con poca frecuencia Aragón. Es un hecho que desde entonces, por mucho tiempo, Castilla se convirtió en el centro de la política española, y que a ella se anexionaron tanto Granada como Navarra. A esto hay que añadir que, pese al papel nada despreciable que el reino de Aragón desempeñó en el descubrimiento y primeros pasos de la colonización de las Indias, éstas fueron consideradas desde el principio como pertenecientes exclusivamente a Castilla: así se refleja en el Tratado de Tordesillas (y en la anterior bula papal), que atribuía sólo a Castilla el hemisferio occidental. Esto fue ratificado en el testamento de Isabel[75] que ordenaba que, en vista de que el descubrimiento de las Indias fue financiado y llevado a cabo por Castilla (afirmación discutible), *«el trato e provecho dellas se aya e trate e negocie destos mis Reynos de Castilla y de León, y en ellos venga todo lo que dellas se traxere»*. Se ha atribuido a este documento lo escaso de la relación económica con las Indias que tuvo Cataluña durante los siglos XVI y XVII. Sin embargo, la cuestión no está ni mucho menos clara. Martínez Shaw afirma convincentemente que

---

[75] Thomas (2004), pp. 53-205 *passim*.

los efectos del testamento de Isabel fueron débiles y que, sin duda, desde el reinado de Carlos V, no hubo ninguna discriminación legal en el comercio de Indias a los naturales del reino de Aragón. El bajo nivel de relaciones económicas entre Cataluña y la Indias en los citados siglos habría que atribuirlo más bien a «las desmedradas energías de la economía catalana»[76].

Otra asimetría de signo inverso tuvo lugar en materia económica: a la mayor riqueza y poder de Castilla correspondió también una mayor presión fiscal y una gran exigencia en número de soldados aportados al ejército real, algo que durante la mayor parte del próspero siglo XVI no pareció plantear serios problemas (pese a las tres bancarrotas de Felipe II, en 1557, 1575 y 1596) pero que, sobre todo a partir de la derrota de la Armada (1588), empobreció a Castilla de tal manera que casi podríamos decir que nunca se repuso, en tanto que Portugal y los llamados territorios forales (Aragón, Navarra y territorios vascos) compensaban su menor peso político con una llevadera presión fiscal y una cierta autonomía administrativa.

Conclusiones

Europa puede enorgullecerse de ser la cuna de la democracia moderna, cuyos gérmenes pueden verse en la baja Edad Media, y España puede enorgullecerse de que el primer embrión de esta democracia (que, tras largos altibajos y avatares, no se desarrollará plenamente hasta el siglo XX) se dé en tierras hispanas: en León, luego en Castilla, Aragón y Navarra. También es timbre de orgullo que, de los Estados italianos, donde antes y con mayor duración florecieron estos primitivos parlamentos medievales fueran los reinos meridionales, los que estuvieron bajo el dominio de los reyes de Aragón, que transplantaron allí estas instituciones representativas al modo de las Cortes españolas. Sin embargo, un feto no es un hombre maduro. Hablar de democracia en la Edad Media es un anacronismo injustificable. Por otra parte, estas instituciones representativas medievales, en España y en otros países europeos (y aquí *España* tiene un significado más geográfico que político), fueron en ocasiones instrumentos en manos de oligarquías opuestas a los cambios y

---

[76] Martínez Shaw (1980), p. 233.

1. LOS ORÍGENES MEDIEVALES DE LA UNIDAD ESPAÑOLA

reformas sociales que marcaron el camino de la modernización. Por otra parte, a partir del siglo XV ese camino se adentró por parajes menos representativos, como es el caso de la monarquía absoluta de los siglos XVI y XVII. La monarquía absoluta modernizó e hizo más eficiente al Estado a costa de los parlamentos de origen medieval. La excepción fue el caso inglés. En Inglaterra el parlamento subsistió y adquirió poder precisamente al servicio de la monarquía absoluta, contra la que se rebelaría una centuria más tarde. En el continente europeo la monarquía absoluta ahogó a los parlamentos de origen medieval y estos no revivieron hasta el siglo XVIII, al calor de movimientos revolucionarios. Aunque Europa sea la cuna de la democracia, por tanto, la historia de esta siguió caminos largos y tortuosos, con saltos y retrocesos, hasta alcanzar la plenitud en el siglo XX. En general, el desarrollo de las instituciones representativas fue obra de las clases burguesas en las ciudades comerciales. Esto explicaría que, a pesar de su temprano desarrollo, las Cortes españolas se anquilosaran en la España moderna, caracterizada por su regresión económica y comercial.

Europa Occidental es también cuna de otra institución original, el Estado-nación moderno, y son cuatro los ejemplos de este nuevo tipo de organización que aparecen a finales del siglo XV: España, Portugal, Francia e Inglaterra. Salvo Portugal, que en origen es feudatario de Castilla, los demás nuevos Estados son productos de la conglomeración de comunidades medievales (reinos, condados, ducados, etc.) preexistentes. España, muy probablemente a causa de su origen como comunidad fronteriza, es un caso muy característico de la gradual agrupación de unidades políticas de tamaño pequeño o medio que se van uniendo hasta formar tres reinos relativamente grandes, dos de los cuales se agrupan para formar ese gran reino que es España. Cataluña, con toda su originalidad, es un caso muy típico: nace como un conglomerado de condados fronterizos que se unifican gradualmente y que, apenas alcanzada esa relativa unidad, se unen a un reino vecino, Aragón (que a su vez también es la resultante de la fusión de varios condados pirenaicos), para formar una unidad mayor y más fuerte. Es por tanto aventurado (cuando no simplemente erróneo) hablar de la Cataluña del siglo XI como de un Estado-nación, tanto porque su unidad era muy reciente como porque llamar Estado-nación a un conglomerado de condados (aunque uno de ellos fuera preeminente) es otro grave anacronismo.

El nuevo Estado, el reino (o Corona) de Aragón, resultó tener mucho más poder que la mera suma de las partes y rivalizó con Castilla y Portugal por la reconquista del sur de la Península a costa de los reinos musulmanes. Habiendo concluido esta empresa más tempranamente que Castilla, tanto Aragón como Portugal inician expediciones marítimas que acabarán dando lugar a imperios ultramarinos, el aragonés en el Mediterráneo, el portugués en las costas africanas e índicas a las que más tarde se añadió Brasil.

La indudable tendencia centrípeta de la España medieval (la tendencia a la unión) se culmina a finales del siglo XV con la unión de Castilla y Aragón; pero no se trata de una unión de iguales: Castilla era mucho mayor en tamaño y población. Aunque las dos habían sufrido guerras y despoblaciones, ambos azotes habían sido mucho más devastadores en Aragón. Fernando el Católico se sentía más a gusto como rey de una España centrada en Castilla que como rey de un Aragón más débil y sujeto a las exigencias, reclamaciones y resistencias de cuatro Cortes nada menos. Por todas estas razones, la unión sería asimétrica, y esta asimetría se arrastraría durante varios siglos, causando una larga ristra de conflictos.

CAPÍTULO 2

CATALUÑA EN LA ESPAÑA MODERNA

El siglo XVI. La difícil unión de dos coronas

La asimetría entre Aragón y Castilla en el momento de la unión es uno de los más graves problemas internos con que se enfrentará la nación española en la Edad Moderna. Esta asimetría fue consecuencia de la distinta evolución de ambos reinos en la Edad Media, de sus distintos tamaños, y de sus diferentes estructuras institucionales. Como señala Elliott (1984, pp. 3-6),

> El final del siglo XV [...] encontró a Castilla dispuesta para empresas y oportunidades inéditas. La prosperidad del comercio de la lana le había aportado nueva y gran riqueza. El final de la Reconquista la había liberado de guerras intestinas. El descubrimiento del Nuevo Mundo y las guerras europeas emprendidas por Fernando [el Católico] en defensa de los intereses aragoneses le ofreció una oportunidad ideal para canalizar las inmensas energías de una nación orgullosa y triunfante [...] Mientras Castilla entraba en un período de expansión económica y militar, la Corona de Aragón, tras siglos de expansión seguidos de un período de decadencia, entraba en una era nueva que, en el mejor de los casos, no parecía que fuera a ser de nada más que de consolidación y recuperación lenta.
>
> Desgraciadamente, esta explosión de vitalidad nacional de Castilla a finales del siglo XV no se vio correspondida con un alza comparable en la Corona de Aragón a la que ahora se unía. La historia medieval de la Corona de Aragón fue el reverso de la de Castilla [...] Mientras los castellanos estaban aún sumidos en sus luchas dinásticas y su cruzada contra los musulmanes aún estaba inacabada, los habitantes de las regiones orientales ya habían expulsado a los árabes y estaban echando las bases de uno de los Estados más admirables de la Europa medieval [...] Los siglos XIII y XIV constituyeron la gran era del imperio catalano-aragonés. [Pero el] siglo XV fue, para Cataluña, el socio dominante de la federación, una centuria de crisis comercial, social y política [...que] hundió en la guerra civil a un país que ya se había visto debilitado por la crisis [...] La Cataluña que surgió de estas luchas era un país destrozado y exhausto, que había perdido su empuje espiritual y económico.

La unión de estos reinos (o coronas) desiguales iba a tener, en principio, un carácter puramente personal o dinástico. Señala Elliott (1984, p. 7) que no hubo «más documento formal de unión que el contrato matrimonial entre Fernando e Isabel». Es cierto que los tenidos por fundadores de la nación española mantuvieron a sus respectivos reinos, Castilla y Aragón, como entidades separadas y que, al heredar Fernando el trono de Aragón, en 1479, rechazaron la propuesta de algunos miembros del Consejo Real de que se titularan *Reyes de España*[1]. El testamento de Isabel estuvo redactado en calidad de reina de Castilla exclusivamente, y en él nombraba heredera de ese trono a su hija Juana (la Loca), que solo en caso de incapacidad o ausencia sería reemplazada a título de gobernador o regente, no de rey, por su padre Fernando. Isabel mostraba así no estar de acuerdo con su marido en su pretensión de ser rey de Castilla por derecho propio. Lo mismo ocurría con su asignación de las Indias a Castilla exclusivamente. Con ello volvía a considerarse reina de Castilla y tener a Aragón por un reino separado.

Las consecuencias de esta asimetría en la unificación de los reinos fueron, a la larga, muy perjudiciales; es difícil, sin embargo, ver cómo hubiera podido evitarse, dados los datos de partida. En todo caso, la primera consecuencia fue, como señala Nadal (2011, p. 20), que «el imperio fue castellano. [...] No se puede discutir que los reinos castellanos respondían mejor a las exigencias de la gran política carolina». Pero esto no redundó mucho en ventaja de la Corona de Castilla, por varias razones: primero, porque Castilla perdió sus libertades y fueros. Las Cortes castellanas quedaron emasculadas ante el poder avasallador de la Corona española. En segundo lugar, porque sobre Castilla recayó el peso y el coste del imperialismo de los Habsburgo y de la Corona de Aragón, es decir, de la política europea de la nueva potencia, mientras se descuidaba la empresa de América. «Me parece indudable que nuestras empresas en el viejo mundo dañaron nuestra labor colonizadora», dice Claudio Sánchez-Albornoz (1956, II, p. 499). A la larga, aunque la plata americana permitiera a España sostener por muchos años unas quijotescas empresas europeas, en el XVII, cuando ni las Indias ni Castilla pudieron seguir financiando una guerra en tantos frentes, el fracaso

---

[1] Simon (2009), p. 338.

se hizo sentir en todos ellos: en Europa, en América y dentro de la propia España. Tampoco Aragón saldría bien parado en la unión asimétrica. «La situación política de la corona aragonesa no podía ser más angustiosa»: se respetó «su autonomía constitucional, [pero eso trajo consigo la] parálisis o esclerosis del aparato administrativo». Por otra parte, Aragón quedó apartado de las grandes decisiones: «a la extraversión castellana corresponde la excentricidad, el marginalismo aragonés. El lector avisado conoce sin duda los graves extremos a que hubo de conducir esa dicotomía, entrado el siglo XVII»[2].

También es cierto que la unión definitiva de los reinos tras la desaparición de los Reyes Católicos parece en gran parte obra del azar. De no haber muerto prematuramente, Felipe I (el Hermoso) hubiera reinado en Castilla excluyendo a su suegro, como ya hizo por un corto tiempo, durante el cual Fernando fue solamente rey de Aragón. Pero habiendo muerto Felipe en 1507, y siendo Juana incapaz de reinar, la regencia recayó en Fernando, que fue hasta su muerte regente en Castilla y rey de Aragón (aunque muchos contemporáneos, como Maquiavelo, le considerasen *rey de España*). Casado con Germana de Foix poco después de quedarse viudo, si el hijo que esta le dio hubiera sobrevivido, probablemente hubiera heredado la corona de Aragón y este reino hubiera quedado separado de Castilla. Pero no fue así, y a la muerte de Fernando fue su nieto Carlos el que heredó ambas coronas, que ya habrían de permanecer unidas y que dos siglos más tarde, con Felipe V, quedarían oficialmente fundidas como reino de España. Pese a lo aparentemente aleatorio de esta unión final de los reinos de Aragón y Castilla en la persona del Carlos V, sin embargo, parece improbable que la separación de ambos reinos hubiera podido mantenerse durante largo tiempo aun en el caso de haber sobrevivido el hijo de Fernando y Germana.

Es interesante observar que Carlos V, tan diferente de su abuelo Fernando, al que no conoció, se comportó de manera muy similar a él cuando asumió el trono: se asentó en Castilla y visitó Aragón con poca frecuencia, aunque inicialmente pareció encontrarse en Barcelona más a gusto que en Valladolid[3]. Es indudable que sus

---

[2] Nadal (2011), p. 22.
[3] Vilar (1962), I, p. 529; Fernández Álvarez (2000), p. 102.

razones para asentarse en Castilla fueron las mismas que las de su abuelo: este reino era más rico y poderoso y, además, sus Cortes eran mucho más manejables que las de Aragón, por lo que era más fácil obtener de ellas los medios que la costosa política imperial de Carlos exigía. Según Lynch (1964, p. 10), Carlos V y sus sucesores permitieron que las Cortes de Aragón mantuvieran su situación privilegiada porque

> estos reinos tenían poco que ofrecer [y por lo tanto] tenían poco que proteger y la corona tenía pocas razones para romper las barreras protectoras. Si los reinos orientales hubieran sido más ricos en recursos, es difícil no concluir que sus instituciones hubieran sufrido el mismo destino que las de Castilla [...] Aragón y Cataluña se libraron de las formas más extremas de gobierno absoluto a causa de su pobreza, y su inmunidad sobrevivió con el permiso de la corona. La prueba de esto la ofrece el hecho de que cuando fue necesario la corona no dudó en imponer su voluntad incluso aunque se opusiera resistencia. En las Cortes catalanas de 1510 los representantes de Barcelona se opusieron a conceder un subsidio alegando que el rey no había satisfecho sus demandas; Fernando inmediatamente ordenó la expulsión de los diputados de Barcelona, lo cual bastó para lograr su sumisión. [...] Y no fue sino en el siglo XVII, precisamente tras agotarse los recursos de Castilla, cuando el gobierno central trató de romper las inmunidades de los reinos orientales para controlar sus recursos humanos y monetarios.

Y, podríamos añadir nosotros, fue finalmente, cuando Cataluña, en el siglo XVIII, cometió el inmenso error de aliarse con Inglaterra contra Felipe V, y tratar de resistir con heroísmo numantino a los ejércitos del monarca, cuando este aprovechó su victoria para terminar de una vez por todas con las antiguas inmunidades o *constituciones*.

Las tan elogiadas constituciones catalanas (las leyes por las que se regía su sistema político) tenían sin duda un cierto arraigo popular[4], pero no eran, por supuesto, democráticas en absoluto. Como señala Elliott (1984, p. 16), en Aragón (y por ende en Cataluña)

> el rey no era el único opresor potencial [...] con el rey a gran distancia, no resultaba difícil a los nobles de los reinos de la Corona de

---

[4] Torres (2008), pp. 326-343.

2. CATALUÑA EN LA ESPAÑA MODERNA

Aragón sacar partido de los fueros para oprimir a sus vasallos a placer [...] El verdadero contraste no es entre una Corona de Aragón «libre» y una Castilla «esclavizada»; es un contraste más sutil entre una Castilla que disfrutaba de justicia y buen gobierno, pero tenía pocas defensas contra las demandas fiscales arbitrarias de la Corona, y una Corona de Aragón bien protegida contra los impuestos arbitrarios y el absolutismo real, pero con una constitución de la que abusaba fácilmente una aristocracia irresponsable.

Algo parecido dice Lynch (1964, pp. 338-339): «Las "libertades" de Aragón [así se llamaban también las "constituciones", "fueros", o "inmunidades"...] no eran populares o democráticas [...] Sobre todo, amparaban una estructura social arcaica [...] Los fueros, por tanto, favorecían a la clase dirigente, no a la masa popular». Estos juicios de dos historiadores británicos de máxima solvencia son frecuentemente olvidados por los escritores nacionalistas. En cuanto a Cataluña, Elliott pone de relieve cómo, so capa de resistir las presiones del monarca y el virrey, las constituciones catalanas «eran explotadas en beneficio de una minoría selecta [...] La *Diputació*[5], que había sido un bastión de las libertades catalanas, había caído en manos de intereses partidistas, y ahora aparecía como poco más que un bastión del privilegio aristocrático». Como veremos más adelante, el poder que tenían estas minorías aristocráticas, que controlaban las Cortes catalanas (en las que el campesinado, es decir, la gran mayoría de la población no tenía representación ninguna, como, por otra parte, ocurría en las otras Cortes españolas) y los gobiernos municipales, señaladamente el de Barcelona, donde la aristocracia y los *ciutadans honrats*, es decir, los burgueses ricos no titulados, controlaban el Consejo de Ciento, que era la principal asamblea de la ciudad, se utilizaba para negociar con la monarquía, especialmente en las *Corts*, obteniendo así legislación en su favor a cambio de los subsidios, tan codiciados por los monarcas. Por esto, los «privilegios que disfrutaba la aristocracia [...] ataban las manos del virrey y sus funcionarios [lo cual] los hacía sacrosantos para la clase gobernante catalana».

---

[5] También llamada *Generalitat*, era la comisión de las Cortes catalanas que actuaba cuando estas no estaban en sesión y que era casi un gobierno regional. Elliott (1984), pp. 101-102 y 130-137; ver más arriba, pp. 22-23.

EL SIGLO XVI

Carlos, hijo de Juana la Loca y Felipe el Hermoso, sería rey de España (Carlos I, entre 1516 y 1556) a la vez que emperador del Sacro Imperio (Carlos V, entre 1520 y 1558). A su muerte en el Monasterio de Yuste, le sucedería su hijo Felipe II, que ya solo sería rey de España o, mejor dicho, de la Monarquía Hispánica (sus territorios rebasaban ampliamente los límites de España) hasta su fallecimiento en 1598. La Monarquía incluiría las coronas de Castilla (con Navarra y Ultramar, es decir, las posesiones en las Indias Occidentales y Orientales), Aragón (con Sicilia, Nápoles, Cerdeña y el *Estado de los Presidios* en la costa de Toscana), el *Círculo de Borgoña* (Franco Condado, Países Bajos, Charolais), el Ducado de Milán y el Marquesado de Finale, además de Portugal, que anexionó Felipe II y se mantuvo en la Monarquía entre 1580 y 1640.

Un imperio tan vasto requirió una administración descentralizada, aunque se mantuvieron las instituciones creadas por los Reyes Católicos que tendían a la integración de las coronas de Castilla y Aragón, mediante la creación de Consejos y Reales Audiencias y Chancillerías, de los que se apartó a la alta nobleza, pues en el fondo latía el afán por avanzar hacia un Estado-nación de corte absolutista. En los municipios se introdujeron los corregidores como interventores reales y se tomaron medidas para que hubiera seguridad exterior (un ejército real permanente, con las órdenes militares bajo control) e interior (la Santa Hermandad). Esto suponía poner coto al pactismo medieval, lo que se consiguió, como hemos visto, mucho más en Castilla que en Aragón: el Consejo de Castilla se impuso sobre las Cortes de Castilla, mientras que el Consejo de Aragón no pudo hacer lo mismo con las Cortes de Aragón. Otros Consejos, como el de la Inquisición o el de Indias, también pudieron contribuir al proceso de construcción nacional, pero lo cierto es que la administración de las Indias terminó confiada a Castilla, como había dispuesto la reina Isabel en su testamento. Más fortuna se tuvo en la unificación religiosa en torno al catolicismo como seña de identidad nacional, pues se aceptaron con generalidad tanto la expulsión de los judíos como la conversión forzada de los musulmanes. El Consejo de la Inquisición fue común para Castilla y Aragón.

El predominio de Castilla en toda esta estructura se ejemplifica por la existencia de virreyes en Aragón, uno de ellos para Cataluña. En el siglo XVI, el Principado quedó en una difícil posición, pues, desde 1519, las Indias se vincularon explícitamente a Castilla

2. CATALUÑA EN LA ESPAÑA MODERNA

y, dadas las malas relaciones con Francia, en el comercio exterior tuvo que ceñirse al ámbito del Mediterráneo, que era un escenario en decadencia, debido en gran parte al avance turco y musulmán en las riberas orientales y meridionales. De este modo, la Cataluña de los siglos XVI y XVII se limitó a ser, principalmente, un espacio de tránsito entre Castilla e Italia. Las rutas más importantes enlazaban los puertos de Barcelona, Palamós y Rosas con Génova. El mayor problema para este tráfico era la seguridad, pues resultaba frecuente encontrar bandoleros en los caminos catalanes. Otro problema era el sobrecoste que representaban los *puertos secos* castellanos y las aduanas de la corona de Aragón, pues entre Castilla y Aragón se erigía una verdadera frontera económica. También cabe hacer notar que el alojamiento en las posadas catalanas era más caro que en las de Castilla, aunque aquellas solían ofrecer más servicios. Con todo, a mediados del siglo XVI, los mercados castellanos (en gran parte reexportadores hacia Portugal, Canarias y América) constituyeron una buena compensación a la decadencia de los mercados en el Mediterráneo[6].

Pero el mayor problema con que se encontraban los comerciantes castellanos que atravesaban Cataluña en el siglo XVI era la animadversión de sus gentes[7]. El virrey y los principales cargos públicos eran castellanos, pero también era frecuente encontrar castellanos en los cargos eclesiásticos desde que los Reyes Católicos confiaron la renovación del monasterio de Montserrat a monjes vallisoletanos[8]. Las instituciones catalanas que permanecían activas (el *Consell de Cent*, que administró Barcelona entre 1265 y 1714, y la *Generalitat*, que actuó como diputación permanente de las Cortes de Cataluña entre 1359 y 1716) siempre mostraron resistencia a esa acumulación de poder en manos foráneas. En consecuencia, los castellanos que atravesaban el Principado recibían pocas muestras de simpatía por parte de sus naturales, aunque tampoco las recibían los genoveses, a quienes en Cataluña se conocía como los *moros*

---

[6] Vilar (1962), I, p. 544.
[7] Hernández (1997).
[8] Kamen (1993). En Kamen (2014) Cap. 3, se explica que la dependencia de Valladolid (subsistente hasta las destrucciones derivadas de las guerras napoleónicas y la desamortización de Mendizábal) supuso grandes inversiones para el monasterio, siendo Felipe II el patrón más generoso por su procatalanismo (había sido criado por una familia catalana, los Requesens, y entendía el catalán hablado).

blancos. El motivo de la animadversión en este caso era el trato privilegiado que recibían los genoveses por ser activos financiadores de la corona. Frente a castellanos y genoveses, los catalanes se sentían postergados.

Ahora bien, la literatura nacionalista ha exagerado la postergación de los catalanes en esta época, como forma de explicar su relativa debilidad económica. Recordemos que en el testamento de la reina Isabel se estipulaba que América había sido descubierta y conquistada «*a costa de estos mis reinos [Castilla y León]*» (lo cual no era del todo cierto) y, según eso, era justo que «*en ellos venga todo lo que dellas [las Indias] se traxere*». A partir de esta disposición, en efecto, se confió la administración de las Indias a Castilla, pero ello no quiere decir que los habitantes de los territorios de la corona de Aragón tuvieran vedada la emigración al otro lado del Océano Atlántico y, por tanto, no pudieran aprovecharse en absoluto de los negocios americanos. Como demostró Martínez Shaw (1981), el rey viudo Fernando consintió muy pronto que sus súbditos aragoneses pudieran hacer las Américas. Unas cédulas de Carlos I, firmadas en 1524 y 1526, legalizaron esta situación. Eso sí, los catalanes tendrían que operar desde el puerto privilegiado de Sevilla, lo que determinó el asentamiento de una colonia del Principado en la ciudad. Para Martínez Shaw, la elección de un solo puerto para canalizar el comercio con América se debió a la lógica mercantilista, y que este puerto fuera Sevilla se entiende por su situación geográfica. El estancamiento económico de Cataluña no se puede explicar por el mero hecho de que Barcelona no fuera la elegida, sino que, como hemos visto, se trataba de un proceso que venía de antiguo.

En cualquier caso, hay que admitir que la presencia catalana en el Imperio español de los Austrias fue escasa, lo que tuvo sus aspectos negativos, pero también algunos positivos para Cataluña. El Imperio español extrajo plata en abundancia de las minas americanas, pero aquélla sirvió en buena medida para pagar gastos en su parte europea, ocasionados por la necesidad de mantener los territorios bajo control militar. Otra parte de la plata fue destinada al servicio de la deuda mantenida con los banqueros y el resto a adquirir bienes manufacturados importados que España no producía. Además, el aumento del dinero en circulación que la entrada de plata favoreció, dio lugar a la *revolución de los precios*, es decir, a una continua subida de estos durante el siglo XVI, que afectó a España más que a sus vecinos europeos y dañó a la competitividad de sus exportaciones allende los Pirineos. En definitiva, la plata no ayudó a la transformación estructural de la economía castellana, que siguió teniendo una base eminentemente ganadera (de cabaña lanar). A finales del siglo XVI, los rendimientos obtenidos del Imperio resultaban parcos en relación con el gran coste que se había tenido que afrontar[9]. Por tanto, los posibles perjuicios derivados de la escasa participación catalana en el Imperio español no serían tan elevados, aunque, por supuesto, siempre cabe plantear el arriesgado contrafactual de que con una mayor participación de los catalanes los resultados hubiesen sido otros.

No debe olvidarse, con todo, que la economía catalana en el siglo XVI participó del auge de la economía española en su conjunto, que, aunque sin transformación estructural, conoció un considerable nivel de prosperidad bajo los primeros Austrias. Una prueba de ello es la afluencia de inmigrantes franceses, que contribuyeron al crecimiento de la población del Principado. La inmigración ha sido una constante en la historia demográfica de Cataluña que le ha permitido crecer por encima de su propia capacidad de reproducción en más de una ocasión. En el siglo XVI se inició un primer *redreç* demográfico de Cataluña basado en «la inmigración francesa, que inyectó nueva y decisiva savia al potencial biológico catalán» y le permitió recuperarse del estancamiento sufrido desde el siglo XIV[10]. La inmigración francesa, que desde el siglo IX había sido apenas un «goteo» en las tierras catalanas, se convirtió en una «verdadera transfusión de sangre occitana» cuando los franceses llegaron «a manadas» una vez «que Fernando II promulgara la sentencia arbitral de Guadalupe (1486), portadora de la paz y la tranquilidad campesinas»[11]. Los franceses «llegan en las mejores edades para el trabajo y la reproducción (80 por 100 de ellos lo hace entre los 11 y los 30 años); se consagran sobre todo a la agricultura (45 por 100), a la ganadería (12,6 por 100) y a diversos oficios (12,2 por 100); se casan casi siempre con mujeres catalanas y *tienen hijos catalanes* [...]»; en definitiva, *vienen* «*a poblar Cataluña, a constituir en ella tronco y linaje*»[12]. De hecho, a finales del XVI, «los inmigrantes franceses suponían hasta

---
[9] Yun (2004).
[10] Nadal (1956), pp. 50-52.
[11] Nadal (1982), pp. 94-121.
[12] Nadal (1982), pp. 104-105, cursivas añadidas.

un 20 por 100 de la población de Cataluña»[13]. Esta corriente migratoria se redujo hacia 1620-25, debido al deterioro de la situación social y económica de Cataluña, hasta el punto de que «[l]a población dejó de aumentar en el preciso momento en que los pobladores franceses dejaron de acudir»[14].

Un nuevo período de inestabilidad y enfrentamientos militares en suelo catalán, que culminó con la Guerra de Secesión (o *dels Segadors*) frente a España en 1640, puso fin a ese período de recuperación y supuso un nuevo paso atrás en el avance de la población catalana. A la pérdida del Rosellón, ya muy afrancesado y «casi francés por la sangre antes de serlo por la bandera»[15], se unieron los terribles efectos de la peste, consecuencia en parte de los enfrentamientos bélicos, que diezmó a la población catalana. Tras varios siglos de expansión y contracción, a finales del siglo XVII la población catalana era similar a la de 1300, y rondaba el medio millón de habitantes. A partir de ese momento se inició un crecimiento sostenido que ha llegado hasta nuestros días.

A la relativa recuperación comercial propiciada por la expansión castellana y de los mercados americanos correspondió en la Cataluña del siglo XVI una apreciable recuperación artesanal e industrial, basada, sobre todo en la pañería, pero también en la metalurgia de forja, las armas, el cuero, el jabón y el vidrio. También permaneció activa la industria naval, aunque, señala Vilar (1962, I, p. 533), con fines esencialmente militares y por tanto dependiente de la corona. También benefició la corona española a la economía catalana en otro respecto: el de los embarques de plata. En efecto, en la segunda mitad del XVI el puerto de Barcelona se convirtió en exportador de plata con destino a Génova[16], desde donde se llevará a Flandes para financiar la guerra de los Países Bajos. Este comercio, que se refleja, al menos en parte, en las cifras de exportación, constituyó una fuente de prosperidad para Barcelona en los años finales del siglo[17].

---

[13] Phillips (1987), p. 557; Nadal (1984), p. 67.
[14] Nadal (1984), p. 69.
[15] Nadal y Giralt (1953), pp. 35-36.
[16] Bien sabía Quevedo lo que decía en su famosa letrilla sobre el dinero: «Nace en las Indias honrado/donde el mundo le acompaña; /viene a morir en España/y es en Génova enterrado».
[17] Vilar (1962), I, pp. 549-553.

2. CATALUÑA EN LA ESPAÑA MODERNA

La organización política catalana (en realidad, la de toda la Corona de Aragón) contrastaba con la castellana, donde las Cortes, sobre todo después de la derrota de los *comuneros* en Villalar, eran mucho más manejables para los monarcas que las de los reinos orientales. En concreto, no tenían potestad legislativa y no tenían normas tan antagónicas con la corona como las aragonesas. Por contraste, las catalanas, divididas en tres brazos, el nobiliario (en Aragón había dos, uno para la alta nobleza y otro para los caballeros), el eclesiástico y el *reial* (es decir, *real*, o representante de las ciudades), eran muy ceremoniosas y exigían que el rey jurase respetar las constituciones, es decir, las leyes políticas del principado, y antes de tratar del tema por el que los monarcas las convocaban, es decir, los subsidios, servicios o contribuciones, debían examinarse y resolverse todas las quejas o agravios que las Cortes presentaran al monarca. Ello podía dar lugar a sesiones interminables, porque los diputados, además, podían presentar en cualquier momento desacuerdos o agravios particulares (*dissentiments*) que detenían todo el procedimiento hasta que eran resueltos. Todos estos obstáculos procedimentales resultaban muy útiles para negociar con la corona y así, de un lado, obtener nuevos derechos y concesiones a cambio del anhelado subsidio y, de otro, lograr que este subsidio fuera lo menor posible. Se comprende por tanto la impaciencia de los reyes españoles por orillar esta penosa tramitación y negociar en cambio con las Cortes castellanas. En realidad, se trataba de un parlamentarismo obsoleto en un imperio del tamaño y la complejidad del español. Se comprenden estos laberintos rituales en un principado pequeño, donde el príncipe residiera en un entorno próximo y tuviera como principales asuntos a que atender los de política interior. Pero para un monarca a la cabeza de un imperio tan extenso y complejo como el español, con la lentitud y los costes de los desplazamientos, el parlamentarismo de un principado pequeño y cicatero como el catalán debía constituir una ordalía con muy pocos alicientes. Se explica por tanto el progresivo *effacement* (esfumación) catalán en las empresas imperiales de que nos habla Vilar (1962, I, p. 529).

Lo cierto es que Cataluña siempre se mostró remisa a contribuir para sostener el Imperio. Fernández de Pinedo (1997, p. 65) estimó la participación catalana en los gastos de la Monarquía Hispánica entre 1599 y 1640, y llegó a la conclusión de que fue «escasa en momentos normales y sólo se incrementó coyunturalmente por motivos bélicos, sin que se llegase nunca al nivel contributivo de la población castellana». Sus estimaciones venían a confirmar las tesis generales sostenidas anteriormente por numerosos autores (Elliott, Vilar, Domínguez Ortiz, Artola, García Cárcel), que habían sido puestas en tela de juicio por cálculos recientes de Eva Serra (1988) sobre la importante contribución de Cataluña cuando la guerra llegaba a la frontera con Francia, como ocurrió con la toma de Salses en 1639-1640, a la que luego nos referiremos. Fernández de Pinedo (1997, pp. 85-86) admite la corrección de los datos de Serra, pero los califica de extraordinarios: la campaña de Salses supuso pagar «entre cuatro y seis veces más de lo que se pagaba en los años normales». Y añade que, como en otros casos de frontera (Guipúzcoa, Navarra), la lógica era pagar poco en años normales y mucho en tiempos de guerra con Francia, pero incluso los esfuerzos requeridos en estos casos se pueden calificar de soportables, porque lo cierto es que el año de la campaña de Salses, cada catalán habría pagado «no mucho más de lo que todos los años pagaban los castellanos sujetos al fisco».

En una obra reciente, Fontana (2014, p. 143) ha defendido que si los catalanes pagaban poco era porque el Principado «intentó mantenerse al margen del desastre fiscal y monetario castellano [y] tuvo que defenderse de la codicia de una hacienda real que necesitaba los recursos para pagar a los banqueros internacionales los intereses usurarios que exigían por el dinero prestado». Como hemos visto, Cataluña, y en particular Barcelona, se benefició del desastre fiscal y monetario castellano, en la medida en que este vino determinado por la guerra de los Países Bajos y convirtió a Barcelona en el puerto de salida de la plata hacía Génova y Flandes. Por otra parte, Cataluña también se evitó lo peor de la insensata política monetaria de los últimos Austrias al mantener su propio sistema monetario y evitar en gran parte las terribles fluctuaciones del vellón en el siglo XVII.

En opinión de Fontana, la continua tensión con la Corona española explica las llamadas *torbacions de Catalunya* entre 1585 y 1593, ocurridas a raíz de las Cortes de Aragón de 1585, que se convocaron tras la anexión de Portugal en 1580. El intento de la *Generalitat* de interpretar lo que había sido aprobado en las Cortes fue frenado por el Consejo de Aragón. Las *divuitenes* (comisiones delegadas que contaban con 18 miembros, seis por cada brazo; de ahí su nombre, que podríamos traducir por *dieciochenas*) de la *Generalitat* fueron vistas por el Consejo como un ataque a la Audiencia (organismo asesor del virrey) y estalló el conflicto. En 1588, hubo tumultos en la calle, que se agravaron cuando llegó la peste a Barcelona al año siguiente. En 1591, el virrey Manrique de Lara, que no había sabido manejar el conflicto, fue sustituido por Pedro Luis de Borja, que traía instrucciones para actuar con dureza. Las *turbaciones catalanas* tuvieron relación con el coetáneo conflicto aragonés con motivo de la protección que obtuvo de Aragón el fugitivo y perseguido Antonio Pérez, antiguo secretario de Felipe II. Es muy probable que los episodios más violentos en Barcelona representaran un cierto eco de los que estaban teniendo lugar en Zaragoza, lo que explica que el rey finalmente prefiriera aplacar con dureza las *turbaciones* de Aragón antes que las *torbacions* de Cataluña. En Aragón el ejército real tomó Zaragoza y los rebeldes fueron ejecutados sumariamente. Esto dio tiempo al *Consell de Cent* para reflexionar y tomar la decisión de rendirse sin luchar. La batalla la ganó la Audiencia, pero, al morir Felipe II en 1598, se decidió perdonar a todos los implicados en las *torbacions*. Felipe III llegaría a Barcelona en mayo de 1599 para jurar unas nuevas constituciones catalanas (se publicarían en 1603) y celebrar Cortes, que se mostraron dispuestas a hacer un donativo importante al nuevo soberano.

El siglo XVII. Crisis política y económica

El siglo de la crisis

A partir de la derrota de la Armada en 1588, España conoció un largo siglo (125 años) de desventuras y catástrofes que no tiene parangón en su historia. Las derrotas militares, la desunión, el desmembramiento (Quevedo comparaba a Felipe IV con un pozo: «más grande cuanta más tierra le quitan»), y la decadencia económica se sucedieron y encadenaron. Las causas profundas de este largo episodio, que la historiografía internacional conoce como «la decadencia española» (*the decline of Spain*) son claras: el declive intelectual, fruto de la intolerancia religiosa, la Contrarreforma, y la Inquisición; la asimetría política, con la asunción por Castilla de la hegemonía, pero también la carga y el peso de las responsabilidades de la administración del Imperio; el predominio de los valores feudales, con total ignorancia de las realidades económicas; y un desfase creciente entre las posibilidades del país y los objetivos perseguidos, desfase que se pudo mantener y acrecentar durante largo tiempo gracias a la importación de metales preciosos de América.

Esto, por lo que hace a las causas que podríamos definir como específicamente españolas; pero no podemos olvidar que las décadas centrales del siglo XVII contemplaron una crisis y una depresión a escala planetaria, determinada en gran parte por un factor totalmente independiente de la acción humana: el enfriamiento del clima a causa de una disminución de la actividad solar. Esto dio lugar al fenómeno que se conoce como *la pequeña era glacial*, un descenso de la temperatura media del planeta que afectó gravemente a la producción agrícola, lo cual, en una sociedad con los medios técnicos disponibles en la época, provocó hambres, enfermedades y guerras. Un libro monumental de Parker (2013) ofrece en sus primeras páginas (prólogo, introducción y primeros capítulos) una impresionante acumulación de evidencia acerca de la interacción entre el cambio climático, las escaseces, la violencia, y las revueltas y revoluciones que tuvieron lugar en las décadas mencionadas en todo el mundo, de las que las ocurridas en la Península Ibérica son una parte importante pero empequeñecida ante el número de trastornos políticos ocurridos en el mundo.

Sin embargo, debemos distinguir entre el hecho político del desmembramiento parcial del *imperio donde no se ponía el sol* (separación de Cataluña, Portugal, Países Bajos, Brasil) y el fenómeno del derrumbamiento militar, político y económico de la metrópoli de ese imperio, aunque ambos, sin duda, están estrechamente conectados. Dentro de la gran crisis mundial del siglo XVII España es probablemente el país que sale peor parado, cuyo estatus desciende de manera más fulminante de potencia hegemónica a entidad de tercera categoría. Además de los factores negativos que enumeramos dos párrafos más arriba, existe otro, de tipo físico-económico, que explica la *inferioridad diferencial* de nuestro país en el XVII. España era un país de limitadas posibilidades económicas en la Europa moderna, donde la principal fuente de riqueza era la agricultura cerealista, actividad para la que el país no tiene buenas condiciones, por la aridez del suelo y la sequedad del clima.

La España medieval tuvo su gran recurso en la ganadería trashumante, para la que sí tiene buenas condiciones físicas, pero ésta actividad requiere una baja densidad de población[18]. El poder militar en la Europa moderna exigía ejércitos numerosos y, por tanto, altas densidades de población. España pudo contrarrestar durante un tiempo su inferioridad numérica gracias a la plata americana, pero a finales del siglo XVI ésta resultaba ya insuficiente y, además, su producción empezó a disminuir. La derrota de la Armada exigió nuevos impuestos (los *millones*), que esquilmaron a Castilla y aun así resultaron insuficientes; comenzaron de este modo las emisiones de *vellón* (plata rebajada con cobre, que acabó siendo puro cobre) que causaron inflación y empobrecieron aún más a Castilla. La crisis del siglo XVII fue un fenómeno global, como hemos visto, pero afectó más gravemente a todo el ámbito mediterráneo, que se vio desplazado de manera casi definitiva por la Europa del norte, no tan afectada por la gran crisis global, como centro del poder político y económico europeo. Pero quizá sea España donde la crisis alcanzó caracteres más dramáticos y trascendentales.

La realidad de la crisis del siglo XVII ha sido cuestionada por algunos historiadores españoles. Un crítico notorio de los últimos tiempos fue Anes, que en 1978 publicó un artículo donde negaba la realidad de la depresión agrícola en la España del XVII. Decía Anes que «no es posible ya seguir manteniendo la tesis de la depresión general del siglo XVII», alegando que la evidencia era contradictoria y que el fenómeno, en todo caso, «pudo, pues, consistir en España, en lo que se refiere al sector agrario, en los reajustes que se produjeron lenta y automáticamente entre el número de habitantes y la producción de subsistencias»[19]. Estas afirmaciones eran ya harto discutibles en el momento en que fueron publicadas; pero la evidencia que se ha ido acumulando desde entonces las ha dejado totalmente desfasadas. Ya puso en evidencia Llopis en 1986 que lo que se sabe sobre la población española a mediados del XVII, como hemos mencionado un poco más arriba, muestra no sólo una desaceleración, sino con toda probabilidad una caída[20]. A ello debe añadirse la evidencia sobre la

---

[18] Álvarez Nogal y Prados de la Escosura (2013).
[19] Anes (1978), p. 108. Estas tesis quedaron algo más especificadas en Anes (1979).
[20] Llopis (1986). Ver también Pérez Moreda (1993), pp. 375-384; Nadal (1984), pp. 35-85; Parker (2013), pp. 83-87, 287-9. Muchos más autores podrían citarse.

disminución de la producción agraria en muchos puntos de la geografía española, de lo cual hay también sobrada evidencia en la literatura. Recientemente, por ejemplo, Yun (2013, p. 41) ha abundado en esta posición al señalar: «Las regiones del centro, sobre todo las áreas del interior de la Corona de Aragón y de la Corona de Castilla, experimentaron durante esas décadas una crisis que se transformó en recesión, si por tal entendemos una reducción de la producción agraria, la descomposición de la red urbana y un descenso demográfico».

Hace años, Pierre Vilar en su breve *Historia de España* (1978, p. 67) recordó que Azorín y algún que otro intelectual español habían negado la decadencia por «amor propio», añadiendo que el fenómeno era indiscutible en cuanto a su existencia, aunque delicado en cuanto a su interpretación. Para Vilar resultaban cuestionables los análisis demográficos que probaban la despoblación, pero no había duda de «la ruina de Castilla, de sus industrias, su ganadería, su monopolio comercial burlado por los extranjeros». Podía haber gente en las ciudades, pero muchos mantenían modos de vida «demográfica y económicamente estériles». Y el gran hispanista francés concluía[21]:

> Todas las clásicas «causas de decadencia», tradicionalmente expuestas —alza de precios, alza de salarios, desprecio del trabajo manual, exceso de vocaciones religiosas, expulsión de disidentes religiosos, emigración, abandono de la agricultura, vida picaresca, etc.— no representan, en verdad, sino aspectos diversos de una misma realidad. Todas son, al mismo tiempo, *causas* y *efectos* en la «crisis general» de una sociedad, donde se entrelazan de manera inextricable los elementos económicos, políticos, sociales y psicológicos.

Lo mismo había señalado en su monumental *Cataluña en la España moderna* (1962, I, p. 588): «Entre 1598 y 1640, Cataluña presenta signos de crisis que son comunes a toda la economía española». Hay, por ejemplo, numerosos indicios de que el comercio en Barcelona estaba disminuyendo en los primeros decenios del siglo

---

[21] Vilar (1978), pp. 69-70, sus cursivas.

2. CATALUÑA EN LA ESPAÑA MODERNA

y de que las exportaciones caían y las importaciones aumentaban. Lo mismo ocurre con la industria: las evidencias de depresión, aunque fragmentarias, son muy numerosas: esfuerzos de los empresarios por abaratar los salarios, recurso a la mano de obra campesina no encuadrada en gremios, paro, hambre, protestas callejeras, pruebas todas ellas de un malestar creciente. La agricultura catalana parece haber resistido la depresión mejor que la castellana, pero esto no evitó grandes crisis de subsistencias, por ejemplo en 1604-1606, en 1627-1631, y en 1640; esta última sirvió de detonante a la revuelta inicial de los *segadors*, que hizo estallar la guerra de separación de Cataluña[22].

Entre los síntomas de crisis y malestar destaca un problema rural endémico en Cataluña: el bandolerismo. Este fue un fenómeno que asoló Cataluña entre mediados del siglo XIV y mediados del siglo XVII, coincidiendo en su última y más aguda fase con la crisis económica y social estructural de la que estamos hablando[23]. El primer bandolerismo fue aristocrático, fruto de los bandos que se formaban constantemente en una sociedad muy crispada. Las dos principales banderías que lucharon en Cataluña durante este mismo período, aunque su rivalidad se remonta al siglo XIII, fueron las de los *nyerros* (más reaccionarios) y los *cadells* (algo más liberales), que dividieron a la aristocracia y los hombres de armas catalanes, y que estarían estrechamente ligadas con el bandolerismo señorial. Después llegaría el bandolerismo popular, hijo de la miseria. En conjunto, el bandolerismo catalán tuvo mucho que ver con el extendido por todo el Mediterráneo tras iniciarse el declive de sus economías ribereñas; como en otros países, era frecuente en Cataluña que los bandoleros populares actuaran al servicio de un señor contra sus enemigos[24]. También nos dice Reglá que el bandolerismo catalán se ubicó con preferencia en los Pirineos y se nutrió de elementos tanto catalanes como franceses. Hugonotes y calvinistas recurrieron a este bandolerismo pirenaico para financiarse.

Combatir el bandolerismo fue preocupación constante de los Austrias, no solo por la amenaza para el orden público y el poder

---

[22] Vilar (1962), I, pp. 599-602; Elliott (1984), p. 426; Parker (2013), p. 267.
[23] Reglá (1966), p. 149.
[24] Elliott (1984), pp. 64 y ss.

real que representaba, y por las pérdidas que sus saqueos reportaban a la Corona, sino también porque impedían un adecuado control de la frontera pirenaica, de gran importancia para España en su prolongada rivalidad con Francia. Además de los problemas de gran estrategia, la porosidad de la frontera permitía la infiltración de espías y de hugonotes, quedando así amenazada no solo la seguridad militar, sino también la unidad religiosa, tan importante para la Monarquía por razones de toda índole. La represión del bandolerismo, sin embargo, resultaba difícil por el amparo que encontraban los bandoleros en los templos y porque saquear los cargamentos de metales preciosos de la corona que pasaban por el Principado camino de Génova resultaba beneficioso para muchos. Prueba quizá de la consideración de la Corona española por Cataluña (o de la falta de imaginación de los burócratas) es que, a pesar de los asaltos a estos cargamentos, no se utilizó una ruta alternativa, por ejemplo, a través del puerto de Valencia. A la preocupación por el caos y las banderías rurales se añadían la alarma por el desorden económico (contrabando) y la preocupación religiosa (la corona temía la infiltración de hugonotes franceses a través de la frontera aprovechando el descontrol, especialmente agudo en las zonas montañosas).

Por añadidura, existía un enfrentamiento latente entre los virreyes, de un lado, y los nobles y eclesiásticos catalanes, de otro, pues éstos se sentían postergados ante la tendencia de los monarcas a otorgar los principales cargos de la Monarquía Hispánica a castellanos, dentro o fuera de Cataluña. En 1599, el mismo Felipe III comprobó en una sesión de las Cortes Catalanas la resistencia que había en el Principado a prohibir los *pedrenyals* o pedreñales, es decir, las pistolas de largo cañón de fabricación local que usaban los bandoleros de todo tipo. Un virrey nacido en Cataluña, Joan Terès i Borrull, se atrevió en 1603 a prohibir su fabricación, pero hubo tales protestas que tuvo que dimitir al poco tiempo. Curiosamente, Terès, que era arzobispo, simpatizaba con los *nyerros*, es decir, con la facción nobiliaria más reaccionaria. Ambas facciones (*nyerros* y *cadells*) aportaron bandoleros, siendo muy conocido el *nyerro* Serrallonga, especializado en asaltar carruajes reales, que fue ahorcado en 1634, siendo el último de los grandes y míticos bandoleros catalanes.

2. CATALUÑA EN LA ESPAÑA MODERNA

La Guerra dels Segadors, primera rebelión catalana: causas y consecuencias

Las guerras europeas, en especial la de Flandes, absorbían más recursos de los que Castilla y las Indias podían allegar. El proyecto del conde-duque de Olivares de equilibrar las contribuciones militares de los reinos españoles (la *Unión de Armas*) halló fuerte resistencia en Aragón y Portugal, provocando finalmente la secesión de este reino y de Cataluña en el malhadado año de 1640. Portugal halló apoyo en Inglaterra y Cataluña en Francia, que estaba en guerra con España. Para España, estas secesiones colmaron el cáliz de la amargura: incapaz de vencer en Flandes, se enfrentaba ahora a dos rebeliones más. Flandes y Portugal se dieron por perdidos, pero Cataluña, desengañada ante el trato recibido de Francia, acabó reintegrándose tras la rendición de Barcelona en 1652. Como dice Lynch (1969, II, p. 107), «carecía de los recursos necesarios para la independencia y no quería ser satélite de Francia; los mejores términos a su alcance eran los que ofrecía España».

Si para España la secesión de Cataluña fue catastrófica, para Cataluña el balance fue aún peor[25]. Además de las mortandades y devastaciones de la guerra, sufrió la pérdida del Rosellón y gran parte de la Cerdaña (la llamada *Cataluña norte*) que su reciente aliado, Francia, reclamó en el tratado de los Pirineos (1659), reclamación que España no estaba en condiciones de resistir, en gran parte porque estaban ya de hecho bajo el control galo. Francia en poco tiempo acabó con los fueros de la recién anexionada *Cataluña norte* y, por supuesto, reprimió el uso de la lengua catalana como en España jamás se ha hecho, ni siquiera en tiempos de Franco. Sin embargo, en la Cataluña española se recuerda como un héroe al canónigo Pau Claris, principal artífice de la sumisión de Cataluña a Francia y de la prolongación de una guerra que devastó y desmembró al Principado[26]. Por otra parte, Felipe IV no buscó venganza por la traición de Cataluña (imaginemos el trato que hubiera recibido la Navarra francesa, por ejemplo, si se hubiera aliado con España durante la guerra entre ambos países): perdonó a los cabecillas de la rebelión, respetó los fueros catalanes, y no aumentó la llevadera presión fiscal. Todo

---

[25] Vilar (1962), I, pp. 633-638.
[26] Serra (1969).

ello no es óbice para que un historiador nacionalista tan respetable como Antoni Simon, aun reconociendo la benevolencia del rey, se esfuerce (con poco éxito) en buscar pruebas de una «represión más inclemente y rigurosa»[27].

El promotor de la Unión de Armas, Gaspar de Guzmán Pimentel, conde-duque de Olivares (conde de Olivares y, más tarde, duque de Sanlúcar la Mayor), provenía de una familia noble malagueña, pero nació en Roma, donde su padre era embajador. Al morir sus dos hermanos mayores, tuvo que abandonar los estudios eclesiásticos que cursaba en Salamanca y marchar a la Corte acompañando a su padre. Allí consiguió ser nombrado camarero del príncipe Felipe, cuya confianza se ganó con ayuda de su tío, Baltasar de Zúñiga. En 1621, Felipe IV accedió al trono y, desde el año siguiente, Olivares sería su valido. Su gran enemigo sería la Francia de Richelieu, contra la que no cabía oponer sino una economía fuerte y unas finanzas públicas saneadas. A ello se dedicó Olivares desde el primer día, desarrollando medidas de tipo mercantilista, acompañadas de una reforma fiscal y monetaria[28].

La decadencia de España frente al empuje de Francia, que tomaba el relevo de la hegemonía europea, era un hecho cada vez más evidente, y Olivares sabía que solo podría resistirse si el país era capaz de unirse en torno a un gran ejército. La corona de Castilla soportaba prácticamente todo el gasto de la política imperialista y estaba exangüe[29]. La Unión de Armas sería la solución a este desequilibrio, herencia funesta de la asimetría con la que se llevó a cabo la unión de las coronas de Castilla y Aragón desde el siglo XV. Pero para llevar a cabo esta unión, habría que reformar el Estado, compensando a los no castellanos por su participación en el esfuerzo bélico. Olivares pensó en *descastellanizar* los cargos públicos, algo que no hizo ninguna gracia a la nobleza castellana, que monopolizaba virreinatos y embajadas (ejemplo de lo cual fue la carrera del mismo padre de Olivares). A cambio de tratar a todos los reinos por igual, Olivares

---

[27] Balcells (2004), p. 478.
[28] Elliott (1988), *passim*.
[29] Otra letrilla de Quevedo resume magistralmente la situación: «En Valencia y Aragón/nadie tributa un real; /Cataluña y Portugal/son de la misma opinión. /Solo Castilla y León/y el noble reino andaluz/llevan a cuestas la cruz. /Católica Majestad/ten de nosotros piedad/que no tributan los otros/como lo hacemos nosotros».

2. CATALUÑA EN LA ESPAÑA MODERNA

pensaba que también debiera contarse con un apoyo igual por parte de los propios reinos. En un famoso memorial, el conde-duque abogaba por que Felipe IV se comportara como rey de España, en lugar de como rey de Castilla, Portugal, Aragón, y Valencia, y conde de Barcelona[30]. Esta unidad en la igualdad debía materializarse en la Unión de Armas, que suponía crear un ejército de reserva de 140.000 hombres, de los que 16.000 serían aportados por Cataluña, en proporción a su población y riqueza (esta cifra igualaba la de los reinos de Portugal y Nápoles; a Castilla y las Indias se les asignaban 44.000)[31]. Cualquier región atacada sería defendida de inmediato por la séptima parte de su cuota de reservistas. Olivares pensaba que así no solo se vería aliviada la carga de Castilla, sino que se crearía una vía para acabar con la «sequedad y separación de corazones» que caracterizaba la relación entre los diversos territorios de la Monarquía Hispánica[32].

En diciembre de 1625, Felipe IV convocó Cortes para aprobar la Unión de Armas. En Cataluña fueron las primeras desde las de 1599. El 26 de marzo de 1626, el rey entraba en Barcelona y juraba las constituciones catalanas, lo que le permitió ser reconocido como soberano del Principado con el título de conde de Barcelona. Cinco semanas después, el 4 de mayo, se marchaba Felipe de la Ciudad Condal muy enfadado porque en todo el tiempo transcurrido no había escuchado más que *greuges* (agravios) y *dissentiments*, sin que ni siquiera se hubiera debatido la Unión de Armas. El fracaso en Cataluña se sumó a los de las Cortes de Aragón y Valencia, pero, con todo, el 25 de julio se proclamó el establecimiento oficial de la Unión de Armas. Las protestas fueron sonoras, principalmente en Cataluña, lo que hizo obligado convocar allí nuevas Cortes en 1632. El resultado fue el mismo: los diputados catalanes no hicieron sino presentar *greuges* y *dissentiments*, hasta que el rey salió de estampida sin clausurar oficialmente las Cortes.

En 1635, Francia declaró la guerra a España y Cataluña quedó amenazada. Olivares se vio obligado a reunir un ejército de 40.000

---

[30] Elliott (1988), p. 197.
[31] Elliott (1988), Cap. VII, esp. pp. 247-248. La cifra correspondiente a Cataluña estaba basada en una estimación de su población en un millón de habitantes, cuando la realidad probablemente era menos de la mitad de esa cifra (pp. 257-258).
[32] Torres (2008), p. 193.

hombres en el Principado, de los que 6.000 serían catalanes. Olivares sabía que la estancia de las tropas traería problemas y, en 1638, consiguió que un catalán de talante negociador, el conde de Santa Coloma, fuera nombrado virrey. Pero ese mismo año se renovó la *Generalitat* y entraron diputados extremistas por el brazo eclesiástico (Pau Claris) y el militar (Francesc de Tamarit). Claris era canónigo de la *Seu d'Urgell* y se había distinguido por su oposición al nombramiento de obispos castellanos en Cataluña, mientras Tamarit era un militar catalán contrario a la colaboración con las tropas del rey de España. Entre septiembre de 1639 y enero de 1640, el castillo de Salses, situado en el límite del Rosellón con Occitania, fue objeto de un asedio por tropas castellanas y catalanas, que terminó con la rendición de los franceses. La victoria fue conjunta, pero Tamarit, que lideraba las tropas catalanas, consiguió ser recibido en Barcelona como el auténtico libertador de una plaza importante en la zona de influencia catalana al norte de los Pirineos.

Lo anterior explica la cólera de muchos catalanes cuando, en marzo de 1640, Tamarit fue encarcelado por el virrey, harto de su obstruccionismo. El incidente se vivió como una afrenta del rey a la *Generalitat*. Hubo numerosas protestas y Tamarit fue liberado por las turbas en mayo, pero la revuelta continuó hasta que el 7 de junio, día del Corpus Christi, Barcelona se vio invadida de segadores que blandían sus hoces de forma amenazadora contra los funcionarios reales. Parece claro que la presencia en la Ciudad Condal de los segadores había sido instigada por las autoridades locales. Los revoltosos cometieron toda clase de atropellos, el mayor de los cuales fue asaltar el palacio virreinal y dar muerte al virrey, asesinado en una playa cuando intentaba huir en una galera. El resto del año estaría marcado por la extensión del caos por toda Cataluña, pues los sublevados del pueblo, hartos de pasar calamidades, se volvieron contra sus señores. Ante la inacción de Felipe IV, la *Generalitat* comandada por Pau Claris proclamó la República el 17 de enero de 1641. Ahora sí Felipe IV reaccionó enviando tropas al Principado para revertir la situación, y Claris puso al Principado bajo la protección de Francia[33], proclamando conde de Barcelona al mismísimo Luis XIII, que ganó

---

[33] Es de señalar que las negociaciones entre Claris y el enviado francés, Bernard Duplessis-Besançon, se llevaron en castellano, porque era el único idioma que ambos conocían. Cf. Torres (2006), p. 130.

la batalla de Montjuïc (26 de enero). La efímera República Catalana había durado menos de una semana. En el mes siguiente moriría Claris (se rumoreó que envenenado), que así se perdería contemplar las calamidades que traería a Cataluña su decisión de ponerla bajo la férula francesa.

La Guerra de los Treinta Años, que está en el trasfondo de todo lo ocurrido, terminó con los tratados de la Paz de Westfalia (1648), donde España sufrió grandes pérdidas en sus dominios del centro de Europa. Estas pérdidas se sumaban a las de las revueltas de 1640-1652, que significaron la pérdida de Portugal en 1640, cuando el duque de Braganza se proclamó rey con el apoyo de Inglaterra, y la referida de Cataluña en 1641. De todos los territorios independizados de la Monarquía Hispánica el que corrió peor suerte fue Cataluña. Las muertes de Richelieu (1642) y Luis XIII (1643) dejaron a Francia sumida en la confusión. El sucesor, futuro Luis XIV, había nacido en 1638, por lo que fue necesario acudir a la regencia de su madre, Ana de Austria, que había nacido en Valladolid y que era un personaje muy impopular por sus devaneos amorosos y por las sospechas de actuar a veces a favor de los enemigos de Francia. La regente se apoyó en un italiano, el cardenal Mazarino, que tampoco gozó del favor popular. El resultado fue que, entre 1648 y 1653, se sucedieron las revueltas de los nobles franceses conocidas como *La Fronda*. La Cataluña francesa sufrió al verse envuelta en todas estas convulsiones.

En el mundo anglosajón se habla de la *Franco-Spanish War* como un fenómeno militar que se desarrolló entre 1635 y 1659 y que marcó el trasvase de la hegemonía en Europa de España a Francia. Esto explica que Felipe IV siguiese con mucho interés todo lo que ocurría en la Cataluña sometida a Francia. La batalla de Rocroi (1643) se libró en parte por la intención española de abrir un frente en el norte de Francia que distrajese tropas del sur y así poder avanzar en la recuperación de Cataluña. Pero Rocroi fue un desastre para los tercios, que resultaron vencidos por el ejército de un joven duque de Enghien de 21 años, que llegaría a ser príncipe de Condé, y gran protagonista de la Fronda. Pocos meses antes de Rocroi, el conde-duque había sido apartado de la Corte, empezando un calvario que le llevó ante la Inquisición en 1644 y a la muerte al año siguiente. Su sueño de una España fuerte y unida no pudo realizarse, lo que sí ocurrió en Francia bajo el reinado de Luis XIV, con el consiguiente acceso del país al estatus de gran potencia hegemónica.

Pero Cataluña volvería a la Monarquía Hispánica en 1652, por la conjunción de la decepción de los catalanes con la Francia de Mazarino, proclive al centralismo y en conflicto permanente, y el genio militar de Juan José de Austria, hijo bastardo de Felipe IV que, tras sofocar sendas rebeliones en Nápoles y Sicilia, instigadas por los franceses, aceptó la misión de recuperar el Principado. En julio de 1651, Juan José de Austria entraba en Cataluña para tomar contacto con el virrey español, pues, entre 1641 y 1659, hubo dos virreyes en el Principado: uno español y otro francés. Esto se explica porque Cataluña estuvo todo este tiempo dividida. Tarragona y Lérida fueron importantes plazas en manos de los españoles (y también otras como Tortosa y Rosas, en la actual provincia de Gerona). Desde estas plazas, los felipistas tratarían de convencer a los franco-catalanes de que volver con el rey de España significaba más autonomía de la ofrecida por Francia. El 21 de agosto de 1644, Felipe IV repitió en Lérida su juramento de 1626 sobre el respeto a las constituciones catalanas. Por tanto, la principal misión de Juan José de Austria era hacer caer Barcelona, de la que se habían enseñoreado los franceses.

Lo cierto es que don Juan José no tuvo que esforzarse mucho para tomar la ciudad, pues el caos reinaba en ella (Meseguer, 2012). El jefe del ejército francés, general Marchin, abandonó la ciudad para pasar a Francia y unirse a la Fronda del Príncipe de Condé, su protector, que, al parecer, le importaba más que Barcelona. También huyeron parte de los diputados de la *Generalitat*, que se instalaron en Manresa y, desde octubre de 1651, pondrían en marcha una segunda *Generalitat*, lo que causaría no poca confusión. Juan José de Austria hubiera podido tomar la ciudad en ese momento, pero tenía órdenes de no causar estragos y, durante un año, dejó que el caos antes citado, junto con el hambre y un brote de peste, hicieran su papel. El 11 de octubre de 1652, la ciudad capituló y Juan José de Austria acogió con los brazos abiertos al diputado eclesiástco, Pau del Rosso, y al *conseller en cap*, Rafael Casamitjana. El 3 de enero de 1653, Felipe IV firmaba el *perdón de los catalanes* y confirmaba todos sus antiguos privilegios, aunque, por supuesto, trató de situar en puestos de responsabilidad a sus adictos y apartar a los que consideraba hostiles (Torres, 2006, p. 264).

La recuperación de Cataluña no significó el fin de la prolongada guerra entre Francia y España, sino que todavía se sucedieron

2. CATALUÑA EN LA ESPAÑA MODERNA

episodios bélicos. El genio militar de Juan José de Austria fracasó en sus intentos de recuperar el Rosellón y Portugal, país fuertemente apoyado por Inglaterra. Estas acciones determinaron en 1657 una alianza entre la Francia de Mazarino y la Inglaterra de Cromwell que llevó a España a ser derrotada en la Batalla de las Dunas (1658), donde Condé y Marchin combatieron al lado de Juan José de Austria. El paso siguiente sería la Paz de los Pirineos, firmada el 7 de noviembre de 1659 en la isla de los Faisanes, sobre el río Bidasoa. Todos los territorios al norte de los Pirineos (la *Cataluña Norte* de nuestros días), es decir, el Rosellón, el Conflent y el Vallespir, quedaron bajo jurisdicción francesa, con la excepción del valle de Arán. La Cerdaña quedó dividida en dos: una francesa y una española. La buena voluntad de Felipe IV con los catalanes llevó a conceder que se incluyera en el tratado un indulto general y la restitución de bienes a todos los perjudicados por la sublevación de 1640-1659. Además, en los territorios de cultura catalana al norte de los Pirineos se mantendrían los *Usatges* de Barcelona y habría instituciones creadas al efecto en Perpiñán (Sanabre 1956).

El tratado contemplaba otras cesiones territoriales y la boda de Luis XIV con una hija de Felipe IV, con una dote de medio millón de escudos de oro por la renuncia a los derechos sucesorios al trono de España. El matrimonio se celebró, pero no hubo dote, lo que tendría consecuencias a la muerte de Carlos II. Tampoco se respetaron en Francia los *Usatges* de Barcelona, pues, como hemos dicho, la orientación de Luis XIV siempre sería centralista. Esta actitud animó las revueltas de los *angelets* (algo parecido a los *miquelets*, tropas irregulares que habían combatido contra Felipe IV en la *Guerra dels Segadors* bajo la advocación de San Miguel) en el Rosellón hasta 1678. Los conflictos en la frontera no cesaron en la segunda mitad del siglo XVII, aunque ahora tuvieron menos intensidad. En 1697, Barcelona llegó a ser ocupada por tropas francesas, pero pronto se llegó a un acuerdo. Lo cierto es que la España de Carlos II (1665-1700) fue poco a poco aceptando el sometimiento a la gran potencia en que se había convertido Francia y no es del todo extraño por ello que el rey nombrara como sucesor en su testamento a un nieto de Luis XIV, que era sobrino segundo suyo, ya que Luis XIV estaba casado con una tía de Carlos II.

La recuperación económica

Todo indica que la evolución económica de Cataluña entre 1653 y 1700 fue positiva. En general, toda la economía española se repuso parcialmente después de las catástrofes de la primera mitad del siglo. Una gradual reforma monetaria (1680-1686) devaluando el real y poniendo fin a las emisiones de vellón logró la estabilidad de precios. El Tratado de los Pirineos (1659), aunque reconociendo la derrota de España y cediendo a Francia la *Cataluña Norte* y una serie de plazas en los Países Bajos (la *herencia fatal* que Felipe el Hermoso había aportado a España), restauró la paz y puso fin a los desproporcionados gastos bélicos que habían causado las bancarrotas y las inflaciones. También estipuló el libre comercio entre Francia y el Principado, lo que pudo servir en los primeros veinte años para facilitar la recuperación posbélica, aunque causó irritación en Cataluña ante la competencia de los comerciantes franceses. La población española, y en particular la catalana, se repuso tras las décadas de despoblación que se habían iniciado a finales del siglo XVI.

No todo fue paz y armonía, sin embargo. Luis XIV no se dio por contento con la paz de los Pirineos. Claramente establecida la debilidad de España, Francia se embarcó en una serie de guerras localizadas para continuar su expansión a costa de la nación vecina. La acción de Francia se circunscribió generalmente a lo que quedaba de los Países Bajos españoles (aproximadamente la Bélgica actual) y a Cataluña, que se vio invadida en 1667, 1683 y 1689. Hubo propuestas, tanto del lado francés como del español, para intercambiar el Rosellón y la Cerdaña, que volverían a España a cambio de los Países Bajos españoles, pero el canje nunca se llevó a cabo. Las periódicas invasiones francesas causaron exasperación en Cataluña, donde se protestaba, de una parte, contra la insuficiencia de las tropas españolas y, de otra, contra el coste y las incomodidades de acomodar y alojar a estas tropas. No por contradictoria dejó tal exasperación de dar lugar a varias revueltas campesinas en los años 1688 y 1689 (conocidas popularmente como las *revueltas de los barretinas*, por los gorros con que se tocaban las clases populares catalanas). Francia aprovechó las revueltas para invadir una vez más Cataluña en 1689[34] y poner sitio a Barcelona con el fin principal de obtener

---

[34] Sobre esta guerra de casi nueve años, ver Espino (1999).

más concesiones de la Corte española, a cuya debilidad económica y militar se sumaba el caos de organización causado por ser el rey Carlos II un minusválido físico y mental. La ocupación de Barcelona duró unos meses; la guerra terminó oficialmente con la paz de Rijswick (20 septiembre 1697) y nuevas concesiones, esta vez en las Antillas; pero los franceses no se retiraron hasta enero del año siguiente[35]. Nada tiene de sorprendente que Francia fuera objeto de odio en Cataluña, lo cual pronto constituiría un obstáculo a los designios que para España albergaba Luis XIV, cuya política de agresión resultó a la larga contraproducente.

La naturaleza y alcance de la recuperación catalana en este final del XVII ha dado lugar a interpretaciones diferentes. De un lado están los que magnifican la ejecutoria del período para cumplir «un viejo deseo de la historiografía catalanista: encontrar que el renacimiento económico de Cataluña venía del siglo XVII, es decir, que no se deriva del odiado régimen borbónico»[36]. De otro lado están, bien los que sí quieren rehabilitar el régimen borbónico, bien los que simplemente quieren saber «lo que realmente pasó», como diría Leopold von Ranke.

En el primer grupo de estudiosos figura señaladamente Fontana (2014, p. 198), que en su reciente libro afirma que Cataluña iba camino de convertirse en una nación democrática, en la estela de Inglaterra y Holanda, y, consecuentemente, que Felipe V cometió un crimen al abortar tan hermoso proyecto e imponer el absolutismo y la tiranía al abolir los fueros catalanes (y aragoneses en general) tras su victoria en la Guerra de Sucesión (ver próximo capítulo). Esta tesis ha sido expuesta por su autor repetidamente; pero repetición no implica convicción. Es bien sabido que Jaume Vicens Vives, maestro de Josep Fontana, que le cita repetidamente, pero ciertamente no en este contexto, no pensaba así en absoluto. Para Vicens (1966, pp. 144-145) todas las instituciones representativas de la Cataluña del Antiguo régimen (conocidas genéricamente, más arriba lo hemos visto, como fueros, libertades o constituciones) formaban un «régimen de privilegios y fueros [cuyo] desescombro benefició insospechadamente a Cataluña»: exactamente lo contrario de lo que sostiene Fontana.

---

[35] Espino (1999), pp. 190-199.
[36] Arranz y Grau (1991), p. 131.

Hay varias razones que arrojan dudas sobre esta tesis de Fontana. Comparar a la Cataluña del siglo XVII con Inglaterra y Holanda no es muy apropiado. Inglaterra y Holanda eran las dos grandes potencias comerciales de la época, cosa que Cataluña no era ni de lejos. Como afirman Arranz y Grau (1991, pp. 122 y 125), «[a] principios del setecientos Barcelona no pasaba de ser, a nivel internacional, una plaza de segunda categoría en el Mediterráneo occidental [...] Ámsterdam y Londres quedan muy lejos». Comparar a la Barcelona de entonces con los dos grandes puertos del Norte, abocados al comercio atlántico y mundial, resulta poco caritativo con Barcelona, que en 1700 tenía 43.000 habitantes frente a los 200.000 de Ámsterdam y los cerca de 600.000 de Londres[37]. Barcelona quedaba empequeñecida frente a los dos gigantes septentrionales. Además, tanto Ámsterdam como Londres crecieron espectacularmente en la Edad Moderna, multiplicando ambas su población por un factor de 14 entre 1500 y 1700. Barcelona no dobló su población en ese período ni mucho menos: solo la multiplicó por un factor de 1,5. Nos estamos refiriendo a las ciudades porque Ámsterdam y Londres fueron las cunas de las revoluciones inglesa y holandesa: su enorme crecimiento y el dinamismo de sus economías fueron el caldo de cultivo de la revolución social y religiosa que tuvo lugar en sus respectivos países. Algo parecido, en menor escala, ocurrió en estos: Inglaterra y Holanda vieron doblarse sus poblaciones entre las mismas fechas; la población catalana, mientras tanto, se estancó. En realidad, la población española en conjunto creció muy poco en ese mismo período, pero la catalana no creció en absoluto. Fue el dinamismo económico y demográfico de Inglaterra y Holanda lo que trajo consigo un desarrollo institucional en estos países que no tiene parangón con el de Cataluña (ni con el de España en su conjunto); ciertamente, fueron dos casos excepcionales. Hay que tener en cuenta, además, el papel político que el protestantismo desempeñó en los países septentrionales, e incluso en Francia, pero que en ninguna región española (era la España de la Contrarreforma) hizo acto de presencia. El hecho es que entre 1500 y 1700 Cataluña, con todos sus fueros, libertades y constituciones permaneció en un estado de prolongado estancamiento y que, a partir de la abolición de esos fueros,

---

[37] Cifras de Jan de Vries reproducidas en Maddison (2001), p. 54.

2. CATALUÑA EN LA ESPAÑA MODERNA

inició un proceso de crecimiento demográfico y económico sin precedentes, que la puso a la cabeza de España en desarrollo económico, demográfico y social[38]. Esto es lo que salta a la vista en la historia de Cataluña y lo que los historiadores de la escuela de Fontana deben tratar de explicar convincentemente. Hasta ahora, que nosotros sepamos, no lo han hecho.

Ello no significa que la economía catalana se estancara a finales del XVII. Al contrario, la evidencia es de una vigorosa recuperación tras los estragos de mediados del siglo. Pero, como escriben Arranz y Grau (1991, p. 124) acerca de Barcelona, es también evidente el «punto de partida, tan bajo, de la reactivación económica barcelonesa de la segunda mitad del siglo XVII y, también [...] la pequeñez de los resultados conseguidos antes de 1714». Sin embargo, no se debe exagerar: Vilar (1962, I, p. 650) señala que la recuperación económica parte de los campos y no de Barcelona. Hay una expansión y especialización en la agricultura, tanto en los cereales como en la vid, y una expansión de los regadíos[39]. También hay una renovada actividad en los puertos pequeños (Mataró, Masnou, Vilassar, La Escala), que rivalizan con Barcelona y Tarragona en el despacho de productos agrícolas, pero también industriales, porque hay un revivir de la industria rural, o al menos, comarcal, que reflejan tanto Vilar como Arranz y Grau[40]; en cuanto a las causas de este desplazamiento de la industria y del comercio de la gran ciudad al campo, estos autores enumeran varias: para Vilar, no es sólo la fiscalidad barcelonesa, más alta, sino también la abundancia de mano de obra campesina y de capitales locales, consecuencias de la prosperidad agrícola; para Arranz y Grau, la causa principal es «el régimen corporativo urbano [que] implica una progresiva pérdida de competitividad del núcleo barcelonés, no solo respecto a otros centros productores del extranjero, sino también respecto a las pequeñas ciudades, villas y zonas rurales de Cataluña».

---

[38] Como señalan Arranz y Grau (1991, p. 126) con respecto a la ciudad condal: «La Barcelona de 1700 es una ciudad que [...] ha quedado sujeta a unas formas de producción anacrónicas, no competitivas ni a nivel internacional ni a escala de la propia región. En definitiva, es una ciudad a punto de quedar al margen de la dinámica de la renovación y del crecimiento económico».
[39] Simon (2009), pp. 441-442.
[40] Vilar (1962), I, pp. 650-653; Arranz y Grau (1991), p. 119.

Estos fenómenos parecen indudables, pero difíciles de cuantificar. Sí pueden hallarse cifras, en cambio, relativas al comercio, más exactamente, al movimiento de mercancías y navíos en el puerto de Barcelona, en los trabajos citados de Vilar y de Arranz y Grau y también de Fontana[41]. Fontana y Vilar ofrecen las cifras de *periatge*, impuesto sobre mercancías embarcadas y desembarcadas; Arranz y Grau, las de *ancoratge*, tasa sobre el tonelaje de los navíos que fondeaban en el puerto, y los derechos de puertas. Lo que se observa en estas series (cifras en el caso de Vilar y Fontana, gráficos en el de Arranz y Grau) es un rápido crecimiento en la década final del XVII, precisamente cuando Barcelona se encontraba cercada, sitiada y brevemente ocupada por los franceses. Como señalan Arranz y Grau, este crecimiento dio pábulo al optimismo de los funcionarios de Felipe V (y del propio Vilar) con respecto a la prosperidad catalana del período, lo que les llevó a fijar una cifra excesiva en el impuesto catastral tras la Guerra de Sucesión. Las cifras de *ancoratge* y de derechos de puertas suben incluso más durante esta última guerra. Esto lleva a nuestros autores a profundizar su análisis y atribuir estas alzas más a las guerras del período, «las guerras que el retroceso constante de la monarquía española y la agresividad creciente de Luis XIV llevan al territorio catalán», que a una prosperidad sólida y duradera. En apoyo de su interpretación citan un documento de 1690 donde se dice que es «el Real Ejército [el que] beneficia a este Principado, en el cual todos advertimos que no entra ningún dinero por vía del comercio, que está totalmente perdido»; y añaden que los que compran las mercancías que industriales y agricultores traen a Barcelona son «la gente de guerra,» sin la cual todos los productores «ni tienen qué vender ni qué trabajar, ni alcanzan un real». El documento está redactado en un estilo algo coloquial y exagerado, pero Arranz y Grau (1991, pp. 134-135) observan que sus conclusiones coinciden con las de Pere Moles Ribalta en su estudio sobre el comercio y la estructura social en Cataluña y Valencia en los siglos XVII y XVIII, que subraya «la importancia de la clientela formada por militares y funcionarios en las tiendas de telas barcelonesas de aquel tiempo, y también que los mismos tenderos, núcleo de la burguesía urbana, participan en los contratos de aprovisionamiento del ejército real».

---

[41] Vilar (1962), I, p. 647; Arranz y Grau (1991), pp. 131-134; Fontana (1955).

2. CATALUÑA EN LA ESPAÑA MODERNA

En resumen, de la evidencia manejada parece desprenderse que la recuperación de Cataluña en la segunda mitad del siglo XVII fue indudable, pero que en gran parte fue simplemente eso, es decir, una recuperación vigorosa, pero no el inicio de una etapa de prosperidad equiparable a la que tuvo lugar a partir de la tercera década del siglo XVIII. Como señalan Arranz y Grau (1991, p. 125), «las actividades mercantiles individuales [...] se desarrollan aún lastradas por las trabas ideológicas que son, en el fondo, inseparables de la concepción estamental de la sociedad. Solo comenzará a erosionarlas de manera significativa el peculiar modelo de crecimiento del siglo XVIII».

CAPÍTULO 3

EL SIGLO XVIII. REFORMA Y CRECIMIENTO

La Guerra de Sucesión: la segunda rebelión catalana

Si desastrosos fueron para Cataluña y para España los efectos de la *Guerra dels Segadors* o Guerra de Secesión, más desastrosos, si cabe, fueron los efectos de la Guerra de Sucesión (1703-1713) y lamentable el papel que en ella desempeñó Cataluña (aunque, por supuesto, no todos los catalanes). Ésta no fue una guerra de secesión, sino una defensa desesperada de los fueros medievales en la guerra civil de sucesión, en que el reino de Aragón tomó la parte del archiduque Carlos de Austria y el reino de Castilla la de Felipe de Anjou, proclamado rey como Felipe V en 1700, en cumplimiento del testamento de Carlos II. Como señaló Vicens (1966, pp. 140-141), en esta guerra

> los catalanes lucharon obstinadamente por defender su criterio pluralista en la ordenación de la Monarquía española, aun sin darse cuenta de que era precisamente el sistema que había presidido la agonía de los últimos Austrias y que sin un amplio margen de reformas de las leyes y fueros tradicionales no era posible enderezar el país. Lucharon contra la corriente histórica y esto suele pagarse caro.

El reino de Aragón se decantó en favor del archiduque por estimar que éste era una menor amenaza a los fueros medievales que Felipe V, el monarca legítimo. El archiduque Carlos estaba apoyado por una amplia coalición internacional encabezada por Inglaterra y Austria, con el apoyo de los Países Bajos, Portugal, y otras potencias menores, mientras que Felipe de Borbón estaba apoyado casi exclusivamente por Francia. Si bien las causas de división internas fueron relativamente simples (regalismo de los partidarios de Felipe V contra fuerismo de los partidarios del Archiduque) las causas internacionales fueron complejas, aunque una dominó inmediatamente: la alarma de Inglaterra ante la posibilidad de que la dinastía borbónica reinase en España y en Francia, constituyendo un peligroso bloque de poder, algo que parecía más amenazador al Gobierno *whig* de la época que el que hubiera dos Habsburgos en los tronos imperial y español. Sin embargo, había otras razones, quizá más de fondo, para los aliados. El vasto imperio español se hallaba en franca decadencia después de la pérdida de los Países Bajos y Portugal, de la Guerra de Secesión catalana, y de las derrotas sufridas especialmente a manos francesas a lo largo del siglo XVII. La posibilidad de dividirlo entre los vencedores y de reservarse las partes más interesantes y los privilegios más beneficiosos, como el comercio con América, constituía un aliciente para los aliados, y en especial para los ingleses, quizá a la larga más poderoso que la cuestión dinástica y el equilibrio de poder en el continente europeo.

La legalidad, por supuesto, estaba del lado de Felipe V, que había sido declarado sucesor en el testamento de Carlos II, muerto sin descendencia. A pesar de las posibles irregularidades de esta sucesión[1], el nuevo rey había sido debidamente reconocido y jurado por las Cortes tanto castellanas como aragonesas, y en particular por las catalanas, ya que Felipe había visitado Barcelona en 1701-1702, y presidido allí Cortes, con las que, entre otras cosas, había pactado una serie de concesiones económicas que habían encontrado amplio apoyo entre la burguesía de Cataluña. Obtuvieron además estas Cortes catalanas «las constituciones más favorables que había obtenido la provincia»[2]. Sin embargo, ciertos recelos subsistieron, estimulados por la impopularidad del virrey Francisco Fernández de Velasco y por las promesas de los agentes *austracistas* e ingleses. No cabe duda de que, con arreglo al derecho público vigente en la época, los rebeldes aragoneses cometieron felonía (deslealtad o traición) al renegar de los juramentos hechos en 1701. Así, las Cortes de Barcelona de 1705 se desdijeron de los compromisos que habían contraído las de 1701. Más tarde se alegó que las primeras habían jurado bajo «amenaza de ocupación» de tropas francesas o castellanas[3],

---

[1] Se alegó que su abuela, María Teresa de Austria, hija de Felipe IV y esposa de Luis XIV, antes de su boda con el francés había renunciado a sus derechos a la corona de España a cambio de una dote que España debía pagar a Francia; pero como esta dote nunca se pagó, la renuncia se consideraba nula, lo cual validaba la pretensión de Felipe al trono español.
[2] Feliu de la Penya, citado por Soldevila (1956), V, p. 265. Sobre estas Cortes ver el excelente artículo de Bartrolí i Orpí (1979).
[3] Albareda (2012), p. 166.

algo de lo que no hay evidencia. Lo que sí es evidente, en cambio, es que las Cortes de 1705 se reunieron bajo la ocupación de las tropas británicas, como ahora veremos.

Las hostilidades comenzaron en 1703. La superioridad naval inglesa se hizo notar en la conquista de Gibraltar en 1704 y permitió el asalto a Barcelona en octubre de 1705, con la subsiguiente entrada del archiduque, que allí celebró inmediatamente las Cortes donde fue reconocido como rey con el nombre de Carlos III. El resto del reino de Aragón se pasó al bando del archiduque en los meses siguientes. Entretanto, en el verano de 1706 el flamante Carlos III había efectuado su entrada en Madrid, también con muy poca resistencia. Sin embargo fue acogido con mucha frialdad por la población madrileña. Se dijo que para ganarse al pueblo mandó arrojar monedas al paso de su cortejo por Madrid, lo que dio lugar al burlesco y popular pareado: «Viva Carlos Tercero mientras dure el echarnos dinero». El caso es que el ambiente hostil y el vacío de la población constituían un peligro para la logística del ejército del archiduque, que terminó por abandonar la capital dos meses después de haber entrado en ella.

Casi inmediatamente cambiaron las tornas bélicas y en la primavera de 1707 el ejército del archiduque sufrió una sonada derrota en Almansa, batalla que fue seguida por la conquista del reino de Valencia y, seguidamente, de la de Zaragoza y la mayor parte del reino de Aragón, quedando en manos del archiduque solamente parte de Cataluña y las Baleares. La guerra, sin embargo, duró varios años más. El de 1709 volvió a ser desfavorable a Felipe V, en gran parte porque lo fue para las tropas francesas en Europa (la Guerra de Sucesión española, como conflicto internacional que era, se libró en gran parte del continente). El archiduque volvió a entrar en Madrid, aunque con no mejores resultados que la primera vez y también por un tiempo muy breve. La otra gran divisoria de la guerra fue la accesión del archiduque al trono imperial en 1711 como Carlos VI, tras la muerte de su hermano mayor, el emperador José I, que no tuvo descendencia masculina. Para Inglaterra, la perspectiva de que los tronos imperial y español pertenecieran a una misma persona redujo considerablemente el interés de la contienda. A ello contribuyó también el triunfo de los *tories* en las elecciones, ya que éstos eran mucho menos anti-franceses (y anti-católicos) que los *whigs*. Por otra parte, el archiduque abandonó España inmediatamente para ceñirse la corona imperial. Su partida afectó seriamente a la moral de sus seguidores. A contar de entonces el Gobierno inglés buscó un entendimiento con el francés, lo que dos años más tarde se plasmaría en los Tratados de Utrecht y Rastatt (abril 1713 y marzo de 1714), firmados por todas las partes contendientes. Estos acuerdos pusieron fin a la guerra y resolvieron muchos de los contenciosos, pero el Imperio austríaco, a instancias de Carlos VI, se negó a reconocer a Felipe V como rey de España, algo que no haría hasta once años más tarde, en el Tratado de Viena (1725). En Utrecht los ingleses obtuvieron grandes ventajas a cambio de aceptar a Felipe en el trono de España. Conservaron Menorca y Gibraltar, más otros territorios a expensas de Francia, y lograron importantes concesiones en el comercio con la América española, como luego veremos.

Sólo Barcelona, una pequeña parte del territorio catalán, y Mallorca, resistieron dos años más, hasta que Barcelona fuera tomada al asalto en septiembre de 1714 y Mallorca capitulara en 1715. El heroísmo y la obstinación de Barcelona admiraron al mundo, pero no beneficiaron en absoluto la causa de los que querían conservar la estructura legal y fiscal tradicional. La negativa de los barceloneses a negociar hasta última hora (aún rechazaron una oferta de conversaciones el 4 de septiembre, una semana antes de la rendición), cuando todo estaba ya perdido y el asalto de las tropas de Felipe V había logrado vencer las últimas resistencias, determinó que la rendición final de la ciudad fuera sin condiciones y que el comandante de las tropas asaltantes, duque de Berwick (inglés al servicio de Francia, gran triunfador en la batalla de Almansa) respondiera a los resistentes, cuando éstos pedían condiciones de capitulación, «que había pasado el tiempo» de negociar y que «la única opción que les quedaba era someterse a la obediencia del rey e implorar su clemencia»[4]. La resistencia barcelonesa fue heroica, sin duda, pero también obcecada y suicida.

La guerra estaba perdida para el bando *austracista* desde hacía varios años. Si se prolongó tanto fue porque los catalanes, como dijo Vicens, se obstinaron en «luchar [...] contra la corriente histórica», aunque, más que de los catalanes en general, habría que hablar de los barceloneses. En realidad, el bando *austracista* en España era claramente más débil que el borbónico, y sólo la

---

[4] Albareda (2012), p. 383.

3. EL SIGLO XVIII. REFORMA Y CRECIMIENTO

ayuda exterior le permitió prolongar la lucha durante tanto tiempo. Como ha puesto de relieve Beltrán (1981, pp. 112-113), «[e]n la Guerra de Sucesión, desde el punto de vista económico, la posición de Felipe V fue pronto más favorable que la del Archiduque Carlos [...] Los territorios de Felipe V eran más extensos que los de Carlos y, en conjunto, tenían mayor riqueza. Por otra parte, Felipe V controlaba el comercio con las colonias de América y las remesas de metales preciosos procedentes de ellas». Por añadidura, el reino de Aragón no estaba acostumbrado a soportar una alta presión fiscal, y los intentos del archiduque por aumentarla no contribuyeron en nada a su popularidad. Falto de recursos impositivos, de ayuda suficiente por parte de sus aliados, y de crédito, precisamente por su propia debilidad económica, Carlos se vio obligado a recurrir a la quiebra de moneda, esto es, a la inflación, lo cual tampoco le hizo muy popular. A la larga, tenía todas las de perder, y su exaltación al solio imperial le proporcionó una ocasión inmejorable para abandonar una causa que tenía poca viabilidad.

Las consecuencias de esta guerra civil fueron catastróficas, tanto para España como, sobre todo, para el antiguo reino de Aragón-Cataluña. Las pérdidas territoriales fueron muy grandes: ya hemos visto que Inglaterra se quedó con Gibraltar y Menorca; Austria, con Nápoles y Cerdeña; Saboya, con Sicilia: fue el adiós definitivo al imperio mediterráneo catalano-aragonés. Inglaterra consiguió además grandes concesiones comerciales en el imperio español, que más tarde veremos en algún detalle. De nuevo, como en la guerra de secesión de Cataluña, los aliados de los perdedores se beneficiaron a costa de éstos. La economía española, y en especial la catalana, quedó muy malparada. El siglo largo de crisis económica y desunión política se había pagado, como señaló Vicens, muy caro. Sin embargo, un siglo corto de unión y paz interior (1715-1808) restañó las heridas y trajo consigo una moderada restauración económica, que benefició en especial a Cataluña.

El final de la guerra fue seguido por una considerable represión, lo cual es lamentable, pero en absoluto sorprendente, dadas las prácticas militares y penales de la época. En Escocia, después de la rebelión «jacobita» de 1745, «120 hombres fueron ejecutados tras algún tipo de juicio; más fueron fusilados sin contemplaciones» (Ross, 2014, p 236). En todo caso, en Cataluña, aparte de las brutalidades y rapiñas incontroladas, las sentencias de muerte fueron contadas. Baste recordar que Rafael Casanova, la máxima autoridad civil y militar del gobierno resistente catalán (o, quizá más propiamente, barcelonés) no fue perseguido (aunque es cierto que sus bienes fueron confiscados) y pasó el resto de su vida como súbdito de Felipe V y ejerciendo su profesión de abogado. Algo parecido puede decirse del que fue su segundo, Salvador Feliu de la Peña, comerciante que siguió ejerciendo su profesión en los años de la postguerra. No sólo la vida, sino también la propiedad de los vencidos fue respetada, como se prometía en las generosas capitulaciones de Berwick, aunque un barrio de casas humildes fue expropiado para construir la Ciudadela, una fortaleza de guarnición, cerca de la costa al norte de la ciudad. Y también es cierto que, aunque Berwick prometió respetar vidas y haciendas de todos los habitantes de Barcelona, incluso jefes militares y políticos, las estipulaciones no se cumplieron totalmente, como hemos visto, aunque las excepciones no fueron numerosas.

Es interesante contrastar algunos rasgos del estilo de gobierno de los dos pretendientes. Se ha criticado a Felipe de Anjou el haber sido una marioneta en manos de su abuelo, Luis XIV. Esto dista mucho de ser cierto: es natural que siendo francés, nieto del gran monarca, y dependiendo grandemente de la ayuda militar francesa, tuviera muy en cuenta las opiniones de su abuelo y se rodeara de numerosos consejeros galos. Sin embargo, Felipe V dio muestras de tener voluntad y criterio propios, difiriendo con frecuencia del Rey Sol. Podemos dar tres ejemplos muy significativos. Durante el año difícil de 1709 Luis XIV estuvo dispuesto a tirar la toalla, y sugirió a su nieto que aceptara la desmembración de España y su imperio, e incluso que aceptara un trono en Italia como mal menor, ante la derrota que a Luis le parecía inminente. Felipe se negó en redondo, y en gran parte se salió con la suya. «Felipe V se mostró a la altura de las adversidades. Decidido a morir luchando antes de abandonar la corona y unos súbditos que tan abnegadamente se sacrificaban por él [...] desoyó todas las órdenes de su abuelo»[5]. Tampoco cedió cuando su abuelo, a instancias de los negociadores ingleses, le aconsejó prometer que respetaría los fueros catalanes. En esto también se

---

[5] Soldevila (1956), V, p. 277.

mostró Felipe siempre inflexible. En cambio, cuando, cercano ya el final de las negociaciones que concluyeron en el Tratado de Utrecht, el padre de Felipe murió, dejándole en inmejorable situación para suceder al trono de Francia, él renunció a su derecho para facilitar las negociaciones, ya que Inglaterra nunca le hubiera reconocido como monarca de ambos reinos. En esto difirió Felipe de su rival el archiduque que, aunque con grandes protestas de fidelidad a Cataluña, en cuanto tuvo oportunidad de acceder al trono de Viena, renunció de hecho a su pretensión al de España a cambio del solio imperial, dejando a sus fieles vasallos en la estacada. Aunque, al envejecer, Felipe V tuvo serios problema de degeneración mental, en su juventud, durante la guerra y en la postguerra, dio muestras de gran tenacidad y claridad de ideas.

En cuanto a la ejecutoria del archiduque en las tres décadas que fue emperador como Carlos VI, no destacó por su brillantez, ni por haber implantado una descentralización que se pareciera ni remotamente a la que él dijo defender para España, a pesar de estar asistido muy de cerca por consejeros catalanes exiliados, como el marqués de Rialp. El reinado del emperador Carlos VI tuvo dos rasgos característicos: las guerras constantes, no sólo contra los turcos, sino también contra sus vecinos cristianos; y la promulgación de la llamada Pragmática Sanción, ley sucesoria que permitía el acceso al trono imperial de las mujeres en ausencia de sucesores varones, lo cual hizo posible la accesión de su hija María Teresa, algo que se logró no sin una cruenta guerra, a la que antes hicimos referencia. Pero la famosa Pragmática Sanción no fue única, ni siquiera principalmente, sobre la sucesión femenina, ya que se expidió en 1713, mucho antes del nacimiento de María Teresa, cuando Carlos VI todavía esperaba tener un heredero varón. Fue más bien un intento de unificar y uniformar las normas de sucesión en un imperio tan heterogéneo como el Romano Germánico, donde las posesiones de la familia Habsburgo se mezclaban con los territorios imperiales, y las normas hereditarias de unas y otras localidades revestían de gran complejidad el mecanismo sucesorio[6]. Se trataba en definitiva de dar un paso más en la uniformización del Imperio, lo contrario de lo que hubieran esperado que hiciera en España sus partidarios aragoneses. Por otra parte, ya durante su

---

[6] Kann (1980), pp. 59-61; Jaszy (1961), pp. 57-60.

presencia en España (1705-1711) el archiduque decepcionó a sus vasallos catalanes por la serie de incumplimientos, exacciones y persecuciones que llevó a cabo en el curso de la guerra[7].

La escuela histórica *austracista* ha criticado acerbamente las medidas tomadas por Felipe V en Aragón y Cataluña tras la guerra, olvidando sin duda que, como dijimos antes, los *austracistas* eran culpables de felonía, hecho que el nuevo rey no se cansó de repetir durante la guerra. Sin duda tenía en mente no sólo el derecho de la época, sino el hecho de que su antecesor y bisabuelo Felipe IV hubiese perdonado a los rebeldes catalanes en 1652 y respetado sus fueros, y que ello no hubiera sido óbice para una nueva rebelión sesenta años más tarde. Por otra parte, los rebeldes catalanes tuvieron repetidas oportunidades de negociar durante la guerra, a lo que se negaron repetidamente, como hemos visto. Debe también señalarse que la reiterada justificación de los rebeldes, que afirmaban que Felipe V hubiera abolido los fueros en todo caso, se ve desmentida por el hecho de que respetara los fueros vascos y navarros, provincias éstas que no se rebelaron; y, por supuesto, que no sólo no se planteara la abolición de los aragoneses en las Cortes de Barcelona de 1701 sino que, al contrario, como hemos visto, ampliara los fueros catalanes, hasta el extremo de que algunos castellanos se indignaran de tanta concesión[8]. También se ha aducido por los historiadores *austracistas* que no sólo fueron suprimidas las instituciones y los fueros, sino que muchos de los nuevos cargos fueron ocupados por forasteros. Estas alegaciones son ciertas, pero tales hechos no tienen nada de extraordinario. Felipe V había anunciado repetidamente la abolición de instituciones y fueros, y en cuanto a la ocupación de puestos por forasteros, es algo natural: el rey se apoyó en personas de su confianza para llevar a cabo una política que iba a tener escaso apoyo en una parte considerable de la población aragonesa, por lo que recurrió no sólo a forasteros de su confianza sino también, en Cataluña, a catalanes que le habían permanecido fieles. Por lo demás, como veremos, no fue éste el único caso de llegada de forasteros a puestos de responsabilidad después de una guerra civil.

En realidad, lo que ocurrió en Aragón y Cataluña tras la Guerra de Sucesión no sólo era totalmente previsible, sino que tuvo muchos

---

[7] Albareda (2012), esp. p. 184.
[8] Soldevila (1956), V, p. 266.

3. EL SIGLO XVIII. REFORMA Y CRECIMIENTO

puntos en común con lo ocurrido tras otras guerras civiles en muy diferentes latitudes. Tomemos, por ejemplo, el final y las consecuencias de la Guerra Civil o de Secesión de Estados Unidos (1861-1865). Pese a las diferencias geográficas, temporales y de otra índole, como, en especial, ser Estados Unidos un país básicamente democrático, la conducta de los vencedores tuvo mucho en común en ambos casos. En ambos casos se hizo tabla rasa con gran parte de las instituciones del bando vencido. Allí fue en buena medida el Congreso federal (aunque luego con el apoyo del presidente Ulysses S. Grant) quien, al ver que en las elecciones parciales de 1866, los antiguos confederados separatistas ganaban la mayor parte de los puestos, anuló de un plumazo los comicios, militarizó diez Estados que anteriormente fueron confederados, privó del voto a unos 15.000 residentes de estos Estados, desposeyó a los gobiernos electos y nombró gobiernos provisionales de esos mismos Estados, llenando los cargos con políticos foráneos, que recibieron popularmente el apelativo despectivo de *carpetbaggers* («los hombres de la maleta», o cuneros), encarceló al presidente sudista Jefferson Davis y a su vicepresidente (recordemos que ni Casanova ni Feliu de la Peña sufrieron prisión), condenó a muerte a un alto funcionario de prisiones, y generalizó el *juramento blindado* (*ironclad oath*) por el cual los nativos del sur que aspiraran a un cargo político debían jurar no haber apoyado al Gobierno confederado ni haber sido soldados en su ejército[9]. También decidió el Congreso subir muy fuertemente los impuestos en los Estados del sur con dos objetivos: la intención de que el bando perdedor sufragara los gastos de la guerra, y aumentar la presión fiscal, en especial a los plantadores sudistas[10]. Cosas muy parecidas ocurrieron, *mutatis mutandis*, en los reinos de Aragón tras la guerra y han dado lugar a repetidas denuncias y fulminaciones por parte de ciertas escuelas históricas. El caso es que los paralelos entre ambas postguerras son, como puede verse, interesantes. Sin embargo, en Estados Unidos el período de *Reconstrucción* (*Reconstruction*) terminó hacia 1877, con la vuelta al poder de los nativos sureños de clara tendencia racista, y la pasividad de los votantes del Norte. En Cataluña, por el contrario, la política de Nueva Planta fue aplicada sin remisión durante varias

---

[9] Foner (1989), pp. 261-280; Morison (1972), II, pp. 498-522.
[10] Foner (1989), p. 365 y 383; Morison (1972), II, p. 518.

décadas. Aunque hay indicios de que el Sur norteamericano se benefició, a muy largo plazo, de la política de *Reconstrucción*[11], el estancamiento de la economía sudista hasta bien entrado el siglo XX es proverbial. También lo es, por contraste, el crecimiento de la economía catalana durante el siglo XVIII. Los casos de Alemania, Japón e Italia tras la Segunda Guerra Mundial dieron lugar a la conocida teoría de Mancur Olson (1982) acerca de la ventaja que representa para muchas sociedades perder una guerra, y ser sometidas a una reforma profunda que termina con las instituciones caducas que obstaculizan el desarrollo económico y el progreso social, y que son frecuentemente causa del estallido de conflictos. Olson muestra econométricamente que el Sur de Estados Unidos se benefició, aunque con un desfase de casi un siglo, de la *Reconstrucción*, tan denostada por los escritores sudistas. Toda la evidencia sugiere que lo mismo ocurrió en el XVIII catalán con los decretos de Nueva Planta, y con mucha mayor inmediatez que en el caso del Sur norteamericano, sin duda porque la renovación social de Felipe V se aplicó con mayor intensidad y perseverancia.

La Nueva Planta: innovaciones políticas, fiscales y económicas

La Nueva Planta política

Sin hacer completamente tabla rasa, como a veces se ha afirmado, los decretos emitidos nada más rendirse Barcelona y el posterior de Nueva Planta abolieron instituciones tan arraigadas en la vida política catalana como las Cortes y la Generalidad, que, como ya vimos, era una especie de comisión permanente que tenía sobre todo funciones fiscales; también se sustituyó la figura tradicional del virrey por la de un capitán general. El papel era similar, pero el cargo de capitán general tenía un carácter más militar que el de virrey que, en principio, era un cargo civil. El capitán general estaba asistido por una Real Audiencia, que tenía funciones tanto gubernativas como judiciales; se creaba así lo que se dio en llamar el *Real Acuerdo*, que aunaba el poder militar con el civil. También se abolió la tradicional división regional y municipal, y el modo de nombrar los

---

[11] Olson (1982), p. 101.

cargos municipales. El más conocido de los organismos municipales abolidos fue el Consejo de Ciento barcelonés, que, como ya sabemos, era una asamblea cuyos miembros eran elegidos por sorteo o insaculación. Con la Nueva Planta, el nombramiento de todos estos cargos pasó a ser netamente un privilegio de la Corona.

Sin embargo, muchas instituciones tradicionales catalanas fueron respetadas, como el derecho privado (civil y penal), el *Consolat de Mar*, una serie de gremios y colegios profesionales, etc. También se impuso el castellano como lengua de la administración, pero no se reprimió el uso del catalán.

Otra medida muy criticada del decreto de Nueva Planta fue la abolición de las llamadas *prohibiciones de extranjería*, según las cuales no se nombraban personas no catalanas para desempeñar cargos públicos. A pesar de las críticas, esta medida era natural en un monarca que aspiraba a unificar el territorio nacional, de modo que, como decía el texto del decreto, «en mis reinos las dignidades y honores se confieran recíprocamente a mis vasallos por el mérito y no por el nacimiento en una u otra provincia de ellos».

Por último, la Nueva Planta abolió la Universidad de Barcelona y creó la Universidad de Cervera, villa que fue siempre fiel a Felipe V. Esta medida también ha sido criticada y no sin fundamento. Sin embargo, el papel desempeñado por esta universidad de nuevo cuño está lejos de haber sido despreciable[12].

La Nueva Planta fiscal: el Catastro

Para nadie es un secreto que, prácticamente desde la unión de Castilla y Aragón en 1479, la contribución de este reino a las cargas fiscales de España era desproporcionadamente pequeña; y que durante el siglo XVII esta desproporción provocó muy graves conflictos.

Sureda (1949, p. 114) afirma que del «total de 15.648.000 ducados que importaron las rentas de la Corona [española en 1610] tan sólo 700.000 procedían de los Reinos peninsulares no castellanos». Si de estos 700.000 ducados detraemos 100.000 aportados por Navarra, resulta que las cuatro unidades políticas de la corona

---

[12] Soldevila (1956), V, pp. 328-333; Albareda (2012), pp. 430-443; Balcells (2009), pp. 513-515; Martínez Shaw (1985), pp. 64-67.

de Aragón contribuyeron con 600.000 ducados, esto es el 3,8 por 100 de los ingresos totales[13]. Según Nadal (1988, p. 40), en 1591 la población de la Corona de Aragón (1.034.000) era el 15,6 por 100 del total español (6.532.000). Según las cifras de Uztáriz, el reino de Aragón (Aragón, Cataluña, Valencia y Mallorca) era el 23 por 100 de la población española a principios del siglo XVIII[14]. Ambas cifras nos dan una idea del enorme desfase entre población y aportación al erario que había en los territorios de la Corona de Aragón con respecto al resto de España, y por tanto de la privilegiada presión fiscal que la Corona de Aragón disfrutaba en el antiguo régimen. Por otra parte, un documento, sin fecha, descriptivo de la Real Hacienda en el siglo XVII, que enumera ingresos y gastos, dice lo siguiente: «Aragón, Valencia y Cataluña no tienen rentas fijas, si hacen algún servicio es accidental y por una vez». Lo mismo afirma un historiador actual, que nos dice que «los catalanes no contribuían de forma regular a la corona excepto para la guerra»[15].

Fue la negativa de Cataluña a sufrir el aumento de la presión fiscal que entrañaba el proyecto de Unión de Armas del conde-duque de Olivares la causa principal de la rebelión del Principado en 1640; también es sabido que, en medio de la terrible crisis a que la secesión catalana dio lugar, Felipe IV utilizó la promesa de no cambiar los privilegios fiscales de Cataluña como argumento (a la larga efectivo) para atraer a los rebeldes a la sumisión.

El desarreglo de la Hacienda española no hizo sino agravarse durante la segunda mitad del XVII. Domínguez Ortiz (1990a, p. 23) se maravilla de que una nación tan exhausta en 1700 aún fuera capaz de sostener una larga guerra civil (la de Sucesión) y reponerse tras ella, recomponiendo el maltrecho imperio y recuperándose de las grandes pérdidas que la guerra ocasionó. Plaza Prieto (1976, p. 773) habla del «estado caótico de la Hacienda pública» al arribar «la nueva dinastía borbónica».

---

[13] Mercader (1985, p. 150), citando a Sureda, afirma que a mediados del XVII, de los ingresos fiscales totales de la Hacienda real, que eran 18 millones de ducados, la Corona de Aragón no aportaba más que 2 millones (el 11 por 100). En esa cifra de 2 millones se incluyen las aportaciones de Navarra, Nápoles y Milán.

[14] Uztáriz (1968 [1742]), p. 35, Vecindario de Campoflorido.

[15] Biblioteca Nacional, Manuscritos, no. 2364, citado en Garzón Pareja (1980), pp. 501-504; Albareda (2012), p. 82.

3. EL SIGLO XVIII. REFORMA Y CRECIMIENTO

En estas circunstancias, nada tiene de extraño que Felipe V, cumpliendo propósitos expresados ya durante la guerra, llevara a cabo una reforma fiscal que tratara de equilibrar las cargas entre la Castilla vencedora y el Aragón conquistado. Con independencia de su carácter punitivo, la reforma fiscal para equilibrar las cargas impositivas era totalmente lógica y de justicia, y se fue imponiendo en los territorios conquistados a medida que se iban incorporando a los dominios de Felipe. En Valencia, en 1707, y Aragón, en 1711, se llevaron a cabo reformas impositivas cuyos sistemas resultantes no eran exactamente iguales en ambos reinos: al del primero se dio en llamar *Equivalente* y al del segundo, *Única Contribución*. En Cataluña al nuevo impuesto se le llamó *Catastro*, por estar basado en un minucioso registro de rentas y activos, y en Mallorca se le llamó *Talla*.

En Cataluña, tras la caída de Barcelona, se dieron unas medidas administrativas y fiscales provisionales; las definitivas se dilataron año y medio. La reorganización política y administrativa se llevó a cabo por el Decreto de Nueva Planta de 16 de enero de 1716 y el nuevo régimen fiscal se reguló por decreto de 15 de octubre del mismo año.

A diferencia de lo que sucedió en Valencia y Aragón, donde las nuevas instituciones borbónicas fueron impuestas precipitadamente siguiendo el modelo castellano, en Cataluña la elaboración del Decreto de Nueva Planta fue lenta y minuciosa, entre 1714 y 1716, y en su redacción participaron el jurista Francesc Ametller y el intendente José Patiño[16].

[M]ientras en el reino privativo de Aragón el traspaso de las rentas provinciales castellanas se hizo mediante un reparto personal arbitrario (*Única contribución*), y en Valencia por medio del *Equivalente* repartido entre los cabezas de familia sin ningún tipo de proporcionalidad, y también en Mallorca por la *Talla*, en el Principado catalán la Superintendencia desplegó un esfuerzo extraordinario para intentar una contribución también paralela a la castellana pero directa, única y global[17].

---

[16] Albareda (2012), p. 432.
[17] Mercader (1985), p. 170. Ver también los artículos de García-Cuenca en Hacienda Pública Española (1990, p. 29 y 1991, p. 66).

El Catastro catalán, por tanto, era más complejo y elaborado que los otros impuestos directos implantados en Aragón, Valencia y Baleares durante o al final de la Guerra de Sucesión. Los historiadores afines al nacionalismo han visto en el Catastro un vasallaje y un instrumento opresivo «implantado con el objetivo fundamental de aumentar los recursos del Estado absolutista borbónico» y niegan enfáticamente que «beneficiara o propiciara el crecimiento catalán del siglo XVIII»[18]. Lo mismo dice Sobrequés (2011, p. 44) sobre la Nueva Planta. Ambos autores emplean un razonamiento que les parece irrefutable: «los sistemas tributarios similares impuestos en el resto de los países de la Corona de Aragón [...] no estimularon ningún desarrollo económico de signo moderno»[19]. «Otras regiones o nacionalidades del Estado español, que vivieron bajo el mismo régimen político y la misma estructura administrativa [no] consiguieron un crecimiento comparable al catalán». Por el contrario, Vicens, maestro de ambos, afirma que «el catastro representó la tímida implantación de un principio de justicia social en Cataluña [... y a la larga] resultó un sistema beneficioso y ágil, en cuya misma modernidad debemos buscar una de las causas del triunfo de la economía catalana en el siglo XVIII». Por su parte, Nadal Farreras habla del «éxito de las reformas, especialmente en Cataluña, a pesar de las dificultades iniciales. Éxito de la Real Hacienda, que vio aumentar sus ingresos en forma considerable y éxito de Cataluña, a la que el nuevo impuesto sirvió en parte de estímulo para su espectacular recuperación en el siglo XVIII». Ya Campomanes, en 1774, había escrito que, tras siglos de despoblación y bandolerismo, «la nueva planta de gobierno que [...] dio Felipe V [a Cataluña] restableció la justicia, animó la industria y, con el acantonamiento de las tropas, se fomentaron insensiblemente las manufacturas»[20]. Por último, Martínez Shaw (1985, p. 97), tras examinar los efectos del Catastro, concluye: «la administración borbónica proporcionó unos instrumentos que, limitados por la concepción feudal y mercantilista de la política económica, favorecieron en su conjunto el despegue de Cataluña a todo lo largo del Setecientos».

[18] Balcells (2009), p. 517.
[19] Balcells (2009), p. 517.
[20] Vicens (1959), p. 533; Nadal Farreras (1971), p. 33; Campomanes (1975 [1774]), p. 76.

La cuestión es compleja. Sin embargo, hay una cosa clara: al contrario de lo que dicen Balcells y Sobrequés, el Catastro fue muy diferente, en su naturaleza y en su aplicación, de los otros nuevos impuestos promulgados en los otros territorios del reino de Aragón. Sobre esto ya hemos leído lo que dicen los historiadores modernos, como Albareda y Mercader; los testimonios de la época, además, parecen unánimes.

El Catastro fue preparado con deliberación y era extremadamente minucioso. Según su propio texto, se consideraba que este nuevo tributo era «una imposición por lo equivalente a las alcabalas, cientos, millones, y demás rentas provinciales que se pagan en Castilla [que] se debe repartir entre los pueblos e individuos [...] con proporción y equidad». Para ello se regulaba con esmero; consistía la imposición en «dos especies de servicio [es decir, impuesto] el uno *Real* y el otro *Personal*». El *Real* recaía sobre los bienes raíces y el *Personal*, «sobre la industria, comercios y demás». Del impuesto personal se excluía a la nobleza; del real, no[21].

El *impuesto personal* en realidad se subdividía en dos: el personal propiamente dicho, que recaía sobre los salarios y era más llevadero, ya que ascendía al 8,33 por 100 no de todo el salario acumulado anual, sino del 64 por 100 de esta cantidad (se calculaba que había 280 días laborables en el año y se gravaba solamente lo ingresado en 180 días; en consecuencia, el gravamen efectivo sobre los salarios se reducía a un 5,4 por 100); y el llamado *ganancial*, que recaía sobre los beneficios de «la industria, comercios y demás» y ascendía al 10 por 100 «del producto ganancial».

Pero la minuciosidad llegaba al extremo en lo tocante al *impuesto real*. Se dividió el suelo catalán en 24 zonas (*veguerías*), cuyas diferentes unidades de superficie se especificaban para facilitar la comparación, y en cada una de ellas se establecían hasta 32 tipos de suelo, que pagarían por unidad de medida según una escala descendente en función de su calidad.

Nadal Farreras nos describe cómo se recopiló la información en Gerona, por medio de formularios que fueron repartidos y devueltos. Estos formularios «pedían con una minuciosidad admirable

---

[21] Pueden consultarse los textos de los decretos de Nueva Planta y del Catastro en Sobrequés (2011), pp. 176-188 y 199-207.

todo tipo de detalles sobre la vida económica y las fuentes de riqueza [y de ellos] se ha podido comprobar que por lo menos los resultados de las encuestas fueron bastante fieles a la realidad»[22].

No es sorprendente que en los primeros años hubiera desconcierto en la aplicación de estos impuestos catastrales, tanto por su complejidad, que requeriría un personal cualificado y entrenado para su administración, como por su novedad y cuantía, muy superior a lo que hasta entonces se venia tributando en el Principado, por lo que fue muy mal recibido por los nuevos contribuyentes. Señala Zavala y Auñón, efectivamente, que hubo errores al establecer el Catastro, y numerosas protestas, por lo que se tuvo que crear «una Junta de Sujetos de la mayor inteligencia, y que habían asistido personalmente a las principales disposiciones de esta obra, en cuyo Tribunal se habían de oír los recursos [...]»[23]. Hay que señalar que una medida de este tipo estaba ya prevista en el Decreto de Nueva Planta. En 1717, es decir, a poco de implantarse el impuesto, el rey rebajó su monto de 1,2 millones de pesos a 0,9 millones, «pareciendo que en la moderación habría hueco para indemnizar a los perjudicados [...] pero no por ello cesaron los recursos».

Para poner fin a «la confusión» alguien propuso que «se repartiesen [las cuotas de impuesto] por los mismos Bayles y Jurados, como se repartían en Aragón y Valencia»[24]. Pero el rey se negó «porque no puede compararse lo justificado de las reglas de la imposición de Cataluña, con las que se practican en Aragón y Valencia» donde, en breve, se hacían los repartos a ojo, en cada pueblo según

> lo disponen las Justicias, los Regidores, y los más Principales de los Pueblos: cuya práctica, así en los primeros, como en los segundos, puede ser muy errada, por falta de conocimiento o por malicia de los mismos: siendo muy cierto que para que estos repartimientos sean justificados es preciso que se transformen en Ángeles los hombres; pero las reglas con que se estableció el Catastro de Cataluña, no dejan a ningún particular, justicia ni poderoso estos arbitrios, porque se ha de fundar precisamente en la noticia justificada de lo que cada uno posee, y lo que gana; y conforme a la calidad, y cantidad de las alhajas [activos], le está arreglada la tasa en la Contaduría, sin que puedan los Jurados, ni los Bayles alterarla.

[22] Nadal Farreras (1971), p. 62.
[23] Zavala y Auñón (1732), p. 38.
[24] Zavala y Auñón (1732), p. 39.

3. EL SIGLO XVIII. REFORMA Y CRECIMIENTO

Por esta superioridad diferencial mandó el rey que en Cataluña se cobrase la contribución «precisamente por las reglas del Catastro»[25]. También Uztáriz (1968, pp. 353 y 355) afirma: «La práctica, el modo de la cobranza del impuesto en Aragón, son muy distintos de la forma con que en Cataluña se reparte, y exige el Catastro». En Aragón se practica un sistema de repartimiento y encabezamiento por localidades y en éstas se reparte por «los Corregidores y demás Justicias [...] con reflexión a la posibilidad de cada vecino, según sus tierras de labranza, pastos, tráfico, rentas, y demás haberes, y con otras precauciones dirigidas a la Justicia distributiva, aunque en lo que depende del arbitrio de muchos, son casi inevitables algunos abusos, y agravios [... por lo que] se experiment[a]n quejas y alguna falta de equidad». En cuanto a Valencia: «En el Reino de Valencia se cobran las Rentas casi en la misma forma que en Aragón». En resumen, según dos autoridades contemporáneas, grandes expertos en la materia, tanto en Valencia como en Aragón el nuevo impuesto, dentro de unas instrucciones generales, estaba sujeto al arbitrio de una serie de funcionarios y autoridades, en tanto que en Cataluña la evaluación se hacía según un catastro muy minucioso y objetivo.

Gradualmente se fueron suavizando los problemas del catastro catalán, tanto por parte de los contribuyentes, que acabaron sometiéndose de mejor o peor grado, como por la administración, que también fue adaptándose a las nuevas normas y perfeccionando los datos catastrales. En este aspecto fue decisiva la actuación de Antoine de Sartine, colaborador francés de Felipe V, a quien éste nombró Superintendente de Finanzas en Cataluña en 1726 y que al parecer logró resolver todos los problemas del Catastro, mejorando la recogida de datos, la eficacia del personal, y allanando la multitud de problemas que su aplicación había planteado[26]. A resolver las fricciones y resistencias suscitadas contribuyeron también la rebaja que en el monto total se hizo durante los primeros años y su congelación posterior, de modo que, al aumentar la población, la renta y los precios a lo largo del siglo, la presión fiscal se fue viendo aligerada, y ya en la segunda mitad del siglo, si no antes, esta presión volvió a ser en

---

[25] Zavala y Auñón (1732), pp. 39-40.
[26] Mercader (1985), pp. 181-183. Así lo afirma también Nadal Farreras (1971), p. 67: «las normas de Sartine lograron que el Catastro tomara carta de naturaleza en el Principado».

Cataluña considerablemente menor que en Castilla[27]. Así, en palabras de Mercader (1985, p. 183), «[e]l Catastro dejó de ser para el pueblo catalán la calamidad que había sido al inicio y fue tornándose poco a poco un tributo tolerable y normal, que no obstaculizó el auge progresivo de la economía del Principado, como se temía en los primeros años, y aún menos del espectacular desarrollo del siglo XVIII».

Acudamos a una autoridad de nuestros días. Según Artola (1982, pp. 229 y 231), «el tratamiento fiscal impuesto [por Felipe V] a la corona de Aragón responde a una fórmula inédita que buscó, simultáneamente, la equidad tributaria y un mejor reparto de la carga entre los distintos estratos de la sociedad. El resultado [...] fue una fiscalidad más moderna y más justa que la que pervivió en Castilla». Asimismo nos dice que el equivalente en forma de capitación «que Macanaz impuso a Valencia es una fórmula arcaica y desigual, al no tomar en consideración las diferencias personales de renta ni las de patrimonio, y ni siquiera las de consumo, como sucedía en principio con la alcabala»; ahora bien, en Valencia, como en todo el antiguo reino de Aragón, se mantuvo «sin actualización [...] el cupo durante todo un siglo, con independencia del desarrollo demográfico», lo cual aligeró considerablemente la carga tributaria, como acabamos de ver.

Lo llevadero del Catastro catalán a finales del XVIII se ve confirmado a partir de la contabilidad de la empresa multisectorial de la familia Gloria (representativa del auge de la burguesía barcelonesa en ese período), según la cual, de los costes soportados en el período 1778-1781, el pago del Catastro representaba solamente el 1,5 por 100. Por otra parte, el mismo estudio que citamos nos dice que, «es difícil negar la existencia de un fraude respecto al pago del Ganancial por el Comercio y la Industria». Es decir, la cuota era reducida, pero aún lograban los contribuyentes evadir parte del impuesto[28]. También Vilar (1962, II, p. 192) estima que la fijeza del Catastro lo hizo llevadero: «el impuesto que en 1716 parecía tan gravoso se convirtió en muy ligero setenta y cinco años más tarde».

Esto se comprueba también con las cifras de Merino (1987) sobre el *presupuesto*[29] de la Corona española en la segunda mitad del XVIII. El Gráfico 3.1 muestra la evolución de dos importantes partidas

---

[27] Fernández de Pinedo (1984); García-Zuñiga, Mugartegui y De la Torre (1991).
[28] Fernández (1982), pp. 89, Cuadro I-9, y 107-108, n. 226.
[29] No puede hablarse propiamente de presupuesto en la España del XVIII.

3. EL SIGLO XVIII. REFORMA Y CRECIMIENTO

presupuestarias de la Corona, el *Equivalente de Aragón*, es decir, lo que se ingresaba por los *nuevos* impuestos directos en los tres reinos y el principado, y lo que reportaban las *Rentas Provinciales*, es decir, básicamente, la alcabala, los cientos, y otros impuestos indirectos recaudados en el reino de Castilla, para el período 1763-1800.

Lo primero que se observa es una ruptura de tendencia a partir de 1793: las dos curvas caen abruptamente a partir de ese año. La razón es que, al estallar la Guerra de la Convención contra Francia, España recurrió masivamente a las remesas de Indias y a fuentes extraordinarias (vales reales, empréstitos voluntarios y forzosos) para financiar el aumento del gasto, por lo que la proporción de los ingresos ordinarios se desplomó. Comienza aquí lo que Artola (1983, p. 403) llamó «el tránsito de un equilibrio difícil a una situación de crisis financiera».

Lo segundo que se advierte es que, durante el período de «equilibrio difícil» (1763-1793), la aportación de la corona de Aragón decrece regularmente, mientras que la de los impuestos castellanos aumenta, siquiera sea débilmente. Se confirma, por tanto, que los impuestos directos de la corona de Aragón fueron haciéndose más llevaderos, por lo menos durante la segunda mitad del XVIII, al tiempo que aumentaba la presión fiscal en Castilla.

Gráfico 3.1
Equivalente de Aragón y Rentas Provinciales,
como porcentaje de los Ingresos Totales

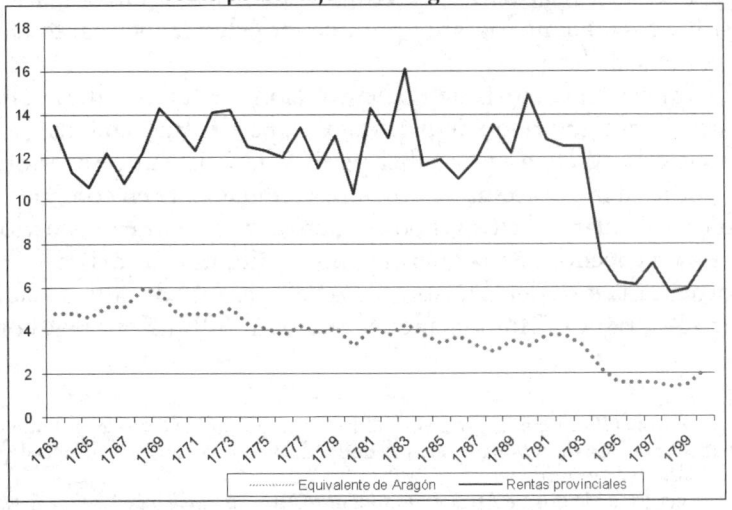

Fuente: Merino (1987)

Hemos visto, en resumen, por qué el Catastro benefició a Cataluña en mayor medida que los nuevos impuestos de otros reinos de la Corona de Aragón beneficiaron a éstos: fue un impuesto mejor diseñado, más justo y más equitativo. Por otra parte, el nuevo sistema impositivo introducido en los territorios de la antigua Corona de Aragón con el propósito de lograr una presión fiscal *equivalente* a la de Castilla, es posible que lograra su propósito en los primeros años, pero es evidente que pronto quedó anquilosado (se trataba, como señala Artola, de un impuesto de cupo y no de producto[30]) y a la larga mantuvo esa presión muy baja. Hay que añadir que, aunque, comparado con la época de los Austrias, el Catastro significara un aumento de la presión fiscal, el carácter equitativo, universal, y codificado del nuevo impuesto impartía una certidumbre que había de facilitar el cálculo mercantil y estimular la inversión, contribuyendo así al crecimiento económico.

El intento de reformar la fiscalidad en Castilla

Tan superior era el sistema impositivo catalán que —por recomendación de Zavala y Auñón, cuya *Representación* tenía como finalidad la introducción del sistema del Catastro en Castilla— a mediados de siglo el Marqués de la Ensenada y otros ministros de Fernando VI y Carlos III trataron de adaptarlo e introducirlo en Castilla, cosa que no lograron por una serie de razones, tanto técnicas como sociales[31].

Aplicando la teoría de Mancur Olson (1982), resultaría que, a la larga, el antiguo reino de Aragón, y en particular Cataluña, se habría visto beneficiado por haber perdido la Guerra de Sucesión, al haberse modernizado sus instituciones rápidamente en contra de los intereses seculares de los grupos poderosos; lo contrario ocurrió en Castilla, vencedora en la guerra y, por tanto, mucho más difícil de reformar. El éxito del Catastro movió al marqués de la Ensenada, a Pedro Rodríguez Campomanes, y a otros altos funcionarios, con el

---

[30] Artola (1982), pp. 233 y 241-246. En un impuesto de cupo, el volumen recaudado está fijado de antemano; en uno de producto, el volumen recaudado depende del valor de lo gravado.
[31] Ver los artículos de Anes y Domínguez Ortiz en *Hacienda Pública Española* (1990b), 2.

3. EL SIGLO XVIII. REFORMA Y CRECIMIENTO

apoyo sucesivo de Fernando VI y Carlos III, a formar el Catastro de la riqueza rústica en Castilla (el famoso *Catastro de Ensenada*) con el propósito de utilizarlo como fuente de información para imponer un gravamen directo similar al catalán, la llamada Única Contribución. Pero como, para su desgracia, Castilla no había perdido la Guerra de Sucesión, sino que la ganó, ni siquiera Ensenada, con todo el apoyo real, consiguió implantar allí la Única Contribución; la resistencia de una parte de la nobleza, de la Iglesia, y de las corporaciones municipales acabó logrando que se salieran con la suya estos grupos de intereses, y que los oportunos decretos firmados por Carlos III acabaran convirtiéndose en papel mojado[32]. Artola describe muy bien cómo encalló un proyecto que contaba con tanto apoyo, real y gubernamental:

> en junio de 1760, [los] miembros [de la Junta de la Única Contribución] comenzaron por consultar a Carlos III la conveniencia de proceder a la revisión de una información que se había obtenido apenas hacía un quinquenio [la del Catastro, concluido en abril de 1756]. Esta propuesta induce a pensar en una decidida intención de llevar el proyecto a una vía muerta [...] A pesar de ello, Carlos III aceptó lo propuesto [...]

El proceso de revisión se complicó y se alargó de tal modo que llevó tanto tiempo como la confección del Catastro original. Para cuando se terminó, se estaba en vísperas del Motín de Esquilache (1766), que produjo una larga interrupción de las tareas administrativas corrientes. Hacia 1770 se intentó revivir el proyecto, pero las dilaciones se sucedieron y finalmente, entre protestas contra la pretendida desigualdad de la contribución y la pasividad de la administración, la famosa Única Contribución nunca entró en vigor. Castilla siguió sufriendo mayor presión fiscal y un reparto inicuo de la carga, sin que posteriores intentos de reforma tuvieran éxito[33].

---

[32] Matilla Tascón (1947); Artola (1982), pp. 267-279; Mateos Dorado (1990).

[33] Una estimación de la creciente presión fiscal en la España del XVIII, en Tedde (2013), Cuadro 5. Una excelente síntesis sobre los problemas fiscales de Carlos III y Carlos IV en Tedde (1998), pp. 343-389. Ver también, Anes (1990). Otro tema, relacionado con la naturaleza ilustrada o no del gasto público de Carlos III, es el planteado por Barbier y Klein (1985), artículo que ha sido respondido por Llombart (1994).

El despegue económico de Cataluña

Como dice Martínez Shaw (1985, p. 55), «[e]l siglo XVIII discurre para Cataluña bajo el signo de la expansión». Vilar (1974, p. 11) habla de «desarrollo [...] evidente y poderoso» El país ya se había rehecho parcialmente tras la *Guerra dels Segadors*, a finales del XVII: fue una recuperación sobre todo en las áreas comercial y demográfica; pero tras la Guerra de Sucesión, que dejó a Barcelona casi en ruinas y a la economía del Principado muy postrada, la recuperación fue en toda la línea. Una manifestación muy clara la tenemos en el área demográfica. Pero el crecimiento económico catalán en el siglo XVIII tiene todas las características de un desarrollo equilibrado, es decir, afecta a todos los sectores: está basado en una prosperidad agrícola muy sólida, que, por medio del crecimiento de la demanda de bienes de consumo y equipo, y de la oferta de capitales, a que esta prosperidad da lugar, propulsa el crecimiento comercial y el industrial. A pesar de las nuevas catástrofes que se desencadenaron a fin del siglo, y de la interrupción a que todo ello dio lugar entre 1793 y 1833, no hay duda de que el desarrollo económico catalán del XIX hunde sus raíces en el despegue del XVIII.

Población

Son muy abundantes los testimonios contemporáneos acerca del crecimiento de la economía catalana en el XVIII; así, por ejemplo, el algo pintoresco del padre Jaume Caresmar en su *Discurso* de 1780[34]:

> La industria de los catalanes se ha extendido por todo el Continente (la Península), con numeroso tráfico de carromatos y acémilas, con tiendas de comercio en toda la costa y principales ciudades del Reino, a que debe aumentarse el gran número de hombres dispersos por todas partes con encajes, medias y quincallería al hombro [...] Con sus caudales sobrantes emprenden en Aragón y Valencia los arrendamientos de los diezmos y primicias de las mitras, comunidades, títulos y demás señoríos, haciendo mayores posturas y adelantamientos de dinero que los moradores de aquellos reinos, promoviendo la calidad de sus frutos y reduciendo los vinos sobrantes a aguardientes que extraen por el Ebro, igualmente que los aceites, lanas, sedas y otros efectos [...]

---

[34] Citado en Carrera Pujal, 1947, IV, p. 429.

3. EL SIGLO XVIII. REFORMA Y CRECIMIENTO

Merece la pena comentar el ingenuo realismo del padre Caresmar. Sabemos cuán cierta es su referencia a la destilación del aguardiente, que se producía sobre todo en la Cataluña meridional, cerca del delta del Ebro. También es conocido y proverbial el viajante catalán en toda la Península con sus carromatos, mulas o incluso a pie, con su mercancía *al hombro*. Resulta asimismo evidente la relativa riqueza de estos nuevos catalanes, que comienzan a exportar capital a los reinos vecinos, arrendando diezmos y rentas, compitiendo con ventaja con aragoneses y valencianos en sus propios reinos en estas operaciones de capital monetario y humano.

Muchos otros textos corroborativos podrían aducirse; pero resultaría más convincente aportar evidencia cuantitativa. En este sentido lo más sólido que tenemos es el crecimiento de la población. Nadal nos dice: «Globalmente, de 1300 a 1717, a lo largo de más de 400 años, la población catalana ha permanecido estancada, sin poder superar la cota inicial [de 500.000 habitantes. Por contraste, d]e 1717 a 1787 y de 1787 a 1857 el incremento demográfico había alcanzado, sin excepción, a todas y cada una de las 38 comarcas de Cataluña»[35]. En ese mismo artículo, Nadal nos ofrece las siguientes cifras de población catalana: 508.000 en 1717; 899.531 en 1787. En esos setenta años la población catalana habría pasado de ser el 7,25 por 100 a ser el 9,5 por 100 de la población española. El siglo XVIII es la primera centuria histórica de crecimiento demográfico sostenido en casi toda Europa, España incluida; pero la población catalana crece mucho más que la española en conjunto[36]. En palabras de otro especialista, discípulo de Nadal: «Desde el inicio del siglo XVIII, el estancamiento tendencial de la población [catalana], marcado por una sucesión de períodos expansivos y contractivos, dejó paso a una dinámica de crecimiento continua y muy vigorosa. El límite milenario del medio millón de personas se superó a lo largo del setecientos, en el que la población vino casi a duplicar sus efectivos [...]»[37].

Por lo tanto, Cataluña, en mucho mayor medida que el conjunto de España, participó en el fenómeno europeo de crecimiento demográfico sostenido que vino acompañado del crecimiento económico que resultó ser el origen de lo que desde Kuznets se ha

---

[35] Nadal (1992a), pp. 58 y 73. Ver también Llopis (2004).
[36] Ver, sobre este tema, una excelente síntesis en Grau y López (1988).
[37] Maluquer (1998), p. 33.

llamado el «crecimiento económico moderno». Volviendo a citar a Maluquer (1998, p. 54):

> La economía catalana, desde el inicio del siglo XVIII, por primera vez proporcionaba recursos suficientes para asegurar la supervivencia de una población en fuerte crecimiento. Todavía era una economía de base agrícola. Pero una recuperación agraria consistente, basada en una decidida orientación hacia el mercado, el alza de la renta regional y el aumento de la demanda interna y la competitividad exterior echaron las bases de un proceso de ampliación y transformación de la manufactura que había de conducir directamente a la industrialización.

Sería difícil expresarlo mejor y más concisamente.

Agricultura

Nos dice Vilar en su monumental obra sobre la economía catalana del XVIII, en concreto en el volumen II, dedicado a la población y la agricultura, que, por desgracia, nos faltan fuentes globales que nos hubieran podido permitir una visión de conjunto. Gran parte de los documentos del Catastro han desaparecido, quizá entre lo que se quemó en Alcalá de Henares en 1940. En vista de esta pérdida lamentable, el mismo autor (Vilar, 1962, II, pp. 190-191, 197 y 202) ha reunido un impresionante conjunto de testimonios menos exactos y generales, que ha sometido a un examen crítico y minucioso, y que le llevan a una conclusión general: la agricultura catalana desde el fin de la Guerra de Sucesión experimentó un crecimiento muy notable, tanto en lo que se refiere a la expansión de la superficie cultivada como en lo relativo a mejoras técnicas e intensificación de los cultivos. Son éstas cuestiones que, aunque no permiten agregaciones cuantitativas, sí permiten un alto grado de seguridad y confianza por lo numeroso de los testimonios referentes a casi todas las comarcas catalanas. «Con la excepción, quizá, de la Cerdaña, no hay "país" o comarca del Principado del que algún texto del siglo XVIII no nos señale un progreso más o menos marcado de la superficie puesta en cultivo [...] ninguna región de alguna importancia en el complejo económico catalán escapó a esta renovación agrícola del siglo XVIII». Tenemos, además, información cuantitativa sobre algunas variables que corrobora la evidencia descriptiva, como son las cifras de renta de la tierra, que suben a lo largo del siglo, superando

3. EL SIGLO XVIII. REFORMA Y CRECIMIENTO

en prácticamente todos los casos los índices de precios[38] y las de salarios agrícolas, que se mueven al alza paralelamente con los salarios de la construcción en Barcelona[39]. Sabemos también que la recuperación agrícola se inicia muy poco después, casi inmediatamente, al fin de la guerra, y que, en cierto modo, se beneficia de las destrucciones y del desorden, que permiten introducir cambios drásticos e innovaciones que de otro modo quizá no se hubieran introducido o hubieran tenido lugar más tarde; y se sugiere también que la promulgación del Catastro ha estimulado la roturación incluso de tierras mediocres, porque sobre ellas recaía menor carga tributaria[40].

Aunque sea imposible cuantificar, es evidente que el cultivo que protagonizó este resurgir de la agricultura catalana fue la vid, bien adaptada a las condiciones de la geografía mediterránea y productora de la materia prima de unas industrias fundamentales: la vinícola y la destilera. Los productos de estas industrias fueron las estrellas del comercio exterior catalán en el XVIII: los vinos y, sobre todo, los aguardientes. Fueron estas exportaciones las que financiaron las importaciones de productos alimenticios básicos cuya producción local no alcanzó a cubrir la demanda creciente que el aumento de la población y del nivel de vida estimuló: trigo, carne, y pescado salado, alimentos en los que la economía catalana fue haciéndose crecientemente deficitaria, aunque no parece haber duda de que también las producciones de cereales y la cabaña ganadera crecieron durante el XVIII. El olivo experimentó asimismo crecimiento, pero no tan espectacular como la vid; el aceite no era todavía un producto de exportación y su consumo se limitaba al ámbito local y urbano. Hay además abundantes testimonios de la expansión del cultivo del arroz[41], de plantas industriales como el lino o el cáñamo, y de árboles frutales, notablemente el almendro.

El crecimiento agrario no fue solamente extensivo. Hay abundantes testimonios de la expansión de los regadíos y otras mejoras técnicas, como expone detalladamente Vilar (1962, II, pp. 191-581).

---

[38] Vilar (1962), II, pp. 419-554; Serra (1975); Duran (1985).
[39] Vilar (1962), II, p. 550; ver más adelante.
[40] Vilar (1962), II, pp. 192-195; Vilar (1974), p. 14.
[41] Que dio lugar a litigios por miedo a las fiebres palúdicas: Carrera Pujal (1947), IV, pp. 2-6 y 11-14.

Su fuente principal en el tema de los regadíos es la colección de documentos del Patrimonio Real, entidad que extendía los permisos, registraba y gravaba con un impuesto a toda nueva obra de regadío. Los documentos revelan que la campiña en torno a Barcelona fue la más transformada por la nueva irrigación. Esta zona, que comprende una superficie de menos del 8 por 100 del Principado, recibió el 60 por 100 de las concesiones de permisos de regadío. Del 40 por 100 restante la mayor parte se concentra en el Vallés y el Maresme, pero también hay un contingente de importancia en la zona gerundense del Ampurdán y Olot. En cambio, la zona de Tarragona, y el Penedés, se renuevan poco en materia de irrigación, ya que la vid y los frutales, en que se especializan, no la requieren. Tampoco hay muchos nuevos regadíos en la Cataluña occidental, zona más seca y pobre que carece de las iniciativas y los capitales para emprender este tipo de inversiones.

Abundan asimismo las iniciativas de conducciones de aguas para molinos, y en muchos casos se trata de molinos con fines industriales, no sólo de harina, sino también para fabricar papel, mover batanes con fines textiles, etc. Estas mejoras se observan en gran número de explotaciones individuales, pero también en posesiones de la nobleza y de la Iglesia, así como en tierras pertenecientes a miembros de la clase media y alta próspera (notarios, comerciantes, médicos, abogados). No sólo detecta Vilar la creación de nuevos regadíos sino también un uso más intensivo de antiguas conducciones de agua, como viejas acequias y pozos.

Un proyecto del cual se habla y planea durante todo el siglo, pero que quedó inacabado, o, más exactamente, no emprendido, fue el Canal de Urgel, destinado a proporcionar agua para regadíos y también transporte para facilitar la venta y distribución de la producción agrícola. Lo mismo ocurrió con otros proyectos de canales demasiado costosos que no se llevaron a cabo. El canal de Urgel, sin embargo, terminó por construirse en el siglo XIX gracias al apoyo de la familia Girona, estrechamente ligada al Banco de Barcelona, y con el concurso del Gobierno, que facilitó el empleo de trabajadores reclusos, que redimían penas por el trabajo. Se inauguró en 1862.

Hay otras evidencias de progreso técnico en la agricultura catalana del XVIII: la más clara y extendida es la reducción (desaparición en algunos casos) de los barbechos, lo cual se logra gracias al empleo de fertilizantes naturales, en muchos casos importados de

América (guano). También contribuyen a la reducción del barbecho las mejoras en las rotaciones de cultivos. Existen testimonios de la generalización de mejores aperos, en concreto de arados perfeccionados. Y, por supuesto, son signos inequívocos de progreso agrario la especialización comarcal y, consecuentemente, la creciente comercialización de la producción agraria.

Cataluña en el Imperio español: comercio e industria

Comercio

Como es bien sabido, durante los siglos XVI y XVII se había establecido el principio del monopolio metropolitano del comercio con las Indias, pero no sólo metropolitano, sino sevillano[42]. La Casa de Contratación, con sede en Sevilla, controlaba el tráfico transatlántico entre España y América. Todo barco con destino u origen en América debía fondear en Sevilla para ser registrado y dado el visto bueno para proseguir viaje o descargar. El trayecto estaba también rigurosamente regulado. Se utilizaba el sistema de flotas, por el cual los barcos debían navegar agrupados y custodiados por buques de guerra. Las flotas se alternaban según su destino: unas, llamadas *flotas de Nueva España*, iban destinadas a lo que hoy es México, y arribaban a Veracruz; otras, llamadas *galeones de Tierra Firme*, iban destinadas al istmo y América del Sur (principalmente Nueva Granada y Perú) y arribaban a Cartagena de Indias y Portobelo (en lo que hoy es Panamá). Los bienes desembarcados en Portobelo seguían viaje desde allí hasta el puerto de Panamá, en la costa del Pacífico, donde se embarcaban en la llamada *Armada del Sur*, que los trasladaba a Lima. En su viaje de vuelta, flotas y galeones acostumbraban a recalar en La Habana y desde allí efectuar la travesía hasta Sevilla.

El sistema, como se ve, era extraordinariamente rígido; su principal virtud era la seguridad que proporcionaba a la expedición, aunque en una ocasión (1628) gran parte de la flota fue capturada. A cambio de esto, el sistema tenía graves inconvenientes: al ser escasa la relación entre los comerciantes españoles europeos y los americanos, los bienes embarcados raras veces se ajustaban en cantidad y calidad

---

[42] Para esta síntesis, ver Haring (1918), Walker (1979), Martínez Shaw (1981), Fisher (1992), Delgado Ribas (2007) y Lamikiz, (2007).

a la demanda americana, y frecuentemente se tardaba años en vender toda la carga. Como este comercio era de gran provecho a la Corona, en especial por los impuestos en oro y plata que se cobraban, ésta hizo todo lo posible, sobre todo desde finales del siglo XVI, por obligar a los americanos a comprar productos europeos. Para ello restringió cuanto y como pudo la producción en las Indias de mercancías que pudieran competir con las europeas. El monopolio y las prohibiciones permitían que los productos europeos fueran muy caros, tanto más cuanto que los impuestos y aranceles sobre ellos eran cuantiosos. Esta carestía no podía sino atraer contrabando, que las flotas y guardacostas españoles trataban de tener a raya con gran esfuerzo y dispendio.

La Guerra de Sucesión debilitó el sistema, ya muy afectado por las crisis y las guerras del siglo XVII[43]. Las hostilidades desencadenadas por el conflicto sucesorio español interrumpieron el sistema de flotas y aislaron a España de sus colonias americanas, que tuvieron que abastecerse en el mercado internacional con gran beneficio para corsarios y piratas, la mayor parte ingleses, que camparon a sus anchas durante aquellos años. Fue muy difícil recomponer el sistema tras la guerra, por muchas razones. En primer lugar, entre las varias concesiones que España tuvo que hacer a Inglaterra por el tratado de Utrecht estaban el otorgamiento del *asiento de negros* (es decir, el monopolio de venta de esclavos africanos en América) y el *navío de permiso*, que era el permiso por 30 años a la Compañía inglesa de los Mares del Sur para incluir un navío al año en cada flota a Indias. Ambas instituciones permitieron a dicha Compañía la introducción de abundante contrabando. En segundo lugar, durante la guerra se habían establecido relaciones entre los comerciantes americanos y los agentes extranjeros, relaciones que naturalmente se mantuvieron ya restaurada la paz, en particular porque los precios de los contrabandistas eran más bajos que los de los españoles. En tercer lugar, el *galeón de Manila* (Schurtz, 1939), que hacía la ruta entre Acapulco y las Filipinas, surtía en cantidades crecientes con mercancías chinas, especialmente telas de seda y algodón, que competían ventajosamente en calidad y precio con las españolas. Y en cuarto lugar, Inglaterra, Holanda y Francia habían desarrollado sus industrias y sus

---

[43] Sobre Cataluña y el Imperio español durante el siglo XVIII, ver Delgado Ribas (1982a) y Fradera *et al.* (1995).

escuadras, y estaban en disposición de abastecer ventajosamente, aunque de manera ilegal, a las Indias. Por todas estas razones el sistema de flotas, tal como se restableció en el XVIII, se vio aquejado de graves dificultades, que se resumen en desajustes entre la oferta peninsular y la demanda americana, y que se saldaron con resultados decepcionantes para ambas. Si el sistema se mantuvo durante varios decenios fue porque la Corona no veía sistema alternativo para allegar recursos, especialmente durante la primera mitad del siglo XVIII en que las guerras europeas de Felipe V entrañaron gastos cuantiosos. Con todo, en 1728 se fundó la Compañía de Caracas, que recibió el monopolio del comercio con Venezuela, y que constituyó una excepción al principio monopolista de la Casa de Contratación: sus barcos navegaban directamente entre San Sebastián y Caracas. A ésta siguieron otras compañías, como la del Comercio de Barcelona (1755), que contribuyó a la entrada de los textiles catalanes en América, y algunas menos importantes como la de La Habana (1740) y la de San Fernando de Sevilla (1747).

En los períodos bélicos las tenues relaciones entre la metrópoli y las colonias se establecían por medio de los llamados *navíos de registro*, buques que navegaban individualmente habiendo previamente obtenido una licencia o registro (de ahí su nombre). En tiempos normales, estos buques abastecían puertos alejados de la ruta de las flotas como, típicamente, Buenos Aires. Otra innovación importante fue el traslado en 1717 de la Casa de Contratación de Sevilla a Cádiz, que era mucho mejor puerto.

Un nuevo hiato importante fue la guerra hispano-británica de 1739-48, *del Asiento* para los españoles, *de la Oreja de Jenkins* para los británicos. La guerra concluyó con el tratado de Aix-la-Chapelle (Aquisgrán), que suprimió el asiento mediante una indemnización por parte de España. Pero los nueve años de hostilidades volvieron a interrumpir las flotas y generalizaron el sistema más flexible de navíos de registro, que fomentó, además, el establecimiento de agentes comerciales españoles en América, sobre todo en México, todo lo cual facilitó un mejor ajuste entre oferta y demanda[44]. También los comerciantes americanos pudieron abastecerse directamente en Cádiz. En Sudamérica la ruta por el Cabo de Hornos

---

[44] Lamikiz (2007).

se generalizó, con el propósito de evitar los barcos ingleses y Buenos Aires empezó a competir con Lima como centro comercial. El sistema de galeones de Tierra Firme fue abandonado de hecho. Las flotas de Nueva España continuaron hasta 1776, pero con poco éxito. En 1765 se dio un hito significativo al liberalizarse el comercio desde nueve puertos españoles (Santander, Gijón, Coruña, Sevilla, Cádiz, Málaga, Cartagena, Alicante, y Barcelona) a las islas más importantes del Caribe (Cuba, Puerto Rico, Santo Domingo, Margarita, Trinidad, y las Islas de Sotavento). Esta ampliación vino acompañada de un considerable crecimiento del tráfico colonial, que se expandió a partir de mediados del XVIII[45]; también el comercio con el resto del mundo creció notablemente, *pari passu* con el colonial[46]. El éxito de esta reforma aumentó el crédito de los que venían preconizando una mayor liberalización.

Esta política se introdujo con la promulgación del Reglamento para el Comercio Libre en la simbólica fecha de 12 octubre 1788. La medida, debida a la iniciativa del conde de Floridablanca, ministro de Estado, y de José Gálvez, ministro de Indias, ampliaba considerablemente el número de puertos peninsulares (incluyendo Tenerife) y americanos autorizados a comerciar, aunque subsistían algunas restricciones que se fueron reduciendo en los años siguientes. También establecía el Reglamento nuevos aranceles y prohibiciones, por lo que hay que admitir que la libertad de comercio, aunque mucho mayor que la que existía anteriormente, era relativa. Con todo, la promulgación del Reglamento fue seguida de una considerable expansión comercial que inmediatamente comentaremos.

Un análisis somero de las cifras de Fisher (Gráfico 3.2) nos indica, en primer lugar, que el impacto inmediato del Reglamento de Libre Comercio sobre las exportaciones españolas a Indias fue relativamente modesto, debido sin duda a la guerra de Independencia de Estados Unidos, en la que España se alineó con Francia y los norteamericanos. El crecimiento de las exportaciones en los cuatro años que siguieron al Reglamento fue de un 50 por 100, respetable pero no asombroso. Sin embargo, siempre según Fisher, la paz con Inglaterra

---

[45] García-Baquero (1976), I, Cap. XII, y II, Cuadros 19 y 21, Gráficos 3, 4, 7, 9, 13 y 16; Fisher (1992), Cap. VIII, esp. Tablas 4 y 7.
[46] Prados de la Escosura y Tortella (1983), esp. Cuadro 1; Prados de la Escosura (1984), esp. Cuadro A-5.

3. EL SIGLO XVIII. REFORMA Y CRECIMIENTO

en 1783 trajo consigo un alza explosiva de las exportaciones, que en 1785 estaban más de 6 veces por encima del nivel de 1778. Parece lógico esperar una fluctuación a la baja después de tal crecimiento: del lado de la demanda, tuvo que producirse una saturación; del lado de la oferta, lógicamente, las expectativas de los exportadores debieron verse frustradas ante la caída de la demanda. Este comportamiento cíclico parece totalmente normal, especialmente si tenemos en cuenta que en los años siguientes, a un ritmo más pausado, las exportaciones siguieron creciendo hasta alcanzar en 1792 un nivel casi igual al de 1785. En 1793, sin embargo, las exportaciones volvieron a caer; pero es bien claro que esta caída se debió al estallido de la Guerra de la Convención con Francia. En total, según las cifras de Fisher, el volumen medio de exportaciones españolas a Indias en el decenio entre la guerra con Inglaterra y la guerra con Francia, incluyendo «la crisis de 1786-1787», alcanzó un nivel por encima de 4,5 veces el de 1778.

Gráfico 3.2
Rentas Generales (1763-1796) y exportaciones
a América (1778-1796) (Índices, 1778=100)

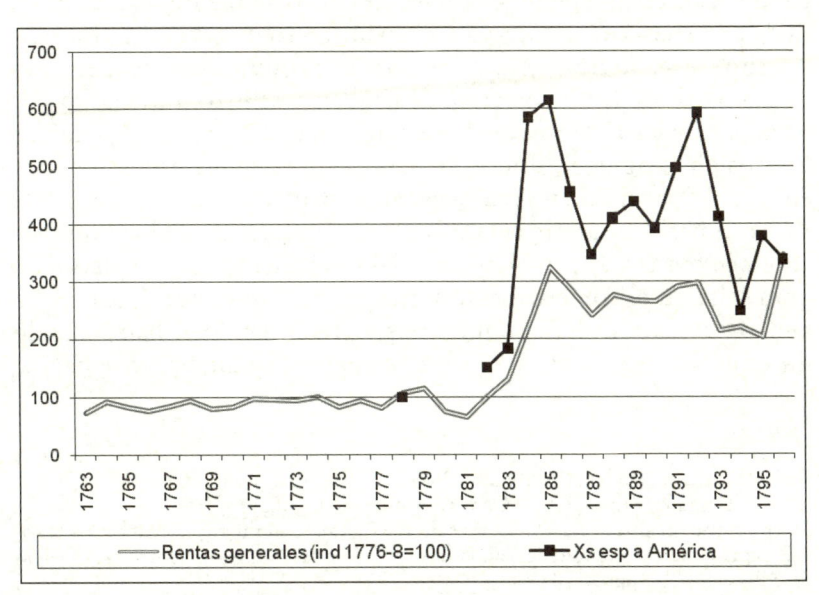

Fuentes: Rentas Generales: Merino (1987), «Ingresos»; Exportaciones: Fisher (1992), Tabla 4, p. 177.

Se ha objetado a los índices de Fisher que su cifra correspondiente al año que toma como base (1778) parece infravalorada[47], lo cual exageraría el crecimiento de los valores posteriores. En particular, García-Baquero (1997, p. 309), que critica tanto sus cifras de importación como las de exportación, afirma que el dato de Fisher para 1778 es sólo «el 7,4 por 100 del valor que "realmente" alcanzó». La conclusión sería que el índice de las importaciones de América según Fisher exageraría desmesuradamente el crecimiento de esta variable. Delgado Ribas, por su parte, se fija sobre todo en la caída tras 1785. Más que criticar las cifras de Fisher, Delgado quita importancia al crecimiento del comercio, aduciendo la magnitud de esta caída[48].

Hay sin embargo otra variable ligada al comercio exterior que nos puede servir de contraste: el rendimiento de las Rentas Generales, que son, como es bien sabido, los ingresos del Tesoro español por los aranceles de aduanas[49]. Se trata, por tanto, de un indicador bastante fiable del movimiento comercial exterior total, no sólo el colonial. El Gráfico 3.2 muestra que desde 1763 hasta 1778 las Rentas Generales crecieron moderadamente. En el año 1779, el primero en que estuvo en vigor el Reglamento, también crecieron, pero dentro de la anterior tendencia. En los dos años siguientes cayeron, sin duda por efecto de la entrada de España en la guerra contra Inglaterra en Norteamérica. Posteriormente se produjo una recuperación que, a partir de 1783, con el fin de la guerra, se hizo muy rápida, alcanzándose en 1785 un nivel que triplicaba el de 1778[50]. Si bien en los dos años siguientes hubo caídas, el índice se mantuvo muy por encima del nivel 200, y se fue acercando paulatinamente al nivel 300. En resumen, de las cifras de Rentas Generales se deduce que los años siguientes a la promulgación del Reglamento contemplaron un gran salto en el comercio exterior español, y que Floridablanca no andaba descaminado, aunque su estimación era algo baja, cuando dijo que gracias al *comercio libre* los ingresos aduaneros se habían

---

[47] Cuenca-Esteban (2008), pp. 326-327; García-Baquero (1997).
[48] Delgado Ribas (2007), Cap. 12 passim. Sin embargo, este mismo autor, en una publicación anterior, trata la crisis de 1787 como una fluctuación debida a la sobre-exportación y que fue rápidamente superada en los años siguientes. Ver Delgado Ribas (1982b), pp. 102-119.
[49] García-Cuenca (1991).
[50] En este índice se ha tomado como base la media de los años 1776-1778.

doblado[51]. En realidad, casi se habían triplicado: durante el decenio 1769-1778 los ingresos medios anuales por aduanas habían sido de 51 millones de reales de vellón; durante el decenio 1783-1792 fueron de 145 millones. Es verdad que estamos en un período inflacionista; pero un cálculo somero nos indica que las conclusiones básicas no se verían modificadas. En efecto, mientras, según los índices de Hamilton[52] la media no ponderada de los precios en ambas Castillas, León, Andalucía y Valencia subió un 30 por 100 entre 1778 y 1793, las exportaciones subieron un 312 por 100 y las Rentas Generales un 101 por 100 entre las mismas fechas.

Es de suponer que, aunque el Reglamento de Libre Comercio se refiriera exclusivamente al comercio colonial, su efecto expansivo se extendería al comercio en general, ya que en las exportaciones a América había un fuerte componente de reexportaciones; sabemos que hacia estas fechas el comercio colonial de exportación venía a suponer aproximadamente la mitad de las exportaciones totales, y que en uno y otro comercio (europeo y americano) había un fuerte componente de reexportaciones[53]. Parece natural, por tanto, que la aplicación del Reglamento fuera seguida de un crecimiento del comercio exterior total, que es lo que reflejan las Rentas Generales.

Puede observarse que, a partir de 1778, la curva de las Rentas Generales evoluciona de manera bastante paralela a la de las exportaciones según Fisher, lo cual refuerza la verosimilitud de ésta, incluso admitiendo que pueda estar excesivamente desplazada hacia arriba.

La serie de las exportaciones españolas a América a partir de 1796 y hasta 1810[54], período de guerra casi ininterrumpida, muestra enormes oscilaciones, con un pico tras firmarse la paz de Amiens (1802) y una fuerte caída al reanudarse las hostilidades dos años más tarde. Es evidente que el comercio hispano-americano era extremadamente sensible a la coyuntura bélica, como muestran las series anteriores y como ya había sido observado por Izard (1974). Los trabajos de Cuenca-Esteban y de Tedde corroboran también lo dicho acerca de los efectos favorables del Reglamento de 1778[55].

---

[51] Citado en Fisher (1992), p.s 173.
[52] Hamilton (1947), p. 155, Cuadro 9.
[53] Prados de la Escosura y Tortella (1983), Cuadros 2 y 3, pp. 353-357.
[54] Fisher (1992), Tabla 14, p. 246.
[55] Cuenca-Esteban (2008); Tedde (2009).

El impacto del *libre comercio* sobre la navegación transatlántica de barcos catalanes, fue muy considerable, hasta el extremo de que pueda hablarse de «una navegación atlántica que ha pasado en gran medida a manos catalanas», algo que ya era una realidad incluso antes de 1778[56]. En efecto, el impulso catalán hacia América ya había comenzado muchas décadas antes, incluso en el período anterior a la Guerra de Sucesión; por eso habían mostrado tanto interés las Cortes de 1701-1702 por la posibilidad de enviar navíos a América directamente. Durante la primera mitad del siglo, tras la guerra, los contactos entre Cataluña y Cádiz se desarrollaron extraordinariamente. Los comerciantes catalanes colocaron factores en el puerto atlántico y los comerciantes gaditanos también establecieron redes comerciales en Cataluña; ambos grupos trataban de abastecer con mercancías catalanas los mercados americanos. Entre estas mercancías destacaban los productos de la vid, como el vino y, sobre todo, el aguardiente, que «constituye la base fundamental de la exportación catalana a América durante toda la primera mitad del XVIII»; y no sólo a América, sino también al norte de Europa. El aguardiente seguirá también siendo uno de los principales productos catalanes de exportación en la segunda mitad del siglo[57]. La virtud comercial del aguardiente residía en su amplia demanda y fácil transporte, por ser más inerte que el vino. El otro producto agrícola con un puesto destacado en la exportación catalana a América son los frutos secos, en especial las avellanas y las almendras, más otro producto de la vid, las pasas.

Los productos industriales catalanes también se exportaron, aunque su auge tuvo lugar más tarde: muchos de los productos industriales catalanes exportados en la primera mitad del siglo son más bien artesanales, como la pasamanería de seda (medias, pañuelos, encajes), las armas de fuego, los utensilios de hierro, o las cuerdas para instrumentos musicales. En la segunda mitad del siglo, asentada la industria algodonera, las indianas (telas de algodón pintadas) fueron adquiriendo importancia, así como los sombreros de fieltro, los productos de cuero, el papel, los libros, las manufacturas metalúrgicas (armas, herramientas, cuchillería, instrumentos quirúrgicos) y un producto de la artesanía química: el jabón.

---

[56] Vilar (1962), III, p. 341; Delgado Ribas (1983), p. 52.
[57] Martínez Shaw (1981), p. 200.

3. EL SIGLO XVIII. REFORMA Y CRECIMIENTO

Merece la pena señalar que este auge de las exportaciones a América estimuló extraordinariamente a la economía catalana y en particular a las industrias vinícola y textil, y, dentro de ésta, especialmente la algodonera, como muestran los trabajos de varios autores y como vamos a ver seguidamente[58]. Señala Vilar (1964, p. 297) que «Barcelona se convierte desde la década 1760-1770 (y no solamente desde la libertad de comercio con América) en un puerto colonial de gran importancia, en donde la acumulación de capitales tiene otras fuentes de origen que la renta de la tierra o el margen entre precios y salarios. Ésta es ya una primera razón de su empuje y su riqueza».

También vale la pena mencionar que el comercio catalán con América se vio estimulado por el Gobierno español desde el final de la Guerra de Sucesión[59]. Los gobiernos de Felipe V se esforzaron en reforzar el nexo Cataluña-Cádiz-América a expensas de Lisboa y Gibraltar, con los que el comercio catalán había tenido estrechas y frecuentes relaciones antes y durante la Guerra de Sucesión. Esto se consiguió, entre otros medios, imponiendo prohibiciones de importar productos coloniales brasileños (cacao, azúcar, tabaco); entre las medidas que estimularon el comercio de Cataluña con América se pueden citar la excepción irregular que se hizo del estanco del aguardiente (que se impuso para todo el reino en 1714, pero del que se excluyó de hecho el producto catalán ante las protestas de los fabricantes), las facilidades para la matriculación de comerciantes catalanes en Cádiz, la autorización de hecho del comercio directo de naves catalanas con América a partir de 1745, y la creación de la Real Compañía de Barcelona.

Industria

La prosperidad agrícola y comercial creó las condiciones para el desarrollo de la industria, basado clara, pero no exclusivamente, sobre las industrias de consumo, dirigidas primero a satisfacer la demanda regional, pero que fueron ampliando sus mercados al ámbito nacional e internacional. Para el desarrollo de la industria catalana en

---

[58] Martínez Shaw (1985), pp. 84-96; García-Baquero (1974); y Thomson (1992), Cap. 6, esp. pp. 211-216.
[59] Martínez Shaw (1981), esp. pp. 84-105.

el siglo XVIII fue vital la casi total unificación del mercado español por la remoción de barreras arancelarias entre los reinos de Aragón y Castilla, y dentro del propio reino de Aragón. Para el reino de Aragón en su conjunto, la unión con Castilla (en sentido lato) implicó acceder a un mercado cuatro veces mayor que el propio; para Cataluña implicó la entrada en un mercado casi 14 veces mayor que el catalán[60]. A esto hay que añadir, por supuesto, el acceso al mercado americano, del que ya hemos hablado.

Aparte de las industrias alimentarias, entre las que destacan la vinícola y la destilera, tenemos también la industria de cueros y calzado, la de la sombrerería y, sobre todo, las textiles, donde se cuentan, de un lado, las tradicionales como la sedera, la lanera, la linera, y, de otro, la que se va a convertir por dos siglos en la gran industria catalana, la algodonera. Estas industrias de consumo encontraron un amplio mercado en las colonias americanas, como hemos visto, especialmente la vinícola y destilera, la sombrerera, las texiles sedera, lanera y linera, y, como ahora comentaremos, la textil algodonera; también exportaban estimables cantidades a América la industria jabonera, la papelera, la metalúrgica y la mecánica[61]. Entre las industrias pesadas o de equipo tenemos la siderúrgica (las *fargas* pirenaicas), la construcción naval, en auge tanto por el crecimiento del comercio como por las frecuentes guerras[62], y todas las relacionadas con la construcción, estimulada por la expansión demográfica y la mejora del nivel de vida. En relación con este último sector, merece la pena comentar el trabajo de Pierre Vilar sobre los salarios de la construcción en Barcelona durante el XVIII, donde se observa el alza impresionante de la serie a partir de 1770, hasta casi llegar a doblarse hacia 1798, hecho que es un claro indicador del auge en la actividad de la construcción en la Barcelona del último tercio del siglo. Este crecimiento contrasta con la moderación del crecimiento de los salarios del mismo sector en Madrid, hasta el extremo de que, entre ambas fechas (1770-1798), si los salarios de Barcelona crecieron un 96 por 100, los de Madrid sólo lo hicieron en un 11 por 100. Aunque, sin más información,

---
[60] Carreras (1990), pp. 260-263; Polo (2014), p. 426. En 1717 la población catalana era de 508.000 habitantes; la del resto de España, de siete millones, Nadal (1992a), p. 68.
[61] Vilar (1962), III, pp. 490-493, 514-522, 540-547.
[62] Vilar (1962), III, p. 325; Delgado Ribas (1983).

3. EL SIGLO XVIII. REFORMA Y CRECIMIENTO

la comparación sea más simbólica que concluyente, puede servir como muestra del diferente nivel de crecimiento de ambas ciudades; para Vilar(1964, pp. 282-284), menos precavido que nosotros, «el movimiento de los salarios en Barcelona [en comparación con los de Madrid] señala un episodio decisivo de la evolución histórica española: la repentina vuelta de Cataluña a la situación económica preponderante que había perdido desde el siglo XV».

No cabe la menor duda de que al menos parte de esta industria, en especial la textil, nace de las políticas deliberadas llevadas a cabo por los gobiernos de Felipe V que ya, nada más acabar la Guerra de Sucesión, en 1717 y 1718, emitió una serie de decretos prohibiendo la importación de tejidos de algodón, suprimiendo los aranceles interiores (puertos secos), y ordenando que se diera preferencia a los productos nacionales en la adquisición de pertrechos militares, y otras compras. Según Thomson (1992, p. 71), esto «probablemente convirtió a la naciente industria [algodonera] en la más favorecida políticamente de la época». Esta política de sustitución de importaciones rindió sus frutos sin duda, si bien no tenemos pruebas inequívocas de fábricas de indianas en Cataluña hasta unos veinte años más tarde. Conviene señalar que, aunque al socaire de esta protección naciera y se desarrollara en Cataluña una respetable industria algodonera, ésta siguió necesitando, durante casi toda su historia, el mantenimiento de esta protección, porque ni sus calidades ni sus precios eran competitivos en el mercado internacional; en parte esta inferioridad, al menos durante el siglo XVIII, se debió a la existencia de poderosos gremios en Cataluña, que mantenían los salarios altos y la productividad baja[63]. El crecimiento de la industria algodonera fue muy rápido en las últimas décadas del siglo, y la demanda creciente de hilo y tejido crudo, que se había venido importando, sobre todo de Malta, estimuló el desarrollo de una hilatura autóctona, y la importación de máquinas de hilar inglesas, las famosas *jennies* y *mulas*, y de carbón en los últimos años del siglo y principios del XIX[64]. Martí Escayol (2002) nos muestra que Barcelona empezaba a parecerse a Londres como ciudad industrial contaminada por los humos del carbón y las emanaciones de las tintorerías ya a finales del XVIII.

---

[63] Thomson (1992), pp. 85-88; Delgado Ribas (1982b), p. 166-169.
[64] Delgado Ribas (1990).

El principal mercado de esta industria, cuyo producto más importante eran las indianas, es decir, los algodones estampados, fue el nacional, donde la propia Cataluña, Madrid, y los puertos más importantes, Mallorca, Valencia, Alicante, Cádiz, Sevilla, etc., tenían un papel destacado. Aunque es un tema discutido, da la impresión de que la industria de indianas tardó en abrirse un hueco importante en el mercado de las colonias americanas, y que esta ocasión llegó con la liberalización del comercio transatlántico en tiempos de Carlos III a que antes nos referimos (1765 y 1778). Esto, unido a la persistente inferioridad en calidades y precios en comparación con las industrias del norte de Europa, explica que, según Delgado Ribas (1982b, pp. 163 y 166-169), cuando la guerra contra Inglaterra dio al traste con el control que el Gobierno español tenía sobre el mercado colonial, las quiebras de fábricas de indianas fueran muy numerosas; después de las empresas comerciales, «destacan los fallidos del sector textil algodonero» en los primeros años del siglo XIX. Pero gracias al mercado local y nacional, la industria resistió mejor la crisis bélica que el gran comercio, aunque la Guerra de Independencia terminó por arrasarla.

Conclusiones

¿Existe alguna relación entre las reformas borbónicas y el crecimiento económico de Cataluña en el siglo XVIII? Esta es una pregunta que enfrenta a los historiadores del período, que podríamos dividir, aludiendo a una antigua dicotomía, entre *maulets* y *botiflers*, o entre *austracistas* y *borbónicos*. Los *maulets* ven en la política borbónica pura opresión, absolutismo, centralismo y tiranía, una continua represalia contra el Aragón vencido, y, en particular, contra Cataluña. Si ésta conoció una desusada prosperidad tras la Guerra de Sucesión fue gracias al espíritu sacrificado y heroico de sus naturales. Nosotros (que en esta cuestión nos encontramos más cerca de los *botiflers*, y, por tanto, en buena compañía, con Jaume Vicens Vives, Antonio Domínguez Ortiz e incluso Pierre Vilar) nos preguntamos por qué esperó Cataluña tres largos siglos para desperezarse económicamente. En historia hay un gran peligro en el razonamiento *post hoc ergo propter hoc*, es decir, lo consecuente es consecuencia. Sin embargo, resulta muy difícil explicar esta ejecutoria brillante si no es ligándola a las profundas reformas borbónicas y relacionándola con la doctrina de Mancur Olson que antes vimos. Gracias a que perdió

3. EL SIGLO XVIII. REFORMA Y CRECIMIENTO

la guerra pudo Cataluña librarse de las cadenas feudales que la oprimían, pudo llevar a cabo el *desescombro* del que hablaba Vicens (1966, pp. 144-145), para quien la «"nueva planta"» echó por la borda del pasado el régimen de privilegios y fueros de la Corona de Aragón [..;] el desescombro de privilegios y fueros [...] benefició insospechadamente [a Cataluña], no sólo porque obligó a los catalanes a mirar hacia el porvenir, sino porque les brindó las mismas posibilidades que a Castilla en el seno de la común monarquía».

Para *maulets* y *austracistas* no hay desescombro, sino demolición. Y para explicar el repentino crecimiento tienen que acudir a un tenue atisbo de expansión a finales del siglo XVII, que más parece ser reconstrucción tras la catástrofe de la Guerra de Secesión que algo comparable a lo ocurrió tras la Guerra de Sucesión. Hubo, indudablemente, una recuperación comercial en la décadas finales del Seiscientos; pero ya vimos que fue poco más que eso, recuperación. A finales del XVII el más importante puerto catalán, Barcelona, siguió siendo, según Nadal y Giralt (1963, pp. 279 y 303) un modelo de

> sociedad preindustrial [que necesita cambiar] unas instituciones políticas y administrativas que, pecando de anacrónicas, constituyen el mayor obstáculo para la expansión. De la manera más paradójica, la remoción de las mismas llegó por los caminos de una guerra crudelísima [, pero] la derrota abrió las puertas al esplendor ciudadano [de modo que Barcelona pasó de ser] una sociedad poco evolucionada [a protagonizar] el maravilloso despegue barcelonés del siglo XVIII.

En resumen, para ser convincentes, los historiadores *austracistas* deben explicarnos cómo, sin acceso privilegiado a los mercados peninsular y americano, y sin un sistema fiscal equitativo y llevadero, se hubieran desarrollado la agricultura y la industria catalanas del modo que lo hicieron de 1716 en adelante. Para ello se necesitaría un contrafactual convincente. A falta de éste, tendremos que coincidir con Joan Batlle, diputado catalán en las Cortes del Trienio que afirmó: «Si Cataluña no hubiese roto las cadenas de la segunda edad de hierro, destruyendo los abusos del régimen feudal, hoy no sería tenida por industriosa, ni se podría enorgullecer de este título que la ha hecho célebre en los confines del mundo»[65].

---

[65] Citado por Vilar (1974), p. 22.

CAPÍTULO 4

CATALUÑA EN LA GUERRA DE INDEPENDENCIA

La Guerra de Independencia es un episodio crucial para comprender la historia de la España contemporánea, y en ella se encierra una gran paradoja: la guerra se inició con un levantamiento más o menos espontáneo del pueblo español contra el dominio francés (la chispa saltó en Madrid el 2 de mayo de 1808) ante la descomposición y efectiva desaparición del Estado español tradicional, que era ya poco más que un vestigio del Antiguo Régimen. En su lugar aparecieron, también de manera espontánea, una serie de Juntas locales o provinciales que comenzaron a desempeñar tareas de gobierno de manera casi descoordinada e independiente. Para muchos, durante la guerra España había regresado a las taifas en que se descompuso el Califato de Córdoba y a la proliferación de unidades políticas cristianas que se dieron en los primeros siglos de la Reconquista. Sin embargo, de esa división surgió un movimiento unitario, una conciencia de España como nación moderna que se plasmó en las Cortes de Cádiz y en la Constitución de 1812. Como afirmó Domínguez Ortiz: «La Guerra de la Independencia fue para España [...] la ocasión de demostrar que la unidad nacional forjada durante siglos había impregnado la conciencia de todos y que podía combinar esa conciencia de unidad con el respeto a la diversidad regional»[1].

A menudo se habla y se escribe en nuestro país como si el único nacionalismo que hubiera aparecido sobre la faz de la Tierra a principios del siglo XIX fuera el español. En realidad se trata de un fenómeno universal, o casi. El término *nación* es utilizado por los revolucionarios franceses en un sentido muy diferente del que hoy se le concede: los revolucionarios contrastan *la nación* como conjunto de ciudadanos libres e iguales frente a la monarquía del Antiguo Régimen, cuyos componentes eran súbditos no libres, sino sometidos a la voluntad de un Monarca. El término *nación* de los revolucionarios franceses se asimilaba más al actual de *democracia* o de *ciudadanía* o

---
[1] Domínguez Ortiz (2001), p. 254.

de *pueblo* en el sentido de la constitución de Estados Unidos (*We, the People*) que a la acepción tribal o comarcal, cuando no racista, que adquirió más tarde y que casi siempre tiene ahora[2].

Lo original del Dos de Mayo español y del alzamiento en armas que siguió fue que se luchó contra el invasor francés haciendo uso de los conceptos y la retórica que la Revolución Francesa había alumbrado. Cierto es que en el alzamiento hubo diferentes idearios, y que en unos dominó la xenofobia, y el apego a la monarquía y a la religión tradicionales, mientras que para otros la nación española significaba un país moderno y constitucional de ciudadanos libres e iguales. Pero contradicciones hubo en todas partes: los propios franceses que invadieron España eran una mezcla de súbditos imperiales y republicanos jacobinos, y muchos de los que vitoreaban al Emperador poco después aceptaron de buen grado ser súbditos de la Monarquía restaurada. Lo mismo ocurrió en toda Europa: la simpatía hacia el igualitarismo y la libertad proclamados por la Revolución francesa se mezclaban con el odio al invasor y al héroe tornado déspota: recordemos que Beethoven se arrepintió de su propósito de dedicar su Sinfonía Heroica a Napoleón.

El Estado-nación es producto de la gran revolución moderna que se inicia en Holanda e Inglaterra en el siglo XVII y que se generaliza un siglo más tarde con la independencia de Estados Unidos y la Revolución Francesa que, en realidad, es una Revolución Europea. Todo esto ya lo establecieron hace medio siglo Louis Gottschalk y Jacques Godechot, entre otros. Lo interesante del caso español no parece ser su pugna por ser una nación moderna en el siglo XIX. Eso les ocurre a todas, empezando por Francia, e incluyendo a las anglosajonas, donde también hay una larga y compleja pugna por la modernidad.

La originalidad de España estriba en que, siendo un país atrasado económica e intelectualmente a comienzos del siglo XIX, lucha con una gallardía extraordinaria por preservar su identidad a la vez que se esfuerza por adoptar y adaptar lo mejor del programa revolucionario: el parlamentarismo, la Constitución, la soberanía popular, las libertades básicas. Lo que España logra en ausencia de Fernando VII y en nombre de ese «rey felón» es algo que se antoja muy por encima de sus flacas fuerzas económicas, sociales y militares:

---

[2] Ver, sobre esto, Tortella (2014b).

4. CATALUÑA EN LA GUERRA DE LA INDEPENDENCIA

combatir a la potencia hegemónica con sus mismas armas intelectuales y políticas. Que la hazaña estaba por encima de su fuerza real lo prueba la dificultad y lentitud con que a lo largo del siglo XIX se alcanzó el ideal político de las Cortes de Cádiz, el continuo tejer y destejer constitucional, y la propensión al golpe de Estado, que pende como espada de Damocles sobre el constitucionalismo español durante todo el siglo y más allá. La lentitud del progreso económico trajo consigo el estancamiento social y político.

La paradoja absurda es que hoy, alcanzada la madurez social y económica, contemplemos con indiferencia cómo se intenta derrocar piedra a piedra un edificio tan trabajosamente construido durante dos siglos. Cuando España era débil y atrasada, y derrotada por un enemigo infinitamente superior, transitó casi milagrosamente de la desintegración a la unidad. Hoy, en cambio, próspera y en paz, parece abocada a recorrer el camino inverso, de la unidad a la fragmentación.

La Guerra de la Independencia en España

El origen inmediato de la Guerra de la Independencia se remonta a 1806, cuando el emperador francés Napoleón Bonaparte trató de asfixiar económicamente a Gran Bretaña por medio de un *bloqueo continental*, es decir, la prohibición de la importación de productos británicos desde el Continente europeo[3]. Portugal se negó a acatar el bloqueo y Napoleón, contando con el beneplácito de España, internó en ella su ejército para invadir el reino luso. El 18 de octubre de 1807, el general Junot con sus tropas cruzó el río Bidasoa. Atravesó seguidamente España, entró en Portugal por Alcántara, y tomó Lisboa el 30 de noviembre. La familia real portuguesa, los Braganza, habían embarcado el día anterior hacia Brasil, donde quedaría instalada la Corte hasta 1821. Ante el hecho consumado de tener a los franceses en suelo español, Manuel Godoy, primer ministro de Carlos IV, impulsó la firma del Tratado de Fontainebleau (27 de octubre de 1807) para ayudar a aquéllos a conquistar Portugal, a cambio de que el norte de este país se entregase al rey de Etruria (reino creado en 1801 por Napoleón en Italia para Carlos

---
[3] La Guerra de la Independencia ha sido abordada recientemente por Diego (2008) y Artola (2008). El clásico sobre el bloqueo napoleónico es Heckscher (1964).

Luis, duque de Parma, casado con María Luisa, hermana del futuro Fernando VII) y el sur al propio Godoy, en lo que sería el Principado de los Algarves, mientras el centro se pensaba ceder a los ingleses siempre que devolviesen Gibraltar a los españoles. El rey de España, que quedaría como señor último del Portugal troceado, se proclamaría Emperador de Ambas Américas[4].

Napoleón no cumplió el Tratado de Fontainebleau, sino que lo utilizó para apoderarse de España y reemplazar a los Borbones con su propia dinastía. Ciudades como San Sebastián, Pamplona o Barcelona, muy lejos de la frontera con Portugal, fueron ocupadas por tropas francesas bajo el mando de Joaquín Murat en enero de 1808. Dos años más tarde se establecerían cuatro gobiernos militares al norte del Ebro, en Cataluña, Aragón, Navarra, y Vizcaya, y en 1812 Cataluña sería oficialmente anexionada a Francia. Como en tiempos de Carlomagno, Francia situaba una «Marca Hispánica» entre los Pirineos y el Ebro. La napoleónica fue mayor que la carolingia, pero más efímera.

Entre octubre de 1807 y mayo de 1808, se vivieron hechos que desprestigiaron completamente a los Borbones y a Godoy: el Proceso de El Escorial (investigación para saber si Fernando, hijo y heredero de Carlos IV, había intentado derrocar a éste), el Motín de Aranjuez (rebelión popular organizada por los partidarios del heredero ante el palacio donde se encontraba la familia real, que terminó con la caída de Godoy y Carlos IV, que fue sustituido por Fernando) y las Abdicaciones de Bayona (donde Carlos IV y Fernando VII pugnaron por seguir reinando, aunque fuera al servicio de Napoleón; sin embargo, el emperador francés despreció a los dos, los obligó a abdicar y colocó a su hermano José como nuevo rey de España el 6 de junio de 1808).

Desde el 23 de marzo de 1808, el mariscal Murat estaba en Madrid como plenipotenciario de Napoleón; el pueblo madrileño se mostraba inquieto por las noticias que llegaban de Bayona. El 2 de mayo, una multitud se concentró ante el Palacio Real para impedir que Murat se llevase a Francia a los hijos de Carlos IV que quedaban en España. Murat no dudó en mandar disparar sobre los concentrados. La chispa de la rebelión prendió entonces por todo Madrid. El

---

[4] Norvins (1834), III, p. 7.

4. CATALUÑA EN LA GUERRA DE LA INDEPENDENCIA

Ejército español se mantuvo al margen, con la excepción de los artilleros del cuartel de Monteleón, guiados por los capitanes Daoíz y Velarde, que terminarían muriendo en la refriega, a la que se sumaron algunos jóvenes militares como el teniente Ruiz. La rebelión de Monteleón fue sofocada, pero por la tarde el alcalde de Móstoles, Andrés Torrejón, promulgó un bando donde se advertía que «en Madrid está corriendo a estas horas mucha sangre» y que era preciso luchar contra quienes se habían «apoderado de la augusta persona del rey» y pretendían imponer a los españoles «un pesado yugo». La sangre siguió corriendo en los fusilamientos que ocurrieron durante la noche en lugares céntricos, como la Puerta del Sol (donde el pueblo había cargado contra los mamelucos, soldados egipcios que formaban parte de la escolta de Murat) y el Paseo del Prado, o situados en las afueras, como la montaña del Príncipe Pío (la carga de los mamelucos y los fusilamientos de Príncipe Pío fueron inmortalizados por Goya).

Las noticias del 2 de mayo tuvieron amplio eco en el resto de España y dieron lugar a que en muchas ciudades el pueblo asumiera la soberanía y se organizara en Juntas con objeto de resistirse a la invasión francesa. «El fraccionamiento del poder entre las Juntas provinciales salvó a España del primer golpe de la invasión francesa bajo Napoleón, no sólo por multiplicar los recursos del país, sino por el hecho además de colocar al invasor ante el problema de la falta de un centro que poder herir decisivamente»[5]. A esto se añadía la colaboración de los campesinos a la sublevación y la guerrilla, lo cual hacía aún más difícil el control efectivo del territorio por el ejército francés[6]. La primera de estas Juntas se formó en Asturias y, tras constituirse el 25 de mayo, declaró la guerra a Francia; cinco días más tarde, envió a dos comisionados a Inglaterra (uno de ellos, José María Queipo de Llano, vizconde de Matarrosa, luego conde de Toreno) que recabaron ayuda del Gobierno inglés. La colaboración de las Juntas españolas y el Estado británico no cesaría hasta el fin de la guerra. El primer triunfo de las armas españolas sobre el ejército francés tuvo lugar en Cataluña, en el Bruch, al pie de Montserrat, donde guerrilleros y somatenes desbarataron la columna francesa del general Schwartz, que se dirigía desde Barcelona hacia

---
[5] Marx y Engels (1960), p. 95.
[6] Fraser (2006), p. 176.

Manresa, Lérida, y Zaragoza. Según la leyenda, un niño con su tambor puso en fuga a los soldados invasores, pues el sonido retumbó en la cercana montaña de Montserrat, se multiplicó y les hizo creer que el niño era todo un ejército (7 de junio). Sea como fuere, el hecho es que Schwartz tuvo que volverse a Barcelona. Nuevos intentos franceses de avanzar desde la ciudad condal hacia Valencia y Gerona, dirigidos por Philippe Duhesme, comandante del ejército francés en Cataluña, fueron también derrotados por guerrilleros y somatenes semanas más tarde.

Desde Madrid, la rebelión se extendió a Cartagena, ciudad con una importante base naval donde se creó una Junta General de Gobierno. Pronto se sumaron ciudades con notable peso, como Valencia, Granada y Zaragoza, donde, el 25 de mayo, el brigadier José de Palafox pasó a ser capitán general de Aragón y declaró la guerra a Francia. Tropas francesas se presentaron en la ciudad y dieron comienzo los famosos sitios de Zaragoza. Finalmente, el 19 de julio de 1808, tendría lugar la Batalla de Bailén, en la que el general Francisco Javier Castaños derrotó al general francés Pierre-Antoine Dupont, siendo la primera batalla campal que terminó en derrota para Napoleón.

La reacción de éste fue venir en persona a España, al frente de la *Grande Armée*, lo que se tradujo en la ocupación efectiva de la Península Ibérica, especialmente tras la derrota del ejército español en Ocaña en noviembre de 1809. Hubo que esperar a que el emperador se llevase tropas al frente ruso en 1812 para que los ejércitos convencionales españoles pudiesen reiniciar la ofensiva. Entretanto, la guerra fue de guerrillas.

Partiendo desde Galicia en el verano de 1808, un contingente anglo-hispano-portugués, al mando del general Arthur Wellesley (duque de Wellington desde 1814) derrotó a los franceses y se instaló en Lisboa en septiembre de 1808[7], desde donde desarrolló una guerra defensiva, deteniendo un nueva invasión francesa en la línea fortificada de Torres Vedras a finales de 1810 y principios de 1811. A partir de entonces los franceses retrocedieron perseguidos por Wellington, que el 22 de julio de 1812 les infligió una grave derrota en la Batalla de los Arapiles (al sur de Salamanca). Tras la victoria, Wellesley se dirigió a Madrid, donde consiguió entrar y fue aclamado como

---

[7] Napier (1979), pp. 16-34.

4. CATALUÑA EN LA GUERRA DE LA INDEPENDENCIA

libertador. Sin embargo, al intentar extender sus posiciones hacia el norte encontró resistencia y terminó por sufrir graves problemas económicos. Fue entonces cuando Nathan Mayer Rothschild, banquero londinense de origen judío alemán, prestó a los británicos la ayuda financiera que precisaban[8]. Así llegaron las victorias de Vitoria (21 de junio de 1813) y San Marcial (31 de agosto de 1813), que condujeron al Tratado de Valençay (11 de diciembre de 1813) entre el Gobierno francés y Fernando VII, que permitió la vuelta de éste a España. La España que tanto despreciaba Napoleón se había convertido en un «nudo fatal [...], la causa primera de todas las desgracias de Francia,» como diría Bonaparte en el exilio. Marx explicaba el error de Bonaparte afirmando que España había conservado tesoros de energía local, y «así pudo ocurrir que Napoleón, el cual —al igual que todos sus contemporáneos— consideraba a España como un cuerpo inanimado, sufriera la fatal sorpresa de descubrir que, si el Estado español había muerto, la sociedad española estaba llena de vida y cada parte de ella rebosaba capacidad de resistencia»[9].

Como es sabido, la nación española, en un sentido moderno, se forjó en estos años de lucha contra Napoleón. El 8 de julio de 1808, el rey José I juraría el Estatuto de Bayona, una carta otorgada que pretendía funcionar como constitución española. La palabra *Nación* aplicada a España figuraba varias veces en su articulado. El Estado se configuraba como una monarquía hereditaria tradicional, pero respetuosa con los derechos de los ciudadanos (inviolabilidad del domicilio, abolición del tormento como instrumento judicial, etc.). El poder legislativo sería iniciativa real, pero habría que escuchar a unas Cortes («o Juntas de la Nación») que serían estamentales, distinguiendo alto clero, nobleza y pueblo, lo que se explica por el peso del Antiguo Régimen en España. El poder ejecutivo correspondería enteramente al rey y sus ministros. El poder judicial actuaría de forma independiente, pero el rey nombraría a los jueces. La unidad de mercado se recogía en el artículo 116 al suprimirse las aduanas interiores. Donde no habría avances liberales sería en la religión. El artículo primero designaba al catolicismo apostólico y romano como «la religión del Rey y de la Nación».

---

[8] La importancia del apoyo financiero en el éxito militar se subraya en López-Morell (2013), pp. 7-18.
[9] Marx y Engels (1960), p. 85.

El Estatuto de Bayona pretendía contentar a todos, pero lo cierto es que estaba viciado en su origen. Napoleón consiguió que unas Cortes españolas, reunidas en suelo francés, aprobaran el texto, pero la soberanía popular estuvo ausente en todo momento. La verdadera soberanía popular se manifestaría cuatro años después en la Constitución de Cádiz. En una España ocupada por el ejército francés, el 24 de septiembre de 1810 pudieron empezar a trabajar en Cádiz, única ciudad española importante en la Península que los franceses no consiguieron conquistar, unas Cortes con diputados electos en las Juntas provinciales que se habían creado y representantes de las colonias americanas. Tras innumerables dificultades, estas Cortes promulgaron el 19 de marzo de 1812 una constitución cuyo Título Primero trataba «De la Nación española y de los españoles», según la cual la soberanía radicaba en la nación («reunión de los españoles de ambos hemisferios»)[10] y no en el rey, se proponía una efectiva separación de poderes, el sufragio universal masculino y numerosos derechos dispersos en su articulado (libertad de imprenta, libertad de industria, derecho de propiedad, abolición de los señoríos, etc.). Eso sí, el catolicismo seguiría siendo la única religión. Esta constitución, conocida como *La Pepa* por haberse aprobado el día de San José, fue abolida por Fernando VII a su regreso del exilio.

La *Guerra del Francès* en Cataluña

Durante la *Guerra del Francès*, como se conoce a la Guerra de la Independencia en Cataluña, el Principado fue la región española que más tiempo estuvo ocupada por las tropas de Napoleón. Desde

---

[10] En el artículo 10 del capítulo primero se detallaba el «territorio español»: 1) en la Península, con sus posesiones e islas adyacentes: «Aragón, Asturias, Castilla la Vieja, Castilla la Nueva, Cataluña, Córdoba, Extremadura, Galicia, Granada, Jaén, León, Molina, Murcia, Navarra, Provincias Vascongadas, Sevilla y Valencia, las islas Baleares y las Canarias con las demás posesiones de África»; 2) en la América septentrional: «Nueva España, con la Nueva Galicia y Península de Yucatán, Guatemala, provincias internas de Oriente, provincias internas de Occidente, isla de Cuba con las dos Floridas, la parte española de la isla de Santo Domingo, y la isla de Puerto Rico con las demás adyacentes a éstas y al continente en uno y otro mar»; 3) en la América meridional: «la Nueva Granada, Venezuela, el Perú, Chile, provincias del Río de la Plata, y todas las islas adyacentes en el mar Pacífico y en el Atlántico»; y 4) en Asia: «las islas Filipinas, y las que dependen de su Gobierno».

4. CATALUÑA EN LA GUERRA DE LA INDEPENDENCIA

el 26 de enero de 1812, incluso fue incorporada de hecho al Imperio francés, dividida en cuatro departamentos: del Ter, con prefectura en Gerona; del Segre, con prefectura en Puigcerdà; de Montserrat, con prefectura en Barcelona; y de las Bocas del Ebro, con prefectura en Lérida[11]. En marzo de 1813, los dos primeros departamentos se fusionaron, con prefectura en Gerona, y los dos últimos también, con prefectura en Barcelona. Un año después, el 10 de marzo de 1814, Cataluña volvía a su estado original de región española. Cabe añadir que, por causas que se desconocen, los decretos de anexión nunca fueron promulgados oficialmente, y que hasta mayo de 1814 permanecería una guarnición francesa en Barcelona, lo que la convirtió en la última ciudad europea en arriar la bandera de la Revolución Francesa.

La incorporación de Cataluña al Imperio francés se hizo a pesar de las continuas muestras de resistencia de la población. En 1808-1809, destacó el granadino Mariano Álvarez de Castro como defensor de Barcelona y, sobre todo, de Gerona. En Barcelona, Álvarez de Castro entregó pronto el castillo de Montjuïc que tenía a su cargo, pues así lo ordenó el capital general de Cataluña; por el contrario, en Gerona, una vez comenzada la Guerra de la Independencia, resistió durante siete meses el sitio del general Laurent de Gouvion-Saint-Cyr. Más tarde, un gaditano, Luis de Lacy (hijo de irlandés y francesa), que era liberal, estaba casado con una francesa y había luchado con Napoleón en territorio alemán, dirigió la resistencia en 1811-1813 como capitán general de Cataluña, nombrado por la Junta Superior de esa región, teniendo enfrente al conde de Decaen, designado gobernador general de Cataluña por José I. Al no disponer de un ejército regular, Lacy utilizó técnicas de guerrilla, con acciones muy audaces, como la entrada en territorio francés en agosto de 1811 para tomar represalias. En consonancia con su forma de entender las acciones militares, en diciembre, Lacy permitió que todos los guerrilleros se incorporaran a su ejército.

En 1812, con Cataluña anexionada al Imperio francés, se iniciaron las acciones de sabotaje, donde se incluyeron envenenamientos masivos y la voladura del polvorín de Lérida, donde murieron soldados franceses pero también dos centenares de ciudadanos españoles.

---

[11] Mercader (1947).

Estas tácticas de guerra sucia, junto al abierto liberalismo que profesaba Lacy, hicieron que muchos en Cataluña, región conservadora, se volvieran contra él y pidieran su cese, lo que efectivamente ocurrió. En enero de 1813 pasó a ser capitán general de Galicia, donde se acentuó su liberalismo (se hizo masón), lo que, después de la guerra, le implicaría en un pronunciamiento en 1817 —junto al general Francesc Milans del Bosch— para pedir la vuelta al sistema constitucional. Fracasó, fue condenado a muerte por el general Castaños y fusilado en el castillo de Bellver (Palma de Mallorca).

Sorprende que un liberal como Lacy, que además no tenía raíces catalanas, pudiera estar tanto tiempo al frente de la resistencia del Principado. Cabe recordar que la Junta Superior de Cataluña había sido creada en Lérida bajo la presidencia del obispo de la ciudad, como forma de oponerse al engatusamiento de Napoleón que, en 1810, llegó a conceder a los catalanes una suerte de Gobierno autónomo, donde el catalán era reconocido como lengua cooficial (junto al francés). La Junta siempre tendría un sesgo antiliberal, pero Lacy llevaba en el ejército desde los 13 años y tenía una brillante hoja de servicios; seguramente, esto fue lo que convenció a la Junta para nombrarle capitán general de Cataluña.

Más adelante, la Junta tendría representantes en las Cortes de Cádiz, entre los que destacaría Antoni de Capmany. En 1808, Capmany había escrito *Centinela contra franceses*, donde decía oponerse a Napoleón porque pretendía la uniformidad, es decir, acabar con las «pequeñas naciones» (castellanos, catalanes, etc.) que formaban España, aunque siempre fue partidario de la unidad del país y del uso compartido de la lengua española, de la que fue un gran estudioso y en la que escribió todas sus obras[12]. En 1812, Capmany cumplió los 70 años, pero fue el diputado más activo de los 51 que envió Cataluña a las Cortes de Cádiz[13]. Era un liberal moderado que, por ejemplo, se oponía al fin de los gremios a la vez que pedía la abolición de la Inquisición (fue uno de los tres diputados catalanes que lo hicieron en Cádiz). Fue plenamente consciente del momento que estaba viviendo España y propuso que el 2 de mayo, fecha del levantamiento en Madrid contra Napoléon, fuese declarado fiesta nacional.

---

[12] Capmany (1808).
[13] Casals (2013).

4. CATALUÑA EN LA GUERRA DE LA INDEPENDENCIA

En total, Cataluña, muy largamente sometida al yugo francés por ser limítrofe, fue de las que con más denuedo luchó contra el invasor, como atestiguan el episodio del Bruch, los sitios de Gerona y su heroica defensa, y la intensa actividad guerrillera bajo Lacy e incluso después. Como dice Fraser[14],

> la cuestión de por qué los catalanes estaban dispuestos a defender la monarquía borbónica española, que desde hacía un siglo les había privado de sus preciados derechos de autogobierno, resulta paradójica. Y sin embargo, no sólo se levantaron y lucharon, sino que su resistencia fue mayor, más encarnizada y con mayor coste de vidas y propiedades que casi ninguna otra región de España.

Fraser explica gran parte de esta paradoja por la prosperidad que Cataluña había disfrutado bajo los Borbones y que hemos visto en el capítulo anterior[15]. Así, las

> clases trabajadoras organizadas a través de sus gremios, adoptaron un papel mucho más activo que en otros lugares a la hora de incitar o modular la insurrección [...] Esto y la decidida resistencia de los *sometents* hizo que la insurrección catalana fuera en general más auténticamente popular que en el resto del país. Entre los fernandistas que desempeñaron un papel en la revuelta, los comerciantes locales fueron más importantes que en cualquier otra región.

Los comerciantes y fabricantes de tejidos de algodón sabían que cualquier dominación extranjera «podía poner en peligro el monopolio de España (y por tanto el suyo) en el comercio colonial. Pero los comerciantes catalanes tenían otro motivo para rechazar la dominación francesa: Napoleón había exigido que España abriese sus mercados a los tejidos franceses»[16]. Según Aymes[17], Cataluña estaba más sometida al ejército francés que a la administración imperial, y para subvenir a las necesidades de las tropas las autoridades hacían la vista gorda y permitían un considerable contrabando

---

[14] Fraser (2006), p. 159.
[15] Muchos otros autores se hacen eco del denuedo y el patriotismo con que lucharon los catalanes. Ver, por ejemplo, Mercader (1947), pp. 125 y 141, y Lovett (1965), pp. 163 y 178.
[16] Fraser (2006), pp. 171-172.
[17] Aymes (2008), pp. 88-89.

del que se benefician los propietarios de barcos piratas de cabotaje, los armadores británicos que traen los productos americanos, las autoridades imperiales que se dejan sobornar y los comerciantes catalanes que despachan las mercancías prohibidas [, de modo que la] suerte [de Cataluña] es menos dura que la de muchas [otras] provincias. [...] Sin embargo, la industria textil se resiente gravemente de las dificultades de abastecimiento: tanto mejor para los fabricantes franceses, que así esperan vender sus productos en la Península.

También añade que los pañeros franceses trataban de aniquilar a la industria catalana.

Contaba asimismo el factor religioso: la influencia de la Iglesia era muy fuerte en Cataluña, tanto o más que en el resto de España, y los curas hicieron que los catalanes vieran a los invasores como un ejército de herejes y ateos. A ello se unía el conservadurismo al que antes nos referimos. Mercader, citado por Fraser, habla del «edificio jerárquico» catalán y del conservadurismo de la Junta Suprema Catalana, «mucho más conservadora que otras»[18]. Este conservadurismo aborrecía del carácter revolucionario que se atribuía, no sin alguna razón, al régimen napoleónico.

Conclusiones

La nación española, en un sentido moderno, nació como respuesta a la invasión de Napoleón, que quiso aprovechar la debilidad política y económica de España para unirla a su Imperio. La debilidad política tenía que ver, principalmente, con el enfrentamiento entre el rey Carlos IV y su hijo Fernando, y con la corrupción y desmoralización del Gobierno y la Corte, mientras que la debilidad económica era fruto, a medio plazo, del ciclo de guerras que caracterizó el paso del siglo XVIII al XIX, que se había sumado al atraso secular del país y había dejado exhaustas las arcas públicas, y, a largo plazo, consecuencia también del fracaso de la política económica de los ilustrados, que no lograron sanear la Hacienda ni desamortizar la tierra (Tortella, 2014a), con lo cual, pese a los indudables progresos que se experimentaron en el siglo XVIII, especialmente en Cataluña, la

---

[18] Fraser (2006), p. 173.

4. CATALUÑA EN LA GUERRA DE LA INDEPENDENCIA

economía española en su conjunto seguía estando atrasada con respecto, especialmente, al norte de Europa.

Contra todo pronóstico, el emperador francés encontró fuerte resistencia al sur de los Pirineos, incluyendo en especial Cataluña, que despreció el trato especial que quiso otorgarle Napoleón, tanto en forma de Gobierno autónomo (1810), como por medio de la división del Principado en cuatro departamentos anexionados al Imperio francés (1812), sin duda recordando episodios vividos en el siglo XVII. La Junta Superior de Cataluña encargó a un gaditano, el general Lacy, que dirigiera la resistencia armada y tuvo 51 representantes en las Cortes de Cádiz, entre los que brilló Antoni de Capmany.

El concepto de nación española que se plasmó en la Constitución de Cádiz (1812) era moderno y muy amplio, pues incluía a los españoles de «ambos hemisferios», es decir, también a los que habitaban en las posesiones coloniales. Además, Capmany consideró que dentro de la gran nación española podían caber «pequeñas naciones» de castellanos, catalanes, etc. España sería así una suerte de *nación de naciones avant-la-lettre* (esta concepción la discutiremos más adelante). Pero no hay duda de que en la Guerra de la Independencia (o *Guerra del Francès* en Cataluña) una gran mayoría de los españoles de la Península Ibérica lucharon codo con codo por mantener su independencia y unas señas de identidad comunes frente al poderoso vecino del Norte, y esta unidad, más la ayuda del ejército inglés de Wellington, les hizo ser fuertes y capaces de derrotar a los ejércitos de Napoleón.

CAPÍTULO 5

EL SIGLO XIX. LIBERALISMO Y REACCIÓN

Estancamiento económico y parálisis política

Un creciente desfase

Desde una perspectiva española, el siglo XIX se caracteriza por una acentuación de un fenómeno que ya apuntaba en el XVIII: un desarrollo económico muy moderado, muy cercano al estancamiento, por lo que se refiere a la economía nacional en su conjunto, y un crecimiento muy notable, que algunos han definido como *revolución industrial*, en Cataluña. El dualismo es muy marcado y creciente. La única otra región donde se advierte un proceso de industrialización, éste centrado en la industria pesada, en concreto siderúrgica y mecánica, es el País Vasco en las décadas finales del siglo.

El estancamiento económico no podía sino tener su correlato en el estancamiento social. Es bien conocido que la población española creció lentamente en comparación con la de sus vecinos europeos, y que la proporción de población activa ocupada en la agricultura apenas varió durante el siglo, manteniéndose en torno a los dos tercios[1]. La tasa de urbanización también creció muy lentamente: en palabras de Pérez Moreda, la «población urbana creció [...] a un ritmo sólo ligeramente superior al del conjunto de la población entre mediados del siglo XVIII y mediados del XIX». En la segunda mitad del siglo el proceso de urbanización se aceleró, pero a un ritmo muy inferior al de los países adelantados europeos. En 1900 la mayoría de la población española (el 51 por 100) vivía en poblaciones de menos de 5.000 habitantes, y el 91 por 100 en ciudades de menos de 100.000. En esto, como en otros aspectos, Cataluña presentaba un cuadro distinto. Su población creció mucho más que la del resto de España, sobre todo de mediados del XVIII a mediados del XIX, pasando de ser un 7 por 100 del total español en 1717 a ser un 11 por 100

---

[1] Pérez Moreda (1985), pp. 52 y 57. Para el periodo napoleónico, véase Pérez Moreda (2010).

en 1857. En la segunda mitad del XIX la población española aceleró su crecimiento y la catalana lo desaceleró, de modo que el peso demográfico de Cataluña dentro de España se estancó entre 1850 y 1950. En las décadas centrales del siglo XX la población catalana volvió a crecer más rápidamente que la española en su conjunto.

En todo caso, la proporción de población agraria en Cataluña disminuyó más rápidamente que en el total de España. Si en toda España la proporción de empleados en el sector primario era de un 66 por 100 en 1900, en Cataluña era un 48 por 100. Correlativamente, la proporción de la población activa catalana empleada en industria y comercio era más alta que en el resto de España. Así, la tasa de urbanización en Cataluña era apreciablemente más alta que en España en su conjunto: si del total de la población española solamente el 9 por 100 vivía en ciudades de más de 100.000 habitantes, en Cataluña esta proporción era del 27 por 100. Sin duda el peso de Barcelona dentro de la población catalana era muy grande. Esto nos lo sugiere el hecho de que la proporción de catalanes viviendo en poblaciones de menos de 5.000 habitantes fuera mayor que la del conjunto de españoles (55 y 51 por 100 respectivamente).

Sin duda estas diferencias de estructura económica, social y demográfica tenían también que reflejarse en la política. Durante la mayor parte del siglo Barcelona fue la única ciudad donde la población obrera, junto con la burguesía comercial e industrial, tenían un peso considerable; ello le daba un tinte progresista más sólido que el de otras ciudades, aunque es bien cierto que el progresista, partido predominantemente urbano, estaba implantado por toda España. Junto a esta solidez del progresismo en Barcelona, advertimos dos puntos más de interés: de un lado, había en Cataluña, en medida mayor que en el resto de España, un número considerable de grupos a la izquierda del progresismo: *demócratas*, republicanos, anarquistas, etc.; de otro lado, el progresismo catalán, a diferencia del del resto de España, era mayoritariamente proteccionista[2]. El partido moderado o conservador español, en cambio, era,

---

[2] El liberal Sanromá opinaba que «[l]a prensa liberal barcelonesa ha sido la más acérrima defensora del proteccionismo» (Sanromá, 1887, p. 243). Y a similares conclusiones llegan Tortella y Núñez: «Los progresistas catalanes eran proteccionistas. Esta ideología tenía dos caras muy diferentes: de un lado, se apoyaba en el nacionalismo español, con constantes apelaciones al "mercado nacional" y al "trabajo nacional"; de otro, el catalanismo, el "*fet diferencial*", conjuntamente con la inminente revolución social, se esgrimían como instrumentos de presión» (Tortella y Núñez, 2002, p. 7).

5. EL SIGLO XIX. LIBERALISMO Y REACCIÓN

en general, poco doctrinario en materia de política comercial, lo cual permitía que sus políticos fueran oportunistas y provocaba menos disensión en sus filas. El proteccionismo arancelario no tenía un apoyo unánime entre los moderados, pero no suscitaba en el seno del partido grandes disensiones. Entre el progresismo catalán y el del resto de España, sin embargo, la cuestión arancelaria causaba una verdadera fractura.

Así pues, Cataluña durante el siglo XIX tuvo un crecimiento económico notable, dando lugar a un proceso de industrialización, fundamentalmente centrado en la industria textil, a la aparición de una clase obrera y empresarial urbanas, y a un fuerte sentimiento proteccionista; pero junto a esta modernidad subsistió un mundo rural, mucho más atrasado y donde los movimientos reaccionarios encontraron eco, todo lo cual refleja una clara dicotomía en la sociedad catalana que no siempre ha sido apreciada por los historiadores. Estas diferencias económicas y sociales entre Cataluña y el resto de España se reflejaron en la historia política del siglo XIX, como vamos a ver a lo largo de este capítulo.

La Cataluña reaccionaria: la Guerra dels Malcontents y el carlismo

El 22 de marzo de 1814, Fernando VII retornaba a España, entre vítores y aclamaciones. Las Cortes, que habían impulsado la Constitución de Cádiz, esperaban que el rey jurara ésta, pero Fernando VII no quiso ir directamente a la capital, sino que entró en España por Cataluña —deteniéndose en Gerona, Tarragona y Reus— para moverse luego hacia Zaragoza y Teruel y terminar, el 16 de abril, en Valencia. A la vista de este itinerario, parece claro que Fernando VII confiaba en obtener un mejor recibimiento en los territorios de la vieja Corona de Aragón que en Castilla.

Lo cierto es que el rey estaba decidido a no acatar el régimen constitucional, y el 4 de mayo de 1814 firmó un decreto en este sentido. Cuando una semana después se conoció en Madrid la noticia, el pueblo asaltó las Cortes gritando «Vivan las *caenas*», como desafío a los que pretendían liberarles de viejos yugos. Finalmente, el 13 de mayo, Fernando VII entró triunfalmente en Madrid e inició una campaña de persecución a afrancesados y constitucionalistas por todo el país. El pueblo español, sumido en la ignorancia, no pareció darse cuenta del retroceso histórico que todo esto suponía.

Pero los vientos de la Historia soplaban, aunque intermitentemente, a favor de los liberales y, el 1 de enero de 1820, el teniente coronel Rafael del Riego, se alzó exigiendo al rey que jurara la Constitución de Cádiz, «justa y liberal». El pronunciamiento de Riego no tuvo el eco esperado en Andalucía, pero espontáneamente surgieron focos de rebelión en Galicia y otros lugares, hasta que Fernando VII no tuvo más remedio que avenirse públicamente a marchar por «la senda constitucional». El Gobierno se confió, primero, a liberales moderados, pero, a partir de marzo de 1822, llegaron al poder los exaltados, con Riego a la cabeza, y profundizaron en las políticas liberales, aunque no en su vertiente económica, pues a las destrucciones de la guerra se estaba sumando el trauma económico que suponía la pérdida del Imperio, por lo que pareció necesario poner freno con medidas proteccionistas a la sangría de plata y divisas que las importaciones y el déficit de balanza de pagos estaban causando[3]. El deterioro económico se fue extendiendo por todos los sectores, desde la agricultura a la Hacienda. El descontento campesino favoreció la formación de guerrillas absolutistas, que podemos ver como precursoras de las partidas carlistas. En Hacienda, no hubo manera de introducir una reforma fiscal avanzada[4] y se negoció un empréstito en condiciones muy onerosas. Al comenzar 1823, el rey francés Luis XVIII se mostró dispuesto a ayudar a su pariente Fernando VII a recuperar el poder absoluto y a terminar con uno de los pocos regímenes liberales que quedaban en el continente

---

[3] Suele decirse que el proteccionismo se inició en España con las disposiciones adoptadas por las Cortes del Trienio en el verano de 1820, pero como antecedente cabe citar el arancel de 1802, que había supuesto avanzar desde el prohibicionismo típico del mercantilismo dieciochesco (ver Cap. 3) al proteccionismo de los tiempos modernos. Con todo, un edicto de 6 de noviembre de 1802 prohibió importar hilo de algodón y reforzó la prohibición anterior de importar manufacturas de esa fibra, lo que, sin duda, tuvo que ver con el apoteósico recibimiento a Carlos IV y su familia que había tenido lugar en Barcelona el 11 de septiembre (miembros de las corporaciones no dudaron en reemplazar a las caballerías para tirar del carro triunfal donde iban los reyes). Sobre la histórica visita, que convirtió Barcelona en efímera Corte para ratificar el matrimonio del príncipe Fernando y la infanta María Isabel con sus cónyuges napolitanos, ver Pérez Samper (1973).

[4] En Hacienda hubo medidas muy mal planteadas, como la reducción del diezmo eclesiástico a la mitad, pero exigiendo su pago en metálico con independencia del resultado de la cosecha, lo que provocó la irritación de los campesinos.

5. EL SIGLO XIX. LIBERALISMO Y REACCIÓN

europeo. Se formó entonces, por mandato de las potencias europeas (menos Inglaterra) expresado en el Congreso de Verona (1822), un contingente militar francés que fue conocido como los Cien Mil Hijos de San Luis, con el duque de Angulema al frente. El contingente francés entró el 7 de abril de 1823 en España por Cataluña, donde se enfrentó a tropas leales al Gobierno comandadas por el general liberal y antiguo guerrillero Francisco Espoz y Mina. Esta vez, sin embargo, el pueblo español no se alzó contra el invasor y los franceses cruzaron sin dificultad todo el país hasta llegar a Cádiz, donde los liberales se habían refugiado en su huida. Fernando VII, una vez liberado, abolió todas las disposiciones políticas del llamado *Trienio Constitucional* (incluida la Constitución) y, por supuesto, tampoco respetó su compromiso de no tomar represalias contra los liberales.

El fracaso de los liberales españoles, por lo tanto, fue doble en el espacio de menos de diez años. El absolutismo en su versión más despótica fue restaurado en 1814 con un apoyo popular entusiasta, mucho más caluroso que el que acogió la vuelta al régimen constitucional en 1820; y cuando, como hemos visto, un ejército francés invade la Península en 1823 y restaura el absolutismo, es acogido con indiferencia e incluso con simpatía, en marcado contraste con la ferocidad con que se recibió al ejército napoleónico en 1808. El escaso apoyo popular al liberalismo se explica coyunturalmente por ciertos errores cometidos por los políticos del Trienio; pero el problema era de fondo, y radicaba en el bajo nivel de desarrollo económico y social de España. Para un pueblo famélico y analfabeto, las virtudes de una constitución liberal avanzada eran sencillamente incomprensibles, mucho menos asequibles que las prédicas de los párrocos, a quienes la mayoría de la población escuchaba con fervor todos los domingos y que tronaban contra el liberalismo, identificándolo con el ateísmo y la impiedad mientras alababan la conjunción del altar y el trono. Parafraseando a Marx, la Constitución de Cádiz resultó ser papel mojado frente a un rey de carne y hueso. Aunque los liberales doceañistas resultan admirables por su arrojo al ponerse al frente de la nación contra el poderío napoleónico y por su celo reformista al redactar la Constitución y toda la legislación complementaria, lo cierto es que su superioridad moral e intelectual les sirvió de muy poco ante la ignorancia y el atraso del pueblo español, cuya estolidez e incuria se resumen en la ya citada frase: «Vivan las *caenas*»[5]. El progreso del liberalismo en España a lo largo del siglo XIX es de una lentitud desesperante, porque lentos son los progresos económicos e intelectuales durante la centuria.

El decenio absolutista que siguió a la segunda invasión francesa (la «Ominosa Década») terminó con la muerte de Fernando VII y estuvo caracterizado por la pugna entre reformistas moderados y absolutistas extremos. El hermano del rey, Carlos María Isidro, apoyaba a estos últimos y, como Fernando VII no conseguía tener descendencia, aspiraba a sucederle. Los «carlistas» demostraron su fuerza en la *Guerra dels Malcontents* (comúnmente conocida en español como Guerra de los Agraviados, si bien literalmente debiera traducirse como *Guerra de los Descontentos*) sublevación que se desarrolló entre marzo y octubre de 1827, principalmente en Cataluña, aunque se extendió por Valencia, Aragón, País Vasco y Andalucía (Córdoba)[6]. Los *agraviados* se sentían frustrados porque Fernando VII no había restablecido completamente el Antiguo Régimen, incluyendo, por ejemplo, la Inquisición, que no funcionaba a pleno rendimiento. Pero el principal motivo del descontento de los cabecillas *malcontents* era que, en aras de lograr una mínima eficacia, muchos de los altos cargos de la administración absolutista fernandina fueran ocupados por conservadores tibios o liberales emboscados. Este tímido intento de meritocracia exasperaba a los frailes ultramontanos, para quienes la sumisión al dogma era infinitamente más importante que la capacidad a la hora de seleccionar el personal administrativo y político. El 25 de agosto de 1827, los líderes de la revuelta, Agustí Saperas y Josep Busoms, establecieron en Manresa una Junta Suprema Provisional de Gobierno del Principado de Cataluña.

Para acabar con la insurrección, Fernando VII nombró capitán general de Cataluña a un hombre terrible, el conde de España, militar de origen francés, aristócrata, caracterizado por su crueldad[7]. Tras una campaña de limpieza, el conde y Fernando VII entraron en

---

[5] Es expresiva a este respecto la frase de Valle-Inclán: «España sostuvo la última de sus guerras religiosas frente a la invasión napoleónica, y el haberlo desconocido es el pecado del vocinglero liberalismo que legisló en las Cortes de Cádiz» (Valle-Inclán, 1954, pp. 381-382).
[6] Torras (1967).
[7] Su nombre completo era Roger-Bernard-Charles Espagnac de Ramefort. Se le llamaría *El Tigre de Cataluña* y terminaría sus días en 1839, asesinado y arrojado al Segre por los carlistas, a los que se unió y capitaneó durante la Primera Guerra Carlista.

5. EL SIGLO XIX. LIBERALISMO Y REACCIÓN

Tarragona el 28 de septiembre. La Junta de Manresa se rindió el 8 de octubre, lo que terminó apagando los focos rebeldes de Cervera, Vic y Olot. Un puñado de cabecillas fueron fusilados y tres centenares de implicados fueron deportados a Ceuta. Muchos otros cruzaron la frontera y se exiliaron en Francia. Así acabó lo que puede considerarse otro antecedente de las guerras carlistas, junto a los movimientos campesinos que se habían alzado contra la modernización política y social durante el Trienio Constitucional.

El 11 de diciembre de 1829, se casaron en Aranjuez Fernando VII, de 45 años, y su sobrina, María Cristina de Borbón-Dos Sicilias, de 23. Era el cuarto matrimonio de un rey que hasta entonces no había conseguido tener descendencia. Después de la *Guerra dels Malcontents*, se había acentuado la desconfianza de Fernando VII hacia los absolutistas radicales y, el 29 de marzo de 1830, estando ya encinta la reina, se decidió a promulgar una Pragmática Sanción por la que, si no había heredero varón, el trono correspondería a la hija mayor[8]. De este modo, Fernando VII se aseguraba de que su descendencia, si la había, y no su hermano, le sucediera en el trono. Meses después, el 10 de octubre de 1830, nacía la futura Isabel II, que tendría en 1832 una hermana, Luisa Fernanda.

Fernando VII murió el 29 de septiembre de 1833. Inmediatamente, Isabel II, que no tenía ni tres años cumplidos, fue proclamada reina, bajo la regencia de su madre, María Cristina. El 1 de octubre, Don Carlos, desde Abrantes (Portugal), se manifestó en contra del «violento despojo» que había sufrido de sus derechos sucesorios y dijo que consideraría traidor a quien «no jure mis banderas». En este breve manifiesto solo se invocaba el catolicismo y la ley sálica, para justificar la pretensión al trono de Don Carlos, pero este era, como hemos visto, un ardiente defensor del Antiguo Régimen, lo que significaba que no haría avances hacia el centralismo característico del Estado liberal, es decir, el que se plasmó en la división de España en 49 provincias y 15 regiones acometida por el secretario de Estado Javier de Burgos en noviembre de 1833, inspirada en los departamentos

---

[8] La disposición había sido aprobada en 1789, pero estaba pendiente de promulgación, y suponía derogar la *ley sálica*, que excluía a las mujeres de la sucesión, tanto en el derecho privado como en el público —tradicional en Francia desde los francos salios del siglo VI y que Felipe V había introducido en España—, para recuperar lo dispuesto en las Siete Partidas de Alfonso X.

franceses y en un modelo propuesto durante el Trienio Constitucional[9]. El Manifiesto de Abrantes tuvo amplio eco en la región vasconavarra y en los territorios de la antigua Corona de Aragón. De este modo, España seguía la senda de Portugal, donde entre 1831 y 1834 se libró una guerra entre dos hermanos de la Casa de Braganza: el liberal Pedro y el ultraconservador Miguel (que había dado cobijo a Don Carlos).

El carlismo fue el movimiento reaccionario que agitó la sociedad española especialmente durante el segundo cuarto del siglo XIX. Puede considerársele muy cercano a otros movimientos parecidos que se dieron en Francia y Portugal, la Vendée a finales del siglo XVIII y el miguelismo más o menos coetáneo del carlismo. Estos movimientos «reaccionarios» se llaman así porque constituyen una reacción contra lo que tenían de cambio y modernización social los regímenes liberales y representativos que se asentaron en estos países a partir de la Revolución francesa. En general son movimientos campesinos, originados en zonas atrasadas, y tienen un fuerte componente religioso. Acostumbran a tener también un componente económico: los campesinos se rebelaban contra la exacción de impuestos, a menudo porque estos tenían que pagarse en metálico, en lugar de en especie, como el diezmo tradicional. En el caso portugués y español estos movimientos tienen además un elemento legitimista o dinástico; miguelismo y carlismo proclaman a un miembro de la familia real como candidato al trono contra su hermano y sobrina en el caso portugués, o contra su sobrina y cuñada en el caso español.

En España, curiosamente, el carlismo se localiza en la zona que Napoleón trató de anexionar a Francia durante la Guerra de Independencia, es decir, la comprendida entre el Ebro y los Pirineos (el único núcleo carlista importante al sur del Ebro es la cercana zona del Maestrazgo). Dentro de esta amplia banda (y aparte del Maestrazgo), los núcleos donde el carlismo se asentó con más fuerza fueron las zonas montañosas del País Vasco y Navarra, y de Cataluña. También es característico que el carlismo no tuviera ningún éxito en las ciudades, por lo que sus «capitales» se situaron en centros urbanos pequeños, como Estella, Oñate, Berga, o Morella. Los intentos

---

[9] La división provincial de Javier de Burgos se ha mantenido sin apenas cambios hasta nuestros días.

carlistas de apoderarse de grandes ciudades fracasaron, siendo el caso más notorio el de los sitios de Bilbao, que fue asediada por los carlistas en tres ocasiones (1835, 1836 y 1874), sin éxito en ninguna de ellas.

El carlismo se ha visto siempre como una guerra civil, y lo es; pero no es sólo una guerra civil a nivel nacional (el Gobierno de Madrid contra los insurrectos), sino que es tanto o más una guerra civil regional, es decir una guerra civil entre liberales y carlistas vascos y catalanes, en la que el Gobierno de Madrid apoya a los liberales locales. Tiene interés observar también que el carlismo prendió en regiones forales: en el País Vasco, donde estaba vigente el régimen foral, y en Cataluña, donde había sido abolido un siglo (largo) antes. En cambio en Galicia, con la que en principio contaban los carlistas por su vecindad con Portugal y el apoyo de su aristocracia, el eco popular fue escaso. En general, el apoyo popular en el País Vasco, Navarra y Cataluña provino de un campesinado modesto pero no miserable, muy sujeto a la influencia de la Iglesia y disconforme con la exacción de impuestos en metálico en lugar de en especie, lo que le perjudicaba especialmente en una época de baja de precios. Por otra parte, conviene recordar que el carlismo tuvo en Cataluña un claro antecedente en la *Guerra dels Malcontents*.

La persistencia del carlismo en la política española del siglo XIX es un síntoma más del cuasi-estancamiento económico y social de España durante la centuria. Ese campesinado cercano a la subsistencia, que se vio perjudicado no sólo por los impuestos en metálico, sino también por la desamortización, que le privó del uso de tierras eclesiásticas y comunales, evolucionó poco, porque la agricultura progresó de manera muy limitada, de modo que el carlismo contó por largo tiempo con el caldo de cultivo que necesitaba para echarse al monte cuando las circunstancias eran propicias.

Además, estaba la cuestión identitaria. Los vascos defendían los fueros frente a la tendencia uniformadora del liberalismo. Hay que recordar que en el Manifiesto de Abrantes Don Carlos no había hecho referencia a los fueros; fue después del eco que este manifiesto tuviera en el País Vasco cuando la cuestión de los fueros (la *ley vieja, legi zarra*) se convirtió en una de las principales reivindicaciones del carlismo vasco. En Cataluña, en cambio, no se reivindicaba claramente una reposición de los fueros abolidos en 1714, como observa Soldevila. Señala este autor que el «sentimiento regionalista no era, ya entonces, exclusivo de la extrema derecha» en Cataluña[10]. Tampoco el carlismo en su conjunto tuvo tanta fuerza en Cataluña como en el País Vasco y Navarra, ni, a diferencia de lo que ocurrió en estas regiones, tuvo propiamente un ejército, sino una serie de partidas mandadas por diferentes cabecillas, que tenían como *capital* la ciudad pirenaica de Berga. Aunque el gran general carlista catalán era Ramón Cabrera, tortosino, éste operaba no en Cataluña propiamente, sino en el Maestrazgo, región al sur del Ebro que comprende el norte de Castellón (donde se encuentra la ciudad-fortaleza que fue su centro de operaciones, Morella), y el sur de Tarragona y de Teruel.

En definitiva, desde nuestro punto de vista, el carlismo tiene interés como exponente del atraso y estancamiento económico y social de España en el siglo XIX y porque tuvo como medios geográficos a las dos regiones que desde finales de siglo se constituirán en focos de un nacionalismo localista que perdura hasta nuestros días. El carlismo es explicable en función no tanto del atraso campesino cuanto de la hostilidad que entre los campesinos, no tan atrasados y pobres, de las antiguas regiones forales suscitaba el Estado liberal, por su laicismo, por su uniformismo centralista, y por su intento de modernizar el sistema impositivo y cobrar los impuestos en metálico. El carácter endémico de las guerras carlistas en el XIX se explica por el estancamiento de la agricultura. Por último, tanto en el caso catalán como en el vasco, el carlismo es la manifestación violenta de la profunda división social existente en estas regiones.

La lenta implantación del sistema liberal

El 22 de abril de 1834, los liberales de España y Portugal que combatían el carlismo y el miguelismo recibieron el respaldo de las grandes potencias liberales del momento, Reino Unido y Francia, a través de lo que se llamó la Cuádruple Alianza. La Alianza supuso la caída inmediata de Miguel en Portugal y el inicio de apoyos militares y financieros internacionales a los *cristinos* en España. Entre junio de 1834 y diciembre de 1840, los Rothschild prestarían unos 380 millones de reales a la causa liberal española, con la garantía de

---

[10] Soldevila (1952), VII, pp. 73-75. Ver también Soldevila (1973).

5. EL SIGLO XIX. LIBERALISMO Y REACCIÓN

las minas de Almadén[11]. Apoyos tan importantes no evitaron que la Guerra Carlista se prolongara hasta el 6 de julio de 1840, cuando, acosados por el General Espartero, Ramón Cabrera, último gran caudillo carlista, llamado *El Tigre del Maestrazgo*, y sus últimas tropas, se vieron obligados a cruzar la frontera y pasar a Francia. Casi un año antes, el 31 de agosto de 1839, por medio de un convenio comúnmente llamado *el abrazo de Vergara*, las tropas carlistas del Norte, encabezadas por Rafael Maroto, se habían rendido con condiciones al ejército del Gobierno español, al mando del general Baldomero Espartero. Las más importantes de estas condiciones fueron la fusión del ejército carlista con el ejército regular español y el mantenimiento de los fueros en tanto no contradijeran la Constitución vigente entonces, la de 1837.

El carlismo no solo fue capaz de mantener a España en estado de guerra civil durante los casi ocho años (1833-1840) que duró la Primera Guerra Carlista, sino que volvería a hacerlo entre septiembre de 1846 y mayo de 1849 (Segunda Guerra Carlista), principalmente en Cataluña, y después, entre abril de 1872 y febrero de 1876 (Tercera Guerra Carlista), con sus focos más destacados en el País Vasco y Navarra. Por tanto, el estado de guerra civil fue endémico durante todo el periodo de lo que podemos llamar la España isabelina en un sentido amplio. Sin embargo, la segunda y tercera guerras carlistas no tuvieron la duración y el encarnizamiento de la primera, y fueron en gran parte de carácter ocasional y oportunista.

Espartero, que había puesto su prestigio de vencedor al servicio del partido progresista, se encontró muy pronto enfrentado a la regente, que mostraba una clara parcialidad en favor del partido moderado. El motivo inmediato del enfrentamiento fue un proyecto de Ley de Ayuntamientos, patrocinada por los moderados, que tenían mayoría en las Cortes. Esta ley sustituía la elección de los alcaldes por su nombramiento por la Corona, y obedecía a la desconfianza de los moderados hacia el control popular de los cargos públicos. La regente creyó ingenuamente que podría llegar a convencer a Espartero, y se desplazó a Barcelona, desde donde este dirigía la guerra contra el carlismo. Para su sorpresa, María Cristina se encontró que el pueblo de Barcelona apoyaba con entusiasmo a Espartero y estaba

---

[11] Las estimaciones proceden de López-Morell (2013), Cuadro 2.2.

en contra de la ley de Ayuntamientos. La segunda torpeza de la regente fue forzar la aprobación de la ley en Cortes, lo que dio lugar en Madrid a manifestaciones similares a las de Barcelona en contra de la ley y en favor de Espartero. Incapaz de hacer frente a las consecuencias de su inepcia política, María Cristina dimitió inopinadamente y marchó a Francia dejando sus hijas al cuidado del general progresista. Espartero fue nombrado regente al cabo de pocos meses, cargo que desempeñó desde octubre de 1840 hasta julio de 1843, cuando, después de dar pruebas de una torpeza política comparable a la de su antecesora, tuvo que huir de España tras graves enfrentamientos con sus enemigos políticos. Tal fue su desacierto, que logró unir a progresistas y moderados en contra suya y trocar el entusiasmo de barceloneses y madrileños en hostilidad o, en el mejor de los casos, indiferencia. Poco después, en noviembre de 1843, las Cortes proclamarían la mayoría de edad de Isabel II (tenía 13 años) para que empezara a reinar.

Entre la Primera y la Segunda Guerra Carlista transcurrieron poco más de seis años. En 1845, Don Carlos abdicó en su hijo, Don Carlos Luis (27 años), pensando que sería posible casarle con Isabel II (a la sazón 15 años) y así poner fin al conflicto dinástico. Pero las potencias liberales, Francia e Inglaterra, no vieron con buenos ojos este matrimonio y tampoco lo hicieron los liberales españoles. Al final, Isabel II se casó con un primo carnal, Francisco de Asís de Borbón, que contó con fuertes apoyos europeos precisamente porque no tenía opciones de heredar otro trono. El principal auspiciador de la solución del problema carlista mediante un matrimonio fue el clérigo Jaime Balmes, influyente pensador católico nacido en Vic[12]. Balmes, que encarnó en España la escuela que podríamos denominar «catolicismo liberal», o incluso progresista, consideraba que el catolicismo podía ser fuente de progreso económico, tanto como el protestantismo, oponiéndose a las tesis defendidas en sentido contrario por François Guizot, historiador y político francés que había nacido en el seno de una familia burguesa hugonota. Así lo dejó escrito Balmes en *El protestantismo comparado con el catolicismo en sus relaciones con la civilización europea*, ambiciosa obra culminada en 1844, que fue muy apreciada por la incipiente burguesía catalana.

---

[12] Sus obras completas fueron publicadas en Balmes (1949).

5. EL SIGLO XIX. LIBERALISMO Y REACCIÓN

Balmes se mostró crítico con el centralismo de los gobiernos liberales, pero también censuró la excesiva dependencia de los medios de negocios catalanes de la política *madrileña*. Apoyó la protección arancelaria a la industria catalana, pero también consideró que esta debía esforzarse por mejorar su productividad y tratar de competir en términos de igualdad con la industria inglesa. Decía Balmes que Cataluña podría practicar un «cierto provincialismo legítimo, prudente, juicioso, conciliable con los grandes intereses de la nación y a propósito para salvarla de los peligros que la amenazan». En general, Balmes, como católico liberal, creía en la evolución y la reforma.

En septiembre de 1846, un sacerdote carlista, Benet Tristany, volvió del exilio y protagonizó actos subversivos en diversas localidades catalanas del interior, en el entorno de su localidad natal, Solsona, donde fue fusilado por los *mossos d'esquadra* (cuerpo de policía creado por Felipe V que seguía funcionando en el Principado) el 17 de mayo de 1847. Pero el ejemplo de Tristany ya había cundido en Cataluña. La *Guerra dels Matiners*, como se conoció también la Segunda Guerra Carlista (porque las partidas atacaban al Ejército de madrugada), duraría todavía dos años más[13]. Estaba claro que a los sublevados no les bastaba que el gobernante fuera un conservador autoritario como el general Ramón María Narváez, líder del Partido Moderado que dominaría todo el periodo 1844-1854 (la *Década Moderada*)[14].

El conflicto se complicó cuando Cabrera pasó de Francia a Cataluña el 23 de junio de 1848. Esta vez, el único frente de guerra estaría en el Principado, con el cuartel general de Cabrera situado en un zona dominada por el macizo de Les Guilleries y el valle d'Hostoles. Hasta este paraje tan escarpado tuvo que acudir el marqués del Duero para conseguir acabar con la resistencia de Cabrera. El 26 de abril de 1849, volvía este a Francia, de donde pasaría a Inglaterra. Allí se casó con una rica heredera y vivió en la opulencia el resto de sus días. Poco antes de morir en 1877, terminó enfrentado con el pretendiente carlista (Don Carlos María) y apoyando a Alfonso XII (a quien conoció en Inglaterra) como rey legítimo.

La *Década Moderada* terminó en junio de 1854 con el pronunciamiento del general Leopoldo O'Donnell (la *Vicalvarada*), que,

---

[13] Camps (1978).
[14] La *Década Moderada* en Cataluña se estudia en Fuster (2006).

tras el manifiesto de Manzanares, redactado por el joven periodista Antonio Cánovas del Castillo, dio lugar a una serie de gobiernos de centro, bajo la presidencia de Espartero y contando con la colaboración de liberales progresistas de la talla de Pascual Madoz y Laureano Figuerola. Cánovas fue el inspirador de la Unión Liberal, partido que intentaba reconciliar a moderados y progresistas bajo el mando de O'Donnell. Las nuevas Cortes progresistas legislaron febrilmente e introdujeron leyes desamortizadoras, de ferrocarriles, y de reforma bancaria que constituyeron todo un intento de liberalizar la economía y la sociedad españolas. Sin embargo, la reina Isabel, coaligada con el ala más conservadora de los moderados, consiguió en el verano de 1856 atraerse a O'Donnell, deshacerse de Espartero y volver a un régimen muy parecido al de la *Década Moderada*, aunque esta vez con O'Donnell alternando en el poder con Narváez y los suyos. El programa liberal quedaba muy mediatizado, pero progresistas y unionistas se aliarían con los grupos más a la izquierda para derrocar a Isabel en 1868 (la *Gloriosa Revolución*) y volver a las reformas de corte progresista-liberal (sufragio universal, liberalismo económico, librecambismo, reforma monetaria) que caracterizaron al llamado *Sexenio Revolucionario* (1868-1874).

Un nuevo intento carlista fracasado (la *Ortegada* de 1860) condujo a la abdicación de Don Carlos Luis en su sobrino Don Carlos María, quien provocó la Tercera Guerra Carlista durante el Sexenio Revolucionario (1868-1874). La Constitución de 1869 estableció una monarquía constitucional, pero el rey no sería un Borbón, sino Amadeo de Saboya, hijo del rey de Italia[15]. En las Cortes, su candidatura obtuvo una mayoría abrumadora, pero Amadeo no pudo lograr el apoyo de los sectores vinculados a los Borbones (isabelinos o carlistas) y la Iglesia (los Saboya se habían enfrentado al Papa al crear el Reino de Italia).

El principal promotor de la candidatura de Amadeo fue el general Juan Prim, nacido en Reus en 1814. Al estallar la Primera Guerra Carlista, Prim se había unido a los Tiradores de Isabel II, para luchar contra el carlismo catalán. Durante la Regencia de Espartero,

---

[15] También se pensó, entre otros, en Leopoldo de Hohenzollern-Sigmaringen, de Prusia (apodado por sus detractores *Ole, ole, si me eligen*), pero la candidatura fue tan mal recibida por el emperador francés Napoleón III que terminó desencadenando la guerra franco-prusiana.

5. EL SIGLO XIX. LIBERALISMO Y REACCIÓN

Prim apoyó a los progresistas hasta que aquél inició una política menos prohibicionista que la hasta entonces vigente[16]. La consiguiente revuelta catalana fue secundada por Prim, que contempló con horror el bombardeo de Barcelona (desde el castillo de Montjuïc) ocurrido el 3 de diciembre de 1842[17]. Sin embargo, el propio Prim ordenaría un bombardeo más intenso (desde el castillo de Montjuïc y desde la Ciudadela) cuando, siendo gobernador militar y comandante general de Barcelona al año siguiente, tuvo que enfrentarse a los radicales que amenazaban la coronación de Isabel II. Con esta acción, Prim ganó la faja de general, pero sus posiciones progresistas le relegarían a la oposición en la España isabelina. Finalmente, Prim desempeñaría un papel fundamental en el apoyo de Cataluña a la revolución liberal de 1868 que destronó a Isabel II. Siendo presidente del Consejo de Ministros y capitán general de los Ejércitos, Prim se disponía para viajar a Cartagena para recibir a su candidato para la Corona, Amadeo I, cuando el día anterior, 27 de diciembre de 1870, sufrió un atentado en Madrid que le ocasionaría la muerte tres días después.

El carlismo se alzaría contra la entronización de la Casa de Saboya. El 2 de enero de 1871, Amadeo I inició su reinado, y el 14 de abril de 1872, Don Carlos María dio orden de alzarse en armas. Entre ambas fechas, los carlistas habían intentado sin éxito llegar al poder por las urnas. Aunque la primera batalla (en Oroquieta, Navarra) se saldó con la derrota de los carlistas, a partir de junio, hubo apoyos en Cataluña al pretendiente, que había prometido que el Principado volvería a la situación política anterior a 1714. La situación se complicó aún más cuando, el 11 de febrero de 1873, se proclamó la República, tras renunciar Amadeo al trono.

La Primera República fue tan convulsa y tan breve que ni siquiera tuvo tiempo de redactar una constitución (en consecuencia, no hubo presidentes de la República). Un tema controvertido era la forma de Estado, que dividía a los republicanos en *radicales*, que eran unitarios, y *federales*, que se inclinaban por un Estado federal.

---

[16] El Arancel de 1841 redujo la lista de importaciones prohibidas por el Arancel de 1826 de 657 a 83, graduando el proteccionismo sobre mil quinientas partidas con aranceles entre el 15 y el 50 por 100.

[17] Al parecer, fue entonces cuando Espartero dijo que por el bien de España era conveniente bombardear la ciudad condal una vez cada cincuenta años.

Estos últimos, a su vez, se subdividían en *transigentes* e *intransigentes*, según su grado de flexibilidad sobre esta cuestión. Desde la Diputación de Barcelona, republicanos federales intransigentes proclamaron el *Estat catalá* al día siguiente de la instauración de la república, pero fueron aplacados por un federal transigente tan reputado como Francisco Pi i Margall. El 10 de junio de 1873, el primer presidente del Poder Ejecutivo, el barcelonés Estanislao Figueras, terminaría su mandato huyendo a París por temor a que los intransigentes acabaran con su vida.

El catedrático gaditano Emilio Castelar fue encargado de redactar un proyecto de constitución federal donde la *nación española* aparecía compuesta por 17 Estados, 15 europeos y dos americanos (Cuba y Puerto Rico). A los intransigentes no les pareció suficiente y se lanzaron a una alocada revolución *cantonal*, que tuvo bastante eco en Andalucía, Valencia y Murcia (se hizo famoso el caso del cantón de Cartagena). Pi i Margall, que había sucedido al huido Figueras, tuvo que enfrentarse a esta revolución y a los carlistas, que aprovechaban la división de los republicanos y dominaban las zonas rurales del País Vasco y Navarra desde el enclave de Estella, donde Carlos VII (Don Carlos María) reinaba y gobernaba (llegó a acuñar moneda). El segundo presidente del Poder Ejecutivo aguantó poco más de un mes en el cargo.

El tercer presidente del Poder Ejecutivo, el almeriense Nicolás Salmerón, dio prioridad a restaurar el orden, combatiendo a los cantonalistas con gran dureza; pero, con todo, Salmerón era un federalista moderado que terminaría dimitiendo por no firmar una sentencia de muerte. Su sucesor, Castelar, más conservador, trató de abandonar el federalismo. Sus tres antecesores se unieron contra él, pero, el 2 de enero de 1874, el general Manuel Pavía asaltó las Cortes e impuso la dictadura del general Serrano, al negarse Castelar a asumir el poder a resultas de un golpe de Estado. El 12 de enero, el general José López Domínguez, sobrino y muy allegado de Serrano, acabó con el cantón de Cartagena y, al mes siguiente, ambos generales marcharon al Norte para poner fin al sitio de Bilbao por los carlistas. Contando con el apoyo de un gran crédito del Banco de España, que a cambio obtuvo el monopolio de emisión de billetes, Serrano pudo liberar Bilbao el 2 de mayo.

El ciclo del Sexenio Revolucionario se cerró cuando, el 29 de diciembre, en Sagunto, el general Arsenio Martínez Campos, proclamó

5. EL SIGLO XIX. LIBERALISMO Y REACCIÓN

a Alfonso de Borbón, hijo de la destronada Isabel, rey de España. Antonio Cánovas del Castillo, que había venido preparando la restauración con plenos poderes de Isabel, se encargaría de dar forma política a la restauración borbónica. Así, el 30 de junio de 1876 se promulgó una constitución, elaborada bajo la dirección de Cánovas, que establecía un Estado centralista de tipo liberal, donde la religión católica sería la oficial, pero habría tolerancia hacia los demás credos.

Hasta el 28 de febrero de 1876 no se consiguió que Carlos VII abandonase España, pero en la antigua Corona de Aragón la suerte estaba echada desde marzo de 1875, cuando Martínez Campos tomó Olot y, desde París, Ramón Cabrera apoyó a Alfonso XII, como un rey «que tiene conciencia de su deber», e instó a poner fin a la guerra pues, en caso contrario, «aun dado el triunfo, colocaríamos nuestra bandera sobre un montón de ruinas». Con todo, hasta noviembre de 1875, no cesó el fuego en Cataluña y, hasta febrero de 1876, no cayó Estella. Esta tercera guerra carlista fue la última, en buena medida por el genio negociador de Cánovas, que abolió los fueros pero supo encauzar a través de un *concierto económico* (1878) la contribución del País Vasco a la Hacienda española. En Navarra se mantuvo el cupo fijado en 1841. Cuando el liberal Germán Gamazo intentó en 1893 regularizar esta situación, hubo una verdadera sublevación en Navarra (la *Gamazada*). Hasta 1927, durante la Dictadura de Primo de Rivera, no se conseguiría un *convenio económico* con Navarra, de características similares al concierto vasco.

En resumen, insistiendo en lo que antes dijimos, si el carlismo perduró fue porque la economía y la sociedad españolas permanecieron estancadas durante las décadas centrales del siglo XIX, quedando un remanente de población campesina dispuesta a tomar las armas contra la modernización social. Correlativamente, la implantación del liberalismo fue en el XIX español muy gradual, plagada de retrocesos y fracasos. La explicación radica también en la lentitud del crecimiento económico que, a la vez que mantenía estancada a una gran masa de población campesina, retrasaba el proceso de urbanización y el crecimiento de la clase media, que es el más firme respaldo del liberalismo. La excepción a esta imagen de estancamiento fue Cataluña, donde un mayor grado de desarrollo económico y de urbanización propiciaron el crecimiento de unas clases media y obrera partidarias de mayores grados de democracia y reforma social. Pero la industrialización catalana, a su vez, dependía de la política económica proteccionista desarrollada en Madrid.

El peso político de Cataluña

> *Els catalans hem estat sempre molt hàbils a manejar els Aranzels i a saber defensar els nostres interessos. De vegadas, fins les defenses han estat exageradas i, per tant, perjudicials i injustes. La superioritat dels catalans sobre els polítics espanyols i fins sobre els funcionaris era tan gran que, en lluita aranzelària, la victoria dels primers era gairebé sempre segura*[18].

Algunos historiadores[19] afirman que Cataluña se vio marginada políticamente por el régimen parlamentario liberal del XIX español. En nuestra opinión, esta afirmación carece de fundamento. Cataluña, como afirma Cambó en la cita anterior, tuvo un peso muy grande en el juego político español de esta centuria (en realidad, de toda la era contemporánea), y en este apartado vamos a tratar de mostrarlo.

Hemos visto que la estructura económica y social de Cataluña presentó durante el siglo XIX rasgos distintivos que la diferenciaban del resto de España. Estas diferencias no podían sino reflejarse en la vida política. Aparte del carlismo, Cataluña tuvo un papel muy destacado en la formulación y desarrollo de la política española durante todo el siglo. En las consideraciones que siguen debemos siempre recordar, sin embargo, que hablar de Cataluña como un todo es un recurso del lenguaje que falsea considerablemente la realidad, porque esta comunidad tenía como una de sus principales características el estar profundamente dividida, por lo cual su indudable influencia política fue a menudo contradictoria, como veremos a continuación.

---

[18] «Los catalanes hemos sido siempre muy hábiles al manejar los aranceles y saber defender nuestros intereses. A veces, incluso, las defensas han sido exageradas y, por tanto, perjudiciales e injustas. La superioridad de los catalanes sobre los políticos españoles, e incluso sobre los funcionarios, era tan grande que, en la lucha arancelaria, la victoria de los primeros era casi siempre segura». Cambó (1981), p. 346.

[19] Ver, por ejemplo, Fontana (2014), p. 282-283; Balcells (2004), pp. 611-612 y (1991), pp. 16-18.

5. EL SIGLO XIX. LIBERALISMO Y REACCIÓN

Ya al hablar del carlismo hemos visto que existía una profunda división en la sociedad catalana entre extensas zonas rurales, radicalmente conservadoras y reaccionarias, y las áreas urbanas, predominantemente liberales. Pero en el campo liberal también había grandes divisiones, consecuencia del número de trabajadores industriales, no sólo en Barcelona, sino también en varias comarcas, tanto de la costa como del interior, ya que parte de la industria se situó en las riberas de los ríos para aprovechar la energía hidráulica. Estos trabajadores industriales tenían una visión del progresismo, que mayoritariamente profesaban, bastante diferente, en general más a la izquierda y más propenso a las asonadas, a las manifestaciones callejeras, y al ludismo, que el de los burgueses e intelectuales que militaban o simpatizaban con ese mismo partido.

Hemos visto también cómo Fernando VII encontró en Cataluña, Aragón y Valencia apoyo considerable, aunque quizá en gran medida pasivo, para su golpe de Estado de mayo de 1814. Sin embargo, durante el primer período absolutista de Fernando VII, Cataluña dio muestras de rechazo al régimen absoluto. Allí encontró Luis de Lacy, el militar liberal que fue capitán general de Cataluña durante la Guerra de Independencia, apoyo para su conspiración contra la tiranía en 1817; y cuando Lacy fue apresado y condenado a muerte, los gremios y asociaciones industriales de Barcelona «tuvieron la osadía de pedir a Fernando VII el indulto del presunto culpable, del cual recordaban "la sabiduría inconcebible" con que rigió Cataluña durante la guerra de Independencia». Y después de que, pese a todo, Lacy fuera fusilado, sus exequias fueron solemnemente celebradas en Barcelona en 1820, tras jurar el tirano la Constitución[20].

Si bien Cataluña no tomó un papel activo, o al menos decisivo, en apoyo al pronunciamiento de Riego en 1820 que restauró el régimen constitucional, sí es sabido que la opinión de la burguesía catalana, especialmente la barcelonesa, estaba firmemente en contra del absolutismo, aunque solo fuera porque este, sistemáticamente irresponsable en casi todos los campos, lo era de modo contumaz en materia de política comercial: siendo Fernando VII monarca absoluto, podía impunemente violar sus propias leyes, como hizo, por ejemplo, en 1815 en el

---

[20] Vicens (1961), p. 214.

caso de la Compañía del Guadalquivir[21], autorizada para importar tejidos en violación de la legislación protectora. Tras la restauración de la Constitución, el entusiasmo en Barcelona fue desbordante; los liberales del Trienio tomaron inmediatamente medidas prohibicionistas a favor de la agricultura cerealista, y pocos meses más tarde la prohibición se extendería a la mayor parte de los tejidos de algodón, especialmente los más comunes. Merece reproducirse el texto del *Diario de Barcelona* citado por Sánchez: «sólo en este sistema constitucional puede la Cataluña afianzar la seguridad de las prohibiciones y con ellas la de su prosperidad y riqueza»[22].

Puede sorprender que estas medidas de prohibición drástica fuesen obra de gobiernos liberales, pero hay que tener en cuenta que el proteccionismo se extendió por el mundo tras las guerras napoleónicas y que España ya no contaba con los recursos de América para financiar los déficits comerciales. En cualquier caso, tanto el proteccionismo agrario como el industrial sobrevivieron al Trienio; el proteccionismo industrial contó con el apoyo entusiasta de la *Comissió de Fàbriques de Filats, Teixits i Estampats de Cotó*, más comúnmente llamada Comisión de Fábricas, creada en Barcelona en 1820 sobre la base de una real compañía fundada en 1771 (la *Comissió*, tras varios cambios de denominación, terminaría siendo la actual patronal *Foment del Treball Nacional*, fundada en 1889 como «Fomento del Trabajo Nacional»; ver Sánchez, 2000).

Pese a todo, pronto se enfrió el alborozo: de un lado, el centralismo liberal era criticado por un sector de la opinión catalana; de otro, el deterioro económico debido a la depresión postbélica internacional, que se manifestó especialmente en la caída de los precios agrícolas, que ni la prohibición pudo detener y que fomentó el descontento entre los campesinos, descontento agravado por las medidas fiscales (abolición del diezmo, y su sustitución por una contribución territorial que debía pagarse en dinero, no en especie) de los gobiernos del Trienio. Este descontento se manifestó en la formación en el campo catalán de partidas mezcla de guerrilla y bandolerismo, en todo caso favorables al régimen absoluto. La decepción ciudadana y la ira campesina explican lo fácil que resultó al ejército invasor francés atravesar Cataluña en 1823.

---

[21] Sánchez (2000), pp. 512-520; Nadal (1975), pp. 193-194.
[22] Sánchez (2000), p. 515.

5. EL SIGLO XIX. LIBERALISMO Y REACCIÓN

El restablecimiento del absolutismo aplacó los ánimos durante algunos años —de unos por terror, prisión o exilio, de otros por sumisión—, pero la prolongada depresión económica y el desgobierno propio del absolutismo fernandino volvieron a encrespar la voluntad de los campesinos catalanes, que, inspirados por eclesiásticos ultramontanos, emprendieron la *Guerra dels Malcontents*, de la que ya hablamos antes. Los *malcontents* fueron derrotados con la colaboración del conde de España, que permaneció al frente de la capitanía general de Cataluña hasta ser relevado por el general moderado Manuel Llauder en 1832.

Llauder, nativo de Cataluña, fue acogido con alivio tras las crueldades arbitrarias de su antecesor, y pronto conectó con los grupos burgueses moderados. Su manifiesto a la regente, emitido en diciembre de 1833, pidiendo reformas y libertad, y en especial convocatoria de Cortes, contribuyó a la caída del ministerio del *déspota ilustrado* Cea Bermúdez y a la asunción del poder por Francisco Martínez de la Rosa, doceañista moderado, en cuyo Gobierno figuró Llauder como ministro de la Guerra, aunque por corto tiempo. El caso es que, por medio de la persona de este general, Cataluña contribuyó al deslizamiento hacia la izquierda de los gobiernos de la dubitativa y conservadora regente, a quien solamente los militares eran capaces de forzar la mano en el sentido de la apertura.

Pero Llauder acabó dimitiendo de todo. Su experiencia en la Barcelona de 1835, acosado por el carlismo en el campo y por los exaltados en Barcelona y otras poblaciones, fue más de lo que pudo soportar. La profunda división de la sociedad catalana quedó una vez más de manifiesto. Los liberales urbanos estaban unidos para luchar contra el carlismo, pero entre sí estaban divididos entre liberales burgueses y exaltados radicales, anticlericales y propensos al motín. Estos eran los que acusaban a Llauder de intentar restaurar la tiranía y le llamaban *El Tigre de Cataluña*, comparándolo con Cabrera o con el conde de España; y los que a la postre, en el verano de ese año, quemaron conventos, asesinaron al general Bassa (enviado por Llauder, que se hallaba en campaña contra el carlismo, precisamente para desarmar a las turbas) e incendiaron las oficinas de Hacienda y la fábrica de Bonaplata (ver más adelante) poco después. Estos desórdenes promovieron la creación en Barcelona de una Junta Auxiliar Consultiva, más conocida como Junta de Cataluña, que se convirtió en el medio de expresión y acción de las clases acomodadas y liberales de Cataluña. Fueron los acontecimientos de Barcelona los que hicieron caer el Gobierno del conde de Toreno (que había sucedido a Martínez de la Rosa) y propiciaron la llegada al poder de Juan Álvarez Mendizábal, el político y financiero progresista autor de la primera desamortización, que encontró un gran apoyo entre los liberales de Barcelona. La desamortización fue muy bien acogida entre financieros y fabricantes. Como dice Vicens (1961, p. 232):

> Incluso los hombres que, como Gaspar Remisa [el gran financiero catalán afincado en Madrid, con ocasión de cuyo cumpleaños escribió Aribau la famosa *Oda a la pàtria*], se sintieron ultrajados en su dignidad de catalanes por la quema de conventos del 25 de julio en Barcelona, no experimentaron la menor vacilación en adquirir enormes posesiones eclesiásticas. Bien se podría decir que, en un momento de expansión de la industria barcelonesa, cada fabricante tenía echado el ojo al convento donde podría instalar sus telares.

Ejemplo del poder político de Cataluña, y en particular, de Barcelona, tras el final de la guerra carlista, nos lo ofrece el episodio al que antes nos referimos, la renuncia de la reina regente María Cristina y la exaltación del general Espartero a la Regencia en el verano de 1840. Aparte de la torpeza política de la señora, la baza política principal que permitió el triunfo del general fue el apoyo entusiasta del pueblo de Barcelona, que se manifestó al entrar Espartero en la ciudad el 12 de julio de 1840 y durante los días que siguieron, ambiente que pronto derivó en violencia y que determinó a la regente a abandonar Barcelona, renunciar a su cargo y exiliarse el 12 de octubre. Cierto que también en Madrid se registraron protestas y manifestaciones contra la ley de Ayuntamientos. Pero Barcelona fue el primer y más importante escenario del drama y prestó fuerza decisiva al desarrollo de los acontecimientos; fue además la ciudad cuyo Ayuntamiento nombró el 30 de agosto de 1840 *Héroe Nacional* al general Espartero. Por aquel entonces, nos dice Vicens (1961, pp. 243-244) una Cataluña eufórica se veía a sí misma como el reducto desde el cual los liberales catalanes «pudieran influir decisivamente sobre el resto de España, donde el pulso no batía al mismo ritmo. Esta será una línea constante del liberalismo catalán del siglo XIX: Cataluña, tierra de libertad, obligará a España a hacerse liberal».

5. EL SIGLO XIX. LIBERALISMO Y REACCIÓN

Pero pronto volvió a cundir la decepción. De un lado, la recuperación postbélica se hacía esperar, aunque quizá no tanto como afirma Vicens[23]. De otro lado, había un problema económico más serio, que en realidad tenía un origen político. Durante el siglo XIX, especialmente durante la primera mitad, los dos grandes partidos, moderado y progresista, tenían estrechos lazos con Francia e Inglaterra respectivamente. Los embajadores de ambos países actuaban como consejeros, y a veces casi como directivos, de uno y otro partido. Su influencia derivaba, por supuesto, del poderío político, militar y económico de esos países. Espartero, como líder progresista, tenía una estrecha dependencia de Inglaterra, que le presionaba para que rebajara los aranceles; Francia, en cambio, había dado asilo a María Cristina, que se dedicaba a hacer la oposición desde allí, con el apoyo abierto de varios generales moderados encabezados por Ramón Narváez. Tuvo lugar así la conspiración de octubre de 1841, que intentaba devolver su puesto a la antigua regente, y que al cabo costó la vida a los generales Diego de León y Cayetano Borso di Carminati, y al político liberal Manuel Montes de Oca, que fueron fusilados. El acoso de los moderados apoyados por Francia empujaba así a Espartero a tratar de complacer a Inglaterra, por lo que no tiene nada de extraño que en 1841 se aprobara en las Cortes un arancel un poco menos proteccionista que los anteriores. Aunque el nuevo arancel introdujo pocas medidas librecambistas de importancia y mantuvo el principio del mercado reservado para los tejidos de algodón y lana, cereales, productos metalúrgicos, y otros, provocó en Cataluña un resentimiento antiesparterista que a la larga contribuiría a la caída del regente en el verano de 1843. A fomentar ese resentimiento venían los insistentes rumores de que Espartero estaba en conversaciones para firmar un tratado comercial con el Gobierno británico; tales rumores eran ciertos, pero tal tratado nunca se firmó. Sin embargo, la realidad es que los industriales catalanes no estaban dispuestos a sacrificarse por los sectores que no necesitaban protección arancelaria pero eran víctimas de las represalias aduaneras británicas: lo que temían, según Soldevila (1959, VII, p. 155) era que «la industria catalana iba a ser sacrificada en ventaja de las frutas y de los vinos españoles». Extraña libertad, como vemos, la que

---

[23] Ver, por ejemplo, Maluquer (1998), Cap. 3.

querían imponer, y de hecho impusieron, al resto de España los industriales catalanes.

Otra cuestión que envenenó las relaciones de Cataluña con Espartero fue el propósito por parte de los radicales barceloneses de derribar la Ciudadela construida tras la Guerra de Sucesión y que era vista por muchos, especialmente los exaltados, como un símbolo de opresión. Por añadidura, se reclamaba que el Gobierno sufragara los gastos de derrocamiento y restauración. Para un militar como Espartero los intentos de destrucción física de una fortaleza del ejército era un atentado inadmisible, máxime cuando un síndico del Ayuntamiento, Juan Antonio Llinás, presidió un acto solemne de arrancamiento de la primera piedra del edificio. La respuesta del capitán general Antonio van Halen fue la disolución de la Junta, el desarme de varios batallones de milicias y la persecución de los que habían participado en el acto, todo lo cual provocó un motín que la torpeza de Espartero contribuyó a atizar.

Sanromá (1887, I, p. 53) describe el malestar de Barcelona en 1842:

> Todo el año de 1842, hasta llegado el mes de Noviembre, lo pasamos en Barcelona entre sordas inquietudes, temores vagos, recriminaciones y conatos de rebelión contra el Gobierno de Espartero. Todos los males se desataban á un tiempo. Daban materia á ello las noticias que se propagaban; anunciando unos que se iba á imponer una contribución para reparar la Ciudadela, diciendo otros que se trataba de establecer las quintas, no conocidas entonces en el Principado; y para más enardecer los ánimos, corría válida la voz de que se permitiría la entrada a los algodones ingleses; gran motivo de alarma entre los fabricantes acaudalados, y primera ocasión de manifestarse aquel espíritu proteccionista tan funesto, en mi sentir, para los mismos intereses catalanes.

En realidad la chispa que encendió la hoguera de todo este malestar fue una protesta contra la contribución de consumos en noviembre de 1842. Hubo un alzamiento popular y combates callejeros. Las refriegas alcanzaron tales dimensiones que van Halen abandonó Barcelona. Sin embargo, ambos bandos estaban dispuestos a parlamentar hasta que llegó Espartero, rompió las negociaciones y exigió la rendición incondicional[24]. Ante la negativa de los amotinados, el 3

---

[24] Soldevila (1959), VII, p. 156.

5. EL SIGLO XIX. LIBERALISMO Y REACCIÓN

de noviembre el ejército bombardeó Barcelona desde Montjuic; el bombardeo, que duró once horas, mató a una decena de personas, destruyó una treintena de casas y dañó a más de 300. La ciudad acabó rindiéndose; unos quince milicianos fueron fusilados; se obligó a la ciudad a reconstruir a su costa las murallas de la Ciudadela y a pagar fuertes contribuciones para compensar a los militares por los daños sufridos, aunque no se recaudó más que una parte[25].

Espartero esperaba ser recibido en Madrid como un héroe, pero no fue así. Como escribió Marx once años más tarde, «Espartero es conocido como el hombre que manda bombardear ciudades»[26]. El Príncipe de Vergara interpretó mal los signos (según los Pi, «no leía periódicos»[27]) y, esperando cosechar la victoria de un héroe, disolvió las Cortes y convocó elecciones, de las cuales salió su partido en minoría. Ante las dificultades para formar Gobierno, trató de disolver por segunda vez, lo cual provocó una protesta airada de los políticos y una serie de levantamientos en diversas ciudades: Málaga, Granada, Almería, Reus, Barcelona, Valencia. La rebelión catalana estaba encabezada por los generales Juan Prim, Lorenzo Milans del Bosch y Francisco Serrano, que habían estado del lado de Espartero hasta muy recientemente. A Serrano, que había sido jefe de Estado Mayor con van Halen, Barcelona le tributó un recibimiento delirante y la Junta le nombró *Ministro universal*. El primer acto oficial del nuevo *Ministro universal* fue emitir un decreto destituyendo a Espartero de su puesto de regente[28]. «Barcelona volvía, pues, a ser el centro de la vida política española», nos dice Soldevila[29]. Narváez había planeado desembarcar en Barcelona, a lo que Prim se negó; lo hizo entonces en Valencia, desde donde se dirigió a Madrid. Los ejércitos teóricamente fieles a Espartero se pasaban en masa a los sublevados, con lo que la entrada de Narváez en Madrid fue expedita y rápida.

Espartero embarcó en Cádiz para Inglaterra. En Madrid se convocó un Gobierno de moderados y progresistas no esparteristas, pero al cabo de poco tiempo los conservadores se hicieron con el

---

[25] Pi y Pi (1902), III, Cap. XLII.
[26] Marx y Engels (1960), p. 39.
[27] Pi y Pi (1902), III, p. 224.
[28] Villa Urrutia (1929), p. 33; Pi y Pi (1902), III, p. 260.
[29] Soldevila (1959), VIII, pp. 164-165.

poder y se inició la llamada *Década Moderada*, cuyo hombre fuerte fue Ramón María Narváez, ennoblecido con el ducado de Valencia. Por el momento, sin embargo, Cataluña se sentía triunfante. «No habían pasado seis meses y Barcelona se vengaba del que la había bombardeado, abandonándolo en el momento en que más la hubiera necesitado»[30]. O, como escribió Soldevila (1959, VII, p. 155) al comenzar la narración del levantamiento de Barcelona en noviembre de 1842: «Ya hemos visto cómo la caída de María Cristina se inicia por el motín de esta ciudad. Ahora la caída de Espartero se iniciará también en la capital catalana, por un motín que se convertirá en un verdadero alzamiento».

La larga *Década Moderada* se inició con la llamada *crisis del papelito*, episodio no por frecuentemente relatado menos premonitorio de lo que sería el reinado de Isabel II, la flamante reina de apenas trece años cumplidos que acusó al presidente del Gobierno, Salustiano Olózaga, de haberla forzado a firmar la disolución de las Cortes (noviembre 1843). No cabe la menor duda de que esta falsa acusación, que ponía en peligro la vida de Olózaga porque le atribuía un crimen de lesa majestad, venía inspirada por los consejeros de la reina (la *camarilla*), en particular por su aya, la marquesa de Santa Cruz, aristocrática dama retratada en su juventud por Goya, y partidaria incondicional de Narváez; y también, probablemente, por el propio general y por el periodista y político Luis González Brabo. Pese a que pocos creyeron la versión que ofreció la reina del incidente, Olózaga fue destituido y exiliado, sucediéndole en la presidencia González Brabo primero y Narváez después. Resulta premonitorio el episodio porque Isabel II ya no se recatará durante todo su reinado en su preferencia por el partido moderado y en su proclividad a escoger entre sus consejeros a individuos de la extrema derecha clerical, como el padre Antonio María Claret y la *monja de las llagas*, Sor Patrocinio (María Rafaela Quiroga); y, por supuesto a su propia madre, que regresó de Francia tras la caída de Espartero, aunque partió de nuevo al exilio en 1854.

La *Década Moderada* se inició en un período de euforia económica, consecuencia en gran parte del final de la guerra carlista. Este período se cerró con la crisis de 1847-1848, que duró hasta

---

[30] Vicens (1961), p. 255.

5. EL SIGLO XIX. LIBERALISMO Y REACCIÓN

aproximadamente 1853, en que comenzó la recuperación ayudada por la Guerra de Crimea, que estimuló las exportaciones de alimentos, pero también incidió sobre los precios. La guerra hizo la fortuna de agricultores y comerciantes, pero deprimió el nivel de vida de los trabajadores urbanos, porque encareció las subsistencias[31]. Entretanto, el Gobierno de Narváez, con Alejandro Mon como ministro de Hacienda, había promulgado un nuevo arancel en 1849, sin duda con el deseo de modernizar un poco la legislación aduanera y de estimular el comercio en un año aún muy depresivo. En lo que atañe a la industria textil, el arancel mantuvo la prohibición de importar los tejidos de mayor consumo, pero a los de mayor calidad se contentó con imponerles tarifas muy altas (el 35 por 100). A pesar de todo, esto molestó profundamente a los industriales algodoneros, mayoritariamente catalanes. Oigamos a Sanromá (1887, I, p. 335):

> De vez en cuando pasaban sus malos ratos. Uno gordo tuvieron en 1849, cuando aquella tímida reforma que les obligó á apretar un poco las clavijas. Renovaron el material, formaron sociedades, buscaron capitales; y de entonces data lo único presentable y decentito que ha ido ostentando después su industria algodonera. Por supuesto, gimoteando siempre; siempre tan desatendidos, siempre tan melancólicos. Condición eterna de aquellas gentes: hacer la fortuna á pucheritos.

La crisis de años anteriores había provocado, como hemos visto, la *Guerra dels Matiners*, que dio origen a crueldades y barbarie por los dos bandos. Por añadidura, los métodos autoritarios y brutales de Narváez, la corrupción rampante y creciente, de la que el propio Narváez y su antiguo amigo, luego rival, José Salamanca, eran conocidos protagonistas, hicieron olvidar los años iniciales de bonanza y los logros institucionales del período, como la fundación de bancos importantes en Madrid, Barcelona, Valencia y Zaragoza, la construcción e inauguración de los primeros ferrocarriles (Barcelona-Mataró, Madrid-Aranjuez, Langreo-Gijón) y el trazado de una red ferroviaria nacional (que, sin embargo, fue origen de escándalos políticos), y la reforma de la Hacienda por Alejandro Mon y Ramón Santillán, que, pese a sus imperfecciones, marcó un hito en nuestra historia financiera.

---
[31] Tortella (1975), p. 40, Cuadro II-2.

En el clima enrarecido de 1854, una chispa iba a encender la mecha lenta que acabaría dando al traste con el monopolio moderado. El general Leopoldo O'Donnell, cuyo asesor político era el joven periodista malagueño Antonio Cánovas del Castillo, se alió con otros militares, el general Domingo Dulce entre ellos, sacó sus tropas, y se pronunció contra el Gobierno a la sazón presidido por José Luis Sartorius, conde de San Luis. No se produjo el esperado levantamiento en Madrid (quizá los pronunciados no eran considerados como suficientemente progresistas); en cambió, las tropas fieles al Gobierno atacaron a los pronunciados, produciéndose un encuentro en Vicálvaro que terminó en tablas (la *Vicalvarada*, 30 de junio). Incapaces de entrar en Madrid, los de O'Donnell se dirigieron hacia el sur con la esperanza de encontrar otros apoyos. En Manzanares hicieron un alto y publicaron un manifiesto redactado por Cánovas que pretendía ser más del agrado de la izquierda. En efecto, el Manifiesto de Manzanares proponía mantener el trono, «pero sin la camarilla que lo deshonra»; rebajar los impuestos; mantener los escalafones militar y civil; y, en un guiño claro a los catalanes, «arrancar a los pueblos a la centralización que los devora, dándoles la independencia local necesaria para que aumenten y conserven sus intereses propios». Prometía también la formación de «juntas de gobierno en las provincias», que junto con las Cortes generales (promesa implícita de nuevas elecciones) fijarían «las bases definitivas de la regeneración liberal»[32]. El anti-centralismo y el juntismo eran principios muy caros al imaginario catalán. Nada tiene de extraño que una semana más tarde, en la fecha simbólica de 14 de julio, militares y pueblo se lanzaran a la calle en Barcelona apoyando el manifiesto y abucheando al Gobierno. El movimiento se extendió como la pólvora por Cataluña y por otras regiones y ciudades, como Valladolid, Valencia, Cuenca y Zaragoza, la cual acogió con delirio a Espartero, que allí se trasladó desde Logroño, donde se había retirado al volver de su exilio inglés. También Madrid acogió el manifiesto con entusiasmo. El populacho se lanzó a la calle y asaltó las casas (palacios) de Salamanca y Sartorius, que salvaron la vida huyendo, Salamanca disfrazado de maquinista en un tren de la línea Madrid-Almansa. Pero, como señala Vicens (1961, p. 266), Barcelona se sublevó tres días antes que Madrid.

---

[32] Ver texto completo en Pi y Pi (1902), IV, pp. 63-64.

5. EL SIGLO XIX. LIBERALISMO Y REACCIÓN

En Barcelona se constituyó inmediatamente una Junta Provisional de Gobierno, que trató de apaciguar a los obreros ofreciendo una subida general de salarios; refundó también, como no, la milicia nacional, que era tradicionalmente la fuerza de choque de la izquierda. Pronto se echó de ver, sin embargo, la tradicional división de la izquierda catalana, especialmente cuando uno de los líderes del liberalismo barcelonés, José Sol i Padrís, cayó asesinado durante una huelga en julio de 1855.

Hubo elecciones a Cortes y el nuevo Gobierno fue presidido por Espartero, cuyos desmanes y torpezas de diez años antes habían sido ya olvidados. O'Donnell fue ministro de la Guerra. Sus partidarios quedaron desencantados, lo que expresó castizamente Cánovas lamentando que los *unionistas* hubieran tomado la iniciativa y el riesgo, y los progresistas se hubieran «alzado con el santo y la limosna». Como antes vimos, la Unión Liberal, trataba de ser una agrupación de centro, reclutando al ala izquierda de los moderados y a la derecha de los progresistas. El unionismo llevaría gran parte de la iniciativa en el pronunciamiento de septiembre de 1868 (la *Gloriosa*) y a la larga constituiría el núcleo del partido liberal-conservador que Cánovas organizaría durante la Restauración.

El *Bienio Progresista* duró dos años casi exactamente. Durante él las Cortes llevaron a cabo un frenético programa legislativo que reactivó la economía española de manera notable, aprovechando la bonanza que siguió a la Guerra de Crimea. Las leyes económicas más importantes fueron la Ley de Desamortización General y la Ley de Ferrocarriles, de 1855, y las Leyes de Bancos y de Sociedades de Crédito, de 1856. Esta legislación constituyó un marco para facilitar el equilibrio presupuestario, la importación de capital, especialmente francés, y la construcción de la red ferroviaria básica. Pero los progresistas no tuvieron tiempo de administrar sus proyectos económicos, porque en el verano de 1856 un absurdo golpe palaciego llevado a cabo por la reina arrebató el poder a Espartero y devolvió a su partido a las tinieblas de la oposición. De nada sirvieron las barricadas y las luchas callejeras que se libraron en Madrid y Barcelona. Durante los doce años que siguieron, unionistas y moderados alternaron en el poder con el apoyo indisimulado de la reina y el pucherazo como arma electoral.

De esos doce años que siguieron, los primeros ocho, aunque con algunos altibajos, fueron en general prósperos, mientras los efectos de las leyes bancarias y ferroviaria estimulaban la actividad y la construcción. Sin embargo, una serie de nubarrones se fueron formando en el horizonte: aunque algunos pasaron, otros fueron adquiriendo caracteres amenazadores, hasta que la gran tormenta estalló en septiembre de 1868. Una tormenta pasajera tuvo lugar en 1857, correspondiente a la postguerra de Crimea, pero pasó pronto. Para la industria textil catalana la década de 1860 fue muy difícil, debido a la Guerra de Secesión norteamericana, que provocó un descenso en las exportaciones de algodón, un encarecimiento de esta materia prima y, por tanto, una caída en la producción. La crisis textil se vio compensada, al menos en parte, por la febril actividad en la construcción del ferrocarril y la expansión de las actividades bancarias, actividades que, sin embargo, iban a interrumpirse bruscamente a partir de 1864. En todo caso, la década fue difícil en Cataluña, especialmente en Barcelona, porque a la crisis del algodón se le añadieron las crisis bancaria y ferroviaria que ahora vamos a comentar[33].

Es posible que si los progresistas hubieran podido administrar el marco legal que configuraron durante su corto bienio la economía hubiera discurrido por derroteros diferentes; el contrafactual tendría interés, pero es casi irrealizable. Es posible que, con Madoz en Hacienda, los ingresos obtenidos de la desamortización se hubieran empleado para pagar la cuantiosa deuda pública y equilibrar el presupuesto. En la realidad, no fue así. Unionistas y moderados dedicaron los ingresos por desamortización a financiar empresas militares (Marruecos, Conchinchina, México) y a dar subvenciones a las empresas ferroviarias. En protesta por estas asignaciones del gasto, la Bolsa de París se cerró en 1861 a los valores españoles; las de Londres y Ámsterdam estaban cerradas para España desde 1851. Ante el crecimiento del déficit y el cierre de las bolsas extranjeras, el Estado tuvo que recurrir a empréstitos bancarios cada vez más onerosos, por lo que los intereses de la deuda crecieron vertiginosamente.

Para rematar las calamidades, la terminación de las principales líneas ferroviarias puso al descubierto un hecho imprevisto: los ingresos de explotación de los ferrocarriles no bastaban siquiera para cubrir los gastos corrientes, y aún menos, por supuesto, para amortizar lo invertido en infraestructura. Las compañías ferroviarias no podían pagar dividendos y los accionistas y obligacionistas no pudieron recuperar

---

[33] Sánchez-Albornoz (1963); Tortella (1973), pp. 274-292.

5. EL SIGLO XIX. LIBERALISMO Y REACCIÓN

su dinero. La mayor parte de estos títulos ferroviarios estaban en manos de los bancos, muchos de los cuales suspendieron pagos o quebraron. Los malos resultados empezaron a conocerse en 1864 y la crisis fue manifestándose paso a paso en los años siguientes. Casi todas las grandes ciudades se vieron seriamente afectadas: Madrid, Barcelona, Valencia, Sevilla, Bilbao, Zaragoza, Málaga[34]. Por desgracia, no tenemos cifras de paro, pero el cierre de bancos y empresas tuvo que provocar un aumento considerable del desempleo, lo que causó una agudización de la conflictividad. Las desgracias no vinieron solas, porque la insolvencia de la banca coincidió con la del Gobierno, que también dejó de pagar sus deudas y recurrió a aumentar los impuestos y exigir empréstitos forzosos, lo cual agravaba la situación de particulares y empresas en dificultades. Además, a partir de 1865, el final de la Guerra de Secesión norteamericana provocó una crisis internacional por la baja súbita de los precios del algodón, que arruinó a comerciantes y banqueros que habían invertido grandes capitales en nuevas plantaciones en países marginales como Egipto o Brasil. No sólo estaban cerradas las bolsas extranjeras para el Estado y las empresas españolas, es que tampoco la banca internacional tenía capacidad para prestarles sino en pequeñas cantidades y a precios exorbitantes.

En el enrarecido ambiente de crisis nada tiene de raro que la política se radicalizara. Se sucedieron episodios terribles como la noche de San Daniel, en que la policía y el ejército tirotearon y acuchillaron en la Puerta del Sol de Madrid a estudiantes y transeúntes (abril 1865) o el fusilamiento de los sargentos del cuartel de San Gil, también en Madrid (junio 1866). Los gobiernos de Narváez y O'Donnell se turnaron durante esos años compitiendo en brutalidad y represión; pero la desesperación podía más que el miedo y las conspiraciones e intentonas continuaban. El colmo de todos los males fue la mala cosecha de 1868, que, como señala Nicolás Sánchez-Albornoz (1977, Caps. 2 y 3), se reflejó en un alza de la mortalidad y una caída de la natalidad. Si a eso añadimos la muerte de los dos espadones, O'Donnell en noviembre de 1867 y Narváez en abril de 1868, se comprende el éxito de la Revolución de 1868, la *Gloriosa*, encabezada por Prim y Serrano, a partir de un pronunciamiento militar el 18 de septiembre en el puerto de Cádiz.

---

[34] Ver, por ejemplo, Sánchez-Albornoz (1977), Cap. 7; Tortella (1973), Cap. VII.

Se plantea Soldevila (1959, VII, p. 339) el problema de las causas económicas de la *Gloriosa* y, después de señalar que sí las hubo, se pregunta por qué no se hizo alusión a ellas en el famoso manifiesto de Adelardo López de Ayala, comúnmente conocido por su colofón: «España con honra». Reconoce Soldevila que «[e]xistía en 1866 una fuerte depresión financiera: debió, sin duda, producir una fermentación de malestar que favoreció el espíritu de descontento. Pero [se pregunta] ¿influyó este factor en los autores de la revolución? [Responde:] Parece dudoso». Y añade: «los hombres se mueven mucho más de lo que se cree por motivos extraeconómicos. [La Revolución fue] esencialmente política, provocada principalmente por motivos políticos». En nuestra opinión, aquí Soldevila mezcla varias cuestiones, relacionadas pero diferentes: las causas económicas de la Revolución, las ideas de sus líderes, y la expresión política de esas ideas. Que la «fermentación de malestar» promovido por una pavorosa crisis económica fue caldo de cultivo de la Revolución parece fuera de toda duda: Sánchez-Albornoz (1968) lo dejó claro en un brillante artículo con motivo del centenario en la *Revista de Occidente*. Lo que pensaran los líderes es otra cuestión. La Revolución se vio desencadenada por el pronunciamiento de un grupo de militares políticos sin ninguna formación, competencia, ni intereses en temas económicos (Serrano, Prim, Topete, etc.); seguro que algunos líderes civiles sí eran conscientes del «trasfondo económico de la Revolución». Por otra parte, se encargó la redacción del manifiesto revolucionario a un poeta y dramaturgo, de pluma fácil, sin duda, pero lego en temas de economía. Si el manifiesto lo hubiera escrito algún otro distinguido revolucionario, como Laureano Figuerola o Pascual Madoz, a buen seguro el tema económico hubiera figurado en el argumentario.

En todo caso, el triunfo de la Revolución dependió de dos actuaciones llevadas a cabo por sus líderes: de un lado, la victoria en la batalla del puente de Alcolea, cerca de Córdoba, que acabó con la resistencia gubernamental y permitió a Serrano llegar a Madrid mientras los isabelinos escapaban en desbandada, con la reina y el dimitido presidente, González Brabo, en cabeza; de otro lado, la difusión de las noticias del éxito del pronunciamiento para lograr el apoyo de la población. Esta misión corrió a cargo de innumerables participantes, pero señaladamente de Prim, que navegó por el Mediterráneo para difundir la nueva en los principales puertos. En Barcelona, al conocerse la victoria del puente de Alcolea, el capital general resignó

5. EL SIGLO XIX. LIBERALISMO Y REACCIÓN

el mando en el «teniente general Basols [...] que era lo mismo que entregarlo a los revolucionarios, pues Basols era de los comprometidos»[35]. Madrid se había sublevado unos días antes, antes incluso de la llegada de Serrano. En esta ocasión, por tanto, Cataluña anduvo algo a remolque de los acontecimientos. Sin embargo, como indica Vicens (1961, pp. 273-276), el entusiasmo revolucionario era allí muy grande, ya que

> después de cuarenta años de industrialización [...] la sociedad estaba preparada para el advenimiento de un régimen democrático. [...] Recordando la decepción sufrida en 1856, los trabajadores habían abandonado definitivamente el progresismo para abrazar la causa republicana y democrática, que en Cataluña era también federalista. [...] Los burgueses y menestrales también eran partidarios de un cambio de régimen, de aventurarse hacia una solución más democrática del gobierno y más liberal de la economía.

Según este autor, incluso los industriales pensaban que se necesitaba un cambio en la política comercial. Las clases medias habían perdido sus ahorros en la crisis financiera de 1866 y el «mal humor de los bienpensantes de Barcelona contribuyó en gran manera a crear el clima que hizo posible la movilización antidinástica del ejército español». Prim, el «ídolo de los menestrales y burgueses», era el que conectaba estos sentimientos «con los generales de la conjuración». En las elecciones constituyentes de febrero de 1869 (las primeras que se hicieron en España por sufragio universal masculino) ganó Pi i Margall en Barcelona, con un nutrido grupo de republicanos federales.
Añade Vicens (1961, p. 275):

> De hecho, desde 1868 había en España dos capitalidades: Madrid, centro del movimiento liberal centralista, abocada al reaccionarismo borbónico, y Barcelona, centro del movimiento democrático federalista, abocada al futurismo de las internacionales obreras. La discrepancia entre ambas ciudades fue vivísima, ya que los madrileños se sintieron heridos porque se les arrebataba la situación de monopolio que habían disfrutado desde la época de Felipe V [...] Desde la proclamación de la República, los diarios de Madrid se quejaron de la irrupción de los catalanes en el gobierno y la administración española.

---

[35] Pi y Pi (1902), IV, pp. 437-438.

A este propósito, cita varios textos y periódicos, y añade: «Cataluña, en efecto, fue la gran impulsora de la Revolución de Septiembre. Beneficiarios de aquel movimiento, los catalanes intentaron imponer a España el régimen que deseaban. Se equivocaron, amargamente, al pensar que los otros españoles pensaban como ellos» (1961, p. 276). Estas líneas parecen redactadas a la carrera. Hemos visto que en el pronunciamiento de Cádiz la única participación catalana fue la de Prim, aunque este actuara como correa de transmisión entre los «menestrales y burgueses» catalanes y la conspiración militar. Pero tiene razón Vicens, sin embargo, al afirmar que Cataluña acogió la Revolución con entusiasmo, y que el contingente de diputados catalanes fue muy nutrido y activo, sobre todo durante la República, en cuyo breve lapso dos de los cuatro presidentes fueron catalanes (Figueras y Pi); los otros dos, andaluces (Salmerón y Castelar). Y tiene razón al señalar que hubo un desfase entre los sentimientos políticos de los republicanos catalanes, entre los que predominaban los federales, y los del resto de España, más variados. Pero nos parece discutible su atribución del fracaso del experimento republicano federal a los no catalanes al escribir que, cuando siguieron «los elementos más exaltados de la periferia levantina y andaluza, gente incontrolada» (se refiere a los levantamientos anarquistas y cantonalistas de Andalucía y Cartagena en 1873), Cataluña no se solidarizó, implicando que allí las masas estaban muy controladas, cosa más que discutible, ya que en Cataluña las refriegas entre republicanos y gubernamentales en las ciudades, y entre carlistas y gubernamentales en el campo fueron muy frecuentes en tiempos de Amadeo.

En realidad, ocurrió con la *Gloriosa* algo parecido a lo que había ocurrido treinta años antes con la regencia de Espartero: los catalanes la promovieron (más bien la secundaron con entusiasmo) y los catalanes acabaron con ella. Dice Vicens (1961, p. 279): «La Restauración borbónica se impuso por el deseo de la gran burguesía catalana de acabar con el último acto de la Revolución de Septiembre: la I República [...] Ya que unos catalanes habían hecho viable el estallido subversivo de 1868, otros volvieron las cosas al lugar donde estaban antes, aunque haciendo las necesarias concesiones al espíritu de los tiempos».

Según Vicens (1961, pp. 279-280), los burgueses catalanes se quedaron aturdidos ante la abdicación de Amadeo. La llegada a la

5. EL SIGLO XIX. LIBERALISMO Y REACCIÓN

escena política de los republicanos y los internacionalistas les parecía muy peligrosa, aunque es verdad que ni internacionalistas ni federales sabían qué hacer con el poder que habían adquirido, y que la mayoría de los republicanos federales eran catalanes. Pero es que incluso los propios obreros catalanes eran más conservadores que los anarquistas o los internacionalistas, y se quedaron parados ante la explosión cantonalista de Andalucía y el Levante. «Paralizada por la opción entre la reacción y la revolución hasta sus últimas consecuencias, Cataluña no actuó. Mejor dicho, dejó que una nutrida parte de sus hijos preparara la solución del problema español, urdiendo con Martínez Campos, la espada que acabó con la I Internacional en Barcelona, la fórmula del golpe de Estado de Sagunto». En efecto, Martínez Campos, recién nombrado capitán general de Cataluña, acabó con republicanos e internacionalistas en Barcelona. «Rendidos los obreros y los republicanos, Cataluña se preparaba para la Restauración, que los capitalistas de Barcelona llevarían a España en la persona de Alfonso XII por medio de su héroe, el general Martínez Campos. [...] Entre la reacción teocrática y la revolución socializante existía un tercer camino: el del constitucionalismo liberal con un poder ejecutivo fuerte, si bien no irresponsable» (1961, p. 284). Cabrera y del Rey (2002, p. 24) corroboran el análisis de Vicens: «Barcelona fue, posiblemente, la ciudad española que mayor entusiasmo mostró con» la vuelta de la monarquía en la figura de Alfonso XII.

Como antes vimos, un grupo de generales encabezados por Martínez Campos se pronunció en Sagunto el 29 de diciembre de 1874 en favor de la proclamación de Alfonso de Borbón, hijo de la depuesta Isabel II, como rey de España. El pronunciamiento de Martínez Campos fue secundado por la mayor parte de los mandos militares y al cabo de pocos días Alfonso fue proclamado rey. Volvió del exilio desembarcando en Barcelona, «primera ciudad española que pisó el monarca después de un exilio de más de seis años». Se le hizo un «magnífico recibimiento»[36], especialmente por las organizaciones empresariales, como el Fomento del Trabajo Nacional. Para los empresarios, y en especial los catalanes, el Sexenio, con sus cambios de gobierno y de régimen, con el desorden

---

[36] Vicens (1961), p. 285; Cabrera y del Rey (2002), p. 20.

creciente, había sido una fuente de preocupación y de magros resultados económicos. Algunos habían puesto sus esperanzas en Amadeo I, pero pronto se vieron estas disipadas. A ello se añadió el librecambismo moderado de la Ley de Bases Arancelarias de Laureano Figuerola de 1869, cuya Base 5ª establecía rebajas arancelarias cada seis años hasta dejar las tarifas a un máximo del 15 por 100. No por prospectivo y moderado era este librecambismo menos odioso a los empresarios.

> Ante la deriva de los acontecimientos, los hombres del mundo económico catalán engrosaron las huestes del conservadurismo alfonsino [...] Algunos de los apellidos más señeros de la primera industrialización catalana aparecen aquí: Manuel Girona, José Ferrer Vidal, José Antonio Muntadas, Eusebio Güell, Pedro Bosch Labrús [... Estos empresarios] decidieron movilizarse contra todos los peligros, pero en particular contra los vientos del librecambio. [...] Nada les sacó tanto de quicio como las acusaciones de extranjeros o antiespañoles que les lanzaron los librecambistas [...] El histerismo españolista también se activó frente a la política colonial de los gobiernos del Sexenio. El «*avuy nosaltres som mes españols que may*» (sic) estuvo a la orden del día entre los empresarios catalanes para defender la españolidad de Cuba y Puerto Rico [...] Y es que las conexiones catalanas con el Caribe eran intensas, como numerosos e importantes los indianos enriquecidos naturales de Cataluña o afincados allí [...] Los indianos estuvieron abiertamente detrás de la financiación del movimiento restaurador[37].

Es altamente significativo que el pronunciamiento de Sagunto tuviera lugar seis meses antes de que la Base 5ª entrara en vigor (previsto para julio de 1875) y que una de las primeras medidas del nuevo ministro de Hacienda, Pedro Salaverría, fuera suspender en junio la aplicación de la temida Base arancelaria.

Pero los resquemores catalanes subsistieron, porque la Ley de Bases no quedó abolida y quedó colgando como la espada de Damocles, máxime cuando en 1881 el recién fundado partido liberal, capitaneado por Sagasta, llegó al poder y una de las primeras medidas de su ministro de Hacienda, Juan Francisco Camacho, fue reponer la vigencia de la Base 5ª. Esto sulfuró a los diputados catalanes,

---

[37] Cabrera y del Rey (2002), pp. 24-25.

5. EL SIGLO XIX. LIBERALISMO Y REACCIÓN

tanto más cuanto que en la primavera de 1882 se planteó para su aprobación en Cortes un tratado comercial con Francia que se consideraba lesivo a los intereses del Principado. Para endulzar la píldora, se dio entonces una ley aplazando por diez años la aplicación de la denostada Base 5ª y se promulgó (20 de julio) la Ley de Relaciones Comerciales con las Antillas, que preveía rebajas graduales hasta reducir a cero las tarifas de los aranceles que hasta entonces habían pagado las mercancías españolas exportadas a Cuba y Puerto Rico (Maluquer, 1974). Ello convertía a estas islas en mercado reservado para la exportación española, aunque se conservaban los aranceles a la importación en España de mercancías procedentes de ellas. A partir de entonces los textiles y los cereales españoles gozarían en las islas de una protección arancelaria similar a la que gozaban en España. En contrapartida, los Estados Unidos, que vieron perjudicadas sus exportaciones a las Antillas, elevaron gradualmente sus aranceles al azúcar cubano, lo cual colocó a los productores antillanos en una situación difícil, que se acentuó precisamente a mediados de la década de 1890, en vísperas de la guerra de independencia cubana (Tortella, 1964). Con relación a este punto, Nadal (1975, p. 217) dice que «resulta muy sugestiva la hipótesis de que, sin la crisis agraria —y algodonera— española de los años ochenta [que dio lugar a la Ley de Relaciones Comerciales de 1882], el *Desastre* de 1898 no hubiera llegado tan pronto».

En todo caso, la campaña contra los tratados de comercio y contra el arancel vigente continuó encarnizadamente. De la Ley de Bases Arancelarias se había aplazado la Base 5ª, lo cual la dejaba bastante inoperante. Pero el 17 el julio de 1877 se había publicado un nuevo arancel que retocaba muchas tarifas, en gran parte para tener en cuenta los cambios de precios, ya que estas eran específicas (es decir, independientes del precio del producto)[38]; en esta actualización se rebajaban muchas tarifas, entre ellas las de los tejidos de algodón, teniendo en cuenta que desde el Sexenio habían experimentado una considerable caída los precios de estos productos. Como puede imaginarse, los diputados catalanes de ambos partidos bramaban contra la rebaja, aunque estuviera totalmente justificada. Señalan Cabrera y del Rey (2002, pp. 88-89) que «los diputados y senadores catalanes

---

[38] Serrano Sanz (1987), p. 30-33.

muy a menudo hicieron piña en el Parlamento, dando igual su adscripción al Partido Liberal o al Conservador, hasta el punto incluso de romper la disciplina impuesta por sus respectivas ejecutivas nacionales». Esta conducta explicaría «la escasa promoción de estas élites económicas en las alturas del régimen —que, en sus justos términos, tuvo mucho de autoexclusión—» y de lo cual se han quejado amarga y repetidamente los historiadores y escritores catalanistas.

Fruto y síntesis de estas protestas contra la política comercial de los liberales fue el famoso *Memorial de greuges* (*Memoria en defensa de los intereses morales y materiales de Cataluña*), redactado por Valentí Almirall en nombre del *Centre Català* y de un nutrido grupo de escritores y políticos, y presentado al rey en marzo de 1885, uno de cuyos tres puntos principales era una crítica a esta política comercial. El *Memorial* es considerado por muchos como la primera manifestación pública del catalanismo.

La lucha de los empresarios catalanes contra el librecambio continuó encarnizadamente, y al fin se salieron con la suya. Como señalan Cabrera y del Rey (2002, p. 120), en esta lucha «[t]odo valió con tal de que no se bajaran las tarifas del arancel, hasta la artificiosa y pretendida simbiosis de intereses con sus asalariados, al amparo de un giro retórico que hablaba de la casa común de todos "los productores"». En su empeño se vieron favorecidos por una coyuntura internacional que estimuló la vuelta al proteccionismo en todo el mundo. Esta coyuntura fue el fenómeno conocido como la *depresión agraria* de finales del XIX, debida a su vez a la creciente integración de los mercados mundiales gracias sobre todo a los progresos del transporte: ferrocarril y navegación a vapor, que permitieron que llegaran a los mercados europeos los productos agrícolas americanos y rusos a precios muy inferiores a los de los productores locales. Esto provocó una oleada de protestas por parte de los agricultores en pos de protección arancelaria. Siendo España un país donde la población campesina constituía dos tercios del total, las caídas de las rentas y el empleo agrario constituían un problema muy grave y repercutían además en las industrias de consumo, típicamente la textil, que veían reducida su demanda. Señala Serrano Sanz (1987, p. 131) que el principal objetivo de «la burguesía catalana [...que] constituía el grupo de presión más organizado y constante» en su lucha por un nuevo arancel era «establecer una alianza a medio plazo con los otros sectores proteccionistas», es decir, los agricultores cerealistas, los siderúrgicos

5. EL SIGLO XIX. LIBERALISMO Y REACCIÓN

vascos y los hulleros asturianos. Que iban a lograr sus objetivos se vio cuando en 1889 se convocó una Comisión parlamentaria para estudiar «La reforma arancelaria y los tratados de comercio» que, a pesar de estar presidida por el librecambista Segismundo Moret (por razones de antigüedad), estaba compuesta por una mayoría de proteccionistas, como pudo comprobarse cuando se redactaron las conclusiones[39], hasta el punto de que el Sr. Moret emitió un voto particular rebatiendo y contradiciendo el «sentido y [...] la totalidad» de esas conclusiones. Este voto fue luego separadamente criticado en un folleto impreso en Barcelona y firmado, entre otros, por los adalides del proteccionismo catalán del momento, como Pedro Bosch y Labrús, José Ferrer y Vidal, José A. Planas, Juan Rosell y Juan Sellarés.

Otro signo del triunfo del proteccionismo *integral* (es decir, el intento de proteger a todos los sectores a la vez, cosa, por otra parte imposible; pero el concepto estaba en boga entonces)[40] fue la publicación en 1891 de un folleto de Cánovas (1959 [1891]) titulado *De cómo he venido yo a ser doctrinalmente proteccionista*, donde el entonces presidente del Gobierno, que había sido librecambista, razonaba su adopción del nuevo credo apoyándose en las exigencias de la política y los intereses nacionales.

En efecto, pocos meses más tarde (el 31 de diciembre) se firmaba por la reina regente un nuevo arancel al que se conoce comúnmente como *Arancel Cánovas* o *Arancel del hambre*, porque, en su fútil intento de proteger a todos los sectores, erigió una formidable barrera a la importación con tarifas altísimas. El efecto inmediato más llamativo fue un alza de los precios del trigo: de ahí su apelativo. Pero dentro de las altas tarifas, nos dice Serrano Sanz (1987, p. 206), «son los sectores del textil y siderometalúrgico los que obtienen una protección más elevada. En el caso de los primeros destaca el gravamen sobre los tejidos de algodón, que alcanza el 85%; la media del sector supera el 50, con un incremento notable sobre la situación precedente». Una vez más, los grupos de presión de la burguesía catalana (ayudados por sus coaligados castellanos y vascos) habían logrado en Madrid un triunfo en toda regla.

---

[39] Ver *Reforma*, 1890, Tomo VI.
[40] Ver una breve crítica del concepto de *proteccionismo integral* en Serrano Sanz (1987), pp. 210-214.

Los inicios de la industrialización. Proteccionismo y librecambio

Lenta recuperación económica y desarrollo industrial

Al término de la Guerra de la Independencia la restauración de la paz hizo posible albergar algunas esperanzas de cambio en el modelo productivo. La «marea roturadora» de los años bélicos hizo que, cuando terminó la guerra y se recuperó el comercio, los mercados aparecieran saturados de granos y se manifestara una intensa deflación, sobre todo en las áreas interiores del país (Llopis, 2013, pp. 82-83), fenómeno que, por otra parte, se produjo en toda Europa. La deflación fue más grave por la reducción del dinero en circulación debida a la desaparición de las remesas americanas como consecuencia de los procesos de independencia y al déficit de la balanza comercial. La respuesta ante estos problemas sería el decreto de 5 de agosto de 1820, que prohibió las importaciones de trigos con precios inferiores a 80 reales/fanega y de harinas con precios inferiores a 120 reales/quintal; pocos meses más tarde la prohibición se extendería a la mayor parte de los tejidos de algodón.

El único foco de industrialización moderna a principios del siglo se hallaba en Cataluña, con la industria textil algodonera como el sector más importante[41]. Se ha estimado que por entonces podía haber en toda España 91.206 husos manuales y 14.910 husos mecánicos en esa industria; pues bien, 82.870 de los primeros y 12.930 de los segundos corresponderían a Cataluña, destacando con más de 10.000 husos manuales las ciudades de Barcelona, Reus, Vic y Olot, y con más de 4.000 husos mecánicos, las de Barcelona y Manresa[42]. La privilegiada posición industrial de Cataluña se explica en gran parte por una tradición que se remonta a la Edad Media, y por la protección y el acceso a los mercados colonial y nacional que los Borbones le habían dado desde el XVIII, como vimos en el Capítulo 3. Barcelona siempre había sido el gran puerto de Cataluña, y ahora importaba algodón de América y exportaba una parte considerable de la producción de tejidos a las colonias españolas del otro lado del Atlántico. No cabe ignorar que el Imperio español, a mediados del XVIII, había supuesto la mitad de la

---

[41] Carreras (1990). Para una comparación, Parejo (2004).
[42] Nadal (2003), Cuadro I.1.2.7.

5. EL SIGLO XIX. LIBERALISMO Y REACCIÓN

superficie colonial del mundo y cerca de un 70 por 100 de la población colonial mundial[43].

Este esquema se vio puesto a prueba a partir del momento en que el Imperio español empezó a resquebrajarse. El 16 de septiembre de 1810, el cura Miguel Hidalgo dio el *Grito de Dolores* en México y puso en marcha un proceso independentista que se extendería por todo el continente y que concluyó con la batalla de Ayacucho, en Perú en 1824. La invasión napoleónica de la Península en 1808, que había dejado al país en una situación caótica y sin una figura que encarnase la soberanía a los ojos de las autoridades coloniales, más las guerras con Inglaterra, que cortaron el contacto entre metrópoli y colonias, junto a varios agravios que causaron el resentimiento de los criollos, entre otros el monopolio comercial que siempre se arrogó la metrópoli, fueron los detonantes de estos movimientos independentistas, que los inteligentes esfuerzos de las Cortes de Cádiz por mantener los lazos políticos con América no pudieron contrarrestar. La miopía política de Fernando VII y su camarilla, su incapacidad para poner orden en las cuentas de la Hacienda, más sus nulas dotes militares, nos hacen admirar que los ejércitos realistas resistieran tres lustros en los campos de batalla americanos, faltos de apoyo financiero y dirección estratégica. La única explicación racional es que las guerras de independencia americanas tuvieron en muchas áreas las características de guerras civiles: los ejércitos en presencia no eran de españoles contra americanos; eran más bien ejércitos americanos que luchaban entre sí y en que los españoles encabezaban, o colaboraban con, uno de los bandos.

El reconocimiento oficial por España de la independencia americana tardó bastante: no tendría lugar hasta 1836. Sus efectos económicos, sin embargo, se hicieron sentir mucho antes. No existen estadísticas fiables para evaluar con precisión lo que supuso en términos económicos la pérdida del Imperio para España, pero los cálculos de Prados de la Escosura (1993, esp. pp. 271-273) permiten suponer que no debieron ser importantes para el conjunto de la población, que vivía ensimismada en un modelo agrario arcaizante, aunque sí lo serían para los sectores más dinámicos, vinculados al comercio exterior y la industrialización. Las series estimadas en millones de pesetas oro por Leandro Prados de la Escosura nos indican que los niveles de las

---

[43] Carreras y Tafunell (2005), I, p. 19 n. 8.

exportaciones de 1815 no se recuperarían de forma sostenida hasta la década de 1830, mientras que habría que esperar a la segunda mitad del siglo XIX para la recuperación de los niveles de las importaciones, tradicionalmente superiores a los de las exportaciones[44]. Entre 1820 y 1821, las importaciones cayeron de 151,5 a 105,2 millones, fruto de las medidas prohibicionistas de las Cortes del Trienio Constitucional. Aunque el Trienio finalizó de forma dramática, sus medidas proteccionistas subsistieron, con el resultado de que, como ha señalado Jordi Nadal (1999, p. 217), la economía catalana «pasó de mirar hacia fuera a mirar hacia dentro».

Este cambio de perspectiva se dio con especial acuidad en la industria textil, que había crecido a finales del XVIII gracias al mercado colonial americano. Las guerras napoleónicas y la independencia de las colonias continentales en América invalidaron totalmente este esquema. Precisamente gran parte del yugo colonial del que las nuevas repúblicas americanas habían pugnado por librarse era la obligación de surtirse de textiles españoles, superiores en precio e inferiores en calidad a los que ofrecía el mercado internacional. Ya durante el primer período absolutista se habían persuadido los fabricantes catalanes de que el desorden y la incuria del Estado fernandino le impedirían recomponer el perdido Imperio y de que, por lo tanto, deberían despedirse de los mercados americanos continentales. Ello significaba que, dada su incapacidad para competir en el mercado internacional, su única posibilidad de subsistencia estribaba en el mercado español y los de las colonias insulares (Cuba, Puerto Rico y Filipinas). Pero para poder vender en el mercado español los fabricantes textiles necesitaban una protección férrea que expulsase del mercado a los competidores ingleses y franceses, y que llevase a cabo una persecución implacable del contrabando. Como afirma Sánchez (1988, p. 26):

> Si con un mercado colonial seguro se podía atemperar el prohibicionismo, porque quedaban garantizados unos niveles de consumo tanto en América como en la Metrópoli, reducidos ahora a un mercado peninsular, que ni siquiera contaba ya con los efectos dinamizadores del comercio colonial, no había otra salida que asegurar la exclusividad de este mercado, elevando la prohibición a sistema.

---

[44] Carreras y Tafunell (2005), p. 603.

5. EL SIGLO XIX. LIBERALISMO Y REACCIÓN

Por añadidura, la incompetencia, la venalidad, y la arbitrariedad del monarca absoluto hacía desconfiar a los fabricantes de que esto fuese posible bajo su férula: primero, porque la corrupción y la ineficiencia del aparato administrativo le incapacitaban para reprimir eficazmente el contrabando, y, segundo, porque, siendo Fernando VII monarca absoluto, podía impunemente violar sus propias leyes, como hizo en el caso de la Compañía del Guadalquivir que antes vimos.

También hemos visto que los fabricantes catalanes apoyaron con entusiasmo el régimen constitucional del Trienio, y de él lograron la prohibición de la importación de textiles extranjeros. La caída del régimen constitucional y la invasión francesa que la precipitó fueron un desastre para los fabricantes, que, sin embargo, se repusieron algunos años más tarde. Aunque parezca paradójico, ni la Guerra de los Agraviados ni la Carlista tuvieron graves consecuencias para la industria textil catalana, antes al contrario: es en los años de la guerra carlista cuando se emprende a gran escala la mecanización de la industria[45]. Esta inmunidad de la industria a las guerras intestinas corrobora la dualidad de la sociedad catalana, al menos en esa época: mientras las guerrillas hacían estragos en el interior, en Barcelona y la franja costera los fabricantes prosperaban y se enseñoreaban del mercado español.

La España que heredaría Isabel II ya no contaría con un imperio del que extraer materias primas y metales preciosos y al que exportar los excedentes industriales. Los límites de la nueva España serían los marcados por la geografía de la Península Ibérica, exceptuando Portugal y añadiendo los archipiélagos y las colonias restantes. La principal riqueza sería la proveniente del suelo agrícola, de las minas, del comercio interior y, en la medida de lo posible, de una industria que exigía capitales financieros y humanos que en España escaseaban.

Es indudable que la desamortización estuvo inspirada en el pensamiento de Jovellanos, que la consideraba de todo punto necesaria para, entre otras cosas, lograr la explotación racional de la tierra tratándola como un bien de producción objeto de tráfico mercantil. Las desamortizaciones de Mendizábal (sobre el clero regular

---

[45] Sánchez (1996), esp. Cuadro 2, y (2000), esp. Cuadro 4.

en 1836-1837) y Espartero (sobre el clero secular en 1841) tenían este objetivo fundamental, aunque perseguían inmediatamente lograr apoyos para ganar la guerra carlista y consolidar el régimen liberal, y trajeron aparejados problemas políticos muy graves porque afectaron a tierras de la Iglesia. Esas desamortizaciones fueron parte de la *revolución liberal* (1833-1843) que, entre otras cosas, pretendía colocar a España en la senda de progreso económico que había abierto el Reino Unido con una Revolución Industrial en el siglo XVIII que había seguido a una revolución en la política y en las ideas en el siglo XVII[46].

El fin de la guerra carlista produjo un efecto de euforia ante los «dividendos» que la paz prometía. También se aprovechó la situación de relativa bonanza para llevar a cabo medidas que estimularan el crecimiento. En este terreno, las más importantes de la primera España isabelina tuvieron que ver con el comercio, la banca, y la Hacienda. Los aranceles de 1841 y 1849 suavizaron el fuerte proteccionismo de la España fernandina, pero la orientación general siguió siendo claramente restrictiva para la importación de bienes que pudieran competir con las producciones nacionales. En el ámbito bancario se fundaron unas cuantas instituciones entre las que destacan el Banco de Isabel II en Madrid y el Banco de Barcelona. Se crearon además el Banco de Cádiz, la Caja de Descuentos Zaragozana y la Sociedad Valenciana de Crédito y Fomento. Años antes se habían fundado el Banco Español de San Fernando (1829), heredero de Banco de San Carlos, y la Caja de Ahorros de Madrid (1838). El Banco de San Fernando había tenido un papel destacado en la financiación de la Desamortización y en general actuaba como banco de Estado, aunque su ámbito estaba restringido a Madrid. En cuanto a la Hacienda, en 1845 la reforma de Alejandro Mon, inspirada por Ramón Santillán (se la designa comúnmente como la *reforma Mon-Santillán*), supuso una considerable modernización, al introducir la imposición directa (contribuciones, derecho de hipotecas) y actualizar la indirecta (gravámenes sobre el consumo). El mayor problema fue que no se aplicó en el País Vasco y Navarra, que se consideraron «provincias exentas» y pudieron seguir con sus

---

[46] Sobre la *revolución liberal* en Cataluña, véase Fontana (2003). Una síntesis sobre los orígenes de la Revolución Industrial inglesa en Tortella (2007), pp. 18-31.

5. EL SIGLO XIX. LIBERALISMO Y REACCIÓN

privilegios fiscales de origen foral tras la primera Guerra carlista. Acertadamente, Espartero decidió en 1841 llevar a la costa y la línea fronteriza con Francia, las históricas aduanas interiores que separaban tradicionalmente el País Vasco del resto de España, lo cual fue un paso más hacia la unidad del mercado nacional. Pero la crisis de 1847-1848, que sacudió con fuerza a las economías europeas, tuvo también su reflejo en España, provocando quiebras y suspensiones de pagos, y dando lugar a varios años claramente depresivos. La economía, sin embargo, se vería espoleada tras la revolución liberal de 1854. Como ya hemos visto, en el bienio 1855-1856 se aprobaron leyes que hicieron posible la inversión extranjera (francesa) en ferrocarriles y el despegue de la banca, mientras que en el sexenio 1868-1874 se atrajo inversión extranjera (principalmente inglesa) a las minas y se alcanzó la unidad monetaria con la creación de la peseta.

Aunque lenta y titubeante, la recuperación que siguió al fin de la primera Guerra Carlista benefició especialmente a Cataluña, que creció sin duda por encima de la media española en ese período, en buena medida por el auge del consumo nacional de los tejidos de algodón. Prueba de ello es el Cuadro 5.1, donde se ofrecen las cifras estimadas por David Ringrose para Madrid, consolidada como capital y gran centro de consumo español. En 1847, el algodón parecía haber sustituido en gran parte al lino y la seda, que fueron, junto con la lana, los tejidos dominantes hasta el siglo XIX. Y la demanda de algodón era atendida de forma abrumadora por empresas localizadas en Cataluña, como refleja el Cuadro 5.2, que refleja no solo la concentración de la industria en Cataluña, sino también su crecimiento y el progreso de la mecanización.

Cuadro 5.1 Cuotas textiles en el mercado de Madrid, 1789 y 1847
(porcentajes)

	1789	1847
Algodón	5,7	73,2
Lana	16,1	8,5
Lino	55,2	13,2
Seda	23,0	5,1
TOTAL	100	100

Fuente: Ringrose (1987), p. 136.

Cuadro 5.2 La concentración de la industria algodonera española en
Cataluña, 1800-1807 y 1856

	1800-1807		1856			
	Husos manuales	Husos Mecánicos	Husos manuales	Husos Mecánicos	Telares manuales	Telares Mecánicos
Cataluña	82.870	12.930	31.208	727.830	15.999	6.932
(Barcelona)	20.700	4.750	29.698	680.726	15.823	5.020
TOTAL ESPAÑA	91.206	14.910	31.408	767.778	17.425	7.732

Fuente: Nadal (2003), Cuadros I.1.2.7 y II.4.1.9.

La industria algodonera, la gran protagonista de la industrialización catalana, creció casi ininterrumpidamente desde el final de la Guerra de Independencia hasta los últimos años del siglo XIX, con algunos altibajos, sin duda, pero con una sola gran interrupción: la del decenio 1855-1865 debido a dos factores principales: de un lado, la legislación del Bienio Progresista, que estimuló la inversión en bancos y ferrocarriles a expensas de la industria; de otro, la Guerra de Secesión norteamericana (1861-65), que causó dos fuertes desequilibrios. Uno, al empezar, por la escasez que provocó la caída de las exportaciones estadounidenses (el «hambre del algodón»); y otro, al terminar, porque provocó el fenómeno contrario: la bajada de los precios de algodón, que, como hemos visto, arruinó a muchos banqueros y hombres de negocios que habían invertido en países marginales como Egipto o Brasil, inducidos por los altos precios.

Otra pequeña fluctuación, que más bien es una caída del ritmo de crecimiento, tuvo lugar como consecuencia de la depresión de 1882, crisis internacional de caída de precios de las materias primas que en Cataluña puso fin a la euforia que siguió a la Restauración (euforia allí conocida como la *febre d'or*). Como veremos más adelante, esta crisis alarmó agudamente a los fabricantes, que renovaron sus presiones contra lo que quedaba del Arancel Figuerola de 1869 y contra la política de los gobiernos liberales entonces en el poder. Señalemos de pasada que pudiera llamar la atención que fuera un catalán, Figuerola, quien promulgara el arancel más librecambista (aunque muy moderado y gradualista) de la historia de España. Lo

5. EL SIGLO XIX. LIBERALISMO Y REACCIÓN

cierto es que no todos los liberales catalanes eran proteccionistas, como muestran los ejemplos no solo del propio Figuerola, sino también de Joaquín María Sanromá, Luis María Pastor, o los hermanos Félix y Francisco Javier de Bona. Y también es cierto que las cifras de importación de algodón en rama muestran que el Arancel Figuerola no fue tan perjudicial para la industria algodonera como afirmaron repetidamente los fabricantes; más bien todo lo contrario.

Aún así, los algodoneros catalanes siguieron reclamando mayor protección y consiguieron, sucesivamente, la suspensión de la Base 5ª tras la Restauración (1875), la Ley de Relaciones Comerciales con las Antillas en 1882 y, por fin, el Arancel Cánovas de 1891 que abolió para siempre el de Figuerola y otorgó niveles de protección inauditos en España desde principios del siglo XIX. Gracias a la continua protección arancelaria, reforzada por el Arancel Cánovas, Cataluña se había convertido en *la fábrica de España*, pero con todo se trataba de una fábrica de dimensiones modestas. La industria más exitosa era sin duda la textil, donde, en la segunda mitad del siglo XIX, gracias a la diversificación, se había ascendido de *Cotolandia* (por el algodón, *cotó* en catalán) a *Textilandia*[47]. Pero, hacia 1913, el valor de la producción textil española por habitante era de 31,9 marcos alemanes, frente a 129,7 en Gran Bretaña, 90,6 en Francia, 73,8 en Alemania o 41,3 en Italia (Nadal, 1999, p. 196). Esta industria super-protegida, tan concentrada en Cataluña, nunca pasó de una discreta medianía considerada desde una perspectiva internacional.

En una obra clásica, Nadal (1975, pp. 218, 242) calificó esta situación como de *fracaso* y encontró la principal responsabilidad en la débil demanda interna española. En otra publicación, sin embargo (1991, pp. 78-85), nuestro autor recoge estadísticas europeas que muestran que el consumo de algodón por habitante en 1913 estaba en España casi exactamente en la media europea y por delante de países como Italia, Austria-Hungría o Noruega. No fue, por tanto, un problema de demanda lo que impidió que la industria textil catalana se desarrollase más, al contrario; fue un problema de oferta. Por una serie de razones, entre las que destaca un excesivo proteccionismo, la industria textil catalana creció dependiente de un mercado

---

[47] Nadal (2003), p. 140. Sobre la industria lanera catalana en el XIX, Benaul (1991).

nacional del que se quejaba por excesivamente pobre, pero al que se aferraba con uñas y dientes sin buscar alternativas internacionales. La industria textil catalana prefirió un presente mediocre pero seguro a un futuro con mayores posibilidades pero también con mayores riesgos.

Todo parece indicar, por tanto, que los empresarios catalanes se habían acostumbrado a vivir muy bien al calor de la protección y no se mostraron activos en la búsqueda de nuevos mercados, con lo cual ligaban su suerte a la de la economía española[48]. El estudio de la historia empresarial de dos fábricas: La España Industrial y La Rambla, nos ofrece hipótesis sobre las posibles causas de esta actitud conservadora de la industria textil catalana. Los autores del estudio afirman que en la segunda mitad del siglo XIX, el textil catalán avanzó y se situó tecnológicamente a la altura de sus homólogos europeos, encontrándose en condiciones de competir a nivel internacional. Si no lo hizo, dicen, fue por conservadurismo financiero: «las exportaciones se veían bloqueadas por las duras condiciones de pago que las empresas catalanas exigían, o por su simple rechazo a ofrecer créditos de larga duración a los clientes extranjeros» (Prat y Soler, 2002, p. 219). A su vez, el conservadurismo se explicaba por la carencia de una red comercial propia en los mercados de exportación, pues en España, donde la red era tupida, se daban grandes facilidades al comprador.

En el relativo retraso observable en los servicios catalanes, y su escasa competitividad internacional, tendría mucho que ver la debilidad de su sistema financiero. No sería justo achacar esta debilidad a los gobiernos de Madrid. En la *Década Moderada*, Cataluña había conseguido contar con el Banco de Barcelona, banco de emisión fundado en 1844 por Manuel Girona[49]. Si tenemos en cuenta que durante esa década solo se autorizaría la creación del madrileño Banco de Isabel II, promovido por el marqués de Salamanca, de dos bancos en Cádiz, que pronto se fusionarían, de una sociedad de crédito en Valencia y poco más (Tortella, 1975, pp. 108-109), no puede decirse, precisamente, que Isabel II empezara su reinado discriminando al Principado. Cuando, tras la crisis de 1848,

---

[48] Véase Fraile (1991) y la respuesta catalana a su tesis de la captura del regulador (España) por el regulado (Cataluña) en Nadal y Sudrià (1993).
[49] Véase Blasco y Sudrià (2010) y Cabana (1978).

5. EL SIGLO XIX. LIBERALISMO Y REACCIÓN

se pensó en conceder el monopolio de emisión al Banco de San Fernando, pesó mucho en la decisión de no hacerlo el cuidado de no perjudicar al Banco de Barcelona (Tedde, 1999, p. 201).

Las leyes bancarias (1856) y ferroviaria (1855) del Bienio Progresista hicieron crecer en España (y, por supuesto, en Cataluña) el número de bancos, tanto de emisión como comerciales y de inversión. Pero el sector preferente para estos nuevos bancos promotores fue la construcción ferroviaria, no la manufactura textil (Tortella, 1975, Caps. III-VI). A partir de 1864 se desató la crisis bancaria y ferroviaria. Una gran cantidad de entidades de crédito desaparecieron, y en Cataluña la recesión fue particularmente grave.[50]

El Banco de Barcelona apareció entonces como salvador del sistema, aunque, como explica Sudrià (2013, p. 157), «lo hizo con la finalidad expresa de eliminar de la plaza la competencia que había tenido que sufrir durante los diez años anteriores». En esos diez años de euforia se había impulsado la economía real, sin duda, pero se había ido demasiado lejos en el uso del crédito y este se había concentrado en el ferrocarril. Ahora vendrían otros diez años marcados por el conservadurismo y la liquidación de las deudas.

Para Cataluña, las próximas oportunidades de inversión a lo grande se presentarían en el mundo colonial español, como supo ver el marqués de Comillas (santanderino con fuertes intereses en Cuba y afincado en Barcelona) antes que nadie. Sudrià (2013, p. 159) lo sintetiza muy bien:

> El desarrollo bancario no se revitalizó hasta la Restauración. Tras la creación del emblemático Banco Hispano Colonial, en 1876, a iniciativa de Antonio López, Marqués de Comillas, una primera oleada de nuevas entidades protagonizó la denominada *febre d'or*, un episodio bursátil especulativo que concluyó con una severa crisis en 1882. Posteriormente, la repatriación de capitales cubanos por efecto de la guerra dio lugar a una nueva oleada de creaciones de bancos.

---

[50] Sánchez-Albornoz (1963); Navas y Sudrià (2008).

Pero el Hispano Colonial fue un banco especializado en Deuda del Estado, especialmente en lo referido a las finanzas de la Isla de Cuba. La banca de fin de siglo fue mucho más cauta y conservadora que la de los decenios anteriores. En Barcelona, especialmente, la banca comercial estaba más concentrada en operaciones de Bolsa que en créditos a la exportación de géneros textiles. Josep María Tallada (1944, Cap. IV esp, pp. 70-74), nos ofrece unas pintorescas pinceladas descriptivas mostrando lo escaso de la demanda de crédito industrial en la Barcelona decimonónica:

> El industrial peticionario de un crédito se presentaba con aire algo compungido en el despacho de don Domingo Taberner [...] El señor Taberner le hacía un verdadero sermón, con aire severo, llegando incluso a reñirle si juzgaba poco afortunada su gestión industrial y acababa por concederle el crédito.

Y añade Tallada: «La poca ilustración comercial de los fabricantes y comerciantes en el pasado siglo [se refiere al XIX] creó una repugnancia a la aceptación de letras, cosa que algunos llegaban a considerar como deshonrosa [...] Sólo desde 1915 puede decirse que existe una banca moderna en Cataluña.» Se apuntan ya aquí los serios problemas que han aquejado a la banca catalana durante toda la era contemporánea, y que tanto han preocupado a sus estudiosos y políticos[51]. Pero no todo pueden ser problemas de oferta; también hay que buscar una causa concomitante en esta «poca ilustración comercial de los fabricantes y comerciantes» que no demandaban el crédito necesario que les capacitara para exportar en condiciones. Es sintomático que hasta 1844 Barcelona apenas hubiera tenido bancos capaces de financiar la industria y el comercio (Tortella y García Ruiz, 2013, pp. 38-39). Si hubiera habido suficiente demanda de crédito para la exportación en Cataluña, bien la banca local, bien la extranjera, hubieran acudido a satisfacer esa demanda.

¿Y cómo se articulaba la relación entre esa Cataluña que era la *fábrica de España* y esa España que solo producía materias primas? Existen varias opiniones basadas en estimaciones más o menos discutibles. Según Nadal (1999, p. 196), en 1846, Barcelona importaba

---

[51] Sardá y Beltrán (1933); Sudrià (2007).

del resto de España unos 49 millones de reales en granos y derivados, exportando a cambio 87,1 millones en tejidos de algodón, lo que da la impresión de que el comercio arrojaba superávit para Cataluña. El esquema descrito es cierto, pero las cifras suscitan dudas, ya que las de nuestro autor proceden de la *Estadística de Barcelona en 1849* de Laureano Figuerola, y difieren de las ofrecidas por Jordi Maluquer a partir de la misma fuente. Según Maluquer (2001, p. 377), «Laureano Figuerola estimó en 1849, para el periodo 1845-1848, que las entradas de productos del resto de España en Barcelona ascendían a 240 millones de reales cada año y las exportaciones a una media anual de 198 millones. La balanza se saldaría, por tanto, con un déficit notable para Cataluña». Si acudimos a la fuente (Figuerola, 1849, pp. 223 y 225), veremos que los cuadros utilizados por Nadal se refieren a datos oficiales de cabotaje de la Aduana de Barcelona, es decir, que no corresponden a todo el comercio España-Cataluña, ni siquiera España-Barcelona, pero lo más interesante es que, para 1846, la suma de importaciones es 138,3 millones de reales y la de exportaciones, 140,1 millones, lo que arroja un resultado muy equilibrado. En cuanto a las cifras de Maluquer, el autor no aporta una cita detallada, pero todo apunta a que se refiere a un cuadro del libro de Figuerola (1849, p. 265), donde el promedio de entradas por cabotaje en las tres provincias marítimas catalanas en 1845-1848 se cifraba en 216,1 millones de reales, mientras las exportaciones eran de 205,7 millones, lo que efectivamente permitía hablar de déficit para Cataluña, aunque pequeño. En este cuadro los datos de la Aduana de Barcelona son distintos a los del cuadro anterior usado por Nadal[52], y quizá Maluquer haya hecho algún ajuste, pero no lo explicita.

En definitiva, lo que nos dicen las estadísticas de Figuerola es que, a mediados del siglo XIX, el comercio Resto de España-Cataluña estaba equilibrado, y, si acaso, resultaba algo superavitario para el primero. Esto es coincidente con lo que observó Joan Güell i Ferrer en su *Comercio de Cataluña con las demás provincias de España y observaciones sobre el mismo asunto y otras cuestiones económicas* (1853), donde aseguraba que la suma de importaciones

---

[52] Para 1846, las entradas en Barcelona serían 159,9 millones y las salidas, 154,0 millones.

y exportaciones rondaría los 1.000 millones de reales[53] y que «los cambios se hallan al poco más o menos equilibrados». Y también con lo que, medio siglo después, señalaba Guillermo Graell, vinculado, al igual que Güell, a la patronal Fomento del Trabajo Nacional, en *La cuestión catalana* (1902): «No tiene duda que Cataluña es el gran mercado que tiene el resto de España, como tampoco la tiene que el mercado de Cataluña está en el resto de España, a tal punto que de separarse entrambas se arruinarían, económica y financieramente»[54]. Es decir, las primeras estimaciones, ciertamente impresionistas, para la segunda mitad del siglo XIX, no permiten concluir que la posición de Cataluña resultara ni mucho menos superavitaria. Lo que sí resulta claro es que había una profunda imbricación de la economía catalana en la del conjunto de España.

El brillante crecimiento de la economía catalana en el siglo XIX, por tanto, dependió en muy gran medida de su articulación con el resto de la economía española, tanto por lo que se refiere a los flujos comerciales como en lo relativo a la política proteccionista del Estado español, de la que Cataluña fue uno de los mayores, muy probablemente el mayor, beneficiario. Es posible que la tozuda insistencia del sector mayoritario del empresariado catalán en atrincherarse tras una alta barrera protectora, renunciando así a competir en los mercados internacionales, fuera una lucrativa estrategia a corto plazo, pero resultaría perjudicial a largo plazo, porque con ello renunciaba a unas economías de escala que hubieran favorecido la productividad. En todo caso, basta con leer los informes oficiales y los escritos de las asociaciones patronales catalanas para persuadirse de que el clamor por el proteccionismo era casi unánime. Veamos ahora algunos testimonios y tratemos de cuantificar algunas consecuencias de esta política proteccionista.

---

[53] Mucho tendría que haber crecido desde el promedio de 421,8 millones para 1845-1848 que da Figuerola (1849), p. 265, por más que estas cifras se refieran solo al cabotaje, principal vía de introducción de mercancías en Cataluña. Cabe recordar que, como señala Figuerola, había autores que decían que a 400 millones ascendían sólo las importaciones, por lo que, a partir de estos cálculos, y no de los más prudentes de Figuerola, se explica que Güell i Ferrer redondease la cifra del comercio total a 1.000 millones.

[54] Las citas de los trabajos de Güell i Ferrer y de Graell están tomadas de Maluquer (2001), p. 377.

5. EL SIGLO XIX. LIBERALISMO Y REACCIÓN

La retórica proteccionista

En una sección anterior hemos visto cómo una parte importante del poder político de Cataluña en el siglo XIX se empleó en mantener y reforzar la protección arancelaria a la industria textil algodonera, que fue la que mayor peso tuvo en Cataluña (y en España), en términos de empleo y probablemente de valor añadido.

La polémica entre proteccionistas y librecambistas es un tópico muy frecuentado en los tratados de historia económica, tanto en España como en otros países, y no es cuestión de repetir aquí lo que puede leerse en otros libros[55]. Lo que querríamos aquí es ofrecer algunas muestras de la retórica del proteccionismo tomadas principalmente de fuentes primarias para que el lector pueda juzgar acerca del tono victimista y apocalíptico de muchos de los argumentos que utilizaron los defensores de esta doctrina. Pugés (1931, p. 145), describiendo la polémica desatada contra el Arancel Figuerola, afirma: «En los momentos álgidos de la contienda, la ofensiva de los librecambistas contra el proteccionismo perdía lastimosamente su carácter de lucha de escuelas o sistemas, para degenerar en despiadada guerra contra la economía catalana», como si la economía catalana pudiera identificarse con la industria algodonera y como si el estimular la competencia en este sector fuera atacar a la economía. Pero es que, aparte de la manía persecutoria, la premisa básica del proteccionismo algodonero era que esta industria era incapaz de competir con sus homólogas extranjeras, situación que perduraba desde hacía siglo y medio.

El 20 de Febrero de 1890 afirmaba el Fomento del Trabajo Nacional que[56]:

> Se ha demostrado por distintos folletos que el precio de coste de los tejidos de algodón es en España de 40 a 41 por 100 mayor que en Inglaterra, y aunque admitamos que para llegar a nuestros mercados los géneros ingleses tengan que soportar gastos de conducción y comisiones mayores que las del país, y aunque el exceso sea de un 6 a un 8 por 100, según las localidades, siempre resulta una diferencia de 32 a 34 por 100, no cabiendo en lo posible, al menos por ahora, competir con

---
[55] Pugés (1931); Castedo (1958).
[56] *Reforma* (1890), II, pp. 70-71.

los productos ingleses, sino en clases muy bajas, si no se aumentan algo o se sostienen siquiera los actuales derechos.

Este «por ahora» era una expresión muy utilizada por los proteccionistas, con la que parecían implicar que esta inferioridad competitiva de la industria algodonera española era una situación transitoria; el problema era que esta transitoriedad se prolongaba, como hemos visto, desde hacía mucho más de una centuria.

El corolario de esta larga provisionalidad era que la industria necesitaba atrincherarse tras una alta y tupida barrera arancelaria. Como dice Izard (1979, pp. 87-88), «la protección era, para las burguesías industriales catalanas, la panacea para los problemas de la economía española, hasta tal punto que les llevaba a una lateral interpretación de la historia». Y cita la siguiente afirmación contenida en el primer número de la revista del Fomento de la Producción Nacional: «Si los esclarecidos patricios del reinado de Carlos III consiguieron que otra vez apareciese dignamente la nación española entre las primeras de Europa, a la idea proteccionista fue debido». Algo muy parecido opinaba el industrial José Ferrer, de Villanueva y Geltrú, que veía la solución de los problemas industriales en «evitar con penas severas el contrabando y la defraudación, y cumplir sincera y eficazmente las prescripciones del sistema protector»[57]. Otra interesante afirmación histórica era la que hacía el representante de la Fábrica de Hilados y Tejidos de Oría, Guipúzcoa[58]:

> De la historia de esta industria se desprende que nació bajo el amparo de la prohibición, que creció y se robusteció a la benéfica sombra de la protección, y si hoy se encuentra estacionada, sin vigor y con una vida lánguida y pasiva, es porque el actual Arancel le ha retirado toda la protección hasta el punto de ponerla en condiciones más desfavorables que la fabricación extranjera.

Esto último era totalmente inexacto, ya que la protección media a los productos textiles en esas fechas estaba en torno al 30 por 100.

Había casi total unanimidad entre los fabricantes, como indica Izard, en que la protección era la panacea. Así, para Jové, Ascacíbar

---

[57] *Información* (1867), IV, p. 22.
[58] *Información* (1867), IV, p. 64.

y Cía., fabricantes de panas de Barcelona, «la Administración pública debe sostener la tarifa protectora del Arancel vigente»[59]. Para el Instituto Industrial de Cataluña, «[existe la] necesidad reconocida de proteger eficaz y suficientemente aquellas industrias cuya utilidad no es dudosa, si se quiere que adelanten, pues toda competencia insostenible lejos de estimular desalienta y mata»[60]. Insisten también los fabricantes en que debe rechazarse y desecharse cualquier veleidad librecambista. Según este mismo Instituto[61],

> [hay que] considerar la estabilidad de la legislación arancelaria [es decir, proteccionista] tan necesaria por lo menos para el régimen económico de la industria y del comercio, como lo es en política la de la constitución del Estado [...] si se quiere favorecer el desarrollo de la industria, es preciso tener presente que esta por causas gravísimas e independientes de ella no puede por ahora competir con las extranjeras.

Olvida el Instituto, sin embargo, señalar que este «por ahora», insistimos, duraba unos 150 años. En el mismo sentido de reclamar compromiso de protección inquebrantable y rechazar de plano el librecambio, decían Flaquer Hermanos, fabricantes de Barcelona[62]:

> es evidente que la inseguridad que ofrece este continuo alarde de doctrinas librecambistas en las altas regiones del poder, intentando reformas arancelarias con desconcertada y peligrosa variabilidad, es una amenaza de acabar con el trabajo nacional, y no puede menos que alejar los capitales que tan necesarios le son.

Lo mismo sostenían Escubós y Cía., fabricantes de Barcelona: «favorecería el desarrollo de esta industria, ante todo la seguridad de que no entrase ninguna pieza de las extranjeras ni sus similares sin pagar los derechos marcados hoy en el Arancel»[63]. Para Solá y Sert Hermanos, también fabricantes de Barcelona, lo que se necesitaba era «Evitar el contrabando [...] Estabilidad en las leyes protectoras y eficacia en el cumplimiento de las mismas»[64].

---

[59] *Información* (1867), IV, p. 26.
[60] *Información* (1867), IV, p. 27.
[61] *Información* (1867), IV, p. 132.
[62] *Información* (1867), IV, p. 140.
[63] *Información* (1867), IV, p. 144.
[64] *Información* (1867), IV, p. 152.

En general, abundaban entre los partidarios del proteccionismo las predicciones apocalípticas. El citado José Ferrer afirmaba, un poco más adelante, que «si se mata la producción nacional en vez de fomentarla, nadie podrá evitar que sucumba esta industria, como sucumbirán las demás, ni que languidezca cada vez más nuestra agricultura [...] ni que sufra nuestra patria despoblación y ruina que tan de cerca nos amenaza»[65]. Años más tarde, a finales de la década de 1880, el Centro Industrial de Cataluña sostenía que[66]

> Sin las ventajas obtenidas en los mercados de Cuba y Puerto Rico, merced a la Ley de relaciones comerciales de 20 de Julio de 1882, que abrió una puerta de salida a nuestros productos, de seguro hubiera sufrido una terrible catástrofe la industria algodonera española, desapareciendo en su mayor parte. Hemos de consignar, de paso, que, a pesar de lo indicado, la que se ha sostenido ha sido con grandes sacrificios para progresar y sostener la competencia.

El Centro Industrial de Cataluña también pintaba la realidad con tintes muy negros en 1890; según su informe, por estar[67]

> bajo el dominio de una escuela aficionada a todo lo inglés [...] la pobre España, presa en redes de oro, nunca medra [...] hay falta de oro acuñado en moneda y la Hacienda va a pasos de gigante hacia la bancarrota. No es falta de respeto a los Poderes públicos [lo que le mueve a sus lúgubres —e infundados— vaticinios] es la voz de alarma del que ve el peligro y quiere salvar la sociedad española de un cataclismo.

Había un amplio acuerdo, como veremos, en agradecer al Estado, gobernado en este caso por el partido liberal, la Ley de Relaciones Comerciales con las Antillas. Pero la necesidad de protección adicional se repetía insistentemente. Pedro López Coronado, Fabricante de tejidos elásticos, de Madrid, aclaraba totalmente la cuestión: «Lo que la Administración puede hacer para el desarrollo de la fabricación de que me ocupo, es rebajar los derechos de introducción de las primeras materias [...] y recargar el de los tejidos ya fabricados»[68].

---

[65] *Información* (1867), IV, p. 54.
[66] *Reforma* (1890), I, p. 427.
[67] *Reforma* (1890), I, p. 432.
[68] *Información* (1867), IV, p. 154.

5. EL SIGLO XIX. LIBERALISMO Y REACCIÓN

Aunque madrileño, el Sr. López Coronado exponía sucintamente la base racional de la doctrina proteccionista: librecambio para mis factores de producción, proteccionismo para mis productos. Esta doctrina, no obstante, quedaría más tarde desplazada por la del «proteccionismo integral», cuya consecuencia última tenía que ser la autarquía y cuya premisa era una fe infinita en la riqueza natural de España. Así, un texto del Fomento de 1871, citado por Izard (1979, pp. 89-90), cantaba las alabanzas de esta riqueza:

> Tenemos ricos y abundantes criaderos de carbón de piedra, exportamos el hierro, el estaño y el azogue de abundantes minas, poseemos madera de construcción y corcho en abundancia, somos productores de sedas, tenemos aceites inmejorables, una gran riqueza de vinos, un extenso cultivo de cereales, frutos solicitados, como la naranja y la pasa, ganado lanar en cantidad respetable, y sin embargo, España marcha rezagada [...]

La culpa, por supuesto, la tenía una protección arancelaria insuficiente. No sólo había que proteger a la industria. También la merecía la agricultura.

> Los trigos de las provincias del Centro [...] no pueden, con frecuencia, resistir la competencia que en los mercados del litoral les hacen los trigos extrangeros, [(sic) por lo cual debían ser protegidos por el arancel] pues este es un mal que necesita remedio, que no deben honrados agricultores correr el peligro de sufrir los rigores de la escasez hasta en los años de buena cosecha.

Estamos, por tanto, en el terreno de la protección integral. Con todo, sin embargo, la protección arancelaria no bastaba. Para los fabricantes de Orio, Guipuzcoa[69],

> Hay dos clases de protección; la una es material que consiste en que los Aranceles prohíban o admitan con grandes derechos los géneros que [se] fabrican en España, y la otra es moral y consiste en el ejemplo que la Corte y todos los empleados podrían dar de preferir los géneros nacionales a los extranjeros: de ambas necesita la industria.

---

[69] *Información* (1867), IV, p. 64.

En el informe sobre *La Reforma arancelaria*, de 1890, encontramos manifestaciones de agradecimiento a la Ley de Relaciones Comerciales con las Antillas de 1882. Ya vimos más arriba (p. 180) la expresada por el Centro Industrial de Cataluña,

El marqués de Sentmenat, presidente de la Junta Provincial de Agricultura, Industria y Comercio de Barcelona afirmaba que «los efectos producidos por las leyes de relaciones comerciales [con las Antillas] han sido muy satisfactorios»[70]. Y en el mismo sentido se expresaba la Asociación de Ingenieros Industriales de Barcelona: «La ley de relaciones comerciales que disminuyendo cada año los derechos que a su introducción en nuestras posesiones de Ultramar satisfacen los productos españoles[...] han [sic] aumentado de un modo extraordinario nuestra exportación a aquellas ricas comarcas y atenuado la crisis industrial de que antes nos hemos lamentado».

A los proteccionistas, como vemos, les parecía muy bien la rebaja gradual del arancel que separaba a España de los mercados antillanos, «aquellas ricas comarcas»; pero, en cambio, la rebaja gradual del arancel exterior prevista en la Base 5ª del Arancel Figuerola le parecía al Centro Industrial de Cataluña

> un absurdo [...] inspirado por un espíritu de intransigencia, hijo del fanatismo de escuela [...] no se explica la existencia de un precepto legal que, con la inflexibilidad del destino, con exactitud matemática, señala un tanto de protección que ha de quitarse a cada industria a plazos fijos, como si estuviese en manos del legislador el poder dominar las vicisitudes del porvenir, o como si se declarara verdugo de aquellas industrias que, por una multitud de causas independientes de la voluntad del patrono y del obrero, no han podido progresar.

Ya hemos visto que los proteccionistas consideran muy deseable la fijeza e inamovilidad de los altos aranceles, pero, como vemos ahora, la fijeza e inamovilidad de la legislación liberal se les antoja detestable. Con este tipo de retórica se logró el triunfo del proteccionismo con el Arancel Cánovas de 1891.

---

[70]Para esta cita y las siguientes, *Reforma* (1890), I, pp. 518, 616 y 432.

5. EL SIGLO XIX. LIBERALISMO Y REACCIÓN

El precio del proteccionismo

Se ha hablado con frecuencia en la España democrática de *deudas históricas*, partiendo casi invariablemente del supuesto de que el acreedor es una Comunidad Autónoma y el deudor, España en su conjunto, o, más exactamente, el resto de las Comunidades (*deuda centrípeta*). Por lo general, han sido las Comunidades con renta por habitante inferior a la media española las que han reclamado esta supuesta *deuda histórica*, cuyo origen se daba por conocido y raramente se explicitaba. Parecía que la pobreza relativa por sí misma otorgara a la Comunidad reclamante la calidad de acreedora. Esto ha dado lugar a cuantiosas transferencias cuya legitimidad no parece en absoluto inatacable a quienes esto escriben.

Lo que no se ha reclamado nunca es una *deuda histórica* en sentido inverso, es decir, una reclamación de España en su conjunto contra una Comunidad autónoma (*deuda centrífuga*); y sin embargo, las posibles causas de esta reclamación serían mucho más sencillas de establecer que las de la *deuda histórica* que hemos llamado *centrípeta*; y ello porque abundan los ejemplos en los que el Estado español ha acudido en auxilio de ciertos sectores, industrias o actividades económicas que se localizaban en su mayor parte en una o en unas pocas Comunidades, que de este modo habrían recibido beneficios del resto de la nación, es decir, habría contraído una deuda con las otras comunidades autónomas que habrían permitido, con su sacrificio, el desarrollo, o el aumento del bienestar, de la Comunidad deudora.

Los ejemplos son relativamente abundantes porque el español ha sido un Estado tradicionalmente intervencionista y también frecuentemente sujeto a presiones sectoriales a las cuales era proclive a ceder. Los casos más clásicos de estas intervenciones han sido la *protección* con respecto a la competencia extranjera dispensada a ciertas actividades agrícolas o industriales. Las más conocidas en este campo son las protecciones arancelarias, o de otros tipos, al cultivo de cereales (en particular al trigo), a la industria textil, a la industria metalúrgica (en especial la siderúrgica) y a la industria minera (en especial, la del carbón). Dentro de la industria textil ha constituido el caso paradigmático la industria algodonera, que se concentró desde un principio en Cataluña y que durante el siglo XIX aumentó este grado de concentración. Como muestra, sirva este dato: según el

Censo de la Población española, Cataluña concentraba en 1910 el 73 por 100 de la población activa española trabajando en la industria textil y en 1930, el 76,4 por 100.

En el Apéndice A se detallan nuestros cálculos para hacer una estimación del coste de la protección a la industria del algodón para dos años, 1860 y 1865. Nuestra conclusión es que en 1860 ese coste fue del 0,940 por 100 del Producto Interior Bruto (PIB), y en 1865 del 0,598 por 100. Esta caída se debió a que 1865 fue un año de crisis en la industria algodonera, *hambre del algodón*, por la escasez de esta materia prima debida a la Guerra de Secesión norteamericana. Pero no fue sólo la carestía del algodón lo que causó la crisis, sino también la depresión general desencadenada a partir de 1864 por las quiebras y suspensiones de las empresas de ferrocarriles a las que hicimos referencia en un apartado anterior de este epígrafe. Esta crisis general de la economía española, unida al problema del algodón, contribuyó a una caída muy sustancial de la producción de la industria textil algodonera; el PIB, entretanto, había aumentado ligeramente, debido a un aumento de la fuerza de trabajo, ya que el PIB por habitante más bien descendió durante estos años. El hecho es que, al disminuir la producción algodonera y aumentar el PIB, el peso relativo de la industria cayó, por lo que es lógico que también cayera el coste de la protección a la industria.

Nuestra conclusión a partir de estos cálculos es que en la década de 1860 el sobrecoste o precio que la economía española pagó por la protección a la industria algodonera osciló entre un 0,6 y un 1,0 por 100 del PIB, en términos muy simplificados y redondeados.

Los cálculos en que se basa esta conclusión están basados en una muestra del tipo llamado *cross-section* (*corte transversal*), es decir, información detallada para un punto temporal (o varios) concreto y aislado; en nuestro caso, por la naturaleza de la muestra, los años 1860 y 1865. ¿Podríamos encontrar otros datos cuyo análisis contrastara nuestra conclusión? Afortunadamente, la respuesta es afirmativa, y las características de la segunda muestra y su naturaleza se encuentran explicitadas en el Apéndice. Baste aquí decir que esta segunda muestra se compone de un conjunto de series temporales que abarcan los años 1850-1900 (precios ingleses y españoles de textiles de algodón, producción de textiles de algodón en España, y PIB español) que nos permiten estimar por un procedimiento diferente al que se emplea para las muestras *cross-section*, una serie

5. EL SIGLO XIX. LIBERALISMO Y REACCIÓN

anual del sobrecoste atribuible a la protección a la industria algodonera para el período 1850-1900. Esta segunda estimación confirma la relativa fiabilidad de nuestros cálculos, ya que los valores estimados en la serie temporal para los años 1861 y 1866 son muy parecidos a los que resultan del análisis *cross-section* que hemos visto en los párrafos anteriores.

Las principales conclusiones de nuestro análisis de series temporales son las siguientes: en primer lugar, el sobrecoste medio en la década de 1860 fue de un 0,586 por 100 del PIB, muy cerca del extremo inferior de la horquilla que habíamos señalado como conclusión del análisis *cross-section*; en segundo lugar, este valor relativamente bajo del sobrecoste medio se debe a que *el hambre del algodón* y la depresión de los años centrales de la década mantuvieron el sobrecoste a niveles bajos, mientras que en los primeros años de la década el sobrecoste fue anormalmente alto (esto se refleja muy claramente en el Gráfico A.2).

En tercer lugar (y esto es también muy visible en dicho gráfico) el sobrecoste fue disminuyendo a lo largo del período, hasta alcanzar valores negativos en ocho de los nueve últimos años del siglo. La aceleración en la caída del sobrecoste en el último decenio se debe principalmente a la caída en la cotización de la peseta, que encareció el precio de los textiles ingleses. En el período 1850-1890, en que la cotización de la peseta se mantuvo estable, el sobrecoste se mantuvo en valores positivos, pero su descenso paulatino se debió a dos factores esencialmente: de una parte, ese es un período en que los precios ingleses no bajan mucho y los españoles sí, porque la industria española importa maquinaria y mejora su productividad; de otra parte, la segunda mitad del siglo xix es un período de crecimiento estable de la economía española, por lo que el peso de la industria algodonera disminuye en el conjunto de la economía española. Estas mismas consideraciones nos hacen suponer que, si pudiéramos llevar nuestro análisis a la primera mitad del siglo, nos encontraríamos niveles más altos de sobrecoste, porque en ese lapso los precios ingleses cayeron pronunciadamente, la protección en España fue aún más cerrada que en la segunda mitad, y el PIB menor.

En cuarto lugar, aun descendiendo, el sobrecoste derivado de la protección fue considerable en la segunda mitad del XIX. La media de todo el período fue del 0,478 por 100 del PIB; si excluimos el último decenio, por intervenir el factor anómalo de la caída en la cotización de la peseta, la media del período 1850-1890 resulta ser el 0,668 por 100 del PIB. Teniendo en cuenta que no sólo se trata de una única industria, sin duda la más importante, pero de peso decreciente, sino que en realidad se trata más bien de un sector, aunque también el más importante, dentro de la industria textil, esa proporción (el 0,669 por 100) implica una cantidad muy respetable.

En todo caso, para hacernos una idea en términos actuales de lo que significó el sobrecoste que pagó la economía española por la protección arancelaria a la industria algodonera, el precio medio pagado anualmente durante el período 1850-1900 equivaldría en euros de hoy a la cifra de 5.058 millones; y si tomamos como referencia el período 1850-1890, más normal por no estar las cifras distorsionadas por la caída de la peseta, el precio medio pagado por la protección al algodón ascendería a 7.017,7 millones de euros. Se trata, naturalmente, de cifras anuales. Como vemos, nada despreciables. En cifras acumuladas, resultaría que la deuda acumulada de la industria algodonera con España en su conjunto sería de 280.708 millones para los años 1850-1890. Si supusiéramos que la deuda correspondiente a la primera mitad del siglo fuera otro tanto (como hemos visto hace un momento, el sobrecoste relativo atribuible a la primera mitad del siglo debe haber sido más alto), nos encontraríamos con una deuda histórica atribuible a la industria textil algodonera en virtud de la protección arancelaria que disfrutó, de 561.416 millones de euros en valores actuales. Es cierto que no toda la industria algodonera estaba localizada en Cataluña, pero también lo es que sí lo estaba la mayor parte. La proporción nos la indican las cifras fiscales reproducidas por Nadal (2003, p. 140), según las cuales en 1856 la industria algodonera catalana producía un 94,12 por 100 del valor total de los textiles de algodón en España, y en 1900, un 90,97 por 100. Atribuyéndole la más baja de estas cifras, la deuda histórica de Cataluña con el resto de España por la protección otorgada a la industria algodonera ascendería, en valor actual, a nada menos que 510.720 millones de euros, más o menos la mitad del PIB español de nuestros días.

A nadie se le ocurriría empezar a reclamar estas cifras astronómicas a una comunidad por el privilegio de que gozaron sus antepasados (más bien algunos de ellos, porque los beneficios de la industria algodonera distaban mucho de estar bien repartidos). Pero sí resultan instructivos y orientadores estos guarismos ante las actitudes reivindicativas y victimistas de algunos nacionalistas de nuevo y viejo cuño.

La *Renaixença* catalana

La creación del Reino de Italia inspiró en Cataluña la formación en 1870 de un grupo denominado *Jove Catalunya*, donde se integrarían Àngel Guimerà, Pere Aldavert, y Lluís Domènech i Montaner, entre otros. Su propósito era potenciar la cultura catalana como forma de construir una base para la independencia del Principado en el largo plazo. El modelo era la *Giovane Italia* que Giuseppe Mazzini había organizado en 1831 y que ya había sido seguido en Alemania y Polonia con notable éxito. El grupo no tuvo el éxito esperado, sin embargo, y se disolvió en 1875, pero dio lugar desde 1871 a una publicación denominada *La Renaxensa* (*La Renaixensa* desde 1876) —esto es, «El Renacimiento»—, que se mantendría hasta 1905, y permitiría popularizar el término *renaixença* (esta vez con ç) para referirse al movimiento reivindicativo de la lengua y la cultura catalanas que se desarrolló en los años de la Restauración borbónica[71].

Entre el 9 de octubre y el 14 de noviembre de 1880 se celebró en Barcelona el *Primer Congrés Catalanista*, en el que participaron 1.282 congresistas de las tendencias más diversas[72]. En el congreso destacó la figura de Valentí Almirall, director del *Diari Català*, fundado el año anterior, quien consiguió la creación de un *Centre Català*, inaugurado en el Teatro Romea, de Barcelona, el 17 de junio de 1882. El *Centre* organizaría un *Segon Congrés Catalanista*, en junio de 1883, del que saldría un manifiesto que se presentó al rey Alfonso XII en 1885

---

[71] Como antecedentes de la *Renaixença* de la Restauración, cabe citar el impulso cultural catalanista, de corte romántico, que se produjo a la muerte de Fernando VII. Un primer hito de este movimiento fue la publicación en 1833 del poema *La pàtria*, oda en catalán que escribió Bonaventura Carles Aribau para felicitar por su onomástica a su patrón, el banquero Gaspar de Remisa, donde describía la nostalgia que sentían los dos por su tierra catalana viviendo —y enriqueciéndose, hasta el punto de que Remisa llegó a ser el hombre más rico de España— en Madrid. A partir de entonces, se sucedieron iniciativas para acabar con la diglosia, es decir, el predominio del castellano sobre el catalán, que culminaron en 1859 con la recuperación de los *Jocs Florals* (Juegos Florales), una tradición de origen medieval.

[72] Estudios pioneros sobre el catalanismo fueron los de Solé Tura (1967, 1970).

como *Memorial de Greuges* (agravios)[73]. El escrito, que comenzaba diciendo: «No tenemos, Señor, la pretensión de debilitar, ni mucho menos atacar la gloriosa unidad de la patria española», pedía un mayor reconocimiento del catalán, el mantenimiento del derecho civil catalán, alababa la descentralización administrativa y, sobre todo, pedía el fomento de las bases económicas de Cataluña, es decir, de la industria, especialmente la textil algodonera (a través del proteccionismo), y del comercio. Desde 1884, el *Centre Català* ya era un partido político que quería presentarse a las elecciones de 1886, con un programa de unidad catalana.

Pero, conforme pasaba el tiempo, las tensiones entre las distintas facciones catalanistas iban en aumento. Valentí Almirall, el hombre que estaba detrás del proceso expuesto, nacido en 1841, había participado en la Revolución de 1868 y tenía tendencias abiertamente republicanas, liberales y federalistas. Difícilmente podía entenderse con el catalanismo conservador de *La Renaixensa* —el lema de Mazzini había sido «*Dio e popolo*»— o de los grupos carlistas. Estos conservadores eran firmes partidarios de la defensa de la identidad catalana, pero creían que no había llegado el momento de plantear reivindicaciones políticas que supusieran un desafío total al Estado español. Cuando Almirall se opuso a la celebración de la Exposición Universal de Barcelona (1888), los conservadores consideraron que no había otro camino que la ruptura con el *Centre Català*.

El 5 de noviembre de 1887, los conservadores se agruparon en la *Lliga de Catalunya*, a la que se sumaría también, entre otras entidades, el *Centre Escolar Catalanista*, creado el año anterior para introducir el catalanismo en el mundo universitario. En 1888, la *Lliga* apoyó la Exposición Universal y la presencia de la regente (María Cristina de Habsburgo-Lorena, viuda de Alfonso XII y madre de Alfonso XIII) en los *Jocs Florals*, a la que entregaron, eso sí, una petición de autonomía para Cataluña. Al año siguiente, los esfuerzos se concentraron en que el nuevo Código Civil respetara el derecho tradicional catalán, lo que se consiguió. El 22 de febrero de 1891, se constituyó *Unió Catalanista* que pretendía una mejor integración entre la *Lliga* y el *Centre Escolar*. Un hombre de la *Lliga*, Lluís

---

[73] Nadal *et al.* (1986).

5. EL SIGLO XIX. LIBERALISMO Y REACCIÓN

Domènech i Montaner, sería el presidente, y un hombre del *Centre Escolar*, Enric Prat de la Riba, actuaría como secretario. El programa de *Unió* se concretó en las Bases de Manresa (1892), redactadas por una comisión presidida por el obispo de Vic, Josep Torras i Bages. La inspiración de las Bases eran las constituciones catalanas de 1585, por lo que se apoyaba la restauración de las *Corts Catalanes* y de la *Reial Audiència del Principat de Catalunya*, y la oficialidad única de la lengua catalana.

Tras la asamblea de Manresa, habría otras en Reus (1893), Balaguer (1894), Olot (1895) y Gerona (1897). En todas ellas se plantearon exigencias que ponían en peligro el centralismo característico del Estado liberal. En Reus, se llegó a hablar de un *estat català*, aunque dentro de la Monarquía española. En Balaguer, la reivindicación principal fue la autonomía fiscal. En Olot, se oyó por primera vez la propuesta de «mancomunar» las diputaciones como forma de avanzar hacia la regionalización de España. Finalmente, en Gerona se comprobó que el grupo de *La Renaixensa* seguía pensando que no había llegado la hora de la política, pues todavía quedaba mucho por hacer previamente en el terreno cultural; en el extremo opuesto se situaba el grupo de Prat de la Riba para quien había que avanzar decididamente hacia el autogobierno. La crisis colonial de 1898 convenció a todos de que eran precisas reformas urgentes y de mucho calado para asegurar el futuro de España.

Podemos preguntarnos por qué apareció este robusto movimiento autonomista del modo y en el momento en que lo hizo. Es claro que la cuestión de la lengua es clave en este respecto. El idioma catalán había desaparecido como herramienta del pensamiento y la cultura desde fines de la Edad Media y a principios del XIX era hablado casi exclusivamente por el pueblo menos culto, y raramente era escrito. Como dice Balcells, «las naciones políticas han sido antes naciones culturales, y en Cataluña, a lo largo del siglo XIX, se consiguió que la lengua vernácula hablada deviniera una lengua moderna de cultura por medio de un proceso largo y difícil. La *Renaixença* comenzó mucho antes que el catalanismo político»[74]. El deseo de recuperar y reverdecer la lengua catalana fue sin duda el primer paso. Pero ¿por qué entonces?

---

[74] Balcells (2004), p. 649, y (1991), p. 21.

LA RENAIXENÇA

Parece claro que las diferencias y las fricciones entre Cataluña y el resto de España se hicieron más evidentes e incómodas en la segunda mitad del siglo. Hemos visto ya esta continua lucha de la burguesía catalana por conseguir un trato de favor en el terreno económico; aunque consiguió sus fines, como hemos visto, esta batalla constante sin duda creó una conciencia de separación, una visión de Madrid como una ciudadela hostil a la que se debía convencer y conquistar, lo que daba lugar a una percepción de alteridad; los castellanos eran diferentes de los catalanes, y tenían el poder político. Las visitas a Madrid para hacer *lobbying* están muy bien descritas en las novelas de Ignacio Agustí (1947, pp. 104-106): «Hacía ya meses largos que los burgueses de mi ciudad habíanse unido para formar un bloque compacto ante los gobiernos de Madrid». Y se encontraban con respuestas del presidente del Gobierno como esta: «Hablen los catalanes su dialecto en paz, en el seno de la familia, pero no pretendan hacer hablar catalán incluso a nuestra política económica». A lo que los industriales barceloneses contestaban: «Venimos a ofrecer al Gobierno y al Estado la iniciativa de un propósito de enmienda que parte de lo mejor que pueda abrigar nuestra región. No habrá germen de separatismo en tierra catalana, estad seguros. Salvo, claro está, que este germen fuera depositado, por desidia o malicia, desde aquí, desde el Banco Azul».

Estas escenas de *El viudo Rius* transcurren en Madrid inmediatamente después del *Desastre* de 1898, pero este tipo de discusión se dio, como hemos visto, durante todo el siglo XIX. Resulta evidente que el separatismo era utilizado por la burguesía catalana como arma de presión, y esto explica el apoyo que el autonomismo primero y el nacionalismo después, encontró en los círculos de negocios catalanes. Esto explicaría también el hecho un tanto paradójico de que los mismos industriales que luchaban para monopolizar el «mercado nacional español» a la vez flirtearan con el separatismo.

Existe otro factor, este más cultural que político. El desfase entre Cataluña y el resto de España era palpable y debido en gran parte a las diferencias económicas. En la segunda mitad del siglo XIX y hasta la segunda República, la distancia entre la renta por habitante de Cataluña y la del resto de España se ensancha muy considerablemente, en buena parte, como sabemos, debido a la protección a la industria textil. Barcelona era una ciudad próspera y también lo eran muchas otras poblaciones catalanas, contrastando con la pobreza de Castilla y el provincianismo de Madrid; volvamos al *Viudo Rius*,

5. EL SIGLO XIX. LIBERALISMO Y REACCIÓN

que al llegar a Madrid se encuentra que: «Una nube de chiquillos se colgaba de las ventanillas [del] estrecho carricoche» que había recogido a los comisionados barceloneses en la estación de Atocha. Él

> miraba, por las calles, al enjambre de mirones, de vendedores ambulantes, de gente ociosa con una colilla en los labios. En los balcones la ropa tendida, y el sol solazándose en la copa de los árboles del Paseo del Prado, frondosos y elegantes.
>
> —Eso es de gran ciudad— insinuaba don Jorge Cavestany, partidario de destacar, con sentido conciliador, todos los valores de la ciudad de su residencia.
> Moixó y Rius, en efecto, asintieron.
> —Pero le quita usted esto a Madrid, y ¿qué?

Para muchos barceloneses, Madrid seguía siendo el tan denostado *poblachón manchego*, y preferían mirar e imitar a París o a Londres. Incluso, seguramente, consideraban al castellano como una lengua de cultura inferior, comparando con desprecio la producción en este idioma con lo que podía leerse en francés, inglés o alemán, algo que, a mediados del XIX, podía estar justificado. No lo estaría tanto si se adoptara la larga perspectiva histórica que tanto gustaba a los *reinaixents* y se tenía en cuenta la producción cultural y científica en castellano, bien en el Siglo de Oro, bien a finales del XIX y principios del XX.

Se ha alegado también, con indudable fundamento, que el nacionalismo español fue en el siglo XIX, algo muy débil. El capital dedicado por el Estado español a la educación fue muy escaso comparativamente; el analfabetismo alcanzó tasas muy altas hasta bien entrado el siglo XX. Comparado con el esfuerzo educativo y de asimilación realizado en otros países, como Francia, por ejemplo, el llevado a cabo por el Estado español fue mezquino. Uno de los reproches que los catalanistas hacían a España era la estrechez e ineficiencia de su Estado y la incuria y estolidez de la sociedad tradicional. Es curioso cómo se refleja este reproche en un pasaje de las *Memorias* de Cambó. Señala este la falta de pulso, la indiferencia del pueblo español ante la derrota de 1898. En cambio, «entre los intelectuales castellanos, a los que después se les llamó "la generación del 98", se provocó un movimiento de europeización, que quería decir de ruptura con el pasado; en definitiva de *separatismo* de la España tradicional»[75]. Resulta interesante cómo utiliza Cambó la palabra *separatismo*: quiere decir ruptura con lo tradicional y caduco.

Por último, vale también la pena subrayar cómo el catalanismo se esforzó, y con gran éxito, por resucitar el pasado para construir una versión victimista y nacionalista de una historia ya lejana, de sacar brillo y remozar unas glorias pasadas y algo trasnochadas. Mientras se estimaban rancios e inoperantes los hechos históricos aducidos por el desvaído nacionalismo español (el Cid, los reyes Católicos, el descubrimiento de América, el imperio de Felipe II, el Dos de Mayo, las Cortes de Cádiz), se convertía en glorioso y resplandeciente cuanto reforzaba el nacionalismo catalán: Wifredo el Velloso, Ramón Berenguer IV, Jaime el Conquistador, Pedro el Ceremonioso, la expansión catalana por el Mediterráneo, Pau Claris, Rafael Casanova, etc.

La actividad histórico-cultural-nacionalista del catalanismo finisecular es impresionante. Veamos algunos ejemplos:

- En 1863 se dedica una calle de Barcelona a Rafael Casanova.
- En 1871, Mateu Bruguera escribe la *Historia del sitio de Barcelona*. En el mismo año se crea una *Galeria de catalans il.lustres*, en el Ayuntamiento de Barcelona.
- En 1880 se erige una estatua de Pau Claris (poco antes se le había dedicado una calle).
- En 1882 Francesc Alió compone la música del *Cant dels segadors*, inspirándose en una antigua canción de la *Guerra dels Segadors*.
- En 1899, Emili Guanyavents le pone la letra, con idéntica inspiración. Más adelante esta canción se convertiría en el himno catalán.
- Entre 1884 y 1886 se erigen estatuas en el Ayuntamiento de Barcelona a: Rafael Casanova, Wifredo el Velloso, Roger de Lauria y Bernat Desclot.
- En 1901 se inicia la tradición de realizar una ofrenda floral anual a la estatua de Rafael Casanova, que se traslada a la Ronda de San Pedro en 1914.
- En 1905 Salvador Sanpere, escribe el *Fin de la nación catalana*.

---

[75] Cambó (1981), p. 63, cursivas añadidas.

5. EL SIGLO XIX. LIBERALISMO Y REACCIÓN

Es interesante señalar, a este respecto, que la composición que se considera origen de la *Renaixença*, la *Oda a la pàtria* de Bonaventura Carles Aribau, de 1832, en cambio, no contiene ninguna referencia histórica, prueba de que aún no había empezado la invención de la tradición. El objeto de este poema (aparte de celebrar el cumpleaños del jefe de Aribau) es elogiar y añorar el paisaje y la lengua catalanes —o *llengua llemosina*, como le llama la Oda.

La crisis de 1898 y el nacionalismo

En febrero de 1895 estalló en Cuba una nueva insurrección, encabezada por José Martí, intelectual y poeta cubano, hijo de valencianos, que había pasado varios años exiliado en Nueva York, desde donde había organizado esta nueva sublevación. Martí murió en una escaramuza a poco de comenzar la guerra, pero sus lugartenientes continuaron una resistencia guerrillera que, aunque no amenazaba seriamente el dominio español, introdujo un clima de inseguridad y violencia que terminó por producir la intervención de Estados Unidos tras la misteriosa voladura del acorazado estadounidense Maine en el puerto de La Habana en abril de 1898. Entre abril y agosto de 1898, España libró una guerra desigual con Estados Unidos en la que perdió los restos de su otrora poderoso Imperio: Cuba, Filipinas, Puerto Rico y otras posesiones.

En plena batalla, el 12 de junio de 1898, *Unió Catalanista* publicó un manifiesto, donde se decían cosas como que «desde que el centro del gobierno se establece en Madrid, la desmembración de los dominios de España no ha parado nunca», lo que era fruto de una política interior y exterior que ponía «en peligro de muerte todas las creaciones del genio catalán». Se hacía imperioso, se decía, que «Cataluña tenga el gobierno de sus intereses interiores y que influya en la dirección de los exteriores a proporción de su fuerza». Como ha señalado Rodrigo (2009), en el manifiesto de *Unió*, atribuido a Prat de la Riba, aparecía Cataluña como ajena a lo que ocurría en las colonias, algo sencillamente insostenible. El tono crítico de Prat arreció cuando el *Desastre* del 98 se vio culminado, de modo que España sería «un haz mal ligado de cabilas africanas», donde Cataluña era «la principal representante de la civilización europea». Si España quería levantarse, «debía acudir al ideal, a la fuerza y a las tradiciones de gobierno de la tierra catalana».

Al cumplirse el centenario del *Desastre*, historiadores nacionalistas como Agustí Colomines (1998) o Josep M. Solé (1998) vinieron a dar la razón a Prat de la Riba: se había perdido el Imperio por el mal gobierno de España, algo a lo que Cataluña era completamente ajena. Afortunadamente, un historiador catalán con menos prejuicios, Rodrigo Alharilla, nos ha recordado que hubo voluntarios catalanes enviados en 1869 por la Diputación de Barcelona para combatir en la manigua cubana, que la presencia de catalanes fue abundante en organizaciones que tuvieron mucho que ver con la política colonial (el Círculo Hispano Ultramarino, la Liga Nacional o la Agrupación de Hacendados de Ultramar de la Liga del Orden Social) y que no se puede ignorar que las sociedades barcelonesas del marqués de Comillas se beneficiaron del papel del Estado español en Cuba (el Banco Hispano Colonial) y Filipinas (Tabacos de Filipinas). Rodrigo recuerda que incluso hubo una euforia colonialista muy extendida en Cataluña en dos momentos: en 1885, cuando estalló un conflicto con Alemania por la soberanía de las Islas Carolinas y, en 1893, cuando se produjo una guerra en Melilla.

Al mes siguiente de la Revolución de 1868, en Cuba se oyó el *Grito de Yara*, que pretendía situar a la isla en la estela de los *gritos* (pronunciamientos) que habían conseguido la independencia de las repúblicas hispanoamericanas. Rodrigo, a quien seguimos en este punto, da cuenta de que el 8 de enero de 1869 se reunieron en Barcelona un total de 128 hombres de negocios que temían por sus «grandes intereses» en peligro y que solicitaron a la Diputación de Barcelona una intervención en el conflicto. En poco tiempo se consiguió que un millar de catalanes, tocados con la barretina, embarcasen rumbo a Cuba, recordando algo similar que había ocurrido diez años antes durante la campaña militar en Marruecos bajo el Gobierno de O'Donnell y en la que se distinguió Prim (que recibió por ello el título de marqués de los Castillejos). Los voluntarios llevaban la bandera roja y gualda, que había sido adoptada como enseña nacional por las Cortes de Cádiz (a partir de un pabellón de la Marina de Carlos III), adornada con símbolos catalanes. El éxito de la empresa, hizo que se formaran dos batallones más, que estuvieron, como los anteriores, destinados a salvar «las vidas y las fortunas de 130.000 peninsulares», según se dijo, de los que no pocos serían indianos catalanes.

5. EL SIGLO XIX. LIBERALISMO Y REACCIÓN

Entre las organizaciones que sirvieron para articular los intereses de los indianos destacaría el Círculo Hispano Ultramarino de Barcelona (1871), que tuvo como presidente a Joan Güell i Ferrer y como vicepresidente a Antonio López, el marqués de Comillas, y donde se juntaron multitud de catalanes enriquecidos en Cuba[76]. El Círculo fue el principal impulsor de organizaciones conservadoras como la Liga Nacional, a quien preocupó la posibilidad de que se aboliera la esclavitud en Puerto Rico, o la Liga del Orden Social, plataforma de apoyo a Alfonso XII. Cánovas del Castillo fue consciente de este apoyo y una de sus primeras decisiones en el Gobierno fue enviar miles de soldados a Cuba para terminar con la guerra. Al hilo de la financiación de esta campaña nació el Banco Hispano Colonial (1876), de Antonio López, que obtuvo como garantía la recaudación de las aduanas de Cuba y como privilegio que las acciones del banco fuesen equiparadas a los efectos públicos. Cuando, en 1880, el Estado quiso obtener dinero para devolver los préstamos emitió billetes hipotecarios que fueron colocados por el mismo Hispano Colonial, convertido en banco de negocios. Al año siguiente, el Hispano Colonial conseguiría el desestanco del tabaco en Filipinas, lo que significaba oportunidades de negocio para Tabacos de Filipinas, otra empresa de Antonio López que involucró en ella a algunos indianos catalanes y les proporcionó pingües dividendos.

Desvelando las contradicciones de quienes en Cataluña quisieron atribuir el *Desastre* exclusivamente a la política de Madrid, Rodrigo (2009, p. 351) nos habla de la gran manifestación del 27 de agosto de 1885 en Barcelona para protestar contra la ocupación alemana de las Islas Carolinas, donde tuvo una participación destacada el mismísimo Almirall, pues el «primer catalanismo no se expresaba todavía como un movimiento o una ideología opuesta, ni siquiera alternativa, al patriotismo español». En el mismo sentido se entiende la reacción en 1893 ante la guerra de Melilla, donde el Gobierno español contó con todo el respaldo posible de Cataluña, o la despedida a Valeriano Weyler que se organizó en Barcelona el 25 de enero de 1896 cuando este partió del puerto para imprimir más firmeza a la Capitanía General de Cuba.

---

[76] La emigración catalana a América se analiza en Yáñez (1996) y Corte (2005).

En 1898, los intereses catalanes en Cuba estaban en pleno auge, pues se habían beneficiado extraordinariamente de la Ley de Relaciones Comerciales con las Antillas. Un resultado de estas fue que a la población de las colonias españolas en las Antillas y Filipinas se la obligaba a consumir productos menos competitivos, y se le dificultaba la exportación a Estados Unidos, que elevó sus aranceles en represalia, lo que causó allí gran malestar y ayuda a entender el clima antiespañol existente en esas zonas en 1895 (Izard, 1974).

Cuando la guerra colonial ya estaba perdida, el general madrileño Camilo García de Polavieja, que llevaba cuarenta años en el Ejército y había combatido en las guerras coloniales (fue él quien dio la orden de fusilar a José Rizal en Manila), publicó un manifiesto, fechado el 1 de septiembre de 1898, donde afirmaba que había que afrontar los problemas de España con una profunda descentralización administrativa. Polavieja, militar de signo conservador, en un momento en que el Estado español se tambaleaba, pareció tentando de implantar una dictadura regeneracionista. En su manifiesto hablaba de «curar los males que la Patria padece» mediante numerosas medidas, como «elevar la cultura del país», recuperar la confianza en la justicia evitando los «desafueros de la política», hacer «tributar todas las manifestaciones de la riqueza, haciendo efectivo el principio de la proporcionalidad en las cargas», acabar con el «afrentoso caciquismo» y, finalmente, «bajo poderes vigorosos que mantengan la unidad política [...,] llegar a una amplia descentralización administrativa».

Esto hizo que, inmediatamente, se formara en Cataluña una Junta Regional de Adhesiones al manifiesto de Polavieja y *Unió Catalanista* contactase con el general. La formación política pidió a Polavieja que defendiera una amplia autonomía (incluso militar y monetaria), a través de una *Diputació General de Catalunya*. El general se mostró favorable a la diputación única y a otras reivindicaciones clásicas, como el ordenamiento jurídico propio, pero pensaba que la autonomía debería ser limitada y que en temas económicos todos los esfuerzos deberían concentrarse en conseguir un concierto económico, del estilo del que ya disfrutaban vascos y navarros. En el curso de estas conversaciones, Polavieja fue contactado por el nuevo líder del Partido Conservador, Francisco Silvela, lo que, unido a la lealtad del general hacia la Monarquía, hizo que desistiese de cualquier tentación golpista.

5. EL SIGLO XIX. LIBERALISMO Y REACCIÓN

Polavieja sería pronto ministro de la Guerra en el Gobierno de Silvela que tuvo como ministro de Hacienda a Raimundo Fernández Villaverde. Su acercamiento a Cataluña, de septiembre de 1898, le hizo dimitir cuando el Principado se mostró contrario a la política de estabilización de Fernández Villaverde[77], por las repercusiones que podía tener en la economía real (recordemos que Cataluña era «la fábrica de España»[78]). Luego, en los primeros años del siglo XX, Polavieja asumiría altas responsabilidades militares. Del extraño acercamiento entre un curtido militar español y los catalanistas, sólo quedarían una fracasada campaña a favor del concierto económico, apoyado decididamente por la patronal Fomento del Trabajo Nacional, y convulsiones en el seno de *Unió Catalanista* que terminarían con el grupo más partidario de la acción política en un nuevo *Centre Nacional Català*, presidido por Narcís Verdaguer i Callís. La Junta Regional de Adhesiones a Polavieja se transformaría en *Unió Regionalista*, partido que terminaría fusionándose con el *Centre Nacional Català* para formar la célebre *Lliga Regionalista*.

Conclusiones

El siglo XIX (y los inicios del XX) es probablemente el período en que el desfase de la sociedad catalana con la del resto de España alcanza su punto máximo. Mientras el crecimiento económico y el desarrollo social de España proceden a un ritmo muy lento, Cataluña tiene un desenvolvimiento económico en todos los sectores, agrícola, industrial y comercial, muy vigoroso. El diferencial de crecimiento, cuyos orígenes se remontan sin duda al siglo XVIII, es causa de ese desfase, que a su vez es origen de la creciente insatisfacción de la sociedad catalana, que se siente excesivamente ligada a una sociedad y sistema de gobierno que considera demasiado tradicionales. De aquí el malestar que acaba dando lugar al creciente autonomismo, favorecido por los problemas de lengua y tradiciones.

---

[77] Por ejemplo, el alcalde de Barcelona animó a que los comerciantes e industriales practicaran el *tancament de caixes* (cierre de cajas) y se dieran de baja para no pagar impuestos.
[78] En 1985 se organizó una exposición en Barcelona con ese título, *Catalunya, la fàbrica d'Espanya*, que popularizó la expresión. Véase Ayuntamento de Barcelona (1985) y también Nadal (1992b) donde se insiste en la idea.

Sin embargo, este desfase está sujeto a una serie de contradicciones y paradojas. La mayor paradoja es la permanente dependencia económica de Cataluña con respecto a España. La industrialización catalana está basada en una industria textil que desde sus orígenes ha renunciado a competir en los mercados exteriores y depende de la protección prohibicionista y arancelaria del Estado español, ante el cual los empresarios y políticos catalanes hacen, como hemos visto, el papel de *lobby* permanente. Es necesario poner de relieve que esta protección a la industria textil, muy mayoritariamente catalana, entrañaba un considerable sacrificio para el resto de la economía española. En primer lugar, perjudicaba a los consumidores, que se veían obligados a adquirir prendas de vestir más caras y de peor calidad que las disponibles en el mercado internacional. En segundo lugar, perjudicaba a los sectores exportadores, especialmente la agricultura hortofrutícola y las industrias vinícolas y de transformación de alimentos, que se enfrentaban a las represalias comerciales de países tan importantes como Inglaterra, Francia, Alemania o Estados Unidos, como hemos visto también más arriba. Entre los sectores perjudicados estaban sin duda los agricultores e industriales agroalimentarios catalanes. Sin embargo, prevalecieron los intereses de los algodoneros que, como decía palmariamente Soldevila, ante cualquier intento de promover exportaciones creían que «la industria catalana iba a ser sacrificada en ventaja de las frutas y de los vinos españoles», como si en España y en Cataluña no hubiese más industria que la textil, ni más intereses legítimos que los de este sector.

Los innegables sacrificios que en aras de la industria textil catalana soportaba el resto de la economía española no fueron mencionados en el famoso *Memorial de greuges* de 1885, ni en las Bases de Manresa de 1892, ni en los innumerables escritos y testimonios que políticos y empresarios catalanes publicaron a lo largo de todo el siglo. A los economistas liberales catalanes que hacían referencia a este problema se les tachaba por los componentes de este poderoso *lobby* de estar «bajo el dominio de una escuela aficionada a todo lo inglés» y de «degenerar en despiadada guerra contra la economía catalana». Los denuestos llovieron especialmente sobre Laureano Figuerola, por ser autor del arancel que lleva su nombre.

Cierto es que esta industria textil, artificial y sobreprotegida, daba empleo a miles de obreros, muchos de ellos inmigrantes de

5. EL SIGLO XIX. LIBERALISMO Y REACCIÓN

otras regiones de España, cuya ocupación alternativa más probable hubiera sido el subempleo agrícola. Esto sí lo recordaban con frecuencia —con otras palabras— los manifiestos y declaraciones de los proteccionistas. Olvidaban, sin embargo, decir que los salarios de estos trabajadores industriales, de cuyo nivel relativamente alto se quejaban tan a menudo, eran altos debido en parte a la carestía del vestido en España y a la protección a la agricultura cerealística, que encarecía el precio de los alimentos.

El mantenimiento de la protección arancelaria a la industria textil fue posible durante todo el siglo XIX gracias al poder político de los empresarios de ese sector, en su inmensa mayoría catalanes. Las quejas de escritores y hombres públicos de entonces y de hoy acerca de que a los catalanes se les discriminaba políticamente[79] son casi totalmente infundadas. Hubo durante el siglo cuatro presidentes de Gobierno catalanes, cifra que, sin ser extraordinaria, coloca a Cataluña entre las regiones con mayor representación en este aspecto. Cierto es, sin embargo, que la participación de políticos catalanes en el Gobierno de España, con ser respetable, pudo haber sido mayor. Es posible que esto se deba, como señalan Cabrera y del Rey, a un fenómeno de auto-exclusión determinado por el comportamiento de la mayor parte de estos políticos, que actuaban en público más como catalanes y como empresarios que como miembros de sus respectivos partidos.

Otros mitos que conviene poner en tela de juicio son el de la unidad monolítica de Cataluña, y su identificación casi total con la industria textil. Cataluña ha sido, como tantas otras sociedades maduras, una comunidad variada y multiforme, con grupos, opiniones, e incluso lenguas, diferentes y divergentes. Hemos visto en las páginas anteriores cómo Cataluña fue capaz de contribuir decisivamente al triunfo de un partido o incluso de un régimen político, para después contribuir con igual fuerza y decisión a derribarlo. Esto ocurrió notoriamente con la *Gloriosa Revolución* de 1868 y los regímenes y gobiernos que la siguieron, pero también, tres décadas antes, con la regencia del general Espartero. Lo que esta volubilidad colectiva sugiere es tanto la profunda división de la sociedad catalana como su potente músculo político, ya que una parte de esa región

---

[79] [M]ítico lugar común [de] la historiografía catalanista», según Cabrera y del Rey (2002), p. 109.

era capaz de crear una nueva situación política en España y otra parte de la misma región era capaz de echarla abajo. Estas consideraciones ponen en entredicho ambos mitos, tan arraigados: el de la impotencia de Cataluña en la política española y el de la unanimidad monolítica del Principado. La división entre un país agrario y montañés, ultramontano y reaccionario, y un sector urbano liberal y progresista quedó de manifiesto durante las guerras carlistas; pero es que, a su vez, el mundo urbano catalán se fue subdividiendo entre hombres de empresa, clases medias, y trabajadores, con representaciones políticas cada vez más variadas: liberales, progresistas, demócratas, republicanos, socialistas, anarquistas, comunistas, federales, centralistas, intransigentes, etc. Parece evidente que durante el siglo XIX acabaron prevaleciendo las clases altas y empresariales, apiñadas en torno a los empresarios textiles y los grandes comerciantes, que apoyaron el pronunciamiento de Martínez Campos en Sagunto y la Restauración canovista, aunque el muy moderado librecambismo de Sagasta en la década de 1880 propiciara las primeras veleidades autonomistas y nacionalistas, que se acentuarían en el siglo XX tras la muerte de Cánovas, la pérdida de los últimos vestigios del imperio colonial, y la gradual descomposición del régimen de la Restauración. Es cierto que en política la ética no acostumbra a desempeñar un papel estelar, y mucho menos el agradecimiento, pero resulta cuando menos sorprendente que los mismos grupos, e incluso individuos, que apoyaron con entusiasmo la política colonial de la Restauración en nombre de la unidad y el progreso de la patria común española, al fracasar militarmente esta política, renegaran conjuntamente de ella y de la España que tan fervorosamente invocaron muy pocos años antes.

CAPÍTULO 6

EL SIGLO XX (1900-1975)

España en la crisis del siglo XX

El siglo XX es, a escala mundial, un período de extraordinaria turbulencia, a la vez brillantemente creativo y cruelmente destructivo. En su decenio inicial continuó la evolución que había caracterizado al último cuarto del siglo XIX, pero en 1914 la tendencia se interrumpió con estruendo tras el atentado de Sarajevo, cuya víctima principal fue el archiduque Francisco Fernando, heredero del trono imperial de Austria-Hungría. Este sí que fue el disparo (en realidad, dos, porque el asesino hirió mortalmente de sendos tiros al archiduque y a su esposa) que se oyó en todo el mundo.

La Guerra Mundial fue una clara divisoria temporal. Puso fin a lo que los mundanos llamaron la *belle époque* y que los historiadores económicos llaman «la primera globalización», que es un período de expansión económica con un moderado librecambio, política económica de *laissez-faire*, y sistema monetario basado en el patrón oro, que se extendió por el mundo desde mediados del siglo XIX. El relativo *laissez-faire* interno, cuyo correlato exterior es el librecambio, combinado con los progresos de las técnicas de transporte y comunicación (ferrocarril, navegación a vapor, telégrafo, más tarde teléfono, aviación, automóvil) contribuyeron poderosamente a la constitución de un mercado mundial o, lo que es lo mismo, a la intensificación y crecimiento del comercio internacional. A su vez, las migraciones masivas crearon también un mercado internacional del trabajo. Por último, el patrón oro, que tenía las características esenciales de una moneda internacional, fue otro poderoso factor de integración económica.

Aunque también se ha hablado de este período, sobre todo desde aproximadamente 1880, como el de la *gran depresión agraria*, esta frase descriptiva, si bien no totalmente falsa, revela una visión parcial que oculta la realidad predominante de notable crecimiento económico sostenido. Lo que ocurrió para justificar la frase de «gran depresión» fue que, en el mercado internacional de productos agrícolas, las grandes regiones poco pobladas, de agricultura de zona templada (Rusia, Estados Unidos, Canadá, Argentina, Australia), competían con ventaja en muchos productos, especialmente los cereales, con la agricultura europea, más intensiva en trabajo por más densamente poblada. La baja de precios que la competencia trajo consigo creó una sensación de empobrecimiento en la agricultura europea que dio lugar al apelativo de *depresión agraria* y a una insistente presión, por parte de los agricultores europeos, en favor de subidas arancelarias, lo cual promovió un retroceso del librecambio, la proliferación de guerras arancelarias, y también de tratados y alianzas comerciales. A pesar de todo ello, aunque debilitada, la integración internacional del mercado subsistió. Fue la Guerra Mundial lo que interrumpió todo este proceso e introdujo un germen de turbulencia que, aun después de concluida la contienda, dio lugar a las crisis e inflaciones de postguerra, a la Gran Depresión que comenzó en 1929 y se prolongó una década, a los cataclismos políticos de los años Treinta (incluida la Guerra Civil española), a la segunda Guerra Mundial, a la difícil segunda postguerra, a la expansión del comunismo, a la Guerra Fría, y, por fin, a la lenta recomposición de la integración económica internacional, en la que marcó un hito decisivo el derrumbamiento del comunismo europeo a partir de 1989. Es entonces cuando comienza «la segunda globalización,» en la cual nos hallamos hoy inmersos.

Esta accidentada evolución económica, que acabamos de relatar a vuelapluma, estuvo acompañada por cambios sociopolíticos de gran envergadura. Quizá una sola palabra los describe o engloba todos, y esta palabra es *democracia*. Puede decirse que el movimiento democrático contemporáneo[1] nació a finales del s. XVIII con las Revoluciones Americana y Francesa, pero durante el siglo XIX la democracia integral (el sufragio universal de los dos sexos) fue abriéndose paso muy lenta y trabajosamente. Sólo a finales de siglo, o inicios del XX, en países periféricos, como Nueva Zelanda (1893) y Australia (1902), regía el sufragio universal de ambos sexos y el masculino se daba en algunos más, pero en Inglaterra, la cuna del parlamentarismo, y en Alemania, la cuna de la seguridad social, la democracia tuvo que esperar hasta después de la llamada Gran Guerra.

---

[1] Por contraste con el antiguo, ver García Moreno y Tortella (2008).

La presión en favor de la democracia fue sobre todo obra de los sindicatos y de los partidos de izquierda, a su vez productos del proceso de urbanización y proletarización que el desarrollo económico trajo consigo. La industrialización y la comercialización, estimuladas por el desarrollo del comercio internacional, indujeron el crecimiento de la clase proletaria y la clase media, ambas urbanas y deseosas de lograr una medida de protección social por medios democráticos. Durante la Gran Guerra, el papel de la clase trabajadora adquirió una importancia crucial: no sólo eran obreros la mayoría de soldados en los ejércitos, sino que su colaboración entusiasta era indispensable en todas las actividades productivas, pero en especial en las industrias de importancia estratégica, como las de armamento, las alimentarias, y las de vestido y calzado. Por eso el sufragio universal se extendió como un reguero de pólvora durante la guerra y la postguerra. Con la generalización de la democracia, el panorama político cambió radicalmente, porque los partidos socialistas, que en la anteguerra tenían escasa representación parlamentaria y rara vez situaron representantes en los gobiernos, ahora hicieron su aparición en masa en los parlamentos y los gabinetes, y se convirtieron en elemento clave para la gobernabilidad. Estos partidos utilizaron su nuevo poder para ir poniendo en práctica su programa, que fue, en pocas palabras, la sustitución del liberalismo por la socialdemocracia: se introdujeron y generalizaron los seguros sociales (enfermedad, pensiones de vejez, de desempleo, etc.), y otras ayudas estatales (sanidad, educación, vivienda, etc.). El gasto social aumentó correlativamente, lo cual a su vez requirió aumentos sustanciales de la presión fiscal. Los tamaños relativos de los presupuestos (con respecto a la renta nacional) crecieron desmesuradamente.

 Este cambio drástico del marco institucional provocó una crisis intelectual de graves consecuencias. Economistas y políticos siguieron aferrados al viejo modelo de *laissez-faire* y lucharon vanamente durante dos decenios por volver al *status quo* de preguerra, a la añorada *belle époque*, utilizando las armas y los supuestos de la vieja política económica, inservibles en un entorno socialdemócrata. El *laissez-faire* y el patrón oro no funcionaban en un mundo de altos aranceles, salarios y precios rígidos, déficits fiscales, y niveles de precios muy por encima de los de preguerra. Las consecuencias de este lamentable lapsus intelectual fueron una crisis de proporciones gigantescas y unas cifras inauditas de desempleo, que fracturaron las sociedades hasta extremos insospechados. Sólo un economista advirtió que los viejos supuestos ya eran inválidos, John Maynard Keynes, que, ante la vieja receta de dejar que las fuerzas de la oferta y la demanda alcanzaran el punto de equilibrio a largo plazo, lo cual equivalía a pedir a los desempleados que tuvieran paciencia, escribió aquella frase mil veces citada: «*A largo plazo estamos todos muertos*». Pero no fue escuchado hasta que fue demasiado tarde. Como escribió años después, sus razonamientos fueron oídos como «los graznidos de una Casandra que nunca influyó a su debido tiempo en el curso de los acontecimientos»[2]. Cuando más necesarias fueron sus recomendaciones apenas se les prestó atención. En la segunda postguerra, en cambio, el keynesianismo se convirtió en segunda Biblia y se abusó de sus recetas hasta causar su desprestigio. Así avanza la ciencia social. Pero volvamos al hilo de nuestra narración.

La Gran Depresión afectó a todas las economías, aunque con diferentes grados de incidencia. En general, con la notoria excepción de Alemania, los países más ricos, con mayores o menores desperfectos, capearon el temporal. Los menos ricos zozobraron y un número no despreciable, se fue a pique, es decir, su democracia se hundió y fue sustituida por un régimen dictatorial y a menudo totalitario. A agravar las cosas vino la Revolución rusa de 1917 que, de un lado, exacerbó el radicalismo de los trabajadores y, de otro, provocó un endurecimiento del ideario político de las clases medias y altas que, en muchos casos, decidieron enfrentarse contra el comunismo con sus mismas armas, esto es, creando partidos y regímenes totalitarios de derecha. Así ocurrió en Italia, Alemania, España, Portugal, Austria, o Rumanía; en otros casos se trató simplemente de dictaduras militares, como en Grecia o Hungría. Europa se convirtió en un polvorín que terminó estallando en Septiembre de 1939, cuando se desencadenó la Segunda Guerra Mundial.

¿Cómo afectó este torbellino a España? En las grandes líneas, nuestro país se comportó como los demás de la Europa meridional. El sufragio universal se había estableció aquí bastante tempranamente, con la *Gloriosa Revolución* de 1868, aunque la Restauración

---

[2] Keynes (2000 [1923]), p. 80, y (1963 [1931]), p. v.

6. EL SIGLO XX (1900-1975)

canovista lo abolió, volviendo al sufragio censitario. Fue repuesto el sufragio universal de nuevo en 1890 y solo fue suspendido por las dictaduras de Primo de Rivera y Franco. En 1932 se decretó en España el sufragio universal de ambos sexos, antes que en Francia o en Italia. Al igual que en otros países, y especialmente hasta la llegada de la Segunda República, la democracia en España estuvo adulterada por el caciquismo, prevaleciente sobre todo en zonas rurales. El proceso de urbanización al que antes nos referimos contribuyó a debilitar esta lacra. Con o sin sufragio universal, el caciquismo fue consustancial al sistema político representativo en el siglo XIX; sin embargo, a medida que se debilitaba en el siglo XX el viejo esquema rígido bipartidista de la Restauración, se fue resquebrajando este sistema con la aparición de nuevos partidos (republicanos, socialistas, anarquistas, radicales, y, sobre todo en Cataluña y el País Vasco, partidos nacionalistas, inicialmente conservadores, más tarde de izquierdas también). En este aspecto, a principios del siglo, España tuvo de común con el resto de Europa la descomposición del sistema tradicional de partidos, aunque en el caso de España se dan dos particularidades: la fuerza del anarquismo y la de los partidos regionalistas. Ya hemos comentado los factores que favorecieron el crecimiento del regionalismo; la fuerza del anarquismo es algo que España tiene en común con otros países semidesarrollados de la periferia europea, como Italia y Rusia.

El carácter semidesarrollado de España y su tradicional aislamiento, favorecido por factores geográficos, explican que la cronología y los ritmos históricos sean en España bastante *sui generis* dentro del esquema general europeo. Para España, por ejemplo, la divisoria entre el siglo XIX y el XX está muy claramente marcada por el año 1898, la fecha del *Desastre*, la derrota de España en Cuba y Filipinas ante Estados Unidos, tras varios años de guerra colonial, derrota que destruyó los últimos vestigios del imperio y degradó al país de la segunda a la tercera categoría en importancia mundial. Además de constituir una humillación y un revulsivo, el *Desastre* trajo consigo una nueva orientación de la política económica que tuvo efectos casi inmediatos, predominantemente positivos, y también una nueva actitud de crítica, en general constructiva, en los intelectuales y políticos, actitud que se manifestó en muy diversos ámbitos, pero que se acostumbra a designar comprensivamente con la palabra «regeneracionismo». En lo puramente literario el regeneracionismo se suele identificar con la «generación del 98» y en materia de renovación educativa y científica la principal referencia es la Institución Libre de Enseñanza.

La expresión económica más inequívoca del regeneracionismo fue la estabilización llevada a cabo en 1899-1900 por Raimundo Fernández Villaverde, ministro de Hacienda en el Gobierno de Francisco Silvela. La estabilización de Villaverde trataba de poner fin a la inflación causada por la Guerra de Cuba y, sobre todo, de equilibrar el presupuesto para detener la emisión de Deuda pública. El plan de Villaverde, aunque muy protestado en Cataluña y en Londres, constituyó un gran éxito: logró una serie de superavits presupuestarios que permitieron poner coto al crecimiento de la deuda. El Banco de España dejó de prestar dinero al Estado y ello permitió también una disminución de los billetes en circulación, con lo que la inflación se paró en seco y la cotización exterior de la peseta se recuperó. Fue afortunado Villaverde en que el final de la guerra colonial trajera consigo una gran repatriación de capitales, lo que significó un aumento de la inversión privada que contrarrestó las restricciones presupuestarias de la Estabilización. Al calor de esta afluencia de capitales se fundaron una serie de grandes bancos (Guipuzcoano, de Vitoria, de Valencia, Crédito de la Unión Minera, de Vizcaya, Hispano-Americano, Español de Crédito) y otros medianos, que renovaron totalmente el panorama financiero y contribuyeron al impulso industrializador de aquellos años, apoyados en una especial relación que se creó entre la banca privada y el Banco de España[3].

Este impulso también marcó una clara discontinuidad, porque la economía española comenzó un proceso de diversificación y de inversión en industria pesada: eléctrica, química, metalúrgica, mecánica, cemento, construcción, etc.[4], actividades que hasta entonces habían brillado por su ausencia —o casi— en España. Lo mismo ocurrió, un paso por delante, en Cataluña, que tenía la ventaja de tener ya una estructura industrial, basada en el textil, y buenas condiciones para la producción de hidroelectricidad en las laderas de los Pirineos. La electricidad, junto con el petróleo, fue la gran protagonista de esta nueva revolución industrial, basada en nuevas formas y fuentes de energía. Cataluña tendió a especializarse en industrias

---
[3] Tortella (1999), pp. 166-177.
[4] Maluquer de Motes (1998), Cap. 4, esp. pp. 115-122; Nadal (2003), pp. 177-229.

6. EL SIGLO XX (1900-1975)

más bien de consumo que de capital: metalmecánica y química, pero también calzado, cuero, papel, corcho, bebidas. En Cataluña, y en toda España, adquirió gran importancia, y se renovó, la industria de la construcción, porque se aceleró la urbanización: la industria y las ciudades, se convirtieron en un polo de atracción para la población campesina, que acudió a ellas en busca de mejores salarios y calidad de vida. Se inició así en España un intenso proceso de migraciones, internas y externas, y Cataluña fue uno de los principales polos de atracción, junto con Madrid y el País Vasco. Ello no significa que los catalanes no emigraran también: muchos lo hicieron a la cornisa Cantábrica (Gaspar y Salvador Massó, Pedro Masaveu), otros, los más, a América, de donde algunos volvieron enriquecidos, como Josep Xifré i Casas, Miquel Biada i Buñol, Juan Güell y Ferrer, Facundo Bacardí, o Antonio López de Lamadrid (este de origen cántabro).

Si el 98 marcó un claro hito en la historia política y económica española, esto fue especialmente así en Cataluña, donde la pérdida del mercado cautivo de las Antillas, que tan importante papel desempeñó en el crecimiento de la industria textil algodonera, especialmente desde la Ley de Relaciones Comerciales de 1882, causó una verdadera conmoción. Puede decirse que el 98 dio el espaldarazo definitivo al catalanismo político (por contraste con el cultural y lingüístico, que, como vimos, había florecido desde mediados de siglo), al debilitarse sensiblemente el nexo de intereses económicos que el proteccionismo a la industria textil había creado entre la industria catalana y los gobiernos de Madrid.

Todo este cambio económico y social entraña cambio político: el equilibrio bipartidista alcanzado en la Restauración se rompe en toda España, con Madrid, Cataluña y el País Vasco como adelantados: antes nos referimos a los nuevos partidos políticos que minan el bipartidismo. Cataluña va a la cabeza en este sentido y es poco después del 98, que, justificadamente o no, sirve de revulsivo político especialmente allí, cuando se funda, por prohombres tales como Enric Prat de la Riba y Francesc Cambó, la *Lliga Regionalista*, que obtiene una victoria electoral en Barcelona en 1901 que va a marcar una nueva etapa en la política catalana. A partir de entonces los partidos dinásticos se van diluyendo en el Principado, y el voto catalán (más bien barcelonés) se lo disputan la *Lliga* y los republicanos, que pronto estarán organizados y encabezados por el cordobés afincado en

Barcelona (el gran polo de atracción para emigrantes murcianos y andaluces) Alejandro Lerroux.

Si la gran divisoria política en Europa será, lógicamente, la Gran Guerra, en España la divisoria se coloca veinte años antes: en 1898. Como dijimos, por su aislamiento y su atraso relativo, España tuvo una cronología *sui generis*. Sin embargo, dentro de los turbulentos decenios que siguieron a la Gran Guerra el país estuvo sujeto a los vaivenes internacionales con una intensidad inaudita: sufrió una dictadura militar de inspiración fascista, vio derrumbarse el régimen monárquico y, tras cinco años de régimen republicano plagado de tensiones e inestabilidades, se sumió en una larga y cruenta guerra civil. A cambio, no participó ni en la Primera ni en la Segunda Guerras Mundiales; pero sufrió, tras la guerra civil, treinta y seis años de dictadura semifascista, esencialmente autoritaria y anticomunista, inspirada en los movimientos de este tipo, seguidores de los paradigmas italiano y alemán. La larga duración de la dictadura franquista tiene varias explicaciones, entre ellas, la más obvia, que vino precedida por una guerra civil que destruyó físicamente, o envió al exilio, a todos sus adversarios, los partidos del centro y de la izquierda. Otra razón de relieve fue que el régimen franquista siempre se definió por su anticomunismo, lo cual fue una baza internacional muy importante en los largos años de la «guerra fría». A ello hay que añadir que el dictador supo manejar hábilmente el palo de la represión violenta policial y militar combinándolo con la zanahoria del crecimiento económico, sobre todo a partir de, aproximadamente, 1950. El caso es que la dictadura franquista fue, como su nombre indica, un régimen muy personal, que duró tanto como el dictador y fue enterrada con él.

España, por tanto, sufrió intensamente la terrible crisis mundial de la primera mitad del siglo XX, aunque el desarrollo de esta tuviera aquí características propias y un ritmo cronológico muy diferente del del resto de la Europa occidental. Mientras las dictaduras que inspiraron y apoyaron el régimen de Franco, las de Mussolini y Hitler, derrotadas en la Segunda Guerra Mundial, fueron sustituídas por regímenes democráticos, la no intervención en esa guerra otorgó a la dictadura española treinta años más de duración.

También ocurrió que las tensiones de la Primera Guerra Mundial (aunque España se mantuviera neutral, los efectos económicos y sociales se hicieron sentir fuertemente) y la crisis de postguerra

6. EL SIGLO XX (1900-1975)

tuvieron claros efectos políticos. Entre otras cosas, exacerbaron los problemas en las relaciones de Cataluña con el resto de España y las tiranteces entre los distintos grupos sociales dentro de Cataluña. Las disensiones entre obreros y patronos catalanes se manifestaron a lo vivo durante la famosa huelga de «La Canadiense», que más adelante comentaremos, y sin duda explican, al menos en parte, el apoyo que la burguesía catalana dio al golpe de Estado de Primo de Rivera en 1923. Hay que tener en cuenta que en la cuarta década del siglo XX se alcanza el máximo desfase entre la economía catalana y la española en su conjunto, es decir, el momento en que la diferencia entre las rentas por habitante en Cataluña y en España es mayor (Gráfico 6.1). El que Cataluña, por estar más industrializada, sufriera de manera diferente los rigores de las crisis no justifica, sin embargo, la visión de algunos historiadores en el sentido de que esa región sufrió un trato diferenciado sistemático por parte de los gobiernos nacionales. Es muy común, por ejemplo, la afirmación de que Cataluña fue objeto especial de opresión bajo el régimen franquista.

El afirmar, o insinuar, que la mayor víctima de la guerra civil y del franquismo fue Cataluña implica un victimismo y una miopía ante la complejidad de la acción humana que recuerda los de aquel aficionado del Real Madrid que sostenía sin titubeos que la guerra civil tuvo lugar para que el Atlético de Madrid ascendiera a Primera División. El principal enemigo del franquismo fue el comunismo, como el régimen proclamó incesantemente durante su larga existencia, como proclamaron, también, también verazmente, sus modelos italiano (fascista) y alemán (nazi), y como correspondía a su papel histórico, según hemos visto más arriba. Además, tenía otra larga serie de enemigos, como el republicanismo, la masonería, el ateísmo, el anarquismo, la libertad política y cultural, el autonomismo, el separatismo, el laicismo, y un larguísimo etcétera. Algunos de estos enemigos eran de raíz intrínsecamente española, otros eran universales. El pretender que Cataluña, como una unidad, ocupara un lugar especial en ese largo elenco de enemigos del régimen franquista es incurrir en una grave falsedad histórica. Lo que ocurría es que Cataluña, como región más desarrollada y con una serie de rasgos privativos (*¿fets diferencials?*) históricos, reunía un número alto de bestias negras del régimen franquista, como, por ejemplo, el anarquismo, el republicanismo, el autonomismo, y el separatismo, por citar los más obvios. Más razón para sentirse perseguidas y discriminadas que Cataluña tenían, por ejemplo, Guipúzcoa y Vizcaya que, como veremos, fueron privadas por el franquismo del régimen foral que disfrutaron Álava y Navarra. Que el idioma catalán fue reprimido durante el franquismo es innegable, pero igualmente lo fueron las demás lenguas regionales, como el vasco o el gallego, pese a ser Franco gallego de origen.

Por otra parte, y contra lo que se ha afirmado, incluso por historiadores muy respetables, Cataluña, como veremos más adelante, no fue discriminada económicamente por el franquismo, sino todo lo contrario. La economía catalana se benefició no solo de las decisiones individuales de los gobiernos franquistas (puerto franco, SEAT, Vandellós, etc.), sino que su industria se vio favorecida por la política autárquica de los primeros decenios de la dictadura, que le entregó el mercado nacional casi en exclusividad. Por desgracia, carecemos de estimaciones fiables de renta regional por habitante para el período anterior a 1950. Fue a partir del Plan de Estabilización de 1959, aproximadamente, cuando el desfase entre la economía catalana y la del resto de España comenzó a cerrarse, no porque la economía catalana se estancase, sino porque la del resto de España recuperó el terreno perdido a gran velocidad. A ello se ha añadido el proceso de desindustrialización, que ha sido muy general en las economías avanzadas y que, lógicamente, debía afectar más directamente, dentro de España, a las economías con mayor tradición industrial, como Cataluña y el País Vasco.

En el proceso de desarrollo de la economía española, que ha caracterizado al siglo XX y en particular a su segunda mitad, libre ya de los cataclismos sociales de la primera, un paso muy importante lo constituyó la accesión de España a la Comunidad Europea en 1986. Puede decirse que con ella se puso fin a la particularidad o excentricidad de España en el concierto europeo y, por ende, mundial. Junto con la introducción de las reformas socialdemócratas (Estado de bienestar) en los años de la transición, la accesión a la Unión Europea homologó (palabra muy en boga entonces) a la sociedad española con los países de su entorno de una manera como no lo había estado hasta entonces. En este período, desde la transición a la democracia hasta nuestros días, la economía española ha crecido considerablemente, con los inevitables altibajos, pero se ha caracterizado también por una clara propensión a la convergencia: las regiones menos desarrolladas han crecido más que las punteras. Como consecuencia, el peso de la

6. EL SIGLO XX (1900-1975)

economía catalana dentro del total español ha ido disminuyendo, aunque su PIB sigue estando en el entorno del 120 por 100 de la media nacional (Gráfico 6.1).

Gráfico 6.1.
Evolución relativa del PIB de Cataluña (1800-2000) (PIB de España = 100)

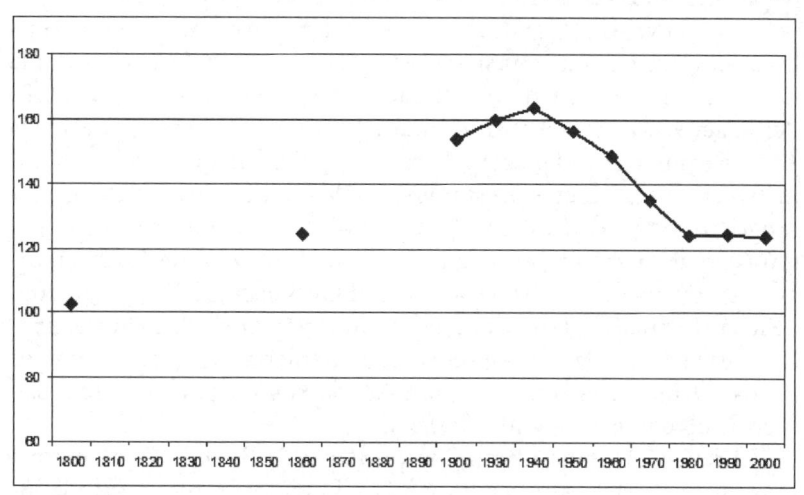

Fuente: Carreras y Tafunell (2005), Cuadro 17.27

Industrialización y catalanismo

La Lliga: catalanistas en el Gobierno de España

En los albores del siglo XX existía en España el convencimiento de que la industrialización liberal de la pasada centuria había sido completamente insuficiente y que era preciso avanzar hacia un modelo que hoy llamaríamos de «políticas industriales activas». El Arancel Cánovas (1891) había supuesto el primer paso en esa dirección, al otorgar a los productos españoles una protección que trataba de brindarles oportunidades para su desarrollo. El Arancel Salvador (1906) fue más allá del proteccionismo integral del Arancel Cánovas y buscó específicamente la potenciación de la industria. Poco después, durante el *Gobierno largo* de Antonio Maura (del 25 de enero de 1907 al 21 de octubre de 1909), se avanzaría decididamente por la senda del nacionalismo económico (preferencia por la producción nacional) y el intervencionismo (el Estado se disponía a tener un papel más activo en el proceso de industrialización)[5]. Cánovas y Maura eran líderes del Partido Conservador (aunque Maura antes había pertenecido al Partido Liberal); Amós Salvador, liberal y sobrino de Sagasta, fue el ministro de Hacienda que dio nombre al Arancel de 1906.

La nueva estrategia suponía, en buena medida, dar la razón a las voces, numerosas e insistentes, que desde Cataluña siempre la habían demandado. Este fue un factor de primer orden para entender el acuerdo entre Antonio Maura y Francesc Cambó, líder de la *Lliga Regionalista*, el principal partido catalanista[6]. Cambó sería ministro en dos gabinetes presididos por Maura, en carteras de primer rango: ministro de Fomento, entre marzo y noviembre de 1918, y ministro de Hacienda, entre agosto de 1921 y marzo de 1922. En total, catorce meses largos de servicio al Gobierno de España de uno de los principales líderes del catalanismo, ejecutoria de la que el protagonista se sentiría tan orgulloso que plasmaría sus vivencias en dos libros (*Ocho meses en el Ministerio de Fomento*, aunque en realidad fueron siete y medio, y *Memòries*[7]).

Francesc Cambó i Batlle, ampurdanés de Besalú, llegó a Barcelona en 1891 para estudiar Filosofía y Letras y Derecho, con la intención de seguir una carrera política. Era un hombre brillante que ya en 1895, con 19 años, accedió a la presidencia del *Centre Escolar Catalanista*, por donde habían pasado personajes como Enric Prat de la Riba, Josep Puig i Cadafalch o el abogado Narcís Verdaguer i Callís, en cuyo despacho empezó a trabajar en 1897. Dos años después, junto a este abogado y Prat de la Riba, fundaría el *Centre Nacional Català*, que en 1901 se transformaría en la *Lliga Regionalista* (la *Lliga*) tras fusionarse con *Unió Regionalista*. El catalanismo conservador había pasado de ser un movimiento cultural a ser un movimiento político, en un momento de grave crisis del Estado español tras el *Desastre* del 98.

---

[5] El modelo proteccionista, nacionalista e intervencionista fue tempranamente percibido por el economista Román Perpiñá. Para su aplicación a Cataluña, véase Perpiñá (1989).
[6] Sobre Cambó, hay una extensa literatura, donde destacan las obras de Pabón (1952, 1969), Molas (1972a, 1972b), De Riquer (1979, 1997) y Ucelay (2003).
[7] Cambó (1919); Cambó (1981).

6. EL SIGLO XX (1900-1975)

En 1901, la *Lliga* se presentó a las elecciones, tanto a Cortes como municipales. Cambó y el arquitecto Josep Puig i Cadafalch fueron elegidos como concejales del Ayuntamiento de Barcelona. En nuevas elecciones, Cambó fue elegido diputado por Barcelona en 1907, el mismo año en que Prat de la Riba pasó a presidir la Diputación de Barcelona. Siguieron años de intensa actividad política catalanista, que tuvo que afrontar la Semana Trágica del verano de 1909[8]. Este luctuoso acontecimiento se inició como una protesta contra la movilización de reservistas para ir a luchar en Melilla, donde se veía amenazada la construcción del ferrocarril de una concesión minera española (en la que tenían intereses empresarios catalanes como el marqués de Comillas o el conde de Güell). La huelga convocada para el 26 de julio de 1909 constituyó todo un éxito, pero hubo incidentes violentos y el ministro de la Gobernación, Juan de la Cierva, declaró el estado de guerra. Esto provocó disensión en el seno del Partido Conservador, y del gobierno, contribuyendo a que la situación se volviera caótica, con más de un centenar de muertos. El Gobierno de Maura aplicó entonces una fuerte represión, que culminó el 13 de octubre con cinco ejecuciones en el castillo de Montjuïc, entre ellas, la del pedagogo, fundador de la llamada Escuela Moderna, Francisco Ferrer Guardia, que fue acusado de ser el instigador de la revuelta (80 edificios religiosos habían ardido, entre los que se contaban 33 escuelas católicas). El juicio de Ferrer Guardia estuvo lleno de irregularidades y provocó un amplio rechazo dentro y fuera de España, hasta el punto de acarrear la caída de Maura.

La posición de la *Lliga* ante la Semana Trágica fue clara. Los intereses burgueses que representaba el partido coincidían con los de los partidos dinásticos (Conservador y Liberal) en la necesidad de reprimir las reivindicaciones del movimiento obrero. Por esta vía, el entendimiento entre la *Lliga* y los partidos dinásticos se hacía posible, en terrenos como el avance hacia el autogobierno. Así, el 8 de diciembre de 1911, los cuatro presidentes de las diputaciones catalanas presentaron al presidente del Gobierno, el liberal José Canalejas, un proyecto para crear una diputación única, que se llamaría Diputación de Cataluña. El proyecto terminaría siendo aprobado por las Cortes el 17 de octubre de 1912, con el voto en contra del

---

[8] Romero-Maura (1975).

Partido Conservador, de algunas facciones del Partido Liberal (las de Segismundo Moret y Niceto Alcalá-Zamora) y del Partido Radical (cuyo líder, Alejandro Lerroux, obtuvo un notable apoyo entre los catalanes no catalanistas[9]). Canalejas, que siempre había apoyado el proyecto, sería asesinado al mes siguiente por un anarquista, lo que complicó el proceso de aprobación, que tenía que ser sometido al Senado.

Pasado un año desde la aprobación en Cortes del proyecto de Diputación única, en octubre de 1913, se organizaron en Cataluña actos reivindicativos cuyo éxito permitió que los diputados regionalistas, con Cambó a la cabeza, exigieran al Gobierno conservador de Eduardo Dato que tomara medidas para la fusión de las diputaciones provinciales. El Consejo de Ministros aprobó el 18 de diciembre de 1913 un real decreto para la creación de *mancomunidades* de provincias en toda España. Lo cierto es que la única que se creó fue la *Mancomunitat de Catalunya*, cuyo estatuto fue aprobado el 26 de marzo de 1914. El primer presidente de la Mancomunitat fue Prat de la Riba, quien consideró que la institución representaba un paso muy importante en el reconocimiento por parte del Estado español de la personalidad y la unidad territorial de Cataluña. A su muerte, en 1917, le sucedió Puig i Cadafalch, lo que suponía la consolidación de la *Lliga Regionalista* como máxima expresión del catalanismo.

La *Mancomunitat de Catalunya* desarrolló con normalidad sus funciones hasta el golpe de Estado del general Miguel Primo de Rivera, ocurrido el 13 de septiembre de 1923, que implantó una dictadura. Los hombres de la *Lliga* se negaron a colaborar con el dictador, y Puig i Cadafalch fue reemplazado por un anticatalanista, Alfons Sala i Argemí, hasta que se clausuró la institución el 20 de marzo de 1925 y volvieron las diputaciones provinciales. En el tiempo en que estuvo funcionando, la *Mancomunitat* se preocupó con eficacia de canalizar inversiones hacia las infraestructuras de transporte y las dotaciones culturales y educativas de los ayuntamientos catalanes. Con todo, hay que decir que la *Lliga* no vio en la *Mancomunitat* más que una solución temporal y de compromiso, pues sus reivindicaciones iban más allá, como puso de manifiesto Cambó

---

[9] Culla (1986) y Álvarez Junco (1990).

cuando, en 1919, pidió (1923) un *estatut d'autonomia* para resolver el *problema català*.

Cambó no fue el primer catalanista en aceptar formar parte del Gobierno de España. El primer gabinete que contempló esta posibilidad fue el del liberal Manuel García Prieto, que formó un Gobierno de concentración entre noviembre de 1917 y marzo de 1918, donde un íntimo colaborador de Cambó, Joan Ventosa i Calvell, fue ministro de Hacienda —entre septiembre y noviembre de 1918 repetiría como ministro de Abastecimientos—, mientras Felip Rodés i Baldrich sería ministro de Instrucción Pública y Bellas Artes. La entrada de estos hombres de la *Lliga* se produjo tras las reuniones en Barcelona y Madrid de una *Asamblea de Parlamentarios*, entre los meses de julio y octubre de 1917, donde diputados y senadores catalanistas y republicanos se mostraron muy preocupados por el curso de los acontecimientos (fuerte inflación, descontento en el Ejército, necesidad de comprensión para las posturas autonomistas, agotamiento del bipartidismo).

Cambó fue el alma de la Asamblea de Parlamentarios y también lo sería del proyecto de *Estatut d'Autonomia de Catalunya* de 1919, que nació en el seno de la *Mancomunitat*, a partir de la defensa de la «autodeterminación» de los pueblos que había hecho el presidente de Estados Unidos, Woodrow Wilson, al término de la Primera Guerra Mundial. Los conservadores de la *Lliga* se mostraron interesados en la petición de autonomía como forma de desviar la atención de los movimientos sociales de la Revolución Bolchevique. Según Cambó (1981, p. 299), la idea fue de Alfonso XIII, que le llamó a Palacio el 15 de noviembre de 1918 y le dijo: «Temo que haya un estallido revolucionario en Cataluña [...], prólogo de la anarquía en toda España. No veo más manera de salvar la situación tan difícil que satisfacer de una vez las aspiraciones de Cataluña para que los catalanes dejen de sentirse revolucionarios en estos momentos y reanuden su adhesión a la Monarquía». También era una forma de responder al independentismo del diputado Francesc Macià, que en las Cortes de 1918 había manifestado su deseo de que Cataluña formara parte de la Sociedad de Naciones que propugnaba Wilson (España lo haría, a partir de octubre de 1919). Macià, antiguo militar español, había abandonado el Ejército con 47 años para ser diputado por *Solidaritat Catalana*, el partido que había nacido como respuesta a la Ley de Jurisdicciones (1906), de Moret y el conde de Romanones, que había puesto bajo jurisdicción militar los delitos de ofensas a la Patria y al Ejército. Macià terminaría fundando *Estat Català* (1922) —partido que popularizaría la bandera conocida como «*estelada blava*», es decir, la *senyera* con una estrella blanca sobre fondo azul— y *Esquerra Republicana de Catalunya* (ERC) en 1931.

El proyecto de Estatut que defendió Cambó en las Cortes el 28 de enero de 1919 fue el que había aprobado dos días antes una asamblea de municipios catalanes reunida en el *Palau de la Música* de Barcelona (que contó con el apoyo de otras instituciones, como el Fútbol Club Barcelona). Cambó encontró una fuerte resistencia en la cámara, empezando por el propio Gobierno, que, a sugestión de Cambó, e iniciativa del presidente de Gobierno, conde de Romanones, había preparado un estatuto alternativo en una comisión presidida nada menos que por Antonio Maura. «Debe recordarse el hecho curioso de que fuera la ponencia de Maura la que puso en circulación la palabra *Generalitat* designando al Gobierno autónomo de Cataluña para ligarlo a la tradición histórica» (Cambó, 1981, p. 310). La idea de presentar dos versiones del proyecto de Estatut fue del propio Cambó, que pensó que así sería más fácil llegar a una transacción. Pero de nuevo un hecho conflictivo truncó las aspiraciones autonomistas de *La Lliga*: la huelga de «La Canadiense», la poderosa empresa extranjera *Barcelona Traction, Light and Power*, de quien dependía la electricidad, el gas y el agua de la ciudad condal (el gas y el agua a través de sus participadas Catalana de Gas y Sociedad General de Aguas, respectivamente). Los meses de febrero y marzo de 1919 estuvieron marcados en Barcelona por este conflicto, que terminó con un gran éxito anarquista (CNT) y con la introducción de la jornada de ocho horas en la legislación laboral española. La convulsión creada por la huelga fue tal que el 27 de febrero hubo que cerrar las Cortes y el proyecto de *Estatut* quedó sin aprobar[10].

La neutralidad observada por España durante la Primera Guerra Mundial había traído prosperidad económica, gracias al consiguiente *boom* exportador. Cataluña se vio particularmente beneficiada por este auge, pero, cesadas las hostilidades, las cosas cambiaron a peor rápidamente, como probaba el conflicto de La Canadiense, iniciado

---

[10] Cambó (1981), Cap. 18, *passim*.

cuando la empresa propuso rebajas de sueldo con que afrontar la nueva coyuntura. Cambó, bien conectado con el empresariado catalán, se dio cuenta de ello y decidió echar el freno a las aspiraciones autonomistas para concentrar los esfuerzos en resolver la grave crisis económica y social que se venía encima. Así, no dudó en atender la llamada de Maura cuando en agosto de 1921 quiso de nuevo contar con él para el Gobierno de España en la cartera de Hacienda (recordemos que ya había sido ministro de Fomento, también con Maura, en 1918).

Como ministro de Hacienda, entre agosto de 1921 y marzo de 1922, Cambó sacó adelante dos leyes fundamentales en la historia económica española: la Ley de Ordenación Bancaria de 1921 y el llamado Arancel Cambó de 1922. La primera fue aprobada con dificultades el 29 de diciembre de 1921, gracias a una intervención de Maura en persona, que tuvo que emplearse a fondo para conseguir el consenso necesario. El problema estaba en que Cambó había buscado fortalecer el papel del Estado en el control del Banco de España y de la banca privada, imponiendo la presencia de representantes gubernamentales en todos los órganos crediticios[11]. Al final, el legislador se conformó con una «suave evolución» hacia la configuración del Banco de España como «Banco de Bancos», estableciendo límites en su relación privilegiada con el Estado; en última instancia, la política monetaria y cambiaria sería competencia del Gobierno, no del Banco. En cuanto a la banca privada, la ley confió su reglamentación a un nuevo organismo, el Consejo Superior Bancario, que de hecho estaba dominado por banqueros, lo que significaba en la práctica dejar que éstos se ordenaran a su gusto. Se preveía la formación de un registro de bancos nacionales, con acceso a una serie de privilegios, de los que la banca extranjera quedó excluida. Era una ley que favorecía deliberadamente a la gran banca nacional.

El Arancel de 1922 también se aprobó con polémica. Cambó tuvo que convencer a las Cortes de que los intereses industriales

---

[11] En 1920 había quebrado por sus operaciones especulativas el Banco de Barcelona, la institución más emblemática de la banca catalana, y no es extraño que Cambó, próximo a los intereses de los industriales, siempre quejosos con el comportamiento de la banca, optara por disciplinar a las entidades financieras. Sobre el Banco de Barcelona, véase Cabana (1978, 2007), Muñoz (1988), y Blasco y Sudrià (2010). Sobre la Ley Bancaria y el Banco de España, Tortella (1970, pp. 303-9) y Martín Aceña (2006, pp 137-150). Volvemos más adelante sobre este tema.

tenían que quedar por encima de los agrarios, pues España debía avanzar decididamente hacia su modernización por la vía de la industrialización. Correspondía renovar el Arancel de 1906, según la periodicidad establecida, pero Cambó entendió que procedía rediseñar toda la estructura arancelaria para que se convirtiese en un instrumento eficaz de las políticas industrializadoras. Además, el Arancel debería contribuir a solucionar el problema del déficit público, que estaba desbocado, principalmente por las demandas de la guerra en Marruecos. Para ello debía el arancel hacer compatible su papel protector con su misión recaudadora. La tarea, por tanto, no era nada fácil, pero Cambó fue capaz de crear un Arancel que estaría vigente, con pocas variaciones, hasta el Arancel Ullastres de 1960, es decir, durante casi cuatro décadas (la Ley de Ordenación Bancaria no fue sustituida hasta 1946)[12].

El catalanismo durante la Dictadura y la Dictablanda

Los dos grandes cambios institucionales de Cambó —la Ley bancaria y el Arancel— pretendían reanimar la economía española, y en especial la catalana, en cuanto Cataluña seguía siendo «la fábrica de España». A comienzos de los años Veinte había crisis, cuando en los años bélicos había reinado la prosperidad. Lo que no había cambiado era el clima social, profundamente deteriorado. Ello se explica porque, durante el *boom* exportador de la Primera Guerra Mundial, se habían acelerado las exportaciones tradicionales, pero también se habían vendido artículos que en circunstancias normales nunca hubieran traspasado las fronteras, causando desabastecimiento, incluso de productos básicos. Todo ello trajo consigo una fuerte inflación, aunque no tan alta como la que se dio en los países beligerantes. Los beneficios derivados de la neutralidad fueron de orden más nominal que real (a causa de la inflación) y sirvieron, principalmente, para la nacionalización de activos en poder de extranjeros. Las estimaciones disponibles sobre el crecimiento de la renta en esta coyuntura bélica son acusadamente contradictorias y existen numerosos indicios de que el oro adquirido por el Banco de

---

[12] En la práctica, las continuas restricciones cuantitativas hicieron bastante superfluo el Arancel Cambó.

6. EL SIGLO XX (1900-1975)

España gracias al *boom* exportador no fue utilizado para mejorar (vía importaciones) el equipamiento industrial del país; de hecho, la inversión en términos reales disminuyó. Resulta paradójico, pero el oro acumulado en el Banco de España, que convirtió a éste en uno de los mayores poseedores de metal amarillo en el mundo, y que Calvo Sotelo, como ministro de Hacienda de la Dictadura, pensó en convertir en la base para implantar el patrón oro en España, terminó siendo exportado a la Unión Soviética durante la guerra civil y apropiado por este país como pago por sus envíos de armamento al bando republicano.

Hubo violencia social antes y después de la huelga de La Canadiense, proceso que culminó con el asesinato de Francisco Maestre, que había sido gobernador civil de Barcelona. El 8 de noviembre de 1920, Dato nombró al general Severiano Martínez Anido para el cargo, sabiendo de la dureza de sus métodos. La represión fue brutal, e incluyó acciones claramente ilegales, como la aplicación de la tristemente célebre «ley de fugas», consistente en el asesinato de presos por la policía con el fingido pretexto de haberse fugado; todo ello se volvió contra Dato, que fue víctima de un atentado mortal el 8 de marzo de 1921. En los dos años y medio que transcurrieron entre el asesinato de Dato y el golpe de Estado del general Primo de Rivera, la lucha social, especialmente en Barcelona, llegó al paroxismo (se calcula que más de 150 personas murieron en atentados «sociales» entre 1921 y 1923); el enfrentamiento de clases y de ideologías en Cataluña alcanzó extremos inauditos: como señala Balcells (2004, p. 734), en 1923 «había un bloqueo político en Cataluña. Entre el catalanismo y el movimiento obrero no había ningún puente de diálogo».

Entretanto, de Marruecos llegaban malas noticias. Desde la división del país vecino en dos protectorados, francés y español (este comprendía la franja norte, emplazada sobre la cordillera del Rif) en 1912, España tuvo dificultades para controlar su zona, muy montañosa y habitada por tribus hostiles. En 1921, el cadí Mohamed Abd el-Krim, educado en Salamanca, se rebeló contra las autoridades españolas del Protectorado. Pronto obtuvo una sonada victoria sobre las tropas coloniales, mal dirigidas por el temerario general Fernández Silvestre: cerca de 9.000 bajas costó a las tropas españolas el ataque, en julio de 1921, a la guarnición de Annual por parte del líder rifeño. Los socialistas exigieron el fin de la aventura africana. La tensión entre el poder civil y el militar subió de tono cuando se abrió una investigación en la que participaría el Congreso de los Diputados. En el verano de 1923 todavía se estaban depurando responsabilidades por ese trágico acontecimiento.

El 13 de septiembre, el capitán general de Cataluña, Miguel Primo de Rivera, publicó en la prensa de Barcelona un manifiesto donde anunciaba que el Ejército había decidido terminar con una situación de caos y anarquía que incluía una «descarada propaganda separatista». A continuación, un decreto de 15 de septiembre nombraba a Primo de Rivera «presidente del Directorio militar encargado de la gobernación del Estado», teniendo que ser refrendadas sus decisiones por el rey. La Constitución de 1876 quedaba suspendida y los gobernadores civiles eran sustituidos por gobernadores militares en todas las provincias. Los generales Severiano Martínez Anido y Miguel Arlegui fueron nombrados subsecretario de Gobernación y director general de Seguridad respectivamente, dejando claro que la prioridad del nuevo Gobierno sería el restablecimiento del orden público. Esto se consiguió pronto, en parte debido a que las fuerzas socialistas mantuvieron una actitud nada hostil hacia el nuevo régimen.

Veamos cómo analizaba Cambó (1981, pp. 373-375) las causas y motivos del golpe de Estado:

> La Dictadura de Primo de Rivera vino [...] por la incapacidad de los poderes constitucionales para cumplir su misión. [El sistema de partidos había dejado de funcionar por la muerte de los viejos líderes, Cánovas y Sagasta, y porque el desarrollo económico había cambiado la correlación de fuerzas sociales.] Maura, desde principios de siglo, ya declaraba la necesidad de crear unos partidos que reflejasen la realidad de la sociedad española [...] Que la empresa no era imposible lo muestra el hecho de que en Cataluña, que políticamente estaba aún más atrasada que el resto de España, bastó con la acción de la *Lliga* y con la gran conmoción de la *Solidaritat* para que llegasen a formarse partidos de derecha, de centro y de izquierda, que lograron englobar íntegramente a la sociedad catalana.
>
> Desgraciadamente, en el resto de España no se hizo así y continuaron los desacreditados fantasmas [los partidos dinásticos], que no eran respetados por nadie, actuando como sostenedores de las instituciones y dirigentes del país [...].

A veces los gobiernos que salían de estos fantasmas de partido imponían algún respeto por la calidad de los hombres que los integraban. Los dos últimos gobiernos, el de Sánchez Guerra y el de García Prieto, ya no eran ni una caricatura: eran un verdadero sarcasmo [...].

El General Primo de Rivera decía a todo el que le quisiera oír que él sacaría a España de aquella vergüenza [...]

La guarnición de Barcelona estaba al lado del Capitán General, hombre afable, simpático, totalmente inculto, inteligente, dotado de una gran intuición y de dotes excepcionales para atraerse amigos [...] Recorría las poblaciones de Cataluña [...] y hablaba con todo el mundo y procuraba hacerlo en catalán. Se extasiaba escuchando las sardanas y contemplando la bandera catalana. [...] A mí, cuando se encontraba conmigo —generalmente en el Liceo— me tomaba del brazo y se deshacía en consideraciones y en palabras amistosas [...]

Qué tiene de extraño, pues, que al lanzar su Manifiesto contra un Gobierno odiado y menospreciado, contase, no solo con la guarnición, sino con la simpatía de casi la totalidad de Barcelona [...]

Existe un acuerdo casi unánime entre los historiadores del período[13] acerca del apoyo que Primo de Rivera encontró entre la burguesía y las clases medias catalanas.

Entretanto, en el exterior, el conflicto de Marruecos se recrudeció en el primer año de la Dictadura, hasta el punto de que el propio dictador se hizo cargo de la Alta Comisaría en octubre de 1924. Por aquel entonces, Abd el-Krim cometió el error de atacar también en la zona francesa, lo cual produjo un acercamiento entre ambas potencias europeas. A mediados de 1925, se firmaron acuerdos militares entre España y Francia, y en los primeros días de septiembre se inició una gran ofensiva conjunta sobre Alhucemas que consiguió que los rebeldes se batiesen en retirada. Abd el-Krim fue hecho prisionero, se entregó a los franceses y fue confinado en la isla de Reunión, cerca de Madagascar.

En cuanto a la cuestión catalanista, Primo de Rivera, que presumía de sus buenas relaciones con la burguesía del Principado (su

---

[13] Pabón (1969), II, parte Primera, pp. 449-452; Ben-Ami (1983), pp. 33-52; González Calbet (1987), pp. 61, 81-89.

actuación recuerda a la de Martínez Campos en el pronunciamiento de Sagunto, en 1874), terminó por poner a todos los catalanistas, moderados y radicales, en su contra. En la disolución de las instituciones democráticas la Dictadura intentó torpemente preservar el poder de algunos hombres de la *Lliga*, pero todos terminaron por separarse del Gobierno y adoptar una actitud de retraimiento u hostilidad. Primo de Rivera trató de favorecer la descentralización del Estado tomando como base las instancias municipales en lugar de las regionales. El 20 de marzo de 1925 fue promulgado un Estatuto Provincial que supuso la devolución de las funciones de la *Mancomunitat de Catalunya* a las cuatro Diputaciones provinciales. Una reunión de todas las Diputaciones españolas, celebrada en Madrid el 20 de enero de 1926, fue apoyada por el Gobierno de forma entusiasta. Estas actuaciones completaban la tarea iniciada con los Estatutos Municipal y Provincial de 1924 y 1925, que se proponían democratizar los Ayuntamientos y combatir el caciquismo, al tiempo que se facilitaba el acceso al crédito de estas corporaciones y se reforzaban las Diputaciones Provinciales. Baste decir que, aunque la situación de los Ayuntamientos mejoró, la democratización se aplazó y todo el poder municipal y provincial quedó en manos de los nuevos gobernadores nombrados por la Dictadura.

La disolución de la *Mancomunitat* fue un modelo de torpeza. Su presidente, Puig i Cadafalch, fue de los más entusiastas en apoyo de la Dictadura, pero en enero de 1924 fue depuesto y sustituido por Alfons Sala. Sala era incondicional de Primo de Rivera, pero al cabo de un año vio que la Mancomunidad, ya muy reducida en medios y fines, era disuelta y él tenía que contentarse con otro cargo. Humillado, el más firme defensor de la Dictadura en Cataluña se retiró de la política. Del verano al otoño de 1923 Primo de Rivera había cambiado su política catalana de manera radical, indignando a conservadores y moderados sin por eso ganarse las simpatías de la izquierda no catalanista[14]. No es de extrañar, dado su carácter, que lo primero que hiciera Macià tras establecerse la República en abril de 1931 fuera proclamar la independencia de Cataluña. Como escribió Azaña (1967, III, p. 507), «Primo de Rivera se jactó siempre de que había conseguido suprimir el "problema catalán". Hay motivos para creer

---

[14] González Calbet (1987), pp. 174-182.

que lo enconó. El caso es que en las elecciones de 1931, el catalanismo lastimado tomó el desquite, y los republicanos catalanes de izquierda fueron, sin excepción, nacionalistas».

Por si todo esto fuera poco, la Dictadura prohibió la exhibición de otra bandera que la española, incluso la manifestación pública de sentimientos regionalistas, e impuso la utilización exclusiva del español en actos oficiales y eclesiásticos, medidas que se aplicaron con rigor: varias instituciones fueron clausuradas y varios infractores fueron encarcelados o desterrados. Todo ello provocó una creciente hostilidad de la sociedad catalana, que se sintió traicionada. La ruptura se produjo ya en una reunión el 8 de enero de 1924 en la Capitanía General de Barcelona entre Primo de Rivera y un grupo por él seleccionado de prohombres catalanes; lo que González Calbet (1987, p. 180) llama el «pozo profundo entre la sociedad catalana y la Dictadura» no hizo sino agrandarse desde entonces. El propio Calvo Sotelo (1974, pp. 54-55), fiel colaborador del dictador, se asombró de su «unitarismo [...] después de su inicial fervor regionalizante», y le dirigió una carta advirtiéndole de que «la política de fuerza, de intransigencia, es infecunda». Como dice Pabón (1969, II, p. 466), Primo de Rivera «[a]gravó [...] el problema de Cataluña». Y González Calbet (1987, p. 181): «La Dictadura, como en muchas de sus otras realizaciones, dejó un vacío que en el año 1930 llenaron radicales y republicanos y en el que una formación burguesa y regionalista no tenía lugar para existir. La hostilidad de los catalanes, la contestación cívica al régimen [...] contribuyeron eficazmente para ir minando la Dictadura a una velocidad mayor que en el resto del Estado».

Los historiadores se han preguntado a qué se debió este súbito cambio de opinión, que el mismo dictador admitió en una de sus «notas oficiosas» de 1925, donde afirmó que él estaba siempre dispuesto a «rectificar sus juicios [y que en esta ocasión los había] rectificado totalmente en año y medio. Pensaba que el regionalismo histórico [...] podía afirmar los lazos de unidad nacional de España [...] Pero luego ha ido ganando su juicio la opinión de que [...] reconstituir desde el Poder la región, reforzar su personalidad, exaltar el orgullo diferenciativo entre unas y otras, es contribuir a deshacer la gran obra de unidad nacional»[15]. Según González Calbet

---

[15] Citado en Pabón (1969), II, 1, pp. 509-510.

(1987, p. 181), «[e]n los años 1924 y 1925 el dictador estuvo principalmente ocupado en la tarea de finalizar la guerra marroquí. El alejamiento de los problemas catalanes y la inmersión en su mundo castrense le ayudaron —tras la etapa "regionalista"— a comulgar al cien por cien con la ideología militar: la unidad de la patria por encima de todo». Sin duda hay mucho de plausible en la hipótesis de esta autora. Es interesante observar que tanto en la cuestión catalana como en la marroquí cambió totalmente la opinión del dictador de antes a después de tomar el poder. Si antes fue abandonista en Marruecos y ferviente partidario del regionalismo catalán, luego encabezó la victoriosa intervención militar en África y persiguió toda manifestación de catalanismo, por moderada que fuera. Su cambio de opinión con respecto a Marruecos —de abandonismo a belicismo— fue resultado de su necesidad de atraerse a sus compañeros de armas en la preparación del golpe. Luego, una vez en el poder, debió verse obligado a mantenerse en esa opinión para no perder el vital apoyo de los militares; por otra parte, la equivocación de Abd-el-Krim al atacar a los franceses le brindó la ocasión de unir fuerzas con éstos para derrotar a los rebeldes y lograr uno de sus éxitos más sonados. En opinión de Ben-Ami (1983, pp. 195-196), también fue la lógica del poder lo que le hizo cambiar en la cuestión catalana: una verdadera dictadura no puede permitirse conceptos como *descentralización* y *autonomía*, porque conllevan una limitación del poder dictatorial: «es un error negociar cuestiones de autonomía con las dictaduras».

En la elaboración de los Estatutos Municipal y Provincial destacó el gallego José Calvo Sotelo, en su calidad de director general de Administración Local, cargo al que había accedido tras desarrollar en 1919-1922 una incipiente carrera política gracias al patrocinio de Antonio Maura. Desde diciembre de 1925, Calvo Sotelo sería el ministro de Hacienda del dictador, cargo en el que permaneció hasta enero de 1930 y donde destacaría por su afán nacionalista e intervencionista, siguiendo en esto el modelo maurista. Su mayor preocupación fue obtener los recursos necesarios para el vasto plan de obras públicas que lanzó con el presupuesto extraordinario de 1926. Pero la pretensión de introducir un avanzado impuesto sobre la renta para financiar el plan fracasó a causa de lo que Calvo Sotelo, en *Mis servicios al Estado* (1974, p. 92), llamó «el quietismo obstinado de gran parte de las clases conservadoras [...] la incomprensión egoísta de multitud de ciudadanos pudientes» y, en consecuencia, la Hacienda se vio abocada al déficit.

En descargo de Calvo Sotelo, hay que decir que el credo económico de la Dictadura fue impuesto en la práctica con flexibilidad. El proteccionismo del Arancel Cambó de 1922 quedó moderado por la aplicación de una tarifa preferencial en los tratados comerciales que se firmaron al amparo de la Ley de Autorizaciones que se había aprobado el mismo año. El intervencionismo se plasmó más en el terreno de la regulación que en el de la ayuda directa a la actividad productiva (lo que se explica, en parte, por la escasez de recursos presupuestarios). Y el nacionalismo no impidió que en los años Veinte las empresas españolas recibieran transferencias de tecnología extranjera o que multinacionales muy relevantes se instalaran en España[16]. En el caso de la legislación bancaria, la Dictadura suavizó las medidas fiscales contra las entidades extranjeras que se habían adoptado en 1920-1922, pero aplicó sin reservas las discriminatorias que contemplaba la Ley Cambó de 1921.

La estabilización de la situación española hizo que la peseta se fortaleciese momentáneamente, pero pronto volvió el curso descendente, por la presencia del *twin deficit* (déficit público combinado con déficit exterior) y el retraimiento de la inversión extranjera ante el clima poco receptivo de las políticas nacionalistas de Calvo Sotelo, entre las que destacó la creación en 1927 de la Compañía Arrendataria del Monopolio de Petróleos (CAMPSA) para arrebatar el negocio del petróleo a las compañías extranjeras. Estas respondieron desprendiéndose de sus activos en pesetas en un esfuerzo por debilitar a la Dictadura, cosa que consiguieron[17]. Calvo Sotelo se mostró muy preocupado por la evolución de la peseta y, el 25 de junio de 1928, creó un Comité Interventor de Cambios que él mismo presidió. Se abrió entonces un debate en los medios de opinión donde afloraron posturas contrapuestas. La Comisión del Patrón Oro, presidida por el mejor economista español de la época, Antonio Flores de Lemus, y un informe de un célebre experto francés, Charles Rist, se inclinaron en 1929 por la flexibilidad, advirtiendo que la

---

[16] Como la norteamericana *International Telephone and Telegraph* que ayudó a crear la Compañía Telefónica Nacional de España, sociedad que explotaría el monopolio de teléfonos establecido en 1924.
[17] Tortella, Ballestero y Díaz Fernández (2003), pp. 82-83.

única forma de estabilizar el cambio consistía en desarrollar una política fiscal ortodoxa. Cambó, que se había mantenido alejado de la política desde la instauración de la dictadura, se distinguió por popularizar en la prensa esta postura al tiempo que criticaba la política de Calvo Sotelo (Hernández Andreu, 1981).

La crisis de la peseta persistió y sirvió para que los enemigos de la Dictadura pudieran mostrar palmariamente que algo no funcionaba bien en el sistema económico del régimen. Cambó, entretanto se alejó de la política y se dedicó a los negocios, presidiendo la Compañía Hispano Americana de Electricidad (CHADE), empresa española que, al término de la Primera Guerra Mundial, se había hecho con activos alemanes de la AEG y producía electricidad en Argentina. Detrás de CHADE estaba SOFINA (sociedad belga que dirigía las inversiones en el extranjero de AEG) y su gerente, Daniel N. Heineman, buen amigo de Cambó. Este mantuvo la presidencia de la CHADE entre 1926 y 1947, lo que le hizo rico y le mantuvo al margen de las convulsiones que vivió España en los años 30 y 40 (murió en Buenos Aires en 1947).

El relevo al frente del catalanismo lo tomó Francesc Macià, quien se implicó en un complot contra Primo de Rivera a finales de 1926, cuando destacados militares (Aguilera, Batet, Weyler) y personajes públicos (Marañón, Romanones) también conspiraban contra una dictadura que se prolongaba demasiado. El 13 de septiembre de 1927, el régimen creó una Asamblea Nacional, formada por notables y con carácter meramente consultivo, que, por supuesto, no sirvió para contentar a los que pedían una vuelta al régimen constitucional. Ni las exitosas exposiciones universales de Sevilla y Barcelona, inauguradas en mayo de 1929, sirvieron para hacer olvidar lo anómalo de la Dictadura. El 28 de enero de 1930, tras consultar a los capitanes generales, Primo de Rivera presentó su dimisión al rey aduciendo motivos de salud (moriría el 16 de marzo en París). Una semana antes había dimitido Calvo Sotelo, su fiel ministro de Hacienda.

El general Dámaso Berenguer sucedió a Primo de Rivera, con la pretensión de mantener el régimen dictatorial, aunque suavizado en forma de «Dictablanda», como se ha dicho. Pero esto no hizo sino inclinar la opinión publica hacia ideas republicanas (Alfonso XIII había apoyado abiertamente a la Dictadura) y revolucionarias que cuajaron en el llamado *Pacto de San Sebastián* (17 de agosto de 1930), firmado por varios partidos republicanos y regionalistas, a los que más tarde se sumó el Partido Socialista[18] y propiciar la sublevación de la guarnición de Jaca (12 de diciembre de 1930), que terminó con el fusilamiento de dos capitanes, inmediatamente convertidos en mártires de la causa democrática. El 14 de febrero de 1931 dimitió Berenguer y, tras un fallido intento de que Sánchez Guerra formara gabinete, el almirante Juan B. Aznar tomó las riendas y preparó la vuelta a las libertades constitucionales. En un clima de ansiedad, se celebraron elecciones municipales el 12 de abril que dieron el triunfo a las candidaturas republicanas en casi todas las capitales de provincia[19]. Un comité de fuerzas republicanas y socialistas, que integraban Niceto Alcalá-Zamora, Fernando de los Ríos, Santiago Casares Quiroga, Miguel Maura, Álvaro de Albornoz, Francisco Largo Caballero y Alejandro Lerroux, interpretó que las elecciones habían tenido el valor de un plebiscito favorable a la República. El rey así lo aceptó y marchó al exilio, empezando el 14 de abril la Segunda República española.

Los estatutos de la Segunda República (1931-1936)

Cataluña consigue su Estatut d'Autonomia

El mismo día en que se proclamaba en Madrid la Segunda República, nacía en Barcelona una efímera República Catalana, a partir de una declaración de Francesc Macià en el histórico *Palau de la Generalitat*, que fungía de sede de la Diputación de Barcelona. La declaración decía interpretar *«el sentiment i els anhels del poble»* y proclamaba la República Catalana como Estado integrante de una nueva *«Federació Ibèrica»*. Sabiendo de los peligros que el gesto podía entrañar, Macià pedía que los catalanes le apoyasen aunque hubiera que llegar *«al sacrifici de la pròpia vida»*. La declaración, que era muy

---

[18] Los catalanistas más radicales se empeñaron en que el derecho de autodeterminación formaba parte del Pacto de San Sebastián, pero el acuerdo nunca se puso por escrito y es imposible saberlo.

[19] En el conjunto de España, el número de concejales monárquicos fue superior al de republicanos, pero muchos de ellos no habían sido elegidos sino designados por un procedimiento especial que permitía la Constitución de 1876. Además, era generalmente admitido que las elecciones en las ciudades eran mucho más libres que en las zonas rurales, en muchas de las cuales aún se hacía sentir el poder de los caciques.

breve, terminaba exclamando: «Por Cataluña, por los otros pueblos hermanos de España, por la fraternidad de todos los hombres y de todos los pueblos, catalanes, sabed haceros dignos de Cataluña»[20].

La declaración fue completamente improvisada, como lo demuestra el hecho de que Macià, antes de entrar en el Palau, se había pasado por el Ayuntamiento de Barcelona, que está enfrente, en la misma Plaza Sant Jaume, donde se encontró con Lluís Companys, militante de su mismo partido, que había izado la bandera de la Segunda República española. Ambos actos ocurrieron antes de que en Madrid se proclamara el cambio de régimen. Macià y Companys pertenecían los dos a ERC, que se había formado el mes anterior a partir de la integración de corrientes catalanistas no conservadoras muy diversas, como la independentista de Macià o la federalista de Companys.

El caso es que la declaración de Macià se impuso a la de Companys, e inmediatamente se formó un *Govern* donde había siete ministros: tres nacionalistas (dos de Esquerra y uno de *Acció Catalana Republicana*, escisión de la *Lliga*), tres socialistas (dos de Unió Socialista de Catalunya y uno de la UGT) y un radical. Este Gobierno estuvo en ejercicio entre el 15 y el 28 de abril de 1931, y dio paso al de una *Generalitat de Catalunya*, encuadrada en el Estado español, que tendría carácter provisional mientras se aprobaba un *Estatut d'Autonomia*. Las Diputaciones Provinciales quedaban suprimidas. Todo esto se llevó a cabo según lo pactado en los días anteriores con tres ministros del Gobierno provisional español (el socialista Fernando de los Ríos, el radical socialista Marcelino Domingo y el presidente de *Acció Catalana Republicana*, Lluís Nicolau d'Olwer), que habían acudido a Barcelona para reconducir los proyectos de Macià.

El Gobierno autónomo provisional fue encargado de elaborar el anteproyecto de *Estatut*; al efecto, eligió, a través de los Ayuntamientos, una Asamblea que designó una ponencia redactora presidida por Jaume Carner, abogado catalanista de izquierdas que gozaba de mucho prestigio[21]. El 20 de junio de 1931 concluyeron los trabajos de la ponencia en el parador del valle de Nuria, por lo que

---

[20] «*Per Catalunya, pels altres pobles germans d'Espanya, per la fraternitat de tots els homes i de tots els pobles, Catalans, sapigueu fer-vos dignes de Catalunya!*»

[21] Sobre Carner, véase Costa (1988) y Tapia (1998). Carner fue elegido diputado en 1931 en las listas de ERC, pero siempre mantuvo su independencia de criterio.

se habló del *Estatut de Núria*. El texto fue aprobado por quienes lo habían encargado y, el 2 de agosto de 1931, lo fue también por el pueblo de Cataluña en referéndum[22]. Según el texto, España se convertía en un Estado federal, donde una renovada *Generalitat*, con competencias amplísimas, podría gobernar sobre los *Països Catalans* (unidades geohistóricas de predominio lingüístico catalán), con el catalán como única lengua oficial.

Mientras en Cataluña la prioridad era el *Estatut*, en Madrid todo giraba en torno al papel de los socialistas, que habían llegado al poder por primera vez en su historia, como por otra parte había ocurrido poco antes en varios países europeos, como Francia, Gran Bretaña o Alemania. Además de Fernando de los Ríos, ministro de Justicia, en el Gobierno se sentaban Indalecio Prieto, como ministro de Hacienda, y Francisco Largo Caballero, como ministro de Trabajo. No pareció ser esto suficiente para las clases populares, que, liberadas del yugo primorriverista, se lanzaron a una orgía de violencia contra los que consideraban sus opresores seculares. En Madrid, Málaga y otras provincias se quemaron edificios religiosos y hubo agresiones contra los que defendían la continuidad de la Monarquía. El ministro de Justicia decretó la libertad de cultos, mientras que el de la Guerra, Manuel Azaña, se empleó en racionalizar y aligerar el Ejército de mandos desafectos; pero la violencia no cesó, sobre todo en el sur de España.

Las elecciones generales del 28 de junio de 1931 otorgaron el poder a la izquierda. El 15 de agosto los representantes catalanes presentaron la propuesta de *Estatut d'Autonomia*, pero quedó pendiente de la aprobación de la nueva Constitución, hecho que tuvo lugar el 9 de diciembre; en ella se definía a España como «una República democrática de trabajadores de todas clases [que constituía] un Estado integral, compatible con la autonomía de los Municipios y las Regiones» (artículo 1). El artículo 4 decía: «El castellano es el idioma oficial de la República [...] Todo español tiene el deber de saberlo y el derecho de usarlo, sin perjuicio de los derechos que las leyes del Estado reconozcan a las lenguas de las provincias o regiones [...] Salvo lo que se disponga en leyes especiales, a nadie se le podrá exigir el

---

[22] Hubo un 75 por 100 de participación y un 99 por 100 de votos afirmativos. El referéndum se celebró sólo entre varones, pero se recibieron unas 400.000 firmas de apoyo de mujeres.

conocimiento ni el uso de ninguna lengua regional». Tras la aprobación de la Constitución, Alcalá Zamora fue proclamado presidente de la República, y Azaña conservó la presidencia del Gobierno. Mientras los partidos políticos se empeñaban en gobernar con el más amplio consenso, graves disturbios en la calle continuaban poniendo en peligro todo el sistema. En enero-febrero de 1932 hubo tumultos comunistas en varias localidades catalanas. Fueron los primeros de una larga serie de conflictos que jalonarían el año en curso.

Otro motivo de inquietud durante 1932 fue el *Estatut* de Cataluña. En mayo empezó una campaña en su contra que iniciaron las entidades patronales de Castilla y León, pero el Gobierno de Azaña estaba dispuesto a dar impulso a la modernización política y social de España con respuestas valientes a los viejos problemas, y su voluntad de llevar adelante el *Estatut* quedó clara en un largo discurso en las Cortes pronunciado el día 27[23]. En la misma línea modernizadora que causaba tanta polémica se inscribían la Ley del Divorcio, la secularización de los cementerios, e incluso la disolución de la Compañía de Jesús.

En la madrugada del 10 de agosto, tuvo lugar el levantamiento del general Sanjurjo, que fracasó. En consecuencia, el día 11, el general y sus seguidores ingresaron en prisiones militares para ser sometidos a juicio sumarísimo. Sanjurjo sería condenado a muerte, pero el Gobierno le indultó y conmutó la pena capital por otra de reclusión perpetua. El aplastamiento de la «sanjurjada» fue aprovechado por Azaña para acelerar los procesos reformistas que tenía en marcha. Así, en septiembre de 1932 pudieron ser aprobadas las leyes del *Estatut de Catalunya* y de la Reforma Agraria. Los grandes de España, que habían estado comprometidos con el fracasado alzamiento, verían incautadas sus fincas rústicas sin indemnización. A pesar de estas actuaciones, no hubo manera de poner fin a la agitación social promovida, sobre todo, por los anarquistas. La dura represión de una revuelta en la aldea gaditana de Casas Viejas fue objeto de gran polémica.

El *Estatut de Catalunya* aprobado por las Cortes el 9 de septiembre de 1932 ofrecía una versión moderada del proyecto original, pues la Constitución de 1931 no había admitido la fórmula federal, ni

---

[23] Azaña (2005), donde el discurso del 27 de mayo de 1932 ocupa las páginas 96 a 151. Véase también Larraz (1932) y Mori (1932).

6. EL SIGLO XX (1900-1975)

la existencia de los *Països Catalans*. Con la nueva versión, Cataluña sería una región autónoma, con bilingüismo oficial y competencias limitadas. Todas las frases del anteproyecto que implicaban soberanía nacional para Cataluña fueron suprimidas. Parecía haberse impuesto la cordura, pero en las elecciones que se celebraron dos meses después en Cataluña para elegir un *Parlament*, la independentista ERC sacó mucha ventaja a los moderados de la *Lliga*.

En las elecciones municipales de abril de 1933 se comprobó que la izquierda estaba perdiendo apoyo. El 12 de septiembre, Lerroux sustituyó a Azaña en la presidencia del Gobierno, lo que significó el apartamiento de los socialistas de las tareas gubernamentales. Fue un Gobierno muy mal recibido por las Cortes, hasta el punto de que el 8 de octubre tuvo que ser sustituido por otro presidido por un radical de prestigio, Diego Martínez Barrio. La tarea primordial de este Gobierno sería la de preparar las elecciones del 19 de noviembre, en las que, por primera vez en la historia española, las mujeres tendrían derecho a voto, ya que el artículo 25 de la Constitución proclamaba, entre otras cosas, la igualdad jurídica de los sexos. La inestabilidad política del otoño de 1933 se agravó con la fundación por el hijo del dictador Primo de Rivera de un partido de corte fascista, Falange Española (29 de octubre), y con el plebiscito para el Estatuto vasco (5 de noviembre) que seguía la senda abierta por el Estatut de Catalunya.

En las elecciones parlamentarias de 1933 se confirmó que los partidos que habían gobernado en los últimos años habían perdido la confianza de los votantes. La derrota de las izquierdas fue contestada con graves desórdenes y terrorismo por toda España. La Confederación Española de Derechas Autónomas (CEDA), partido católico, pro-monárquico y con ciertas simpatías por el fascismo, había ganado las elecciones, pero su líder, José María Gil-Robles, accedió a que fuera Lerroux quien encabezara el nuevo Gobierno, ya que se temía una reacción violenta de la izquierda, como al cabo ocurrió, si gobernaba la CEDA, a la que se acusaba de tendencias autoritarias, incluso totalitarias. Hay que tener en cuenta que en enero de 1933 Hitler, a la cabeza del partido nazi, había alcanzado el poder en Alemania con el beneplácito del Parlamento y del Presidente de la República alemana, y seguidamente había procedido a asumir poderes dictatoriales y liquidar a la oposición. En las elecciones municipales catalanas, de enero de 1934, se impuso claramente otra vez ERC. El presidente de la *Generalitat*, Lluís Companys, que había sucedido a Macià (fallecido el 25 de diciembre de 1933), advirtió que Cataluña no permitiría ningún retroceso en las libertades alcanzadas.

De la Revolución de 1934 a la Guerra Civil

El llamado «Bienio Negro» (noviembre 1933-febrero 1936) demostró las dificultades existentes para gobernar España en un momento en que la crisis política del país coincidía con la depresión económica internacional. La sombra de la toma del poder por Hitler en Alemania en enero de 1933 se cernía sobre la política española y acentuaba la intolerancia consustancial a las prácticas del país. La izquierda se negaba a admitir que la derechista CEDA participara (menos aún encabezara) en el gobierno aunque hubiera ganado las elecciones; esta descalificación exasperaba a las derechas (que comprendían un amplio arco, desde una minoría claramente fascista hasta un nutrido sector de republicanos moderados) y las hacía más intransigentes y más desengañadas con una democracia que las excluía inicuamente. Por supuesto, el apogeo de la tensión se alcanzó en los primeros días de octubre de 1934.

El gobierno de Lerroux, sin la CEDA ni la Lliga, formado tras las elecciones, tuvo que dimitir en abril por haber aministiado a los participantes en la «sanjurjada» y Lerroux fue sustituido por Ricardo Samper. El Gobierno Samper encontró sus primeros escollos en la Ley de Contratos de Cultivos —que facilitaba el acceso a la propiedad a los *rabassaires*, es decir a aquellos arrendatarios de la vid cuyas antepasados habían visto sustituidos sus tradicionales contratos enfitéuticos de *rabassa morta*[24] por otros a corto plazo tras la plaga de la filoxera—, que la *Generalitat* catalana estaba dispuesta a aplicar contra el criterio de los propietarios de las tierras, representados por el *Institut Agrícola Català de Sant Isidre* y la *Lliga*, que apelaron al Tribunal de Garantías Constitucionales alegando que la Generalidad no podía legislar en materias contractuales. Hay que tener en cuenta que el *president* de la Generalidad,

---

[24] Los contratos de *rabassa morta* (cepa muerta) eran específicos del derecho civil catalán y consistían en que el propietario de las cepas cedía la tierra al agricultor para que cultivara la vid mientras sobrevivieran dos tercios de las cepas plantadas.

6. EL SIGLO XX (1900-1975)

Lluís Companys, no era en absoluto neutral en la materia, pues fue uno de los fundadores, en 1922, del sindicato *Unió de Rabassaires*, que además estaba estrechamente ligado a ERC. El Tribunal falló el 9 de junio, por 13 votos contra 10, en contra de la *Generalitat*, por considerar que ésta había legislado sobre materias reservadas al Estado español. En protesta, los diputados de Esquerra y los nacionalistas vascos abandonaron las Cortes. Tratando de apaciguar la situación, Samper tendió la mano a Companys, pero éste no dudó en aplicar la ley como si no fuera con él la decisión del alto tribunal.

A la insubordinación catalana se unió el intento, también con visos de inconstitucionalidad, de convocar elecciones en el País Vasco para elegir Juntas que gestionasen asuntos relacionados con el concierto económico. A mediados de septiembre, el prestigio del gabinete Samper se encontraba muy bajo y Gil-Robles creyó que había llegado el momento de que la CEDA entrase a formar parte del Gobierno. El 4 de octubre quedó constituido uno nuevo, con Lerroux al frente y tres cedistas entre sus miembros ocupando las carteras de Trabajo, Agricultura y Justicia. Nada más conocerse la lista de nuevos ministros, las izquierdas declararon la huelga general revolucionaria en toda España. Los principales focos se localizaron en Madrid, Asturias y Cataluña.

En la capital pronto se controló la situación, pero no así en las otras regiones mencionadas. En la tarde del 6 de octubre, Companys proclamó desde el balcón de la *Generalitat* la constitución en España de una República Federal, cuyo Gobierno provisional radicaría en Cataluña. La región se convertía, en sus propias palabras, en «*el reducte indestructible de les essències de la República*», contra las «*forces monarquitzants i feixistes*» que pretendían traicionarla. A las pocas horas, el Ayuntamiento de Barcelona manifestó su adhesión a estas actuaciones. A los pocos minutos de esta adhesión, un piquete de infantería fijó el bando del general tarraconense Domingo Batet, al mando de la Comandancia militar, que, por orden del presidente del Gobierno, Alejandro Lerroux, proclamaba el estado de guerra. Pasó la noche en una intensa refriega, pero entre las seis y las siete de la mañana del día siguiente Companys se rindió y asumió la responsabilidad de todo lo ocurrido. Las bajas excedieron de 30 muertos y 100 heridos. En el resto de Cataluña, los núcleos de la revolución fueron reducidos sin dificultad. Entre los cientos de detenidos se encontraba Azaña, que había llegado en Barcelona a primeros de octubre para un asunto privado, y a quien la derecha se empeñaría injustamente en involucrar en estos sucesos para desprestigiar a la República[25].

En Asturias la revolución contó con más apoyos. Los revolucionarios se apoderaron de Gijón, de Oviedo, y de otras ciudades pero el Ejército actuando con gran energía al mando del general Eduardo López Ochoa, sofocó la rebelión en una semana. En Mieres la revolución se prolongó hasta el día 17. Los sucesos de Asturias tuvieron alguna ramificación en León, Palencia y algunas localidades del País Vasco (Éibar, Mondragón). La violencia en Asturias causó más de un millar de muertos y al menos el doble de heridos.

A la hora de exigir responsabilidades por la fallida revolución, el Gobierno Lerroux se mostró muy cauto. Cuando el 5 de noviembre se reanudaron las sesiones en las Cortes, Lerroux no dudó en deplorar la insensatez de los socialistas (cuyos diputados habían abandonado el Parlamento) y de los catalanistas de ERC (sus diputados volvieron a los escaños el día 16 asegurando que ellos no estuvieron con los revolucionarios), pero dijo que evitaría tomar represalias contra esas formaciones políticas por más que los cedistas y sus adláteres se sintieran insatisfechos con esta tibieza. En Cataluña, las funciones de la *Generalitat* fueron transferidas temporalmente a un gobernador general, cargo para el que fue elegido Manuel Portela Valladares, viejo monárquico liberal que había evolucionado hacia el radicalismo. Tomó posesión Portela en los primeros días de enero de 1935, a la vez que el radical Joan Pich i Pon asumía la alcaldía de Barcelona. Asturias también quedó bajo los dictados de un gobernador general.

El final de la sublevación a mediados de octubre había puesto fin a la violencia, pero no a las disputas políticas. A lo largo de 1935 se sucedieron una serie de gobiernos inestables encabezados sucesivamente por Lerroux, Joaquín Chapaprieta y Portela Valladares, los cuales a su vez ocupaban carteras en los gobiernos que no presidían y se alternaban con personalidades como Gil Robles, Manuel Giménez Fernández, José Martínez de Velasco o Pere Rahola, de la *Lliga*. Además de la cuestión candente de qué hacer con los encarcelados

---

[25] Azaña (1967), III, pp. 23-179, *passim*.

de la derecha, se planteaba ahora qué hacer con los de la izquierda (Companys y los suyos más los sublevados de Asturias), más otras cuestiones serias y urgentes, como proseguir con la reforma agraria o abandonarla, lograr de una vez la estabilidad presupuestaria, el papel de la CEDA en el gobierno, y la vuelta a la normalidad política, a lo que se añadieron varios escándalos de corrupción (poca cosa comparados con los que se dan hoy) entre los que destacaba el del *estraperlo*, una especie de juego de la ruleta cuyos introductores en España habían sobornado a varios políticos, entre los que al parecer figuraban destacadamente Lerroux y Pich i Pon. El escándalo del estraperlo fue la puntilla para la derecha gubernamental. Ante la imposibilidad en que se encontraba para formar un gobierno estable a finales de año, en enero de 1936 se convocaron elecciones a celebrar el 16 de febrero.

Las elecciones de 1936 consagraron el triunfo de las izquierdas del Frente Popular sobre las candidaturas de derechas y centro. La presión de la calle condujo a que Manuel Azaña encabezara un Gobierno de liberales de izquierda, con su correligionario Gabriel Franco en Hacienda. Una de sus primeras medidas fue restaurar completamente la legalidad institucional que había quedado algo restringida a partir de la revolución de 1934. Se aprobó una amnistía muy amplia y en los primeros días de marzo Cataluña recuperó sus instituciones autonómicas y al presidente Companys (recientemente excarcelado) y sus consejeros. Ahora los procesados eran el general López Ochoa y otros militares que habían intervenido con dureza en la represión de la revuelta asturiana.

En la calle empezó a librarse una cruel batalla entre extremistas de derechas —con Falange como fuerza de choque— y de izquierdas. Hubo numerosos altercados, huelgas e incendios de templos. Mientras, en las Cortes, la principal discusión se refería a la validez de las actas de muchos diputados de derechas. En protesta, en los últimos días de marzo, la CEDA anunció que no se presentaría a las próximas elecciones municipales y abandonó el Parlamento. Pocos días después se aprobó la destitución del presidente Alcalá-Zamora, en un afán de acentuar el republicanismo. El 10 de mayo fue elegido para el cargo Manuel Azaña por una abrumadora mayoría de compromisarios, dada la total abstención de la derecha. Casares Quiroga fue encargado de formar Gobierno. En este, como en el anterior, no participaron los socialistas.

En los dos meses que transcurrieron desde la asunción de la Presidencia por Azaña hasta el golpe de Estado que puso fin a la legalidad republicana, la tónica dominante fue el incremento de la violencia extremista que el Gobierno se veía incapaz de controlar. El asesinato de José Calvo Sotelo, ocurrido el 13 de julio como represalia del que había tenido como víctima el día anterior a un teniente de la guardia de asalto (policía republicana), causó honda impresión y sirvió para que los conspiradores militares contra la República consideraran que había llegado el momento de entrar en acción. El 18 de julio, desde Canarias, el general Francisco Franco —a quien Gil-Robles, siendo ministro de la Guerra, había ascendido, como también hizo con otros militares que luego serían golpistas— manifestó que el alzamiento iniciado en las guarniciones de África tenía por finalidad la salvación de la Patria. La modernización política de España quedaba congelada por cuatro décadas hasta que la Constitución de 1978 pudiese recuperar buena parte del espíritu y de las instituciones de la Segunda República.

La Guerra Civil en Cataluña

El golpe militar contra la República fracasó inmediatamente en Barcelona, principalmente por la reacción de las fuerzas de orden público de la *Generalitat* y los grupos anarco-sindicalistas[26]. El 19 de julio, el general Manuel Goded se trasladó desde Mallorca para ponerse al frente de los sublevados, pero fue detenido y encarcelado en un barco-prisión. Cumpliendo la sentencia de un Consejo de Guerra, Goded sería fusilado en el foso de Santa Eulalia del castillo de Montjuic. Mientras tanto, el Gobierno de Madrid decretó la disolución de las unidades militares rebeldes, lo que significó la desaparición del Ejército en Cataluña. Treinta mil fusiles del cuartel de Sant Andreu pasaron a manos de los anarquistas. A partir de entonces, habría dos poderes en el Principado: el de la *Generalitat*, presidida por Companys, y el del *Comitè Central de Milícies Antifeixistes*, integrado por 15 miembros (3 de la CNT, 2 de la FAI, 3 de la UGT, 1 del PSUC,

---

[26] Sobre la Guerra Civil en Cataluña, hay un relato equilibrado en Ferret (1976), un catalanista de ideas demócrata-cristianas. Más ánimo de polémica hay en Guarner (1975), desde el lado republicano, y Fontana Tarrats (1977), desde el bando franquista. Sobre la política económica de la Generalitat, véase Bricall (1970).

1 del POUM, 3 de ERC, 1 de ACR y 1 de la U de R[27]). Los asuntos de guerra y orden público quedaban en manos del Comité.

La primera actuación del Comité fue la formación de columnas para ser enviadas al Frente de Aragón, con el propósito de liberar esa región, donde había triunfado el alzamiento. En tierras aragonesas, los anarquistas, que eran hegemónicos, constituirían el *Consell d'Aragó* para imponer una política colectivista. Con el mismo propósito, se enviaron columnas a Baleares, que sólo conseguirían recuperar Ibiza y Formentera.

La producción de armamento quedó en manos de la *Generalitat*. Josep Tarradellas i Joan presidió una *Comissió d'Indústries de Guerra* creada al efecto, que decretó la intervención de medio millar de empresas metalúrgicas y químicas para ponerlas a su servicio[28]. A esta intervención en el mundo empresarial, se sumó la de los anarquistas, que constituyeron por doquier *comitès obrers* que se hicieron con el control de las instalaciones fabriles. La *Generalitat* trataría de encauzar esta situación a través de un decreto de colectivizaciones. El Gobierno autonómico también intervino para frenar la furia desatada por los anarquistas contra la Iglesia católica. Se confiscaron edificios religiosos, como la abadía de Montserrat, con el solo fin de que no fueran destruidos, y se ayudó a huir a prelados como el cardenal Francesc Vidal i Barraquer. Con todo, el terror revolucionario hizo que, en los primeros meses de la guerra, proliferaran los asesinatos, las destrucciones, y las confiscaciones y detenciones arbitrarias.

Tarradellas, en calidad de *conseller* de Economía, dio entrada a los elementos que estaban presentes en el *Comitè Central de Milícies Antifeixistes* en un nuevo *Consell d'Economia*, con el que pretendía asegurar el funcionamiento básico de la economía de guerra en Cataluña. Entre las organizaciones obreras llamaba la atención el PSUC (*Partit Socialista Unificat de Catalunya*), que había surgido

---

[27] Las siglas corresponden a: CNT, Confederación Nacional del Trabajo; FAI, Federación Anarquista Ibérica; UGT, Unión General de Trabajadores; PSUC, Partido Socialista Unificado de Cataluña; POUM, Partido Obrero de Unificación Marxista; ERC, Esquerra Republicana de Catalunya; ACR, Acció Catalana Republicana; U de R, Unió de Rabassaires.

[28] Josep Tarradellas había sido uno de los fundadores de ERC, del que terminó expulsado en 1933 por desavenencias con Macià. En 1934 participó en la Revolución de Octubre y en 1936 volvió a ERC y al *Govern de la Generalitat*, donde le sorprendió la Guerra Civil.

el 23 de julio de 1936 como una singular fusión de socialistas y comunistas en un partido que se adheriría a la Tercera Internacional. Sería el vehículo a través del cual el PCE controlaría la UGT catalana. Su éxito resultó fulgurante, pues muchos lo vieron como una alternativa al caos impuesto por los anarquistas que, sin embargo, eran vistos con simpatía por otra organización comunista, el Partido Obrero de Unificación Marxista (POUM), creado en 1935 en Barcelona por elementos anti-estalinistas.

Las competencias que estaba asumiendo la *Generalitat* rebasaban los límites del Estatut de 1932, pero, según afirman algunos, la coyuntura bélica no dejaba otra salida. Muy otra era la opinión de Manuel Azaña (1968, IV, p. 796), que escribió que las autoridades de la Generalidad «han aprovechado el levantamiento de julio y la confusión posterior para crecer impunemente, gracias a la debilidad en que la rebelión militar dejaba al Estado». Cuando el Gobierno central negó los créditos solicitados por la *Generalitat* para hacer frente a las dificultades económicas, esta procedió a intervenir las agencias del Banco de España y las delegaciones del Ministerio de Hacienda en territorio catalán (Arias, 1977). El 28 de agosto de 1936 se llegó a una situación próxima a la independencia cuando la *Generalitat* decretó que en Cataluña sólo tendrían fuerza legal las disposiciones publicadas en el *Diari Oficial de la Generalitat*. En los meses siguientes, todos los servicios públicos pasaron a ser controlados por la *Generalitat*, incluyendo los referidos al comercio exterior. Hasta la primavera de 1937, Cataluña sería regida por gobiernos de unidad revolucionaria, liderados por Tarradellas.

El primer *Govern* de Tarradellas se constituyó el 26 de septiembre de 1936 y supuso la disolución del *Comitè de Milícies Antifeixistes*. En noviembre, el Gobierno central de Francisco Largo Caballero trasladó su sede de Madrid a Valencia y permitió la entrada en el Gobierno de cuatro anarquistas catalanes (Joan Peiró, Juan López, Joan Garcia Oliver y Frederica Montseny) y un representante de ERC (sin cartera). La actitud de colaboración entre nacionalistas y Frente Popular (republicanos, socialistas, comunistas) se dio también en el Gobierno autonómico formado el 8 de octubre en el País Vasco y liderado por José Antonio Aguirre, del Partido Nacionalista Vasco. Este Gobierno pondría en práctica el Estatuto de Autonomía del País Vasco, aprobado el 1 de octubre por las Cortes republicanas. Ese mismo día, el general Francisco Franco sería nombrado jefe de

6. EL SIGLO XX (1900-1975)

Gobierno por los militares rebeldes, que se llamaban a sí mismos «los nacionales», como forma de decir que sólo ellos defendían la unidad de España.

El 24 de octubre de 1936 fue aprobado por la *Generalitat* el *Decret de Col·lectivitzacions i de Control Obrer*, que legalizaba las actuaciones anarquistas en este sentido, siempre que las empresas tuviesen más de 100 trabajadores, hubiesen sido abandonadas por sus patronos o gerentes, o realizaran una producción estratégica (los anarquistas y el POUM hubiesen deseado que se partiese de 50 trabajadores). En cualquier caso, todas las empresas serían sometidas a control obrero: las colectivizadas a través de un Consell d'Empresa elegido por una asamblea de trabajadores; las no colectivizadas a través de comités obreros. La producción catalana fue dividida en catorce sectores. Cada sector tendría su consejero general, elegido por los *Consells d'Empresa*, que formaría parte del *Consell d'Economia*, erigido en órgano de planificación.

El *Govern* de Tarradellas también creó el *Exèrcit de Catalunya* mediante un decreto de 21 de noviembre de 1936, a partir de las columnas de voluntarios enviadas al Frente de Aragón. El *Exèrcit* tuvo poco éxito por la falta de disciplina de los anarquistas. Afirmaba Azaña (1967, IV, p. 797) que «en el frente de Aragón no se ha dado golpe». En realidad, él (1967, III, p. 506; 1968, IV, p. 795) opinaba que la constitución del *Exèrcit*, la creación de una *Conselleria de Defensa* y la incautación por la Generalidad de las industrias de guerra en Cataluña no sólo fueron actos ilegales y desleales, sino que entorpecieron el esfuerzo militar de la República:

> Este conflicto, causa de desconcierto y debilidad en la conducta de la guerra, pasó por varias fases, desde la insubordinación plena en el segundo semestre de 1936, hasta el sometimiento impuesto autoritariamente en 1938. Nunca se resolvió con entera satisfacción de nadie, e influyó perniciosamente hasta el último momento [...]
>
> Crearon la Consejería de Defensa, se pusieron a dirigir su guerra, que fue un modo de impedirla, quisieron conquistar Aragón, decretaron la insensata expedición a Baleares, para construir la gran Cataluña de Prat de la Riba [...].

En cuanto a las industrias de guerra, siempre según Azaña (1967, III, p. 510) el «Gobierno de Cataluña se interponía entre la acción del

Estado y las fábricas de material. Según su criterio, el Estado debía tratar únicamente con el Gobierno catalán, sin ninguna intervención directa en el funcionamiento de las fábricas [...] Se llegó a una situación de grandísima violencia y gravedad [...] Las consecuencias de este conflicto no salieron a la luz, porque sobrevino el desastre militar, y todo quedó sepultado bajo los escombros».

Los comunistas, que en el resto de España estaban prestando una colaboración eficaz al Ejército Popular, empezaron a desesperarse con la actitud de los anarquistas, que era secundada muchas veces por el POUM. Para evitar conflictos, Tarradellas no dudó en otorgar más poder a los anarquistas, a los que entregó la cartera de Defensa. Un anarquista, Francisco Ascaso, también presidiría el Consejo de Aragón, que fue reconocido por Largo Caballero.

El año 1937 se inició con el Plan Tarradellas, un conjunto de 58 decretos para imponer orden en las finanzas públicas y privadas catalanas. En el campo se impuso la entrega de las producciones agrarias a precios fijados por el Govern, aunque se compensó a los campesinos con la supresión de los pagos por arrendamientos o aparcerías. Estas medidas no impidieron el deterioro creciente de la economía, lo que alimentó la tensión entre anarquistas y comunistas (la prioridad para los primeros era la revolución y, para los segundos, ganar la guerra).

El 3 de mayo, lunes, el *conseller* de Seguridad, Artemi Aiguadé, de ERC, mandó a la guardia de asalto, con un comunista al frente, a ocupar el edificio de la Telefónica en Barcelona, que estaba en manos de la CNT. Según Azaña, que se había instalado en Barcelona, en el Palacio del Parlamento catalán, situado cerca del puerto, en una zona dominada por los rebeldes, la Telefónica «estaba en poder de la CNT y de la UGT, habiéndola repartido *por pisos*»[29]. Aiguadé había actuado así porque el Gobierno español, con sede en Valencia desde noviembre de 1936, se había quejado de que sus comunicaciones telefónicas con el *Govern de Catalunya* eran espiadas. El resultado fue que se produjo un tiroteo entre guardias y ocupantes del edificio; los guardias de asalto fueron rechazados en los pisos superiores del edificio de Telefónica e inmediatamente se produjo un levantamiento de milicias anarquistas y del POUM que se extendió

---

[29] Azaña (1968), IV, p. 576, sus cursivas.

por las calles de Barcelona de forma muy violenta. Durante cinco días persistió un sangriento punto muerto entre la policía del Gobierno catalán, que pidió repetidamente ayuda al Gobierno de Valencia, y tenía el apoyo de los comunistas y de gran parte de los socialistas (aunque hubo miembros de la UGT que se sumaron a los insurrectos) y las milicias anarquistas y sus aliados, que levantaron numerosas barricadas, y que podían contar con refuerzos provenientes de los barrios y pueblos periféricos e incluso del frente de Aragón. El Gobierno de Valencia fue lento en intervenir, en parte porque «la consigna lanzada por los rebeldes, y aceptada de hecho por la Generalidad con su conducta, fue que se trataba de una riña *entre catalanes*, con la que nada tenían que ver los demás, y, *naturalmente*, el Gobierno de la República»[30], y en parte porque en el Gobierno había ministros anarquistas que simpatizaban, o no querían ensañamiento, con los rebeldes. El propio presidente del Gobierno, Largo Caballero, recelaba de los comunistas, que eran los que más fervientemente querían aplastar a anarquistas y POUM. Por fin, el viernes 7 se alcanzó una tregua al tiempo que Azaña, escoltado por infantes de marina, llegaba al aeropuerto del Prat y tomaba un avión a Valencia.

Al cabo, el Gobierno republicano de Largo Caballero asumió las tareas de orden público y defensa en Cataluña, con el envío de dos barcos de guerra (con la misión inicial de llevar a Valencia al presidente Azaña y, de paso, amedrentar a los combatientes) y 1.500 guardias de asalto al Principado. Las fuerzas militares del Frente de Aragón se integraron en el Ejército Popular de la República. La autonomía de Cataluña quedó reducida a los límites del *Estatut* y el PSUC salió del *Govern*. «La opinión barcelonesa recibió con un suspiro de satisfacción las medidas del Gobierno de la República», nos dice Azaña (1967, III, p. 514). Los comunistas responsabilizaron de la escalada de la tensión al POUM y exigieron su represión, pero Largo Caballero se opuso y tuvo que dimitir el 17 de mayo. Le sucedió el doctor Juan Negrín, un moderado del PSOE que formó Gobierno con el Frente Popular y los nacionalistas (un vasco y un catalán), pero excluyó a los anarquistas. El 16 de junio de 1937, Negrín declaró ilegal al POUM, lo que significó el encarcelamiento de

---

[30] Azaña (1968), IV, p. 580, sus cursivas.

sus dirigentes y la desaparición de su líder, Andreu Nin, que sería asesinado en junio, tras haber sido transportado a Alcalá de Henares y torturado por una policía infiltrada de comunistas y agentes soviéticos[31]. Es muy posible que sus restos se encuentren entre los hallados en una fosa en Alcalá de Henares en 2008[32].

Reviviendo aquellos días, Azaña (1968, IV, p. 587) escribió: «Consideré [...] mil veces, con amargura y despecho, lo que la trifulca barcelonesa significaba para la guerra y la política. ¡Conclusión de diez meses de ineptitud delirante, aliada con la traición! Las radios facciosas lo celebraban con entusiasmo [...] Sin embargo, oficialmente, era una lucha entre obreros catalanes, que defendían las conquistas de la revolución».

También pudiera haber observado que se trataba de un episodio más, y quizá el más lamentable, de la histórica división de la sociedad catalana, que tantas veces ha salido a relucir en el pasado, desde la Guerra de los Remensas y el Compromiso de Caspe, pasando por la *Guerra dels Segadors*, la Guerra de Sucesión Española, las guerras carlistas, la Semana Trágica, y tantos otros ejemplos que podrían citarse.

Los anarquistas salieron también del *Govern de Catalunya* el 30 de junio de 1937. Al mes siguiente, Vizcaya fue ocupada por las tropas de Franco y el Episcopado español se declaró favorable al nacionalismo español que aquel representaba (el cardenal Vidal i Barraquer, desde el exilio, se negó a apoyar la declaración del Episcopado). En su afán por quitar poder a los anarquistas, Negrín suprimió el Consejo de Aragón en agosto, detuvo a Ascaso y sus colaboradores y derogó todas las disposiciones dictadas por ese organismo (por ejemplo, las colectivizaciones agrarias). A partir de octubre de 1937, Barcelona sería la sede de dos gobiernos: el nacional de Negrín y el autonómico de Companys, que coincidían en su rechazo a los anarquistas. Por un decreto de 20 de noviembre, el *Govern* reduciría la autogestión de las empresas, tan apreciada por los anarquistas, para someterlas a un mayor control gubernamental.

Mientras el bando republicano se desangraba por las luchas intestinas, en abril de 1937, la España de Franco creaba un partido único,

---

[31] Bolloten (1991), Caps. 48 y 49.
[32] *El País*, 8 de marzo de 2008; *ABC*, 9 de marzo de 2008.

6. EL SIGLO XX (1900-1975)

FET y de las JONS[33], que integraba a falangistas y carlistas. En enero de 1938, Franco permitía que elementos no militares (falangistas y carlistas, pero también monárquicos) se integrasen en su Gobierno. El avance de las tropas rebeldes era innegable y, el 8 de abril, Indalecio Prieto dimitió como ministro de la Guerra. El propio Negrín le sustituyó, a la vez que daba entrada en el Gobierno a las fuerzas sindicales (UGT, CNT). El Programa de Trece Puntos del nuevo Gobierno Negrín pretendía abandonar cualquier idea de revolución y sustituirla por una democracia socialmente avanzada. Negrín creyó que con el Programa conseguiría el apoyo de las potencias occidentales, pero no fue así. La Segunda República siguió aislada.

Nada más entrar en territorio catalán, el 5 de abril de 1938, el general Franco decretó la abolición del *Estatut d'Autonomia de Catalunya*. El *Exèrcit de l'Est*, integrado en el Ejército Popular de la República, se convirtió entonces en el Ejército del Ebro, con una gran concentración de tropas (200.000 hombres) al mando del teniente coronel Juan Guilloto, conocido como *Juan Modesto*. Enfrente estarían los 300.000 soldados de Franco, con los que se libraría la gran Batalla del Ebro entre julio y diciembre de 1938. El punto de arranque de la batalla fue el paso del río Ebro por sorpresa en la noche del 25 de julio por las tropas republicanas, con un avance hasta Gandesa. Esto suponía romper el frente de los nacionales, que se habían movido hacia el sur para tomar Valencia antes que Barcelona. La reacción de Franco no se hizo esperar: desplazó sus tropas al norte, causando una enorme cantidad de bajas en el ejército republicano, que no estaba bien organizado.

En la Navidad de 1938, finalizaba la Batalla del Ebro y empezaba la conquista de Cataluña por las tropas franquistas. Cayeron las ciudades de Lérida, Tarragona, Barcelona y Gerona, por este orden, y el 10 de enero de 1939 estaba ocupada toda Cataluña. El proceso fue acompañado de un movimiento migratorio forzado hacia Francia de dimensiones colosales, que incluía a todos los que habían tenido responsabilidades de Gobierno en el Principado. Después de la evacuación de Cataluña, Negrín y los comunistas se mostraron dispuestos a resistir, pero en Madrid el coronel Segismundo Casado formó un Consejo de Defensa, con apoyo de republicanos, socialistas y

---

[33] FET y de las JONS significaba Falange Española Tradicionalista y de las Juntas de Ofensiva Nacional Sindicalista.

cenetistas, para negociar la rendición. Al final, Madrid y Valencia caerían sin oposición. Los planes de Franco no admitían más que la rendición incondicional. Como había escrito Azaña (1967, III, p. 505), «perdiéndose Cataluña, no habría ya nada que hacer en el resto de España».

La represión franquista y Cataluña

En abril de 1939 no llegó la paz, sino la victoria para unos y la derrota para otros. La Ley de Responsabilidades Políticas, de 13 de febrero de 1939, ya lo anunciaba. Todos los partidos políticos, excepto FET y de las JONS, así como todos los sindicatos y organizaciones afines, eran declarados ilegales y se castigaría a quienes hubiesen participado en la *subversión* de octubre de 1934 y se hubiesen opuesto al *Movimiento Nacional* iniciado en julio de 1936. La Ley se cumplió sin excepciones en la Cataluña ocupada militarmente (desde el 10 de enero), donde se practicaron procesos de depuración propios de un régimen totalitario. El Principado se llenó de cárceles y campos de concentración, y de tribunales improvisados que realizaban juicios sumarísimos que solían concluir con la pena de muerte. Hay que señalar, sin embargo, que no mejor suerte corrieron otras regiones españolas y, señaladamente, Madrid.

La represión alcanzó de lleno a la cultura catalana. El uso público del catalán quedó prohibido y hubo que reescribir en castellano los nombres de instituciones y establecimientos que habían optado por la lengua local. En Barcelona fue impuesto un obispo castellano y se prohibió la prédica en catalán. En agosto de 1939, cuando acabó oficialmente la ocupación militar de Cataluña, se suavizó algo la represión, pero esencialmente las cosas no habían cambiado mucho cuando, el 15 de octubre de 1940, Lluís Companys fue fusilado en el foso de Santa Eulalia del castillo de Montjuïc, tras haber sido apresado por la policía militar alemana el 13 de agosto de 1940 en su residencia de La Baule (cerca de Nantes), en la Francia ocupada por Hitler. El 3 de octubre, fue llevado al castillo de Montjuïc, donde fue juzgado y condenado sin ninguna garantía procesal[34]. Una semana

---

[34] Otro inicuo fusilamiento de un político catalán por el Gobierno de Franco tuvo lugar durante la guerra, en abril de 1938, cuando el democristiano Manuel Carrasco Formiguera cayó en manos de las tropas nacionales y fue sometido a un juicio sumarísimo por el delito de *adhesión a la rebelión*. Idéntica suerte sufrió en 1942

después de la ejecución de Companys, Franco se entrevistaba con Hitler en Hendaya para hablar de la posible entrada de España en la guerra y, unos meses después, con Mussolini en Bordighera con el mismo tema. En ese momento, España no era un país neutral, sino un país *no beligerante* que no dudó en enviar la *División Azul* al frente ruso para apoyar a Alemania.

Hasta 1973, poco antes de su muerte, Franco fue jefe del Estado y presidente del Gobierno a la vez, además de tener a sus órdenes las Fuerzas Armadas y la jefatura del partido único, FET y de las JONS, llamado también Movimiento Nacional. Algo que sí cambió en el transcurso de su larga dictadura fueron las relaciones internacionales. Sus simpatías iniciales quedaron de manifiesto cuando, el 27 de marzo de 1939, se adhirió al Pacto anti-Komintern suscrito en 1936 por Alemania, Japón e Italia. Sin embargo en octubre de 1943, ante el curso de la guerra mundial, desfavorable a los países del Eje (así se llamó al pacto Berlín-Roma-Tokio), Franco cambió la posición de España hacia la neutralidad, momento que fue aprovechado por los monárquicos del régimen para empezar a pedir que se pensara en Don Juan de Borbón, hijo de Alfonso XIII, como nuevo jefe del Estado. El 19 de marzo de 1945, a punto de terminar la guerra mundial, Don Juan dio a conocer en Lausana un manifiesto donde denunciaba el régimen de Franco por «inspirado desde el principio en los sistemas totalitarios de las potencias del Eje, tan contrario al carácter y a la tradición de nuestro pueblo», y ofrecía la monarquía constitucional, «reconciliadora, justiciera y tolerante», dispuesta al «reconocimiento de la diversidad regional», como instrumento de paz. Pero nada cambió: España, naturalmente, no fue admitida en las Naciones Unidas y tuvo que ver cómo, el 12 de diciembre de 1946, la Asamblea General aprobaba una resolución que recomendaba la ruptura de relaciones con el Gobierno de Franco. La recomendación fue seguida por la mayoría de los países hasta noviembre de 1950, cuando las Naciones Unidas levantaron el castigo por presiones de Estados Unidos que empezó a ver en la España de Franco un simple aliado en la Guerra Fría, importante por su posición geoestratégica.

el anarquista barcelonés Joan Peiró Belis, que fue ministro de Industria durante la guerra, entregado por los alemanes y fusilado, con otros correligionarios suyos, en 1942. Pero hubo también fusilamientos de no catalanes en circunstancias y fechas muy parecidas a las de Companys, como los de los socialistas Julián Zugazagoitia y Francisco Cruz Salido, vasco y andaluz respectivamente.

Para tratar de contentar a propios y extraños, el 26 de julio de 1947 fue promulgada la Ley de Sucesión, que definía a España como «Estado católico, social y representativo que, de acuerdo con su tradición, se declara constituido en Reino», pero otorgaba a Franco el poder de nombrar a su sucesor a título de rey o regente. Esto, sin embargo, no contentó a los monárquicos, pues Don Juan ya había dejado claro en un nuevo manifiesto dado a la luz en Estoril (7 de abril de 1947) que se oponía a todo lo que supusiera ruptura de la continuidad dinástica y no asegurara un retorno inmediato al sistema constitucional. En 1953, Franco consiguió un éxito rotundo al firmar un Concordato con la Santa Sede (agosto) y los Pactos de Madrid con Estados Unidos (septiembre), y obtener la revocación de la resolución condenatoria de Naciones Unidas (noviembre). Con estos movimientos, se puede decir que la dictadura de Franco vio su futuro asegurado en España.

¿Cómo fueron los años 1939-1953 en Cataluña?[35] La Guerra Civil dejó unos 70.000 muertos en el Principado y un flujo migratorio forzado hacia Francia de unas 440.000 personas, muchas de las cuales terminaron en improvisados campos de concentración donde la vida resultaba muy difícil. Los políticos e intelectuales que tuvieron suerte pudieron exiliarse en Francia, Inglaterra, México, Chile, Argentina, Colombia, Venezuela o Estados Unidos. ERC y PSUC fueron incapaces de entenderse al otro lado de la frontera y el *Govern* de Companys dejó de funcionar completamente. Lluís Nicolau d'Olwer formó una Junta de Ayuda a los Republicanos Españoles que, por supuesto, prestó socorro a los exiliados catalanes.

En el interior, la situación era igualmente terrible. Se ha calculado que, entre 1939 y 1953, más de 3.500 catalanes fueron condenados a muerte en consejos de guerra sin garantías (a partir de 1943, cuando Franco empezó a inclinarse por los aliados, hubo menos condenas). Estas recayeron en muchos casos sobre anarcosindicalistas y militantes de ERC, destacando los casos de Carles Rahola[36], de Joan Peiró y, sobre todo, de Lluís Companys. En 1942, había en

---

[35] Las cifras que se dan a continuación corresponden a las citadas en las publicaciones oficiales más recientes.

[36] Carles Rahola, perteneciente a una conocida familia gerundense, fue el único escritor catalán ajusticiado por la dictadura de Franco exclusivamente por sus publicaciones.

6. EL SIGLO XX (1900-1975)

Cataluña unos 14.500 presos en las cárceles y unos 2.500 condenados a trabajos forzados. Desde julio de 1939, el Tribunal Regional de Responsabilidades Políticas, constituido en Barcelona, procedió a la confiscación de los bienes de los partidos, los sindicatos, las asociaciones y todo aquél que fuera considerado «desafecto». Por la misma causa muchos funcionarios y maestros perdieron su puesto de trabajo y otros fueron sancionados.

El cronista de guerra del bando de Franco, Víctor Ruiz Albéniz[37], señaló que Cataluña merecía un «castigo bíblico» por ser «la sede del anarquismo y el separatismo»[38]. Para reprimirlos se dio una persecución que alguno (Solé, 1985) ha llamado con evidente exageración «genocidio cultural». Una entidad tan significativa como el *Institut d'Estudis Catalans* fue expulsada de su sede, aunque pudo continuar su trabajo gracias al apoyo encontrado en *Benèfica Minerva*, una fundación cultural creada en 1942 por el hombre de negocios y banquero Félix Millet Maristany, catalanista que se había pasado al bando franquista desde el comienzo de la guerra[39]. Hasta el fin de la Segunda Guerra Mundial no fue posible publicar legalmente en catalán; luego, entre 1945 y 1951, se permitió hacerlo, pero sólo para reeditar clásicos. A partir de 1951 se normalizó la situación —excepto para los ensayos, las obras científicas y las traducciones, donde se demoró la normalización— y hubo una verdadera explosión editorial en catalán: 96 libros en 1954 y 183 en 1960. En cualquier caso, en Cataluña, como en el resto de España, se aplicó una censura previa muy restrictiva.

La progresiva normalización del uso del catalán fuera de las instancias oficiales (el catalán nunca tuvo reconocimiento oficial durante la dictadura franquista), tuvo que ver con los cambios políticos obligados desde que Estados Unidos empezó en 1950 a considerar a España como un aliado en la Guerra Fría. Esto ayuda a entender, por ejemplo, que en Barcelona triunfase la huelga de usuarios de tranvías,

---

[37] Víctor Ruiz Albéniz, conocido en el Marruecos español como *Tebib Arrumi*, es decir, «médico cristiano», era sobrino carnal del músico catalán Isaac Albéniz.
[38] *Heraldo de Aragón*, 4 de febrero de 1939.
[39] El *Institut d'Estudis Catalans* había sido fundado en 1907 por Enric Prat de la Riba, siendo presidente de la Diputación de Barcelona. Fue la institución que amparó los estudios de Pompeu Fabra, que introdujeron las normas ortográficas y gramaticales del catalán moderno. Durante la Dictadura de Primo de Rivera, el *Institut* tuvo que sostenerse exclusivamente con ayudas privadas, como la de Francesc Cambó.

que protestaron airadamente en la primavera de 1951 contra la subida de las tarifas. La huelga fue aprovechada por elementos anarquistas, comunistas y nacionalistas para intentar extender la protesta y derrocar el régimen dictatorial, pero solo se consiguieron los ceses del alcalde y el gobernador de Barcelona y la anulación de la subida. El 15 de diciembre de 1955, la Asamblea General de Naciones Unidas aprobó el ingreso de España en el organismo. Todo parecía marchar bien para los intereses de Franco, pero entre 1956 y 1959 se vivieron unos años de intensa agitación. El 2 de marzo de 1956, Francia concedió la independencia a Marruecos, sin contar con España, lo que colocó al régimen de Franco en una situación difícil. Esos fueron también años de conflictos en la universidad y en las empresas, con huelgas en el País Vasco, Asturias y Cataluña, lo que se explica por el agotamiento del modelo económico, social y político del primer franquismo.

Las presiones internacionales para acabar con la dictadura cedieron a partir de 1953; el gobierno logró la incorporación de la España de Franco a los organismos internacionales, y a partir de 1957 el régimen dio un golpe de timón político incorporando al gobierno a hombres de talante liberal en economía y monárquicos en la política[40]. Se libró una creciente batalla por el poder entre la cerrazón falangista y un catolicismo que se mostraba conciliador y aperturista. La organización católica Opus Dei, con el catedrático barcelonés Laureano López Rodó al frente, encontró la forma de influir en las esferas del poder: la creación de una Secretaría General Técnica en la Presidencia del Gobierno, que ocupó López Rodó. En esta entrada del Opus Dei barcelonés en los círculos de poder franquista desempeñó un papel otro oriundo de la ciudad condal afincado en Madrid, Luis Valls Taberner, pariente de Félix Millet, a quien sucedió en la presidencia del Banco Popular. Cuando en la crisis de 1956-7 se recabó la opinión del Valls, él recomendó que se contara con López Rodó y su grupo para formar Gobierno, donde destacaron en el plano económico Alberto Ullastres Calvo y Mariano Navarro Rubio[41]. Este sería el gobierno bajo cuya iniciativa se llevaría a cabo el Plan de Estabilización y Liberalización de 1959,

---

[40] Sobre este tema ver Cavalieri (2014).
[41] Tortella, Ortiz-Villajos y García Ruiz (2011), pp. 182-184

que trajo aparejado el Arancel Ullastres de 1960. Ambas medidas sirvieron para poner orden en la economía española e iniciar su integración progresiva en la economía internacional, que estaba viviendo la prosperidad de la *Golden Age*[42].

El Plan de Estabilización y sus consecuencias

En la política económica del franquismo marca una clara divisoria el Plan de Estabilización y Liberalización de 1959, que ha sido denominado también Plan Sardà, porque fue Joan Sardà i Dexeus el economista que, desde el Servicio de Estudios del Banco de España, realizó un trabajo destacado para que fuera una realidad. Sardà, barcelonés con ninguna simpatía por el franquismo, aceptó sin embargo, a invitación de Mariano Navarro Rubio, poner su talento y sus conocimientos de economía al servicio de España para conseguir impulsar un desarrollo económico que acabase con una postguerra que se prolongaba demasiado tiempo. Él confiaba en que el desarrollo económico facilitaría la transición a la democracia, como efectivamente ocurrió. El resultado fue que la política económica entre 1959 y 1975 sintonizó con la vigente en los países del entorno, muy influida por el keynesianismo, mientras que antes se había basado en el tosco modelo nacionalista, intervencionista y proteccionista que había construido el Partido Conservador en los albores del siglo XX y que, como hemos visto, contó con el apoyo de los conservadores catalanistas de la *Lliga*. En definitiva, el Plan sirvió para liberar las capacidades productivas de España, que estaban yuguladas por las medidas autárquicas o semiautárquicas de los años posbélicos. Siguiendo el modelo francés, se quiso luego encauzar el crecimiento económico a través de planes de desarrollo. El órgano de planificación sería la Comisaría del Plan de Desarrollo, a cuyo frente quedó López Rodó, pese a la inicial oposición falangista.

Aunque la dictadura de Franco fuera formalmente un régimen de partido único, en realidad no lo fue. Franco no tuvo nunca un gabinete monocolor, pues su método consistía en equilibrar unos intereses con otros y alimentar siempre las esperanzas entre sus partidarios de

---

[42] Franco más tarde se atribuyó todo el mérito del Plan de Estabilización, pero Navarro tuvo en su momento muchas dificultades para convencerle de las virtudes del tal Plan.

que llegarían a tener una oportunidad de entrar en el Gobierno, con lo cual evitaba las posibles coaliciones hostiles de los que se sintieran excluidos. Con todo, a partir del Plan de Estabilización, el Opus Dei fue el grupo más poderoso, con gran irritación de los falangistas. El desarrollo del «escándalo Matesa» (1969), con el que los falangistas quisieron desbancar a los opusdeístas —afectaba a un empresario catalán vinculado al Opus Dei, Juan Vilà Reyes, que había sido financiado por un banco público dirigido por hombres del Opus Dei— no sirvió a los objetivos de los hombres del Movimiento, todo lo contrario. Es más, el Gobierno de octubre de 1969 ha sido llamado «el Gobierno monocolor» (aunque en realidad no lo era), pues casi todos sus miembros eran del Opus Dei o estaban próximos, como José María López de Letona en Industria, Alberto Monreal Luque en Hacienda, José Luis Villar Palasí en Educación o Enrique Fontana Codina en Comercio. En realidad, este Gobierno fue más obra de Carrero Blanco y López Rodó que del propio Franco[43].

No es casualidad que el *escándalo Matesa* estallase el 23 de julio de 1969, es decir, un día después de que Don Juan Carlos de Borbón fuese proclamado por las Cortes como sucesor de Franco, jurando fidelidad a las siete *leyes fundamentales* que entre 1938 y 1967 habían institucionalizado la dictadura. Fue el último cartucho de los falangistas para tratar de desprestigiar a los opusdeístas.

En estos años de *desarrollismo* a Franco le preocupaban relativamente poco las pugnas entre las diversas facciones del régimen, y menos aún las que tenían lugar en el seno de la familia real. Él sabía que mientras hubiese crecimiento económico, acompañado de un cierto Estado de bienestar, los españoles no intentarían cambiar de rumbo político. No hay completo acuerdo sobre cuál era el proyecto político del Opus Dei con su candidato a sucesor, el príncipe Juan Carlos, a la muerte del dictador. El historiador Josep Fontana tiene claro que «López Rodó ha reivindicado los esfuerzos que realizó, en unión del almirante Carrero Blanco, para la restauración de la Monarquía, olvidándose de decirnos que la Monarquía que pretendía restaurar no tenía nada que ver con la democracia»[44]. Sin embargo, los hechos de la Transición parecen contradecir tal afirmación, aunque lo cierto es

---

[43] Sobre el caso Matesa hay una nutrida literatura; para una síntesis, ver Tortella y Jiménez (1986), Cap. VI.
[44] *El País*, 3 de diciembre de 2000.

6. EL SIGLO XX (1900-1975)

que Juan Carlos se guardó mucho entonces de hablar con la claridad que había mostrado su padre en los manifiestos de Lausana y Estoril. A la hora de la verdad, López Rodó fue cabeza de lista por Barcelona en las elecciones del 15 de junio de 1977 y resultó elegido diputado al Congreso. Desde su escaño realizó un trabajo importante en la elaboración de la Constitución de 1978 y del *Estatut d'Autonomia de Catalunya* de 1979. Luego, abandonó la política y terminó sus días en 2000 como catedrático de Derecho Administrativo de la Universidad Complutense y abogado en ejercicio. Antes había fundado Acción Regional, una asociación conservadora y humanista que se integraría en Alianza Popular, y según la cual España debía dotarse de verdaderas regiones autónomas, aunque, eso sí, dentro de un regionalismo igualitario y solidario, pues «[s]e nos caería la cara de vergüenza si bajo la bandera del regionalismo se ocultara la búsqueda interesada de algún privilegio para alguna región»[45]. En la aventura le acompañó José María Ruiz Gallardón, un abogado que, a pesar de ser hijo de Víctor Ruiz Albéniz, siempre había recelado del franquismo.

En Cataluña, en los últimos años del franquismo, la oposición al régimen iba estrechamente unida al catalanismo y al catolicismo. En 1961 se fundó *Òmnium Cultural*, institución catalanista con fuertes apoyos financieros, uno de cuyos fundadores y primer presidente fue Félix Millet, hombre de profundas convicciones religiosas. El abad de Montserrat, Aureli M. Escarré, fue expulsado de España en 1965 por unas declaraciones contra la dictadura en *Le Monde*. Al año siguiente 130 sacerdotes marcharan contra la tortura por las calles de Barcelona en 1966, el año en que Pujol lanzaba la campaña «*Volem bisbes catalans*» (Queremos obispos catalanes) y se creaba un sindicato democrático de estudiantes universitarios en el convento de los capuchinos de Sarrià («la *Caputxinada*»).

Junto a los financieros y eclesiásticos citados, el grueso de la intelectualidad catalana nunca perdió los deseos de que la cultura de la región tuviese plasmación política. La *Nova Cançó*, nacida en 1962, supo llevar a las masas esa inquietud. En 1968, un cantante de esta corriente, Joan Manuel Serrat, se negó a cantar en Eurovisión el tema *La, la, la*, compuesto por el Dúo Dinámico (barcelonés) porque no

---

[45] *ABC*, 4 de febrero de 1977.

EL PLAN DE ESTABILIZACIÓN

se le permitió hacerlo en parte en catalán[46]. Con todo, de los once Estados de excepción decretados por el franquismo en 1956-1975 ninguno afectó exclusivamente a Cataluña, cuando sí hubo seis en Vizcaya y Guipúzcoa y dos en Asturias, pues en estas provincias del Norte de España la resistencia al franquismo fue más violenta.

El catalanismo tuvo una manifestación de primer orden en la constitución en Barcelona, el 7 de noviembre de 1971, de la *Assemblea de Catalunya*, como plataforma unitaria de oposición al régimen de Franco. El acto tuvo lugar en la iglesia de Sant Agustí, del barrio del Raval, por iniciativa de la *Coordinadora de Forces Polítiques de Catalunya*, que agrupaba a tres centenares de personas de distintas tendencias políticas pero unidas en el rechazo a Franco y al sucesor que este había designado, el príncipe Juan Carlos. En la *Assemblea* tenían presencia comunistas (PSUC) y socialistas (*Moviment Socialista de Catalunya*), pero también nacionalistas católicos de derechas, como el grupo de Jordi Pujol —lo que más tarde sería *Convergència Democràtica de Catalunya*— y la cristiano-demócrata *Unió Democràtica de Catalunya*. Rápidamente se unieron organizaciones obreras, agrupaciones de profesionales y de estudiantes, movimientos ciudadanos, colegios profesionales, grupos culturales y religiosos e independientes. Las cabezas visibles fueron personalidades como Josep Benet, Carles Caussa, Jordi Carbonell, Pere Portabella, Joan Reventós, Miquel Sellarès o Agustí de Semir.

Las reivindicaciones de la *Assemblea* eran claras: 1) libertades sociales y políticas, 2) amnistía para los presos políticos y 3) restablecimiento del Estatuto de Autonomía de 1932, como paso previo a la autodeterminación. Hubo actos reivindicativos en Ripoll (1972), Sant Cugat del Vallès (1973) y Vic (1973), con concentraciones que fueron disueltas por la policía. También en 1973 se quiso llegar más lejos con la reunión de 113 intelectuales en la parroquia de Santa Maria Mitjancera, pero todos fueron detenidos. Fueron años de mucha actividad política y sindical en Cataluña porque se adivinaba el final del franquismo. Hubo huelgas con víctimas (SEAT, 1971; Térmica del Besòs, 1973) y la ejecución del anarquista Salvador Puig i Antich

---

[46] La madrileña Massiel se prestó a interpretarlo y España obtuvo su único éxito en solitario en ese festival; al año siguiente volvió a ganar España, con la cantante Salomé —barcelonesa a la que gustaba cantar en catalán— pero tuvo que compartir el premio con otros tres países.

(1974), a quien Joan Miró le dedicó la serie *L'esperança del condemnat a mort*. A la muerte del dictador, las manifestaciones convocadas por la *Assemblea* fueron multitudinarias, destacando la celebración de una «Diada» el 11 de septiembre de 1976 en Sant Boi de Llobregat[47]. A renglón seguido, la *Assemblea* lanzó la campaña «*Volem l'Estatut*» de cara a las elecciones generales de 1977[48]. Los partidos que obtuvieron representación parlamentaria en esas elecciones decidieron poner fin a la Assemblea, donde quedaron solo los partidarios de la «ruptura democrática». Andando el tiempo, una nueva *Assemblea Nacional Catalana*, promotora desde 2012 de un referéndum sobre la independencia, se consideraría sucesora de la primitiva *Assemblea*.

La consolidación de las economías de España y Cataluña en el siglo XX

Cataluña siempre en cabeza

Si comparamos los niveles de desarrollo económico en la España de 1975 con los que había en 1900 parece claro que estamos ante un caso de éxito[49]. Como han señalado Tortella y Núñez (2011, p. 561), la prosperidad material conseguida hacia 1975 es el principal factor para explicar que el paso de la dictadura a la democracia tuviese mucho de proceso natural, relativamente pacífico. Todas las series disponibles coinciden en que el crecimiento se había acelerado en la segunda mitad del siglo XX. ¿Quiere ello decir que deba atribuirse al franquismo tal desarrollo? se preguntan Tortella y Núñez, y responden: «Evidentemente no. El proceso de crecimiento estaba ya en marcha y la evolución de la economía española está muy ligada, como hemos visto, a la de sus vecinos europeos. Quizá con mayor fundamento pudiera decirse que el régimen franquista fue más obstáculo que propulsor del crecimiento.

---

[47] En estos años empezó a escribirse la historia de Cataluña con una perspectiva nacionalista de nuevo cuño, como se prueba en Balcells (1974) y Balcells (coord.) (1980-1981).
[48] Sobre este período ver Molinero e Ysàs (2014), Cap. 1.
[49] Aproximaciones a la historia económica de Cataluña en el siglo XX se contienen en Fontana *et al.* (1972) y Maluquer (1998).

Ahora bien, lo que es indiscutible es que la política económica franquista dejó su impronta en una economía española que se desarrolló bajo su férula».

¿Cómo evolucionó la posición de Cataluña en estos procesos económicos? En el Gráfico 6.1 se observa que en el siglo XIX Cataluña había pasado de tener en 1800 una renta por habitante similar a la media española (1,05 siendo 1 la media) a disfrutar en 1901 de una posición muy aventajada (1,53), que se vio reforzada en el primer tercio del siglo XX (1,87 en 1930) para luego ir cayendo relativamente, en el curso de un proceso de convergencia, pero situándose todavía claramente por encima al final del franquismo (en torno a 1,3)[50]. Hay que reconocer la fragilidad de los cálculos subyacentes, pero la evidencia empírica aportada por la historia económica y empresarial parece confirmar esa evolución en líneas generales. Es decir, la Cataluña de Cambó habría sabido sacar provecho de la política económica dictada por los gobiernos españoles antes de la Guerra Civil, mientras que durante el franquismo, pese a la repugnancia que podía sentir por las hechuras dictatoriales del régimen, la burguesía catalana habría encontrado la forma de seguir prosperando y figurar en el grupo de cabeza, junto a Baleares (aupada por el *boom* turístico), Madrid y el País Vasco. El franquismo, por cierto, permitió que Álava y Navarra siguieran disfrutando de privilegios fiscales, en tanto que Vizcaya y Guipúzcoa los perdieron por ser consideradas provincias «traidoras», al no haberse sumado con entusiasmo al golpe militar de 1936[51].

Una industrialización con proteccionismo e intervenciones públicas

El modelo de desarrollo económico español entre 1900 y 1975 favoreció claramente la industria, lo que no resulta extraño, pues en todo el mundo occidental, hasta la crisis del petróleo de 1973-83, el impulso industrializador fue fuerte. A partir de esa crisis se aceleró, sin embargo, un fenómeno cuyos inicios se habían detectado muchos años antes por Colin Clark, que en un famoso libro, cuya primera

---

[50] Ver también Tortella y Núñez (2011), p. 548. Esta estimación es muy similar a la ofrecida en Maluquer (2001, p. 362) para 1850-1996.

[51] El crecimiento de Cataluña se pone de manifiesto, por ejemplo, en informes como los del Instituto de Economía de la Empresa (1968), el Instituto Nacional de Estadística (1980) o la Fundación BBV (1997).

6. EL SIGLO XX (1900-1975)

edición es de 1940 (*The Conditions of Economic Progress*), escribió: «A medida que aumenta la renta real por habitante, resulta claro que la demanda *relativa* de productos agrícolas cae continuamente, y que la demanda relativa de manufacturas primero aumenta y luego cae en favor de los servicios»[52]. Este fenómeno recibió más tarde el apelativo de *desindustrialización*, y ha sido objeto, más recientemente, de numerosos estudios[53].

Cataluña, que se había convertido en «la fábrica de España» en el XIX, contribuyó de forma notable a esta nueva fase de la industrialización, que pretendía incorporar el país a la llamada Segunda Revolución Industrial. En 1935, Cataluña tenía casi una cuarta parte de toda la potencia eléctrica instalada en España y su consumo era de 394 kilovatios por habitante, divididos en 360 de fuerza y 34 de alumbrado (en esto solo el País Vasco la superaba, con 376 de fuerza y 38 de alumbrado)[54]. La gran compañía eléctrica española era la Barcelona Traction, cuya producción duplicaba la de su inmediata seguidora, Hidroeléctrica Española. En el Principado, carente de carbón, se habían depositado muchas esperanzas en la hidroelectricidad, como forma de superar los problemas energéticos. En 1929, de los seis hornos siderúrgicos disponibles en Barcelona, cuatro eran eléctricos. La producción siderúrgica global catalana, unas 26.000 toneladas de acero, quedaba muy lejos de los volúmenes producidos en Vizcaya (unas 564.000 toneladas de acero y 425.000 de hierro colado) o Asturias (127.000 y más de 98.000, respectivamente), o incluso en Valencia, Cantabria o Guipúzcoa; sin embargo, permitía complementar una metalurgia que se consolidaba rápidamente[55].

La difusión del automóvil en los años de entreguerras constituyó una oportunidad para los emprendedores, pues en este periodo la producción era todavía artesanal, con la única excepción de Estados Unidos, donde Henry Ford había sentado las bases de la fabricación en cadena. En 1935, la proporción de automóviles por 1.000 habitantes más alta de España se situó en Madrid (23,0), seguida por Baleares (20,9), Barcelona (14,4) y Gerona

---

[52] Clark (1957), p. 493.
[53] Col.legi d'Economistes de Catalunya (1985). Para un panorama europeo ver Hau y Núñez (1998).
[54] Nadal (2003), Cuadros II.2.2.7 y II.2.2.8.
[55] Nadal (2003), Cuadro II.4.2.12.

(12,3)[56]. Habiendo mercado y tradición industrial, Barcelona se convirtió antes de la Guerra Civil en el Detroit español, con un gran fabricante (Hispano Suiza), dos multinacionales que montaban vehículos (Ford y General Motors) y empresas de motores (Elizalde), neumáticos (Pirelli) y accesorios (David, Recambios y Accesorios, Harry Walker). Pero antes de lanzar las campanas al vuelo, hay que decir que nuestro Detroit tenía dos problemas: 1) su tamaño era ínfimo y 2) desde 1926 gozaba de una legislación protectora otorgada por el Gobierno español que, eso sí, como antes había ocurrido con el textil, los catalanes habían sabido aprovechar mejor que otros conciudadanos.

En 1926, cuando Estados Unidos producía 4,3 millones de vehículos y en Europa había países con importantes producciones (Francia, 200.000; Italia, 65.000), en España apenas se llegaba al millar de unidades. La Dictadura del general Primo de Rivera puso en marcha un programa de compras oficiales con el que apoyar al sector. Este programa era demandado por los principales protagonistas de la industria, incluyendo a Hispano Suiza, que estaba pasando por dificultades. A las iniciativas de la Dictadura se sumarían, en julio de 1930, la Ley Wais (por el ministro Julio Wais) de la *Dictablanda*, que otorgó protección arancelaria, y las Leyes del Automóvil, de julio y diciembre de 1931, que introducirían las primeras exigencias de «contenido local» (hasta el 70 por 100) para los fabricantes extranjeros que quisieran instalarse en España. Pero todas estas medidas intervencionistas fracasaron y, poco antes de la Guerra Civil, la producción era inferior a la de 1926.

El franquismo, como régimen de origen e inspiración militar, tuvo desde el principio una preferencia por la industria. El Instituto Nacional de Industria (INI) fue creado en 1941 para «respaldar nuestros valores raciales con el apoyo indispensable de una potente industria», entendiendo que «es tan grande la cuantía de las inversiones que la fabricación de determinados productos requiere que muchas veces rebasa el marco en que las iniciativas particulares se desenvuelven, y para otras el margen de beneficios resulta tan moderado que no ofrecen incentivo a los organismos financieros, que hacen desviar el ahorro español hacia otras actividades, con

---

[56] Nadal (2003), Cuadro II.5.1.13.

6. EL SIGLO XX (1900-1975)

perjuicio de los intereses de la Patria». Las frases entrecomilladas corresponden al preámbulo de la ley fundacional del INI, que constituía una crítica en toda regla a lo que había conseguido hasta ese momento la burguesía española. Los historiadores catalanes se han distinguido por manifestar su desacuerdo con el juicio vertido en la ley y han tendido a menospreciar el papel del INI en el desarrollo de Cataluña durante el franquismo. Por ejemplo, Jordi Maluquer en el prólogo a la obra *Cien empresarios catalanes*, coordinada por Francesc Cabana, afirma con rotundidad: «es necesario destacar la ausencia prácticamente total de la empresa pública en el crecimiento económico catalán de los doscientos últimos años», añadiendo que es «escasísima» la presencia de ciudadanos catalanes «en la burocracia estatal, la gobernación del Estado o la milicia»[57].

Sobre lo último, basta con repasar lo escrito anteriormente para darse cuenta de que quizá no fueron muchos los ciudadanos catalanes implicados en la política española, pero, sin duda, un buen puñado de los que lo hicieron durante el franquismo ocuparon cargos relevantes y dejaron huella perdurable[58]. Pero más evidente es que la empresa pública fue absolutamente decisiva en Cataluña en ese período. Resulta increíble que se pueda pasar por alto la gran fábrica de la Sociedad Española de Automóviles de Turismo (SEAT) en la Zona Franca de Barcelona. Entre 1953 y 1975, SEAT, que era el *campeón nacional* (empresa privilegiada) del INI en la fabricación de turismos, encabezó de forma continuada el *ranking*. Al final del franquismo, SEAT producía 329.000 vehículos, frente a los menos de 200.000 de Renault, que era su inmediato seguidor. Por entonces, SEAT tenía unos 25.000 empleados en la Zona Franca, constituyendo la mayor concentración obrera de España. El franquismo la cuidó tanto que pretendió convertirla en la *empresa modelo* del régimen, verdadero ejemplo para el conflictivo sector del metal (Artal *et al.*, 1973).

---

[57] Cabana (2006), p. 10. Esta obra de Cabana es, en buena medida, una selección de Cabana (1992-1994). En la misma línea de negar cualquier aportación positiva del Estado franquista a la economía catalana se encuentran otras obras de Cabana (1996 y 2000). En Puig (2006) se aporta una visión más equilibrada.

[58] Los casos de Sardà y López Rodó son paradigmáticos, pero también se podrá citar a los ministros Pedro Gual Villalbí y Enrique Fontana Codina o a los economistas Fabián Estapé, Lucas Beltrán y Manuel Ortínez.

El Estado franquista también intervino en el sector eléctrico catalán, tan decisivo para asegurar la industrialización[59]. En 1946, el INI creó la Empresa Nacional Hidroeléctrica del Ribagorzana (ENHER) para producir electricidad en el Pirineo Catalano-Aragonés y competir con la Barcelona Traction, Light and Power, que, al igual que la CHADE, que había tenido como presidente a Cambó, estaba controlada por la SOFINA belga. El nacionalismo del régimen quería poner en manos españolas el sector energético y durante los años Cuarenta y Cincuenta mantendría un pulso con las empresas de SOFINA para arruinarlas y hacerse con ellas a bajo precio. La Barcelona Traction terminaría siendo liquidada en 1952 y sus activos adjudicados a Fuerzas Eléctricas de Cataluña (FECSA), una empresa controlada por el mallorquín Juan March, que así se cobraba la ayuda financiera que había prestado a Franco durante la Guerra Civil. Sin embargo, pese a la resistencia de March mientras vivió, tanto ENHER como FECSA acabarían integrándose en el gigante italoespañol Endesa.

El estudio sobre el INI de Martín Aceña y Comín (1991), pone de manifiesto el enorme peso que tuvo Cataluña en las inversiones del INI, que también era considerable en el empleo industrial. En torno a una quinta parte del inmovilizado del INI correspondía a Cataluña en los albores de la transición, situación solo comparable a la de Asturias y muy por encima del resto de las regiones españolas. Un libro reciente recuerda lo que supuso la creación de la Empresa Nacional de Petróleo de Tarragona (ENTASA), puesta en marcha en los años en que otro catalán ilustre al servicio de la política industrial del franquismo, Claudio Boada, fue presidente del INI: «Con ENTASA y sus desarrollos ulteriores, esa instalación, financiada al 100 por 100 por el Estado, se configuró el *hub* químico más importante y moderno de Cataluña»[60]. ENTASA, con capacidad de refino de 8.000 toneladas, sería una de las tres refinerías de la Empresa Nacional de Petróleos (EMPETROL),

---

[59] Gómez Mendoza, Sudrià y Pueyo (2007).
[60] Tamames (2014), p. 181. Este autor recuerda que hasta 1979 no se pudo crear en Madrid IFEMA porque el franquismo reservó las ferias de muestras internacionales a Barcelona y Valencia, así como que, durante esa etapa dictatorial, Cataluña se vio favorecida con importantes «desarrollos portuarios y localizaciones industriales, como las de Gas Natural, primer desarrollo gasista en conexión a Libia y Argelia, la ampliación del turismo en la Costa Brava y en el Pirineo, etc.» (pp. 181-182).

6. EL SIGLO XX (1900-1975)

siendo las otras dos la de Puertollano (Calvo Sotelo, 6.000) y la de Escombreras (REPESA, 10.500).

El cálculo realizado más tarde para el *Atlas de la industrialización de España* apenas difiere: en 1976, el 4,5 por 100 de los activos industriales de Cataluña estaban empleados en empresas del INI, solo un poco por debajo de la media española (6,20), aunque, claro, muy por debajo de regiones como Asturias (44,32) o Galicia (10,67) o provincias como La Coruña (21,48), Cádiz (18,66), Teruel (16,22) o Ciudad Real (12,85), escenarios de grandes intervenciones públicas[61]. Por entonces, Cataluña también disfrutaba del crédito oficial, otorgado en condiciones que mejoraban claramente las de mercado. La ratio de crédito oficial por cada 100 pesetas de valor industrial para 1975 arroja una cifra de 12,76 para Cataluña, siendo por provincias: Barcelona, 10,60; Gerona, 13,47; Lérida, 26,77; Tarragona, 29,94. La media española era 25,84, por lo que dos provincias catalanas se situaban por encima, aunque ciertamente se estaba lejos de los niveles alcanzados por Canarias (73,71), Extremadura (58,13), Baleares (57,32), Madrid (47,43) o Andalucía (43,24)[62].

Finalmente, cabe destacar que el franquismo dejó en Cataluña unas infraestructuras de transporte muy por encima de la media española. En 1955 sólo Castilla y León, con una superficie tres veces mayor, tenía un *stock* ferroviario, medido en pesetas de 1990, superior a Cataluña y, al final del franquismo, la posición catalana era abrumadoramente superior a la de cualquier otra región: sus 268.500 millones de pesetas estaban muy por encima de los 172.100 millones de Madrid, su inmediato seguidor. En cuanto a autopistas, la ventaja era todavía más clara: en 1975 el 45,5 por 100 de los kilómetros disponibles de autopista estaba en Cataluña, a enorme distancia del 14,2 por 100 del País Vasco que le iba a la zaga (Cucarella, Cubel y Palafox (1999) y Nadal (2003), Cuadro III.6.1.12.).

La Cataluña del franquismo había resultado tan atractiva y dinámica que había registrado flujos inmigratorios elevadísimos, muy superiores a los de otras regiones de inmigración como Madrid o el País Vasco. En alguna medida, se habían confirmado los temores del último Cambó que, en febrero de 1947, se mostraba preocupado

---

[61] Nadal (2003), Cuadro III.6.1.7.
[62] Nadal (2003), Cuadro III.6.1.9.

por la «*reculada del sentiment català*» a consecuencia de la emigración hacia Cataluña (De Riquer, 1997), que había sido intensa desde los años de la Primera Guerra Mundial y que alcanzaría cotas muy altas en los decenios de 1950 y 1960, para luego remitir con la crisis del petróleo. En la segunda mitad de los años Sesenta, la migración significó un 75 por 100 del crecimiento total de la población catalana, con orígenes, principalmente, en las zonas rurales de Andalucía, Murcia y Extremadura. Fue entonces cuando en los círculos catalanistas apareció el término *xarnego* para referirse con desprecio a los (abundantes) matrimonios mixtos entre padre o madre inmigrante español con catalanes/as y a sus descendientes. Curiosamente, *xarnego* es una palabra que tiene su origen en otra del castellano antiguo, «lucharniego», utilizada para denominar a una raza de perros entrenados para cazar de noche. En el siglo XIX, los catalanes empezaron a usarla para designar a los hijos de mujeres catalanas casadas con franceses. Finalmente, como charnego o *xarnego*, los catalanistas la aplicaron a los inmigrantes españoles que llegaron a Cataluña a finales del decenio de 1960[63]. A los franceses se les aplicaba el despectivo *gavatx*.

Lo cierto es que difícilmente se podría hablar de un genotipo o un fenotipo catalán. Vicens decía con razón que Cataluña es una región mestiza. «Es catalán quien vive y trabaja en Cataluña, y quiere ser catalán», diría el líder de ese catalanismo con ribetes racistas, Jordi Pujol. Pero pronto esta orientación se llevaría al extremo cuando un cordobés llegado a Cataluña a los 16 años, el socialista José Montilla, fue tildado de *xarnego* durante su mandato al frente de la *Generalitat* en 2006-2010. Sobre otros aspectos de los problemas demográficos y migratorios volveremos en el Capítulo 7.

Los problemas de la banca catalana

Un rasgo sorprendente del desarrollo económico catalán durante el siglo XX es que se hizo sin instituciones bancarias sólidas. El mejor historiador del sistema financiero catalán lo ha expresado con claridad (Sudrià, 2007, p. 269): «Situados a mediados del siglo XX se observa lo que parece una anomalía en el desarrollo del sector bancario catalán: su

---

[63] Clua (2011), pp. 64 y 67.

6. EL SIGLO XX (1900-1975)

dimensión y su peso específico en el conjunto de España son claramente inferiores a los que corresponderían al producto total, a la población o a cualquier otro indicador real», aclarando que no se trata de que Cataluña no contara con una oferta de crédito y servicios bancarios adecuada, sino de que «había un desequilibrio entre el desarrollo de la banca de capital catalán y el peso económico de Cataluña en España».

En el periodo de entreguerras habían desaparecido el Banco de Barcelona y el Banco de Tarrasa en 1920 y el Banco de Cataluña en 1931, es decir, las instituciones más señeras; el Banco Hispano Colonial había seguido funcionando, pero principalmente como banco de inversión. Al acabar la Primera Guerra Mundial, el Banco de Barcelona y el Banco de Tarrasa eran los dos mayores bancos de Cataluña, contando con depósitos de 144 y 58 millones de pesetas, respectivamente[64]. El Banco de Barcelona era el líder tradicional de la banca catalana desde su fundación por Manuel Girona en 1844; el Banco de Tarrasa había aprovechado el *boom* exportador inducido por la neutralidad de España durante la Gran Guerra lo que explica que este banco de origen modesto hubiese llegado a rivalizar con el de Barcelona.

Para aprovechar la buena coyuntura, entre 1914 y 1920, el Banco de Tarrasa había abierto 22 sucursales por toda Cataluña, destacando la establecida en la ciudad condal[65]. Buena parte del dinero captado fue canalizado en Barcelona hacia peligrosas operaciones especulativas con divisas, que abundaban en las manos de los exportadores catalanes. El curso de los cambios no fue como se esperaba y en noviembre de 1920 el Banco de Tarrasa no podía hacer frente a sus deudas. Cambó contactó con el Banco de España para que ayudase al banco tarrasense. La respuesta fue positiva, pero cundió el pánico y el Tarrasa tuvo que ser liquidado.

A instancias del ministro de Hacienda, el Banco de España abrió una línea de redescuento y crédito para todos los bancos españoles que operaban en Barcelona. Muy pronto, hasta 18 entidades estaban haciendo cola en las ventanillas del banco emisor, entre las que pronto destacó el Banco de Barcelona. A finales de diciembre de 1920, la mitad de los 131 millones concedidos por el Banco de España en Cataluña correspondían al Banco de Barcelona. Pero

---

[64] Sudrià (1982), p. 162.
[65] Lo que sigue está basado en Royes (1999).

la venerable institución barcelonesa necesitaba todavía más y, el 27 de diciembre, se vio obligada a suspender pagos. Los problemas del Barcelona fueron en esencia similares a los del Tarrasa. La euforia de la Gran Guerra le indujo a especular en divisas y dar créditos con poca garantía. La crisis del Banco de Tarrasa no hizo sino agravar la desconfianza. Cabana (2007) no duda al señalar los problemas internos de gestión como causa principal de la crisis del Banco de Barcelona.

Tanto el Banco de Tarrasa como el de Barcelona fueron liquidados, causando graves pérdidas a accionistas, directivos y acreedores. Sudrià (2007, p. 279) recuerda que, a finales de 1919, las dos entidades «representaban conjuntamente casi la mitad de los depósitos acreditados por la banca catalana y en torno a una cuarta parte de los recogidos por todos los bancos instalados en Cataluña». En un trabajo reciente (2014, p. 488), el mismo historiador cifra las pérdidas ocasionadas por la quiebra del Banco de Barcelona: unos 150 millones de pesetas, enormes para la época. Para Sudrià está claro que la crisis de la banca barcelonesa de 1920 tuvo que influir necesariamente en la redacción por Cambó de la Ley de Ordenación Bancaria de 1921, que empezó a pensar en el Banco de España como «banco de bancos».

En el capítulo anterior vimos que la banca catalana vivía más pendiente del *Mercat Lliure de Valors*, una bolsa privada muy dada a las operaciones especulativas, que de las necesidades de industriales y comerciantes[66]. En una conferencia que pronunció en 1915, Cambó mostró su desprecio por este tipo de banca y afirmó su defensa de la gran banca comercial, con sucursales extendidas por toda España. Poco después, en 1918, un financiero de Reus, Eduard Recasens, se mostraría de acuerdo con Cambó en la defensa de la gran banca, pero inclinándose por la banca mixta, como combinación de la banca comercial y la banca de negocios[67]. Esta fue la idea que Recasens materializó con el Banco de Cataluña, fundado en 1920. En los años siguientes, la principal misión de Recasens sería atraer los depósitos de los ahorradores catalanes que por la crisis habían huido despavoridos hacia el Banco de España.

---

[66] Ver también Cabana (2003), p. 81: «*obsessionats per les operacions de valors mobiliaris, un sector quasi monopolitzat per la banca autòctona*».
[67] Cabana (2003), p. 47.

6. EL SIGLO XX (1900-1975)

La inclinación por la banca mixta hizo que el Banco de Cataluña sintonizase con el programa de la Dictadura de Primo de Rivera, por más que en su Consejo de Administración hubiera gente próxima a la *Lliga* (Recasens), a la izquierda nacionalista (Pere Coromines), lerrouxistas (Joan Pich i Pon) y hasta carlistas (Bartomeu Trias).

El 27 de junio de 1924, Eduard Recasens presentó un proyecto de Banco Municipal de España al director general de Administración Local, José Calvo Sotelo, para apoyar su idea de que «el Municipio es la piedra fundamental de la organización y fortaleza nacionales». El proyecto de Recasens era muy oportuno, pues el 9 de marzo se había aprobado el Estatuto Municipal que reforzaba la configuración municipal de España. Naturalmente, Calvo Sotelo, padre del Estatuto, quedó muy complacido. Recasens había cambiado la amistad de Cambó por la de Calvo Sotelo. Cabana se muestra extrañamente comprensivo con esta evolución: eran jóvenes y ambiciosos, nos dice, y no se resignaron a mantenerse al margen del poder político y económico de la Dictadura. Muchos empresarios catalanes se encontraron en el mismo dilema bajo el franquismo, añade[68]. Sintiendo el viento de popa y fortalecidos por sus buenas relaciones con Calvo Sotelo, los otrora catalanistas Recasens no tuvieron escrúpulos para impulsar el Banco de Crédito Local, ni para participar en la creación de la Compañía Arrendataria del Monopolio de Petróleos (CAMPSA) en 1927, ni para encargarse de la gestión de un nuevo banco público: el Banco Exterior de España, ni para participar en la Compañía Española de Petróleos (CEPSA)[69], empresas todas ellas muy ligadas a Calvo Sotelo y a la Dictadura.

En 1930, el sueño de Eduard Recasens parecía haberse cumplido. El Banco de Cataluña era la primera entidad bancaria catalana, con más de 100 millones de pesetas en depósitos, y su modelo era la banca mixta. Al margen de las iniciativas señaladas, la entidad había participado en la constitución de varias compañías: de líneas aéreas, de explotación de productos guineanos, de industrialización del Corcho, y también empresas de transporte e inmobiliarias. La positiva

---

[68] «*Eduard i Francesc Recasens eren joves, tenien idees i ambicións i no es varen resignar a mantenir-se al marge del poder polític i econòmic, que era l'únic capaç de convertir en realitat els seus proyectes. Amb la dictadura franquista, molts empresaris catalans es trobaran amb el mateix dilema*» (Cabana, 2003, p. 89).
[69] Tortella, Ballestero y Díaz Fernández (2003), pp. 85-86.

evolución del Banco de Cataluña en 1930 ya no estaba vinculada al favor de Calvo Sotelo, pues en enero la «Dictadura» había sido reemplazada por la *Dictablanda*. Pero cuando, en abril de 1931, se proclamó la Segunda República, el Banco de Cataluña se encontró no solo con enemigos en la política, sino también entre la gran banca española, que se había visto amenazada por su meteórico crecimiento. En mayo de 1931 empezó la retirada de depósitos, que se agravó cuando el ministro de Hacienda, Indalecio Prieto, ordenó en junio que todos los depósitos de CAMPSA en Cataluña, que estaban hasta entonces en el banco de los Recasens, pasasen al Banco de España. La medida supuso un golpe mortal para la entidad[70]. El 7 de julio, Eduard Recasens solicitó una suspensión de pagos, de la que el Banco de Cataluña nunca se recuperaría.

La liquidación final del Banco de Cataluña supuso que los accionistas perdieran toda su inversión, y los acreedores, en torno a un 50 por 100. Cabana (2003, p. 162) cree que Francesc Recasens tenía razón cuando hablaba en 1955 de que el banco «murió ahogado por las sucias manos de Prieto [...] brazo ejecutor al servicio de los innumerables enemigos de nuestra obra». En otras palabras, que el Banco de Cataluña estaba sano y fue víctima de una operación política. Sin embargo, Sudrià (2007, p. 282) señala que «[p]uede opinarse que, sin la animadversión manifiesta del Gobierno, el Banco hubiera podido salvarse, lo que es probablemente cierto, pero también puede argüirse que era obligación del Estado preservar los intereses públicos de una posible quiebra de la entidad [refiriéndose al hecho clave de que la retirada de los depósitos de CAMPSA fuera posterior a la retirada de depósitos de los particulares]». El propio Cabana (1965, p. 137) reconoce que el Banco de España pidió un aval solidario de la banca privada catalana para extender un préstamo al Banco de Cataluña, y que esta banca se negó, lo cual sugiere que los colegas del Cataluña no confiaba mucho en su solvencia. Lo único completamente cierto es que si, en 1930, el Banco de Cataluña tenía 181 millones de pesetas en recursos totales, las cifras equi-

---

[70] En Cabana (2003), pp. 154-155, se dice que parte de los depósitos fueron a la banca vasca —en particular, al Banco de Vizcaya— con la que simpatizaba el ministro, pues aunque había nacido en Oviedo había pasado buena parte de su existencia en Bilbao.

6. EL SIGLO XX (1900-1975)

valentes para la gran banca eran: Banco Hispano Americano, 1.400; Banco Español de Crédito, 1.307; Banco de Bilbao, 898; Banco de Vizcaya, 667; y Banco Central (que también atravesaba serios problemas: ver Tortella, 2001), 405. Incluso las grandes cajas catalanas contaban con más recursos: la Caja de Pensiones para la Vejez y de Ahorros (la Caixa), 448; la Caja de Ahorros y Monte de Piedad de Barcelona, 229 (Sudrià, 2007, p. 284). Estos datos avalan la tesis de que, poco antes de la Guerra Civil, incluso sin la crisis del Banco de Cataluña, el sistema financiero catalán se encontraba en una posición claramente rezagada con respecto a los núcleos financieros de Madrid y Bilbao.

Pero, como insiste Sudrià (2007, pp. 272-273), que Cataluña no tuviera una banca propia no significaba que careciese de servicios financieros. La gran banca madrileña y la vasca, junto con algunas entidades extranjeras, llenaban el vacío que dejaban las instituciones financieras autóctonas. Parece claro que la primera entidad bancaria en Cataluña antes de la Guerra Civil era también la primera entidad bancaria en el conjunto del mercado español: el Banco Hispano Americano. Y que otros bancos madrileños gozaban de una posición destacada, bien directamente (Banco Español de Crédito), bien indirectamente (el caso del Banco Central a través del Banco Hispano Colonial). Todos ellos, así como el Banco de Vizcaya, representaban a esa gran banca, comercial o mixta, comprometida con el desarrollo de la economía real, que tanto gustaba a los Recasens y que tanto echaban de menos en el Principado. Sabemos, por ejemplo, que la banca madrileña constituyó el soporte financiero de la introducción de la industria automovilística en Cataluña. El Banco Español de Crédito fue el banquero de Hispano Suiza y el Banco Hispano Americano, de General Motors Peninsular, con sede en Barcelona. Con toda claridad, las instituciones financieras foráneas entraron en Cataluña con una mentalidad inversora, cubriendo los huecos que dejaban las instituciones locales, muy debilitadas por su inclinación a la especulación bursátil.

Después de la Guerra Civil, la gran banca madrileña aumentaría su presencia en Cataluña. En 1942, el Banco Hispano Colonial se haría con el Banco de Reus de Descuentos y Préstamos, el Banco de Granollers, el Banco Comercial de Barcelona y la Banca Marsans, pero, en realidad, todo eso quizá fue el paso previo a la absorción del Hispano Colonial por el Banco Central en 1950, que constituyó la operación de mayor envergadura[71]. Poco antes, en 1948, el Banco Central se había hecho con la Banca Arnús. Por su parte, el Banco Español de Crédito controlaría la Banca Arnús-Garí en 1942 y el Banco Hispano Americano, a raíz del Pacto de las Jarillas[72], absorbería al Banco Urquijo Catalán en 1944. Hubo otras fusiones y absorciones, pero éstas fueron las más sonadas. También se dio una situación curiosa con el madrileño Banco Popular, que midió mal sus fuerzas y quiso imitar a los grandes: pugnó por hacerse con el control de la Banca Arnús, pero terminó debilitado y, en última instancia, controlado por un grupo financiero catalán liderado por Félix Millet, al que luego sucedería su primo Luis Valls-Taberner[73].

¿Qué repercusión tuvo la ausencia de gran banca autóctona en el desarrollo catalán durante el franquismo? A la vista de los datos disponibles sobre flujos financieros interregionales, la respuesta sería que muy escasa. Al igual que el Estado franquista invirtió masivamente en Cataluña, también lo hicieron los bancos foráneos y, con algunas excepciones, la participación del Principado en los créditos de la banca tendió a estar por encima de su participación en los depósitos, es decir, se trató de una región de inversión, pues, dado su dinamismo, con seguridad aparecieron proyectos atractivos[74]. Durante el franquismo desarrollista, las entidades foráneas que captaron mayor proporción de sus depósitos en Cataluña fueron el Banco Popular (madrileño, dirigido por catalanes), el Banco Zaragozano (por los estrechos vínculos entre Aragón y Cataluña) y el Banco Central (que, no olvidemos, había absorbido al Banco Hispano Colonial en 1950). También ocupó una posición destacada el Banco Exterior de España, pero su comportamiento fue muy irregular porque era un banco oficial que respondía a impulsos políticos.

---

[71] El presidente del Banco Central era Ignacio Villalonga que había sido uno de los gobernadores generales de Cataluña nombrados por el Gobierno republicano durante la suspensión de la Generalitat. Villalonga estaba entonces al frente de un partido regionalista valenciano integrado en la CEDA y fue nombrado por Joaquín Chapaprieta. La absorción del Hispano Colonial por el Central estuvo relacionada con el tenebroso asunto de la quiebra de la Barcelona Traction, según se desprende de las memorias del consejo de Banco Central, 29 julio 1949 y 15 marzo 1950, ABCe.

[72] Acuerdo alcanzado en 1944 entre el Banco Hispano Americano y el Banco Urquijo por el que este último se especializaría como banco industrial contando con el apoyo del Hispano.

[73] Tortella, Ortiz-Villajos y García Ruiz (2011).

[74] Véase García Ruiz (2003) y García Ruiz (2007).

6. EL SIGLO XX (1900-1975)

En cuanto al personal, en la Cataluña de 1967 había 16.268 empleados bancarios, cuando Madrid tenía 18.593, sobre un total nacional de 80.970; en 1970, las oficinas principales eran 20 en Cataluña y 32 en Madrid sobre un total de 111, y las sucursales, 662 en Cataluña y 391 en Madrid, sobre un total de 4.291[75].

Nada indicaba que fuera absolutamente necesaria la creación de un gran banco catalán, en la estela de los Bancos de Bareclona o de Cataluña. Sin embargo, en 1959, un grupo encabezado por Florenci Pujol, vinculado a ERC, y su hijo Jordi, se haría con la pequeña Banca Dorca, de Olot, que pronto se convertiría en Banca Catalana. De la ejecutoria y significado político de esta flamante entidad nos ocuparemos en el próximo capítulo.

Las balanzas comerciales y fiscales: primeros pasos

Sobre las relaciones comerciales y financieras entre España y Cataluña se siguió haciendo cálculos en el siglo XX, en la estela de los que había iniciado Laureano Figuerola en 1849. Carles Pi i Sunyer (1959 [1931]), un ingeniero que presidió ERC durante la Segunda República, calculó que las importaciones catalanas (1.180 millones de pesetas) no estaban muy por debajo de las exportaciones (1.290 millones), pero que mientras en las primeras predominaban los alimentos y las materias primas, en las segundas lo hacían los productos industriales, con destacada presencia de los textiles. Para Pi i Sunyer (1927), ello era reflejo de la «aptitud económica» catalana, es decir, de su capacidad para incorporarse a la Revolución Industrial, lo que no se daba en otras partes de España.

Durante el franquismo, según dio a conocer un trabajo en equipo de Ernest Lluch, existía en 1957 un cuantioso superávit en la balanza de bienes y servicios a favor de Cataluña: 23.690 millones, como diferencia entre 55.129 millones en exportaciones y 31.439 millones en importaciones[76]. Además, en las exportaciones los productos procedentes de las industrias mecánicas superaban a los textiles, lo que revelaba un cambio en la estructura económica catalana, donde, todo

---

[75] Tortella y García Ruiz (2013), Apéndice 12.
[76] Lluch *et al.* (1962); Lluch después publicaría obras sobre pensamiento económico (1973) y pensamiento político (1999) con orientación claramente catalanista.

hay que decirlo, tendría mucho que ver la gran inversión del INI en Cataluña a través de la SEAT. Entre las importaciones figuraban productos siderúrgicos (9.317 millones) que eran reexportados como transformados metálicos. La conclusión era que Cataluña poseía las características de una economía desarrollada, al importar alimentos y materias primas y exportar manufacturas con superávit global. La balanza para 1975 que publicó el Institut d'Estudis Catalans, según un estudio dirigido por Antoni Castells y Martí Parellada, arrojaba resultados parecidos a la de 1957[77].

El superávit comercial que había aparecido con claridad durante el franquismo sirvió de instrumento para los investigadores que se situaron en la órbita de la *Assemblea de Catalunya* (1971). En un largo e interesante artículo, el especialista en geografía económica Rafael Pujol Marigot (1975, p. 453) planteó el asunto con toda claridad. En el siglo XX, los librecambistas, entre los cuales había una minoría ilustre de catalanes, como Figuerola, Sanromá o Pastor, decían que «el sistema proteccionista favorecía casi exclusivamente a la industria catalana, que así tenía a su disposición un mercado fuertemente protegido, por las barreras aduaneras, de la competencia exterior, con lo cual Cataluña podía explotar a su antojo al resto de España vendiéndole sus productos industriales a precios muy superiores a los del mercado internacional». Proteccionistas y librecambistas se habían afanado por sostener con números sus argumentaciones, pero «la base estadística era tan endeble y escasa que, tanto los proteccionistas como los librecambistas, encontraban siempre cifras que apoyaran sus razonamientos»(1975, p. 455). Sobre las estimaciones que da Figuerola en su *Estadística de Barcelona* que, como vimos, inducen a confusión, Pujol (1975, p. 462) dice: «Figuerola es plenamente consciente de la escasa fiabilidad de [sus] cifras y, no obstante, advierte que, a pesar de todo, son los mejores resultados a que se puede llegar dada la información disponible».

En cualquier caso, como recoge Maluquer (2001), los empresarios vinculados al Fomento del Trabajo Nacional fueron críticos con las estimaciones que arrojasen superávit, pues creían que así el resto de España tendría la idea de que, en efecto, Cataluña «explotaba» al

---

[77] Institut d'Estudis Catalans (1983). Parellada coordinaría un nuevo estudio para 1993-1994, publicado en Institut d'Estudis Autonòmics (1997).

6. EL SIGLO XX (1900-1975)

resto del país. Estos empresarios se afanaron en presentar flujos comerciales equilibrados; Guillermo Graell en 1902 se atrevió a introducir por primera vez el espinoso asunto de los flujos financieros, aunque solo los estrechamente relacionados con el comercio. Para Graell, estos flujos serían deficitarios para Cataluña, lo que compensaría en su caso la existencia de superávit comercial. Entre los flujos financieros, como recuerda Pujol Marigot (1975, p. 464) figurarían las remesas de los inmigrantes, los gastos de los viajantes, las quiebras y suspensiones de pagos «y el hecho, que considera [Graell] como todavía más importante, de que mientras Cataluña paga sus importaciones prácticamente al contado, debe en cambio soportar la financiación de sus exportaciones, que son pagadas, en general, en plazos que oscilan entre 4 y 12 meses».

Pujol (1975, p. 466) contextualiza también el trabajo de Carles Pi i Sunyer durante la Segunda República: «La afirmación, tan en boga durante el siglo XIX, de que la industrialización colocaba a Cataluña en una posición de privilegio desde la cual explotaba al resto de España volvió a tomar cuerpo, propagada por los sectores más o menos opuestos al Estatuto: el estudio de las relaciones comerciales entre Cataluña y el resto de España cobró nueva actualidad después de 25 años de relativo aletargamiento». Pujol recuerda que el trabajo de Pi i Sunyer fue un encargo de Jaume Carner, ministro de Hacienda que había sido presidente de la comisión que redactó el *Estatut de Núria*. Carner había nombrado a Pi i Sunyer director general de Comercio, por lo cual pudo realizar su trabajo con información de primera calidad. El resultado es, como sabemos, que los flujos comerciales entre España y Cataluña resultaban equilibrados, como habían venido sosteniendo los empresarios catalanes. Para Pi i Sunyer, el mayor problema era el tributario, pues Cataluña aportaba en torno a la cuarta parte de los ingresos totales del Estado y, desde luego, no recibía una proporción semejante del gasto, aunque no la calculó. El debate sobre las balanzas fiscales quedaba ya planteado.

En los decenios de 1950 y 1960, Cataluña siguió creciendo, pero lo hizo a menor ritmo que otras regiones españolas. La industrialización se repartió por todo el territorio nacional, con lo que Cataluña dejó ser «la» fábrica de España; en particular, en Madrid había surgido un potente núcleo industrial, que algunos catalanes de ayer y de hoy tienden con poco fundamento a ver como fruto casi exclusivo de las políticas oficiales. Como señala Pujol Marigot

(1975, p. 470), «[a]hora ya no se trata de defenderse de las acusaciones de ser una región que explota a gran parte del resto de España merced a su alto nivel de industrialización y a una política aduanera proteccionista, sino que las cañas se han trocado lanzas y en esta etapa es Cataluña la que acusa al Estado de drenar recursos financieros de la región que tan solo en una pequeña parte revierten a ella en forma de gasto e inversión pública». En esta línea de investigación, destacaría Jacint Ros Hombravella[78] que, con el paso del tiempo, ha devenido en un decidido partidario de la independencia de Cataluña[79]. Con una base empírica muy débil, Ros era capaz de asegurar que, al final del franquismo, «[p]rácticamente, un 10 por ciento de la renta generada en Cataluña pasa como transferencia neta al Estado español»[80]. Para un analista fino como Rafael Pujol, estas primeras «balanzas fiscales» eran pura especulación intelectual.

Mayor solvencia tenían los estudios del comercio interregional de la época que, como resume Maluquer (2001, p. 378), apuntaban a «la complementariedad de las dos subbalanzas, cuyos saldos presentan regularmente signo contrario: los intercambios con el resto de España, muy mayoritarios, son de signo positivo, mientras que las relaciones con el extranjero son de signo negativo. Del exterior proceden materias primas, energía y tecnología, que la economía catalana procesa con el fin de elaborar manufacturados para su propio consumo y para las demás regiones». Este modelo se habría mantenido en los años finales del siglo XX, configurando la economía catalana «como un sistema productivo de naturaleza muy abierta y de especialización transformadora, con dirección preferente hacia el resto de España».

Conclusiones

El período tratado en este capítulo es aquel en que mayor fue el desfase entre la economía catalana y la del resto de España, desfase que se aminoró paulatina y parcialmente en la segunda mitad del siglo XX. Este desfase económico produjo un creciente distanciamiento político entre Cataluña y el conjunto de la nación. Las dos fuerzas que agudizaron esta división fueron una interna, la distancia económico-social,

---

[78] Ros Hombravella y Montserrat (1967) y Gasch y Ros Hombravella (1974).
[79] Ros Hombravella (1991) y Ros Hombravella (2009).
[80] Gasch y Ros Hombravella (1974), p. 609.

6. EL SIGLO XX (1900-1975)

y otra externa, la profunda crisis que sacudió a la economía mundial y en especial a la europea durante la primera mitad del siglo XX.

El desarrollo económico de Cataluña hizo aparecer una serie de estratos sociales y de conflictos que eran ajenos a los del resto de España, que se sacudió el torpor agrario a ritmo comparativamente lento. En Cataluña, y en particular en Barcelona, la industrialización dio lugar a la subdivisión de las clases sociales: el campesinado fue perdiendo peso —aunque el conflicto *rabassaire* adquiriera una relevancia política considerable—, mientras que la clase obrera y la burguesía se fortalecieron a la par que adquirieron mayor complejidad: aparecieron nuevos partidos y sindicatos que rivalizaron entre sí, a menudo con gran violencia, y el movimiento regionalista de finales del siglo XIX se tornó nacionalista, desdoblándose en los años Veinte en dos alas, la derecha y la izquierda. La España oficial contemplaba estas evoluciones con prevención e incomprensión —salvo excepciones muy notables— incapaz de encontrar una solución al creciente distanciamiento, si es que tal solución hubiese sido posible. No quiere esto decir que la sociedad española permaneciera estática, ni mucho menos. El primer tercio del siglo XX trajo consigo notables transformaciones en grandes ciudades como Madrid, Bilbao, Zaragoza, Valencia, Sevilla, etc.; pero se requerían muchos años para colmar el desfase.

Por añadidura, la terrible crisis del siglo XX, que se inició con el estallido de la Primera Guerra Mundial y se cerró con el fin de la Segunda, incidió en, y agudizó, los problemas españoles. Aunque no beligerante, la economía española siguió las brutales oscilaciones económicas que produjo el conflicto: un corto período de prosperidad con inflación y una crisis de postguerra que afectó seriamente a los niveles de vida y de empleo. Los efectos de estas fluctuaciones sobre la política catalana, y la española en general, fueron deletéreos, agravando las tensiones internas que acabamos de pergeñar. La dictadura del general Primo de Rivera fue consecuencia de estas tensiones. Pero la asombrosa torpeza del dictador en el intento de «resolver» el problema de Cataluña, donde había tenido una favorable acogida inicial, hizo que su acción fuera como intentar apagar un fuego con una lata de gasolina. Ya observó Azaña con su habitual agudeza: «Primo de Rivera se jactó siempre de que había conseguido suprimir el "problema catalán". Hay motivos para creer que lo enconó».

CONCLUSIONES

Todo ello constituyó una herencia muy pesada para la frágil Segunda República, que coincidió temporalmente con la Gran Depresión, episodio terrible de la gran crisis secular que tuvo consecuencias políticas atroces sobre todo en Europa. España fue uno de los países más gravemente afectados. Las tensiones y disensiones se vieron exacerbadas por las repercusiones de los acontecimientos internacionales, tanto en el campo económico como en el político, y acabaron estallando en la guerra civil, donde las divisiones en el campo republicano, entre las cuales las planteadas por el separatismo catalán no fueron, ni mucho menos, las menores, contribuyeron poderosamente a decantar y acelerar la victoria del lado franquista. Tratando de marcar sus distancias con la República española, los separatistas de ERC facilitaron el triunfo de Franco y propiciaron treinta y seis años de férreo centralismo. Por si todo esto fuera poco, hay historiadores catalanistas que pretenden que la guerra le vino a Cataluña «impuesta de fuera» y que en todo este drama y su largo y doloroso desenlace Cataluña fue solo una víctima inocente. Esto debe ser matizado. No cabe duda de que la mayoría de los ciudadanos catalanes fueron víctimas inocentes, como lo fueron la mayoría de los españoles. Pero las clases dirigentes catalanas tuvieron en este drama tanta responsabilidad (si no más) como el resto de las clases dirigentes españolas. Si la España republicana no hubiera estado tan debilitada por sus divisiones durante la guerra civil, como también advirtió Azaña, quizá la lucha se hubiera podido prolongar unos meses más, la República española hubiera tenido un papel en la Guerra Mundial semejante, por ejemplo, al que tuvo la Francia de De Gaulle, y la democracia hubiera podido ser restaurada en el país en 1945. Es una posibilidad que debe tomarse en cuenta al establecer el saldo de las responsabilidades políticas en el bando republicano.

Otro mito que debe ser puesto en cuestión es el de que la Guerra Civil fue un conflicto entre Cataluña y el resto de España y que en la represión de la postguerra Cataluña fue la víctima y España el verdugo. Este dislate no puede tenerse en pie un solo segundo. El régimen franquista oprimió a toda España con admirable imparcialidad, y si en Cataluña se hizo sentir doblemente la opresión porque durante muchos años se postergó al idioma catalán, debemos recordar que igualmente postergados los estuvieron los otros idiomas regionales, incluido el gallego, la *lengua propia* de la patria chica del Caudillo. Por otra parte, también es indudable que las limitaciones al catalán (y a los otros idiomas) se fueron relajando considerablemente a partir de los años Cincuenta y que el idioma siguió siendo hablado con libertad en la calle incluso en los primeros y durísimos años de la dictadura franquista

La historia de España, incluida la de Cataluña, en el siglo XX nos habla de la futilidad de las políticas opresoras y voluntaristas, las que tratan de imponer a la población española medidas derivadas de unas ideologías con pretensiones totalitarias, encaminadas a *construcciones nacionales* de un ámbito o de otro. A la larga, estas políticas no solo no han logrado sus fines, sino que han producido efectos diametralmente contrarios. Los intentos de Primo de Rivera y Franco de reprimir la lengua y el sentimiento regional produjeron el triunfo de ERC en los años Treinta, de un lado; y el triunfo del nacionalismo de *Convergència i Unió*, que al cabo resultó un partido separatista, de otro lado. Exactamente lo contrario de lo que cada dictador perseguía. Y los intentos de ERC de separar a Cataluña del resto de España durante los años Treinta propiciaron el estallido de la guerra civil y, durante ésta, debilitaron gravemente a la República y facilitaron el triunfo del bando franquista, objetivo que, suponemos, estaba muy lejos de sus propósitos. Toda una lección que nos ofrece la historia sobre las consecuencias del sectarismo en política.

CAPÍTULO 7

DE LA TRANSICIÓN A NUESTROS DÍAS

Introducción: la crisis y el camino hacia el separatismo

La cuestión del separatismo catalán no es un simple problema legal; hay una cuestión mucho más profunda: ¿por qué ha adquirido las dimensiones actuales lo que en 1980 era un factor marginal? La respuesta es clara: porque los gobiernos de *Convergència i Unió* han dedicado todos sus esfuerzos desde que alcanzaron el poder a subrayar el *fet diferencial*, a hacer propaganda del nacionalismo, a acosar a los no nacionalistas (los casos de Félix de Azúa, Albert Boadella, Arcadi Espada, y Xavier Pericay son quizá los más conocidos, pero existen miles parecidos) y a utilizar todos los instrumentos a su alcance, en especial los medios y las escuelas, para potenciar un nacionalismo que no podía sino desembocar en separatismo. Esto ha sido posible porque los gobiernos españoles han dejado a CiU campar por sus respetos, violar impunemente la Constitución y desacatar las sentencias de los tribunales. Todo ello ha creado un campo abonado donde una chispa provoca el incendio separatista.

El control de los medios por la *Generalitat* es indudable. Se discute hasta qué punto controla también la educación. Se dice que los libros de texto son iguales en toda España. Vamos por partes. No se puede discutir que la *Generalitat* se ha esforzado en imponer la enseñanza en catalán casi exclusivamente, pretextando que el bilingüismo divide a la población catalana, lo cual, sencillamente, no es cierto: Cataluña es un país históricamente bilingüe. Sus mejores escritores, desde Juan Boscán, Antoni de Capmany y Jaime Balmes, a Ignacio Agustí, Ana María Matute, los hermanos Goytisolo y Juan Marsé (seleccionando arbitrariamente para no hacer la lista interminable) han escrito en español. Lo que sí separa a Cataluña de España, lo que sí divide a la sociedad española, además de violar la Constitución, es el monolingüismo catalán, y a fomentarlo se han dedicado sistemáticamente los gobiernos catalanes (convergentes y tripartitos) ante la pasividad de Madrid. En cuanto a los contenidos, en especial en la enseñanza de la historia, no es cierto que todos los libros de texto sean iguales en España. Varían de unas comunidades a otras; en general, impera un localismo escandaloso y la historia de España muestra un sesgo general en contra del *centralismo*. Se habla en ellos más de *las Españas* que de *España*, y ésta se menciona a menudo vinculada a la dictadura de Franco. Es decir, el problema de la demolición retórica de la nación española no es privativo de los textos en catalán, aunque estos vayan muy por delante en la tarea. Pero, además, los libros no lo son todo en la enseñanza, sobre todo en la primaria y la secundaria, y los gobiernos convergentes se cuidaron bien de seleccionar profesores entre los de ideología afín. Esta desafección hacia España en nuestras escuelas es sin duda consecuencia de la reacción contra el nacional-catolicismo cuartelero y conventual que prevaleció bajo la dictadura de Franco, pero es tan perniciosa como su contrario. En concreto, ha contribuido a que el público acepte con indiferencia la pasividad de los gobiernos de España ante los desmanes de la *Generalitat*. Y, en general, el rechazo contra el centralismo franquista ha legitimado a los ojos de los gobernantes españoles las ideologías nacionalistas en las regiones, haciendo que incluso, o más bien, en especial, los partidos de izquierda olvidaran los indudables rasgos de insolidaridad, racismo y xenofobia que contienen estas ideologías.

El separatismo de estos últimos años, desde 2011, se debe a razones económicas. En primer lugar, la reacción de los gobiernos catalanes ante la crisis ha sido recurrir al endeudamiento masivo, que comenzó con el Tripartito y continuó con el Gobierno de Artur Mas. En 2007 la deuda catalana era de 15.776 millones de euros. A finales de 2014 era de 61.836 millones, es decir, se ha cuadruplicado en menos de siete años. Cataluña no encuentra comprador de su deuda y recurre a España para que le saque del apuro, por escandaloso que pueda parecer al lector que se insulte diariamente a la nación de quien se depende económicamente. Ha recibido ya del Fondo de Liquidez Autonómica, en los últimos dos años, más de 30.000 millones. La mitad de lo que debe la *Generalitat* se lo debe a esa *España que le roba*, según sus acólitos han proclamado a los cuatro vientos. Y pide más. Financieramente ahogada, su Gobierno quiere separar a Cataluña de quien la salva. Se puede suponer que, una vez separados, no piensan devolver la deuda. Y Madrid sigue *prestando*. Bastó ver en la Diada de 2014 (y la de 2015, quizá no tan ostentosa) la organización que se desplegó, comparable a la de las Olimpiadas de Berlín de 1936, para darse cuenta de los millones que se invirtieron en la manifestación. No importa, Madrid paga.

Puede haber otra razón de tipo económico. Para Jordi Pujol, la UDEF (Unidad Central contra la Delincuencia Económica y Fiscal) fue demasiado deprisa. En una Cataluña independiente sus apropiaciones fraudulentas nunca se hubieran descubierto: hubiera mantenido su prestigio, su dinero, y jamás hubiera tenido problemas con la justicia. Lo mismo se aplica al resto de la *casta* catalana. Con su propia *Agència Tributaria*, *Banc Central de Catalunya*, y *Tribunal Suprem*, la élite catalana podría mandar mucho más y enriquecerse a sus anchas, sin estos pesados de Madrid, que dejan hacer, pero a veces se entrometen, y cuyos tribunales son imprevisibles. Para la «casta» catalana, la independencia sería casi el paraíso. Para el catalán medio, por el contrario, las ventajas de la independencia serían no solo nulas, sino más bien negativas: inflación, alza de los impuestos y del desempleo, y un largo etcétera. Pero los que impulsan la independencia no son el catalán medio: son la *casta política* y las clases acomodadas.

Hoy estamos todos los españoles, y en especial los catalanes, en una situación complicadísima, a donde nos ha conducido la pasividad de los gobiernos de Madrid, que ya hicieron dejación de responsabilidades en el caso de Banca Catalana, hace nada menos que treinta años. Allí empezó todo este lío.

Hoy todo es mucho más difícil que entonces, porque treinta años largos de *construcción nacional* en Cataluña han moldeado a la población. Pero esto debe ser contrarrestado. Cataluña es parte de España, lo ha sido desde el origen, y la ley debe aplicarse allí como en el resto del país. Los gobiernos de Madrid no pueden acomodar sus principios a gusto del interlocutor, como Groucho Marx. Y, sobre todo, Madrid debe acordarse siempre de esos millones de catalanes que se sienten españoles contra viento y marea, y que han empezado valientemente a hacerse oír frente a una *casta gobernante* hostil.

Cataluña ¿fábrica de España?

Crisis y transformación en la economía española

La economía de la España democrática ha tenido que afrontar dos grandes crisis: 1) la ligada al fin del petróleo barato en 1976-1985 y 2) la desencadenada por la formación de una burbuja especulativa en la construcción en 1994-2007, que se desinfló al año siguiente con consecuencias que todavía hoy estamos sufriendo (Tortella y Núñez, 2009; Tortella y García Ruiz, 2011). Con todo, el balance ha sido positivo y es indudable que en 2016 el nivel de vida de los españoles es superior al de noviembre de 1975, cuando falleció Franco. En las líneas que siguen recordaremos los principales hitos de esta etapa, para luego hacernos algunas preguntas fundamentales: ¿sigue siendo Cataluña *la fábrica de España*?, ¿cómo ha afectado el cambio estructural de las economías occidentales a Cataluña?, ¿con qué consecuencias?, y ¿qué papel ha desempeñado (y desempeña) su relación con el resto de España?

Tras la dictadura del general Franco, las fuerzas políticas democráticas entendieron que la mejor forma de consolidar las reformas políticas y económicas era iniciar un proceso de integración en la Comunidad Económica Europea (CEE) —desde el Tratado de Maastricht de 1992, Unión Europea, UE—, algo que el régimen franquista ya había intentado sin éxito. En este caso, el proceso de integración culminó con el ingreso de España como miembro de pleno derecho el 1 de enero de 1986. El periodo 1976-1985 no fue nada fácil, porque coincidió con las crisis del petróleo que acabaron con la *Golden Age* en Occidente. En la España de la transición a la democracia hubo crisis industrial, como en el resto de Occidente, pero también una severa crisis financiera, algo más idiosincrática. La crisis financiera española iniciada en 1977 sería la primera de las cinco grandes experimentadas por el mundo desarrollado después de la Segunda Guerra Mundial; las otras serían la noruega de 1987, la finlandesa de 1991, la sueca de 1991 y la japonesa de 1992 (Reinhart y Rogoff, 2011, p. 159).

La crisis financiera afectó en mayor medida a los bancos que a las cajas de ahorros, pues los primeros se habían implicado más en la industrialización del país, apoyando empresas que necesitaban tiempo para llegar a ser competitivas. El vicepresidente y máximo responsable económico del Gobierno, Enrique Fuentes Quintana, recordaría como «amarga» una reunión que tuvo, a finales de 1977, con representantes de los mayores bancos nacionales, que consideraron «peligrosa» e «inoportuna» cualquier liberalización[1]. Pero ante la inminencia

---
[1] Fuentes Quintana (1991), pp. LXIII y LXIV.

7. DE LA TRANSICIÓN A NUESTROS DÍAS

de la entrada en la CEE, Fuentes sabía que no podía haber más tiempo de espera, como también lo entendieron algunos banqueros, entre los que destacó José Ángel Sánchez Asiaín, presidente del Banco de Bilbao. Mientras tanto, el Banco de España, con el gobernador José María López de Letona al frente, impulsaba la creación de un Fondo de Garantía de Depósitos (FGD) para afrontar la primera crisis, la del Banco de Navarra. Entre 1977 y 1985, más de la mitad de los bancos y cerca de la tercera parte de los recursos y empleados bancarios se verían afectados por una de las mayores crisis de la historia financiera española (Cuervo, 1988). Un caso muy notorio fue el de Banca Catalana, que analizamos en otro epígrafe.

La crisis bancaria de 1977-1985 no supuso el fin de la banca española, pero sí el de una determinada relación banca-industria establecida desde principios del siglo XX. La banca española del futuro tendría que ser más comercial y contar con estructuras más racionales, lo que implicaba abrir un proceso de fusiones y absorciones al más alto nivel. De nuevo, Sánchez Asiaín apareció como el único de los grandes banqueros que parecía entender esta necesidad y, en septiembre de 1987, lanzó el proceso de reorganización del sector, que culminó doce años después, en 1999, con el nacimiento de dos *megabancos*: Santander y BBVA.

El proceso de reestructuración bancaria coincidió con avances en la integración monetaria de Europa. Desde el 1 de julio de 1990, hubo libertad de circulación de capitales entre los países de la CEE, con algunas excepciones, como el caso de España donde, por su reciente incorporación, la libertad se postergó hasta febrero de 1992, coincidiendo con la firma del Tratado de Maastricht. Poco tardaría en llegar la primera crisis: en el verano del propio 1992, el Bundesbank subió los tipos de interés para contener el gasto interior y frenar la inflación desatada a raíz de la reunificación alemana. El Sistema Monetario Europeo (SME), que ligaba desde 1979 los tipos de cambio de las monedas de la CEE, se vio puesto a prueba. Se pidió a Alemania que rectificara pero ésta contestó que lo correcto sería un realineamiento de las paridades. Mientras se daba este debate, cuatro monedas (la lira italiana, el escudo portugués, la peseta española y la libra esterlina) sufrían ataques de los especuladores, convencidos de que no se mantendría la disciplina cambiaria. A mediados de septiembre, la libra y la lira abandonaron el Mecanismo de Tipos de Cambio del SME y la peseta se devaluó un 5 por

100 frente al marco. En noviembre, la peseta se volvió a devaluar (otro 6 por 100 frente al marco), arrastrando en su caída al escudo portugués. Se demostraba así que la peseta había sido introducida en 1989 en el SME por el ministro de Hacienda Carlos Solchaga a un tipo de cambio demasiado alto, que se correspondía con la fuerte entrada coyuntural de capitales extranjeros atraídos por la reciente incorporación de España a la CEE, pese a que la economía seguía aquejada de una debilidad estructural y fuertes desequilibrios.

La crisis monetaria del SME no impidió que la Unión Económica y Monetaria (UEM) diseñada en Maastricht siguiese avanzando, y el 1 de enero de 1993 nació el Mercado Único Europeo, como estaba previsto en el Acta Única de 1986. Las tensiones monetarias volvieron en mayo, cuando la peseta y el escudo tuvieron que ser devaluados (la peseta se devaluó un 8 por 100 frente al marco). Las tensiones continuarían en los años siguientes y, por ejemplo, la peseta se devaluó de nuevo (un 7 por 100 frente al marco en 1995). Hasta mayo de 1998 no se retomaría el camino de la unidad monetaria, que esta vez conduciría rápidamente y con éxito hacia la Europa del Euro, que arrancaría el 1 de enero de 1999. La moneda española entraría con el cambio de 166,386 pesetas por euro, que consagraba un valor bajo de la peseta tras las cuatro devaluaciones practicadas por los gobiernos de Felipe González en 1992, 1993 y 1995.

La crisis española de 1992-1993, que elevó la tasa de paro por encima del 20 por 100, ha sido explicada por pérdidas de competitividad ocasionadas por la anterior sobrevaluación de la peseta (Malo de Molina, 2005). Las pérdidas de competitividad se traducían en un fuerte deterioro de las cuentas exteriores, lo que se afrontó con las sucesivas devaluaciones. La autonomía del Banco de España, por ley de 1994, ayudó a establecer metas a medio plazo para el comportamiento de la inflación, que fueron aceptadas, primero, por el ministro socialista Pedro Solbes (julio 1993-mayo 1996) y, luego, por el ministro y vicepresidente económico conservador Rodrigo Rato (mayo 1996-abril 2004), lo que permitió la incorporación en plazo de España a la Europa del Euro, en medio de un clima de euforia de los agentes económicos, que renunciaron a discutir en profundidad los pros y las contras que tenía ese acontecimiento.

La *euroforia* explica que el Euro naciera a pesar de la poca integración fiscal y política existente. En su lugar, se confió en un Pacto de Estabilidad y Crecimiento (PEC), impulsado por Alemania y

7. DE LA TRANSICIÓN A NUESTROS DÍAS

firmado en 1997 por todos los Estados miembros de la UE. El PEC pretendía que los países mantuvieran sus déficits públicos por debajo del 3 por 100 del PIB y su deuda pública por debajo del 60 por 100 del PIB. La principal consecuencia de la *euroforia* para España, entre 1999 y 2007, fue el deterioro de su posición financiera exterior, por el continuo avance de los pasivos financieros frente a un retroceso de los activos a partir de 2003. La explicación se halla en el proceso de compra de activos exteriores por las instituciones financieras españolas, que se aceleró en los años finales del siglo XX. Sin embargo, hacia 2003, la adquisición de activos financieros en el exterior se frenó, pues una parte del sistema financiero, las cajas de ahorros, consideraron que la mejor inversión era la que podía hacerse en el mercado interno.

¿Y cuál era la inversión predominante en el mercado interno español? Sin lugar a dudas, la relacionada con la construcción. Entre 1994 y 2008, empujada por el auge de la construcción, la tasa anual de variación del valor del *stock* de viviendas en España creció siempre por encima del 3 por 100, mientras que sus precios no dejaban de subir. La fuerte inmigración que recibió España en estos años ayuda a explicar la aparente paradoja de que oferta y precios crecieran paralelamente, pero, sin duda, también hubo un componente especulativo. Los datos de Uriel y Albert (2012) indican una desaceleración en 2007 y el estallido de la burbuja en 2008, año a partir del cual se registraron fuertes tasas negativas en precios, provocando que la tasa de paro saltase del 11,3 al 18 por 100. El intento del Gobierno socialista de José Luis Rodríguez Zapatero de frenar la caída con aumento de gasto público elevó el déficit público hasta el 11,2 por 100 del PIB (en 2007 se había registrado un superávit del 1,9 por 100).

La crisis de Caja Castilla-La Mancha (CCM) fue el primer aviso de lo que se avecinaba. Pronto se comprobó que, a diferencia de lo que había ocurrido en la crisis de los Setenta-Ochenta, la parte más vulnerable del sistema financiero eran ahora las cajas de ahorros que, gracias a las reformas del periodo democrático (real decreto 2290/1977, ley 31/1985), había contemplado el desembarco de representantes de los poderes autonómicos y locales en sus Consejos de Administración. La crisis marcó el fin del sistema de cajas de ahorro españolas, cuyo origen se remonta a mediados del siglo XIX. Para atender problemas futuros de recursos propios, el real decreto ley 9/2009 creó el Fondo de Reestructuración Ordenada Bancaria (FROB).

La Gran Recesión internacional, iniciada en 2007, llegó con cierto retraso a Grecia, pero cuando lo hizo se descubrió que el 80 por 100 de los activos bancarios en aquel país eran dudosos. Tal descubrimiento hizo tambalearse al euro y hubo que recurrir a un masivo rescate del país heleno. Para evitar el contagio, la UE determinó que los países que, como España, tenían un elevado déficit público, tendrían que tomar medidas drásticas de austeridad. Hubo que comenzar a desmontar las costosas políticas sociales que tanto habían caracterizado al Gobierno de Zapatero desde 2004.

En las elecciones generales de 2011 se impuso con mayoría absoluta el Partido Popular, ante el fracaso del anterior Gobierno socialista. El Gobierno de Mariano Rajoy aceptó seguir la senda de reequilibrio de las cuentas públicas impuesta a España por Bruselas, pero tuvo que coger el toro por los cuernos en el problema de las cajas de ahorros y llegar a un acuerdo con la UE para obtener ayuda para rescatar a estas instituciones financieras, muy implicadas en la financiación del boom inmobiliario y, por tanto, muy afectadas por el derrumbe del sector. En los meses siguientes, se consiguió estabilizar la situación de la economía española gracias en parte al anuncio, en septiembre, de que el Banco Central Europeo (BCE) estaría dispuesto a ayudar al euro *«whatever it takes»* (costara lo que costara).

Al acabar 2012, el FROB se había hecho con el control de las mayores cajas insolventes, que eran casi todas. Pronto en España solo subsistirían dos pequeñas cajas de ahorros, las de Onteniente y Pollensa, pues el resto se convertirían en fundaciones especiales con capacidad para controlar una sociedad bancaria. Un caso muy destacado sería el de la antigua Caja de Pensiones de Barcelona que, gracias al empuje de directivos como Josep Vilarasau (2012) o Isidre Fainé, había sabido mantenerse al margen de las presiones políticas y resistir los cantos de sirena de la construcción, y había evolucionado sin sobresaltos hasta convertirse en CaixaBank, un nuevo *megabanco* español. Encauzado el problema del sistema financiero, el reto de los años siguientes sería resolver los desequilibrios de las cuentas públicas sin poner en peligro el crecimiento de la economía española, tan necesario para reducir el enorme volumen de desempleados que había dejado la Gran Recesión en España (la tasa de paro llegó a superar el 25 por 100 en 2012 y 2013).

7. DE LA TRANSICIÓN A NUESTROS DÍAS

La economía catalana del cambio de siglo

A la salida del Franquismo, la economía catalana no había perdido sus señas de identidad industrialistas, lo que en aquellos momentos se interpretaba como algo positivo. Sin embargo, desde el decenio de 1930, cuatro regiones habían visto crecer su fuerza de trabajo industrial a tasas muy por encima de la catalana: Navarra (2,78 por 100 anual), País Vasco (2,35), Madrid (2,31) y Comunidad Valenciana (1,91), cuando la cifra de Cataluña (1,21) no distaba mucho de la media española (1,01). A la «fábrica de España» por excelencia le habían surgido competidores potentes en el marco de un proceso con componentes políticos (la fiscalidad privilegiada de la región vasco-navarra, la capitalidad de Madrid), pero también económicos (la difusión territorial de los fenómenos de industrialización se ha dado siempre y en todos los lugares, como parte del fenómeno de la convergencia) (De la Fuente, 2007).

En el *Censo Industrial* de 1978, sólo once ciudades españoles tenían más de 1.000 establecimientos industriales y cuatro de ellas eran catalanas: Barcelona (8.214), Sabadell (1.436), L'Hospitalet del Llobregat (1.345) y Terrassa (1.068). Otras grandes ciudades industriales eran Valencia (8.069) y Madrid (7.841), seguidas a distancia por Zaragoza (2.474), Murcia (1.722), Bilbao (1.661), Elche (1.271) y Sevilla (1.218). Poco podían sospechar los redactores del Censo que estaban recogiendo la imagen de un mundo periclitado que pronto entraría en una decadencia imparable. Las crisis del petróleo de los años Setenta acarrearían un problema de *estanflación*, estancamiento con inflación, para el que la política económica de raíz keynesiana no tenía fácil respuesta. La situación se aprovechó por los críticos neoliberales del keynesianismo y la *Golden Age* para recomendar un cambio de paradigma en Occidente, donde la defensa de la industria dejaba de tener sentido (Kotz, 2015). Dentro de España, Cataluña estaba llamada a sufrir en particular las consecuencias de estos procesos.

Para el periodo 1975-2007, disponemos de Índices de Producción Industrial para Cataluña (IPICAT) y España (IPIES), elaborados por historiadores económicos (Gráfico 7.1). A través de estos índices resulta fácil comprobar que Cataluña sufrió la crisis industrial del cambio de siglo en mayor medida que el conjunto de España. Con excepción de unos años a mediados del decenio de 1990, la producción industrial de Cataluña evolucionó peor que la de España, abriéndose incluso la brecha en los años del *boom* de la construcción (1996-2007). La serie homogénea construida por el INE para 2002-2014 confirma lo encontrado por los historiadores hasta 2007, mostrando que la grave crisis iniciada en 2008 ha sido tan dura para Cataluña como para el conjunto de España, aunque con signos esperanzadores al final (Gráfico 7.2).

Gráfico 7.1
Índices de Producción Industrial de Cataluña (IPICAT) y de España (IPIES), 1975-2007 (1975 = 100)

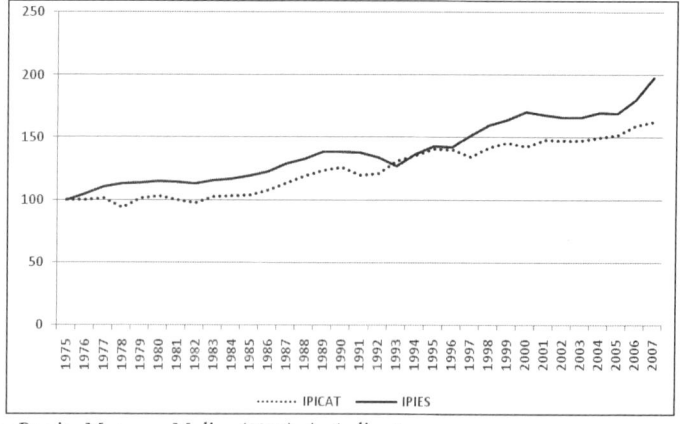

Fuente: Parejo, Manera y Molina (2015), Apéndice 1.

Gráfico 7.2
Índices de Producción Industrial de Cataluña (IPICAT) y de España (IPIES), 2002-2014 (2002=100, datos de diciembre de cada año)

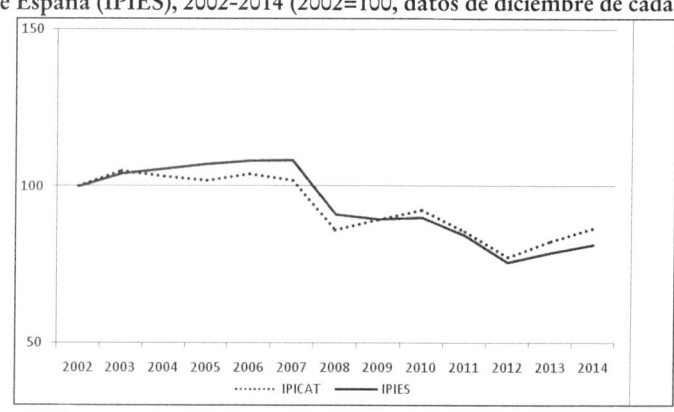

Fuente: INEbase.

7. DE LA TRANSICIÓN A NUESTROS DÍAS

Las *Encuestas Industriales* de 1980 y 2000 dan cumplida información de qué sectores industriales se vieron arrasados por la crisis finisecular. Industrias ligeras como el textil y el calzado quedaron diezmadas por la competencia asiática. También había registrado una fuerte caída de capacidad la construcción naval. Las reducciones de empleo se habían dado por doquier, anotándose como excepciones los casos de papel y artes gráficas, caucho y plásticos y otras industrias menores. En sectores muy significativos, como la producción de automóviles y otro material de transporte o la química, el empleo había caído poco, mientras que el VAB había crecido mucho. En conjunto, el panorama no carecía de elementos positivos, pues la reconversión había hecho que el peso de los sectores industriales de intensidad tecnológica alta y muy alta hubiese pasado del 26,6 por 100 en 1975 al 37 por 100 en 1999[2].

La reconversión industrial se vivió intensamente en Cataluña, región caracterizada por dos realidades históricas que estaban siendo puestas a prueba: el tradicional predominio de la industria textil y la identificación de la empresa típicamente catalana con la pequeña y mediana empresa (pyme)[3] de tipo familiar. Sobre el textil, las cifras a que nos hemos referido son suficientemente reveladoras de su derrumbe. Sobre la pyme familiar, sin embargo, los datos reunidos por Buesa y Molero (1998) apuntan hacia su supervivencia en la realidad empresarial española de finales del siglo XX. El avance del capital extranjero parecía haberse producido principalmente por la venta de las participaciones de la banca en las empresas industriales, acuciada por las dificultades financieras que estaba trayendo la falta de competitividad de las empresas españolas en el mercado único europeo. En el mundo globalizado que estaba en ciernes las pymes tendrían dificultades para insertarse en los grandes flujos comerciales y financieros transfronterizos y, además, el gasto necesario en I+D les resultaría muchas veces inalcanzable. Si persistían en imitar el comportamiento de las grandes empresas tendrían que hacer frente a un alto nivel de endeudamiento, obtenido casi siempre en peores condiciones que las grandes empresas[4].

---

[2] Nadal (2003), Cuadros IV.2.1.3 y IV.2.1.4.
[3] Según la definición de 2015, la empresa es pyme siempre que tenga menos de 250 trabajadores y, además, una cifra de ventas inferior a 50 millones de euros o un balance no superior a 43 millones de euros.
[4] Maudos y Fernández de Guevara (2014).

Hacia 1990, tampoco parecía que la primera reconversión industrial hubiese alterado el liderazgo de las cinco provincias que se habían consolidado en el siglo XX: Barcelona (507,7 miles de empleos industriales), Madrid (285), Valencia (166,1), Vizcaya (99,4) y Sevilla (53). En el mayor emporio industrial, Barcelona, la especialización se decantaba por el textil, el metal, el material de transporte y la química. En Madrid, también había metal y material de transporte, pero los otros grandes sectores eran la electrónica y las artes gráficas. Valencia era el reino de la industria ligera: textil, alimentación, y otras industrias, cuando todo lo contrario ocurría en Vizcaya, con una fuerte concentración en el metal y la maquinaria. Finalmente, en Sevilla se imponía la industria alimentaria, aunque no faltaban otras como material de transporte, metal y textil.

Con los gobiernos centristas de Adolfo Suárez y los socialistas de Felipe González, la reconversión industrial se desarrolló en el marco de un modelo de colaboración entre lo público y lo privado que buscaba paliar los efectos más traumáticos del proceso y asegurar un futuro para la industria en España. Así, por ejemplo, el VAB del sector público en las industrias metálicas básicas y sus minerales aumentó considerablemente entre 1981 y 1995, y hubo políticas de reconversión y de reindustrialización de las que, naturalmente, se benefició mucho Cataluña. De los casi 660.000 millones de pesetas previstos para reconversión en 1982-1991, más del 28 por 100 se asignó al textil, sector que solo se vio superado por la siderurgia integral, que recibió más del 34 por 100 en ayudas. La inversión pública en las Zonas de Urgente Reindustrialización (ZUR) destinó, en 1984-1990, más de 135.000 millones a Barcelona, muy por encima de Madrid (más de 89.000) o la zona del Nervión (más de 54.000)[5].

Pero según la OCDE (ver OCDE.stat) estos programas no consiguieron su principal objetivo que era detener la caída del peso de la industria manufacturera en la economía española. A la vista de estos pobres resultados, los gobiernos de José María Aznar (1996-2004) decidieron que no tenía sentido insistir en la vía de la reconversión-reindustrialización, en lo que fueron apoyados por socialistas «de tercera vía» (los que no rechazaban de plano el neoliberalismo) que habían formado parte de los gobiernos de Felipe González y que

---

[5] Nadal (2003), Cuadros IV.2.2.1 IV.2.2.3, IV.2.2.8 y IV.7.3.1.

desempeñarían carteras en los de José Luis Rodríguez Zapatero. El resultado fue que las cifras de empleo y valor añadido de la industria se desplomaron. Contra lo que algunos esperaban, este alejamiento de la manufactura no se tradujo en una crisis económica y social profunda, pues los capitales españoles de todo tipo encontraron ocupación en la construcción, donde Cataluña, principal afectada por la pérdida de la manufactura, se volcó al mismo ritmo que el conjunto de España.

En lo que se refiere a construcción de viviendas, el Gráfico 7.3 es bien elocuente. A la vista de los datos, resulta difícil entender cómo en los primeros años del siglo XXI alguien pudiera dudar de la formación de una gigantesca burbuja especulativa que no tardaría en estallar. El gráfico permite comprobar la exacta correspondencia entre los *booms* de la construcción catalán y español. Muchos capitales que hubieran sido necesarios para profundizar en el proceso de reconversión industrial quedaron enterrados en edificios que nunca llegarían al mercado, terminarían infrautilizados o pronto perderían buena parte de su valor. El desplome del sector de la construcción sería brutal ya en la segunda mitad de 2007, provocando gravísimos problemas al sistema financiero (especialmente, a las cajas de ahorros) y llevando la tasa de paro a niveles elevadísimos, aunque en Cataluña siempre se mantuvo algo por debajo de la media española (Gráfico 7.4).

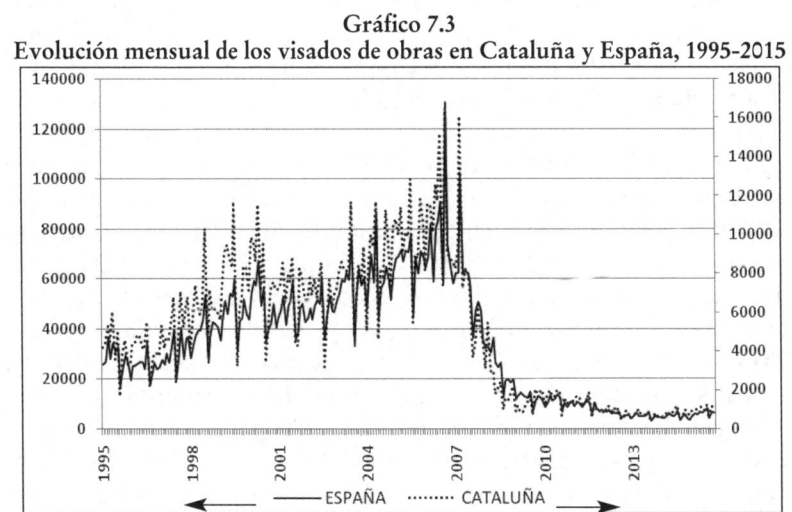

Gráfico 7.3
Evolución mensual de los visados de obras en Cataluña y España, 1995-2015

Fuente: IDESCAT.

Gráfico 7.4
Evolución de la tasa de paro en Cataluña, España y la Unión Europea,
2000-2014 (porcentaje de población activa)

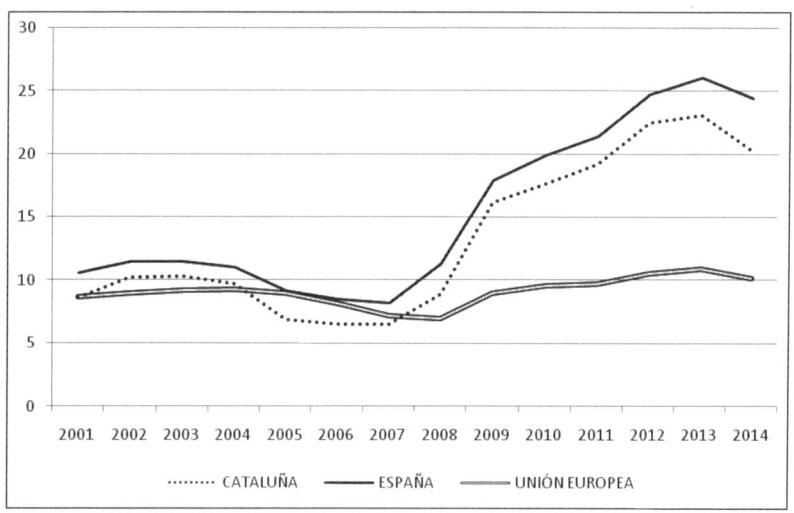

Fuente: IDESCAT.

¿Cómo afronta la Cataluña de nuestros días el grave problema de desempleo que no ha empezado a remitir hasta 2014? ¿Lo hace de forma diferente al conjunto de España? No parece que así sea. Los derrumbes sucesivos de la manufactura y de la construcción han sido compartidos y no parece que para ambas economías haya otra salida inmediata que recurrir a los servicios, en especial, al turismo y la hostelería. Cataluña no tendría que partir de cero, pues, como ha señalado Jordi Maluquer (2011, p. 351), el turismo ha sido un «motor fundamental» de la economía catalana desde hace tiempo, por más que se haya insistido incansablemente en la idea de Cataluña como «fábrica de España». Maluquer recuerda que el primer gran hito del turismo español moderno fue el Congreso Eucarístico de 1952 de Barcelona, que abriría las puertas de España al visitante extranjero. La dictadura de Franco encontró en este turismo una forma de conseguir las divisas que precisaba para importar inputs que hicieran posible la industrialización de España, a la vez que ayudaba a mejorar su imagen internacional. Para atender la demanda, en Cataluña se pasó de unas 35.000 plazas hoteleras en 1961 a más de 166.000 en 1975; el crecimiento después fue más lento y, hasta 2013,

7. DE LA TRANSICIÓN A NUESTROS DÍAS

no se ha conseguido llegar a las 300.000[6]. Pero Maluquer (2011, p. 365 y 370) advierte que, sumando todo tipo de plazas (no solo las hoteleras), Cataluña es hoy la región turística más importante de Europa, por encima de las conocidas regiones francesas e italianas y a mucha distancia de Andalucía y Baleares, que suelen asociarse con el turismo español por excelencia. Curiosamente, en cuota de turismo mundial, Cataluña ha retrocedido desde el 2,6 por 100 de media en 1964-1980 al 1,7 por 100 de 2000-2009, pero esto se explica por el enorme desarrollo del turismo en todo el mundo en las últimas décadas.

En una Cataluña que difícilmente recuperará el esplendor industrial de otros tiempos, Maluquer (2011, pp. 398-399) entiende que el turismo catalán debería ser considerado «pieza estratégica decisiva del crecimiento económico español» y no entiende que se siga insistiendo en una «política centralizadora del Estado para favorecer al aeropuerto de Madrid», concluyendo que «sólo la autonomía de la gestión aeroportuaria, como sucedió con el puerto, permitirá eludir las férreas restricciones del Estado para desarrollar un gran *hub* aéreo [en Barcelona], sin el cual el nuevo modelo turístico deberá afrontar un futuro muy problemático». Esta crítica de Maluquer parecería indicar que Cataluña ha sido desatendida por la inversión pública, pero un estudio reciente (Mas, Pérez y Uriel, 2015, pp. 64 y 70) lo contradice, al mostrar que durante todo el siglo XX la región ha destacado como receptora de inversión pública. Con todo, Maluquer tiene razón en que la fuerte demanda de servicios del aeropuerto de Barcelona exige una atención permanente que quizá pudiera lograrse mejor con la autonomía de gestión, que es la tendencia que se está imponiendo en el mundo.

Si reconstruimos la evolución de la distribución por sectores de las economías catalana y española entre 1980 y 2014 podemos comprobar con más exactitud el imparable ascenso del sector servicios, como rasgo que equipara sus estructuras económicas. En 1995, el sector servicios daba empleo al 59,3 por 100 de la población ocupada en Cataluña y al 60,8 por 100 en España, cuando en 1980 las cifras eran 42,5 por 100 y 48,9 por 100, respectivamente. La contribución del sector al PIB era algo más elevada: 62,5 por 100 en Cataluña y 65,4 por 100 en España. El correlato de este movimiento era la caída

---

[6] Maluquer (2011), p. 356, e IDESCAT.

del peso del sector industrial, que hacia 1980 ofrecía casi tanto empleo en Cataluña como el sector servicios. Hoy día, la realidad es muy diferente, pues Cataluña, España y la Unión Europea han convergido hasta que su sector servicios representa en torno al 74 por 100 del PIB en todas ellas. En industria, sin embargo, Cataluña parece mantener cierta ventaja sobre el conjunto de España: el peso de la industria en el PIB catalán es del 20,2 por 100 y en el PIB español del 17,5 por 100, dándose la circunstancia de que, según IDESCAT, la industria manufacturera representa el 86 por 100 de la industria en Cataluña y el 75 por 100 en España.

A pesar de todo lo ocurrido desde la crisis de los Setenta, la *Encuesta Industrial de Productos* de 2014 confirma que Cataluña sigue siendo la región líder de la industria española. En el total nacional, Cataluña tiene una cuota del 22,9 por 100, que casi duplica la de su inmediato seguidor (Andalucía, con el 12,1 por 100). Por sectores, Cataluña es líder en Alimentación, bebidas y tabaco, Textil y confección, Papel, artes gráficas y reproducción de soportes grabados, Coquerías, refino, químicas y productos farmacéuticos, Manufacturas de caucho y plástico, Productos informáticos, electrónicos, ópticos y eléctricos, Material de transporte y Muebles y otras industrias manufactureras, y ocupa posiciones destacadas en el resto: segunda en Cuero y calzado, Productos minerales no metálicos, Productos metálicos, Maquinaria y equipo, Reparación e instalación de maquinaria y equipo y Energía eléctrica, gas y vapor; tercera en Madera y corcho y Productos 1ª transformación y fundición de metales.

La base industrial que ha sabido conservar Cataluña resulta fundamental para que el conjunto de España alcance los objetivos de reindustrialización que se ha marcado la Unión Europea, frenando la excesiva inclinación de las inversiones hacia el sector servicios. La indudable tradición industrial de la región ha creado una «trayectoria» que le favorece en este sentido. Sin embargo, hay elementos inquietantes, pues la manufactura moderna está muy condicionada por el gasto en I+D y, como se aprecia en el Gráfico 7.5, tanto Cataluña como España se están apartando de lo que es la norma europea: aumentar la inversión en innovación como forma de ganar competitividad para salir de la crisis. En Cataluña y España, los crecimientos experimentados en I+D durante la fase alcista del ciclo, que permitieron una convergencia con la norma europea, no han tenido continuidad durante la crisis, lo que sitúa en muy mala posición tanto a

Cataluña como a España en un escenario de futuro donde la innovación tecnológica será absolutamente decisiva. Además, se da la circunstancia de que, en ambas fases, el mayor protagonismo de la inversión en I+D recayó sobre la Administración pública, yendo las empresas privadas siempre a remolque, lo que no sucede en los países más avanzados[7]. En el caso de Cataluña parece claro que hay una relación entre el bajo nivel tecnológico relativo y las mediocres cifras de resultados educativos que más adelante vamos a estudiar con algún detalle.

Gráfico 7.5
Gasto en I+D respecto al PIB en Cataluña, España y la Unión Europea, 2002-2012 (porcentajes)

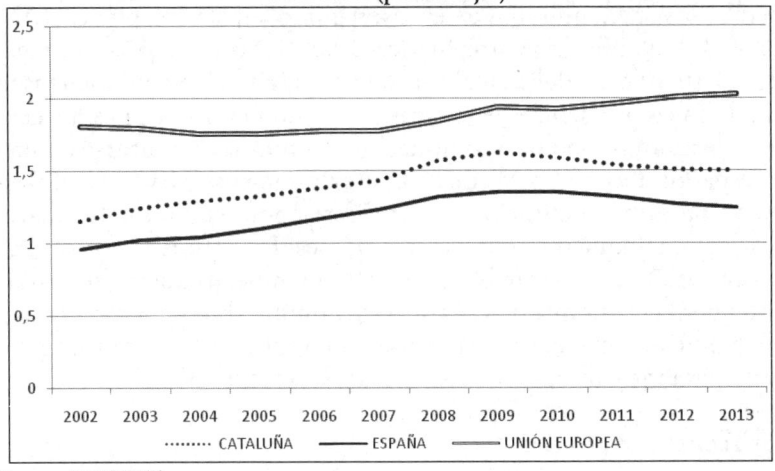

Fuente: IDESCAT.

Para finalizar este epígrafe, conviene refutar un mito nacionalista, que insiste en identificar el éxito de Cataluña con la pyme familiar de varias generaciones, poniendo en segundo plano las aportaciones realizadas por las grandes empresas, muchas veces creadas por el Estado español o por el capital extranjero. Tanto en el franquismo como en la actualidad, Cataluña se ha distinguido por albergar una fracción destacada de los centros de producción de más 100 empleados: en 1966, más de una cuarta parte; hoy día, el por-

---

[7] En Busom y García-Fontes (2007), p. 202, se sitúa a la Cataluña de 2006 en el lugar 82 entre las regiones europeas en cuanto a capacidad tecnológica, por detrás de Madrid, País Vasco y Navarra y no muy por encima de Aragón.

centaje ha descendido, pero el Principado, aunque detrás de Madrid, continúa a mucha distancia del resto. Es decir, en relación con la española en su conjunto, la economía catalana se ha caracterizado por poseer centros de producción grandes, que es donde se pueden conseguir economías de escala y diversificación (Servicio Sindical de Estadística (1967); Directorio Central de Empresas en INEbase).

La mejor forma de demostrar eficiencia es compitiendo en los mercados internacionales, y ¿quiénes son los mayores exportadores de Cataluña? Un análisis efectuado para 2004, a partir de diversas fuentes (Parellada y Álvarez, 2007, p. 263), nos dice que, con mucha diferencia, el gran exportador catalán era Seat, con una cifra que superaba los 3.500 millones de euros, seguido a distancia por Gas Natural (1.800), Nissan Motor Ibérica (1.500) y Sony España (algo más de 1.000). El peso del capital extranjero en la exportación catalana es sin duda consecuencia de la escasa inversión en I+D, pues los centros de innovación de las multinacionales no suelen ubicarse en suelo español. Las empresas de capital extranjero conviven en el *ranking* con otras que podemos identificar como empresas familiares catalanas, aunque no precisamente pymes. En definitiva, la realidad empresarial catalana vuelve a poner de manifiesto que es imposible entender la economía de Cataluña sin admitir abiertamente, con sus ventajas e inconvenientes, la aportación de elementos foráneos, procedentes tanto del resto de España como del extranjero[8].

La Transición política

Francisco Franco murió en un hospital a los 82 años de edad, de muerte natural, rodeado de su familia y fieles, el 20 de noviembre de 1975, después de haber gobernado España con mano de hierro durante más de 39 años. Su cadáver, públicamente expuesto en el Palacio de Oriente, fue despedido en loor de multitud por interminables colas de compungidos ciudadanos que desfilaron ante el féretro durante varios días. Su sucesión tuvo lugar en la forma prevista: el príncipe Juan Carlos de Borbón, sucesor de Franco en la Jefatura del

---

[8] Un trabajo reciente en esta línea es Fernández Pérez y Díaz Morlán (2015), donde se plantea la necesidad de colaboración del capital familiar (catalán) con el capital financiero (foráneo, dadas las insuficiencias del sistema financiero catalán).

7. DE LA TRANSICIÓN A NUESTROS DÍAS

Estado, fue coronado rey inmediatamente, y una de sus primeras medidas fue confirmar en su puesto al entonces presidente del Gobierno, Carlos Arias Navarro.

Solo de manera gradual fueron despertándose movimientos de protesta contra la prolongación del régimen autoritario que la mayoría identificaba con el Gobierno de Arias Navarro. Pronto el pueblo español, que, salvo minoritarias excepciones, había soportado estoica y silenciosamente la dictadura franquista, comenzó a movilizarse a favor de una transición a la democracia. Los opositores al franquismo, que fueron apareciendo en grupos cada vez más numerosos e impacientes tras la desaparición del dictador, haciendo bueno el antiguo adagio de «a moro muerto, gran lanzada», pertenecían a grupos y credos políticos muy variados, pero había una clara divisoria entre ellos, la que separaba a los «rupturistas» de los «aperturistas», es decir, los partidarios de terminar con las instituciones heredadas de la dictadura y comenzar de nuevo, y los que preferían una transición gradual hacia la democracia.

Hay que señalar que la oposición al franquismo en tiempos de la dictadura había tenido como principales centros a Madrid, Barcelona, y varias otras grandes ciudades, además de, sobre todo, los centros mineros de Asturias donde, sin embargo, la represión era más fácil por lo concentrado de la población trabajadora, frente a la relativa dispersión y lo variado de las características profesionales de los opositores en las grandes ciudades. A ello habría que añadir, por supuesto, el País Vasco, especialmente Vizcaya y Guipúzcoa, donde la principal forma de oposición era el terrorismo de ETA y afines. Vale la pena recordar que en Cataluña la oposición a la dictadura tenía, como en el País Vasco, un matiz nacionalista-autonomista, y también produjo grupos terroristas, en especial el llamado *Terra Lliure* que, sin embargo, cometió menos atentados (aunque algunos realmente atroces) y terminó disolviéndose hacia 1990.

El primero de julio de 1976 Juan Carlos se deshizo de Arias Navarro y el día 6 nombró a Adolfo Suárez González presidente del Gobierno. Suárez era entonces relativamente desconocido, y los que sabían de él lo identificaban con la Falange o Movimiento. Sin embargo, se trataba de un hombre dispuesto a seguir una política de despiece del armazón legal de la dictadura, para lo que estaba bien capacitado por su conocimiento de los entresijos y del personal del régimen, por su carácter decidido, por su juventud, e incluso por su simpatía y carisma. El rey confiaba en él para llevar a cabo esta labor, encaminada hacia el alumbramiento de un sistema democrático, y el monarca estaba aconsejado por el que había sido su tutor, Torcuato Fernández Miranda, otro aparente pilar del franquismo que también estaba dispuesto a poner sus conocimientos al servicio de esa tarea de desmontaje político e instauración democrática. Si Fernández Miranda carecía de la juventud y la simpatía de Suárez, era en cambio catedrático de Derecho Constitucional, tenía un indudable talento de jurista y su conocimiento de las interioridades del franquismo era comparable, si no superior, al de Suárez. Ya mostró sus dotes al lograr que el Consejo del Reino, piedra angular del edificio dictatorial franquista, incluyera a Suárez en la terna de candidatos elevada al rey para sustituir a Arias.

El sistema propuesto por Fernández Miranda, que fue el que se llevó a cabo, consistía en que la transición a la democracia fuera lo menos traumática posible, lo que él llamaba, «ir de la ley a la ley». La clave de su plan era que las Cortes franquistas aprobaran una Ley de Reforma convocando elecciones por sufragio universal para elegir unas nuevas Cortes democráticas. Sorprendiendo a muchos, las Cortes franquistas aprobaron la ley el 18 de noviembre de 1976, menos de un año después de la muerte de Franco, por una mayoría de mucho más de dos tercios, que era la que se requería para que la medida fuera considerada Ley Fundamental y por lo tanto con capacidad para anular las anteriores Leyes Fundamentales del franquismo. Una intensa labor de *lobbying* con los procuradores a Cortes, dirigida por Fernández Miranda, rindió sus frutos a la hora de la votación. La ley fue luego sometida a referéndum y obtuvo una alta proporción de votos favorables, el 94,2 por 100, lo cual equivalía al 73 por 100 del electorado, dado que hubo un 22,6 por 100 de abstención.

Las primeras elecciones generales (junio 1977) dieron en Cataluña resultados que diferían bastante de los del resto de España. Aunque fueron tres partidos nacionales los que quedaron en cabeza tanto en toda España como en Cataluña (UCD, Socialistas y Comunistas), el orden fue diferente, ya que mientras en el resto de España la UCD, el partido de Suárez, quedó claramente en cabeza, en Cataluña quedó en tercer lugar (empatada con el *Pacte Democràtic*, el partido de Jordi Pujol, que en realidad le sacó algo menos de seiscientos votos de ventaja). Conviene señalar que en el País Vasco los resultados aún difirieron más de la media española, ya que allí el PNV quedó primero, aunque a poca distancia del PSOE, y UCD quedó en tercer lugar, pero bastante descolgada. Navarra, en cambio, tuvo resultados bastante parecidos a los del conjunto de España. Los resultados catalanes alarmaron tanto al Gobierno de Madrid como a los grupos de centro y derecha de Cataluña, que temieron poner la transición catalana en manos de una coalición social-comunista. Jordi Pujol, líder de la derecha nacionalista, pidió a Suárez que «la concesión de la autonomía no se realice a través de los socialistas y comunistas [...] aunque estos sean los partidos mayoritarios después de las elecciones [porque] si la autonomía llega a través de ellos, habrá mayoría de izquierdas por muchos años en Cataluña, y esto debe evitarse» (Molinero e Ysàs, 2014, p. 173). Suárez estuvo de acuerdo. Si Josep Tarradellas, el último superviviente de los gobiernos de la Cataluña republicana, se perfilaba desde hacía tiempo como destinado a representar un papel importante en la transición a la democracia, ahora, como persona de impecable estirpe catalanista, pero de talante sensato y relativamente moderado, se imponía como una legítima alternativa a la temida coalición de la *Cataluña roja*. Se puso así en marcha la llamada *operación Tarradellas*[9].

Tarradellas vivía exiliado en Francia, en Saint Martin-le-Beau, cerca de Tours, y había sido elegido presidente de la Generalidad por los diputados supervivientes del último *Parlament* republicano en 1954. Varios prohombres catalanes habían entrado en contacto con él hacía años y actuaban como sus representantes en España: entre ellos se contaban Manuel Ortínez, Josep Lluis Sureda, historiador y abogado de origen mallorquín, muy ligado a Juan March, y Frederic Rahola, abogado y cuñado de Jaume Vicens Vives. Que Tarradellas estaba destinado a desempeñar un papel en la transición democrática en Cataluña nadie lo dudaba. La cuestión era cuál había de ser ese papel. Pronto se enfrentaron en el Principado dos legitimidades: la *histórica*, representada por Tarradellas, y la *democrática*, representada por la Asamblea de Parlamentarios, compuesta por los diputados y senadores electos por las cuatro provincias catalanas. Parecería que la Asamblea de Parlamentarios tuviera la más importante baza, la de representar al pueblo de Cataluña por elección muy reciente; pero no era así. Tarradellas contaba con dos car-

---

[9] Powell (2001), pp.184, 210-2; Molinero e Ysàs (2014), 123-34, 169-208; De Riquer (2004), pp. 112 y ss.

tas más importantes: la primera, el apoyo del Gobierno de Madrid y de la derecha catalana, minoritaria, pero sustancial; la segunda, el representar el enlace de la Cataluña postfranquista con la prefranquista, y este nexo sentimental era muy importante, especialmente en Cataluña, donde los mitos históricos, como sabemos, tienen gran fuerza. Un manual de historia de Bachillerato de gran circulación en Cataluña (Casassas *et al.*, 2009, p. 339) dice con orgullo que la toma de posesión de Tarradellas fue «el único acto de la transición en que el Gobierno español reconoció la legitimidad de un cargo electo de las instituciones republicanas». Además, quedaban pocos prohombres republicanos de los que echar mano en el resto de España, y estos, como Rodolfo Llopis por los socialistas o Claudio Sánchez-Albornoz por los republicanos, por no hablar de comunistas como Dolores Ibárruri (*la Pasionaria*) o Santiago Carrillo, o no tenían energía y arrestos para seguir peleando en política, o no eran lo bastante conocidos, o, como los comunistas, lo eran demasiado. El caso es que incluso la Asamblea de Parlamentarios pidió el retorno de Tarradellas. Este contaba además con otro argumento relativamente robusto: los de la Asamblea no habían sido elegidos para negociar la transición, sino para ser diputados o senadores en las Cortes españolas. Su papel, por tanto, sería el que el Gobierno español les asignara, ya que ellos carecían de mandato negociador.

Siguieron unos meses de tensiones y de esgrima política a tres bandas: Gobierno español, Tarradellas y la Asamblea de Parlamentarios. Tras un verano muy laborioso, en que las negociaciones estuvieron varias veces a punto de romperse, la celebración multitudinaria de la Diada de 11 septiembre 1977, la primera desde tiempos de la República[10], interpretada por muchos como una manifestación de apoyo a la vuelta de Tarradellas, animó a las partes a mostrarse más conciliadoras. Powell (2001, p. 211) piensa, sin embargo, que los acuerdos básicos se habían alcanzado ya para entonces. En todo caso, hubo acuerdo. El presidente de la Asamblea de Parlamentarios, Josep Andreu Abelló, declaró que la autonomía catalana no tenía un «sentimiento disgregador del Estado español, al revés, nosotros queremos que nuestra libertad y el reconocimiento de nuestra nacionalidad sea un factor de unidad de todos los pueblos y regio-

---

[10] El 11 de septiembre de 1976 hubo una concentración en Sant Boi, vid. Molinero e Ysás (2014), p. 126.

7. DE LA TRANSICIÓN A NUESTROS DÍAS

nes de España» (Molinero e Ysàs, 2014, p. 207). Era difícil, incluso entonces, comprender cómo podía ser esto así, y el tiempo lo ha desmentido, pero en aquel momento tal declaración sonaba muy bien y contribuyó a apaciguar los ánimos. A principios de octubre el Gobierno publicó una serie de decretos en los que se reconocía a la Generalidad como ente encargado del Gobierno de Cataluña, especialmente de tutelar la redacción de un nuevo estatuto de autonomía, y a Tarradellas como presidente provisional hasta que se celebraran las primeras elecciones autonómicas reguladas por el futuro estatuto. El 23 de octubre llegó Tarradellas a Barcelona y pronunció, ante un público delirante, su discurso inaugural precedido de la lapidaria frase «*Ciutadans de Catalunya: ja soc aquí!*». Al día siguiente tomaba posesión formal de su cargo en presencia del presidente del Gobierno español.

Por supuesto, aunque esto representaba para Suárez la resolución de un problema, tenía muchos más sobre la mesa. Precisamente en aquellos días se acababa de alcanzar un acuerdo económico con partidos y sindicatos que pronto recibió el nombre de «Pactos de la Moncloa» y que tenía como objeto primordial moderar la tasa de inflación, que ese año alcanzaba niveles alarmantes. Los Pactos de la Moncloa fueron principalmente obra del vicepresidente de Economía, Enrique Fuentes Quintana, pero, como su propio nombre indica, la iniciativa y responsabilidad última fueron, no podía ser de otra manera, del presidente del Gobierno. Aunque de naturaleza económica, los pactos tuvieron una importancia política muy clara, porque traslucieron la voluntad de las fuerzas sociales, y en especial las sindicales, de moderar sus aspiraciones e incluso de sacrificarse, para garantizar la viabilidad de la naciente democracia.

La resolución del problema de la transición democrática en Cataluña tuvo repercusión en toda España, porque dibujó un modelo para el resto de las que dentro de poco recibirían el nombre de *Comunidades Autónomas*. En el País Vasco no hubo manera de encontrar un equivalente a Tarradellas; lo más parecido fue el veterano socialista Ramón Rubial, que presidió el Consejo General Vasco en espera de las elecciones a celebrar tras la aprobación del estatuto.

El paso más importante en la transición a la democracia fue, naturalmente, la Constitución. Descartadas una serie de posibilidades para proceder a su redacción, al final se optó por nombrar una comisión de siete miembros de las propias Cortes, en número más o menos proporcional a las fuerzas relativas de los partidos. De esta comisión formaron parte dos catalanes, Jordi Solé Tura y Miquel Roca Junyent. El primero estaba en representación del grupo comunista y Roca en representación de los nacionalismos vasco y catalán.

En materia de autonomía y descentralización territorial operó en aquella ocasión, el principio del péndulo político, tan peligroso, pero con tanta frecuencia vigente en la historia de España. Después de cuatro décadas de dictadura autoritaria y centralista, había llegado la hora de admirar y primar la descentralización, que parecía ser sinónimo de democracia. Si el nacionalismo españolista del régimen de Franco resultaba odioso, cualquier nacionalismo regional parecía respetable y positivo, tanto más cuanto que los nacionalismos catalán, vasco y gallego habían sido amparados de un modo u otro por la República. Se halló así la extraña fórmula de la *nación de naciones*, que hizo furor entre los políticos e incluso en una parte de la opinión pública sin que nadie, al parecer, reparase en los problemas de tal formulación[11].

Nadie pareció advertir que no existe nación en la faz de la tierra que se defina como *nación de naciones*. Pudiera quizá aplicarse el término al Reino Unido que, al fin y al cabo es, como su propio nombre indica, una unión de reinos, y donde los británicos no tienen empacho en llamar a Escocia nación. Los Estados Unidos, a quien algún historiador ha definido como *nación de naciones*, no lo es en absoluto. Es, indudablemente, una república federal, y en los años de su nacimiento tuvo algunos caracteres de confederación (esto es, federación de Estados soberanos), pero ningún Estado norteamericano pretende hoy constituir una nación o ser soberano. El intento de secesión de los Estados del sur (que se llamaron «confederados») en 1861 se saldó con una guerra terrible, que perdió la confederación. En el caso del Reino Unido es cierto que Escocia y, en ocasiones, Gales, son llamadas naciones, pero solo Escocia ha pretendido recuperar su soberanía en 2014, en un referéndum donde claramente perdieron los soberanistas. Este referéndum fue posible en gran parte porque la Constitución inglesa no está escrita, y por lo

---

[11] Fórmula ya propuesta, como hemos visto, por Capmany (1808), y también por Prat de la Riba (1998 [1906]), p. 62. Con perspectiva académica, Linz (1973) fue de los primeros en señalar que España debería ser concebida por su historia como un *«multinational state»*, que el autor vería plasmado, años más tarde, en la Constitución de 1978 con la «España de las Autonomías».

7. DE LA TRANSICIÓN A NUESTROS DÍAS

tanto es muy elástica; y porque la unión de Inglaterra y Escocia tuvo lugar por medio de un tratado en 1707, lo que permitía suponer que ambas partes podían denunciarlo de mutuo acuerdo. Otro país del que se pudiera decir que fue una *nación de naciones* fue la Unión de Repúblicas Socialistas Soviéticas, controlada férreamente desde Moscú mientras la Unión se mantuvo, pero que se disolvió en un abrir y cerrar de ojos en 1991, cuando el centro de poder en Moscú fue reformado. Y quizá hubieran merecido este nombre (aunque nadie se lo dio) el Imperio Austro-húngaro y el Imperio Otomano, que se desintegraron durante la Primera Guerra Mundial después de siglos de incómoda coexistencia. Otro ejemplo más reciente y efímero fue la República Federal (antes Reino) de Yugoslavia, resultado de las desintegraciones de los imperios austríaco y otomano. Yugoslavia estaba compuesta por una serie de estados que desde la Primera hasta la Segunda Guerra Mundial, coexistieron bajo un monarca. Tras esta última guerra, Yugoslavia se convirtió en una dictadura comunista bajo la férula del mariscal Yosip Broz, más conocido como Tito. A la muerte de este en 1980, la República yugoslava comenzó a descomponerse, proceso que degeneró en una atroz guerra civil cuyos espantosos episodios genocidas muchos recordarán, que terminó con la total desintegración del país y que dio lugar a largos juicios internacionales por genocidio y crímenes contra la humanidad. En resumen, no parece que la fórmula de *nación de naciones* sea muy común, ni que sus resultados la hagan muy recomendable. Pero en la España de la transición, el rebote del franquismo hizo que la fórmula se adoptara con más entusiasmo que cordura.

Un momento de reflexión nos hará ver, que, esta peregrina teoría de la *nación de naciones* y su corolario, muy repetido en Cataluña y el País Vasco, de que España no es una nación, sino un Estado, son dislates sin la menor base histórica, política o jurídica. En virtud de esta teoría, España habría sido en 1978 la única nación en las Naciones Unidas que no era tal, sino otra cosa. Habría ingresado en las Naciones Unidas como de matute y las pobres NNUU se habrían dejado engañar de mala manera aceptando a España como miembro en lugar de a las 17 comunidades autónomas españolas, que serían las verdaderas naciones (aunque entonces aún no existían). Parece una broma, pero esto es lo que postulan y postulaban los teóricos de la *nación de naciones*. Y lo mismo ocurriría con la Unión Europea, que también se habría dejado engañar al haber aceptado a España en

1986 como una nación, cuando en realidad era solo un Estado que ocultaba la existencia real de 17 naciones.

La historia de España, por otra parte, no viene en apoyo de tal concepción. España, reconocida como una unidad geográfica desde la Antigüedad (Hispania), y como una unidad vagamente política ya en la Edad Media (recordemos, por ejemplo, que Alfonso X el Sabio es autor de una *Estoria de España*), quedó configurada como una unión dinástica de los reinos de Castilla y Aragón desde 1479, pero fue lenta y progresivamente aglutinándose hacia una unidad política (lo que a finales del siglo XVIII se llamaría *nación* en su acepción moderna), carácter que definitivamente adquirió tras la Guerra de Sucesión[12]. Es sintomático y significativo, a estos efectos, que el primer banco oficial español, antecesor del Banco de España, fundado en 1782, se llamara Banco *Nacional* de San Carlos. En 1713 la Academia de la lengua se llamó Real Academia Española, no *castellana*. Tras los desastres económicos, políticos y militares del siglo XVII y tras la devastación de la guerra sucesoria, esta tendencia unificadora representó un claro factor de recuperación, que fue especialmente perceptible en el caso de Cataluña. Por el contrario, en la historia de España, los momentos de disgregación (reinos de taifas, crisis del siglo XVII, Guerra de Sucesión, carlismo, cantonalismo) no han aportado ventajas políticas de ningún tipo. Fue la relativa debilidad política y cultural del Estado central en el siglo XIX lo que sirvió de base a las pretensiones disgregadoras del siglo XX.

El movimiento pendular de la política española en el siglo XX ha sido causa de grandes errores. De un lado, el fracaso nacional que fue la guerra y derrota en Cuba y Filipinas dio lugar a, o avivó, los movimientos nacionalistas catalán y vasco. Por otra parte, la disolución del equilibrio político de la Restauración y la inseguridad producida por las tensiones del crecimiento económico y la industrialización iniciaron un ciclo de inestabilidad y reacción autoritaria que comenzó con la dictadura de Primo de Rivera, que a su vez reaccionaba contra la inestabilidad de la primera Postguerra mundial. La caída de la dictadura provocó un movimiento del péndulo hacia la izquierda en la II República, que a su vez conoció movimientos pendulares bienales izquierda-derecha-izquierda. El péndulo osciló a la derecha de nuevo

---

[12] Ver sobre esto Morales, Fusi y de Blas (2013), esp. Cap. I; Fusi (2000), *passim*. A este tema hemos dedicado los capítulos precedentes.

7. DE LA TRANSICIÓN A NUESTROS DÍAS

tras la guerra civil: democracia, república, nacionalismos periféricos, liberalismo, todo quedó abolido por la dictadura de Franco bajo el signo autoritario de un rígido centralismo. Al desaparecer la dictadura, el péndulo volvió hacia la izquierda, aunque con una diferencia: la cuestión social (lo que los marxistas llaman la lucha de clases) pasó a un segundo plano relativo, porque el crecimiento económico en la segunda etapa del franquismo había quitado drama y encono a la lucha de clases. Nos encontramos así con un partido comunista que perdía terreno ante el partido socialista, y un partido socialista que se hacía abiertamente socialdemócrata y abandonaba el marxismo y las veleidades revolucionarias (lo cual le permitió acceder al poder en 1982 y no abandonarlo hasta 1996). En lugar del problema social, por tanto, fue la cuestión de los micro-nacionalismos la que pasó a primer plano: la lucha de clases fue sustituida por la lucha de regiones.

Todo esto se reflejó, por desgracia, en la Constitución, dando lugar al confuso y enrevesado Título VIII, «De la organización territorial del Estado», cuyos defectos sin duda traslucen los desacuerdos, las dudas y las reservas de los comisionados redactores. De él dijo Gregorio Peces-Barba que fue el que «más trabajo nos produjo y el que exigió equilibrios más delicados de toda la Constitución»[13]. Los huecos que quedan entre tantos plazos, requisitos, enumeraciones, excepciones y remisiones, dan cabida a toda clase de indefiniciones de esas que favorecen a los políticos hábiles y con pocos escrúpulos, concediéndoles espacio para usurpar fragmentos de soberanía y para convertir las «nacionalidades y regiones» del artículo 2 en pequeñas «naciones» que desvirtúan y socavan «la indisoluble unidad de la Nación española» proclamada en ese mismo artículo. La inclusión de la palabra *nacionalidades*, de significado deliberadamente ambiguo, en el artículo 2 fue resultado de una transacción entre Miguel Herrero Rodríguez de Miñón y Miquel Roca, que quería introducir la palabra *naciones* en la Constitución para dar así cabida al manoseado y deletéreo concepto de la *nación de naciones*[14].

A este respecto, otro grave error, este no de la Constitución,

---

[13] Ver un resumen de las incidencias en Molinero e Ysàs (2014), pp. 219-234. La frase de Peces-Barba en p. 264.
[14] Juliá, Pradera y Prieto (1996), p. 325. Entrevista a Roca: «Yo propuse nación, y entonces Herrero dijo: "Hombre, nación no, pero nacionalidad, sí"».

sino de la política posterior, ha sido el no conceder a las Comunidades Autónomas una mayor discrecionalidad fiscal, en lugar de hacerlas en gran parte dependientes del presupuesto nacional, aunque el artículo 157, b, permite a las Comunidades establecer sus propios impuestos y tasas. Si el Estado hubiera sido más restrictivo en cuanto a la participación del presupuesto nacional en la financiación de las Comunidades, estas se hubieran visto obligadas a financiar sus proyectos, bien con sus propios impuestos, bien endeudándose. Un simple tope a la capacidad de endeudarse de las Comunidades (por ejemplo, estableciendo que su deuda no pudiera exceder de una fracción de sus ingresos impositivos, o de su PIB) obligaría a los gobiernos de estas a gravar fuertemente a sus electores para financiar sus proyectos, con lo cual pondrían en riesgo su popularidad y ese riesgo limitaría la tendencia endémica de las Comunidades a gastar alegremente. Por el contrario, la dependencia de las comunidades con respecto al presupuesto nacional reparte entre toda la población nacional los costes de sus inversiones, lo cual las estimula a gastar: el gasto aumenta su popularidad sin la contrapartida del aumento de la presión fiscal local. Por añadidura, la popularidad aumenta recurriendo al victimismo: todos los problemas de infraestructuras, sanitarios, etc., pueden achacarse al Gobierno central, lo cual estimula las tendencias a justificar el separatismo (el de Cataluña es un caso típico), aunque la independencia obligaría al Gobierno del nuevo Estado a depender exclusivamente de sus propios recursos, de modo que, en sus propios términos, sería peor el remedio que la enfermedad. Pero en estas materias hay más pasión que ilación lógica.

Por otra parte, el sistema de financiación actual estimula, además del gasto autonómico, la hostilidad entre las distintas autonomías y los agravios comparativos, pues las relaciones económicas entre el Estado nacional y las Autonomías tienen mucho de chalaneo y mercadeo. En la legislatura de 2011-2015, por ejemplo, hemos visto al ministro de Hacienda, Cristóbal Montoro, amenazar con fieros males a las autonomías que no cumplieran los límites de déficit previamente acordados y finalmente mostrarse comprensivo y flexible, es decir, claudicar, ante la indisciplina de algunas Comunidades, en especial Cataluña, a la que el Gobierno de Mariano Rajoy ha dado muestras de temer reverencialmente.

Para coronar los errores cometidos en la Constitución de 1978 en materia de organización territorial, y en contradicción con su propio artículo 14, que establece que «[l]os españoles son iguales ante la ley, sin que pueda prevalecer discriminación alguna por razón de nacimiento, raza, sexo, religión, opinión, o cualquier otra condición o circunstancia personal o social», la disposición adicional primera declara que la «Constitución ampara y respeta los derechos históricos de los territorios forales», lo cual ha derivado en una clara discriminación fiscal por razón de nacimiento o vecindad, privilegiando a los españoles residentes en el País Vasco o Navarra a costa, por supuesto, del resto de sus compatriotas. El péndulo había oscilado hasta un punto que sobrepasaba con mucho lo razonable. La mecha lenta quedaba prendida en espera de causar la próxima explosión.

La Constitución fue aprobada por las Cortes por una amplia mayoría y ratificada en referéndum el 6 de diciembre de 1978, también por una amplia mayoría, aunque menor que la que apoyó la Ley de Reforma (un 59 por 100 del censo electoral). Ello se debió en gran parte a un mayor nivel de abstención. Es de notar que en Cataluña la Constitución recibió un nivel de apoyo algo mayor que en el conjunto de España, mientras que en el País Vasco la abstención fue de más de la mitad del electorado, por lo que allí el voto favorable fue, en definitiva, tan solo del 31 por 100.

Durante la primavera y el verano de 1979, veinte comisionados del Parlament de Cataluña prepararon el anteproyecto de *Estatut*, que sería más tarde sometido al Parlament, las Cortes, un referéndum catalán, y las Cortes de nuevo para llegar a ser finalmente proclamado por el rey. Todos estos filtros fueron pasados en el otoño de ese mismo año. El apoyo popular al nuevo *Estatut* fue mucho más tibio que el que Cataluña había dado a la Constitución española un año antes. En gran parte esto se debía a una participación electoral mucho más baja (del 60 por 100, frente a un 68 para la Constitución), aunque el apoyo entre los votantes también fue más bajo. En total, el *Estatut* obtuvo el sufragio de un 52,5 del electorado catalán, que había dado un 61,5 por 100 de apoyo a la Constitución. Marcaba este resultado un factor que iba a ser constante en los patrones electorales catalanes de allí en adelante: los votantes del antiguo Principado mostraban un interés claramente mayor en las elecciones españolas que en las catalanas. Esto se manifestaba en un grado de participación en las primeras que estaba en torno a un 10 por 100 por encima del de las segundas.

La razón evidente de este desfase es que el catalán medio, diga lo que diga en las encuestas, se siente más español que catalán, al menos en su calidad de ciudadano activo. La consecuencia de este relativo desinterés del público catalán en las elecciones catalanas, sin embargo, tiene un efecto contradictorio: mientras en las elecciones españolas los catalanes acostumbran a votar mayoritariamente por partidos de ámbito nacional, en especial por el partido socialista, en las locales ganan los nacionalistas, predominantemente los de derecha (con el paréntesis de 2003 a 2010, en que gobernaron las izquierdas coaligadas con ERC).

De este patrón de *voto dual*[15] cabe extraer otra conclusión: los votantes que se retraen en las elecciones locales son los que se sienten más españoles, es decir, los emigrantes de origen no catalán, los votantes naturales del socialismo. La consecuencia de su abstención, sin embargo, es dar la victoria a los partidos nacionalistas, que desarrollan, como ahora vamos a ver, políticas locales que perjudican a estos votantes de izquierdas, como son la lingüística, la educativa, y la económica en general, que mantiene alta la presión fiscal (en la que el *Estatut* dio el máximo poder posible a la *Generalitat*) no para mejorar la calidad de la sanidad o la educación, sino para financiar la propaganda nacionalista, como ahora vamos a ver también. Porque, como dijeron los propios redactores del *Estatut*, y refleja De Riquer (2004, p. 127), ellos trataron de «conseguir para la *Generalitat* el máximo posible de competencias que permitía la Constitución», algo que lograron. Igualmente lograron, dado el deseo de concordia que prevaleció en las Cortes españolas a instancias especialmente de UCD, pero también del PSOE, que el catalán fuera reconocido como *llengua pròpia* de Cataluña (lo cual, sobre ser inexacto, daría lugar más tarde a continuos desafueros por parte de una *Generalitat* en poder de los nacionalistas) y que se reconociera a este organismo la «competencia plena» o «exclusiva» en materia de educación, lo que tendría también graves repercusiones que más adelante estudiaremos[16].

---

[15] Ver sobre este tema De Riquer (2004), pp. 250-260.
[16] De Riquer (2004), p. 127; Molinero e Ysàs (2014), p. 277.

7. DE LA TRANSICIÓN A NUESTROS DÍAS

Los gobiernos de la *Generalitat*: política identitaria y control de la población

Cataluña y el País Vasco fueron las primeras de las llamadas «regiones históricas» que obtuvieron un Estatuto de Autonomía, ambas en 1979. En 1981 las seguiría Galicia, y entre 1982 y 1983 el resto del país, con la única excepción de las ciudades de Ceuta y Melilla, que no obtuvieron su estatuto de autonomía hasta 1995. Tras unos nuevos pactos autonómicos en 1992, la posición negociadora de los partidos nacionalistas se vio nuevamente reforzada entre 1993 y 2000 como consecuencia de la debilidad de los gobiernos minoritarios del PSOE, primero, y del PP después. La mayoría absoluta del PP en 2000, sin embargo, reforzó el poder central; pero la situación de debilidad de este quedó de manifiesto, de nuevo, a partir de la llegada del PSOE al poder en 2004, lo que permitió a los nacionalistas catalanes reabrir el debate autonómico. Con la aprobación de un nuevo Estatuto de Cataluña en 2006, gracias a la insistencia de Rodríguez Zapatero, que perseguía consolidar el voto socialista en Cataluña, se inició una segunda ronda de aprobación de nuevos estatutos que aún no está cerrada. Hoy no es un nuevo estatuto lo que pide la *Generalitat*, sino apoyo popular para independizarse de España, manteniéndose, eso sí, dentro de la Unión Europea (algo imposible, al menos a corto plazo). El electoralismo de Rodríguez Zapatero dio resultado en los comicios de 2008, pero a partir de entonces el voto socialista en Cataluña se derrumbó.

Tras la aprobación del Estatuto de Sau en 1979, Cataluña fue la comunidad autónoma que recibió mayor número de competencias con un primer paquete de 89 que treinta años más tarde, en 2010, ya llegaban a 274, un nivel de transferencias muy superior al de otras regiones *históricas*, como el País Vasco (con 182, la sexta en el ranking) o Navarra (con 150, la undécima), y de otras comunidades con un peso similar dentro de España, como Madrid que en esa fecha tenía 128 transferencias y ocupaba el puesto decimosexto, sólo por delante de La Rioja que tenía 106. De las siete transferencias que conllevan mayor gasto público, como educación, sanidad y justicia, Cataluña fue la primera en recibir cinco, seguida del País Vasco con cuatro; es más, las competencias en seguridad (policía autonómica) y justicia las recibió tan sólo uno y dos años después que el País Vasco, la primera en asumirlas. Cataluña fue la primera en conseguir tener competencias propias sobre la sanidad (Insalud e Imserso) en 1981, mientras que las de educación no universitaria (1980) y universitaria (1985) las obtuvo al mismo tiempo que el País Vasco[17]. Cataluña fue también la primera comunidad autónoma en conseguir la cesión de impuestos estatales, como los de Patrimonio, Sucesiones y Donaciones, Transmisiones Patrimoniales y las Tasas del Juego, en 1982, incluso antes que las comunidades forales, el País Vasco y Navarra, que los consiguieron en 1986[18]. La transferencia de las competencias sobre otros impuestos, recaudatoria y en algunos casos incluso normativa, ha sido más reciente.

Este traspaso de competencias vino seguido de un período de conflictos de interpretación de las leyes y normativas, y de recursos al Tribunal Constitucional. La *Generalitat* planteó unos doscientos recursos de inconstitucionalidad, 77 entre 1986-1988, y el Gobierno central unos 150[19]. El nivel de conflictividad entre la *Generalitat* y el Gobierno central no ha remitido desde entonces; al contrario, ha aumentado significativamente por la inconstitucionalidad de algunos artículos del texto original del nuevo Estatuto, que fue aprobado por una exigua minoría de votantes —inferior en términos absolutos a la que suscribió el Estatuto de Sau—, y que obligó al Tribunal Constitucional a suprimirlos y a exigir una nueva redacción.

¿Cuál era el objetivo de la *Generalitat* al pedir más autogobierno? En principio, el autogobierno se justificó por las ventajas que una política de proximidad tendría para los ciudadanos, cuyos problemas serían atendidos por un Gobierno cercano y familiarizado con ellos. Esta era la «descentralización administrativa» que consagró la Constitución de 1978, una descentralización *insuficiente* para quienes querían también el control de la capacidad normativa, es decir, la de definir políticas propias, no sólo la de ejecutar las directrices establecidas por el Gobierno central. Para muchos, la verdadera

---

[17] R.D. 1517/1981, R.D. 2809/1980 y R.D. 305/1985
[18] Cataluña fue la primera de las autonomías de régimen común en conseguir, en 1988, dos años después que las forales, la cesión de los impuestos provenientes de Actos Jurídicos Documentados.
[19] De Riquer (2004), pp. 361-366.

7. DE LA TRANSICIÓN A NUESTROS DÍAS

descentralización no era la administrativa sino la política, y el propio López Rodó, diputado de AP por Cataluña, en un giro inesperado en relación con su trayectoria política, hizo una defensa del Estatuto y de la autonomía política en el que sostuvo que «no se trata de [lograr] una reforma administrativa, sino de una reforma política que afecta a la estructura del Estado»[20].

De hecho, desde la llegada de Jordi Pujol a la presidencia de la *Generalitat* en 1980, en las primeras elecciones celebradas tras la aprobación del Estatuto en 1979, este ha sido uno de los objetivos prioritarios del Gobierno catalán: la paulatina implantación de lo que se ha dado en llamar *estructuras de Estado*, con resultados dudosos en términos de eficiencia. A una superposición de administraciones que genera disfunciones y costes excesivos, «UE, Estado español, *Generalitat*, 4 diputaciones provinciales, 41 consejos comarcales y 946 municipios», se han unido, en la nueva administración pública catalana, muchos de «los mismos vicios y defectos de funcionamiento de la administración española»: «burocratización extrema, lentitud de funcionamiento, "concurrencia" de funciones, fragmentación de las tareas, elevado número de organismos y exceso de jerarquización, número excesivo de organismos y agencias autonómicas, tendencia a la contratación externa de los servicios, falta de responsabilidad en los resultados, ausencia de control de la gestión pública, estructura de personal poco racional, [...] criterios de selección de personal clientelares, carrera profesional según criterios de confianza política, etc. [...]»[21]. La ausencia de mecanismos de control de resultados impide saber con exactitud lo que realmente aportó, y lo que pudo restar, el autogobierno en la gestión de las necesidades de la sociedad catalana e incluso en el establecimiento de las prioridades de la acción política de los sucesivos gobiernos de la *Generalitat*.

Esta réplica a escala local del Estado español, se pone de manifiesto en temas tanto meramente formales como de fondo. Cataluña es la comunidad que más consejerías ha tenido y tiene. En el año 1985, tenía 9 y veintiocho años después, en 2013, tenía 12, cuando la media nacional se situaba en 8,5. Entre 2003 y 2005, durante el Gobierno del tripartito, llegó a tener 16, el número más alto de consejeros en la historia

---

[20] Molinero e Ysàs (2014), p. 291.
[21] De Riquer (2004), pp. 364-367.

de las autonomías españolas[22]. Pero el número de consejerías, o el de instituciones de nuevo cuño como el Consejo de Garantías Estatutarias, el Síndico de Agravios, la Sindicatura de Cuentas o el Consejo Audiovisual, es tan sólo la punta del iceberg de la política de construcción nacional de la *Generalitat*: el sector público ha adquirido un peso muy grande dentro de la economía catalana, e incluso ha ejercido competencias que le corresponden en exclusiva al Estado. Sirva de ejemplo la representación en el exterior de Cataluña, que se compone de cinco delegaciones de Gobierno (ante la UE, USA, Alemania, Francia y Reino Unido), una casa de la *Generalitat* en Perpiñán, cuatro representaciones de la Agencia Catalana de Cooperación para el Desarrollo, 103 comunidades catalanas en el exterior, 123 sedes universitarias para estudio del catalán, 35 Centros de Promoción de Negocios, cinco oficinas del Institut Ramón Llull para proyectar la lengua y cultura catalanas, diez oficinas de turismo de Cataluña y cinco oficinas del ICEC (Instituto de Comercio Exterior Catalán, a semejanza del ICEX español), según datos de la propia *Generalitat*[23]. Este «servicio exterior» de Cataluña se ha puesto en marcha pese a que invade competencias exclusivas del Gobierno central, lo que pone de manifiesto el abandono con que la *Generalitat* respeta el marco institucional y la legalidad vigente, y la dejación de su deber de hacerlos respetar por parte de los gobiernos nacionales.

Pero, al mismo tiempo que ejercía, con mayor o menor acierto, la gestión de las distintas competencias transferidas, la *Generalitat* puso en marcha su capacidad normativa con la aprobación de una «media de veinte leyes anuales» (¡casi 400 en 2003!) que, en opinión de De Riquer (2004, p. 365), supone *«un ús força alt de la capacitat legislativa»* («un uso muy alto de la capacidad legislativa»), si bien en su opinión se trató de una acción «más reguladora que intervencionista», aspecto este discutible, como veremos. Entre las más importantes, destaca De Riquer «el estatuto interior, que regula las relaciones institucionales de la *Generalitat*, las dos leyes sobre la lengua catalana, la

---

[22] Anuario *El País* (varios años).
[23] http://afersexteriors.gencat.cat/es/representacio_a_l_exterior/mapa_de_la_r epresentacio_catalana_a_l_exterior/. Esta invasión de competencias ha llegado al extremo al crearse en el gobierno catalán de enero de 2016 una consejería de asuntos exteriores, que el gobierno nacional ha recurrido ante el Tribunal Constitucional.

ley de ordenación del sistema sanitario y la de la creación de la *Corporació Catalana de Ràdio i Televisió*». La política de control de la «lengua propia» según el Estatuto, y todo aquello directa o indirectamente relacionado con su implantación en Cataluña, es decir, las políticas de medios de comunicación, inmigración y educación, serán uno de los *leit motiv* de los gobiernos de CiU, con Jordi Pujol a la cabeza, en la construcción de la Cataluña autonómica desde 1980. Otros temas que, sin embargo, requerían atención urgente, como la elaboración de una ley electoral, que exigía el propio Estatuto de Sau, siguen pendientes, lo cual revela una voluntad de primar el voto rural sobre el metropolitano, lo que a su vez pone de manifiesto tanto la profundidad como la naturaleza de las diferencias entre «los catalanes», cuya voluntad de acción frente a España se nos quiere presentar, especialmente por los gobiernos de Convergencia, como única y sin fisuras. Los partidos de izquierdas, con mayor presencia en Barcelona y su área de influencia, eran partidarios de un reparto electoral basado en la población, y los partidos de derechas, como Convergencia, con mayor apoyo en el campo y las comarcas, apoyaron una mayor representación de estas últimas. Como cuenta Xavier Pericay (2009, pp. 374-375), esa dicotomía inicial entre Barcelona y el resto de Cataluña desapareció cuando los socialistas asumieron el programa identitario y nacionalista de CIU para llegar al poder:

> [N]o hay duda de que Barcelona tuvo su momento [...]: la época en que Barcelona era una cosa y Cataluña otra. O sea, la época en que la primera hacía de contrapeso de la segunda y gracias a ello unos cuantos –la mayoría justa de los barceloneses, según las urnas municipales— respirábamos. [...pero con la marcha de Pasqual Maragall, futuro Presidente de la *Generalitat*, y] la llegada de Joan Clos ya no hubo quien distinguiera a Barcelona de Cataluña. De golpe y porrazo, la posición franca de Barcelona en relación con España y el mundo –una ciudad sin problemas de identidad, moderna, cosmopolita— se tiñó de ambivalencia identitaria y de relativismo moral. O lo que es lo mismo, de nacionalismo y de izquierdismo. [...] *Barcelona*, la Barcelona que tenía muy poco que ver con la Cataluña de Pujol, la que le plantaba cara y que por eso mismo era justamente admirada en Madrid y en *Madrid*, es decir, en España; esa Barcelona en cursiva ha dejado de existir.

El balance de las consecuencias que ha tenido para los ciudadanos de Cataluña un grado tan elevado de autogobierno es discutible.

Según un estudio de la Comisión Europea en el que se mide la calidad de los gobiernos de países y regiones de la UE, Cataluña ocupa el 113 de un total de 172 regiones, el peor puesto de todas las autonomías españolas. El País Vasco, por ejemplo, ocupa el puesto 55 en este *ranking*[24]. Cabría preguntarse hasta qué punto se puede atribuir a las políticas identitarias, y al permanente estado de *victimismo* asociado a ellas, como eje central de la política catalana desde 1980, el pésimo resultado comparativo que obtiene el autogobierno de Cataluña.

Los primeros pasos en la catalanización forzada de la sociedad

Los catalanes tuvieron un papel clave en la redacción de la Constitución de 1978, «la Constitución de los catalanes» en opinión de algunos, de forma que, a diferencia de lo sucedido con el Estatuto de Nuria (redactado con anterioridad a la Constitución de 1932, a la que posteriormente tuvo que adaptarse), muchas de las premisas que defendía el *Estatut* de 1979 se encontraban ya recogidas o amparadas por la Carta Magna. Joan Reventós recordó que los redactores de este estatuto habían «situado bajo la protección y garantía de la máxima ley del Estado» un gran número de competencias que iban incluso «más allá de las que históricamente había disfrutado Cataluña», en opinión de Molinero e Ysàs (2014, p. 288). La unidad de los partidos catalanes, sin embargo, era más aparente que real y se manifestaba de cara al resto del país, no entre ellos, como pone de manifiesto el hecho de que hubiera posturas encontradas en torno a dos temas claves: la lengua y la circunscripción política y electoral, dos caras de la misma moneda, si bien de muy distinto alcance.

Ya en el debate sobre el anteproyecto del Estatuto se puso de manifiesto el papel que unos y otros partidos iban a dar al idioma catalán. Para los representantes de AP bastaba con reconocer que «dentro del territorio catalán los ciudadanos, cualquiera que sea su lengua materna, tendrán el derecho a escoger el idioma oficial que prefieran», para lo cual la *Generalitat* debería garantizar «a todos los ciudadanos que lo solicit[as]en los medios necesarios para el conocimiento de ambas lenguas». Este sistema garantizaba que las relaciones entre las administraciones locales y el Estado o el resto de España serían siempre en castellano, la lengua en la que la adminis-

---

[24] Charron, Lapuente y Dijkstra (2012),

tración debía dirigirse a todos los ciudadanos residentes en Cataluña que así lo pidieran y que, dado el grado de implantación del conocimiento del catalán, casi con seguridad sería una amplísima mayoría. La izquierda, representada fundamentalmente por el PSC y el PSUC insistía en la necesidad de que la *Generalitat* tomase las medidas necesarias para asegurar el conocimiento de ambas lenguas, poniendo especial énfasis en la necesidad de evitar «violentar a una parte considerable de la población de Cataluña, procedente de una inmigración reciente, a la que rechazaban imponer de inmediato la obligación legal de conocer el catalán». CDE y ERC, por su parte, pretendían equiparar en el propio Estatuto el castellano y el catalán, pidiendo que se incluyera una enmienda que establecía que «el idioma catalán tiene en Cataluña el mismo trato oficial que la Constitución reconoce al castellano en toda España» (Molinero e Ysàs, 2014, pp. 285-286). Como en tantos otros temas, la supuesta unidad de pensamiento de «Cataluña» o «los catalanes» en relación con un tema tan sensible como la lengua, era inexistente. Cada grupo político representaba, en principio, los intereses de sus bases, ya fueran los inmigrantes que, en su mayoría coincidían con el colectivo de los obreros y trabajadores manuales, ya fueran los pequeños comerciantes, propietarios agrícolas y empresarios de ascendencia catalana, o los grandes empresarios, algunos de los cuales se habían beneficiado de la política económica del franquismo y ahora intentaban hacérselo perdonar mostrándose fervientemente nacionalistas.

El otro gran tema de debate fue el de la circunscripción electoral, con la izquierda a favor de la representatividad de las personas (Barcelona y su cinturón urbano e industrial), frente a los nacionalistas, de derechas y de izquierdas, partidarios de dar más peso a las comarcas más despobladas, fundamentalmente agrícolas y catalanistas[25]. La importancia de la distribución del voto la puso claramente de manifiesto ERC al afirmar Lluís M. Xirinacs, en su intervención en contra del proyecto de Estatuto, que «el pueblo catalán no puede ejercer

---

[25] Solé Tura denunció por demagógico que se hablara de un «enfrentamiento entre el centralismo barcelonés y las comarcas» y el hecho de que «se ha llegado a insinuar que esto [la representación proporcional al número de votos] es primar a los inmigrantes contra los catalanes "auténticos"» lo cual, para él, constituía una «auténtica barbaridad», o «¿es que no son catalanes todos los que viven y trabajan en Cataluña?», Molinero e Ysàs (2014), p. 284.

todavía el derecho de autodeterminación» y además «no sería prudente hacerlo hoy mismo aunque nos lo permitiesen después de tantos años de alienación» (Molinero e Ysàs, 2014, p. 292). Los nacionalistas manifestaban así la conveniencia de no despertar suspicacias y de evitar el posible rechazo en las urnas de la población no catalanista. La construcción de la *nación catalana* era un proyecto a largo plazo que los gobiernos de CiU fueron llevando a término, tanto sentando las bases del *«prusés»* (*procès*, proceso) de separación, como forzando la progresiva catalanización del PSOE que, después de casi cinco lustros desde la aprobación del Estatuto de Sau y de gobierno ininterrumpido de CiU, consideró que adoptar el nacionalismo como propio era la única vía de acceder al Gobierno de la *Generalitat*.

Los partidos de ámbito nacional, como CD, UCD y AP, se opusieron precisamente a aquellos artículos que cuestionaban el alcance de la propia Constitución en Cataluña, en especial los relacionados con la lengua, la educación y la cultura, y aquellos que podían suponer diferencias de facto entre los habitantes de Cataluña y el resto de los españoles. Pero fue el Partido Socialista de Andalucía el que de forma explícita asumió «la defensa específica de los intereses del pueblo andaluz», de las «grandes masas de andaluces que se han visto obligadas a emigrar, entre otros lugares de España y del extranjero, a Cataluña, constituyendo una importante minoría por cuyos derechos y los de sus hijos menores debe velar el Grupo Andalucista». Los dos ejes sobre los que el PSA articuló esta defensa fueron, de un lado, la lengua, el derecho a «la educación, aprendizaje y tutela de la lengua de origen —el habla andaluza—», y, de otro, la hacienda catalana, cuyos fondos en ningún caso debían «consagrar y hasta profundizar el desarrollo desigual de los pueblos de España y en primer lugar de Andalucía». En el fondo de la cuestión subyace, de nuevo, el tema de la contribución de todos los españoles al crecimiento económico de las distintas regiones, y el del papel redistribuidor que el Estado de bienestar habría de desempeñar en el futuro (Molinero e Ysàs, 2014, pp. 312-313).

En cualquier caso, lo cierto es que, como dice De Riquer (2004, p. 401), el cuarto de siglo que siguió a la transición a la democracia fue, para Cataluña, «una etapa histórica [...] excepcional, [...] porque se trata de la etapa de autogobierno catalán más prolongada de toda la época contemporánea». Veamos en detalle el papel de la *Generalitat* en la construcción de una identidad nacional propia en esos años.

7. DE LA TRANSICIÓN A NUESTROS DÍAS

En el esfuerzo por ensanchar y profundizar el autogobierno, las elecciones catalanas del 20 de marzo de 1980, marcaron una divisoria. El período anterior corresponde al Gobierno de Josep Tarradellas, Presidente de la *Generalitat* restaurada antes de la aprobación del Estatuto de Sau de 1979, caracterizado por la lealtad institucional al Gobierno de España; el posterior lo representan los gobiernos de Jordi Pujol, primer presidente estatutario que revalida durante 6 elecciones la mayoría de su partido CDC (*Convergència Democràtica de Catalunya*), pronto CiU tras aliarse con Unió Democrática de Cataluña, y hoy de nuevo CDC[26], al haberse roto en 2015 la alianza por la cuestión de la independencia que ahora postula la CDC de Artur Mas. La primera elección autonómica, de marzo de 1980, dio el triunfo a Pujol para sorpresa de propios y extraños, que suponían ganador en esas elecciones a Joan Reventós, «el cabeza de lista de los socialistas catalanes»[27].

Del primer período cabe destacar aquí el acuerdo al que llegaron el Presidente Tarradellas y el Ministro de Educación y Ciencia, Íñigo Cavero Arévalo, tras un viaje de este último a Barcelona, en que establecieron que la enseñanza obligatoria se impartiría en las dos lenguas. De la falta de lealtad institucional hacia España del Gobierno catalán desde que asumió el poder Jordi Pujol abundan los ejemplos durante los más de cinco lustros en que este permaneció en el Gobierno de la *Generalitat*. En cuanto a los socialistas, tras su llegada al poder en 1982, y sobre todo tras la reelección de Pujol en 1984 en Cataluña y el turbio episodio de su defensa contra la querella de Banca Catalana, se subieron con Pujol y más tarde con el tripartito al tren de la deslealtad en lugar de encarrilarlo de vuelta a la senda constitucional y de entendimiento entre Cataluña y el resto de España sobre esta base. Más adelante veremos con algo de detalle cómo se produjo este viraje.

---

[26] En el momento de escribirse estas líneas (enero 2016) las siglas CDC parecen a punto de desaparecer y ser sustituidas por una nueva denominación, tal es el desprestigio que la corrupción y el separatismo han acarreado al partido fundado hace unos cuarenta años por Jordi Pujol Soley.

[27] Las primeras elecciones autonómicas, 20 de marzo de 1980, las ganó Pujol «pero eso antes del 20 de marzo nadie lo sabía. Ni el propio Jordi Pujol. Hasta entonces, en Cataluña todo lo había ganado la izquierda. La Cataluña roja, la llamaban. Y nadie dudaba de que a Tarradellas iba a sucederle Joan Reventós, el cabeza de lista de los socialistas catalanes. Ni siquiera el propio Reventós lo dudaba» (Pericay, 2009, p. 163).

Desde la asunción del poder por Jordi Pujol a principios de 1980 la política lingüística de la *Generalitat* ha estado encaminada a establecer la supremacía del idioma catalán en Cataluña a expensas del castellano. Hay que dejar claro inmediatamente que esta política es manifiestamente inconstitucional, puesto que la Carta Magna establece muy claramente la cooficialidad del español o castellano en los territorios bilingües (artículo 3), lo cual implica un estatus de paridad de ambas lenguas (español y local) en esos territorios[28]. La política lingüística en Cataluña bajo los gobiernos de CiU, y más tarde bajo los gobiernos tripartitos, ha ido encaminada a suprimir de hecho la cooficialidad del castellano y a establecer el monolingüismo catalán, tomando como justificación la introducción en el *Estatut* de 1979 (artículo 3) de la expresión «*La llengua pròpia de Catalunya és el català*», lo cual es también anticonstitucional y nunca se debió admitir. Esta afirmación, estatutaria o no, es, además, una falsedad porque, tanto cuando se promulgó el *Estatut* como en la actualidad, en Cataluña son más los castellanohablantes que los catalanohablantes. Cataluña ha sido históricamente una región bilingüe, y el intento de convertirla en monolingüe, además de ser inconstitucional, artificial y ahistórico, introduce una grave fractura dentro de la sociedad catalana y, por ende, de la española. Por si fuera poco, la política lingüística de la *Generalitat* ha estado también en violación del propio artículo 3 de ese Estatuto, que prometía garantizar «la igualdad plena» de ambos idiomas en Cataluña. Al bilingüismo impregnado de *seny* catalán que caracterizó el Gobierno de Tarradellas sucedió un uso partidista y excluyente de la «lengua propia»: «se exigían derechos históricos y se denunciaban amenazas exteriores. E interiores» (Pericay, 2009, p. 181).

---

[28] A la política lingüística de CiU se la ha designado con el eufemismo «*normalitzaciò*», aunque la definición de este término no se ha explicitado inequívocamente. Según De Riquer (2004, p. 372) «La lengua era definida como elemento vertebrador del carácter nacional de Cataluña, y se consideró prioritario emprender una política orientada a promover su conocimiento y uso público en todos los ámbitos». Se da por supuesto que esta promoción y uso son a expensas del castellano. Recordemos que los dos primeros párrafos del artículo 3 de la Constitución dicen: «El castellano es la lengua española oficial del Estado. Todos los españoles tienen el deber de conocerlo y el derecho a usarlo. // Las demás lenguas españolas serán también oficiales en las respectivas Comunidades Autónomas de acuerdo con sus Estatutos».

7. DE LA TRANSICIÓN A NUESTROS DÍAS

La catalanización de la sociedad durante la era Pujol se plasmó en una serie de leyes, decretos y medidas de diverso orden que iban desde la Ley de Normalización Lingüística de Cataluña (1983) — aprobada por mayoría (en ausencia de 29 diputados de UCD, del PSC y del PSA), y algunos de cuyos artículos fueron anulados por el Tribunal Constitucional[29]— a la Ley de Política Lingüística (1998) —que obtuvo aún menor apoyo parlamentario—; de los decretos sobre el uso del catalán en la administración pública, primero, y en la vida privada de los ciudadanos y empresarios, más tarde, a aquellos que contemplaban la obligatoriedad de que se enseñara en catalán en todos los niveles educativos no universitarios; de la creación de una Dirección General de Política Lingüística a la de la *Corporació Catalana de Mitjans Audiovisuals* (CCMA); de la mera acogida de inmigrantes a su inmersión en el proceso catalanista. En ningún ámbito de la vida pública y privada quedó sin regular el uso del catalán. Y de aquella negativa inicial a «imponer» el catalán a los castellano-parlantes, que manifestó el propio Heribert Barrera en su día, se pasó al control y a la penalización de quienes no lo usaran voluntariamente; es la diferencia que va de la Ley de Normalización Lingüística de Cataluña (1983) a la Ley de Política Lingüística (1998), que contemplaba sanciones, insuficientes según algunos, para quienes no cumplieran sus preceptos[30]. El único catalán que se atrevió a pronunciarse en público contra esta nueva política lingüística, con muy escaso eco, fue el propio Tarradellas —en una carta publicada en la Vanguardia el 16 de abril de 1982— quien acusó «al nuevo Gobierno de escudarse en el victimismo para ocultar su incapacidad política y su falta de ambición» (Pericay, 2009, pp. 181-182).

---

[29] El Tribunal Constitucional, sin embargo, «avaló el texto globalmente, cosa que permitió a la Generalitat continuar en la tarea de proteger y fomentar el uso del catalán en ámbitos muy diversos». Entre otros, en la administración de la Generalitat, la administración local, la de otras corporaciones públicas, en la toponimia, en la enseñanza y en los medios de comunicación de la *Generalitat*; permitió, igualmente, el uso de ayudas públicas y subvenciones, etc... De Riquer y Maluquer (2004), p. 376.

[30] El portal de la propia Generalitat recoge la normativa catalana sobre los derechos lingüísticos de las personas consumidoras, del que forman parte las multas como instrumento de presión y control. De hecho, en el año 2011, la Generalitat dictó 233 expedientes sancionadores, un 54 por 100 más que en 2010 (http://www.publico.es/espana/397655/el-dominio-del-castellano-duplica-al-del-catalan) .

Esta deriva nacional-lingüista en la que se había embarcado el nuevo Gobierno autonómico contra el bilingüismo tradicional en Cataluña apenas tuvo un conato de oposición, el manifiesto *Por la igualdad de los derechos lingüísticos en Cataluña* (12 marzo 1981), conocido simplemente como «el Manifiesto, así, en español y sin más apelativos», un escrito firmado por 2.300 intelectuales y profesionales —según De Riquer y Maluquer (2004, p. 375), «unos supuestos [...] intelectuales y profesionales, [...] sectores contrarios a la oficialidad del catalán, sobre todo entre algunos grupos de funcionarios» encabezados por Amando de Miguel y Federico Jiménez Losantos. Sus firmantes declaraban, sin embargo (Pericay, 2009, p. 180), no estar

> evidentemente, en contra del conocimiento del catalán ni de su uso por parte de quien lo desee, sino de la pretensión de sustituir, por principio y mayoritariamente, la lengua de los castellanohablantes por el catalán, sustitución que ha de realizarse de grado o por fuerza, como algunos llegan a decir, mediante la persuasión, la coacción o la imposición según los casos.

La respuesta por parte de «los intelectuales, profesionales y trabajadores de la cultura en general que sienten como patrimonio propio e irrenunciable la lengua y la cultura catalanas» no se hizo esperar y, apenas unos días más tarde, organizaron una «*Crida a la Solidaritat en Defensa de la Llengua, la Cultura i la Nació Catalanes*». En ese contexto de enfrentamiento contra los autores del Manifiesto resurgió también el grupo terrorista, *Terra Lliure*, que, el 20 de mayo, secuestró y abandonó en un descampado, sin atenderle tras pegarle un tiro por encima de la rodilla, a Federico Jiménez Losantos, por ser firmante del Manifiesto. «[A]mbos grupos [la *Crida* y *Terra Lliure*] habían sido alumbrados por el nacionalismo y se alimentaban mutuamente. Al fin y al cabo compartían origen: la reacción contra un manifiesto que defendía la igualdad de derechos lingüísticos en Cataluña» (Pericay, 2009, p. 184-185). El *Manifiesto por la igualdad* había dado lugar a una «respuesta [...] rápida y masiva» en defensa del catalán[31], pero también abrió la puerta a la entrada «en juego [d]el somatén. O sea la sociedad civil» en el debate lingüístico y político que este último escondía[32].

---

[31] De Riquer y Maluquer (2004), p. 375.
[32] Pericay (2009), p. 183.

7. DE LA TRANSICIÓN A NUESTROS DÍAS

Se había puesto de manifiesto la utilidad de movilizar a la sociedad civil, un recurso al que los nacionalistas han acudido sistemáticamente, y con indudable éxito mediático, desde entonces. Contrariamente a lo que se quiere hacer creer a la opinión pública, sin embargo, esta movilización acostumbra a tener poco de espontánea y mucho de organizada, como cuenta alguien que lo ha vivido desde dentro, nada más y nada menos que como filólogo catalán, es decir, como guardián de las esencias de la tan preciada lengua catalana (Pericay, 2009, p. 183):

> En un país tan ordenado como Cataluña todo el mundo tiene su papel. Y el papel de la sociedad civil es el de impulsar las iniciativas que la clase política no se siente con ánimo de impulsar. En otras palabras: a la sociedad civil le corresponde el trabajo sucio, el que los políticos no quieren asumir. [...] ahora bien, el ciudadano normal y corriente ignora que la mayoría de las asociaciones, entidades y agrupaciones de toda clase que se movilizan cuando llaman a somatén están financiadas, de forma directa o indirecta, con dinero público. Y que es en gran parte esta financiación lo que asegura a los partidos políticos la existencia de *la force de frappe*.

El caso Banca Catalana

El ejemplo más evidente y elocuente de la utilización de la sociedad civil con fines políticos, y el que influyó decisivamente para dar continuidad y fortaleza a las políticas nacionalistas e identitarias de CiU y de su líder indiscutible, Jordi Pujol, es el que ofrece el caso de Banca Catalana.

Desde la quiebra del Banco de Barcelona en 1920, incluso desde antes, existe en los medios económicos y políticos de Cataluña preocupación acerca de la debilidad y los defectos estructurales del sector bancario catalán. Sobre este tema han escrito plumas tan reconocidas como las de Francesc Cambó, Joan Sardà, Lluc Beltrán, Carles Sudrià o Francesc Cabana, y a él nos hemos referido en el capítulo anterior. Esta preocupación por la inadecuación de la banca catalana a las necesidades de una pujante economía industrial fue la que indujo a un pequeño grupo de hombres de negocios agrupados en torno al joven Jordi Pujol Soley a comprar una pequeña banca local en Olot (Gerona), propiedad de la familia Dorca, en 1959, con el propósito de hacer de la modesta Banca Dorca el núcleo de un potente grupo industrial que llenara el hueco que otros bancos catalanes no cubrían y que prestara señalados servicios a la economía catalana.

En el núcleo de estos socios iniciales de Jordi Pujol se encontraban su propio padre, Florenci Pujol Brugat, financiero y hombre de negocios avecindado en Premià de Mar, bien conocido en medios bursátiles de Barcelona; Moisés David Tennenbaum, próspero financiero y joyero de origen polaco y judío, establecido en Cataluña desde tiempos de la República, asociado en diversos negocios con Florenci Pujol; Francesc Cabana Vancells, abogado e historiador, al que nos acabamos de referir, casado con la hermana de Jordi Pujol, Maria, y que compartía con su cuñado una ferviente ideología catalanista; Jaume Carner Suñol, abogado y hombre de negocios, nieto del que fuera Ministro de Hacienda en la Segunda República en el Gobierno de Manuel Azaña, Jaume Carner Romeu, y cuñado de Cabana por estar casado con la hermana de este; Salvador Casanovas Martí, abogado y hombre de negocios que, entre otras cosas, actuó como defensor de Pujol en diversas causas civiles; y Francesc Recasens Musté, hijo de uno de los fundadores del Banco de Cataluña. Formaban también parte del núcleo inicial un grupo de mujeres emparentadas con los promotores y que suscribieron acciones tras la compra de la Banca Dorca: Maria Soley, madre de Jordi Pujol; Ruth Kirschner, esposa de David Tennenbaum; Marta Ferrusola Lladós, esposa de Jordi Pujol; y Maria Pujol Soley, hermana de este y esposa de Francesc Cabana.

Aunque se mantuvieron en un discreto segundo plano, Florenci Pujol y David Tennenbaum fueron indispensables en la compra de la Banca Dorca, ya que el primero llevó a cabo las negociaciones para la adquisición y el segundo fue quizá el mayor accionista entre los fundadores. Es notable que ambos fundadores y el inspirador de la operación, Jordi Pujol, tuvieran problemas con la Justicia en los momentos iniciales del nuevo banco. Los problemas de Florenci Pujol y David Tennenbaum eran de índole financiera (fueron acusados y condenados por tráfico de divisas) en tanto que los de Jordi Pujol fueron netamente políticos: fue detenido y juzgado por un consejo de guerra en 1960, acusado de haber organizado (o boicoteado) un acto en el *Palau de la Música* de Barcelona el 19 de mayo de ese año, donde un grupo del público repartió octavillas contra el régimen y entonó el *Cant a la Senyera* en contra de la prohibición oficial. Pujol pasó dos años encarcelado en Zaragoza y uno recluido en

7. DE LA TRANSICIÓN A NUESTROS DÍAS

Gerona, por lo que no se reincorporó al banco (cuya sede se había trasladado a Barcelona y su nombre cambiado al de Banca Catalana) hasta 1965.

Banca Catalana creció de una manera extraordinaria en sus primeros veinte años. Es notable que, a pesar de que Franco tenía información bastante exacta de sus comienzos y de la naturaleza y propósitos de la nueva institución, no hizo nada por poner obstáculos a su desarrollo[33]. Los comienzos del banco fueron casi clandestinos y tuvieron mucho de inspiración heroica. El historiador Cabana recorría los pueblos en motocicleta entrevistando personalmente a los posibles cuentacorrentistas y apelando sin duda a su catalanismo; y seguramente, como nos indica el informe policial, de manera irregular ya que, pese a ser un banco local, Banca Catalana actuaba de manera oficiosa en Barcelona; pero pronto logró legalizar su situación gracias a la «ficha» adquirida de una sucursal de la Banca López-Quesada. Carner, como presidente poco ejecutivo, y Cabana, como factótum en ausencia de su cuñado, llevaron la banca en esos primeros años de improvisación y gran crecimiento. Pero Pujol, que incluso desde la cárcel en Zaragoza y aún más desde el extrañamiento en Gerona, que le había permitido moverse por la región e incluso visitar Barcelona frecuentemente, había participado en la dirección de hecho, recobró las riendas del negocio de manera oficial al reasumir su puesto de consejero en 1965. Durante este interregno, además de participar en la toma de decisiones, su principal tarea fue ampliar el círculo de los socios del banco, tratando, con éxito, de incorporar a personalidades relevantes de la sociedad y la economía de Cataluña. El factor político sin duda ayudó al desarrollo de Banca Catalana. Había un sector en la sociedad que se identificaba con el catalanismo del banco, que estaba dispuesto a trabajar con él, confiarle sus ahorros y pagar por sus servicios en virtud de lo que la institución significaba de oposición a la dictadura y de «defensa de la tierra». Sin embargo, a la

---

[33] Sabía que el primer presidente, Jaume Carner, era «individuo conocido por su separatismo izquierdista a ultranza». AFFF, Leg. 19476. Se añadía en el mismo documento: «Se tiene referencias fidedignas de que la citada Banca, en la actualidad, está operando clandestinamente en Barcelona. Actúa de agente Francisco Cabanas [sic...,] cuñado de Jorge Pujol Soley, que el pasado lunes día 13 fue juzgado en Consejo de Guerra».

larga, fue la política lo que hundió a Banca Catalana, aunque ciertamente no a la carrera de su inspirador y patrón Jordi Pujol.

El problema estuvo en que, de un lado, Pujol tenía una gran urgencia por que la banca creciera, se diversificara y se convirtiera en una fuente de poder y prestigio para él, en un sólido trampolín desde el que saltar a la arena política con todos los activos a su favor. Para lograr este rápido crecimiento y poder, Pujol apretó en exceso el acelerador, olvidando el axioma básico de la banca, que es la prudencia, y olvidando, en especial, la historia bancaria de Cataluña, donde tantas veces el deseo de lucro rápido y fácil, junto con la mezcla de la banca y la política, habían dado tan malos resultados: ahí estaban los casos del Banco de Barcelona y del Banco de Cataluña, no tan lejanos, para probarlo.

En realidad, Pujol y Banca Catalana tuvieron una suerte extraordinaria en los años iniciales. De un lado, las autoridades franquistas les dejaron hacer sin interferencias durante los quince primeros años de andadura. Les permitieron crecer, instalarse en Barcelona y cambiar de nombre, adoptando uno que debió recordar al Gobierno el «separatismo izquierdista a ultranza» de sus directivos (aunque en lo que sí se equivocaban los informadores del Gobierno era en considerar izquierdistas a personas como Carner, Pujol, o Cabana y la mayor parte de las gentes de su entorno). De otro lado, la coyuntura económica y política les favoreció mucho. En primer lugar, se trataba de los años del desarrollismo y de los intentos de modernización del Estado por un grupo de tecnócratas donde abundaban los catalanes, como ya sabemos. Es muy posible que la relativa benevolencia con que fue tratado un banco tan abiertamente catalanista, y dirigido por un hombre que había pasado por las cárceles franquistas debido a actividades políticas que el régimen consideraba subversivas, se debiera a que fue mirado con una cierta simpatía por personas como López Rodó, Estapé o Lucas Beltrán[34]. Los años que siguieron al Plan de Estabilización se caracterizaron por una cierta despolitización de la dictadura y un nuevo énfasis en las prioridades económicas. Es muy elocuente la siguiente anécdota: Manuel Ortínez Murt, economista y hombre de negocios próximo a Banca Catalana (sería fundador y presidente del banco de

---

[34] Sobre los contactos entre Pujol y Estapé, ver Baiges, González y Reixach (1985), pp. 67-8.

7. DE LA TRANSICIÓN A NUESTROS DÍAS

negocios de Catalana, el Banco Industrial de Catalunya) trabajó en el Banco de Bilbao como director de la sección para Cataluña, y era muy amigo de Faustino García Moncó, que había sido director del Banco de Bilbao. Cuando García Moncó fue nombrado ministro de Comercio[35] en 1965, quiso contar con Ortínez para presidente del Instituto Español de Moneda Extranjera (IEME). Ortínez, que por entonces estaba en contacto frecuente con Josep Tarradellas, aceptó, con la condición de que no juraría fidelidad al Movimiento Nacional, como era en aquellos tiempos preceptivo. Cuando García Moncó trasladó a Franco la condición de Ortínez, el dictador respondió: «Si trabaja bien, que no jure; eso da igual»[36]. Es evidente que el propio Caudillo daba entonces primacía a lo económico sobre lo político y eso puede explicar su tolerancia hacia Pujol y su grupo.

Pero es que, además, eran momentos muy propicios para una nueva banca que se pretendía ambiciosa e innovadora. Mientras los Pujol y Tennenbaum compraban la Banca Dorca y la reorganizaban en 1959, el Gobierno español emitía los decretos que dieron lugar al famoso Plan de Estabilización, que fue seguido por los años de mayor crecimiento de la historia económica de España, y, por ende, de la catalana. Fueron muchas las personalidades relevantes del Principado que se sintieron atraídas a la órbita de la nueva Banca. Hemos mencionado a Manuel Ortínez. Otra de ellas fue Raimon Carrasco Azemar, hijo de Manuel Carrasco Formiguera, fusilado por Franco en 1937; Carrasco fue protegido de la familia Carner y fue Jaume Carner quien lo trajo a Banca Catalana; tras la ruina de Carner, Carrasco le sustituyó en la presidencia del banco. Se incorporaron también al consejo de la Banca industriales como Andreu Ribera Rovira, Joan Cendròs Carbonell, Antoni Forrellad Solà y Oleguer Soldevila Godó, y banqueros como Ramón Miquel Ballart, Delfí Mateu Sayos, Joan Martí Mercadal y el mismo Manuel Ortínez. También se incorporó al banco Joan Millet Tusell, presidente de la aseguradora Chasyr, e hijo de Felix Millet Maristany, también asegurador, que fue presidente del Banco Popular, y de ideología muy parecida a la de Jordi Pujol[37]. Pero, como vemos,

---

[35] No de Hacienda, como afirman Baiges, González y Reixach (1985), p. 74.
[36] Baiges, González y Reixach (1985), pp. 72-75.
[37] Ver algunas breves notas biográficas de estos consejeros (y otros) en Baratech (1985), pp.29-42. También, sobre Millet, Manent (2003).

no fue sólo la ideología catalanista la que atrajo a estas figuras a Banca Catalana, sino también la perspectiva de hacer buenos negocios con un banco próspero y en rápido crecimiento[38].

Hemos hablado de que Jordi Pujol pisó a fondo el acelerador del crecimiento en Banca Catalana. Aparte de un aumento en el volumen de negocio y de personal, esta aceleración se manifestó en la rápida adquisición de una serie de bancos, en teoría complementarios de la matriz, que pronto constituyeron lo que se llamó el «grupo Catalana». Esta adquisición o creación de nuevos bancos también se vio favorecida por la política de los gobiernos franquistas. En concreto, la política monetaria y bancaria sufrió un cambio radical con la Ley de 14 de abril de 1962, que no sólo nacionalizó el Banco de España, sino que terminó con el *numerus clausus*, permitiendo la creación de nuevos bancos y la división de los antiguos basada en la distinción entre bancos comerciales y bancos de inversión. Esta ley en realidad favorecía la formación de grupos bancarios, al separar la actividad comercial de la de promoción de empresas y financiación a largo plazo. Hasta entonces la gran banca española, a la manera de la banca alemana o italiana, había sido mixta, es decir, había practicado la banca comercial y la industrial simultáneamente (es decir, simplificando mucho, practicando a la vez el crédito a corto plazo y el crédito a largo). A partir de la ley de 1962 estos dos tipos de operaciones debían llevarse a cabo en instituciones separadas, por lo que varios grandes bancos se dividieron en un banco comercial y un banco de inversión. Algo así fue lo que persiguió en especial Jordi Pujol al promover la fundación del Banco Industrial de Cataluña (BIC), tarea que, como hemos visto, corrió a cargo de Manuel Ortínez. El BIC estaba apoyado no sólo por Banca Catalana, sino también por otros dos bancos, Sabadell y Comercial Transatlántico. Al irse Ortínez al IEME, hubo desavenencias en el consejo del BIC, los otros dos bancos se retiraron y Catalana, de muy buena gana, se quedó en mayoría. Más adelante se fueron adquiriendo y absorbiendo nuevos bancos (Banco Industrial Mediterráneo, Banco de Gerona, Banco de Barcelona, Banco

---

[38] Sin embargo, cuando las cosas comenzaron a ir mal, muchos de estos catalanistas se apresuraron a retirar sus fondos de la Banca, de lo cual se queja frecuente y amargamente Cabana en su *Diari personal* (1988).

de Alicante y Banco de Crédito e Inversiones). Los dos bancos industriales, el BIC y el Industrial Mediterráneo (BIM), siguieron políticas optimistas y expansivas, dedicadas a *fer país* tanto o más que a *fer diners*. Mientras duró el crecimiento de los años Sesenta y los primeros Setenta, todo fue bien. El grupo se permitió, además, construir sedes mastodónticas, especialmente la central de la Avenida Diagonal en Barcelona, que Banca Catalana nunca ocupó del todo. Por añadidura, Pujol, desde la propia banca, llevó a cabo una labor de mecenazgo políticamente selectivo, lo que incluyó la compra de periódicos y otros medios de comunicación, que en general constituyeron negocios ruinosos y que acabaron con instituciones tan venerables como el *Diario de Barcelona* y la revista *Destino*[39].

Todas estas alegrías y despilfarros pudieron asumirse en época de vacas gordas. Pero estas se acabaron a mediados de los Setenta por una conjunción de factores entre los que se cuentan la crisis del petróleo, el agotamiento del boom norteamericano debido a la guerra de Vietnam, y la caída de la inversión y las expectativas en España por la repercusión de la crisis internacional y por las incertidumbres atribuibles a la transición política[40]. La contracción de mediados de los Setenta entrañó una grave crisis industrial que afectó especialmente a España y a Cataluña, ya que nuestra industria había crecido bajo altas barreras de protección, era muy poco competitiva internacionalmente, y era muy poco eficiente en varios aspectos, el energético entre otros. La crisis industrial afectó a la banca y trajo consigo una crisis financiera como no se había conocido en España desde mediados del siglo XIX[41]. De unos 110 bancos que funcionaban en España en 1977, más de la mitad, casi 60, se vieron en dificultades entre ese año y 1985. A pesar de que la mayoría de los afectados fueron entidades relativamente pequeñas y nuevas, muchas de ellas nacidas al abrigo de la ley bancaria de 1962, hubo algunas de tamaño considerable, entre las que destacaban el grupo Rumasa, el grupo Catalana y el Banco Urquijo.

Jordi Pujol había dimitido formalmente de sus cargos en el consejo de administración de Banca Catalana y en otros bancos del grupo en 1977, pero conservó un fuerte paquete de acciones y siguió

---

[39] Baiges, González y Reixach (1985), pp. 31-44.
[40] Para más detalle sobre este tema, ver Tortella y Núñez (2011), pp. 412-423.
[41] Sobre la crisis bancaria de este período ver Tortella y Núñez (2011), pp. 495-8; el clásico sobre el tema es Cuervo (1988).

siendo la máxima autoridad, al menos desde un punto de vista consultivo, hasta que, en septiembre de 1982, el Banco de España intervino la entidad y la puso bajo la jurisdicción del Fondo de Garantía de Depósitos. La dimisión de Pujol se debió a su asunción de cargos políticos desde que fundara Convergencia Democrática de Cataluña en 1974. En concreto, en 1977 tuvieron lugar las primeras elecciones democráticas en España y se diría que fue el deseo de concurrir a ellas con plena dedicación lo que le llevó a abandonar sus funciones bancarias. En todo caso para entonces la situación del grupo Banca Catalana comenzaba a ser alarmante.

Es natural que el grupo Catalana acusara fuertemente la crisis, en primer lugar, por contar con dos bancos de inversión que se encontraron con un gran aumento de los clientes morosos al difundirse la paralización industrial. Conviene insistir aun a riesgo de ser repetitivo, en que muchos de los préstamos del BIC y el BIM obedecieron más a criterios políticos, en el sentido lato de esta palabra, que a valoraciones estrictamente económicas[42]. En otras palabras, los directores y consejos de estos bancos a menudo prestaron dinero basándose en criterios de afinidad con las personas de los prestatarios y con la naturaleza y fines de los proyectos, más que en evaluaciones estrictamente objetivas acerca de la viabilidad de la empresa financiada. Por ejemplo, Pujol y sus asociados tenían una cierta visión del futuro económico de Cataluña, y apostaban por ella atendiendo más a sus prejuicios que un examen desapasionado de las posibilidades de éxito. Para Pujol el BIC debía desempeñar al papel de «INI en Cataluña»[43]; lo que al parecer olvidó fue que el INI fue una institución estructuralmente deficitaria, que se nutrió en gran parte de las aportaciones del Estado. El BIC adoleció del mismo problema, careciendo sin embargo de un presupuesto público que lo apuntalara. Uno de los sectores en que más empeño puso el BIC y que peores resultados le dio fue el de la industria metalúrgica y metalmecánica, con fracasos serios como el de La Farga Casanova, Trenzas y Cables de Acero (TYCSA), Unidad Hermética, o Torras, Herrería y Construcciones. También hubo fiascos como el de Aiscondel en plásticos, otro sector preferente. Y tantos otros casos. Así ocurrió también con una serie de inversiones en terrenos, cuyo

---

[42] Esto lo admite palmariamente Cabana (1988, p. 233): «Estos títulos bancarios eran fruto de una voluntad política».
[43] Baiges, González y Reixach (1985), p. 76.

7. DE LA TRANSICIÓN A NUESTROS DÍAS

valor se depreció grandemente por efecto de la crisis: en muchos casos, las obras de construcción se paralizaron por caída en la oferta de crédito y en la demanda de vivienda: así ocurrió con el famoso polígono de Montigalá-Batlloria, en Badalona, que Banca Catalana adquirió a un banco asociado, el de Alicante. Este banco había sido fundado en los tiempos eufóricos por un promotor inmobiliario alicantino y, como es natural, sus principales activos fueron parcelas e inmuebles. Al llegar la crisis, el Banco de Alicante se vio en apuros y trató de deshacerse de sus inmuebles, entre ellos el citado polígono que, quizá por estar enclavado en Cataluña, fue endosado al BIC, para quien se convirtió en un calvario, porque a los factores antes citados (dificultades de financiación y caída de la demanda) se unieron las crecientes demandas del Ayuntamiento de Badalona, que exigía la expropiación de fracciones crecientes de terreno para «equipamientos»[44]. En definitiva, se convirtió en una inversión más de las muchas que, al menos a corto plazo, no solo no rindieron sino que trajeron pérdidas. Josep Vilarasau (2012), director general de la Caixa en esa época, recuerda en sus memorias que el problema de Banca Catalana era que Jordi Pujol siempre estaba dispuesto a ayudar financieramente a las empresas catalanas simplemente por ser catalanas, por más que los criterios técnicos lo desaconsejaran; para los otros bancos acreedores esto era magnífico, porque así podían recuperar sus créditos dudosos gracias a los que Banca Catalana concedía a esas empresas poco solventes, pero, claro, suponía la acumulación de morosos y fallidos en esta entidad.

Los problemas de Banca Catalana se empezaron a percibir, como ocurrió en el sector, a mediados de los Setenta, pero los bancos en dificultades tienen medios a su alcance para ocultar sus problemas por mucho tiempo. En algunos casos, el poder sobrevivir durante años aun con dificultades puede significar la salvación, porque en gran parte la salud de un banco depende del valor de sus activos y este a su vez depende de la coyuntura. Durante la crisis sus activos, esto es, su patrimonio, se deprecian y aparece el «desfase patrimonial» o, en la jerga profesional, el «agujero», esto es, la diferencia entre el pasivo (las deudas) y el patrimonio. Si el banco es capaz de resistir hasta que el ciclo cambie y la economía se rehaga, los activos pueden recuperar su

---

[44] Baratech (1985), pp. 116-117.

valor y el «agujero» reducirse hasta desaparecer o incluso convertirse en un resultado positivo. El problema está en que, en el fondo de la crisis, nadie sabe cuánto va a tardar la reactivación; los acreedores están también muy apurados, quieren recuperar su dinero y no están dispuestos a esperar a un hipotético cambio de coyuntura.

Los rumores acerca la salud del «grupo Catalana» eran insistentes desde hacía años y habían trascendido a la prensa[45] cuando, en 1980, el Banco de España, que ya llevaba varios años tratando de hacer frente a la crisis, le envió inspectores, que detectaron «problemillas»[46]. Los «problemillas» fueron creciendo, especialmente en lo que respectaba al BIC y al BIM, aunque también los había, y serios, en el banco de Alicante, en el de Gerona, en el de Barcelona e incluso en un banco que habían vendido hacía años, el de Asturias, pero donde habían quedado cuentas que no cuadraban. Resulta dramático leer el libro de Francesc Cabana (1988), escrito en forma de diario, donde se ve cómo su autor, que llevaba años colaborando con el Banco de España y la Corporación Bancaria[47] en calidad de representante de la banca mediana, a partir de 1980 tuvo que hacer el incómodo papel de defensor de su propio banco frente a sus compañeros en la Corporación, por los mismos o parecidos problemas a los que habían venido enfrentándose en el caso de otras entidades. Cabana se queja repetidamente de los ataques de la prensa, especialmente del diario *El País*, pero lo cierto es que si Banca Catalana no hubiera tenido tantos flancos débiles, los ataques no hubieran sido tan reiterados y hubieran cesado pronto. Este autor muestra una gran animadversión hacia Mariano Rubio[48], que como subgoberna-

---

[45] Aunque, como admite el propio Cabana, (1988, pp. 100-1), la prensa barcelonesa tendía a silenciar las noticias malas para Banca Catalana.
[46] Término utilizado por José Luis Núñez de la Peña, director de la inspección del Banco de España. Cf. Cabana (1988), p. 97.
[47] Entidad privada que llevó a cabo la labor que luego desempeñaría el Fondo de Garantía de Depósitos (FGD), entidad pública dedicada a sanear bancos en quiebra y a garantizar el pago de los depósitos a sus clientes. Tanto la Corporación como el FGD se nutrían de contribuciones del Banco de España y de la banca privada a partes iguales, y estaban gobernadas en parecidas proporciones. El FGD comenzó a funcionar en 1981.
[48] Llega incluso a llamar «sinvergüenza» a Mariano Rubio en una entrevista recogida en un libro (Ríos, 2015, p. 93). Quizá un cuñado de Jordi Pujol Soley debiera mostrar mayor circunspección al utilizar la palabra «sinvergüenza».

dor, y más tarde gobernador, del Banco de España fue la persona que dirigió la lucha contra la crisis bancaria, pero tiene que reconocer, por ejemplo, que el propio Rubio, entonces subgobernador, pidió al director de aquel periódico que no se publicara un artículo en que se decía que Jordi Pujol, que había tomado posesión pocos meses antes de su cargo de presidente de la *Generalitat*, sería, debido a los problemas de Banca Catalana, un títere del gobernador del Banco de España, y que estos intentos de Rubio de proteger a Banca Catalana se repitieron más de una vez[49].

El caso es que aparecieron discrepancias muy fuertes entre los inspectores del Banco de España y los directivos de Banca Catalana. Los inspectores estaban convencidos de que los inspeccionados les ocultaban cosas. Cabana (1988, pp. 125, 145) admite: «me parece que [los inspectores] han encontrado más cosas que las que pensábamos». Más adelante cuenta que un alto funcionario del Banco de España se quejaba de que los de Banca Catalana «no facilitamos información fidedigna». En una conversación mantenida en 1987, entre Gabriel Tortella y Rafael Modet, jefe de inspectores del Banco, este afirmó pintorescamente que los directivos de la Banca «mentían por toda la barba»[50]. No se trata aquí de establecer responsabilidades, algo que está fuera del propósito y del alcance de este libro; lo que sí es cierto es que la inspección del Banco de España creyó encontrar serios indicios, cuando no pruebas, de varios delitos e inmoralidades llevadas a cabo por los directivos del grupo de Banca Catalana. En concreto, todas estas irregularidades más tarde se agruparon en tres figuras delictivas: apropiación indebida, falsedad documental, y maquinación para alterar el precio de las cosas.

Durante el año de 1982 quedó ya claro que todo el grupo de Banca Catalana debía ser saneado y vendido, y así lo hicieron saber los directivos del Banco de España a los de Catalana. En concreto, Mariano Rubio les dijo: «La situación es muy grave y hay que buscar una solución inmediata». Días más tarde añadió que el Banco de España no sabía qué hacer con ellos «para no politizar el tema»(Cabana, 1988, pp. 140-141). Se intentó atender la sugerencia de los de

---

[49] Cabana (1988), p. 98; también p. 115.
[50] Esta conversación tuvo lugar como parte de una investigación sobre la crisis que, desgraciadamente, nunca se llegó a concluir.

la Banca y buscar una «solución catalana», es decir, que el grupo, o al menos la matriz, se vendiera a una institución local, que, por tamaño, no podía ser más que la Caixa. Se especuló con esta posibilidad durante el año 1982, pero la Caixa, tras dudar varios meses, hizo una oferta excesivamente baja, que el Banco de España no aceptó. Según Cabana (1988, p. 174), la Caixa intentó «comprar duros a tres pesetas». Las noticias pesimistas sobre la solvencia del grupo se hicieron más insistentes y finalmente, en septiembre de ese año, el Banco de España intervino la entidad y acabó traspasándola al FGD. A mediados de 1983, el FGD cedió Banca Catalana a un *pool* de once bancos encabezados por el de Vizcaya y este banco, a principios de 1984, adquirió y absorbió la entidad en quiebra.

Cuando se conoció el informe de los inspectores del Banco de España, el ministro de Economía y Hacienda, Miguel Boyer, declaró en el Congreso (junio de 1983) que había «indicios de irregularidades graves en Banca Catalana», y que por ello pedía al Banco que diera copia del informe a la autoridad judicial para la posible «depuración de responsabilidades». Así se hizo, y el expediente pasó a la Fiscalía de la Audiencia de Barcelona. Por un proceso de distribución, la calificación de los hechos quedó encargada a dos fiscales de dicha audiencia, los señores Carlos Jiménez Villarejo y José María Mena[51].

Varios directivos de la antigua Banca y otras personas generalmente adictas a la causa catalanista consideran que este fue un caso más de discriminación y «anticatalanismo». Las cosas no están tan claras. El caso de la Banca Catalana fue, cuantitativamente, el segundo en importancia de los cerca de 60 casos de bancos afectados por la crisis, y el primero de entre los que pasaron por el FGD. El primero absoluto en tamaño fue el de Rumasa, que constituía una entidad muy difícil de encasillar y tratar por no ser un banco, sino un *holding* de bancos, y por la manera relativamente irregular en que el *holding* fue intervenido. Por estas razones, Rumasa no ingresó en el FGD y fue tratado directamente por el Gobierno. En todo caso, el presidente de Rumasa fue juzgado y condenado por fraude, evasión de divisas y apropiación indebida, sin ser catalán, ni presidente de una Comunidad Autónoma.

---

[51] En Ríos (2015), pp. 133-134 se narra cómo se designó a Jiménez Villarejo y Mena como fiscales para el caso Banca Catalana.

7. DE LA TRANSICIÓN A NUESTROS DÍAS

Los fiscales asignados al caso Banca Catalana, estudiaron la documentación y llegaron a la conclusión de que había, efectivamente, indicios de delito y lo comunicaron al fiscal general del Estado, Luis Burón Barba, quien decidió dar curso a la querella basada en los informes de los fiscales, a su vez basados en las inspecciones del Banco de España. La querella se presentó el 22 de mayo de 1984. Las principales irregularidades apreciadas por los fiscales eran las siguientes: se alegaba la existencia de una Caja B, o contabilidad B, que permitía sustraer al control no solo de las autoridades monetarias, sino de los propios accionistas, cantidades importantes de dinero (aproximadamente un 9 por 100 de los recursos totales del banco entre 1974 y 1981), que se destinaban a pagar extratipos[52] en los depósitos y a hacer préstamos ficticios a una serie de sociedades instrumentales que los administradores manejaban a su antojo y en su provecho (Ríos, 2015, pp. 44-49). Algunas de estas sociedades instrumentales eran propiedad de los administradores del banco o de sus allegados, que así se apropiaban a través de ellas de los activos de la entidad, utilizando fórmulas diversas: dividendos, préstamos, etc. También detectaron los fiscales la formación en Banca Catalana de una autocartera, es decir, la adquisición por la entidad de acciones propias, operación que requiere permiso del Banco de España; este permiso, sin embargo, no se solicitó. La formación de autocartera en momentos difíciles parece motivada por el deseo de mantener la cotización de las acciones para permitir su venta a precios artificialmente altos, algo de lo que se acusó repetidamente a los directivos de la Banca. Parece indudable que la familia Pujol vendió al menos una parte importante de sus acciones en enero de 1982 a una de estas sociedades instrumentales. En palabras de la fiscalía, «tuvieron buen cuidado de procurar desprenderse de sus acciones en Banca Catalana, S.A., cuya total pérdida de valor les constaba que era próxima e inevitable»[53].

También alegaba la fiscalía que Jordi Pujol hizo una donación irregular de las acciones que le quedaban a una Fundación Catalana en mayo de 1982. Esta donación fue irregular porque en los estatutos de Banca Catalana se establecía que, en caso de donación de acciones,

---

[52] «Extratipos» era el nombre que se daba a los intereses pagados a los depósitos bancarios por encima de los máximos establecidos legalmente. En la actualidad los tipos de interés pagados y cobrados por los bancos se establecen libremente y, por lo tanto, no hay ya «extratipos».
[53] Citado en Ríos (2015), p. 67.

esta debía notificarse a los demás accionistas para que ellos pudieran, si lo deseaban, ejercer el derecho de tanteo y retracto, es decir, que pudieran adquirirlas «al precio que corresponda»; a falta de tal notificación, la donación era nula. Como la notificación no se llevó a cabo, la pretendida donación no fue tal, aunque fuera registrada debidamente y aunque el presidente de la Fundación, Antoni Forrellad, llorase conmovido ante tal prueba de desprendimiento. A las acciones se les atribuyó un valor global de 187,7 millones de pesetas, pero seis meses más tarde, tras ser intervenida la Banca por el Banco de España, ese valor quedó reducido a su milésima parte. Según los fiscales, de este modo Pujol pudo atribuirse un gesto altruista y desinteresado desprendiéndose ficticiamente de algo que tenía muy poco valor real, pero que, al conservar él la propiedad real de estos activos, cuando estos recuperaron su valor al cabo de unos años, pueden haber constituido un sustancioso capital: «Ahí puede estar el origen de la fortuna de los Pujol, pues las acciones recuperaron en tres años el valor anterior y él conservó su titularidad» (Ríos, 2015, pp. 73-5 y 105).

Los fiscales también alegaron que los administradores del banco recibieron sustanciosos extratipos por los depósitos que hicieron en el banco, generosos préstamos que a menudo no devolvieron y, sobre todo, que recibieron dividendos ilícitos. La ilicitud provenía de que la Banca estaba en pérdidas, aunque la contabilidad hiciera aparecer beneficios que en realidad no existían: no había «beneficios ciertos y realizados [por lo que lo repartido] son dividendos ficticios que están siendo satisfechos por lo menos desde 1974, con cargo a recursos propios de la entidad [y de este modo] los querellados obtuvieron pingües beneficios sabiendo que con ello [...] conducían la sociedad hacia la ruina»[54].

Por supuesto, los querellados, en particular Jordi Pujol y Francesc Cabana, negaron, si no los hechos (muchos eran incontrovertibles), sí su calificación delictiva. Con respecto a cuestiones tales como las de la contabilidad B, los extratipos, los dividendos y las sociedades instrumentales alegaron que eran práctica corriente en banca, por más que fueran ilegales. El libro tan citado de Cabana[55] contiene una

---

[54] Citado en Ríos (2015), p. 76. Para una cuantificación y atribución de estos «dividendos ficticios», pp. 77-8.
[55] Cabana (1988), esp. pp. 224-232. Ya en septiembre de 1981(p. 131) alegaba Cabana ante los funcionarios del Banco de España: «hemos incurrido en los mismos defectos que los demás».

sistemática defensa sobre esta base. Naturalmente, afirma que estas prácticas se toleraron a otros bancos y a Banca Catalana no, dando a entender, naturalmente, que se trató de una muestra más de «anticatalanismo». Olvida decir que las pérdidas de Banca Catalana fueron las segundas mayores de toda la crisis y que costaron al erario público cantidades astronómicas. En general, las afirmaciones de Pujol y Cabana constituyen un doble juicio de intenciones: las de los directivos de Banca Catalana eran purísimas, las de los fiscales y el Gobierno nacional, siniestras y protervas. Así, según Pujol, «los administradores de Banca Catalana actuaron siempre al servicio de la empresa y [...] su vinculación al banco no fue nunca motivo de beneficio personal»; en cuanto a la caja B: «si en algunas empresas la llamada caja B podía estar al servicio de intereses particulares de los ejecutivos o de los accionistas y consejeros, en el caso de Banca Catalana solo estaba al servicio del fortalecimiento y de la expansión de la entidad [...] la caja B no significó nunca un beneficio para accionistas o consejeros, sino solo un reforzamiento de la entidad»[56]. En cuanto a la persecución implacable a que el Gobierno y el Partido Socialista habrían sometido a Pujol y a los impolutos y seráficos directivos de Banca Catalana, ya hemos leído y leeremos abundantes afirmaciones de Cabana y de Pujol.

En medio de todo este embrollo, en abril de 1984 se celebraron elecciones autonómicas en Cataluña. CiU, el partido de Jordi Pujol, que había gobernado desde 1980 en coalición con ERC y UCD, obtuvo la mayoría absoluta: se encontraba con las manos libres para gobernar en solitario. Un mes más tarde se presentaba la querella contra 25 ex-directivos de Banca Catalana, entre los que se contaban Jordi Pujol, Jaume Carner, Francesc Cabana y Raimon Carrasco; la plana mayor del «grupo Catalana»[57]. Cuatro días antes de que se presentara la querella se había ya anunciado en *El País* que tal presentación iba a tener lugar. Hoy sabemos que la filtración se debió a uno de los dos fiscales del caso que, el mismo día en que se había tomado la decisión por el fiscal general, se lo contó a un periodista de ese rotativo con una finalidad muy clara: evitar que el Gobierno intentara dar marcha atrás (Ríos, 2015, pp. 163-167). Se ha especulado mucho

---

[56] Citado en Ríos (2015), pp. 86-90.
[57] Ver la lista, por ejemplo, en Baiges, González y Reixach (1985), p. 232

acerca de la responsabilidad que hubiera podido tener el Gobierno de Madrid en la presentación de la querella. Pujol lo dijo taxativamente, como ahora veremos, y ha dejado por escrito en sus memorias lo siguiente: «No puedo creer —ni creo que nadie pueda hacerlo—que en la actuación judicial no hubiese una mano política»[58]. Lo mismo pensaba su cuñado: «Veo la participación plena del Gobierno, ayudado por Mariano Rubio, que quiere ser gobernador del Banco de España y está dispuesto a hacer lo que convenga para dar apoyo al equipo Boyer-Guerra»[59]. No hay en apoyo de estas afirmaciones, sin embargo, un adarme de evidencia. En su agitación, Cabana se contradice por escrito. En esa misma página se sostiene que los miembros del Gobierno «se proponen que Jordi dimita, hecho que supondría la decapitación del catalanismo político» y a la vez supone que «se proyectaba presentar la querella antes de las elecciones, pero lo evitó un fiscal de Barcelona que se negó a firmar». Si la querella estaba ya preparada e iba a ser presentada antes de que Pujol ganase las elecciones, ¿cómo iban los socialistas de Madrid a instar a la fiscalía a presentarla para que dimitiese el que aún no había sido elegido? Más adelante Pujol y Cabana atribuyeron a Narcís Serra la presentación de la querella. La verdad es que no tenían ninguna evidencia sólida[60]. Ni siquiera se trata de rumores atribuidos, salvo en el caso de Antoni Castells por Cabana, muchos años después. «No puedo creer […] que en la actuación judicial no hubiese una mano política,» dice Pujol; «Veo una participación plena del Gobierno» dice Cabana. Uno no puede evitar pensar que la certeza de Pujol era debida a que él, en el lugar del Gobierno socialista, hubiera hecho lo que le atribuía: presionar para que se presentase una querella contra sus enemigos políticos. La historia registra ejemplos de este tipo de conducta en los directivos de Banca Catalana. Sin ir más lejos, el socialista Josep Andreu Abelló, accionista importante, fue acusado más de una vez de enriquecimiento ilícito por medio de la propia Banca cuando criticó la política de esta[61].

---

[58] Citado en Ríos (2015), p. 112.
[59] Cabana (1988), p. 192. Es evidente que en materia de política socialista nuestro autor no hilaba muy fino.
[60] Ríos (2015), pp. 99-101, 114-115; Cabana atribuye el rumor a Antoni Castells, que fue consejero de Economía en los gobiernos autonómicos de Maragall y Montilla, pero nunca formó parte del gobierno nacional y, por lo tanto, no pudo presenciar la supuesta conversación entre Felipe González y Serra sobre este tema.
[61] Declaración de Cabana en Ríos (2015), p. 106.

7. DE LA TRANSICIÓN A NUESTROS DÍAS

Los diarios de Cabana, por otra parte, están llenos de resquemores y suspicacias hacia los gobiernos de Madrid en general y hacia los socialistas en particular. Ya en 1981 decía: «Apreciamos una ofensiva de los socialistas catalanes contra nosotros. Están tan deshechos que consideran que la mejor política es atacar a Banca Catalana». Y en 1983: «veo claro que el Gobierno se propone procesarnos [...] hay condicionamientos políticos detrás de Banca Catalana». Y en 1984: «Si presentan querella contra mí, consideraré que es el Gobierno socialista el que lo ha hecho»; poco después de presentada la querella, se atribuía a Miguel Boyer; y unos meses más tarde se atribuía directamente a Felipe González y a «un Fiscal General que está a las órdenes del Ministro de Justicia» (Cabana, 1988, pp. 135, 178, 194 y 209). Ya hemos visto que el último en la lista de culpables para Cabana era Narcís Serra. También parece haber cambiado de opinión con respecto a la falta de independencia de los fiscales. Preguntado hace poco tiempo por Pere Ríos (2015, p. 103) si cree que «fueron utilizados por el Gobierno», responde: «No creo».

Lo cierto es que la evidencia parece ser contraria a las afirmaciones de Pujol y Cabana tras la presentación de la querella, en el sentido de que hubiera sido ordenada por el Gobierno. Quienes desde el principio empujaron la querella fueron los fiscales, que temían que el Gobierno interviniese para pararla. Así lo han manifestado, y actuaron en consecuencia. Las motivaciones de los fiscales, a su vez, no podían obedecer a razones de política inmediata. Su ideología estaba a la izquierda del PSOE; habían pertenecido al PSUC; evidentemente no tenían ninguna simpatía por el nacionalismo conservador de Pujol, pero tampoco tenían afinidades con el partido socialista. Todo indica que ellos actuaron por convicciones morales y jurídicas, que informaban sus ideas políticas. Aún hoy están convencidos de que la querella estaba plenamente justificada y que al ser archivada se cometió un desafuero[62].

No se puede negar, sin embargo, que tanto el Gobierno nacional como el catalán eran perfectamente conscientes de las dimensiones políticas del caso. Para Pujol sin duda Banca Catalana había sido una espada de Damocles pendiente sobre su cabeza desde que asumió el poder en 1980 y su actitud y opinión acerca de los socialistas debían ser

---

[62] Así se indica en los prólogos que ambos firman en el libro de Ríos (2015).

muy parecidas a las de su socio y cuñado, a través del cual debió estar informado punto por punto de los acontecimientos. Debía compartir la opinión de Cabana (1988, p. 181) de que el Gobierno y los socialistas «[v]an por Jordi, pero para lograrlo tienen que conseguir hundirnos y procesarnos». Pujol estaba a la defensiva y sabía que Banca Catalana era su flanco débil; en septiembre de 1983 fue duramente atacado en el *Parlament*. Antoni Gutiérrez, secretario del PSUC, le acusó, aparte de las posibles responsabilidades penales, de su fracaso en este asunto, de haber desaprovechado «la posibilidad de crear un sector público en la banca y [que], contrariamente, se haya regalado a la gran banca española» esta posibilidad, es decir, de que él tenía la culpa de que Banca Catalana hubiera caído en manos del Banco de Vizcaya en lugar de haberse convertido en un banco público. Pujol contestó con evasivas y, como no, echándole la culpa al Banco de España. La contestación de Gutiérrez fue cruel: «Usted, señor Pujol, no es que cometa errores, es que usted es un error. Un error histórico, no sé de qué dimensión, pero un error».

El socialista Lluís Armet, que había trabajado en el servicio de estudios de Catalana, remachó: «La crisis de Banca Catalana ha puesto en evidencia que la máxima institución del Gobierno autonómico está encarnada por una persona que no tiene libertad política suficiente para, en todo momento y en toda circunstancia, defender los intereses nacionales de Cataluña. La inhibición absoluta y clamorosa del Gobierno de la *Generalitat* en la fase final de la crisis de Banca Catalana es una muestra evidente de ello». Concluyó Armet pidiendo, de forma velada, su dimisión. La contestación de Pujol fue característicamente embarullada y confusa, aunque a su cuñado le pareció que «se ha defendido muy bien y está en forma». Lo innegable es que estaba acorralado y él debía darse cuenta de ello. Por eso apeló repetidamente a su último recurso: «ha habido una norma de mi persona, que he aplicado bien o mal, con acierto o con desacierto, pero que ha sido el servicio a Cataluña [...] no tengo más que un móvil, que ha sido el servicio a Cataluña»[63].

Y a eso volvió a recurrir en el momento de la gran prueba, al recibir la querella en mayo de 1984, pocos días después de ganar las elecciones autonómicas por mayoría absoluta. Los debates de

---

[63] Baiges, González y Reixach (1985), pp. 205-9; Cabana (1988), p. 181.

7. DE LA TRANSICIÓN A NUESTROS DÍAS

septiembre en el *Parlament* no habían sido más que un ensayo para el gran acto final de mayo de 1984. En 1983 Pujol había acusado a los socialistas catalanes de deslealtad a Cataluña implicando que estaban al servicio del Gobierno de Madrid. Este alegato lo volvió a agitar el 30 de mayo de 1984. Aprovechó el acto de investidura como *president* para organizar una enorme manifestación desde el *Parlament* hasta la sede de la Generalidad cuyo orden se encomendó al cuidado de los cuadros de su partido, CiU, y donde se expresó la fidelidad al líder y el odio al Gobierno nacional y al partido socialista, con proclamas como «Felipe y Guerra ofenden nuestra tierra». En un ambiente apoteósico, Pujol salió al balcón de la *Generalitat* y pronunció un discurso ferozmente demagógico, del que se recuerda sobre todo esta frase: «El Gobierno central ha cometido una jugada indigna [se refería a la querella que le acusaba de varios delitos] y, a partir de ahora, cuando alguien hable de ética, de moral y de juego limpio, hablaremos nosotros, no ellos». Naturalmente, no entraba en detalles. A la masa enfervorizada no le hacía falta. Sabían perfectamente a qué se refería Pujol y coincidían con él cuando afirmaba que la querella era un ataque a Cataluña. Pero el discurso demagógico contenía también una velada «oferta de diálogo y colaboración»: «Hemos de ser capaces de hacer entender a todos, fuera de aquí, no solamente que con Cataluña no se juega y que no vale el juego sucio, sino que desde nuestra identidad de pueblo estamos dispuestos a colaborar para la construcción general del país, porque nosotros no vamos contra nadie, sino a favor de todos»[64].

El discurso y la manifestación fueron un éxito en toda regla, y convencieron a amigos y enemigos de que era mejor dejar a Pujol en paz[65]. Su cuñado quedó encantado (1988, p. 193): «La manifestación

---

[64] Hoy sabemos de manera indudable, por su propia confesión escrita de 26 de julio de 2014, que mientras Pujol proclamaba su «ética», su «moral» y su «juego limpio», llevaba al menos cuatro años defraudando a Hacienda.

[65] Hubo algún disidente, como Jordi Solé Tura, que pocos días antes (Pujol ya había dicho, al enterarse de la querella, lo de que era un ataque contra todos los catalanes) tuvo la entereza de escribir en un artículo (1984): «estoy en absoluto desacuerdo con él cuando proclama que la presentación de una querella contra los antiguos dirigentes de Banca Catalana es un ataque contra todos los catalanes. Me considero tan catalán como él y no me siento atacado». Solé Tura fue a partir de entonces ignorado y excluido por los gobiernos de CiU, incluso cuando fue ministro de Cultura.

ha estado impresionante y correcta. Mucha gente con americana y corbata. En su discurso en el balcón de la *Generalitat*, Jordi ha hablado del torpedo del PSOE, de la dependencia de Burón del Ministro de Justicia y de un ataque indigno contra Cataluña». Otros pondrían en duda la «corrección» de los manifestantes, llevaran o no americana y corbata. Los socialistas presentes, entre los que se contaban Pasqual Maragall, Anna Balletbó y Raimon Obiols, a la sazón secretario del PSC, fueron abucheados y agredidos, en particular Obiols, que fue zarandeado y amenazado de muerte. Antes ya había sido insultado en el Parlament: «yo he visto en los pasillos del Parlament lanzando gritos a un atajo de zopencos con el brazalete del servicio de orden de Convergencia Democrática y el Parlament rodeado de manifestantes que nos acusaban a los socialistas de ser los causantes de la crisis de Banca Catalana»[66].

Pujol supo muy bien inspirarse en los métodos de su antiguo enemigo político, el dictador Franco, que se identificaba a sí mismo y a su régimen con España, de modo que las críticas a la dictadura se convertían para él en «ataques a España». Pujol aseguró que la presentación de la querella contra los administradores de Banca Catalana era un ataque a Cataluña, y gran parte del público catalán estuvo de acuerdo. La grave confrontación de mayo de 1984, que amenazaba con hundir y desprestigiar a Pujol por el caso de Banca Catalana, tuvo el efecto exactamente contrario. Confundió a sus adversarios y perseguidores, y facilitó un pacto no escrito con el Gobierno socialista al que él había proclamado como su enemigo. Los ataques contra él durante la campaña electoral de 1984, en lugar de desprestigiarle le convirtieron, a los ojos de sus partidarios, en una víctima de las agresiones de los enemigos de Cataluña. Los socialistas que, muy probablemente, habían considerado esta posibilidad y habían dudado de la conveniencia de la querella y a la postre ni la instigaron ni se opusieron a ella, al ver lo ocurrido en las elecciones y en la investidura de Pujol, prefirieron entenderse con él y cederle Cataluña como un feudo, donde actuaría casi como un virrey durante cerca de veinte años más[67].

---

[66] Obiols en Ríos (2015), pp. 143-144.
[67] Cabana (1988), pp. 210, 218; Ríos (2015), p. 142. Solé Tura, en el artículo antes citado, también afirmaba que los ataques de los socialistas a Pujol durante la campaña utilizando el caso de Banca Catalana tuvieron el efecto contrario al perseguido.

Los socialistas no catalanes, que tanta inquina y desprecio manifiestan hacia los partidos de derecha, son mucho más respetuosos con el nacionalismo catalán –aunque, como en el caso de CiU, sea extremadamente conservador y de derechas—, por lo que se sienten inclinados a suscribir pactos de no agresión y de apoyo mutuo con el ala derecha de ese nacionalismo. Por la misma razón, CiU y Pujol han estado dispuestos a pactar con los socialistas de Madrid. Los caladeros de votos de unos y otros son muy diferentes, por lo que no hay entre ellos competencia política directa. No ocurre lo mismo con los socialistas catalanes, con los que CiU disputa un mismo espacio electoral y que han tenido que bregar con CiU y con Pujol diariamente en el *Parlament* y en ayuntamientos y diputaciones.

Una vez ganada la batalla de la opinión en 1984, la batalla judicial era relativamente sencilla. Poco más de un mes después de la toma de posesión de Pujol, a principios de julio de 1984, tuvo lugar el paso decisivo hacia la exoneración: el Tribunal Supremo se inhibió a favor de la Audiencia de Barcelona donde, como hemos visto, la opinión estaba rendida a Pujol[68]. El 21 de noviembre de 1986, la Audiencia de Barcelona, decidió no procesar al *president* por 33 votos contra 8. El caso de los demás querellados pasó entonces a la jurisdicción ordinaria, pero el resultado final dejaba poco lugar a dudas. Como escribió Cabana, «El asunto ha dado un gran paso adelante. Si hubiesen procesado a Jordi, nos procesaban, lógicamente, a todos. El resultado de la votación pone en evidencia la intencionalidad política de la querella». O la intencionalidad política de la votación, podría añadirse. Por fin, en enero de 1988, el juzgado de Barcelona sobreseyó la causa. Tras menos de cuatro años, la querella fue archivada y el caso Banca Catalana concluyó sin culpables.

A partir de este episodio y del triunfo de Pujol ante la opinión pública catalana, el Gobierno nacionalista tuvo las manos libres para llevar a cabo su política lingüística, educativa y propagandística iniciada en 1980, pero ahora sin el menor obstáculo, como han señalado varios autores catalanes. Arcadi Espada (2014) nos ha hablado del «ostracismo en que se instaló al disidente en aquel clima asfixiante y unánime»; Francesc de Carreras (2014) nos detallaba las facetas del ostracismo:

---

[68] Cabana (1988), p. 198, al dar cuenta del auto de traslado, añade: «Lo prefiero. No tengo ninguna gana de hacer declaraciones en castellano y en Madrid».

El nacionalismo catalán se fue convirtiendo rápidamente en la única ideología legítima y obligatoriamente transversal. No importaba ser de derechas, de izquierdas o de centro, mientras no se saliera de los límites fijados por quienes determinaban lo nacionalmente correcto. En lo demás se podía discrepar, en eso no. Además o eras nacionalista catalán o eras nacionalista español: la razonable alternativa de no ser nacionalista de ningún tipo [...], algo tan común y civilizado en los países de nuestro entorno, era considerado como un mero subterfugio para encubrir que eras nacionalista español.

Antes había resumido de Carreras la obra del nacionalismo catalán:

desde 1980, durante el primer Gobierno de Pujol, comenzó lo que suele denominarse «proceso de construcción nacional», una inteligente obra de ingeniería social cuyo objeto ha sido el de transformar la mentalidad de la sociedad catalana con la finalidad de que sus ciudadanos se convenzan de que forman parte de una nación cultural, con una identidad colectiva muy distinta al resto de España, que solo podrá sobrevivir como tal nación si posee un Estado independiente.

Clemente Polo (2014) define en parecidos términos la táctica de Pujol: su objetivo «era ir dando pequeños pasos hasta convertir a Cataluña en un pequeño Estado dentro del Estado español a la espera de encontrar el momento oportuno de plantear la independencia. Su gran éxito fue que estos objetivos de construcción nacional fueron también asumidos por los partidos de "izquierda", cuyos líderes se convirtieron en sus hijastros putativos». Esta política se inició en 1980; pero a partir de 1984, tras el episodio crucial del 30 de mayo de 1984, pudo aplicarse sin trabas y con toda intensidad, hasta tal extremo que incluso la oposición de izquierdas se convirtió en cooperadora necesaria, como señaló Polo.

La consolidación y el fracaso de una política lingüística coercitiva

La política lingüística, de la que ya habíamos adelantado algunos episodios cruciales que tuvieron lugar durante la primera legislatura de Pujol, ha sido clave en esa «obra de ingeniería social» a la que se lanzaron los sucesivos gobiernos de la *Generalitat*. Tras la crisis de Banca Catalana, la *Generalitat* pudo continuar con su política

7. DE LA TRANSICIÓN A NUESTROS DÍAS

de erradicación del bilingüismo con las manos libres, es decir, con la connivencia de los sucesivos gobiernos nacionales que han declinado hacer cumplir la Constitución y la legislación vigente en el Principado. La nueva Ley de Política Lingüística de 1998 completó el proceso iniciado con la Ley de Normalización Lingüística de Cataluña en 1983. Si la primera estaba dirigida al «ámbito de la Administración y la enseñanza», la segunda pretendía «adaptar a las necesidades de hoy la regulación de los medios de comunicación y las industrias culturales, y establecer una normativa lingüística destinada al mundo socioeconómico, todo ello con el objetivo de [...] dar un nuevo impulso al uso social de la lengua» (preámbulo, III). Su discusión y aprobación volvió a suscitar un fuerte debate en toda España, en el que participaron, «en defensa de los derechos lingüísticos de los ciudadanos, ya sea en catalán o en castellano», «[i]ntelectuales de izquierda, profesionales del ámbito universitario y directivos o colaboradores de revistas culturales progresistas (como *El Viejo Topo*, *Ajoblanco*, etc.)» agrupados en torno al conocido como «Foro Babel», a raíz de la publicación el 28 de febrero de 1997 en *El País*, de un artículo del mismo título, firmado por Francesc de Carreras, Félix Pérez Romera y Miquel Riera, director este del *Viejo Topo*[69]. Sus críticas apuntaban a tres cuestiones: «la conversión de los sentimientos de identidad en ideologías políticas excluyentes, la elevación de la ideología nacionalista a ideología oficial de las instituciones políticas catalanas, [y] la sumisión de todos los partidos políticos al discurso identitario». A ellos se unieron nuevas voces, «intelectuales y personajes del ámbito de la cultura» como Victoria Camps, Felix de Azúa, Juan Marsé, Eduardo Mendoza, Terenci Moix, Rosa Regás y Gabriel Jackson, entre otros, que, el 29 de abril de ese año publicaron un *Documento sobre el uso de las lenguas oficiales en Cataluña*. «En septiembre se elaboró un comunicado que expresaba la discrepancia con el borrador de la nueva ley, por considerar que imponía de manera coactiva el uso exclusivo del catalán y que iba en contra del principio estatutario de la oficialidad de las dos lenguas»[70]. Sin embargo, la ley fue aprobada e inmediatamente implantada en Cataluña.

---

[69] Calero Vaquera (2000), p. 2, citado por Gil Araújo (2006), p. 255.
[70] El tema lo discute Ramoneda (1998), citado en Gil Araújo, 2006, pp. 255-56.

Pero la política lingüística de la *Generalitat* además de ser ilegal, es no sólo superflua e inoperante, sino extraordinariamente costosa y causante de tensiones y divisiones en la sociedad catalana y española. En primer lugar, el bilingüismo es, conviene reiterarlo, un rasgo histórico de la sociedad catalana, que cuenta entre sus mejores escritores y científicos a autores que escribieron toda o buena parte de su obra en castellano. Se cuentan entre estos Juan Boscán, Narciso Feliu de la Peña, Antoni de Capmany, Jaime Balmes, Laureano Figuerola, Francisco Pi y Margall, Ignacio Agustí, Eugenio d'Ors, Josep Pla, José María Gironella, Jaume Vicens Vives, Mercedes Salisachs, Ana María Matute, Carmen Laforet, Juan Marsé, Eduardo Mendoza, y muchos otros. Es natural que esto sea así, entre otras cosas porque, por mucho que se ame a la lengua catalana, que no tiene nada que envidiar a la castellana en aspectos intrínsecos, no es lo mismo escribir para un universo de 500 millones que para uno de siete (o incluso diez). Lo grave es que, tras apenas algunos meses de Gobierno de CiU, «la opinión pública catalana ya iba por entonces a la deriva [...] Ni un solo escritor en castellano de cierto relieve se había atrevido a alinearse con los firmantes del manifiesto [de los 2.300]», hecho que repitieron hasta la saciedad los periódicos locales de la época. Aquel episodio acabó de raíz con la posibilidad de que la sociedad catalana llegara a ser «una sociedad plenamente bilingüe —es decir, no sólo una sociedad donde se utilizaran ambas lenguas oficiales; también una sociedad donde ese bilingüismo fuera asumido, ejercido y vindicado de arriba abajo, desde las instituciones hasta los ciudadanos, como un activo, como un valor»[71].

Es un hecho histórico que durante la Edad Media se impuso en la Península Ibérica el idioma castellano con mayor fuerza y extensión que otras lenguas como el galaico-portugués, el catalán-lemosín, el vascuence y otras menores, de modo que, al comenzar la Edad Moderna, el castellano no solo era el idioma que hablaba la gran mayoría de los habitantes de la Península, sino que era la *lingua franca* entre los que tenían otra lengua materna[72]. En nuestra opinión, este predominio del castellano no se debe a ninguna superioridad intrínseca, sino a azares de la historia. Pero es un hecho incontrovertible. Este predominio del castellano tuvo muy serias consecuencias: una de ellas

---

[71] Pericay (2009), pp. 187 y 191.
[72] Nadal (1967) rastreó la presencia abrumadora de nombres comunes castellanos en Cataluña, Antonio y Juan en 1550 y José y Juan en 1850.

7. DE LA TRANSICIÓN A NUESTROS DÍAS

fue que empezara a conocérsele comúnmente como el idioma «español»; otra de ellas, que fuera la lengua empleada por los conquistadores españoles en América, de modo que se convirtiera en el idioma del muy extenso Imperio español. Al mismo tiempo, la literatura castellana produjo desde la baja Edad Media hasta el Siglo de Oro una serie de obras de altísima calidad y de proyección universal, lo cual contribuyó a prestigiar la lengua y darla a conocer en el mundo. Aunque la decadencia política, económica y cultural de España en los siglos siguientes debilitara un tanto la posición internacional del español, su prestigio histórico y su presencia en América han mantenido su reconocimiento hasta nuestros días, de modo que hoy sigue siendo una de las más importantes lenguas de comunicación a nivel planetario; aunque claramente por detrás del inglés, el español está netamente por delante, en este aspecto, de otras lenguas europeas de la importancia del francés, el alemán o el italiano.

Procesos parecidos al que tuvo lugar en España desde la Edad Media han tenido lugar en otras naciones europeas donde un idioma ha predominado y ha adquirido carácter nacional y oficial. En las Islas Británicas el inglés se impuso a los diversos lenguajes gaélicos empleados en las «franjas célticas» y en Irlanda. En Alemania, Francia e Italia los respectivos idiomas se fueron imponiendo a diversas lenguas y dialectos locales. En casi todos los países europeos donde conviven lenguas menores con la lengua nacional oficial, se dan políticas de conservación y defensa de estas lenguas menores para evitar que desaparezcan. Es muy probable que el catalán sea la más importante de esas lenguas menores europeas y sin duda merece el respeto y la consideración que la legislación española le otorga. Lo que no es comprensible es que, contraviniendo la lógica lingüística[73],

---

[73] Otra inconsecuencia cultural o lingüística que los gobiernos nacionalistas han impuesto al resto de España es la grafía catalana en lugar de la castellana para designar poblaciones o localidades catalanas. Los casos más notorios son Lérida y Gerona, que siempre han sido los topónimos que en castellano designaban a las ciudades que en catalán se llaman Lleida y Girona. Pues ahora se ha impuesto la obligación de utilizar la grafía catalana cuando se habla en castellano y así se hace en los medios oficiales españoles, como TVE o el BOE. En correspondencia, lo lógico sería, por tanto, que al expresarse en catalán, los medios de esa región utilizaran la grafía castellana para designar los topónimos castellanos. Pero no es así: los medios catalanes utilizan la grafía catalana para designar a Aragón (Aragó), Huesca (Osca), Zaragoza (Saragossa), Teruel (Terol), Cádiz (Cadis), Córdoba (Còrdova), Castilla (Castella), León (Lleó), etc.

la legislación española y el interés de los catalanes, las autoridades autonómicas catalanas se obstinen en imponer el monolingüismo por medio de medidas opresivas y discriminatorias, como haber eliminado el castellano de las comunicaciones oficiales en Cataluña y de todas las inscripciones públicas y privadas, de la enseñanza (donde se da de hecho al español la consideración de lengua extranjera) y de todos los medios de comunicación y difusión subvencionados por la *Generalitat*. Aparte de hacer a la población, a la realidad social de Cataluña y a su condición de parte de la nación española, una violencia intolerable, bordeando el totalitarismo, el perjuicio que esta política inflige a la población catalana es gravísimo. ¿Puede imaginar el lector que en Escocia se siguiera una política encaminada a eliminar el inglés de la vida pública y a convertir esa tierra al monolingüismo gaélico? Es de suponer que eso provocara una reacción airada de una parte considerable de la población, incluidos algunos nacionalistas, que protestaría ante el intento de privarla de uno de los grandes activos que la educación pública otorga a la población escocesa, como es el conocimiento del idioma inglés. Algo parecido está teniendo lugar en Cataluña ante la política lingüística totalitaria, que provoca una reacción pasiva pero perceptible de la mayoría de castellanohablantes, y de un número nada despreciable de catalanohablantes. Para justificar esta imposición se afirma que el catalán ha sido una lengua oprimida y que, bajo el franquismo, no se la enseñaba en las escuelas. Esto último es cierto. En cuanto a la opresión del catalán, si bien es cierto que su uso estaba restringido bajo el franquismo, en los primeros años, al uso doméstico y particular (nunca fue reprimido en ese ámbito, como ahora se pretende hacer con el castellano en la Cataluña nacionalista), a partir de 1950, aproximadamente se permitió su difusión en libros y gradualmente en prensa periódica. Es interesante que los que afirman que el catalán ha sido una lengua perseguida en España nunca mencionan que en la Cataluña norte, que es francesa desde los comienzos de la *Guerra dels Segadors*, el catalán tiene una difusión infinitamente menor que en España; y nunca denuncian la opresión del catalán en Francia. Es notable también que estos defensores a ultranza de la lengua catalana afirmen por una parte que es una lengua oprimida y por otra lancen cifras evidentemente exageradas de su uso y usuarios, de los cuales más del 90 por 100 se encuentran en España, el país que, según ellos, los oprime y reprime. Estas contradicciones son una prueba evidente de la endeblez y

7. DE LA TRANSICIÓN A NUESTROS DÍAS

falsedad de sus argumentos. El catalán hoy no es una lengua oprimida, todo lo contrario, es una lengua opresora, que trata de oponerse coercitivamente al uso del castellano y rebobinar la historia para convertir un país tradicional y orgullosamente bilingüe en un país monolingüe, aislado de sus compatriotas y del resto del mundo, en manos de un Gobierno cuyo «único proyecto cultural es precipitar a Cataluña orgullosamente hacia la irrelevancia»[74].

Una cosa es defender y promover el uso y el conocimiento del catalán y otra muy diferente tratar de crear una barrera nueva entre Cataluña y el resto de España (y del mundo, al menos del mundo hispánico) e intentar reescribir la historia adaptándola a los deseos y designios de una minoría local poderosa. Al parecer existe una especie de «Universidad» en Cataluña que pretende convencer a algunos de que no sólo Colón era catalán, sino que también lo eran Cervantes y Santa Teresa de Ávila y varios otros clásicos del Siglo de Oro español. Por supuesto, se trata de una anécdota risible, pero es un síntoma de esta afición, extendida particularmente en Cataluña, a reescribir la historia e interpretar la realidad no tratando de ser objetivo, sino ajustándolas a determinadas preferencias o prejuicios. Así, según Borja de Riquer (2004, p. 377), para los partidos catalanes CiU, PSC e ICV (por no hablar de ERC) sería necesario modificar la Constitución para que «el catalán fuese una lengua tan normal en Cataluña como el castellano en Castilla». De modo que, al parecer, para estos partidos, el resto de España no existe. Se trata de una confrontación Cataluña-Castilla, cuyos idiomas deben estar en pie de igualdad. ¿Y el resto de España? ¿Y el resto del mundo? Volvamos a nuestro ejemplo británico: ¿podemos imaginar a un Gobierno escocés pretendiendo que el gaélico tenga en Escocia un carácter «tan normal» como el inglés en Inglaterra? ¿No sería eso equivalente a «precipitar a Escocia orgullosamente hacia la irrelevancia»? De hecho, la realidad es contundente y muestra el fracaso de este tipo de políticas identitarias y totalitarias.

La realidad es que la relación entre ambas lenguas, catalán y castellano, ha sido, y sigue siendo hoy en día, pese al dirigismo estatalista, muy intensa como era de esperar de unas lenguas romances vecinas. Esto desagrada al totalitarismo nacionalista. De ahí, quizá, que

---
[74] Roncagliolo (2015).

el papel de los filólogos catalanes haya sido determinante en la política de catalanización de la *Generalitat*, como ha reconocido con gran valentía y humildad uno de ellos, Xavier Pericay, en su autobiografía, publicada en ambos idiomas y titulada, precisamente *Filología catalana. Memorias de un disidente*. Escrito después de desilusionarse el autor con un proyecto de «normalización lingüística» que le había llevado a trabajar en la elaboración del manual de estilo de la lengua para diversas entidades públicas y privadas —el Ayuntamiento de Barcelona, el *Diari de Barcelona*, Renfe, e incluso el Colegio de Abogados—, el libro (2009, p. 197) llega a la conclusión de que «[u]na cosa es la filología y otra la filología catalana. [...] Un filólogo catalán no es sólo un experto en la variación lingüística, [...] sino que, por el mismo precio, se le reconoce una autoridad en todo cuanto guarda relación con Cataluña y sus problemas». Entusiasta defensor de la lengua catalana inicialmente, Pericay acaba compartiendo el comentario de un amigo y colega, Ferran Toutain, que empezaba «a creer que toda la normativa, desde [Pompeu] Fabra hasta hoy, ha sido una gran broma». Y continúa Pericay (2009, pp. 208-209):

> ¿cómo puede sostenerse que unas formas documentadas en una lengua hace más de cinco siglos no sean admisibles? ¿Cómo es posible que la simple coincidencia con la forma castellana correspondiente sea un criterio suficiente para proscribirlas de la gramática y el diccionario? ¿Por qué no se acepta que dos lenguas tan próximas como el catalán y el castellano puedan haber evolucionado en muchos aspectos en la misma dirección, hasta coincidir? Supongo que las respuestas a estas preguntas no tienen demasiado que ver con la filología. Dicho de otro modo: supongo que tienen que ver con la filología catalana y con la voluntad defensiva de unos gramáticos —de Fabra en adelante— que han tendido a privilegiar todas las soluciones diferenciales en detrimento de las comunes, por muy antiguas que fueran estas últimas. Unos gramáticos, pues, que han actuado por puro instinto de supervivencia de la lengua demográfica y económicamente más débil y de supervivencia, claro, de sí mismos. Bien mirado, todos estos gramáticos, y de forma notoria los que han ejercido cargos de responsabilidad, no se han comportado como gramáticos, sino como políticos. Y ya se sabe que un político es, antes que cualquier otra cosa, un superviviente.

Para el nacionalismo totalitario, el separar artificialmente el catalán del castellano es una parte importante de la tarea primordial de

7. DE LA TRANSICIÓN A NUESTROS DÍAS

crear una frontera entre Cataluña y el resto de España. Y si analizamos las cifras de familiaridad con el catalán entre los habitantes del Principado, el éxito de las políticas de inmersión lingüística ha sido total; por el contrario, si nos fijamos en los datos relativos a la identificación de la población con el catalán y a su uso diario, hay que reconocer su fracaso. En 1975 un 74 por 100 de los adultos barceloneses afirmaba entender el catalán, apenas un 55 por 100 de los que habitaban en la zona metropolitana, pero sólo lo sabían escribir un 14,5 por 100[75]. Para las demás provincias no hay datos, pero cabe suponer que el bilingüismo estaría más extendido en algunas de ellas, Gerona y el interior, y menos en otras, Tarragona y la costa. A partir de 1996, tenemos datos oficiales recogidos por el Instituto Estadístico de Cataluña que reflejan el cambio profundo que apenas tres lustros de políticas nacionalistas habían provocado: el porcentaje de población que lee, escribe y entiende el catalán entre quienes viven en Cataluña en esa fecha es abrumador: más del 90 por 100 lo entiende, entre un 70 y un 90 por 100 lo habla, y, algo menos, entre el 70 y el 80 por 100 lo lee. Las mayores diferencias se producen a la hora de escribirlo: entre los jóvenes lo escribe un 90 por 100, pero entre los mayores de 65 años sólo un 25 por 100 puede hacerlo. Obviamente, la escolarización obligatoria en catalán, la inmersión lingüística implantada en las escuelas tras la llegada de la democracia, ha contribuido a que la población nacida a partir de la década de 1980 sea capaz de hablar, leer y, muy especialmente, escribir en catalán.

Sin embargo, estos datos sólo muestran el conocimiento que la población que vive en Cataluña tiene del idioma catalán que, evidentemente, ha aumentado desde que la *Generalitat* tiene transferidas las competencias educativas y ha implantado el monolingüismo en la escuela catalana. Pero hay otro aspecto fundamental que no recogen estos datos: con qué lengua se sienten identificados los catalanes. Y en este caso, el panorama es bastante diferente al anterior. Según el propio IDESCAT, a partir de una encuesta realizada en 2008 y 2013, sólo un 37 por 100 de quienes viven en Cataluña siente el catalán como su lengua madre, frente a un 47 por 100 que se identifica con el castellano. Es más, sólo un 36 por 100 usa el catalán como lengua oficial, frente al 46 por 100 que usa el castellano y

---

[75] De Riquer en de Riquer y Maluquer (2004), p. 374.

a un 12 por 100 que usa ambas. A diferencia de lo que ocurría con los datos relativos al grado de alfabetización en catalán, los porcentajes de quienes sienten el catalán como lengua propia cambian poco por grupos de edad y sexo y, lo que es más sorprendente, el porcentaje de población que usa y/o se identifica con el catalán ha descendido, aunque sea levemente, en los cinco años transcurridos entre una y otra encuesta. Es decir, pese a la inmersión lingüística, que ha incrementado notablemente el conocimiento del catalán, tanto hablado como escrito, entre quienes viven en esa comunidad, la mayoría se siente castellanoparlante. Este sentimiento se hace extensible a quienes han nacido en Cataluña, entre los cuales un 58 por 100 considera el catalán como su lengua, frente a un 32 por 100 que se inclina por el castellano. Probablemente, el hecho de que Cataluña haya sido tradicionalmente una tierra de inmigrantes influya en estos datos, pero, como hemos visto, no es la única razón. El bilingüismo sigue vivo en la sociedad catalana pese a las políticas «normalizadoras» del catalán impuestas por la *Generalitat* en todos los ámbitos de la vida pública y en muchos de la vida privada. El castellano sigue siendo el idioma más usado en Cataluña y, por lo menos a pie de calle, coexiste con el catalán como lo hizo en el pasado. Al igual que treinta y siete años de totalitarismo franquista no pudieron evitar que en Cataluña se hablara catalán, treinta y cinco años de totalitarismo nacionalista no han conseguido que en Cataluña se deje de hablar castellano.

Quizá estos datos expliquen el tono permanentemente combativo del propio Gobierno de la *Generalitat* y de instituciones afines que, tras décadas de inmersión lingüística en catalán, todavía muestran una actitud victimista y consideran que el catalán es una lengua perseguida, en cuya supuesta legítima defensa preconizan una actitud de confrontación. Así lo hizo, por ejemplo, Ferran Mascarell, Consejero de Cultura en los gobiernos de Pascual Maragall y de Artur Mas, y antes Concejal de Cultura en el Ayuntamiento de Barcelona, al «reclamar a las instituciones del Estado que se olviden de "combatir el catalán"» en el mismo discurso en el que certificaba el «buen estado de salud de su lengua»[76]; o Ester Franquesa, ex Directora general de Política Lingüística, quien, tras presentar en enero de

---

[76] http://www.publico.es/espana/397655/el-dominio-del-castellano-duplica-al-del-catalan.

2014 al Parlamento catalán el informe sobre el estado de la política lingüística, afirmó que «los obstáculos legales y judiciales que el Gobierno español ha puesto y pone para evitar que el catalán coja terreno prueba que es obstáculo a la normalidad de la lengua catalana. Los episodios de impugnación del Estatut y la ley de educación, las propuestas educativas actuales, la contra persistente al catalán en instancias europeas o la intención de debilitar TV-3 denotan poco cambio»[77]. Aparte de la espantosa gramática empleada por la entonces directora de Política Lingüística, y de la imprecisión de su lenguaje, facilitaría nuestra comprensión que especificara cuáles son «los obstáculos [...] que es obstáculo a la normalidad de la lengua catalana» y qué es esa normalidad. Siguiendo en la estela de aquella primera *Crida* en defensa de la lengua, la «sociedad civil», sigue actuando hoy al servicio de la Generalidad. Así, una organización empresarial, que se declara independiente y también independentista, el *Cercle català de Negocis*, publicó en 2012 un escrito titulado *El catalán: una lengua perseguida durante cuatro siglos* donde enumeraba los principales agravios sufridos por Cataluña desde 1715 hasta nuestros días con el fin de erradicar su lengua. No menciona el documento, por ejemplo, que el catalán ha sobrevivido en ese entorno hostil en España, mientras casi desaparecía en el Rosellón francés. Entre las agresiones más recientes a la lengua, el documento menciona que en 2012 «el Tribunal Superior de Justicia de Cataluña impuso la posibilidad de escolarizar a los niños en castellano si así lo piden los padres», aunque olvida señalar que ni ésta ni ninguna de las muchas sentencias que ha habido en este sentido han sido cumplidas por el Gobierno de la *Generalitat*, ni que esta libertad de elegir se consideró la situación deseable por los nacionalistas catalanes que tomaron parte en la redacción de la Constitución española y del Estatuto catalán de 1979. Para el *Cercle*, en cambio, la libertad es opresora.

Frente a esta percepción viciada y tendenciosa, a un tiempo victimista y opresora, oficialista o directamente subvencionada por el poder público, Xavier Pericay (2009, p. 325) resume con claridad y precisión la verdadera naturaleza de la cuestión de la lengua al afirmar que:

---

[77] http://www.elperiodico.com/es/noticias/opinion/politica-linguistica-espera-2984172.

querer mantener en Cataluña, después de treinta años de democracia y más de veinticinco de autonomía, una política lingüística que siga privilegiando el catalán respecto al castellano [...] equivale a plantear una normalización lingüística *ad aeternum*, ya que el castellano siempre estará a años luz del catalán. Y [llega] el día, en que, en definitiva, entendemos que todo esto no lleva a ninguna parte, que sólo sirve para contentar las bajas pasiones de la gente y para ir alimentando a la bestia del nacionalismo, y que, en consecuencia, lo mínimo que puede uno hacer es quitarse cuanto antes de en medio y dejar de contribuir a tanto desatino. De pensamiento, palabra y obra.

Porque, concluye este autor, el «plurilingüismo [...] sólo se justifica en países [...] donde no existe una lengua franca», que no es el caso de España. En otras palabras, siendo el castellano la «lengua franca» en España, el pretender la igualdad lingüística es una utopía. Y, como dice Roncagliolo, el pretender convertir a una lengua menor en lengua única es precipitarse orgullosamente hacia la irrelevancia.

El «proceso de construcción nacional» a través de la lengua, si bien ha alcanzado todos y cada uno de los ámbitos de actuación de la administración catalana, ha tenido áreas de especial atención, como la inmigración, el control de los medios de comunicación, y, por supuesto, la educación. A través de actuaciones en todas estas áreas, el Gobierno de la *Generalitat* ha intentado hacer de una sociedad diversa, plural y bilingüe, una sociedad excluyente, monolítica y monolingüe en torno a un denominador común, «la lengua propia», el catalán, a exclusión de la lengua de todos, el castellano. No todas estas actuaciones tienen el mismo alcance, pero todas forman parte de ese proyecto político de construcción de una nación. Dentro de ellas cabe distinguir las que podríamos considerar inmediatas, que tienen efectos en el corto plazo, como la normativa sobre el uso del catalán en los espacios públicos, o el control de los medios de comunicación, y aquellas a más largo plazo, como las políticas de inmigración y, muy especialmente, las de educación. Las primeras se dirigen a toda la población, sin distinción de edad o condición; las segundas están orientadas a colectivos específicos, por lo general, vulnerables, bien por razón de su edad (como es el caso de los niños y jóvenes que tienen derecho a instrucción gratuita y, además, obligatoria, hasta los 17 años, período en el que son fácilmente moldeables), bien por razón de su condición de extranjeros o inmigrantes. La *Generalitat* no deja segmento alguno de la población, «el alma de la nación», al margen de su política de asimilación lingüística, como veremos[78].

El control de los medios de comunicación

Desde el primer día, el Gobierno de Jordi Pujol tuvo una política de control de los medios de comunicación, «unos medios de comunicación generalmente acríticos y frecuentemente serviles», en opinión de Pericay (2009, p. 184). El control se impuso sobre la prensa escrita, cuya circulación era ya muy baja y seguía cayendo, al igual que en el resto de España, y sobre los modernos medios de comunicación de masas: la radio, la televisión, y, más recientemente, internet y las redes sociales[79]. El objetivo último era la creación y consolidación del «famoso *espai català de comunicació*, ese fantasma que los nacionalistas sacan a pasear cada vez que alguien les lleva la contraria», cuya misión es oponerse a lo que denominan «la Brunete mediática […] a la prensa radicada en Madrid y difundida en Cataluña que se atreve a meter sus narices donde no la llaman» (*Ibid.*, pp. 327-328).

Nada más formar Puyol su primer gobierno, la *Generalitat* optó por la inmediata creación de un canal de televisión propio que potenciara la lengua y la cultura catalanas. Hasta su logo, un botón de *play* sobre el que están dibujadas las cuatro barras rojas de la señera, expresa claramente esta voluntad de catalanizar a la audiencia. En palabras de Pujol el día de la inauguración, «una lengua no puede vivir sin un medio de comunicación como éste»[80]. Así nació TV3 (nombre que hace referencia al tercer canal existente en Cataluña tras La 1 y La 2 de TVE), el principal canal de *Televisió de Catalunya*, empresa perteneciente al ente público *Corporació Catalana de Mit-*

---

[78] «La población es el alma de las nacionalidades», frase acuñada por Manuel Escudé y Bartolí, del Cuerpo Facultativo de Estadística y Oficial de la Administración del Estado, en su *Diccionario estadístico español de los resultados generales del censo de la población* ..., 1877, Barcelona, 1880, p. 7, citado en Nadal (1984, p. 248).
[79] El 16 de marzo de 2004 se creó la *Associació puntCAT*, más tarde transformada en la *Fundació puntCAT* que, un año más tarde, el 15 de septiembre de 2005 consiguió que se aprobara el dominio de internet «.cat» con «el soporte explícito de 98 entidades y asociaciones, 2.615 empresas y 65.468 personas de todos los lugares de habla catalana». http://fundacio.cat/es/historia
[80] http://hemeroteca.lavanguardia.com/preview/1983/09/11/pagina-4/32968920/pdf.html.

jans Audiovisuals (CCMA). El catalán fue el segundo canal autonómico que se instauró en España tras ETB 1 de *Euskal Telebista*, y el primero en emitir toda su programación exclusivamente en catalán. Su primera emisión en pruebas tuvo lugar el 10 de septiembre de 1983, aunque la programación comenzó en enero de 1984. Las prisas por iniciar cuanto antes la inmersión de la población en su nueva «lengua propia», llevaron al *Govern* a saltarse la ley vigente al crear TV3. Según el Estatuto de la Radio y Televisión Española, aprobado en 1980, las comunidades autónomas pueden controlar la gestión directa de su canal de televisión, pero este canal debía ser de titularidad estatal. TV3, sin embargo, pertenece a un nuevo ente público, *Corporació Catalana de Mitjans Audiovisuals* (CCMA), creado al efecto. El Estado español dejó pasar esta violación de la legalidad, y aunque las emisiones de TV comenzaron de manera «alegal», porque no había una ley que amparara la creación de canales autonómicos, finalmente, esta ley se aprobó en las Cortes y entró en vigor en enero de 1984. El Gobierno de Pujol le había ganado un pulso más al Estado, forzando un cambio legislativo que legalizara *a posteriori* su política de medios de comunicación. Días más tarde, TV3 comenzó la emisión de su programación completa. Este pulso tuvo lugar meses antes del que se planteó con el caso de Banca Catalana y, como este, también lo ganó Jordi Pujol.

Desde entonces Cataluña ha contado con una programación de carácter generalista, dirigida a todos los públicos y dedicada al apoyo de la cultura y la lengua catalanas, en clara competencia directa con las cadenas públicas y privadas de ámbito estatal. La televisión catalana se ha caracterizado por la producción propia de series, como por ejemplo *Ventdelplà*, y de programas de humor como *Polònia*, y ha prestado especial atención a acontecimientos deportivos, en especial la retransmisión de partidos de fútbol. Para poder emitir todos sus programas en catalán TV3 cuenta con un servicio de doblaje, el *Servei Català del Doblatge*. Además de poseer sedes en varias ciudades de Cataluña, TV3 también cuenta con delegaciones en Madrid, Bilbao, Perpiñán y Valencia, y ha contado con corresponsalías en Andorra la Vieja, Bruselas, París, Londres, Washington DC, Jerusalén y Pekín. Algunas de ellas fueron cerradas recientemente por la crisis económica.

La *Corporació Catalana de Mitjans Audiovisuals* se creó en 1983 como organismo dependiente del Gobierno de la *Generalitat* de Cataluña, con el fin de producir y difundir productos audiovisuales, a través de TV3 entre otros medios propios creados al efecto. De ella dependen todos los canales de televisión públicos: a TV3, se sumaron nuevos canales de televisión como 33, Super3, 3XL, 3/24, Esport3, TV3CAT, TV3HD y TV3D[81], y emisoras de radio como *Catalunya Ràdio*, *iCat FM*, *Catalunya Música* y *Catalunya Informació*[82]. También participa en determinadas empresas, como la Agencia Catalana de Noticias o Vang 3 Publicaciones, esta última en colaboración con *La Vanguardia*. La CCMA tiene, entre otros, siete canales de televisión, cuatro emisoras de radio, y varias empresas de comunicación, lo que la convierte en el ente más poderoso en su género en Cataluña, un ente financiado con fondos públicos. Ni que decir tiene que el mantenimiento de este entramado audiovisual es especialmente oneroso para el erario público. En 2013, el presupuesto de la CCMA fue de 296 millones de euros, de los que 225 fueron aportados por la *Generalitat*. Esta cifra es la segunda más elevada de todas las televisiones públicas en España, sólo superada por los 293 millones que recibe RTVE, y está muy lejos de lo que reciben los medios de otras comunidades autónomas como Andalucía, con 138 millones, el País Vasco (105 millones), Galicia (94) o Telemadrid con 71 millones[83]. Esto supone que a cada catalán le cueste 29,71 euros financiar la televisión autonómica frente a los 10,92 que paga cada madrileño. Parte de ese voluminoso gasto se debe a una plantilla sobredimensionada, de unos 2.400 empleados en 2013, más del doble que Canal Sur en Andalucía o ETB en el País Vasco. El objetivo final de la *Corporació Cata-*

---

[81] El Canal 33 de carácter cultural y que inició su andadura en 1989; TV3CAT es el canal internacional 24 horas que tiene como objetivo acercar la cultura catalana a los catalanes de fuera de la comunidad y fue creado en 1995; un canal dedicado al público infantil y juvenil (K3, K3-33, K3/300 o Super/300) que nació en 2001; un canal dedicado a la emisión de noticias las 24 horas del día, el Canal 3/24, que inició su actividad el 11 de septiembre de 2003; el Canal 300, canal temático, dedicado a las producciones de ficción catalanas, inaugurado en 2005; y un canal dedicado al deporte (Esport3) que comenzó a emitir en 2010. También emiten TV3HD y TV3 3D, en alta definición y en tres dimensiones respectivamente.

[82] Una es emisora generalista (*Catalunya Ràdio*), otra de noticias (*Catalunya Informació*), una tercera de música clásica (*Catalunya Música*) y una de cultura (*IcatFM*).

[83] http://www.alertadigital.com/2013/07/01/el-presupuesto-de-tv3-supera-al-de-rtve/

lana de *Mitjans Audiovisuals* es promover la «normalización lingüística» y difundir la cultura catalana, y el Gobierno de la *Generalitat* no ha escatimado medios para ello. Ni siquiera la crisis económica y el consiguiente ajuste presupuestario que se ha visto obligada a hacer la *Generalitat* han afectado seriamente su financiación. Los recortes llevados a cabo por la CCMA han incluido la fusión de canales, como el Super 3 con el 33, o el traslado a internet de la cadena radiofónica de cultura, *IcatFM*, ajustes menores en un entramado muy complejo y costoso. De hecho, el presupuesto de la CCMA para 2014 se movió en cifras solo ligeramente más modestas que las de años anteriores: casi 238 millones de euros, de los que 226 fueron aportados por la *Generalitat* y de los que se destinaron 195 millones a la televisión y 31 a la radio[84].

¿Cuáles han sido los resultados en audiencia de los medios audiovisuales catalanes financiados con dinero público? No parece que un presupuesto más elevado se haya traducido en un mayor éxito de audiencia que el de otras televisiones autonómicas. Históricamente, TV3 ha sido uno de los canales con más espectadores en Cataluña; fue líder de audiencia seis años consecutivos, desde 1997 hasta 2003, y lo ha sido desde 2009 hasta el día de hoy, aunque su porcentaje de *share* muestra una tendencia a la baja muy importante: si en el año 2000 un 21,2 por 100 de la audiencia veía este canal frente al 20,7 por 100 que seguía Tele 5, en 2012, los porcentajes de TV3 y Tele 5 han descendido al 14,3 y al 11,2 por 100 respectivamente. Su porcentaje de audiencia es similar al de otras televisiones autonómicas que cuentan con menores presupuestos: la televisión gallega tiene un seguimiento del 11,5 por 100, la de Aragón del 11,3 y Canal Sur del 10,1 por 100. Pero los resultados son aún más desalentadores si se compara la audiencia de los canales catalanes con el seguimiento que las televisiones de ámbito nacional tienen en Cataluña. Entre 2000 y 2012, las televisiones catalanas, incluyendo las públicas más 8TV, que es una cadena privada del Grupo Godó, nunca sobrepasaron el 28 por 100 del *share* y en 2012 tuvieron una audiencia del 22,2 por 100 frente al 73,2 por 100 de las nacionales. Si se analizan los datos de los programas más vistos cada año, se advierte que el indudable liderazgo de TV3, que llega a un 40 por 100 de los programas más vistos, no

---

[84] http://www.ccma.cat/corporacio/corporacio_pla_activitats_cas.htm

7. DE LA TRANSICIÓN A NUESTROS DÍAS

radica en los programas que fomentan la lengua y la cultura catalanas, sino en las retransmisiones deportivas, fundamentalmente partidos de fútbol en los que juega el Barcelona. Es decir, a pesar de la elevada oferta de canales autonómicos, cuya creación por la CCMA ha sido apoyada por el propio Gobierno catalán que la financia, los catalanes muestran unas preferencias similares a las de los otros españoles y tienden a seguir a otras cadenas de televisión, casi siempre en castellano.

La prensa escrita tiene un ámbito de difusión más reducido, pero también ha sido objeto de una política específica por parte de la *Generalitat*. Cataluña tiene un número importante de periódicos regionales muchos de los cuales o se publican exclusivamente en catalán o tienen tiradas tanto en catalán como en español. El decano y más importante de todos los periódicos catalanes es *La Vanguardia*, periódico catalanista (aunque sus orígenes estuvieron ligados al Partido Liberal), que se publica desde 1881 y ha estado controlado por la familia Godó desde entonces. Le siguen *El Periódico de Cataluña*, fundado en 1978 y perteneciente al Grupo Z, de ideología catalanista progresista; a éste le siguen *Avui* y *Punt*. El primero, fundado en 1976, fue el primer diario en Cataluña editado en lengua catalana y acabó fusionándose en 2011 con el segundo. *Ara*, creado en 2010 por la Asociación Cultura 03 y participado por empresarios importantes catalanes con el objetivo de difundir la lengua y la cultura catalanas, estuvo vinculado en un principio a CiU, y se edita en catalán para su distribución en Cataluña, Baleares, Valencia y Andorra; hay otros periódicos más locales como *Segre*, publicado en Lérida y fundado en 1982, y los *Diari*[s] *de Girona* (editado en catalán), *Sabadell, Tarragona* (ambos bilingües) o *Terrassa* (en castellano), y diarios deportivos como *Sport* (perteneciente al Grupo Z) o *Mundo deportivo* (del Grupo Godó, también en castellano).

Llama la atención el peso que tiene el Grupo Godó dentro de los medios de comunicación catalanes, especialmente de la prensa, ya que es propietario de los diarios de mayor tirada en información tanto general, *La Vanguardia*, como deportiva, *Mundo Deportivo*, y ha sido copropietario del *Avui*, pero también de revistas, televisiones (como 8TV), radios y nuevas tecnologías hasta tener control de un buen segmento del mercado audiovisual en Cataluña. Si se analizan los datos de las tiradas de los periódicos editados en Cataluña en relación con la prensa que se vende allí, la proporción es abrumadora: más del 80 por 100, cifra que se ha mantenido estable desde el año 2000 y que es la misma tanto para los diarios de información como para los deportivos. A ello contribuye que *La Vanguardia* y *El Periódico de Cataluña* tengan tiradas de 175.000 y 100.000 ejemplares diarios respectivamente, frente a una circulación de 33.000 de *El País*, el periódico de ámbito nacional de mayor difusión en el Principado. Ahora bien, los resultados son muy distintos si se tiene en cuenta la lengua en que se publica la prensa. Sólo un 30 por 100 de los periódicos editados en Cataluña publican exclusivamente en catalán, cifra que desciende al 25 por 100 si contabilizamos toda la prensa que se lee en Cataluña.

La prensa catalana también ha recibido ayudas de la *Generalitat* en un momento u otro, pese a su bajo grado de aceptación por parte del público (o quizá por ello). En 2012 las subvenciones fueron de 4,5 millones de euros a los medios de comunicación que utilizaran el catalán y el aranés, más otros cuatro millones a «proyectos que fomenten y consoliden el espacio catalán de comunicación». De estas cifras, *El Periódico* recibió 466.000 euros, *El Punt Avui*, 437.000 euros, el Grupo Godó, 278.000 euros, *Ara*, 200.000 euros, 51.000 euros el *Diari de Girona*, y, además, se destinaron casi 800.000 euros para diarios digitales y webs informativas con el requisito imprescindible de expresarse en catalán[85]. Sin embargo, el mayor beneficiado de las ayudas de la *Generalitat* a los medios de comunicación catalanes ha sido el Grupo Godó, el mayor grupo, como señalábamos antes, y un firme defensor de la actuación del Gobierno presidido por Artur Mas. En 2011 la *Generalitat* le concedió una subvención de 6,3 millones de euros, de los que más de un millón fueron para «fomentar el espacio catalán en los medios de comunicación» (expresión vaga, quizá deliberadamente), 100.000 euros para que su diario deportivo publicara dos suplementos en catalán y el resto para que se ampliaran las instalaciones para la edición de *La Vanguardia* en lengua catalana. La *Generalitat* invirtió, además, más de dos millones en *Publipress Media*, una central de ventas publicitaria controlada por este grupo, y 200.000 euros en subvencionar la televisión del Grupo, 8TV. En total, ocho millones de euros de di-

---

[85] http://www.vozbcn.com/2013/02/15/138189/cuatro-millones-2012-catalan/
http://quiosco.elmundo.orbyt.es/ModoTexto/PaginaNoticiaImprimir.aspx?id=11024293&sec=El%20Mundo&fecha=27_09_2012&pla=pla_11014_Madrid&tipo=1

7. DE LA TRANSICIÓN A NUESTROS DÍAS

nero público, por lo que no es de extrañar que se trate de un grupo de opinión muy afín a CiU[86]. Esta cantidad de dinero público recibido por el grupo Godó ha permitido a su periódico de cabecera, *La Vanguardia*, ser el que más ejemplares gratuitos distribuye, gracias a los convenios con Renfe, *Ferrocarrils de la Generalitat* o bibliotecas, e incluso con el Parque de Atracciones del Tibidabo[87]. En total, y según datos de la OJD, 57.209 ejemplares de los 172.813 diarios de *La Vanguardia* se distribuyeron de manera gratuita en 2012[88].

Hay otros ejemplos del apoyo de la *Generalitat* a la prensa catalana, o más bien cabría decir, catalanista. Entre ellos destacan las ayudas dadas a *Segre*, *Diari de Girona* y especialmente el nacionalista *Avui*. A través tanto de suscripciones como de subvenciones directas a lo largo de los años, la *Generalitat* invirtió cuantiosos recursos para sostener este diario hasta que, en 2004, la situación se hizo insostenible. La *Generalitat*, que era la principal acreedora de *Avui*, creó la *Corporació Catalana de Comunicació* que se hizo cargo del 20 por 100 de las acciones del diario, y además incorporó a dos de los principales grupos de comunicación de Barcelona, el Grupo Planeta, también propietario del diario conservador *La Razón*, y el Grupo Godó, propietario de *La Vanguardia*, como accionistas de referencia con el 40 por 100 de la propiedad cada uno. Finalmente, en 2009, el grupo *Hermes Comunicacions*, empresa editora del diario *El Punt*, adquirió el 100 por 100 de las acciones de la *Corporació Catalana de Comunicació* y ambas cabeceras se fusionaron en el nuevo diario *El Punt Avui*[89]. Ahora bien, pese a las ayudas recibidas de la *Generalitat*, los diarios que sólo se publican en catalán son minoritarios, y, como hemos visto, su circulación apenas llega al 30 por 100 de la de los periódicos editados en Cataluña. De todos ellos, sólo la versión en catalán de *El Periódico de Cataluña* tiene una tirada importante. En 2013, Francesc Homs, entonces *conseller* de Presidencia, llegó a afirmar que el Gobierno autonómico hacía un esfuerzo presupuestario importan-

---

[86] http://comunicacion.e-noticies.es/la-vanguardia-recibe-55-millones-para-la-edicion-en-catalan-65689.html
[87] http://www.periodistadigital.com/cataluna/barcelona/2012/06/12/la-vanguarida-tibidabo-sostres-godo-periodico-gratuito-regala.shtml
[88] http://quiosco.elmundo.orbyt.es/ModoTexto/PaginaNoticiaImprimir.aspx?id=11024293&sec=El%20Mundo&fecha=27_09_2012&pla=pla_11014_Madrid&tipo=1
[89] http://es.wikipedia.org/wiki/Avui

te con los medios públicos de la Corporación Catalana de Medios Audiovisuales (CCMA), porque «cumple una triple tarea de "compromiso con la lengua, voluntad inequívoca de servicio público y motor de la industria audiovisual de Catalunya"», pese a lo cual «suprimir[ía] las subvenciones y ayudas a los medios de comunicación, con la excepción de las ayudas vinculadas al uso del catalán [...]Los tiempos obligan a escoger, y nosotros escogemos el catalán, que además, en el campo de los medios de comunicación, ocupa una posición muy secundaria»[90].

Resulta, por tanto, que, pese a sus esfuerzos, la *Generalitat*, no ha conseguido el apoyo masivo de la población a su televisión o a su prensa cuyas subvenciones en Cataluña alcanzan un tamaño en proporción a su PIB superior al de la mayoría de las otras Comunidades Autónomas[91]. Pero no es de extrañar que sí haya conseguido el apoyo de los propios medios de comunicación, cuya supervivencia depende en gran medida de las generosas subvenciones del Gobierno catalán. Y si el control de los medios de comunicación le ha permitido al Gobierno de la *Generalitat* controlar la agenda política y ahogar el debate social en torno a su política lingüística y nacionalista, el control de la población, a través de la política de inmigración y, muy especialmente, de la política educativa le ha servido para conformar en gran parte la nueva sociedad catalana, es decir, producir –o al menos intentarlo— una juventud uniformemente catalanista.

La población catalana

¿A quién van dirigidas y por qué son «necesarias», desde el punto de vista de los gobiernos nacionalistas de CiU, esas políticas identitarias basadas en la imposición del catalán y en el control de los medios de comunicación, entre otras? ¿Quiénes son catalanes? En la actualidad viven en Cataluña casi ocho millones de personas, un 16 por 100 de la población española, lo que la convierte en una de las regiones más pobladas del país, por detrás sólo de Andalucía, con un 18 por 100. Esto no fue siempre así (Gráfico 7.6). Desde finales del siglo XVI, los catalanes han doblado dos veces su peso dentro de España,

---

[90] http://www.eldebat.cat/cast/notices/2013/02/la_generalitat_suprimira_las_subvenciones_a_los_medios_no_vinculadas_al_uso_del_catalan_67755.php
[91] Feito (2014), p. 14.

7. DE LA TRANSICIÓN A NUESTROS DÍAS

Gráfico 7.6
Distribución porcentual de la población española (1530-2011):
principales regiones históricas

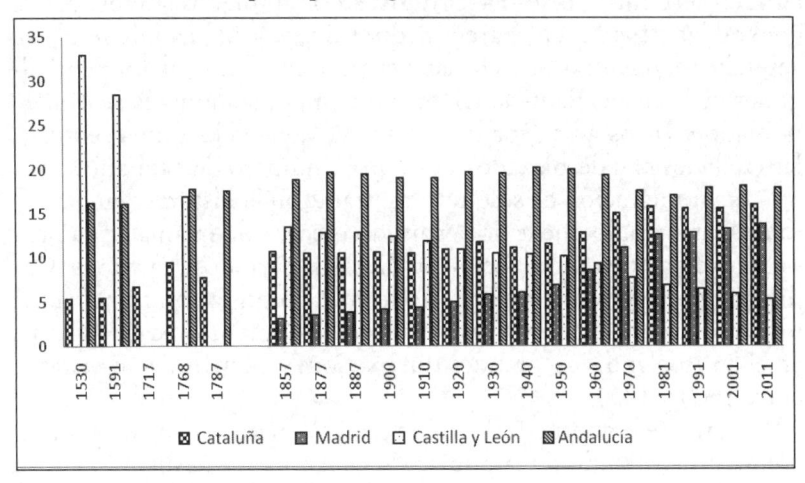

Nota: El eje de abscisas es discontinuo.
Fuentes: 1530-1768, en Nadal (1984), Cuadro 1, p. 17, y Cuadro 9, pp. 74-75; 1787-2001, en Nicolau (2005); 2008-2011, en INEbase.

una vez cada dos siglos: entre 1600 y 1787 los catalanes pasaron del 4 al 8 por 100 de la población española, y en 1981 ya eran un 16 por 100. Durante los últimos 30 años se ha mantenido, pero no incrementado, este peso relativo. Otras regiones, como Madrid, han crecido más en el último siglo y medio. Andalucía, la región más poblada del país hoy en día, representaba en el siglo XVI cuatro veces más que la propia Cataluña. Entre 1787 y 2011, además, ha mantenido una proporción casi constante dentro de España, justo por debajo del 20 por 100. Es, sin embargo, a partir de la década de 1960 cuando se produce la gran redistribución de la población española, en paralelo con una acelerada industrialización y una significativa pérdida de peso de la agricultura tradicional. Ello va a permitir que tanto en Cataluña como en Madrid el crecimiento demográfico sea más rápido que en otras regiones. Dos de estas , sin embargo, han registrado pérdidas significativas: Galicia y Castilla-León, que de representar conjuntamente casi un 40 por 100 en 1530, y un 30 en 1787, pasaron a albergar al 25 por 100 en 1857 y apenas a un 12 por 100 de la población total a finales del siglo XX.

LA POBLACIÓN

Desde que se produjo la unión de las antiguas coronas de Aragón y de Castilla, a finales del siglo XV, unas regiones han ganado población en términos no solo absolutos, sino también relativos, por lo general las situadas en el arco mediterráneo, y Madrid debido a su capitalidad, mientras otras la han perdido, como las del interior y algunas de la costa atlántica. Al mismo tiempo, la montaña se ha despoblado y la costa ha ganado población, y, ya en la última centuria, las ciudades han desplazado al campo en número de habitantes.

La inmigración ha sido una constante en la historia demográfica de Cataluña, lo que le ha permitido crecer por encima de su propia capacidad de reproducción en diversos períodos. Ya vimos (Capítulo 2) que durante la Edad Moderna la inmigración francesa fue un importante elemento dinamizador de la población catalana que, en el largo plazo, con grandes fluctuaciones, se mantuvo constante entre 1500 y 1700.

El fin de la guerra de Sucesión en 1714 marcó el inicio de un incremento sostenido de la población española, ya desprovista de la mayor parte de sus posesiones europeas (Nadal, 1984, p. 92). Cataluña no fue una excepción, todo lo contrario: durante el siglo XVIII la población catalana empezó a crecer de forma ininterrumpida, lo que la llevó a superar finalmente «el límite milenario del medio millón de personas» (Maluquer, 1998, p. 33). A esta recuperación contribuyeron decisivamente inmigrantes procedentes de otras regiones españolas, atraídos por la vitalidad económica del principado (Pérez Moreda, 1993, p. 388), una prosperidad a la que no fue ajena la renovación institucional que siguió a la implantación de los Decretos de Nueva Planta, como tuvimos ocasión de señalar en el capítulo 3. También los factores intrínsecos (nupcialidad y fecundidad) influyeron decisivamente en el dinamismo de la población catalana. Los catalanes, como refleja el censo de 1787, no sólo se casaban más jóvenes que los demás españoles, sino que también tenían más hijos.

A mediados del siglo XIX, en 1860, sin embargo, «[l]a vitalidad catalana, descollante en 1787, ha[bía] periclitado» según Nadal (1984, pp. 192-193). La transición demográfica, la caída en la mortalidad y en la natalidad de la población, se adelantó en Cataluña al resto de España y podía darse por concluida hacia 1900. El demógrafo Josep Vandellós i Sola atribuía al «egoísmo» esta temprana caída de la natalidad en Cataluña y el consiguiente estancamiento

7. DE LA TRANSICIÓN A NUESTROS DÍAS

de la población[92]. No había, sin embargo, tal egoísmo por parte de las familias catalanas: simplemente se habían adelantado al resto de España en su «transición» hacia un régimen demográfico moderno, de baja natalidad y reducida mortalidad, como correspondía a una región próspera, rica, urbana y diversificada. Tampoco se agotó la vitalidad demográfica en Cataluña, como temía Vandellós. Como ya había sucedido repetidamente con anterioridad, y gracias al dinamismo económico de «la fábrica de España», los inmigrantes llegados de otras regiones españolas a partir de la década de 1880, y muy especialmente durante los años Veinte y primeros Treinta, así como, más tarde, en los Cincuenta y Sesenta, contribuyeron al crecimiento de la población catalana en el siglo XX, un crecimiento superior a la media nacional que le permitió pasar de representar el 11 por 100 del total en 1900 al 16 por 100 actual[93]. Fue así como aragoneses, murcianos y alicantinos, andaluces y extremeños, pasaron a ser «catalanes», los «nuevos catalanes» que diría Candel. Nadal (1982, p. 119) lo ha expresado muy claramente:

> Lo que sí ha terminado en 1910 es el carácter autosostenido del crecimiento demográfico del Principado. Con el concurso exclusivo de los autóctonos, la población habría acabado por estancarse, primero, y por disminuir, después. Si, desafiando todas las previsiones, ha hecho la escalada ya mencionada, ello se debe únicamente al ingreso de gentes llegadas del otro lado del Ebro. Desde el segundo decenio de la centuria, la sangre española no ha cesado de aumentar y de rejuvenecer el capital humano de Cataluña. De 1878 a 1910, el elemento autóctono había aportado el 64,69%, es decir, casi las dos terceras partes del crecimiento total; de 1911 a 1975, el mismo porcentaje ha correspondido exactamente al elemento alógeno.

Entre 1970 y 2001, los movimientos internos de la población española disminuyeron y se circunscribieron a un ámbito geográfico más próximo: se trató de desplazamientos entre municipios y no

---

[92] «*Un excés d'egoisme en els nostres matrimonis és el que ocasiona principalment l'esgotament de la nostra vitalitat demográfica*» (Vandellós, 1985, p. 85).
[93] Nadal (1984), pp. 227-229. Vandellós ya había señalado que «*l'augment experimentat per la població catalana durant aquells 43 anys [1888-1930] fou degut en un 34,4 per cent a l'augment natural i en un 65'6 per cent a l'augment immigratori o social*» (1985, p. 52).

LA POBLACIÓN

entre regiones e incluso provincias como anteriormente, pese a lo cual es precisamente a partir de esa fecha cuando el crecimiento de la población catalana, muy superior al del resto del país con la excepción quizá de Madrid, le permite alcanzar el 16 por 100 de la población total que tiene en la actualidad (Gráfico 7.6). La inmigración volvió a contribuir decisivamente al crecimiento demográfico de Cataluña en el cambio de siglo, pero ya no eran españoles sino extranjeros los que llegaban (Nicolau, 2005, p. 104), haciendo cumplirse la profecía de Vandellós (1985, p. 57) de que si se mantenía el ritmo de crecimiento vegetativo de comienzos del siglo XX, como se mantuvo, «acabaremos este siglo habiendo en nuestra tierra más forasteros y descendientes de forasteros que catalanes»[94]. La temprana modernización de los patrones demográficos en Cataluña a finales del siglo XIX, pues, hizo depender su crecimiento demográfico de la inmigración, al igual que, por razones distintas, había sucedido en anteriores períodos históricos.

Efectivamente, algo de lo anunciado por Vandellós, ha ocurrido en el siglo XX: Cataluña, y también Madrid, han tenido saldos migratorios positivos que en gran parte explican el aumento de peso de ambas comunidades en el conjunto de la población española. La redistribución interna de la población española, muy marcada en las décadas centrales del siglo XX, se interrumpió con la llegada de la democracia y la crisis de los años setenta y primeros ochenta. Los saldos migratorios positivos que han tenido lugar recientemente, comparables e incluso ligeramente superiores a los de la década de 1960, interrumpidos como consecuencia de la reciente crisis económica, se han nutrido en toda España de inmigrantes extranjeros. El porcentaje de población extranjera en Cataluña pasa del 1,9 por 100 en 1996 al 14,5 en 2009, frente a la media nacional del 1,4 y el 10,4 por 100 respectivamente. Estas cifras son muy elevadas y en ocasiones han creado, y siguen creando, tensiones sociales. A las llegadas de

---

[94] Según Vandellós, en el año 2000 Cataluña tendría unos 3,7 millones de habitantes y el resto de España unos 48 millones de habitantes aproximadamente, cifra bastante acertada para el conjunto. Estas cifras supondrían que Cataluña representaría apenas el 7,1 por 100, desde el 11,8 por 100 que tenía en 1930. Para mantener esa proporción, Cataluña debería llegar a los 6,5 millones de habitantes, lo que supondría que debería recibir un contingente inmigratorio de 2,8 millones, como efectivamente sucedió pero Vandellòs no previó.

7. DE LA TRANSICIÓN A NUESTROS DÍAS

jubilados europeos y exiliados de Chile, Argentina y Uruguay, que habían arribado en los Setenta y constituían más del 80 por 100 de los extranjeros residentes en 1981 (Gil Araújo, 2006, p. 108), les sucedieron las llegadas de africanos, que en 2000 ya representaban el 42 por 100 de los extranjeros residentes en Cataluña —de los cuales los marroquíes solos eran el 34 por 100—, mientras que los inmigrantes europeos apenas llegaban al 26 y los latinoamericanos al 21 por 100[95]. A partir del año 2000, la inmigración se convierte en una cuestión de Estado en España, tanto por el volumen alcanzado como por la diversidad geográfica, cultural e incluso religiosa, de los recién llegados[96]. Cataluña y Madrid siguen siendo en estos años los principales focos de atracción de los inmigrantes, pero a ellos se han unido ya otras regiones que hasta muy recientemente tenían saldos migratorios negativos, como Valencia y Andalucía.

En los últimos años, la tendencia se ha invertido de nuevo, y se ha producido una pérdida neta de población, producto de la crisis económica que ha vivido nuestro país desde 2007. Esto ha supuesto que Cataluña perdiera 10.000 habitantes en 2012, 6.500 de los cuales eran españoles. De ellos 5.000 se fueron al extranjero y 1.500 se trasladaron a alguna otra región española. Por el contrario, en ese mismo año Madrid tuvo un saldo total positivo de casi 3.000 personas, y si bien perdió población extranjera (concretamente 5.200 personas), ganó población nacional (8.150 habitantes). Este hecho puede tener dos lecturas, pero ambas constituyen un mal síntoma para Cataluña: o bien su situación económica es peor que la de Madrid, o bien algunas decisiones políticas, como puede ser la política de inmersión lingüística de la *Generalitat*, están haciendo que muchos españoles abandonen el Principado[97].

---

[95] Maluquer en De Riquer y Maluquer (2004), p. 492. El cambio en el origen de los inmigrantes fue observado y analizado por las autoridades, que lo vieron con cierta preocupación. El propio Jordi Pujol «aseguró que la inmigración que recibe Madrid, proveniente de Sudamérica, es de más fácil integración y tiene muy poco que ver con la de Cataluña, formada por magrebíes, subsaharianos y pakistaníes. "Un ecuatoriano trasplantado en Madrid se encuentra como en casa [...] ni se nota"»(citado en Gil Araújo, 2006, p. 202-203).

[96] «Según datos de la Secretaría de Estado de Inmigración y Emigración de marzo de 2006, Latinoamérica es la principal región de origen de la inmigración, representando el 36,11 por 100 del total de los 2.873.250 inmigrantes documentados, frente al 23,40 por 100 de los africanos, 20,85 por 100 de Europa comunitaria, 12,53 por 100 del resto de Europa y el 6,45 por 100 de Asia» (Gil Araújo, 2006, p. 110).

[97] Datos de la Estadística de Variaciones Residenciales del INE.

Los efectos de la inmigración sobre el crecimiento natural de la población tanto en Madrid como en Barcelona, se perciben claramente desde finales del siglo XIX (Gráfico 7.7). Cada oleada de inmigrantes da lugar a un aumento del crecimiento natural de la población favorecido por la llegada de jóvenes en edad de trabajar y, además, de procrear. Los recién llegados rejuvenecen la población catalana con su presencia y, a medio plazo, con su potencial reproductivo[98].

Gráfico 7.7
Crecimiento de la población y saldos migratorios decenales en Cataluña y Madrid, 1900-2011 (miles)

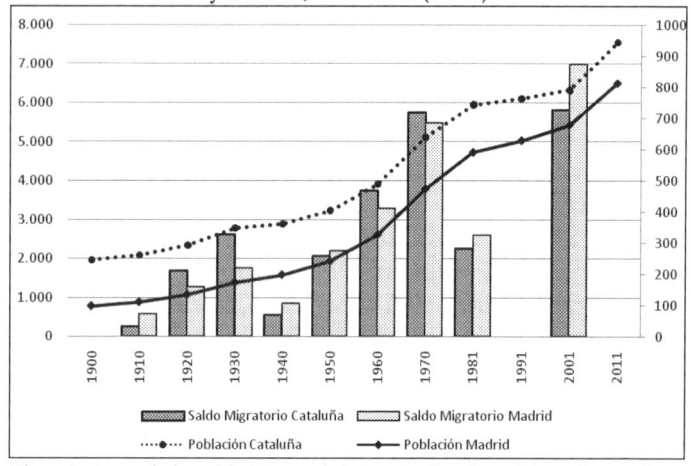

Nota: El crecimiento de la población en el eje izquierdo y los saldos migratorios en el eje derecho. **Fuentes:** 1900-1981, en Nicolau (2005); 2008-2011, en INEbase. Para 1982-2000 no hay datos y para 2001-2007 están calculados a partir de estadísticas residenciales.

Con ello contribuyen al dinamismo demográfico y económico de Cataluña a corto y medio plazo, al igual que lo hicieron los franceses en los siglos XVI y XVII. El crecimiento demográfico catalán, y por ende la inmigración en la que se basó, ha estado estrechamente

---

[98] Cabré y Pujadas, 1984; Maluquer (1998). Este último estima que el *«56 per 100 de l'increment total de la població durant el vintenni [1956-75] és imputable a les entrades netes d'immigrants»*, lo que le da un saldo migratorio acumulado de un millón doscientos mil sobre un crecimiento total de la población de dos millones. En su opinión, *«la causa principal de l'augment poblacional no va ser aquesta [el aumento de la natalidad] sinó la gran entrada d'immigrants»*, en su mayoría jóvenes en edad de crear familias (pp. 174ss).

7. DE LA TRANSICIÓN A NUESTROS DÍAS

vinculado a su crecimiento económico. Como señalaba Anna Cabré en una entrevista en 2001 (p. 2), «Uno de los datos que yo he producido y que ahora circula libremente sin que se sepa de dónde sale es éste: sin inmigración en el siglo XX, Cataluña actualmente no llegaría a los dos millones y medio de habitantes; por lo tanto, hasta los seis millones es el resultado de la inmigración del siglo XX. La población catalana es el resultado de corrientes migratorias muy importantes». Y lo sorprendente, según Jordi Pujol (2002, p. 15) es que «Es en cierto sentido bastante inédito [...] haber sido una tierra de acogida sin menoscabo de lo que es nuestra propia identidad». No en vano se habla de «nacionalismo identitario».

«La inmigración en los últimos cien años ha sido parte integrante, y parte importante, del sistema catalán de reproducción» (Cabré, 1999, p. 210). Ahora bien: ¿cómo ha sido vista la inmigración, por los propios catalanes y cuál ha sido la política oficial de la *Generalitat* en relación a la inmigración? En este tema, Jordi Pujol, el patriarca del nacionalismo identitario, ha llevado la voz cantante.

A lo largo del siglo XX los catalanes han tenido sobre esta cuestión una actitud ambivalente: han percibido la inmigración como una amenaza a su identidad, pero al mismo tiempo han reconocido que era una necesidad para su propia supervivencia. En enero de 1933 el Ayuntamiento de Barcelona intentó crear una comisión para el estudio de la inmigración, pero el proyecto fracasó. Meses más tarde, en 1934 se publicó «un manifiesto titulado *Por la preservación de la raza catalana*, firmado por personajes tan ilustres como Pompeu Fabra y Jaume Pi i Sunyer, entre otros»[99] y poco después, en 1935, Josep Vandellós publicó un libro sobre *La immigració a Catalunya*, donde se pone de manifiesto esa ambivalencia, como hemos visto. Tras la Guerra Civil, surgen nuevos actores en el debate sobre este tema. Jordi Pujol, que se había interesado por él siendo aún muy joven, fue uno de ellos. En 1958 dio una conferencia titulada *Per una doctrina d'integració*, y, un año más tarde, publicó un texto titulado *Immigració i integració*, ambos recogidos en el libro *La immigració, problema i esperança de Catalunya*, publicado en 1976. En la conferencia, expuso «su definición, hoy ya célebre, sobre qué es un catalán»[100]:

---

[99] Gil Araújo (2006), p. 240.
[100] Pujol (1976), 41-42, citado en Gil Araújo (2006), p. 242. De las catalanas Pujol parece tener poco que decir.

LA POBLACIÓN

Un catalán puede definirse de muchas maneras: lingüísticamente, históricamente, sentimentalmente, culturalmente... Es evidente que todo esto cuenta. Pero la definición que nos gusta más es aquella que dice: catalán es todo hombre que vive y trabaja en Cataluña, y que con su trabajo, con su esfuerzo ayuda a hacer Cataluña. Es la exigencia mental previa, la actitud previa de la política de integración.

En el libro, habla de Cataluña como crisol[101]:

> La misión de Cataluña —una misión gloriosa y plena de responsabilidad— es la de *acoger y refundir en una nueva comunidad catalana toda la masa inmigrada*. La misión de Cataluña es hacer de crisol [...] Con esto, la Cataluña moderna no hace más que enlazar con su tradición. Cataluña siempre ha hecho de crisol, siempre ha recibido inmigrantes, que por un lado la han enriquecido y a la cual ella ha dado forma: de gente dispersa se ha hecho una comunidad.

Pero hay un requisito adicional para poder cumplir esa tarea integradora de Cataluña: es el dominio del territorio, porque, como dice Pujol, quizá haciéndose eco de la formación alemana que recibió en los años cuarenta, los años de la II Guerra Mundial cuando la supervivencia de Alemania como nación se vinculaba a la existencia de «un territorio suficiente»[102]:

> No nos engañemos. Esto forma parte de la naturaleza humana: defender su territorio. Toda especie animal defiende su territorio, y la especie humana también. Naturalmente la especie humana puede superar estos reflejos instintivos, pero tiene que esforzarse para superarlos, y debe hacer un esfuerzo de comprensión de los problemas.

Para esta particular visión de lo catalán, Pujol se apoyó en un libro aparecido en 1964, *Els altres catalans* de Francisco Candel, por el que se sintió fascinado y al que llegó a considerar uno de los tres o cuatro libros más importantes publicados desde 1939, ya «que abrió el camino a la esperanza»[103]. Candel, de familia inmigrante y llegado

---

[101] Pujol (1976), p. 104, cursivas añadidas.
[102] Pujol (2000), p.18, citado por Gil Araújo (2006), p. 223.
[103] Pujol (1976), p. 8, citado en Gil Araújo (2006), p. 245. Según Josep Colomer (1986, p. 143) *Los otros catalanes* ha sido «el libro en catalán de más amplia difusión desde 1939».

7. DE LA TRANSICIÓN A NUESTROS DÍAS

a Barcelona de pequeño, consideraba «la condición catalana desde un punto de vista lingüístico cultural: la lengua como elemento definitorio de la catalanidad»[104], algo que encajaba perfectamente en las ideas del joven Pujol y que más tarde tuvo ocasión de implantar como Presidente de la *Generalitat*. Curiosamente, estas reflexiones sobre el problema de la inmigración surgen en Cataluña antes que en los países europeos que ya estaban recibiendo fuertes corrientes de inmigrantes extranjeros, y surgen, además, en torno a una población que en puridad no es extranjera, pues procede del resto de España. Ese rechazo a la cultura de los inmigrantes procedentes del resto de España impregnará tanto el pensamiento como, más tarde, la praxis de la política inmigratoria de la *Generalitat* que persigue, como ya dijo Pujol mucho antes de llegar a Presidente de la *Generalitat*, «refundir en una nueva comunidad catalana toda la masa inmigrada». Esta preocupación de Pujol ya estaba prefigurada en Vandellós (1985, p. 26): «[...] debemos pensar en la Cataluña del mañana, la de nuestros hijos y la de los hijos de nuestros hijos, y debemos tratar de que tenga vida y fuerza, que hable, piense y actúe en catalán».

El enfoque pujolista es radicalmente distinto del que proponía Jaume Vicens Vives, el gran historiador catalán prematuramente fallecido y hoy postergado en su tierra, en su obra *Notícia de Catalunya* de 1954, donde «rechaza la idea de raza y de espíritu del pueblo como fuente del carácter nacional, e intenta dar una visión histórico-psicológica, nada esencialista, "de una mentalidad colectiva formada a lo largo del tiempo como el resultado de aportaciones e influencias diversas, de características cambiantes"»[105]. Vicens (2013, pp. 25 y 28, cursivas añadidas) afirmaba que:

> [Los catalanes] Somos fruto de muchas levaduras y, en consecuencia, una buena rebanada del país pertenece a una cultura y a una biología del mestizaje.
>
> Los «gavatxos» han pesado tanto en la formación biológica actual de Cataluña como los pirenaicos y los iberos primitivos —si es que estos nombres responden a alguna cosa—. *Con la actual oleada de gente del sur, constituyen la triple fuente de nuestra sangre.*

---

[104] Según Colomer (1986), citado en Gil Araújo (2006), p. 245.
[105] Colomer (1986), p. 131, citado en Gil Araújo (2006), p. 247.

Las tesis de Vicens parecen ajustarse mejor a la Historia de la población catalana que tan bien conocía y a cuyo conocimiento tanto contribuyó su discípulo Jordi Nadal. Sin embargo, triunfaron las de aquellos que llegaron al poder: las de Jordi Pujol y quienes le apoyaron, entre otros la Fundación Jaume Bofill, organizadora de unas jornadas sobre «*Catalunya: immigració i reconstrucció nacional*», celebradas en Barcelona en 1978, un año antes de la aprobación del Estatuto de Autonomía, publicadas en el libro *Immigració y reconstrucció nacional a Catalunya*, en las que participaron el propio Pujol, Heribert Barrera, líder histórico de ERC y próximo *President del Parlament de Catalunya*, intelectuales como Manuel Vázquez Montalbán, Josep Mª Ainaud y Josep Mª Castellet, representantes sindicales y de partidos políticos, etc., en la que se sostiene que[106]:

> la clave de la cuestión se encuentra en una gran flexibilidad lingüística al servicio de una *catalanización irreversible*. [...que] *pasa por un doble gran frente de acción: la enseñanza y los medios de comunicación*. [...La] restitución del conocimiento de la propia historia implica una sustitución de la conciencia nacional centralista, construida por el franquismo, por una conciencia [... que] implica un consenso de los catalanes de origen y catalanes momentáneamente de residencia para ultimar un proyecto nacional que dé sentido a su concepción de la historia, a sus intereses de clase.

La llegada de CIU a la *Generalitat*, tras las elecciones de 1980, permitió la puesta en práctica de muchas de las ideas sobre la asimilación de los inmigrantes en Cataluña desarrolladas en las décadas anteriores por Jordi Pujol y su entorno: una política inmigratoria que era una manifestación más de su política de inmersión lingüística y de construcción de una identidad nacional como paso previo a la declaración de Cataluña como Estado independiente. En ausencia de una política de inmigración de ámbito nacional español, fueron las comunidades autónomas de «Cataluña, Andalucía y Madrid quienes encabezaron la creación de sus propios organismos y quienes desarrollaron sus propios programas, agencias y delegaciones, que diseñan, gestionan y ponen en marcha políticas

---

[106] AA.VV. (1980), p. 23, citado en Gil Araújo (2006), p. 248.

en respuesta a los cambios y nuevos desafíos». La *Generalitat de Catalunya*, ya en los años Ochenta, empezó a llevar a cabo acciones puntuales «en los ámbitos de salud y educación», medidas que culminaron con la aprobación del primer *Pla Interdepartamental d'immigració* en 1993, entre cuyos objetivos estaba «*[p]otenciar la participación de los inmigrantes extranjeros en la construcción nacional de Cataluña*», contando con su «aportación a la identidad y el patrimonio colectivo» a través de la llamada «vía catalana de integración». Una década más tarde, el segundo *Pla Interdepartamental d'Immigració, 2001-2004*, ya reconoce explícitamente en el título la existencia de esa «vía catalana de integración» basada en «que muchos *catalans immigrants* y sus hijos comprendieron la necesidad y la justicia que representaba el hecho de preservar los elementos propios de la cultura catalana, aquellos que le otorgan su personalidad, comenzando por la propia lengua», lo cual habría evitado que Cataluña se convirtiera en «una sociedad dual o conflictiva culturalmente» partiendo del «respeto mutuo y el acuerdo de la gran mayoría de la población implicada, al margen de su cultura de origen». Ante los retos que supone la afluencia de nuevos inmigrantes, procedentes de entornos culturalmente muy diversos, el Plan se plantea que «tanto las políticas públicas como el trabajo de la sociedad civil deben lograr que los ciudadanos extranjeros entiendan y acepten que Cataluña forma parte del Estado español, pero que *constituye una nación con rasgos de identidad que le son propios*» (Gil Araújo, pp. 134-141 y 188. Cursivas añadidas). Es decir, integración de los inmigrantes, sí, pero en Cataluña, no en España.

El plan de la *Generalitat* catalana se plantea la inmigración en términos de «cohesión social y nacional»; ERC llegó a proponer «la elaboración de una carta de acogida» entre cuyos requisitos estaba tener nociones de lengua, cultura y realidad social como paso previo para que los inmigrantes accedieran a la sanidad y a la educación, propuesta que fue rechazada en el *Parlament* (Gil Araújo, 2006, p. 226). Por contraste, el plan de inmigración de la Comunidad de Madrid, de 2001, se plantea cómo abordar el «choque cultural» entre la población autóctona y los recién llegados, sin hacer ninguna referencia que vaya más allá de cuestiones relacionadas con la «tolerancia, [el] pluralismo o [el] respeto a la diferencia», pero en ningún caso en términos identitarios. Más tarde, cuando el Estado español inicia una política de inmigración propia, adopta el enfoque «no nacionalista» de la Comunidad de Madrid, con referencias a «una cultura cívica, al imperio del Estado de derecho, el respeto por los derechos humanos, la ubicación de España en la Unión Europea, un alineamiento con la civilización occidental (y cristiana) y una clara definición del Islam como algo ajeno a la tradición cultural propia» (Gil Araújo, 2006, pp. 390-396).

Sin embargo, «[e]n el caso de la *Generalitat*, hay una clara definición de Cataluña como país, nación, casa, con unas señas de identidad que le son propias» entre cuyos «rasgos identitarios el más explícito es la lengua», cuyo dominio permite la existencia de «*catalans immigrants*, catalanes de otro origen, catalanes no nacidos en Cataluña» (Ibid., pp. 150-151). Como afirmaba Terenci Moix[107]:

> [...] el seny y la rauxa presiden el paisaje catalán y, de su pugna constante, nace un carácter peculiar, nunca bien comprendido por el resto de los españoles; una cultura riquísima, nunca bien conocida; y, en última instancia, un universo de apasionante diversidad. Por todo ello Cataluña es, a la postre, un estado de ánimo por el que a nosotros, los mestizos vocacionales, nos apasiona dejarnos arrastrar.

Ese «dejarse arrastrar» suponía aceptar con todas sus consecuencias la *cruzada lingüística*, las actuaciones centradas en la difusión del catalán entre los inmigrantes como paso previo a su integración puesta en marcha por la *Generalitat*, que abarcan todos los ámbitos de la vida pública y muchos de la privada: la publicación de guías de acogida como *Connecta amb Catalunya*, las campañas de la Secretaría de Política Lingüística como la de *Dona corda al català* (Dale cuerda al catalán), ampliamente difundida a través de «carteles en la vía pública, publicidad en la prensa, [... y] anuncios televisivos»; los spots publicitarios en la web protagonizados por jugadores de fútbol extranjeros «cantando el eslogan de la campaña: "Habla sin vergüenza, habla en libertad, y para empezar habla en catalán. Habla

---

[107] Terenci Moix, «Las dos Cataluñas», *El Mundo*, 2003 (citado en Gil Araújo, 2006 p. 231).

7. DE LA TRANSICIÓN A NUESTROS DÍAS

sin vergüenza, habla en libertad, y si te equivocas vuelve a comenzar"», y un largo etcétera (Gil Araújo, 2006, pp. 225, 228, 229). La escenografía de las buenas relaciones entre los catalanes de siempre y los nuevos catalanes no se ha descuidado en ningún momento, como pone de relieve el

> manifiesto *Nosaltres també volem parlar catalá,* entregado al ex *Conseller en Cap* Artur Mas, el 5 de septiembre de 2003, con motivo de la celebración del 11 de septiembre, fecha nacional catalana. En la misma ceremonia el entonces *Conseller* entregó la bandera catalana, *la Senyera,* a 190 entidades de inmigrantes.

Es evidente que la «sociedad civil», en este caso la vinculada a los colectivos de inmigrantes, está tan «infiltrada» de directivas catalanistas, y tan sometida al control político de la *Generalitat* como cualquier otro segmento vinculado a otros sectores, como tuvimos ocasión de ver en relación con la implantación de las políticas de inmersión lingüística con anterioridad.

Para algunos, esta política de integración o de «adscripción voluntaria a la cultura catalana por encima de la filiación, lo que en términos jurídicos sería, con un significado similar la preeminencia en Catalunya del *ius soli* sobre el *ius sanguinis*,» está justificada, es decir, puede ser considerada un éxito político, en la medida en que «ha acentuado el modelo igualitario [...] en donde la posibilidad de movilidad social ascendente se legitima por medio del esfuerzo individual»[108]. Sin embargo, otros estudios ponen de manifiesto la debilidad de esta tesis idílica de un supuesto paraíso cuya llave de entrada es la lengua catalana. Güell, Rodríguez Mora y Telmer demuestran que a lo largo del siglo XX no ha habido tal movilidad social en Cataluña[109]; antes al contrario, que dicha movilidad ha descendido, y que la pertenencia al grupo «catalán» por *ius sanguinis*, se ha consolidado como clave en el progreso social. Es decir, si bien ha habido una indudable mejora de la renta de toda la población, no ha habido reducción de las diferencias atribuibles a los orígenes familiares, es decir, socioeconómicos de partida. ¿Qué ha fallado? Como veremos a continuación, esta falta de movilidad social real es en parte

---

[108] Roque (2003), p. 170, citado en Gil Araújo (2006), p. 230.
[109] Güell, Rodríguez Mora y Telmer (2014).

achacable al sistema educativo, sobre el que la *Generalitat* tiene las competencias desde 1980. Las políticas identitarias, que han contaminado tantas áreas de actuación del Gobierno autonómico en Cataluña, han sido claves en su política educativa. El dominio del catalán, en un régimen de monolingüismo en la escuela, ha predominado sobre los intereses de niños y jóvenes en recibir una formación sólida y competente que les permita superar las desigualdades de origen socioeconómico familiar.

La política educativa de la Generalitat

A) ¿Formación de capital humano ...

La educación es el pilar básico de la política de control de la población a largo plazo de la *Generalitat* de Cataluña. En 1970 se había aprobado en España una Ley General de Educación que implicó una completa reorganización del sistema educativo con un claro objetivo: garantizar la escolarización obligatoria hasta los 14 años en un momento en que el atraso educativo de España era aún notable. El informe del Banco Mundial de 1962 había señalado como una de las rémoras al crecimiento económico en España la falta de formación de capital humano de su población, cuyo nivel medio de estudios no llegaba a los 5 años entre la población activa (Núñez, 2005).

La nueva Ley perseguía superar esa situación de atraso. Su implantación fue un éxito relativo: las tasas de escolarización aumentaron significativamente durante los últimos años del régimen franquista y los primeros de la democracia, pese a la crisis económica y a la inestabilidad política que caracterizaron este período y, en 1980, la población activa alcanzó una media de casi 6 años de estudios. Ni la red de centros escolares, ni el número de maestros y profesores, pudo mantener el ritmo de aumento de la demanda de escolarización, dando lugar a problemas de masificación en las aulas, entre otros, lo que incidió en la calidad de la instrucción impartida. Pero el problema fundamental era la escasez de titulados preparados para hacerse cargo de las aulas. Una de las medidas más cuestionables que contemplaba la ley para paliar este problema fue la de permitir que los maestros —con apenas tres años de formación generalista— y no exclusivamente los licenciados —con 5 años de estudios superiores—

pudieran hacerse cargo de la Enseñanza General Básica, que venía a sustituir al antiguo Bachillerato Elemental.

Cuando en 1980 Cataluña y el País Vasco recibieron las competencias en la enseñanza pre-universitaria se encontraron con un sistema educativo aún deficitario, tanto en escuelas e institutos como en profesores, en el que convivían centros de enseñanza públicos y privados, una situación similar a la del resto del país. La oportunidad de diseñar el proceso de selección de los nuevos maestros y profesores, que tan necesarios eran, otorgaba a Cataluña y al País Vasco, las primeras autonomías en recibir competencias educativas, un poder inmenso que podía ponerse al servicio del nacionalismo.

Las transferencias educativas permitieron a la Generalidad tomar el control en el diseño y la organización de una red escolar propia, a cuyos centros públicos se unió, tras la aprobación de la Ley del CEPEPC de 1983 (*Col.lectiu d'Escoles per l'Escola Pública Catalana*) «casi un centenar de escuelas privadas que tradicionalmente habían sido el motor del movimiento de renovación pedagógica inspirado por la institución Rosa Sensat», maestra y pedagoga renovadora que había ejercido su magisterio en la Barcelona del primer tercio del siglo XX. También le permitió, de forma inmediata, desarrollar una política propia «en la selección y la contratación del profesorado público» (De Riquer, 2004, pp. 390-391), en unos momentos en que la contratación estaba en plena fase expansiva. Y es en este punto donde la política lingüística de la *Generalitat* entró plenamente en acción. El debate educativo en Cataluña no se centró, como en otras regiones españolas, en la disyuntiva entre escuela pública o escuela privada, sino entre escuela bilingüe, la acordada por Tarradellas y el Ministro Iñigo Cavero, o escuela «en catalán», que el Gobierno de Jordi Pujol impuso, en contra de la legislación vigente y de los postulados de la propia Rosa Sensat, que siempre había abogado por la enseñanza en la lengua materna. Y para la nueva «escuela catalana» hacían falta profesores y maestros que hablaran en catalán, condición que, como jocosamente había comentado Adolfo Suárez unos años antes en una entrevista en *Paris Match*, era difícil de cumplir, porque «[e]ncuéntreme primero profesores que puedan enseñar química nuclear en vasco o catalán, etc. Seamos serios». La observación dio lugar a un debate en la prensa nacional, con «precisiones» y ambiguos desmentidos de la Presidencia del Gobierno en respuesta a la protesta de «los catalanes», según el autor de un reportaje sobre esta polémica publicado en *Avui* (Molinero e Ysàs, 2014, p. 123). Hubiera profesores o no, el caso es que tanto en Cataluña como en el País Vasco se puso en marcha una campaña de «catalanización» y «euskaldización» del cuerpo docente, a quien se impartieron clases de la «lengua propia», que no todos dominaban por supuesto, en principio voluntarias y muy pronto obligatorias, cuyos efectos no han sido debidamente analizados pero que no cabe ignorar. Ante la preocupación que la imposición de la nueva política lingüística suscitó entre muchos profesores, se produjo un éxodo de aquellos que habían alcanzado su puesto por oposición nacional, desde estas dos regiones. Siguió un proceso de «nacionalización» del cuerpo de maestros y profesores de enseñanza no universitaria en ambas comunidades autónomas, con lo que casi desapareció la movilidad interregional entre los profesionales de la enseñanza en España, movilidad que había dado muy buenos resultados en la configuración del sistema docente e incluso de la sociedad española en su conjunto. La nueva política potenció, por el contrario, el localismo y el apego a la patria chica entre los responsables de formar a los jóvenes. Este efecto expulsión de los oriundos de otras regiones se extendió, con el tiempo, a otros colectivos: jueces, inspectores, médicos, etc., consolidándose así la «catalanidad» de los cuerpos civiles de administración del Estado en Cataluña.

Veinte años después, *El Periódico* (28 octubre 2000) publicó un documento titulado *La estrategia de la catalanización*, que pone de manifiesto la importancia que el control de los maestros seguía teniendo para la *Generalitat*. Entre otras «propuestas para conseguir la nacionalización de Cataluña» que «circulaban» entre «las *Consellerías* de la *Generalitat*» y «en las altas esferas de CDC y UDC» se pedía la «[e]laboración de un plan de formación permanente y de reciclaje del profesorado que tenga en cuenta los intereses nacionales»;»[p]romover que en las escuelas universitarias de formación del profesorado de EGB se incorpore [...] el conocimiento de la realidad nacional catalana»; «[r]eorganizar el cuerpo de inspectores de forma y modo que vigilen el correcto cumplimiento de la normativa sobre la catalanización de la enseñanza. Vigilar de cerca la elección de este personal»; «[v]elar por la composición de los tribunales de oposición»; «[h]acer cumplir los mínimos establecidos en lo referente a la enseñanza en catalán»; objetivos todos ellos que terminan con una propuesta encaminada a la «[d]efensa del propio modelo de reforma educativa. Realizar una campaña explicativa» de la que la publicación en *El Periódico* bien podía ser parte. La *Generalitat* se había propuesto controlar a los maestros y profesores, es decir asegurarse de que fueran afines a su política educativa, que no se limitaba a asegurar un correcto dominio de la lengua catalana (sin garantizar el correcto dominio de la lengua castellana), sino también a transmitir los valores nacionalistas a la población.

El catalán se convirtió así en la lengua vehicular en la escuela[110], alegándose que en toda España se practica la inmersión, ya que a los niños de otras nacionalidades se les educa exclusivamente en castellano. Pero la catalanización de los niños, que se inició en las aulas, se hizo pronto extensiva, de manera característicamente totalitaria, a su tiempo libre, es decir, a los recreos y períodos de juegos, ya que, según la *Generalitat*, los «alumnos deben emplear el catalán como lengua de relación, no sólo como una lengua de docencia»[111]. La imposición lingüística llegó algo más tarde a la universidad, donde el catalán se convirtió en «la lengua de uso normal en la actividad docente y administrativa». Su conocimiento se recomendaba incluso a los estudiantes extranjeros —«si no te quieres perder la vida social y cultural de nuestras ciudades, te irá bien aprender catalán, porque enseguida sentirás que formas parte de la comunidad y podrás participar en numerosas actividades que se programan»— a quienes se subvencionaba el estudio del catalán, pero, naturalmente, no el del castellano[112].

Como la política lingüística, la política de inmersión educativa despertó recelos entre la población castellano-parlante, una mayoría silenciosa como hemos visto, que vio peligrar la formación de sus hijos, de nuevo el Gobierno de la *Generalitat* enarboló la bandera de la defensa de la lengua, cuyos supuestos «derechos», antepuso al derecho a la educación y al derecho a conocer la lengua del Estado, el castellano, que todos los españoles tienen el deber constitucional de conocer. El argumento más frecuente fue que el castellano ya se habla sin necesidad de que se enseñe, desoyendo las voces que vinculaban el elevado fracaso escolar en Cataluña, superior al de otras regiones españolas, a la falta de instrucción en la «lengua madre», y desatendiendo, además, el derecho a adquirir una alfabetización funcional en dicha lengua.

---

[110] http://www.gencat.cat/catalunya/cas/coneixer-llengua.htm
[111] http://www.vientosur.info/IMG/pdf/Argumentos_castellano_2.pdf
[112] http://www.intercat.cat/es/info/catala-universitat.jsp

Muchos de quienes alzaron su voz en contra de la política lingüística de la *Generalitat* reclamaron también una instrucción pública en castellano, pero la lucha diaria recayó directamente en las familias, es decir, en los padres que querían una enseñanza bilingüe para sus hijos. Ante la impasibilidad de la administración educativa, que no atendía sus reclamaciones y que recurría al aislamiento de los niños cuyos padres pedían instrucción en castellano, a las familias sólo les quedaron abiertas dos opciones: la vía judicial, larga y costosa, y por tanto inoperante para resolver el problema de unos niños que se hacen adultos antes de que se produzca una sentencia favorable; o el abandono del sistema escolar catalán, emigrando a otras regiones de España, o escolarizando a los hijos en colegios privados extranjeros. El éxodo de funcionarios hacia otras CCAA, que habían iniciado maestros y profesores, pronto se extendió a otros cuerpos estatales, que vieron peligrar la formación de sus hijos en la escuela pública catalana y cuyos ingresos no les alcanzaban para escolarizarlos en las escuelas privadas a las que asistían los hijos de la burguesía y de la clase política catalana. Las sentencias favorables a la escolarización en castellano, cuando han llegado, han sido sistemáticamente incumplidas por la *Generalitat*, pero también por el Gobierno de España, que no ha impuesto su aplicación, en flagrante violación de su obligación de velar por la aplicación de la ley en todo el territorio nacional.

La imposición del monolingüismo en la escuela ha tenido costes indudables para la población catalana, que ha perdido parte de la ventaja que tenía dentro de España en términos de capital humano. Entre 1960 y 2011 el nivel educativo de la población española se multiplica por dos, pasando de algo menos de 5 años de estudios a casi 10 años (De la Fuente y Doménech, 2011, p. 9). El ritmo de crecimiento se acelera notablemente a partir de 1970, con la entrada en vigor de la nueva ley de educación, que amplía la escolarización obligatoria hasta los 14 años. El esfuerzo llevado a cabo en todo el país permite reducir significativamente las diferencias existentes entre las futuras Comunidades Autónomas[113]. A la cabeza ya no está la España interior, que históricamente había tenido los niveles de educación más altos del país, sino Madrid, seguida del País Vasco que gana puestos hasta situarse en el grupo de

---

[113] «En términos del coeficiente de variación de los años medios de formación normalizados, las disparidades educativas se han reducido en un 52% entre 1960 y 2011» (De la Fuente y Domènech, 2011, p. 13).

cabeza. A la cola sigue la España del sur, de Castilla la Nueva a Extremadura y Andalucía, y también Galicia, regiones todas ellas que, dentro de su atraso relativo, acortan distancias en las últimas dos décadas. Cataluña, que tenía casi 8 puntos de ventaja con respecto a la media nacional en 1960, se sitúa, cincuenta años más tarde, en 2011, muy cerca de la media, a menos de dos puntos; Madrid y el País Vasco, por su parte, aunque reducen su diferencia con la media significativamente (muestra elocuente de convergencia), aún tienen más de 11 y 5 puntos de ventaja respectivamente en esa fecha. Pero hay más: independientemente del indicador de capital humano que tomemos, la posición relativa de Cataluña en España tiende a empeorar en las décadas más recientes (Datos del IVIE). Entre los ocupados catalanes, la pérdida de liderazgo es mayor y una constante durante todos estos años; entre los parados la situación de atraso relativo es mayor en las dos décadas primeras y en la última. De hecho, la convergencia en el nivel educativo de los parados ha sido notable entre Cataluña y las regiones del Sur, Castilla la Mancha, Andalucía y Extremadura. ¿Cómo se explica esta reciente involución educativa de Cataluña, que de encontrarse entre las regiones líderes desde finales del siglo XIX, e incluso de mejorar su posición relativa durante las décadas centrales del siglo XX, ha pasado a situarse en torno a la media nacional, por detrás de otras Comunidades, como la propia Madrid? ¿Cómo se explica que haya sido, precisamente, durante las últimas décadas, las de mayor control sobre la política educativa por parte del Gobierno de la *Generalitat*, cuando no sólo no ha mejorado, sino que ha empeorado la situación relativa de Cataluña en términos de capital humano?

La *Generalitat* niega las diferencias y las que admite las achaca a dos factores «ajenos» a su gestión del sistema educativo: la elevada presión migratoria que ha experimentado el Principado hasta muy recientemente, y la insuficiencia financiera de su Gobierno, debido a la escasez de fondos transferidos desde «el Estado español» que sería, por tanto, el culpable de esta anómala situación. Examinemos la validez de estos argumentos. Cataluña no es la única región española que ha experimentado procesos inmigratorios de magnitud similar. Con anterioridad destacábamos las similitudes entre Madrid y Cataluña a lo largo de todo el siglo XX (Gráficos 7.6 y 7.7): las dos se encuentran entre las que más peso demográfico han adquirido dentro de España, y la inmigración ha sido clave en ese crecimiento de la población. Hasta 1970, el saldo migratorio era mayor en Cataluña que en Madrid, pero a partir de 1981, y muy especialmente en la última década, la situación se ha invertido a favor de Madrid. Curiosamente, desde 1900, fecha en la que el Gobierno central asumió la financiación directa de la instrucción primaria con la creación del Ministerio de Instrucción Pública y Bellas Artes, el nivel de estudios de la población activa en Cataluña se situó por encima de la media de España, y la distancia se fue ampliando hasta situarse a más de 20 puntos entre 1930 y 1960, sólo por detrás de Castilla y León. No parece que la fuerte presión inmigratoria, en los años veinte y treinta y en los años cincuenta y sesenta, fuera un obstáculo insalvable para la mejora del nivel de estudios de los catalanes, viejos y nuevos, dentro de una política educativa de ámbito nacional. A partir de 1981, como vemos, la presión migratoria en Cataluña fue considerable, pero la sufrida por Madrid fue mayor aún sin que se resintieran tanto sus índices educativos.

Es cierto que la Mancomunidad catalana tuvo competencias, aunque limitadas durante los años de autogobierno previos a la Dictadura de Primo de Rivera, y durante la República, pero, en términos generales, la política escolar en Cataluña hasta 1980, en que de nuevo se transfirieron las competencias a la *Generalitat*, fue la del Gobierno central. Y esa política, pese a las notables carencias e insuficiencias del sistema educativo español, a las que pretendió dar una respuesta la Ley General de Educación de 1970, permitió a Cataluña despegarse del resto de España en términos de formación de capital humano, pese a las presiones migratorias (Núñez, 1992). La política educativa del Gobierno central no parece, pues, haber discriminado o perjudicado a Cataluña en esos años, si bien a partir de 1960 se inicia un proceso de convergencia en el nivel educativo entre las distintas regiones españolas que se acelera en las décadas siguientes, ya transferidas las competencias educativas a las Comunidades Autónomas, Cataluña, el País Vasco y Andalucía entre las primeras. La existencia de un concierto económico muy favorable al País Vasco, como es lógico, puede haber influido directa y positivamente en los resultados obtenidos por esta comunidad en términos de formación de capital humano; pero no justifica el éxito relativo de Andalucía, Extremadura o Castilla la Mancha que, sin disponer de una financiación similar, han acortado distancias con Cataluña; ni el de Madrid, que con niveles de inmigración comparables y con una financiación también inferior a la catalana, ha conseguido mantener su ventaja inicial. La política educativa de la *Generalitat*, y no su capacidad de financiación, parece ser lo que mejor explique esta situación. Hay un rasgo de la política educativa de la *Generalitat* que la aparta del resto de España, incluido el País Vasco: la política de inmersión lingüística, que excluye del sistema educativo el castellano, la lengua materna de la mayor parte de la población catalana. La política educativa del País Vasco, igualmente identitaria, no ha llegado a esos extremos y ofrece tres o cuatro vías en las que el peso dado a la enseñanza en castellano y en vasco varía. La diferencia entre uno y otro modelo es que el catalán no permite ese tipo de «gradualismo» y es, por tanto, excluyente. Sin duda, esta imposición lingüística explica el elevado fracaso escolar de los niños y jóvenes catalanes, que está entre los más altos del país, y las igualmente elevadas tasas de abandono temprano, que terminan reflejándose en el número de años de escolarización de la población. El porcentaje de jóvenes que abandonan tempranamente los estudios fue del 27 por 100 en Cataluña, muy similar a la media española de un 28 por 100, mientras que el de Madrid se situó en el 21 por 100[114].

Gráfico 7.8.
Evolución del nivel educativo, la renta por habitante y el Índice de Desarrollo Humano (IDH) en Cataluña, Madrid y Andalucía (1980-2010) (España = 100)

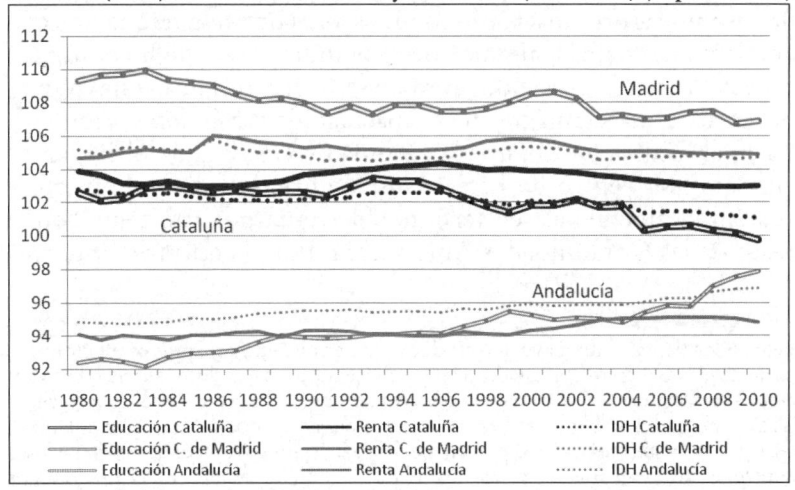

Fuente: Fundación Bancaja e IVIE (2013, 2014).

La evolución del Índice de Desarrollo Humano (IDH) entre

---

[114] En un estudio reciente sobre la rentabilidad privada y fiscal de la educación, De la Fuente y Jimeno concluyen que si bien «el incremento en los ingresos fiscales

1980 y 2010 apoya esta interpretación (Gráfico 7.8)[115]. En Andalucía, exponente de las regiones más atrasadas de España situadas mayoritariamente en el sur de la Península, los tres indicadores — renta, educación e índice compuesto IDH— evolucionan de forma muy similar: hay mejora, pero no suficiente para alcanzar la media nacional; el Índice de Desarrollo Humano se sitúa por encima de los indicadores de renta y de educación, debido evidentemente a los buenos datos del indicador de salud, si bien en la última década el índice de educación supera al de renta. Un nivel educativo muy por encima del de renta, éste bastante próximo al IDH, es el rasgo característico de la Comunidad de Madrid. En esta comunidad hay una clara convergencia de los tres indicadores hacia los niveles nacionales, pero también la hay de la educación con la renta, si bien la primera se mantiene muy por encima de la segunda. Cataluña, por su parte, es la única de las tres comunidades cuyo nivel de renta se sitúa muy por encima del nivel educativo, tendencia que se inicia en la década de 1980. La pérdida de liderazgo de Cataluña dentro del conjunto de España que se detecta en estos indicadores de bienestar coincide con la que detectábamos en algunos de los indicadores macroeconómicos a los que nos referíamos con antelación. Además, algunos de esos indicadores de bienestar, en especial todos los relacionados con la formación de capital humano, inciden directamente en la capacidad de crecimiento económico en el futuro. De ahí que la pérdida de ventaja que observamos en Cataluña dentro de España, no augure un futuro de fuerte y sostenida divergencia en términos de renta por habitante con el resto de las Comunidades Autónomas. Por el contrario, estos in-

---

netos que resulta de un mayor nivel educativo permite en principio recuperar buena parte del gasto directo del Estado en el sistema educativo e incluso dejaría un sustancioso beneficio neto en el caso de los dos primeros ciclos universitarios [...e]l grueso de este efecto sin embargo, se lo comen los costes derivados del fracaso escolar». El coste del fracaso escolar como porcentaje del gasto público directo que estiman estos autores es de un 59 por 100 en España. El de Cataluña asciende a un 68 por 100 y es el más alto del país, frente a un 43 del País Vasco y un 44 de Castilla y León, los más bajos. El de Madrid lo estiman en un 56 por 100. De la Fuente y Jimeno (2011), Cuadro 10, p. 24.
[115] El Índice de Desarrollo Humano (IDH) recoge en un solo indicador los niveles de renta por habitante y de bienestar de la población, que tiene en cuenta el nivel de estudios –las tasas de alfabetización o el número medio de años de estudio— y la salud de la población, medida a través de la esperanza de vida al nacer.

dicadores refuerzan la hipótesis de que, a medio y largo plazo, y de persistir estos niveles relativamente bajos de inversión en capital humano, la convergencia (regresión hacia la media) con el resto de España aumentará.

Cuando la *Generalitat* recibió las transferencias en educación, en 1980, recibió la responsabildad de gestión con el fin de que pudiera atender de forma más eficaz, dada su mayor proximidad a los ciudadanos, a las necesidades de formación en capital humano de los catalanes, viejos y nuevos por igual. Pero en la medida en que también recibió el traspaso de competencias normativas, la *Generalitat* adoptó una política educativa desde una óptica identitaria, la misma que aplicó a su política lingüística, de medios de comunicación e incluso de inmigración, desatendiendo las necesidades reales de la población. De ahí el fracaso educativo al que apuntan distintos indicadores de formación de capital humano en la Cataluña autonómica. A partir de la transferencia, las prioridades, establecidas a través de una normativa propia, y la gestión de los fondos transferidos por el Estado al Gobierno autónomo, corresponden a la *Generalitat* de Cataluña. También le corresponde la responsabilidad por los resultados obtenidos, y por los efectos que estos puedan tener en el futuro.

B) ...o formación del espíritu nacional[ista]?

El segundo campo de batalla por el control de la educación se situó en torno a los contenidos específicos que la nueva legislación educativa de los gobiernos del PSOE permitió desarrollar a las Comunidades Autónomas, en especial tras la aprobación de la LOGSE en 1990. Esa batalla se libró, fundamentalmente, en torno a lo que se dio en llamar «Conocimiento del medio», «Cono» entre los niños, un potpurrí de contenidos, que hace honor a su desafortunada denominación, entre los que hay materias básicas, como la Geografía y la Historia, junto a otras menos definidas entre las que se encuentra de todo, y de nada: sociología, estadística, politología, estructura económica, y un largo etcétera. Si la lengua era la materia prima sobre la que construir «un buen catalán», la geografía y la historia eran la sustancia que le daba color y sabor, en definitiva, el carácter o, mejor dicho, el sentido de pertenencia a un colectivo. Y la clave del éxito futuro de esos jóvenes, su capacidad de integración en el edén catalán, se hallaba en ambos procesos: el aprendizaje de la lengua y la interiorización de la historia de Cataluña, es decir, la peculiar *Història de Catalunya* en la que los líderes políticos catalanes iban a sustentar su permanente contencioso contra España. De nuevo el documento publicado por *El Periódico* (28 octubre 2000), es ilustrativo de la importancia que la *Generalitat* ha dado a estas cuestiones así como del alcance de las medidas que su Gobierno, y los partidos que desde 1980 lo formaban, estaban dispuestos a tomar para alcanzar sus fines. En este caso se habla de enseñar en los «valores propios de nuestro pueblo», aunque se tiene la precaución de incluir también «los valores universales de la humanidad»; de «[e]xigir el correcto conocimiento de la lengua, historia y geografía de *Catalunya* y de los *Països Catalans* a todos los profesores, maestros y alumnos. Elaborar las herramientas didácticas correspondientes y obligar a los inspectores su cumplimiento»; de «[e]ditar y emplear libros de texto sobre la historia, geografía, arte literatura, economía, etcétera, de *Catalunya* y de los *Països Catalans*. Establecer acuerdos con editoriales para su elaboración y difusión con subvenciones si es necesario»; de la «[c]atalanización de los programas de enseñanza. Análisis previo y aprobación del contenido por parte de personas de confianza». Al prever los pasos que se han de dar para controlar los contenidos de la enseñanza en todas las áreas que podríamos denominar sociales, las que pueden incidir aunque sea tangencialmente en la generación de una identidad nacional propia por oposición a la española, la *Generalitat* se muestra igual de concienzuda que en el tema relativo al control de los maestros. De hecho, el objetivo ha sido controlar las dos caras de la moneda educativa, los contenidos a impartir y los individuos encargados de transmitirlos, mediante una política de permanente inspección de unos y otros, complementada por oportunas recompensas: plaza de funcionario a los maestros afines, subvenciones a las editoriales que se plegasen a los contenidos dictados por la propia *Generalitat*, etc. En definitiva, la política del palo y la zanahoria destinada a distinguir entre malos y buenos catalanes, castigando a los primeros y premiando a los segundos.

El tema tiene una importancia tal, que dedicaremos un epígrafe completo a la enseñanza de la Historia de España a través de los libros de texto, en especial los de Bachillerato. Baste aquí señalar los rasgos generales de la visión de la sociedad catalana que transmiten los libros de «Cono» de enseñanza primaria y secundaria obligatoria. Una vez más, el documento publicado por *El Periódico* en

7. DE LA TRANSICIÓN A NUESTROS DÍAS

28/10/2000, resume la idea central que ofrecen estos manuales escolares. Citamos textualmente los objetivos del Gobierno catalán que pretenden «desarrollar líneas de sensibilización» en los escolares:

Pensamiento
 a) *Configuración de la personalidad catalana.* Explicación y potenciación de los ejes básicos definitorios y positivos de nuestra personalidad colectiva. [...]
 b) *Divulgación de la historia y del hecho nacional catalán.* Difusión de los acontecimientos cruciales de nuestra historia y de nuestros personajes históricos, así como la aportación del pueblo catalán a la cultura y ciencia europeas. Fomento de las fiestas populares, tradiciones, costumbres y su trasfondo mítico.
 c) *Nuevo concepto de nación dentro del marco europeo*: Catalunya (Països Catalans), nación europea emergente. Reafirmación del sentimiento europeísta. La Europa sin fronteras ha de ser una Europa que reconozca a las naciones.
 d) *Descubrimiento del potencial de futuro*: Catalunya (Països Catalans), como centro de gravedad del sur de la CEE. Actuación económico-cultural preferente sobre el arco mediterráneo noroccidental y el espacio occitano-catalán. Máxima atención al núcleo comprendido en el espacio que forman el triángulo Barcelona-Montpellier-Toulouse.
 e) *El factor demográfico*: Sólo avanzan los pueblos que son jóvenes. Es necesario concienciar a nuestro pueblo de la necesidad de tener más hijos para garantizar nuestra personalidad colectiva.
 También hay que tener en cuenta la relación de Cataluña con Aragón. Y el área de intercomprensión [sic] mutua de Alicante a los Alpes [¿?]
 f) *Memorial de agravios*: Cataluña es una nación discriminada que no puede desarrollar libremente su potencial cultural y económico. Descubrimiento, constatación, ponderación y divulgación de los hechos discriminatorios, carencias, etcétera, de forma clara, contundente y sistemática, remarcando la incidencia negativa que esto tiene para el conjunto del pueblo catalán y para cada uno de sus ciudadanos.
 g) *Sensibilización colectiva*: Cataluña es un pueblo que camina en busca de su soberanía dentro del marco europeo. Sensibilización ciudadana para reforzar el *alma* social. Apuntalamiento de nuestro propio centro de gravedad dentro de Europa. Reforma del Estatut d'Autonomía.

Como afirma Heras (2009, pp. 167, 196 y 198) en su estudio so-

POLÍTICA EDUCATIVA

bre los libros de texto de primaria y secundaria en Cataluña, esas «líneas de sensibilización» diseñadas por la *Generalitat* se encuentran efectivamente presentes en los manuales escolares, en los que «está claro lo que se va a enseñar y a transmitir: doctrina nacionalista que, cuadre o no con la verdad, la realidad o los derechos de los ciudadanos que viven en Cataluña, será la única que tenga derecho a enseñarse en la escuela». Los ejemplos de todo ello son innumerables. Así, «En los libros de Lengua y Literatura la política y la iconografía nacionalistas están fundidas, y se da menor relevancia a la gramática, sintaxis y morfología». El objetivo, evidentemente, no es conseguir que los niños se expresen correctamente, tanto de forma oral como escrita, sino que entiendan que el catalán, «su lengua», es una lengua perseguida a la que deben proteger de los peligros y amenazas que la acechan, la mayoría desde Madrid y España. Es más, «[l]a Cataluña que habla castellano no está en los libros de texto, y el castellano sólo se utilizará —sin traducción , como veremos más adelante en los textos de historia—para aquellos discursos autoritarios o antidemocráticos; igual que en TV3, donde sólo hablan en castellano los marginados, delincuentes...o policías, o guardias civiles».

En la presentación del espacio geográfico, es notable la «ausencia», en los libros de texto, de la Península Ibérica, que podría identificarse con España —término que se evita cuidadosamente y es sustituido por el de «Estado español»— y priman las representaciones del arco mediterráneo, desde Alicante al Rosellón, incluidas las Baleares y Cerdeña, donde en Alguer todavía se habla catalán; es chocante la presentación del Ebro, del que se llega a afirmar: «[n]o te extrañe que el río Ebro, que es el que lleva más agua, *tenga un recorrido pequeño*. Lo que pasa es que el río Ebro nace en la cordillera cantábrica y hace un largo camino antes de llegar a Cataluña»[116]. En el terreno político, se habla de que «Cataluña es un país dentro del Estado español», o se habla de la existencia de «tres Estados en la Península Ibérica» y se añade que «Cataluña no es un Estado, aunque en el pasado lo fue durante muchos siglos, y está repartida entre España, Francia y Andorra [...] *Desde 1714 Cataluña fue incorporada a España por derecho de conquista, es decir, porque ganaron una guerra*»[117]; o se define al Estado español como al que «[o]cupa la parte de la Península que no pertene-

---

[116] Citado en Heras (2009), p. 173, cursivas añadidas.
[117] Citado en Heras (2009), pp. 175-176, sus cursivas.

ce ni a Portugal, ni a Andorra, ni al Reino Unido»[118]. Al hablar de los medios de comunicación, los libros de «Cono» trasladan esas ideas a las noticias que recogen: así, «las informaciones» pueden ser «locales y comarcales» o bien «de ámbito nacional o internacional», si bien lo curioso es que el término «"nacional" está reservado a Cataluña, e "internacional", a países extranjeros. Las noticias del "Estado español" no están clasificadas, ni los medios españoles tendrán cabida en los libros de texto». El folklore, las tradiciones populares —históricas o de reciente construcción—, la gastronomía, el deporte, los viajes por las tierras propias —donde se hace amistad con «gente como nosotros»—, son todos temas que sirven para generar entre los niños esa conciencia de pertenencia a un pueblo elegido, tu «que vives en Cataluña, y la compartes con seis millones de personas. Y todos europeos...» nunca españoles, tú que tienes nombre y apellidos catalanes. «Los nombres castellanos están reservados para "los alumnos murcianos"; después, padres e hijos tienen nombres catalanes, y las Maria van sin acento, siguiendo la norma ortográfica catalana. [...] en otros textos [...] niños y niñas [...] siempre hablan en catalán, y no se encuentra ni rastro de nombres castellanos o algún símbolo español». La inmigración, como vimos objeto de una política de catalanización propia, es también tratada en los manuales de «Cono» que, con un cierto tono de desprecio hacia los inmigrantes y sus costumbres, llegan a afirmar que «[e]l régimen [franquista] veía con buenos ojos el trasvase de gentes de otras regiones, al considerarlo un posible factor de descatalanización». Y «aunque en los textos que no haya desprecio o humillación manifiesta hacia más de la mitad de los ciudadanos de Cataluña, habrá una condescendencia transida de superioridad y victimismo encaminada a mostrar que el mestizaje hay que hacerlo en una sola dirección, de forma unívoca, cosa que es pura asimilación», de lo que Heras (2009, pp. 179, 224-6, 230, 238, 245) da ejemplos textuales sobrados.

A los alumnos se les transmite una realidad geográfica, histórica y del mundo actual distorsionada, en la que se sostiene «que Cataluña tiene el derecho a ser un Estado independiente, que su estado actual es transitorio y que está expoliada económicamente»[119]: «Cataluña es una nación, y [...] España, de la que no se habla, es un Estado»; «Hay textos donde todo es pura ideología nacionalista,

---

[118] Citado en Heras (2009), p. 179.
[119] Citado en Heras (2009), p. 179.

desde la primera a la última palabra [en los que] impresiona el lenguaje pretendidamente ágil y juvenil que se emplea, pero que a los que tenemos una cierta edad nos recuerda un "estilo... alegre y combativo"» (Heras, 2009, p. 240, 244).

La catalanización (y la euskaldunización en el País Vasco) de la enseñanza obligatoria, la antigua primaria y secundaria, ha dado lugar a un lento pero inexorable «localismo» en el proceso de selección y promoción de los maestros y profesores que muy pronto se extendió a toda España, porque también desató en las demás comunidades autónomas ansias similares de generar nuevas identidades con un entorno geográfico próximo y con una historia propia. En lugar de insistir en lo que nos une —una larga convivencia dentro de una misma Península, relativamente aislada de sus vecinos pero puente entre Europa y Africa; la pertenencia a un mundo mediterráneo, cuna de la civilización, y también al atlántico, tierra de partida del descubrimiento y de la colonización del continente americano, y de la primera verdadera globalización de la economía mundial— se acentúa lo que nos separa o lo que nos ha enfrentado en algún que otro momento con argumentos que, como hemos visto, llegan al más completo ridículo. Y esto ha sucedido en España al mismo tiempo que nos integrábamos en la Unión Europea, donde nos identificamos como catalanes o andaluces, pero no como españoles a pesar de que como tales hemos accedido a la Unión. ¿Debemos sorprendernos, en vista de estos hechos, del alza del fervor nacionalista en Cataluña desde que Jordi Pujol asumió el poder en 1980, y de la escasa reacción del resto de la población española, de esta «España sin pulso», ante la agresión que el nacionalismo separatista significa?

La Historia de España en la Cataluña nacionalista

La historia que nos interesa socialmente no es la que saben los catedráticos, sino la que sabe el español que pasa por la calle y que en virtud de su conocimiento del pasado interviene muchas veces en la historia actual como actor y como colaborador[120].

En términos generales, la construcción de identidades naciona-

---

[120] Altamira (1922-23), p. 95.

les de ámbito regional parte de la deconstrucción previa de la identidad de España como nación. Ya vimos que, cuando se debatió esta cuestión en las Cortes de la Constituyentes de 1978, la inclusión del término «nacionalidades» fue considerada por algunos diputados como «una solución que, asumiendo todo lo que la Historia no supo asumir hasta esta fecha, se[ría] capaz de proyectar un futuro mucho más estable» (Miquel Roca de Minoría Catalana); o bien, con alguna cautela, «un término que ha[bría] que interpretar para evitar sus hipotéticas consecuencias desintegradoras» (Rafael Arias-Salgado, UCD). Otros diputados se plantearon si era posible «la existencia de la unidad nacional desde la pluralidad de naciones» (Licinio de la Fuente, de Alianza Popular), y se preguntaron «[q]uién impedir[ía] que cre[ciera] la semilla de la nacionalidad y que en una segunda fase se trat[as]e de ocupar una parte alícuota de la soberanía nacional» (Hipólito Gómez de las Roces, Partido Aragonés Regionalista)[121].

El nuevo Estatuto Catalán de 2006, en el que se dice que «[e]l Parlamento de Cataluña, *recogiendo el sentimiento y la voluntad de la ciudadanía de Cataluña*, ha definido de forma ampliamente mayoritaria a Cataluña como nación»[122], vino a confirmar, décadas más tarde, las dudas puestas de manifiesto por algunos diputados en aquellas Cortes. El estatuto catalán fue seguido de nuevos estatutos en Andalucía (que se redefinió como «realidad nacional» en 2007), en Valencia (que incluyó una cláusula para beneficiarse de «cualquier ampliación de competencias» otorgada a otras comunidades autónomas), en Baleares, Aragón y Castilla y León, al tiempo que el proyecto de nuevo Estatuto Vasco, el llamado Plan Ibarretxe, era rechazado en el Congreso. ¿Se han visto estimulados estos supuestos *«sentimiento»* y *«voluntad de la ciudadanía»* por la enseñanza de la Historia de España desde una perspectiva regional o micronacionalista?

La Real Academia de la Historia, en un informe (IRAH) publicado el 27 de junio de 2000, afirmaba «cumplir con su obligación al señalar que, si en otros países de Europa la historia está tan desatendida como en España, *en ninguno la ignorancia sobre el pasado se utiliza con la finalidad política de tergiversar y de oponer*. El mayor peligro

---

[121] Citados en Gutiérrez Calvo y Romero (2013).

[122] Las expresiones «el sentimiento y la voluntad de la ciudadanía» y «ampliamente mayoritaria» resultan hiperbólicas, cuando no estrictamente falsas, en un *Estatut* que fue aprobado por menos del 37% de censo electoral.

que la Academia ve en la ignorancia es que facilita la tergiversación y el enfrentamiento»[123]. Apenas unas semanas más tarde, el 12 de julio de 2000, la Fundación Bofill —fundación privada con sede en Barcelona que tiene entre sus fines el de *«[c]ontribuir a l'afirmació nacional de Catalunya en el marc del respecte i de la promoció dels drets dels pobles»*— presentó otro informe, al que siguió, un año más tarde, el informe definitivo que pretendía «hacer un estudio lo más exhaustivo posible del material curricular que se utiliza en todo el Estado español», denominación con la que los autores evitan referirse a España en la misma introducción del informe[124]. Siguió un vivo debate en la prensa y en las mismas Cortes, que incluso provocó el cese de la entonces ministra de Educación, Esperanza Aguirre, que pretendió sin éxito fijar unas bases comunes para la enseñanza de la historia en toda España.

El informe de la Academia, apenas unas páginas de conclusiones generales, no pretende ser un análisis exhaustivo de los manuales de Historia de España, aunque sí identificar sus carencias y problemas más graves. Su principal debilidad es que el lector carece de información acerca de los libros que se han manejado y sobre los que se basan sus conclusiones, limitación que el *Informe Bofill* (IB) aborda abiertamente y en la que basa la solidez de sus conclusiones[125].

Para analizar la calidad de los libros de historia, el *Informe Bofill* se pregunta, ya en el mismo título de un capítulo, «Cómo se aplica la legislación vigente en lo referente a los "contenidos autonómicos"» resultando que «[l]o más frecuente y mayoritario es [...] priorizar la historia de España y no las historias de las diferentes comunidades autónomas» (p. 26). Esta conclusión del IB suscita dos observaciones: 1ª) Ya se trasluce aquí el sesgo nacionalista de los re-

---

[123] IRAH, p. 12, cursivas añadidas.
[124] Segura (2001). Aunque los organizadores eran catalanes, recurrieron a profesores de las otras CCAA para evaluar los libros de texto de sus respectivas autonomías.
[125] Esta diferencia de enfoque explica, también, la diferencia en la extensión de uno y otro informe: el IRAH contiene apenas 12 páginas, sin referencias bibliográficas, y su autoría la asume colectivamente la Real Academia de la Historia y no historiadores concretos con nombres y apellidos; por contraste, el IB contiene 125 páginas, con abundantes notas y algunos cuadros estadísticos sobre la distribución de los libros de texto por editorial y autonomía, lo coordinan tres profesores de universidad y uno de instituto de Cataluña, y en él participan además otros seis autores, en su mayoría profesores de instituto y alguno de Didáctica de la Historia.

dactores del informe, que encuentran «sorprendente» que los manuales de historia de España prioricen la historia de España; 2ª) Por desgracia, el IB se equivoca en el cálculo que hace de los contenidos. Según los datos del propio IB, la mayoría de los manuales dedican a las historias autonómicas el porcentaje prescrito en la ley, con la notable excepción de Cataluña, donde los manuales dedican a la historia de esta Autonomía porcentajes muy por encima de lo prescrito. Con sus propios datos, por tanto, las conclusiones del Informe Bofill no parecen sostenerse: es evidente que el peso de la historia local no es, en ningún caso, tan reducido como señalan sus autores y, en el caso de Cataluña, es superior al requerido por la legislación vigente.

Pero, con ser importante el espacio que los manuales dediquen a España y a la comunidad autónoma correspondiente, lo verdaderamente significativo es cómo se narra la historia, esto es, los contenidos. ¿Tiene razón la Real Academia de la Historia, cuando advierte un sesgo «anti-España» en los manuales de Historia? Una primera lectura de algunos de estos manuales nos permite afirmar que, efectivamente, ese sesgo existe y que se debe, en gran parte, a la proyección al pasado de la organización política actual y a la presencia o resurrección de viejos y nuevos nacionalismos en muchas Comunidades Autónomas.

Ante la dificultad de analizar los cambios que se han producido en las distintas ediciones de los manuales escolares de las principales editoriales, hemos recurrido a contrastar lo que dicen los de una misma editorial, Santillana, que junto a Vicens Vives, Anaya y McGraw-Hill, representa más de dos tercios de las ventas de libros de Historia de España de 2º de Bachillerato en Cataluña. Los comentarios que siguen se refieren a la edición de 2009, aún vigente. Se trata del tercer manual de esta materia que ha publicado esta editorial desde la transición. El primero fue escrito por el historiador Javier Tusell tras la aprobación de la LOGSE. El manual, de Historia política fundamentalmente, resultó ser de nivel cuasi-universitario, demasiado denso y completo para estudiantes de bachillerato, por lo que, varios años más tarde, Santillana publicó un segundo libro, este elaborado por un equipo de historiadores, a semejanza de otros manuales de esta casa. A partir de este segundo manual, la editorial tomó el control e influyó más en la composición del libro, escrito por un equipo que lleva años trabajando en el tema y que, en principio, tiene en cuenta lo que se hace en otros países.

Lo primero que llama la atención es que el manual de Historia de España de Santillana se utiliza en todas las Comunidades Autónomas excepto en Cataluña, coexistiendo con su versión traducida a algunas lenguas locales, el gallego, el euskera y el valenciano. Cada autonomía dispone, además, de una adenda de historia local escrita por los mismos autores de la Historia de España con la colaboración de historiadores locales[126]. Del manual de Santillana sobre la Historia de España de 2º de Bachillerato, afirma el Informe Bofill lo siguiente:

> Santillana es un buen ejemplo de planteamiento didáctico, rigor conceptual y sensibilidad hacia la realidad plurinacional española, con una presencia más que notable del proceso histórico catalán, tanto por lo que se refiere al texto, las fotografías y las biografías anexas, e insuficiente respecto al País Vasco y Galicia.

Los gobiernos catalanes, sin embargo, se han resistido a utilizar una versión traducida al catalán de la Historia de España de Santillana, y el texto que circula allí es distinto: se titula *Història 2º Batxillerat*, y no *Historia de España*, y lo firman varios historiadores, todos ellos profesores en la universidad[127]. Lo edita Santillana-Grup Promotor, el sello de la primera en Cataluña para libros de texto. Estudiemos sus contenidos por períodos, comparando el manual que se utiliza en el resto de España (al que a veces designaremos como «general») con el que se utiliza en Cataluña.

A) La España Moderna

Para empezar, el manual de Historia de España de Santillana cuenta con un Bloque 1, *De la Prehistoria a la Edad Moderna*, ausente en el manual catalán. Este empieza directamente con *Catalunya dins la monarquia hispánica*. Los resúmenes introductorios de uno y otro manual ya apuntan otras diferencias de calado. Mientras el gene-

---

[126] El manual en euskera para el País Vasco incorpora, al final de algunos capítulos, unas páginas dedicadas a la historia local. En Galicia disponen, además, de una Guía y Recursos para el profesor propios.
[127] Jordi Casassas Ymbert, catedrático de Historia Contemporánea en la Universidad de Barcelona (UB) y presidente del Ateneo de Barcelona, Albert Ghanime Rodríguez, profesor de enseñanza secundaria, y Carles Santacana Torres, también profesor de Historia en la UB. Todos ellos son miembros del equipo de investigación dirigido por Casassas en la UB, entre cuyos temas de interés está «*El problema polític de les identitats nacionals a l'espai mediterrani contemporani*».

ral sitúa en el reinado de los Reyes Católicos «la creación de una monarquía *autoritaria,* la unificación territorial de España, el descubrimiento de América y la expansión ultramarina, y la uniformización religiosa» y que esta monarquía, «durante los reinados de Carlos V y Felipe II se convirtió en *el Estado más poderoso del mundo»,* el catalán destaca que «[d]urante el siglo XV, la unión dinástica entre Castilla y Aragón, la conquista de Granada y el descubrimiento de América echaron las bases del *gran imperio español* de los siglos XVI y XVII», durante los cuales, «*[e]l Principio de Cataluña [...]mantuvo las estructuras autóctonas de poder,* que limitaban la autoridad de los monarcas. De hecho, y a pesar de los *conflictos de poder entre los territorios de la corona de Aragón y los Habsburgos españoles* entre los siglos XVI y XVII, *los territorios de la corona fueron capaces de mantener las instituciones y los fueros tradicionales.* Al principio del siglo XVIII, no obstante, *la derrota de los reinos de la corona de Aragón* en la guerra de Sucesión *representó la pérdida de las leyes y las instituciones propias,* sustituídas por la Nueva Planta borbónica. Aquello *fue el inicio de un fuerte proceso de centralización y uniformización»* (cursivas añadidas).

El texto catalán evita cuidadosamente hablar de un «Estado» en el siglo XVI, lo que le lleva a referirse al «gran imperio español» que siguió a la unión dinástica entre Castilla y Aragón, a la conquista de Granada y al descubrimiento de América, temas todos ellos que apenas aborda en 12 escuetas líneas. Es de señalar que de la epopeya de España en América el manual catalán no tiene prácticamente nada que decir. Dentro de ese gran imperio se destaca la supervivencia de «instituciones y fueros tradicionales», y de «estructuras autóctonas» en el Principado de Cataluña, pese a los «conflictos de poder entre los territorios de la corona de Aragón y los Habsburgo españoles». Son «los territorios», no determinados grupos sociales o incluso locales, los que se opusieron a una determinada dinastía, y no al Estado surgido de esa unidad peninsular de los anteriores reinos cristianos, incluidos los de la Corona de Aragón. Al hablar de territorios y no de grupos sociales se está implicando que reinaba la unanimidad entre los habitantes de este «territorio».

Los mapas seleccionados en uno y otro manual reflejan esa distinta visión de la Historia de España y de Cataluña: en el texto general se presenta un mapa de «los imperios europeos del siglo XVII» (p. 75), que pone de manifiesto la importancia del imperio español en el mundo. El texto catalán, en cambio, recoge un mapa de *Europa al principi del segle XVI*» (p. 13) en el que en la Península Ibérica coexisten el Reino de Portugal, la Corona de Castilla, la Corona de Aragón y Navarra. España no existe, aunque Castilla y Aragón tienen el mismo color. El primer mapa de Europa, en el que aparece el nombre de España es el de «La Francia revolucionaria y el imperio napoleónico (1789-1813)» (p. 27), donde Cataluña aparece, no como parte de España, sino como «anexionado al imperio napoleónico entre 1804 y 1813».

Pero quizá el período donde se ponen de manifiesto las diferencias de tratamiento de la Historia de España sea el reinado de los Reyes Católicos, los comienzos de lo que se ha dado en llamar la «monarquía hispánica». El texto general dedica tres páginas y tres epígrafes a la Política interior, la política exterior y la formación de un Estado moderno, cada uno. El texto deja claro que la unión dinástica de las coronas de Castilla y Aragón «no significó la unión política de ambos reinos» (p. 76). Expone la tesis de que «la supremacía castellana [en población, dinamismo económico y mayor similitud de las instituciones, más fácilmente controlables por el poder real] acabó favoreciendo la difusión de sus costumbres, leyes y lengua por el resto de los territorios», a lo que contribuyó el que «la política interior de los Reyes Católicos [tuviera] como objetivo fortalecer los poderes del Estado», tarea que les llevó a crear instituciones de nuevo cuño, como la Santa Hermandad, o a potenciar y reducir la importancia de otras, como el Consejo Real y las Cortes de Castilla respectivamente, a todas las cuales dedica algunas líneas. Acaba concluyendo que «en la Corona de Aragón las reformas tuvieron menos importancia» dado que «sobrevivía el pactismo y las instituciones forales imponían restricciones a la actuación de los reyes» (p. 78).

Nada de esto aparece en la Historia catalana. De las dos páginas que se dedican al tema, sólo una página y dos epígrafes tratan verdaderamente de este período histórico y de los cambios que supuso en la Historia de España: El primero, despacha «la política expansionista» de los Reyes Católicos en apenas 17 líneas, de las que 2 se reservan a la corona de Aragón, que «había visto disminuir su peso político [y] orientó su política expansionista hacia el Mediterráneo» (p. 15); el segundo sólo trata de «la unidad religiosa» y señala que «la Inquisición [...] fue un instrumento muy útil para la monarquía hispánica para aumentar su poder político», un poder político que no ha explicado cómo se organiza en ninguno de sus reinos. La imagen que se transmite, por tanto, es la de un poder político basado en la represión, idea sobre la que se insiste repetidamente como veremos.

La otra página dedicada al tema sitúa la unión dinástica de Isabel y Fernando en el contexto europeo de las «*monarquies autoritàries*» y remonta la unión dinástica al Compromiso de Caspe. En relación con la política interior de los Reyes Católicos, se limita a afirmar que «Cuando ambos fueron coronados reyes de sus reinos respectivos, en 1474 ella y en 1479 él, no los unieron, sino que los dirigieron de manera independiente» (p. 14). ¿Por qué se despacha la unión dinástica con tal brevedad y no se hace mención alguna de las medidas que sientan las bases de un Estado moderno en la Península Ibérica? ¿Qué ha llevado a los autores del manual de Santillana sobre Cataluña a obviar al maestro Jaume Vicens Vives (1966, p. 118) que afirmaba, entre otras cosas, que «su concepción [de Fernando] pluralista de la Monarquía hispánica no fue óbice para que tendiera a impulsar la asimilación de familias e instituciones catalanas y aragonesas por sus similares castellanas, como en el caso del Tribunal del Santo Oficio, cuya jurisdicción fue única para España, o bien la difusión en Castilla de algunas instituciones mercantiles y gremiales catalanas, como sucedió en la fundación de los consulados de Burgos y Bilbao»? ¿Cómo es posible que un manual tan prolijo en detalles de historia «catalana» no haga referencia alguna a la Sentencia Arbitral de Guadalupe de 1486, por la que Fernando el Católico puso fin a las Guerras de los remensas? El propio Vicens dedicó una maravillosa obra al estudio de este conflicto y de los acontecimientos que condujeron al rey *Ferran II* a la firma de un acuerdo que, entre otras cosas, permitió a Cataluña superar la secular depresión económica en la que estaba sumida desde el siglo XIV. Según otro gran historiador catalán, Jordi Nadal (1956, p. 50), hubo un fuerte «"*redreç*" [recuperación] demográfico de Cataluña en el siglo XVI», y se debió, fundamentalmente, a «[l]a solución al problema *remença* [que] parece, en efecto, haber dado la señal para la invasión pacífica de los inmigrantes ultrapirenaicos, que acabará inundando todos los rincones del Principado y de los condados», y que «inyectó nueva y decisiva savia al potencial biológico catalán», tras «un siglo y medio [entre 1359 y 1497, durante el cual] Cataluña perdió el 42% de su potencial humano, viendo descender la densidad de 12,8 a 8,5 habitantes por kilómetro cuadrado». En el manual de

Cataluña no se encuentra ni una sola mención de estos hechos cruciales, al fin del conflicto remensa y a la posterior recuperación demográfica y económica del *Principat*, que según historiadores de la talla de Vicens y Nadal, catalanes ambos, fueron hechos de capital importancia. Ricardo García Cárcel afirma que Fernando el Católico «ha sido un rey con mala fortuna historiográfica», que se remonta a los cronistas de la época y pervive en el «romanticismo historiográfico catalán liderado por Rovira y Virgili», y de la que le rescata, brevemente según parece, Vicens Vives, seguido por otros historiadores a partir de mediados de la década de 1950. En la actualidad, sin embargo, el antifernandismo, parece haber retornado y ha llegado a los manuales escolares[128].

El enunciado de los epígrafes de cada manual, vuelve a ser significativo de las tesis de cada uno. Si el general habla de *La creación de la Monarquía Hispánica: Los Reyes Católicos, Los Austrias mayores* y *Los Austrias menores*, y trata ampliamente temas de política interna, internacional, cuestiones institucionales, proyectos de reforma o crisis políticas, el manual para Cataluña habla de *L'enfortiment del poder monàrquic*, y de *Crisi, conflictes i decadència de la monarquia hispànica*.

El reinado de Carlos I tiene algo más de tres páginas en el manual de España, y apenas una, y con un texto muy breve además, debido a las ilustraciones, en la versión catalana. En el primero se afirma que «España formó un amplísimo imperio y se convirtió en la primera potencia del mundo, pero también mantuvo largas guerras que arruinaron la Hacienda y precipitaron su decadencia», tesis que resume el ascenso y la caída de la monarquía hispánica y que se desarrolla con competencia y claridad en los epígrafes siguientes. Se distingue claramente, por ejemplo, la distinta naturaleza de la revuelta comunera en Castilla, de carácter político, de la revuelta de las Germanías, en Valencia y Mallorca, «un conflicto social y no político». Las resoluciones de ambos conflictos, gracias a las alianzas de la corona con la nobleza, «reforzaron la monarquía, tanto por la supeditación de las Cortes como por la dependencia de la nobleza, que necesitaba del ejército real

---

[128] Ricardo García Cárcel, Fernando el Católico y Cataluña, http://www.cervantesvirtual.com/obra-visor/fernando-el-catolico-y-cataluña-0/html/00ebc326-82b2-11df-acc7-002185ce6064_6.html

7. DE LA TRANSICIÓN A NUESTROS DÍAS

para contener el malestar social. [...] España era el Estado más dinámico y de economía más potente de Europa» (p. 79-81). En el manual catalán, apenas 13 líneas explican *La política peninsular del rei* (Carlos I); de estos temas sólo se dice que el rey «intentó conseguir el apoyo de la gran nobleza de los reinos peninsulares, [...] respetó la autonomía de los diversos territorios, pero hizo un gran esfuerzo de unificación administrativa [por lo que] entró en conflicto [...] con los poderes locales [que a la postre vieron derrotados] por las fuerzas reales gracias al apoyo de la gran nobleza» (p. 16). No hay en estas líneas, el menor intento de explicar en qué consistieron esos enfrentamientos o la naturaleza distinta que tuvieron uno y otro —comunidades y germanías—, como sí hacen los autores del manual de España. El manual de historia de 2º de Bachillerato de Cataluña pone el acento en la autonomía frente a la unificación, y en los conflictos que de esa tensión se derivaron, sin analizar qué intereses representaba una y otra postura. El mensaje subyacente es el de un pueblo, el catalán, en lucha permanente frente a la opresión centralista y castellana.

El tratamiento de los Austrias menores es igualmente desequilibrado en el manual de Cataluña. En dos páginas breves, apenas una página de texto, se despachan los reinados de Felipe III, Felipe IV y Carlos II. Merece la pena reproducir completo el párrafo dedicado a la crisis de 1640 que resultó en la independencia de Portugal y en el fallido intento de secesión de Cataluña (cursiva nuestra, pero negrita en el original, como ocurre con otros textos que reproducimos a continuación):

> *La política interior se orientó a reforzar el poder del rey recortando la autonomía de los diferentes reinos peninsulares.* Esta política *derivó* **en la rebelión de portugueses y catalanes.** La rebelión de Cataluña (Doc.12) [reproducción del cuadro de Antoni Estruch, de 1907, del *Corpus de Sang*] **fue sofocada en 1652,** pero **Portugal alcanzó la independencia.** *A pesar de la victoria, Felipe IV volvió a jurar las constituciones y los privilegios de Cataluña,* en un intento de evitar la extensión del conflicto, pero la guerra continuó con Francia hasta la firma del **tratado de los Pirineos en 1659,** con importantes consecuencias de *pérdidas territoriales para Cataluña.*

No se menciona el proyecto de la Unión de Armas, planteado por el Conde Duque de Olivares (cuyo retrato sí aparece), ni se menciona la aceptación parcial de este proyecto por «las Cortes de

Valencia y Aragón», ni su rechazo en Cataluña; tampoco se habla del inicio de la guerra con Francia en 1635, ni de sus efectos en Cataluña, convertida en «frente de batalla», temas todos ellos que aborda el manual de Historia de España.

L'anomenada guerra dels segadors no parece interesar gran cosa a los redactores del manual catalán. De este período, este manual destaca, una vez más, el conflicto entre la política centralista y *«les constitucions i els privilegis de Catalunya»*, conflicto del que ésta última es víctima, ya que pierde parte de su territorio. También es ambigua su actitud ante esa mítica y efímera «república catalana» (en realidad vasalla de Luis XIII y que duró apenas dos semanas) proclamada en 1641 por Pau Claris, de la que no se dice ni una palabra en el texto pero que se menciona en un cuadro sinóptico entre los hitos más importantes de la historia de España del siglo XVII.

Un tema clave para el independentismo catalán hoy es, sin embargo, la Guerra de Sucesión. En esta ocasión creemos que es interesante reproducir íntegramente los cuadros sinópticos de ambos manuales relativos al siglo XVIII (Ver Apéndice B), donde quedan claramente reflejadas las diferencias entre las tesis que desarrolla cada uno, analítico y objetivo el primero, insuficiente y claramente sesgado, el segundo. Es evidente la descontextualización de la Guerra de Sucesión y de las consecuencias que el triunfo de Felipe V tuvo para los antiguos reinos de la corona de Aragón, Cataluña incluida, en el texto catalán. Una vez más, se traslada una historia de *«derrotes»* y *«rendició»*, de *«repressió»* y *«suppressió»*, de **«medidas para someter a los catalanes [que] afectaban a todos los ámbitos** [sic] de la vida y la cultura», ante el centralismo absolutista español. Y de esa *«integració forçada»* se salta a *«el memorial de greuges* [agravios] *del 1760»*, curiosamente redactado por funcionarios de la nueva administración borbónica «de fidelidad contrastada [no se dice a quién pero se supone que a los Borbones], pero críticos con los resultados de la aplicación de las instituciones castellanas a los territorios de la antigua corona de Aragón» (pp. 20-21). Según el texto, los Decretos de Nueva Planta aparentemente sólo se implantaron, o impusieron, en Cataluña, aunque la pérdida de derechos se hace vagamente extensiva a los «antiguos reinos de la corona de Aragón», olvidando que la Nueva Planta se aplicó de modo muy similar a todo el antiguo Reino de Aragón, no solo a Cataluña; y en ningún sitio se menciona que el nuevo impues-

7. DE LA TRANSICIÓN A NUESTROS DÍAS

to introducido en Cataluña, el Catastro, dio tan buen resultado que más tarde se intentó introducir en Castilla (ver más arriba, Cap. 3). Se habla de la imposición de la lengua castellana en la administración y «*com a única llengua de l'ensenyament*», sin indicar la bajísima tasa de «estudiantes» en ese entonces. Cuán lejos esta visión de la afirmación de Vicens (1966, p.14) de que la «"nueva planta" echó por la borda del pasado el régimen de privilegios y fueros de la Corona de Aragón. [...E]l desescombro de privilegios y fueros [...] benefició insospechadamente [a Cataluña], no sólo porque obligó a los catalanes a mirar hacia el porvenir, sino porque les brindó las mismas posibilidades que a Castilla en el seno de la común monarquía».

El desequilibrio se hace también evidente en el tratamiento de otros temas de interés: la economía y la sociedad, e incluso la cultura. A la economía y la sociedad entre los siglos XV y XVIII, en el manual catalán sólo se dedican dos páginas (22-23) profusamente ilustradas. Se mencionan las crisis de población y se dice que «pese a los límites de una economía agropecuaria y artesanal tradicional, el descubrimiento del Nuevo Mundo abrió grandes expectativas de crecimiento comercial, aprovechadas de manera diferente, según los territorios y las épocas», un siglo XV de «transición entre la Edad Media y la Edad Moderna», unos siglos XVI y XVII «de adaptación del régimen feudal al régimen señorial», y un siglo XVIII en el que se cuestionan las formas tradicionales de explotación y los ilustrados proponen «alternativas de organización social y económica». Punto. Las crisis de subsistencia, relacionadas con las insuficiencias técnicas y con «la deficiente vertebración de los mercados, la falta de infraestructuras y el deficiente estado de las existentes», bastan para explicar la historia económica de los siglos XV al XVIII en España. De Cataluña sólo se habla para el siglo XVIII, período durante el cual, «integrada en la monarquía hispánica, fue capaz de desarrollar un modelo de crecimiento económico vinculado a una agricultura especializada, la viña, orientada a la exportación de aguardientes con una producción textil de algodón, las indianas, que sirvió de base para el ulterior proceso de industrialización». Cataluña en la Edad Moderna parece haber sentado las bases de su crecimiento, casi ella sola y a pesar de su falta de independencia y de su sumisión; hay una breve referencia a la política comercial española y al papel de los mercados local, nacional y americano, pero nada sobre la política de protección a la industria algodonera. En el manual de Historia de

España, por el contrario, hay cuatro páginas muy completas sobre el Imperio ultramarino. Si en lugar de páginas tenemos en cuenta el número de líneas dedicadas a la economía y la sociedad en la España moderna, un indicador más aproximado del verdadero tratamiento que se le da en uno y otro manual, debido a las ilustraciones de todo tipo que se incluyen, nos encontramos con que el de Cataluña dedica a los aspectos sociales y económicos apenas un 10 por 100 de lo que le dedica el de España.

B) La España contemporánea (I): el siglo XIX

El tratamiento dado en cada manual a la Guerra de Independencia es similar, pero no así el concedido a la Constitución del 1812, mucho más completo y equilibrado en el general que en el catalán. En la Historia de España, en el apartado dedicado a la «[c]omposición y funcionamiento de las Cortes», se destaca que «ni la burguesía llevó a cabo la revolución liberal, ni el clero y la nobleza estaban en su totalidad del lado absolutista: un industrial catalán, Salvador Vinyals, apoyó la reacción, mientras un aristócrata como el conde de Toreno optó por el Liberalismo» (p. 139). Se habla de la «labor legislativa de las Cortes», de la que se destacan algunas reformas importantes, como la libertad de la imprenta o la supresión de la Inquisición; y se resumen ampliamente los principios de la Constitución. Concluye este texto diciendo de esta que, aunque apenas se aplicó, «su espíritu y su programa fueron una referencia durante toda la Historia Contemporánea de España» y además, «se convirtió en un mito para el liberalismo universal y un modelo para las revoluciones liberales» que tuvieron lugar en Europa durante el primer tercio del siglo XIX. Tras un análisis mucho más somero, el texto catalán subraya que la «Constitución española del 1812 fue *el instrumento jurídico esencial de la construcción centralizadora y uniformista del Estado liberal español hasta 1836*» (p. 31, cursivas nuestras), implícitamente censurando, una vez más, con obsesión monocorde, el establecimiento de un Estado centralizado (como estaba ocurriendo en toda Europa) en el que, aparentemente, no participó Cataluña, y que incluso, en ocasiones, podría entenderse que se define «contra Cataluña». Sin embargo, el libro reconoce que «la nación liberal nace con las Cortes de Cádiz y la Constitución de 1812».

De nuevo parece más completo el tratamiento dado a la restau-

7. DE LA TRANSICIÓN A NUESTROS DÍAS

ración fernandina por el manual general, que presta atención a la «política [...] marcada por la camarilla», a la quiebra de la Hacienda que dio lugar a un intento, fracasado, de implantar «un sistema de contribución única y proporcional a los ingresos». Los primeros «pronunciamientos militares» son recogidos en ambos manuales: en el general destaca un cuadro sinóptico en el que se recogen y comentan los más importantes, incluido el del general Luis Lacy, al que dedica el catalán varias líneas, sin duda por haber sido este militar liberal capitán general de Cataluña[129].

Ambos manuales refieren los desórdenes y revueltas en Barcelona entre 1835 y 1843 «conocidas con el nombre de bullangas», que también se dieron en otras ciudades, aunque en menor medida. Recordemos que es la época de la primera guerra carlista. Nada se dice en el manual catalán, sin embargo, del papel que tuvo Barcelona en la renuncia de la regente María Cristina y en «la entronización de los progresistas de Espartero». Ni se explica por qué fue Barcelona «bombardeada dos veces por orden de las autoridades militares» (p. 41), ni se da el nombre de los principales responsables, Espartero y Prim, como sabemos. Según deja claro el manual general, «800 bombas cayeron sobre la ciudad, 400 edificios fueron destruidos y hubo centenares de muertos» (p. 165). Estas cifras son, ya quedó dicho en el Capítulo 5, muy exageradas. El manual general entra también a explicar el origen de los «sucesos de Barcelona»: una «política librecambista que permitía la entrada de tejidos británicos más baratos y de mayor calidad, a lo que se sumó el contrabando de tejidos» y que amenazaba a «[l]os dueños de fábricas y comercios del textil catalán». La política librecambista, sin embargo, no se menciona en el texto catalán como trasfondo de estos «sucesos» aunque sí se menciona que Espartero «había perdido el apoyo que las clases populares catalanas le habían dado en 1840 [no se ha dicho antes cómo se manifestó este apoyo] ya que la hipotética firma de un tratado comercial con el Reino Unido ponía en peligro a la industria del Principado». Ninguno de los dos manuales hace referencia explícita a la secular protección arancelaria que disfrutó la industria textil.

A las décadas centrales del siglo, hasta la *Gloriosa* de 1868, el ma-

---

[129] El manual general incluye similares cuadros sinópticos relativos a «Las conspiraciones liberales durante la década absolutista» (p. 145), y «absolutistas contra Fernando VII» (p. 147). Esta información está ausente del manual de Cataluña.

nual general dedica más atención que el catalán, de nuevo con un mayor equilibrio en el análisis de la situación política, en especial al sistema de partidos políticos, al establecimiento de un «nuevo sistema administrativo» y económico, y a las grandes leyes y proyectos modernizadores, sin olvidar mencionar que hubo «casos de corrupción en los grandes negocios, sobre todo los relacionados con la construcción del ferrocarril o las contratas del puerto de Barcelona» (p. 171), y concediendo especial importancia a la naturaleza económica de la crisis que precedió el final de la monarquía isabelina (pp. 176-77). Como en otros temas, el texto catalán es aquí mucho más breve y selectivo: se habla de que hacen ya acto de presencia «los trabajadores, sobre todo en el Principado», de forma que el conflicto de las selfactinas se merece un párrafo en el que se dice que la «violencia contra las máquinas fue reprimida con severidad por las autoridades», que ejecutan a uno de los líderes obreros, Josep Barceló, al tiempo que adoptan «medidas contra las asociaciones de obreros», que responden con una «*vaga*» (huelga) general para reivindicar derechos que no fueron satisfechos, de forma que «con la sustitución de los progresistas en el Gobierno [en 1856], las asociaciones obreras volvieron a la clandestinidad» (p. 45). La llegada de la Unión Liberal en 1858, en cambio, fue vista «desde Cataluña […] como una posibilidad de superar la rigidez política de los moderados, basada en la *repressió*» y lo que movió al periodista Joan Mañé i Flaquer a afirmar que «Cataluña ha dejado de ser una colonia española» (en español en el manual, p. 46). Pese a un proyecto inicialmente descentralizador, se aprueban leyes centralizadoras, como la del notariado (1862), que exigía el uso del castellano en las escrituras y testamentos, o la ley hipotecaria (1863) «que vulneraba el derecho civil catalán». La obsesión contra el «uniformismo y la centralización» aparece continuamente en el manual catalán, que en general parece más una historia de Cataluña que de España. Hasta la Ley Moyano de Instrucción Pública de 1857, que tantos otros defectos tuvo, solo recibe críticas en este manual por seguir «un modelo centralizador y uniforme» (p. 46).

Derechos y libertades, republicanos y liberales, burgueses y trabajadores, federalismo y democracia, son algunos de los términos que abundan en las páginas del manual catalán para referirse al Principado durante el siglo XIX. Represión, centralización, uniformización, por el contrario, se vinculan al «poder central» que se ejerce en contra de los deseos de los catalanes. No hay ningún intento de pro-

7. DE LA TRANSICIÓN A NUESTROS DÍAS

fundizar y aclarar la distinta naturaleza de los levantamientos carlistas en Cataluña, de los conflictos obreros y, pese a que unos y otros demandaban «derechos» muy distintos y por su propia naturaleza enfrentados entre sí, aparecen en el manual catalán como distintas voces de la expresión unánime del rechazo de Cataluña al centralismo borbónico. De la protección arancelaria al textil catalán prácticamente no se habla. Sin embargo, se señala la aprobación de un *«aranzel lliurecanvista»*, sin más identificación, entre la obra de Gobierno de la Revolución de 1868 (p. 55).

El Sexenio democrático lo resume el manual general como un período «"revolucionario", porque durante seis años el país conoció una agitada etapa de cambios políticos, movimientos sociales, conflictos armados y soluciones fracasadas» cuyo «balance [...] fue de cierta frustración para republicanos federales, carlistas y, sobre todo, las capas populares que vieron en las reformas la posibilidad de un cambio de su situación». Habla este manual de la existencia de «un pulso» entre «sectores burgueses acomodados, monárquicos o republicanos» y «sectores revolucionarios» (p. 184). El manual catalán tiene menos matices y concluye que «con el fracaso de la monarquía amadeísta y de la república federal se desvanecieron los sueños de democratización y descentralización política que había generado la Revolución de Septiembre del 1868» (p. 52), omitiendo que esos sueños, en realidad, pertenecían a colectivos distintos y enfrentados, ambos con fuerte presencia en Cataluña: las nuevas clases obreras urbanas e industriales, de un lado, y la burguesía, de otro.

Como era de esperar, el texto catalán dedica un apartado al «Proyecto de constitución federal» de la I República, al que atribuye «ventajas teóricas» y achaca su inviabilidad a «la situación de crisis generalizada». El manual general es más crítico con «[l]a *Constitución non nata* de 1873, elaborada apresuradamente por Emilio Castelar, [... y que] era un texto poco sistemático». El texto catalán da gran importancia a la represión por el general Martínez Campos de «los sectores populares y obreros» en Cataluña y achaca la mínima resistencia al golpe de Pavía «en el conjunto del país [a que] la base social que sustentaba la República había sido duramente reprimida durante los gobiernos de Salmerón y Castelar. La represión desencadenada por las autoridades republicanas profundizó el distanciamiento entre los dirigentes políticos republicanos en Madrid y las bases republicanas provinciales» (p. 61). Parte del apoyo que obtienen los carlistas en

Cataluña, Aragón y Valencia, durante la tercera guerra (1872-76) se sustenta en «una nueva imagen del carlismo» de la que es parte «el antiliberalismo, la unidad católica y la *descentralización administrativa*», así como «la **promesa de devolver las instituciones de autogobierno y los fueros a los antiguos territorios de la Corona de Aragón**. Además, [Carlos VII] propuso la reorganización del Estado sobre la base de una unión federativa» (p. 62-63). Pareciera que los autores del manual catalán intentaran «blanquear» a todas aquellas fuerzas que, por unas u otras razones, se habían opuesto al Estado «central», ya fueran de naturaleza reaccionaria, ya fueran de orientación liberal y progresista. Lo importante para estos autores, y lo que parece que debe quedar claro a los alumnos de 2º de Bachillerato, es que tanto unas como otras tenían en mente la recuperación de la nación catalana frente a los intentos centralizadores que Cataluña venía sufriendo desde que en el siglo XV se produjera la malhadada unión dinástica con el matrimonio de los Reyes Católicos.

Un tema importante correspondiente a este período es el proceso de modernización económica y social que tiene lugar durante el siglo XIX que, lógicamente, condiciona el cambio político y la transición definitiva de un régimen monárquico absolutista a la monarquía parlamentaria, y, ya en el siglo XX, a un sistema plenamente democrático, monárquico o republicano. ¿Cómo abordan esta compleja cuestión, clave para entender los titubeantes avances de la democracia en España, cada uno de los manuales? Como en los demás temas, con marcadas diferencias de fondo y de matiz. El Cuadro 7.1 resume brevemente las diferencias de enfoque entre uno y otro.

Cuadro 7.1
Las transformaciones económicas, sociales y culturales del siglo XIX
en el *Manual de Historia de España* y el *Manual d'Història*, de Santillana (2009)

		Conflicto (1)	Movimiento Obrero	Epidemias	Leyes	Comercio/ dinero	Banca/ Industria	Crisis económicas	TOTAL
España	Número de entradas	9	14	9	29	10	7	7	84
	%	10%	16%	10%	33%	11%	8%	7%	97%
Cataluña	Número de entradas	15	17	5	5	0	2	1	30
	%	30%	34%	10%	6%	0%	4%	2%	86%
(1) Conflicte, vaga, manifestació, agitació, repressió, atemptat, assassinat.

El manual general concede a la aprobación de nuevas leyes un

7. DE LA TRANSICIÓN A NUESTROS DÍAS

interés evidente para resumir los cambios que tienen lugar durante este siglo. Así, se mencionan la mayor parte de las leyes que permitieron o favorecieron dichos cambios, como las de desamortización, las bancarias, las fiscales, monetarias, de ferrocarriles, de instrucción, sociales y un largo etcétera, hasta enumerar 29 textos. El manual catalán sólo considera interesante mencionar 5 leyes, no todas igualmente importantes, como el *Reial decret que estableix la modalitat de franqueig amb segells* [franqueo con sellos]. En el resto de los grandes temas en que hemos agrupado las entradas de cada manual, muestra un elevado equilibrio el manual general, ausente en el catalán. En general, este manual concede mayor importancia a los conflictos y al movimiento obrero, y apenas se ocupa de las cuestiones económicas. En resumen, los estudiantes de 2º de Bachillerato de Cataluña perciben un siglo XIX plagado de conflictos sociales, muchos de ellos de gran violencia y cruentamente reprimidos por la autoridad central o sus representantes en Cataluña, pero no les llegan con la misma claridad los pequeños y grandes avances, o las crisis asociadas al fracaso de estos.

Con buen criterio, la demografía abre el tema sobre las transformaciones socioeconómicas del manual catalán, no así en el general. El tratamiento que recibe en el manual catalán es, sin embargo, sorprendente. En primer lugar, el apartado titulado «*La demografia espanyola en el segle XIX*» tiene cuatro páginas (pp. 90-93), de las que la tercera y la cuarta están dedicadas enteramente a Cataluña. El apartado incluye el siglo XVIII que, en buena lógica, debía haberse estudiado en el tema relativo al Antiguo Régimen. Si aparece en este momento es porque, al estudiar en detalle la población catalana, se establece una continuidad entre el crecimiento de la población de los siglos XVIII y XIX, ya que prácticamente se dobla en cada siglo. Lo curioso, sin embargo, es que se explique el crecimiento a partir de 1814 «como resultado de una alta nupcialidad y de una alta fecundidad», pero no se explique el acaecido tras la aprobación de los Decretos de Nueva Planta de 1716, superior al que experimentó el resto del país en esa centuria. Como ha señalado Nadal (1984, pp. 103-4), sin embargo, durante el siglo XVIII «[e]l mayor dinamismo económico de Cataluña halla su complemento lógico en una mayor vitalidad demográfica. Los catalanes, como refleja el censo de 1787, no sólo se casan más jóvenes que los demás españoles, sino que también tienen más hijos» y además, como ha señalado Pérez Moreda (1993, p. 388), a ese mayor crecimiento contribuye el que reciban una fuerte inmigración procedente de otras regiones españolas, atraída por la vitalidad económica de la región en las décadas finales del siglo XVIII. En el texto catalán no se menciona la inmigración a Cataluña procedente de otras regiones, o de Francia en siglos anteriores. Tan sólo se habla del «proceso de transvase del campo a la ciudad y del interior a la costa, y de la emigración catalana fuera de España. Una vez más, Cataluña parece vivir de espaldas a España y abierta a Europa.

El «fracaso de la revolución industrial en España», título de un conocido libro de Jordi Nadal sobre la economía del siglo XIX, abre el capítulo sobre la industria en el manual general, aunque no se mencione a su autor. El manual catalán, por su parte, se limita a señalar que el «conjunto del Estado español, exceptuando las zonas industrializadas de Cataluña y del País Vasco, presentaba muestras de un grave atraso económico respecto de los países más desarrollados de Europa». Ni el atraso es del país, es del «*Estat espanyol*», ni es achacable a la propia industria, que destaca en dos regiones concretas, pero que se ha desarrollado tras altas barreras arancelarias que han perjudicado al resto del país, lo cual, por supuesto, no se menciona. Se va consolidando así, paso a paso, en el manual catalán, la idea de una Cataluña dinámica y próspera, verdaderamente europea, dentro de un país innominado, cuyo Estado la lastra y le impide alcanzar las cotas de desarrollo y bienestar a las que estaba destinada. Y si bien es cierto que aquí el manual catalán reconoce que las medidas proteccionistas estimularon la industrialización en Cataluña, no lo es menos que afirma que «los industriales catalanes llegaron a controlar el mercado español gracias a aranceles proteccionistas, a una significativa reducción del contrabando a partir de 1845 y a la competitividad de sus productos [...que a finales de la década de 1850] tenían una cuota de mercado español de más del 90%» lo que permitió que se considerara a Cataluña la «*fàbrica d'Espanya*» (p. 96). Pero, si tan competitivos eran los textiles catalanes, ¿cómo se explica que necesitaran aranceles proteccionistas o que hubiera un elevado contrabando de tejidos? No se explica, evidentemente. En cualquier caso, sorprende que ninguno de los dos libros trate con el detalle que merecería el tema de la protección arancelaria en el capítulo dedicado al crecimiento económico del siglo XIX, siendo como fue posiblemente la principal herramienta de política económica en ese momento. El tema aparece tratado en los capítulos dedicados a

7. DE LA TRANSICIÓN A NUESTROS DÍAS

la evolución política, y siempre de pasada, aunque hubiera sido muy conveniente incluir una buena síntesis en este capítulo en ambos manuales.

C) La España contemporánea (II): el siglo XX

En lo relativo al siglo XX, que ocupa 310 de las 430 páginas de texto (el 72 por 100) del manual catalán, el tema principal en este libro es la historia de la lucha de Cataluña por constituirse en «nación» con un «Estado» propio. Puede decirse que este tema principal ocupa el 86 por 100 del total de páginas del manual. Si la Edad Moderna es la de la *«repressió»* de las libertades y fueros propios, y el siglo XIX el del «conflicto», tanto político como social, el XX va a ser el de la construcción de una nación, construcción que se hace, por supuesto, al margen y frecuentemente en contra del «Estado español,» en línea con las reclamaciones de otros países oprimidos como Irlanda, y amparada por el *«derecho de los pueblos a la autodeterminación»*, asumido por la comunidad internacional tras la Primera Guerra Mundial, como se indica explícitamente en ocasiones (p. 153).

El manual general aborda el siglo XX siguiendo un esquema tradicional en el que la «fractura» del sistema político de la Restauración y el fracaso de los intentos de «regeneración» dan lugar a la descomposición del viejo parlamentarismo, que culminó con la Dictadura de Primo de Rivera, la cual, en su posterior caída, arrastró a la propia monarquía de Alfonso XIII. La «implantación de la república en 1931, despertó las esperanzas de amplios sectores de la población española, que exigían profundas reformas políticas y sociales conducentes al establecimiento de una auténtica democracia», pero «la inestabilidad que sufrió el país [...] desencadenó una larga guerra civil [... que] dio al traste con cualquier intento de consolidación de la democracia en España y supuso la instauración de la larga dictadura del general Franco», que habría de perdurar «cuarenta años, en los que España se alejó del modelo político democrático que triunfó en casi toda Europa occidental tras la Segunda Guerra Mundial» (p. 285).

¿Cómo presenta el manual catalán el siglo XX a los estudiantes de 2º de Bachillerato? El primer tercio del siglo es «un período de la historia española y catalana de tensiones enormes y cambios espectaculares. [...] Buena parte de estos cambios, España y Cataluña los compartían con el conjunto de la Europa Occidental» que experimentó una crisis imperialista a fines del XIX cuyos efectos se unieron a los de la Gran Guerra de 1914 para (se dice en la página 121)

> arruinar aquel continente que en los siglos anteriores había dominado todo el planeta. [...] Si nos fijamos detenidamente en Cataluña, enseguida nos damos cuenta de que se trata de un país que compartió tanto los rasgos más positivos como los más negativos y tensos de aquel período, porque se trataba del área más moderna, industrial y urbana de España. Cataluña también presentaba el rasgo diferencial de su reivindicación de carácter nacional, y esto confirió un carácter muy particular a su trayectoria durante esos años. Por eso desde que Cataluña planteó la primera reivindicación nacional, ello se convirtió enseguida en un problema político complejo para el Estado español.

De ese problema político trata, precisamente, el manual catalán, si bien lo hace eludiendo la complejidad del tema. Antes al contrario, Cataluña se presenta como una unidad sin apenas fisuras relevantes políticas, sociales, culturales, o económicas, que puedan poner en cuestión el objetivo prioritario: obtener un Estado propio. De ahí, quizá, que los episodios de autogobierno reciban una atención desproporcionada y sesgada, en la medida en que sus logros se abstraen y no se relacionan con avances similares acaecidos en toda España y consecuencia, por tanto, de la modernización económica, política y social que todo el país experimenta, incluida Cataluña.

El primer tercio del siglo es un período de crecimiento y modernización económica en lo que, según el texto catalán, destacaba Cataluña como «el área industrial más importante y antigua de España»; a la tradicional industria textil se unieron en estos años las industrias química, mecánica, alimentaria y del cemento (p. 128). Apenas cuatro páginas dedica este texto a los problemas políticos del resto de España en la primera década y media del siglo XX, y tres a los acontecimientos de la Semana Trágica en Barcelona. Este desequilibrio entre lo general y lo particular, entre la historia de España y la historia de Cataluña, se mantiene en el resto del libro, como ocurre en los capítulos anteriores.

El capítulo 7 se dedica a *El catalanisme polític. Els nacionalismes i els regionalismes a Espanya*, aunque, como era de esperar, trata más del primero que de los segundos. El cuadro sinóptico inicial es un

7. DE LA TRANSICIÓN A NUESTROS DÍAS

claro indicador: de cuatro apartados, los cuatro tratan del catalanismo: la «*constitució del catalanisme polític*», el catalanismo conservador, el de izquierdas y su evolución. Ni rastro en este esquema de cualquier otro nacionalismo o regionalismo. El planteamiento general del capítulo resulta familiar para un atento ciudadano de hoy en día: no se habla de España sino del «*Estat*»; las Cortes son «*les Corts de Madrid*» o «*les Corts espanyoles*», como el ejército es el «*exèrcit espanyol*». Si acaso, España aparece vinculada a episodios conflictivos, una vez más, como cuando miembros del ejército asaltan «las redacciones del semanario satírico *Cu-cut* y del portavoz de la *Lliga*, *La Veu de Catalunya*» al grito de «¡Viva España!» (p. 144). Los catalanes, por su parte, ya organizaban manifestaciones con gran seguimiento, como la que tuvo lugar el 20 de mayo de 1906 a la que asistieron, según la prensa del día siguiente, unos «200.000 manifestantes, una cifra enorme si pensamos que Barcelona había superado los 500.000 habitantes el mismo año 1900» (p. 145). Con ello los autores quieren dejar claro el fuerte apoyo «popular» a la causa catalana. Se destaca «el éxito de *Solidaritat Catalana*» que «consiguió que votase el 58% del censo electoral catalán, [...y] ganar en 32 distritos electorales en juego», pero se mantiene el tono de queja y lamento porque, «los diputados catalanistas "solidarios" constituían en las Cortes españoles una pequeñísima minoría ante la hegemonía de los dos grandes partidos españoles: el Partido Conservador y el Partido Liberal» (p. 146). El éxito del catalanismo político, con presencia en las Cortes, da lugar a un aumento y radicalización de «las descalificaciones y los ataques verbales contra el catalanismo político» (p. 147). Pese a todo ello, el representante catalanista en Madrid, «Cambó no defraudó nadie: enseguida se convirtió en el principal defensor de las reivindicaciones catalanistas; pero también se mostró como un político hábil, que supo conseguir la alianza con el jefe del Gobierno y del Partido Conservador, Antonio Maura, y aumentar mucho el prestigio de la *Lliga Regionalista*», lo que le valdría que Alcalá Zamora, en 1918, le acusara de querer ser «el Bismarck de España y el Bolívar de Cataluña; se creía incompatible ser catalanista y pretender regir la política española» (p. 148).

El manual catalán hace especial hincapié en los avances políticos, económicos y sociales alcanzados por Cataluña, gracias al autogobierno. Así, se exponen los muchos logros alcanzados por la Mancomunidad de Cataluña, creada por el Real Decreto de 26 de Marzo de

1914, dando a entender que sólo un Gobierno propio podía acabar con la situación de atraso existente en temas relacionados con las comunicaciones, la educación, etc….. Se trataba, como dicen los autores de este manual, de utilizar la «*Mancomunitat* […] la primera gran realización del catalanismo en el plano político y administrativo», casi «un verdadero **Gobierno regional**» y por extensión un «verdadero Gobierno catalán» para, superando el hecho de que se trataba de meros «órganos administrativos integrantes de la administración periférica del Estado […] saber dotar de contenido a estas funciones y unirlas a su programa [catalanista] para construir un país avanzado y moderno, al estilo de las democracias europeas» (p. 149). Por supuesto, el manual no tiene en cuenta las medidas de alcance nacional que se tomaron en esos mismos años para acabar con problemas similares, si cabe aún más graves, en otras regiones españolas. Lo importante para los autores del texto es destacar el éxito del autogobierno catalán, por limitado que éste fuera, y la perspectiva europea de las medidas que se tomaron, ya que es en Europa donde aspiran a integrarse como nación de pleno derecho los nacionalistas catalanes. Todas estas conquistas se hacen frente a «el Estado [que] se negaba una vez y otra a cualquier concesión» hasta el punto de que «al catalanismo no le quedaba más salida que plantear la demanda de una autonomía política», de lo que se encargó la propia Mancomunidad «avalada por 1.046 de los 1.072 municipios catalanes (reunían casi el 99% del total de la población del Principado)» y que serían las *Bases per a l'autonomia de Catalunya*, una actualización de las Bases de Manresa de 1892, presentadas el 29 de noviembre de 1918 al Gobierno central. No se especifica qué porcentaje de votantes individuales suponía ese masivo 99 por 100 de apoyo municipal. Y continúan los autores, «[l]a reacción gubernamental no fue favorable, pero la Mancomunidad siguió el proceso con la redacción de un *Projecte d'Estatut de Catalunya*» que serviría de base al futuro *Estatut de Núria* de 1931. La dura discusión que tuvo lugar en las Cortes hizo a Cambó «promover el abandono por los diputados catalanes de las Cortes». Hubo «protestas y movilizaciones, que coincidieron con las grandes huelgas obreras en Barcelona [… y e]l Gobierno respondió con la suspensión de las garantías constitucionales, la clausura de muchos centros catalanistas y una fuerte represión» al mismo tiempo que promovía una comisión parlamentaria encargada de redactar un proyecto alternativo, «una táctica para anular la iniciativa catalana» (p. 155). Esta afirmación no es cierta, como vimos en el Capítulo 6.

Resulta cuando menos curioso que la situación general de inestabilidad política y social que tuvo lugar en toda España en esos mismos años (recordemos que son los años de la Primera Guerra Mundial y los de la crisis de la Restauración, las Juntas Militares de Defensa, la huelga general de 1917), no aparezcan desarrollados en el libro hasta más tarde, cuando ya ha quedado fijada en la mente de los estudiantes la «gesta» heroica de la Mancomunidad catalana, ese *veritable govern català*», y sus logros políticos, económicos y sociales, en contra del *Estat espanyol*. Quizá la lógica histórica, o, si se quiere, la didáctica de la historia, sugiriera que hubiera sido más útil recorrer el camino inverso e ir de lo general a lo particular, de los problemas nacionales a los locales (pp. 169-73). El manual general es más escueto y ecuánime al tratar este tema y concluye que «las divisiones en el Gobierno y el estallido de una aguda crisis social, la huelga general de Barcelona, dieron al traste con [el] proyecto» de estatuto de autonomía elaborado por la *Lliga* (p. 297-298). De la obra económica y social de la Dictadura de Primo de Rivera, a la que el manual general dedica un apartado, el catalán no tiene nada que decir.

La Dictadura supuso un paso atrás en el avance del nacionalismo catalán, de lo que se hacen eco ambos manuales. El manual general afirma que «se suprimió cualquier manifestación del nacionalismo, tachado de separatista. Así, a los pocos días del golpe, se prohibió el uso de símbolos del catalanismo y del catalán en el ámbito oficial» y, más tarde, con la aprobación del «Estatuto Provincial (1925) desapareció la Mancomunidad [lo que] significó la ruptura definitiva, no solo con el catalanismo conservador de la *Lliga* Regionalista, sino con la realidad catalana, lo que potenció el nacionalismo radical e incluso separatista» (p. 302-303). El manual catalán presta más atención a las relaciones previas al golpe entre Primo de Rivera, cuando era capitán general en Cataluña, y «destacados miembros de las clases altas catalanas para convencerles de la necesidad de un golpe de Estado que sanease la política, asegurase la paz social y devolviese la confianza al conjunto de la ciudadanía para poder modernizar el país», además de que les «prometía que respetaría la obra del catalanismo» y les alertaba del «peligro que significaba el separatismo y el "nacionalismo radical" para Cataluña y para el conjunto de España» (p. 176). Pese a todo ello, **«uno de los grandes objetivos del**

Dictador sería acabar con el catalanismo, los partidos que lo representaban, las organizaciones, las instituciones y las iniciativas vinculadas al movimiento catalanista», política de la que es exponente «un decreto llamado "contra el separatismo"» que prohíbe el uso del catalán en los actos públicos, impone la censura a la prensa periódica en catalán y el control o incluso el cierre de instituciones como el *Orfeó català* (p. 177). Narran los autores, la supresión de la Mancomunidad en 1925, lo que dio lugar a un «gran movimiento de solidaridad con Cataluña en que participaron los intelectuales españoles más destacados» (p. 178).

Se reproduce parte del texto del *Real Decreto contra el separatismo* de 18 de septiembre de 1923. El tono del artículo primero es algo distinto al sugerido por los autores del manual catalán, ya que se limita a establecer la indivisibilidad de «la patria» y dice así:

> Serán juzgados por los tribunales militares [...] los delitos contra la seguridad y unidad de la patria, cuando tiendan a disgregarla, restarle fortaleza y rebajar su concepto, ya sea por la palabra, por escrito, por la imprenta o por otro medio mecánico o gráfico de publicidad y difusión, o por cualquier otro acto o manifestación.

El artículo segundo establece las infracciones o castigos por «[l]a difusión de ideas separatistas por medio de la enseñanza» y aclara que (p. 178):

> [e]xpresar o escribir en idiomas o dialectos, las canciones, bailes, costumbres y trajes regionales, no son objeto de prohibición alguna; pero en los actos oficiales de carácter nacional o internacional no podrá usarse por las personas investidas de autoridad otro idioma que el castellano, que es el oficial del Estado español.

La defensa de España, que no el ataque a Cataluña, parecen ser el objetivo del citado «decreto contra el separatismo». Pero, al parecer, a los autores del manual catalán la defensa de la legalidad vigente, es decir, de España como país y nación, les parece un ataque directo a Cataluña.

El capítulo termina con el Pacto de San Sebastián, destinado a abrir la puerta a un futuro cambio de régimen, que «fruto de la presión de los representantes catalanes [...recoge] la declaración conjunta que la democratización del país significaría la apertura del proceso de **re-**

7. DE LA TRANSICIÓN A NUESTROS DÍAS

conocimiento de la autonomía de Cataluña» (p. 179). Ya vimos en el capítulo 6 que no hay prueba documental de esto último, y que muchos de los participantes en la negociación del Pacto lo negaron. Los cuadros sinópticos que inician los capítulos dedicados a la Segunda República son prácticamente idénticos en ambos manuales y siguen el relato tradicional de la historia del período: la proclamación de la República, el bienio reformista (de izquierdas en el General), el Bienio Negro (o de centro derecha) y el Frente Popular. El contenido en uno y otro libro es prácticamente idéntico, con las lógicas referencias a los acontecimientos relevantes en Cataluña como la aprobación del Estatuto de Nuria (1931), del Estatuto de Autonomía de Cataluña (1932), la proclamación del *Estat Català* por el presidente de la *Generalitat* Companys en 1934, y su retorno a dicha presidencia en Febrero de 1936. Incluso la foto con la que se abre el capítulo, de la proclamación de la República desde el balcón del Palacio Real, con la bandera coloreada en el manual general, o los dos mapas que recogen la situación de Europa en 1919 y 1939, son idénticos en ambos manuales.

Entre los grandes debates en las Cortes Constituyentes de 1931 se sitúa el tema autonómico. Al tratar en profundidad las reformas del bienio reformista, se acentúan las diferencias de enfoque en relación con los estatutos de autonomía. Al hablar del *Estatut*, el manual catalán (p. 190) dice que la «iniciativa partió de Esquerra Republicana, [...] se aprobó en plebiscito por el 99% de los votantes catalanes» (p. 324), o «el 99% de los votos favorables» en una consulta en la que «participó más del 75% del censo». Sin embargo, como recoge el manual general en su página 324,

> su debate en las Cortes se alargó [...] por la oposición que provocó el contenido federalista de la propuesta catalana. En esta oposición el Gobierno recibió el apoyo tanto de la derecha como del Partido Radical y algunos socialistas. Si finalmente se llegó a su aprobación se debió a la intervención del propio Azaña en defensa de la autonomía catalana y a la reacción de solidaridad que provocó entre los republicanos el fracaso del golpe de Estado de Sanjurjo en 1932. [...] El proyecto de estatuto sufrió importantes recortes a su paso por las Cortes. [...] La educación, el orden público y la hacienda quedaron como competencias compartidas entre el Gobierno central y la *Generalitat*. Pero una de sus principales limitaciones fue la reducida capacidad de autofinanciación.

En las 26 líneas que dedica al tema, el manual catalán no entra en ninguna de estas cuestiones y destaca, en cambio, la oposición que suscitó el *Estatut* de forma que «[l]a aceptación automática del texto catalán, prevista en 1930 [Pacto de San Sebastián], quedó definitivamente olvidada» (p. 190). Lo de la «aceptación automática» convenida en el Pacto de San Sebastián es más que discutible, como vimos en el Capítulo 6. Por lo demás, la manera en que está redactado el texto tiende a reforzar la idea de un conflicto permanente entre Cataluña y España, una España que parece negarse a todo lo que, muy justamente, solicita Cataluña. No hay matices, ni esfuerzo alguno para reflejar el distinto grado de apoyo a algunas de estas solicitudes dentro de la propia Cataluña. Antes al contrario, las cifras de voto o participación en los procesos electorales se utilizan según convenga.

Ejemplos de este tipo de sesgo en el manual catalán abundan. Uno de ellos es el relativo al conflicto surgido en torno a la Ley de Contratos de Cultivo, aprobada en marzo de 1934 por el parlamento catalán, «dominado por Esquerra Republicana», según la cual «los *rabassaires* [...] podían comprar la tierra que hubieran trabajado después de 18 años [... y que] fue recurrida al Tribunal de Garantías Constitucionales por los propietarios, apoyados por la *Lliga* y la CEDA, y fue declarada inconstitucional» (manual general, p. 331; sobre este tema, ver más arriba, Capítulo 6). Para los estudiantes catalanes, «[e]l verano de 1934 el Gobierno [...] tuvo que afrontar el conflicto con la Generalidad de Cataluña y su iniciativa de aprobar una **Ley de contratos de cultivo** que favorecía a los *rabassaires* [...] en contra de los propietarios» (p. 194). Ni la oposición a la Ley por parte de los propietarios, apoyados por la *Lliga*, ni la declaración de inconstitucionalidad de la Ley por el Tribunal de Garantías son mencionadas. Se trata de una «iniciativa catalana» más a la que se opone el centralismo de Madrid.

El trato dado a los sucesos de octubre del 34 es otro ejemplo de sesgo intencionado. «**Lluís Companys, presidente de la** *Generalitat*, **proclamó el "Estado Catalán dentro de la República Federal Española"**, quebrantando la legalidad republicana» (manual general, p. 332). Tal quebrantamiento no figura en el texto catalán, que prefiere insistir, sin embargo, en que «[t]ambién en este caso el Gobierno central actuó de manera inmediata, con **la declaración del estado de guerra** y la ocupación del palacio de la *Generalitat* por las tropas dirigidas por el **general Domènec Batet**, que neutralizaron la situación al cabo de pocas horas» (p. 195). Y continúa, «[l]a represión de los hechos de octubre del 1934 [en Barcelona y Asturias] fue durísima [...] y se aprobaron durísimas condenas a muerte» (p. 195), exactamente «veinte condenas a muerte de las que solo se ejecutaron dos» según el manual general (p. 332). Hay que decir que los hechos (rebelión militar) no eran para menos. Nadie se escandalizó porque al general Sanjurjo se le condenara a muerte por hechos parecidos en 1932.

Los intentos del manual catalán para presentar a Cataluña como un bloque sin fisuras son frecuentes Así la presencia de los diputados de la *Lliga* Catalana en la sesión del Parlamento de Cataluña que ratificó a Companys en la presidencia de la *Generalitat*, a raíz de la aprobación de la ley de Amnistía y del restablecimiento de la autonomía de Cataluña tras la victoria del Frente Popular en febrero de 1936, es considerada «buena muestra de que la crispación presente en la política española no se había producido en Cataluña y de que la derecha catalana no era complotista como la española» (p. 203). Decir que no había crispación en la política catalana después de haber narrado la proclamación de Companys y sus secuelas en octubre de 1934 es, cuando menos, sorprendente.

También hay grandes diferencias entre ambos manuales en la narración e interpretación de la Guerra Civil. El manual catalán expone la idea de «algunos historiadores» de que la guerra civil fue, de hecho, «la última guerra carlista de la historia de España», debido, en parte a la naturaleza de «los temas más candentes y causantes de las tensiones más graves» durante la Segunda República: el Ejército, la Iglesia, la gran propiedad agraria y la organización territorial del Estado (p. 208). Más llamativa resulta, si cabe, la interpretación según la cual (p. 208, cursiva nuestra)

> Algunos historiadores catalanes han destacado que las tensiones que llevaron a la guerra tenían raíces específicamente españolas. Según estas interpretaciones, aunque *en Cataluña* también hubo unos índices crecientes de violencia, *nunca se perdió del todo el sentido político nacional de colaboración entre las derechas y las izquierdas*, hecho que habría hecho posible el acercamiento entre la *Lliga* Catalana y el Gobierno de la *Generalitat* desde la primavera de 1936. Así, estos historiadores vienen a decir que *en julio de 1936 Cataluña se vio implicada en un conflicto que le venía impuesto desde fuera.*

El hecho de que hubiera generales catalanes entre los conspiradores del bando franquista, o el de que, como el mismo texto admite en otro contexto, Cambó apoyara el levantamiento militar, no merecen ningún comentario de los autores del libro, aunque parecen contradecir la tesis de la «guerra civil impuesta desde fuera». En todo caso, volveremos sobre ese «sentido político nacional de colaboración entre las derechas y las izquierdas» durante la Guerra Civil española más adelante.

En el transcurso de la guerra, «**se avanzó poco en la reconstrucción de un poder único** capaz de centralizar los recursos y dirigir la política de guerra. [...] El Gobierno central no pudo impedir que Cataluña y País Vasco ensanchasen su autonomía, creasen su propio ejército y asumiesen un control absoluto de la economía y del orden público» (manual general, p. 357). Al manual catalán (p. 222) no le parece mal este ensanchamiento de la autonomía catalana:

> A pesar de todas las dificultades, la *Generalitat* intentó desarrollar las funciones que le eran propias con la máxima normalidad [que pasaron por la formación, en septiembre de 1936] de un Gobierno que integró todas las fuerzas obreras, incluyendo la apolítica CNT [siendo *Conseller primer* Josep Tarradellas. Entre las tareas que abordó con éxito este Gobierno estuvo] la conservación del orden público en la retaguardia y la recuperación del funcionamiento ordenado y regular del sistema judicial [con la creación, entre otros de los] **tribunales populares** para tratar de ajustar a la ley el orden y la represión [etc....] Otra acción fue el salvamento del patrimonio cultural catalán [...] una operación que fue considerada modélica per muchos gobiernos europeos y una fuente de inspiración [...] durante la Segunda Guerra Mundial [...]

Entre los logros de la *Generalitat* en guerra se incluye la creación del «**Consell de l'Escola Nova Unificada**» y de «un organismo piloto, **l'Institut-Escola**, que impulsó una reforma educativa modélica y moderna» en la enseñanza secundaria; y también «mantuvo las puertas abiertas la *Universitat Autònoma* (también conocida como la *Universitat de Catalunya*)», etcétera (pp. 222-23). Por cierto, aquí los autores del texto catalán muestran cierto desconocimiento, porque el verdadero proyecto piloto en la enseñanza secundaria no fue *l'Institut-Escola* catalán, sino el Instituto Escuela creado en Madrid en 1918 por la Junta para la Ampliación de Estudios de 1907, heredera, a su vez, de la filosofía educativa de la Institución Libre de Enseñanza, he-

7. DE LA TRANSICIÓN A NUESTROS DÍAS

cho que no se menciona en este manual.

Pese a las anteriores afirmaciones sobre el «sentido político nacional de colaboración» en la Cataluña en guerra, algunas de las medidas recogidas en el texto sugieren la existencia de un elevado grado de «tensión» en la propia Cataluña fruto de la «revolución y las colectivizaciones» que el manual ha descrito con anterioridad, apenas destacando que «[l]as principales víctimas de la persecución fueron los miembros de instituciones religiosas y los conservadores más significados», sin dar siquiera cifras aproximadas de dicha persecución y centrándose, más bien, en los efectos del *Decret de col.lectivitzacions i de control obrer* (octubre de 1936) que intentó recuperar la producción catalana» y en la creación de «una gran organización, el Comité de Industrias de Guerra [...] para tratar de adaptar parte de la industria catalana a las exigencias de la guerra» (p. 221). Pareciera, leyendo las páginas dedicadas por este manual a «La obra de Gobierno de la *Generalitat de Catalunya*» durante la guerra civil, que estuviéramos ante un intento de «promoción de la causa catalana y republicana por el mundo,» una de las tareas asignadas al *Comissariat de Propaganda* dirigido por Jaume Miravitlles (p. 223).

Pero cuando el «sentido político nacional de colaboración» se vino indudablemente abajo fue en mayo de 1937. Lo admite el propio manual (p. 224): «A pesar de este estado de cosas, y aunque el Gobierno catalán fuera de unidad, entre las fuerzas que lo integraban había grandes divergencias y a menudo una animadversión manifiesta» que resultó en «una guerra civil dentro de la guerra». La conclusión que saca el manual catalán de este cruento episodio que terminó con «la derrota de los revolucionarios (el POUM fue perseguido e ilegalizado, y la CNT comenzó a derrumbarse)» merece una atención especial (p. 224):

> La *Generalitat* también perdió: ante la gravedad de lo que se conoció como hechos de Mayo, el Gobierno central, ahora ya influido por el Partido Comunista de España, asumió las competencias de orden público, tomó el control de las industrias de guerra y comenzó una política centralizadora que redujo muchísimo la autonomía de Cataluña. Esta tendencia se agravó aún más cuando el Gobierno central se trasladó de Valencia a Barcelona, a finales del mes de octubre de 1937. Se diría que los centenares de muertos, la paralización y desor-

ganización del esfuerzo de guerra contra los franquistas, el peligro en que se puso al Gobierno republicano, todo palidece en importancia ante la pérdida de autonomía del Gobierno catalán.

El manual general recapitula las «consecuencias de la guerra» en un apartado dedicado a «las consecuencias humanas: muerte, represión y exilio», las «consecuencias económicas» y «los efectos culturales» de la guerra civil, entre los que destaca que «el triunfo de los sublevados barrió casi por completo el impulso de la cultura catalana y de la literatura gallega» (pp. 364-65). El manual catalán, en el que no hay una recapitulación similar, abre el Bloque de temas dedicados a «Cataluña y España durante el franquismo (1938-1975)» con una afirmación que se va a repetir frecuentemente a lo largo del texto: «En Cataluña, la lucha por la defensa de la identidad cultural se identificó con la lucha por los derechos y las libertades de los ciudadanos» (p. 243). Es más, en la introducción al tema dedicado a los primeros veinte años del franquismo, se afirma que «en Cataluña esta represión fue aún peor, porque también se perseguía a la lengua y la cultura catalanas, y cualquier manifestación de catalanismo» (p. 244). No se reconocen, en cambio, los beneficios que a la economía catalana aportó el franquismo, como el mercado cautivo que la política autárquica puso a disposición de la industria catalana. Sí se recuerda el lado negativo de la autarquía, esto es, la escasez de materias primas y capitales (p. 259). Se destaca como «[u]na de las pocas novedades positivas en el sector industrial [...] la instalación en Barcelona de la fábrica de automóviles SEAT» sin mencionar, por supuesto, que fue una decisión política del Régimen franquista que benefició claramente el desarrollo económico posterior en Cataluña.

Cinco páginas, de las veinte que el manual catalán dedica a la postguerra, están dedicadas a «*El franquisme a Catalunya*» y en ellas se vuelve a insistir en que su impacto en Cataluña, Galicia y el País Vasco «fue aún más negativo, porque el franquismo se definía por un españolismo excluyente y un uniformismo rígido» (pp. 261 y ss.). El fusilamiento de Lluís Companys, «por el hecho de haber sido la máxima autoridad política de la *Generalitat de Catalunya* [...] fue la muestra más clara de la política franquista respecto a Catalunya». Nada se dice, por supuesto, de Zugazagoitia, Peiró, o Cruz Salido. La represión del catalán, excluido de todos los organismos públicos al terminar la guerra civil, y en la que colaboraron «la escuela y la universidad [...] que ofrecían un discurso [...] españolizador [sic] y reaccionario», se suavizó a partir de 1946, pero según los autores, esto se hizo «con la intención de ofrecer una imagen menos represora ante los organismos internacionales» Así, se permitió la edición «de obras que no interesasen al gran público», como *Notícia de Catalunya* de Jaume Vicens Vives, suponemos nosotros. Según el texto, las medidas represoras son contra todos los catalanes; las que suavizan las anteriores, sin embargo, apenas tienen efectos marginales y secundarios, y son medidas interesadas, que persiguen un fin propio.

De hecho, «[s]i bien es cierto que el republicanismo y el catalanismo fueron los grandes derrotados con la instauración del franquismo [no parecen acordarse del liberalismo, el socialismo, el comunismo, el anarquismo, el vasquismo, etc.] ello no impidió que hubiera ciudadanos de Cataluña dispuestos a colaborar con el nuevo régimen» desde ayuntamientos y diputaciones, siempre controlados «por gobernadores civiles, que normalmente eran venidos de otros lugares». En esta foraneidad se vuelve a insistir al señalar que «la presencia de catalanes en los órganos de la Falange siempre fue muy reducida» y que los gobernadores «siempre eran personas ajenas a Cataluña» (p. 262). La promoción de los *«negocis privats»* y no la acción pública a favor de la patria catalana, era el objetivo de estos colaboradores del régimen franquista y supuso «el fin de la derecha tradicional catalana, que había representado la *Lliga*».

A este respecto se recoge un fragmento de un artículo publicado por Ferran Valls i Taberner, *La falsa ruta*, publicado en *La Vanguardia española* el 15 de febrero de 1939, antes de la entrada de las tropas franquistas en Barcelona, en el que denunciaba la división que el catalanismo había producido entre los propios catalanes, previa al estallido de la Guerra Civil, afirmando que:

> el catalanismo resultó en definitiva un lamentable factor de disgregación, así con respecto a la unidad nacional española, como también dentro de la misma entidad regional catalana, produciendo en ella una funesta separación [...] entre los mismos catalanes, divididos en catalanistas y anticatalanistas, con lo que se inició ya, dentro de la misma Cataluña, una discordia profunda, que en el orden moral era un preludio de guerra civil, vehemente y furibunda [...]. A la obra grandiosa de la reconstrucción de la patria española emprendida por el Movimiento Nacional deben, pues, cooperar todos los catalanes efusivamente y con la mayor lealtad, sin recelos y sin regateos de ningún género [...]

El texto de Valls Taberner no va acompañado de ningún comentario, pero lo merecería, ya que es un alegato contra las tesis sostenidas en el libro acerca del «sentido político nacional de colaboración» y el «conflicto impuesto desde fuera».

El Plan de Estabilización de 1959 supuso un punto de inflexión en el régimen franquista que, forzado por las circunstancias, tuvo que tomar medidas liberalizadoras que dieron lugar a los años del desarrollismo económico, caracterizado por un intenso crecimiento económico, especialmente industrial, acompañado de una fuerte redistribución de la población hacia las zonas más dinámicas, Cataluña entre ellas. El manual general detalla la puesta en marcha de los planes de desarrollo, a los cuales el manual catalán no hace referencia alguna, y llama la atención sobre el hecho de que «los recursos se invirtieron con preferencia en las zonas más seguras y rentables, País Vasco, Valencia, Madrid o Cataluña, adecuándose en muchos casos a los intereses de los grupos con capacidad de influencia política y favoreciendo la especulación y la corrupción» (p. 397). El manual catalán se limita a dar cifras del crecimiento de la producción industrial, de un 1.753 por 100 en el sector del automóvil, sin mencionar, por supuesto, quién, cómo y por qué tomó la decisión de establecer la Zona Franca y la fábrica SEAT en Barcelona, responsables de ese significativo crecimiento en la producción. En ningún momento reconoce que determinadas decisiones del Gobierno español, sea este el de la Dictadura franquista o el de la Restauración borbónica un siglo antes, hayan favorecido a Cataluña, a su industria, y a su mayor crecimiento económico. No se indaga en las razones de ese «crecimiento», sino que se da por sentado que es propio y responde a su idiosincrasia, al hecho de ser Cataluña más desarrollada y europea que el resto de España.

Mención aparte merece el fenómeno inmigratorio en Cataluña en los años sesenta, que se comenta acompañado de varios mapas, un gráfico y un cuadro, en el manual catalán. Se destaca «la llegada masiva de personas procedentes de zonas empobrecidas del resto de España [...] **sin ninguna planificación**» y cuando «Cataluña no disponía de instituciones propias para difundir entre los que llegaban la enseñanza de la lengua y la cultura catalanas. Esto dificultó el proceso de adaptación y de integración de los *"altres catalans"*, denominación que utilizó el escritor Paco Candel para referirse a los inmigrantes que acababan de llegar». El problema principal parece ser la asimilación de los recién llegados, españoles en su gran mayoría,

7. DE LA TRANSICIÓN A NUESTROS DÍAS

a la lengua y a la cultura catalanas, no las condiciones de su acomodo ni su nivel de vida. Es más, el manual concluye que «los únicos que se beneficiaron de esta situación fueron los especuladores, que se hicieron ricos gracias al gran aumento de la demanda de viviendas», olvidando que esta inmigración fue clave en el crecimiento de la producción industrial, «el cambio más espectacular en la economía» (p. 271), y, que, por consiguiente, benefició a sectores mucho más amplios que los «especuladores» (p. 275).

De los gestos de apertura del régimen de Franco, como «la aprobación por las Cortes de la compilación del derecho civil catalán, la cesión a Barcelona del Castillo de Montjuïc, y la promulgación de la Carta municipal de Barcelona [se dice que se trataba] en los tres casos, de hechos que no cambiaban nada de fundamental de la política franquista en relación con Cataluña» (p. 279); otras medidas, como la ya mencionada del establecimiento de SEAT en el Puerto Franco de Barcelona, o la central de Vandellós, ni se recogen aquí. Quizá por eso, en el apartado dedicado a «la oposición al régimen en Cataluña y el catalanismo» se destaque que lo más relevante serían «las **protestas de carácter cívico y cultural**» que provocó una campaña a favor de tener obispos propios, «*Volem bisbes catalans*», y a defender la lengua catalana en la escuela (p. 287). Todo ello no es sino un preámbulo al apartado «El catalanismo y la sociedad catalana al final del franquismo», en el que se extienden sobre la creación de la «*Assemblea de Catalunya*», cuya aparición se vincula a los movimientos de protesta surgidos en torno al Proceso de Burgos de diciembre de 1970, donde se dictaron varias condenas a muerte. La Asamblea, considerada «un tipo de organización inédita» que «trataba de trasladar al ámbito político la coordinación unitaria con que ya se trabajaba habitualmente en los ámbitos culturales y de reivindicación de la identidad catalana», contribuyó a identificar la **democracia** con la consecución del **autogobierno** para Cataluña. Esta es una cuestión en la que, como antes señalamos, insisten los autores una vez y otra (p. 303). El apartado dedicado a «La afirmación de la cultura catalana» sirve, de nuevo, para hablar de una «**represión** [que] **alcanzaba a todos los ámbitos** y a veces **la ejercían pandillas de la ultraderecha,** que asaltaban librerías catalanistas y progresistas» (p. 305). Más claro imposible: la derecha política equivale a centralismo, anticatalanismo y represión; la izquierda, el progreso y el catalanismo, por el contrario, van de la mano.

«De entrada, pues, se constataba que la reivindicación catalanista sería una cuestión importante en la transición». «La *Marxa de la Llibertat*, la Asamblea de Cataluña y el Congreso de Cultura Catalana eran iniciativas que singularizaban enormemente el panorama catalán en aquellos primeros meses después de la muerte de Franco, y que no encontraban equivalentes en otros territorios del Estado español. Eran la muestra del dinamismo del antifranquismo catalán» (p. 331-32). Los autores del manual catalán parecen olvidar la multitud de manifestaciones e incidentes ocurridos en Madrid, el País Vasco y muchos otros puntos de la geografía española durante la transición y se esfuerzan por destacar la singularidad de Cataluña dentro de un «Estat espanyol», nunca de España. Esa «cultura política propia» se pone de manifiesto en el resultado de las elecciones de 1977 en las cuales «de las siete opciones que consiguieron representación en Catalunya, solo había dos que fuesen delegaciones regionales de fuerzas políticas estatales [de nuevo] propiamente dichas, UCD y AP» (p. 337-38). Los autores parecen implicar que ni el PSC ni el PSUC tuvieran algo que ver con el PSOE y el PCE respectivamente.

Los autores del manual catalán insisten en el apoyo mayoritario de la población al restablecimiento de la *Generalitat*, que los recién elegidos parlamentarios negociaron con el Gobierno de Suárez tras constituirse en «*l'Assemblea de Parlamentaris*», apoyados por «una impresionante manifestación el Once de Septiembre del 1977, cuando un millón de personas ocuparon las calles de Barcelona para pedir autonomía política». El retorno de Tarradellas, «el único acto de la transición en que el Gobierno español reconoció la legitimidad de un cargo electo de las instituciones republicanas», en octubre de 1977, precedió a «la aprobación en referéndum del nuevo estatuto» en el marco del cual se convocaron «las primeras elecciones al Parlamento de Cataluña, en que Jordi Pujol obtuvo la presidencia de la *Generalitat*» (p. 339).

Anteriormente se ha mencionado que los vascos votaron de manera muy diferente, ya que el PNV quedó en cabeza, aunque a poca distancia de los socialistas; la fuerza de un partido nacionalista les parece a los autores «la constatación de una comunidad nacional». Naturalmente, suponemos esto se aplicará también a Cataluña, aunque quizá no en estas primeras elecciones. Señalemos que este más que discutible criterio descalificaría como naciones a Portugal, España, Inglaterra, Alemania, o Italia, por carecer de partido nacionalista fuer-

7. DE LA TRANSICIÓN A NUESTROS DÍAS

te, pero no a Francia, donde el Frente Nacional es muy fuerte. Los autores del manual no señalan que había división en Cataluña entre los diputados de izquierdas elegidos y las fuerzas conservadoras, que se mostraron mucho más partidarias de Tarradellas; y tampoco que el Gobierno de Suárez actuó como árbitro entre estas dos facciones catalanas.

Todos estos temas vuelven a tratarse en mayor detalle en el Capítulo 16 sobre «*La Catalunya Autònoma*», donde, por primera vez, se menciona el porcentaje de voto en apoyo del Estatuto de Autonomía que, en su opinión, recibió «un amplio apoyo, del 88,1% de los electores, aunque la participación no fue muy elevada, del 59,3». Este limitado apoyo, una vez ponderado el abrumador voto positivo por el modesto porcentaje de participación, se justifica inmediatamente afirmando que esto fue así «en parte como reacción a los recortes que sufrió el *Estatut* en el Parlamento español, en parte por la falta de compromiso de una parte importante de la población» (p. 376).

«La Cataluña autónoma» merece un capítulo aparte en el manual catalán. No se encuentra capítulo similar en ningún manual de las otras Comunidades. Al tratar un período que ya ha sido analizado, con cierto detenimiento en los capítulos anteriores, muchos temas se repiten. Quizá el mejor resumen del capítulo sea el que sirve de Introducción a los autores del texto (p. 372, cursiva nuestra):

> Nunca, en la época contemporánea, Cataluña había dispuesto de un período tan largo de autonomía y de libertades políticas. A pesar de las dificultades de entendimiento con las fuerzas políticas de ámbito estatal que han gobernado el Estado español desde los inicios de la transición, lo cierto es que la autonomía catalana se ha ido definiendo y consolidando. [...] A lo largo de estos treinta años se ha construido un sistema político propio, que no solo se constata por la existencia de las instituciones, sino también por la presencia de organizaciones políticas autónomas y el mantenimiento de un debate político propio y diferenciado. Con todo, *la dificultad de encaje en el contexto español ha continuado siendo una realidad*, que se ha hecho especialmente presente cada vez que los catalanes han tenido un cierto protagonismo en el debate político español. [...] Por otra parte, no podemos olvidar que este proceso político se ha producido mientras el país se transformaba, demográfica, económica y socialmente. Los cambios experimentados han evidenciado las carencias y los desequi-

librios del sistema de financiación del sistema autonómico, origen del tenso debate político entre la administración central española y la administración catalana.

Como puede verse, el manual reproduce la retórica usual de los gobiernos de *Convergència*: dificultades de entendimiento, dificultad de encaje, problemas en la financiación autonómica... Como dice el refrán, no hay peor sordo que el que no quiere oír, ni peor encaje que el de quien no quiere encajar.

El mapa que abre el capítulo y define «*el context*» resulta peculiar. Se titula *L'Euroregió Pirineus Mediterrània, 2009* (p. 373) e incluye, como contexto, tres autonomías españolas, Aragón, Cataluña y Baleares, y dos regiones francesas, Languedoc-Rosellón y Mediodía-Pirineos. El resto de España no parece encajar en el «context». Como declaración de principios resulta impactante, y más si se tienen sólo 16 años; sobre todo en un libro que se supondría que es de Historia de España.

El cuadro sinóptico que aparece tras esta introducción, también es peculiar: recoge los nombres de tres Presidentes de la *Generalitat*, Tarradellas, Maragall y Montilla, en 1977, 2003 y 2006 respectivamente, pero no el de su presidente más duradero, Jordi Pujol, que gobernó Cataluña ininterrumpidamente entre 1980 y 2003. ¿Habrá alguna razón para ello?

Tras dedicar las primeras cuatro páginas del capítulo a temas que ya se han tratado con anterioridad, Jordi Pujol hace su aparición en el texto con su primer Gobierno, en el que pacta con ERC y CC-UCD. En su discurso de investidura, del que se reproduce una parte en el Documento 14, insiste en que «hemos de hacer un gran esfuerzo por mantener [...] una unidad de acción en lo que se refiere a la posición colectiva del país» y añade que «nuestro programa [...] será un programa nacionalista» (p. 378). En el recuadro dedicado a su figura política se afirma que «sus gobiernos se caracterizaron por la obra de catalanización y la consolidación del autogobierno, con mucha atención al impulso de la economía y la internacionalización del hecho catalán» (p. 379). El propio Pujol no lo hubiera dicho mejor. Y estos son, precisamente, los temas que dominan el capítulo, en especial la política lingüística y la insuficiencia de la financiación autonómica. Legislatura a legislatura, se detallan las distintas coaliciones que han gobernado en Cataluña, en función de los resultados electorales, y la obra de gobierno de cada uno de ellos, con especial atención a la política lingüística: de la Ley de normalización lingüística de 1983, a la «nueva Ley de política lingüística» de 1997; de la ley que «consolidaba el catalán como lengua propia de Catalunya», a la ley que, «teniendo en cuenta que el nivel de conocimiento ya había aumentado notablemente [...] trataba [...] de incrementar la presencia social del catalán, sobre todo en los ámbitos en que estaba más desfavorecido, como el cine, algunos ámbitos comerciales o la justicia» (p. 388). En ningún momento se recoge la oposición a la política lingüística de la *Generalitat*, entre padres de escolares forzados a estudiar en catalán y no en español, comercios multados por rotular en la lengua oficial de todos los españoles, o del propio sector del cine, preocupado por la caída de taquilla ante la obligación de proyectar las películas dobladas al catalán, entre otros. Si acaso, se identifica al PP de Aleix Vidal-Cuadras con la oposición a esta política. Nada se dice, por supuesto, de cómo el propio PP, con José María Aznar al frente, apartó a Vidal-Cuadras del PP en Cataluña para obtener el apoyo de Jordi Pujol y su partido a un gobierno en minoría, ni tampoco de las transferencias de nuevas competencias al Gobierno de la *Generalitat* que implicó el acuerdo.

Junto al tema de la lengua y la cultura catalanas, de marcado carácter triunfalista, se apunta en el texto la cuestión de la financiación autonómica, esto con tono victimista. En este caso, se habla de los sucesivos pactos para la financiación de las comunidades autónomas que han ido transfiriendo un porcentaje cada vez mayor de la gestión y más tarde también de la «capacidad normativa» sobre determinados impuestos, el IRPF entre ellos. Del elevado nivel de transferencias y competencias recibidas, superior al que existe en cualquier otro país, ni se hace mención, como tampoco de la financiación estatal de gran parte de las infraestructuras que se recogen en el texto, entre otras las de la Barcelona olímpica en 1992, siendo alcalde Pasqual Maragall. Si algo va bien en Cataluña, lo ha impulsado o hecho el «*govern*»; si va mal, la culpa es del resto del país («la economía española [que] entró en una fase de crisis y recesión», p. 385), o de sus gobernantes. Estos tienen una fuerte presencia en el capítulo, no como colaboradores necesarios de gran parte de los avances de toda naturaleza, política, económica, cultural o social que hayan tenido lugar en Cataluña desde la llegada de la democracia, sino más bien como antagonistas, al menos todos aquellos gobiernos en los que una clara mayoría ha hecho innecesario el acuerdo parlamentario entre distintos partidos para gobernar España. Sobre la naturaleza y los efectos de estos acuerdos, los autores afirman en la página 386 que

> este tipo de pactos [entre los respectivos partidos en el Gobierno español y en la *Generalitat* catalana] hizo que las relaciones con Cataluña se convirtiesen en un elemento de crispación en la política española. En realidad, **la cultura política española** podía admitir acuerdos entre partidos de ideología diferente, pero **no admitía el pacto entre un partido de ámbito español con partidos de las nacionalidades**. Si esto sucedía, se acusaba directamente al partido español de participar en la desintegración del Estado, y al partido nacionalista catalán o vasco de obtener oscuras prebendas y privilegios especiales a cambio de su apoyo parlamentario. Esta dinámica se produjo tanto en el período 1993-1995, cuando CiU apoyó al PSOE, como en el período posterior, cuando CiU respaldó al PP. [...] En un caso u otro, el apoyo del grupo parlamentario de CiU a los gobiernos minoritarios del PSOE y del PP situaron al catalanismo político en un primer término de la vida política española.

Por desgracia, los autores del manual catalán se equivocan totalmente en este punto, como la evidencia que ellos mismos aportan demuestra. La cultura política española no ha permitido hasta ahora pactos entre partidos «de ámbito español» y sí, muy frecuentemente, entre los del «ámbito» y los nacionalistas. Y los mismos autores admiten implícitamente, y es de conocimiento público, que el apoyo de los nacionalistas acostumbra a tener precios muy concretos y sustanciales.

Cuando, por el contrario, no ha habido necesidad de acuerdos, como sucedió «[d]urante la legislatura catalana de 1984-1988, **el Gobierno autónomo y el Gobierno estatal chocaron constantemente** por desacuerdos sobre la transferencia de competencias o por el carácter que podían tener algunas iniciativas de la *Generalitat*, como ahora TV3» (p. 383). Entre esos enfrentamientos merece un lugar destacado el que sigue (p. 383):

> Los conflictos se personalizaban en los líderes de los partidos que gobernaban en Madrid y en Barcelona. Esta dinámica llegó al punto álgido cuando el fiscal general del Estado **presentó una querella contra ex directivos de Banca Catalana**, a los que acusaba de mala gestión.

7. DE LA TRANSICIÓN A NUESTROS DÍAS

Entre los ex directivos estaba Jordi Pujol. La querella fue presentada coincidiendo con las elecciones de 1984, en las que Jordi Pujol optaba a la reelección. En este contexto, se propagó la interpretación de que la actuación de la fiscalía era una acción política contra Jordi Pujol y las elecciones al *Parlament* del noviembre del 1984 se plantearon como una especie de referéndum popular. La petición de procesamiento contra Jordi Pujol continuó, pero finalmente fue rechazada por los magistrados de la Audiencia de Barcelona. (p. 383).

Quizá no sea este un buen ejemplo de lo que debe ser un texto de historia para estudiantes de 2º de Bachillerato, y no es ciertamente el único de este tipo que se puede encontrar en las páginas dedicadas a *La Cataluña autónoma* de este manual escolar. Por supuesto no se dice nada de las pérdidas que muchos accionistas y clientes de Banca Catalana sufrieron, que llevaron a muchos de ellos a la ruina; ni tampoco se menciona la posibilidad, hoy de plena actualidad, de que algunos de sus dirigentes, los Pujol entre otros, se hubieran beneficiado de lo que los economistas llaman «*inside information*» (información asimétrica) y hubieran puesto a buen recaudo sus ahorros e inversiones antes de la quiebra de la entidad. Ni de que la querella no fuera sólo por mala gestión (algo que nadie, ni la Audiencia, ha puesto en duda), sino también por varios delitos, como vimos más arriba. Que fuera la Audiencia de Barcelona, tan cercana al Gobierno de la *Generalitat*, la que exculpara a Jordi Pujol no parece muy sorprendente. Por último, vuelven a equivocarse los autores del libro con un error de bulto y fácilmente comprobable: las elecciones al *Parlament* de noviembre de 1984 no pudieron plantearse como un referéndum popular por la simple razón de que no tuvieron lugar. Las elecciones se habían celebrado en abril, muy poco antes de presentarse la querella, como ellos mismos vienen a decir unas líneas más arriba.

El capítulo final sobre *Cataluña en un mundo globalizado*, es un ejemplo más de abandono de la pretensión de hacer historia y en su lugar difundir mera propaganda política, que es en lo que se convierte, ya sin ningún rebozo, en sus últimos capítulos el manual catalán de Historia de 2º de Bachillerato. Como los autores reconocen en la Introducción al capítulo, «[e]s evidente que resulta muy complicado analizar los procesos de cambio de las sociedades cuando estas se encuentran en plena transformación, sin bastante perspectiva para ver a dónde van», pese a lo cual concluyen afirmando sin nin-

423

gún género de dudas que «las áreas más conectadas al resto del mundo han sido las primeras en experimentar tanto las transformaciones como la necesidad de debatir qué deben hacer para posicionarse de la mejor manera posible. Entre estas áreas encontramos a Cataluña» (p. 394). Una Cataluña que tiene «el inconveniente añadido de no disponer de un Estado propio que dé apoyo a una legislación protectora unitaria», dado que «la lengua y la cultura catalanas [se encuentran] en un espacio repartido en cuatro Estados: España, Andorra, Francia e Italia [...] y cuatro comunidades autónomas en el Estado español: Cataluña, la Comunidad Valenciana, las Islas Baleares y Aragón (que incluye el territorio de la Franja) [... que en conjunto] **alcanza unos 10 millones de habitantes**» (pp. 406-07). Curioso objetivo el de la «legislación protectora unitaria» en un mundo global, y en una Cataluña que, como señalan en las primeras 6 páginas de las 14 que tiene el capítulo, es fruto de la inmigración, y donde la lengua más hablada ha sido siempre y lo es aún hoy, el castellano.

El tema de los «cambios en la estructura y la composición de la población» es clave en este capítulo final del manual catalán. Por primera vez en el libro se reconoce explícitamente (y se retrotrae el fenómeno al siglo XVII) que

> **Cataluña ha fundamentado una parte de su crecimiento demográfico moderno en una fuerte inmigración.** [...] Esta tendencia a fundamentar el crecimiento demográfico en la inmigración se acentuó durante el siglo XX. La gran oleada inmigratoria de los años 1955-1975 llevó a la población catalana de 2,9 a 5,6 millones de habitantes. El escritor Francisco Candel reflejó muy bien el impacto de esta inmigración y definió a sus miembros como *«els altres catalans»*.

En el Capítulo 6 ya vimos que otro escritor, no mencionado en el manual, Josep Vandellós, a partir de los datos de población en la década de 1930, concluyó que si se mantenía el ritmo de crecimiento vegetativo de esos años, «acabaremos este siglo teniendo en nuestra tierra más forasteros y descendientes de forasteros que catalanes». Esos «forasteros y descendientes de forasteros» no son hoy descendientes de franceses, como en el siglo XVII ni de españoles, como en las dos últimas centurias, sino «inmigrantes procedentes del extranjero, sobre todo de países de África y de América Latina, pero también de Asia y de la Europa del Este» (p. 396). A todos ellos se dirigen «los programes de inmersión lingüística (que han situado el índice de conocimiento del catalán en más del 90% de la población)», un ejemplo de los «éxitos [que] han sido muy notables» tras «treinta años de autonomía», según los autores del manual, para los que autogobierno equivale a éxito, sin ningún asomo de crítica (o autocrítica), mientras que España se identifica con represión, autoritarismo, rigidez, uniformismo...

En un artículo periodístico, Gabriel Tortella afirmaba que «desde la asunción del poder por Jordi Pujol y su partido, el Gobierno catalán ha llevado a cabo una labor de adoctrinamiento de la población, que no podía sino surtir sus efectos». A los profesores Borja de Riquer y Joaquim Albareda este artículo les sorprendió «desagradablemente», como manifestaron en otro escrito, donde negaron que hubiera adoctrinamiento, puesto que «los libros de texto que se utilizan allá [...] son los mismos que en toda España» (*El País*, 19 y 26 octubre 2014). El lector del presente libro habrá podido comprobar que esto no es así, al menos en lo que se refiere a libros de Historia de segunda enseñanza de amplia difusión, como son los de la Editorial Santillana. El libro de Historia de 2º de Bachillerato que se estudia en Cataluña no solo está escrito en catalán (no nos consta que haya edición castellana), sino que ni siquiera es propiamente un libro de historia de España (no hay una sola palabra sobre la España prehistórica, antigua, o medieval), como lo son los del curso equivalente en el «Estado español», según la terminología favorita de los autores del libro catalán. Este es más bien una historia de Cataluña desde una perspectiva decididamente nacionalista y, muy frecuentemente, separatista, que en sus últimas 40 páginas, se convierte con muy poco disimulo en un panfleto propagandístico de los gobiernos de *Convergència*. La tesis fundamental del libro sigue al pie de la letra la doctrina nacionalista de que Cataluña es una nación desde tiempo inmemorial, que aspira a convertirse en un Estado independiente, y cuyo principal obstáculo a sus legítimas aspiraciones es ese país casi siempre innominado que ni siquiera es un país, ni una nación, sino un Estado: el aborrecido «*Estat espanyol*». Nosotros nos atreveríamos a llamar a esto adoctrinamiento.

El apoyo social al independentismo

Con la llegada de Jordi Pujol al poder en 1980, la *Generalitat* puso en marcha un proceso identitario y rupturista para el que ha contado con una serie de instrumentos muy eficaces —el control de la lengua, de la inmigración, de la educación, etc...— y con la colaboración de unos medios de comunicación fuertemente subvencionados, así como de asociaciones culturales, educativas y deportivas (entre otros la *Assemblea de Catalunya* y el *Omnium Cultural*), igualmente subvencionadas. Incluso el Club de Fútbol Barcelona se ha convertido en un baluarte del independentismo. Los partidos políticos, tanto aquellos explícitamente nacionalistas —CDC, Unió, ERC— como algunos que no lo eran —como el PSC o ICV-IU— han sido partícipes de esta política, en la que han colaborado activamente intelectuales, académicos, escritores y personalidades del mundo de la cultura. El proceso, llevado con sigilo pero a la vez con una extraordinaria persistencia, ha permitido que los catalanes no se dieran cuenta de que el nacionalismo se estaba infiltrando en su vida cotidiana hasta dividir a la sociedad en dos bloques enfrentados: los nacionalistas y los no-nacionalistas o españolistas[130]. Los sucesivos gobiernos y medios de opinión en Cataluña han contribuido activamente a dar legitimidad a los primeros y quitarla a los segundos, relegados de la vida política y social. Como dice Francesc de Carreras, antes citado, la *Generalitat* «ha intentado dividir a los ciudadanos en catalanistas y españolistas, dando legitimidad política, social y cultural solo a los primeros. No ha sido una cuestión de lengua, sino de ideología. El nacionalismo catalán se fue convirtiendo rápidamente en la única ideología legítima y obligatoriamente transversal».

Cabe preguntarse, sin embargo, si esa política ha dado resultado y si, como afirma el Gobierno de la *Generalitat*, el catalanismo y el independentismo, son la opción mayoritaria de la población y han aumentado tras más de tres décadas de políticas de asimilación forzada. Para ello, nada más revelador que comprobar cuál es la opinión de los catalanes y analizar lo que reflejan algunas encuestas de opi-

---

[130] En la literatura catalanista la palabra «españolista» va casi invariablemente acompañada del adjetivo «rancio». Uno agradecería una explicación de por qué el españolismo es rancio y el catalanismo no. ¿Será porque la nación española data de más de cinco siglos y la catalana es de dudosa existencia y muy reciente invención?

nión y, muy especialmente, los resultados en las elecciones autonómicas y nacionales. Su estudio nos permitirá calibrar el éxito de las políticas identitarias y totalitarias de la *Generalitat* encaminadas a mantener a una élite política en el poder.

A) ...según las encuestas y la propia *Generalitat*,...

La *Generalitat* utiliza con frecuencia las encuestas de opinión, de las que se hace amplio eco la prensa, la radio y la TV controladas por el propio Gobierno, para informar a la población del amplio apoyo que, supuestamente, tiene el nacionalismo entre los ciudadanos del Principado. A fin de controlar los resultados de las encuestas más eficazmente, en 2005 puso en marcha un *Centre d'Estudis d'opinió* propio, a semejanza del CIS nacional. El *modus operandi* de la *Generalitat* se pone de manifiesto al analizar los resultados de dos encuestas realizadas por organismos tan dispares como el Real Instituto Elcano, supuestamente independiente, y el *Centre d'Estudis d'opinió*, en octubre-noviembre de 2012, días antes de las elecciones celebradas en Cataluña el 25 de noviembre de ese mismo año.

El sondeo realizado por el Real Instituto Elcano, que trataba diversas cuestiones (de la crisis a la primavera árabe, pasando por las relaciones USA-Irak, la valoración de nuestras fuerzas armadas o de la marca España y, también, el apoyo a la independencia de Cataluña), estaba hecho sobre una muestra de 1.200 ciudadanos a nivel nacional y de una submuestra de 400 personas para Cataluña, proporcionales en edad y sexo[131]. La encuesta se hizo mediante entrevistas telefónicas, de una duración aproximada de 18 minutos, realizadas entre el 6 y el 19 de noviembre de 2012, justo antes de las elecciones catalanas de 25 noviembre 2012, a las que Artur Mas se había presentado con una campaña de marcado carácter independentista. Los resultados de la encuesta sugerirían la existencia de un «empate técnico» en Cataluña, con un 42,7 por 100 de los ciudadanos a favor de la independencia y 43,4 por 100 en contra, mientras el 15 por 100 no tenía aún decidida su postura; en el resto de España el 70,1 por 100

---

[131] Barómetro del Real Instituto Elcano (BRIE), 31ª Oleada. http://ep00.epimg.net/descargables/2012/12/04/410740b1c839a21b615952514865b3cb.pdf

se mostraba contrario a la independencia de Cataluña[132]. En las mismas fechas, concretamente del 22 al 30 de octubre, el *Centre d'Estudis d'opinio* llevó a cabo las encuestas correspondientes al *Baròmetre d'Opinió Política: 3a onada 2012*[133]. Los resultados, como era de esperar, eran aún más favorables a la opción independentista: el 57,5 por 100 de los catalanes votaría a favor, mientras que el 20,5 por 100 votaría en contra y, además, la abstención no sería muy alta, de apenas un 14,3 por 100, y tan sólo un 7,7 por 100 no sabía que opinar o no contestaba. Según el organismo de opinión de la *Generalitat*, el apoyo al independentismo era contundente, y, además, había aumentado en apenas dos años, desde el 42,9 por 100 reflejado en el primer análisis de opinión realizado en 2011. Pocos días después de la publicación de ambas encuestas, se celebraron elecciones en Cataluña. La abstención, como es habitual en las elecciones autonómicas, fue muy elevada, del 34 por 100, incluyendo el voto en blanco. Del 66 por 100 de los electores que dieron su voto a alguna opción política, menos de la mitad votó a los nacionalistas (el 47 por 100) y algo más de la mitad (el 53 por 100) a los no nacionalistas, lo que significa realmente que sólo el 30 por 100 del electorado votó opciones independentistas, y que un porcentaje netamente superior, el 36 por 100, se manifestó claramente no-independentista.

¿Qué pudo suceder para que las predicciones de las encuestas, y en especial la del *Centre d'Estudis d'opinió*, no se cumplieran y que el apoyo de más de un 55 por 100 de los catalanes al independentismo se quedara en un mero 30 por 100 en las urnas? Obviamente, el fracaso de las encuestas a la hora de predecir el resultado de las urnas es de sobra conocido. Con todo, el descalabro del *Centre d'Estudis d'opinió* requiere una explicación adicional. En primer lugar, la falta de claridad de las preguntas puede confundir a los entrevistados y conducirles a error o incluso a expresar opiniones contradictorias en relación con un mismo tema. Muchas de esas preguntas confusas se refieren, precisamente, a la cuestión de la independencia de Catalu-

---

[132] Además y dentro de Cataluña, un 62,1 por 100 opinaba que la UE debería reconocer a Cataluña como Estado y el 58,3 por 100 que debería admitirlo como miembro.

[133] http://ceo.gencat.cat/ceop/AppJava/pages/estudis/categories/fitxaEstudi2.html?colId=4308&lastTitle=Bar%F2metre+d%27Opini%F3+Pol%EDtica+%28BOP%29.+3a+onada+2012

7. DE LA TRANSICIÓN A NUESTROS DÍAS

ña, sobre la que se indaga «¿Qué votaría en un referéndum de independencia?», «¿Qué debería ser Cataluña?», o bien «Y ¿cómo se siente identificado usted?» A estos interrogantes, un 55 por 100 de los catalanes dice que «votaría a favor de la independencia», pero sólo un 48 por 100 cree que «Cataluña debería ser un Estado independiente» y apenas un 31 por 100 se considera «solo catalán», respuestas contradictorias que no parecen coincidir abiertamente con el supuesto apoyo mayoritario a la independencia de Cataluña.

El apoyo «masivo» al independentismo supuestamente reflejado por las encuestas del *Centre d'Estudis d'opinió* encuentra su altavoz en los medios de opinión del régimen —TV3, Radio Cataluña, la prensa adicta, etc...— y también entre intelectuales afines a las tesis nacionalistas, de tal manera que, al final, acaban calando en la opinión pública, catalana y española, como verdades indiscutibles. El mecanismo es similar al utilizado para sentar las bases del «victimismo» que justifica la independencia con argumentos tan falsos como el «España nos roba», basados en análisis sesgados de la realidad rubricados por académicos e intelectuales, difundidos por los medios afines y nunca debidamente rebatidos por el Gobierno de España. En esa corriente se insertarían, por ejemplo, las publicaciones de Germà Bel, catedrático de Economía y diputado nacional varias veces. En un libro muy conocido, Bel (2013)analiza el aumento «acelerado» del apoyo a la independencia en Cataluña y sostiene que para una parte importante de los catalanes Cataluña ya no tiene encaje dentro del Estado español y entre «asimilación o secesión», prefieren la última opción. Bel sustenta toda su tesis en los datos de los sucesivos barómetros de opinión pública realizados por el *Centre d'Estudis d'opinió*, y las conclusiones que presenta son las ya mencionadas. Es decir, que un 57 por 100 de los catalanes apoyaba la independencia antes de las elecciones autonómicas de 2012, y que los más favorables eran los jóvenes, entre quienes el apoyo llegaba al 58,6 por 100 frente al 52,9 por 100 de los mayores de 65 años. Por grupos de edad, sin embargo, los más independentistas son los adultos de entre 35 y 49 años, con un 59.8 por 100 de apoyo al «procés», mientras que entre los menores de 34 años, nacidos y criados en la Cataluña autonómica de los últimas décadas, el apoyo al independentismo parecía haber disminuido ligeramente en lugar de haber aumentado (58,6 según el Barómetro de 2012 y 56,3 por 100 según el de 2013).

La opción independentista no tiene el mismo apoyo en toda Cataluña, algo de lo que son muy conscientes sus políticos que, tras casi cuarenta años de autonomía, no han sido capaces de (o no han querido) redactar la ley electoral cuyo desarrollo contemplaba el Estatuto de Sau (1979). De hecho, la independencia sólo es apoyada por el 53 por 100 de los barceloneses frente al 61 por 100 de los leridanos, según los datos de las encuestas publicadas por el propio *Centre d'Estudis d'opinió*. Esto significa que en la provincia de Barcelona el resultado en una votación real, todo ello según la encuesta, estaría muy ajustado y podría, incluso, ser contrario a la independencia. Cabe, pues preguntarse qué pasaría si en Barcelona ganara la opción no independentista y si los defensores de la «autodeterminación de los pueblos» permitirían a los barceloneses permanecer en España, mientras salían de ella leridanos o gerundenses, o por el contrario les obligarían a integrarse en un nuevo Estado teóricamente «salido de las urnas». Según Xavier Sala i Martín, economista wilsonita (perteneciente al «Colectivo Wilson», del que más tarde hablaremos) y uno de los grandes defensores de la independencia de Cataluña, «votar para decidir el futuro es un derecho inalienable e incuestionable de todos los pueblos… y eso incluye al catalán», pero no sabemos si también al barcelonés[134]. Como es habitual entre los políticos del régimen, Cataluña y el pueblo catalán se presentan como unidades indivisibles con una voluntad única, que por supuesto representa el Gobierno de la *Generalitat*. Nada más lejos de la realidad de una Cataluña tan plural, rica y diversa como cualquier otra sociedad moderna, como lo es la propia España. La cuestión última que se dirime, pues, es quién es el sujeto de la soberanía nacional, la nación, la región, la provincia, el municipio, o el individuo, y, por supuesto, si España, y los ciudadanos españoles, o sólo Cataluña, y los habitantes de Cataluña, son los depositarios de esos derechos soberanos.

B) …o según las urnas

Los resultados en las urnas no se corresponden con la imagen de una Cataluña mayoritariamente independentista proyectada por las encuestas, en especial las patrocinadas y difundidas por la propia *Generalitat*. Antes bien, las urnas subrayan la división, o si se quiere

---

[134] Artículo publicado en *La Vanguardia* el 17 de noviembre de 2013: http://www.wilson.cat/media/pdf/Wilson_LV_ESP.pdf.

7. DE LA TRANSICIÓN A NUESTROS DÍAS

la polarización, a la que el propio Gobierno autonómico ha llevado a la sociedad catalana. A largo plazo, es difícil hacer una valoración del comportamiento de los partidos políticos con representación en Cataluña porque sus posiciones ante la independencia han variado desde la llegada de la democracia, e incluso desde el primer experimento autonómico que tuvo lugar durante la II República. Pero se puede intentar hacer una sencilla aproximación, clasificando los partidos en cuatro categorías generales: primera, los partidarios de la independencia desde su propia constitución, es decir ERC y, en los últimos tiempos, *Solidaridat Catalana per la Independencia* y la *CUP*; en segundo lugar, los catalanistas, representados en la década de los Treinta por la *Lliga* de Cambó y en la actualidad por CiU; tercero, los «españolistas», fundamentalmente PP (y antes UCD y CDS) y *Ciutadans*; y cuarto, el bloque de izquierdas con tesis no independentistas pero partidarios del «derecho a decidir», con el PSOE e *ICV* (y anteriormente *Unió Socialista de Catalunya* y *PSUC*). Los resultados, expresados en porcentajes, dado que el número de escaños de la II República era de 85 frente a los 135 actuales, aparecen recogidos en el Gráfico 7.9.

Gráfico 7.9
Distribución porcentual de los escaños en el Parlamento de Cataluña, 1932-2015
Fuente: Linz *et al.* (2005) y Departamento de Gobernación y Relaciones Institucionales de la *Generalitat* de Cataluña.

ERC obtuvo un apoyo abrumador en las elecciones celebradas

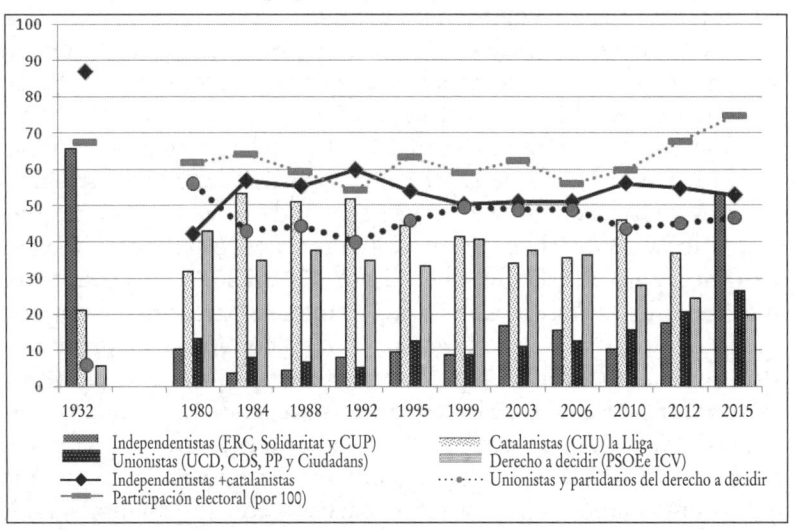

en 1932, durante la II República, lo que le permitió conseguir un 66 por 100 de los escaños. Un apoyo similar no lo ha alcanzado ninguna fuerza independentista desde que se restableció la autonomía en Cataluña en 1979. Su participación en varios gobiernos de coalición, el famoso tripartito, fue negativamente valorada por los electores, que le retiraron su apoyo en las elecciones del 2010, en las que apenas obtuvo un 10 por 100 de los escaños, si bien en las elecciones de 2012, la opción independentista representada por ERC, Solidaritat y CUP alcanzó un nuevo máximo, lo que permitió a ERC hacerse con el 18 por 100 de los escaños.

La opción catalanista no independentista, representada durante la II República por la *Lliga* de Cambó y desde la transición por la CiU de Pujol, ha experimentado una evolución en U invertida. De ser un partido que en la II República sólo representaba al 20 por 100 del electorado, empezó la democracia con un 32 por 100 para ir ascendiendo hasta llegar a tener más de la mitad de los escaños del Parlament durante el periodo 1984-1995, coincidiendo con los años dorados del pujolismo. A partir de ese momento, y coincidiendo con la deriva independentista que ha tomado CiU, su tendencia ha sido descendente, hasta situarse en el 37 por 100 en las elecciones de 2012, y ha llegado a provocar el abandono de la coalición del socio minoritario, *Unió Democràtica de Catalunya*. En la actualidad es muy posible que Convergencia se disuelva como tal partido y dé lugar a otra formación con nombre distinto.

Los partidos favorables a una consulta, es decir, los partidos de izquierdas de ámbito «nacional», han perdido presencia en el Parlament: del 41 por 100 del total de escaños que alcanzaron en su mejor momento, en 1999, al 24 por 100 que tuvieron en las elecciones de 2012. Esta pérdida de representatividad se debe casi exclusivamente al descenso del PSOE-PSC, y no al de ICV, que ha visto mejorar a lo largo del tiempo sus resultados, desde el 2 por 100 en su peor momento en 1999 hasta el 10 por 100 en 2012. Los resultados muestran que el PSC se ha hundido, e incluso parece haber entrado en caída libre, a raíz de su llegada al poder, con Maragall primero y Montilla más tarde al frente del tripartito, porque sus votantes no parecen ser partidarios de los escarceos independentistas que su partido ha tenido que realizar para alcanzar la *Generalitat*: aprobación del Estatuto de 2006 con gran controversia política y escasísimo apoyo ciudadano, y gobiernos tripartitos con los comunistas de

7. DE LA TRANSICIÓN A NUESTROS DÍAS

ICV y los independentistas de ERC. Últimamente se han movido bien hacia posiciones más independentistas, bien hacia *Ciutadans*. El desplazamiento del voto tradicional de la izquierda hacia posiciones claramente alejadas del independentismo es una prueba más del fracaso de la política de inmigración, lingüística y educativa de la *Generalitat*, que perseguía incrementar el apoyo al catalanismo entre estos nuevos catalanes.

El verdadero cambio, poco o nada destacado en el debate público, es sin embargo, el experimentado por la opción constitucionalista o unionista, es decir, opuesta a la independencia e incluso a las políticas identitarias practicadas por la *Generalitat*. En ese arco político se sitúan el Partido Popular (y anteriormente UCD y CDS), en franca caída, y *Ciutadans*, en ascenso. El PP comenzó la democracia ocupando el 13 por 100 de los escaños, para descender al 5 por 100 en 1992. En 1996, la destitución de Alejo Vidal Cuadras por Aznar, para obtener el apoyo de Pujol a su primera investidura como Presidente del Gobierno en minoría, cortó de raíz la ascensión del PP en Cataluña. Este frenazo, y la caída del PSC, contribuyeron a la aparición y posterior consolidación de *Ciutadans*, un partido creado por «prestigiosos intelectuales catalanes como Félix de Azúa, Albert Boadella, Francesc de Carreras, Arcadi Espada, Teresa Giménez Barbat, Ana Nuño, Félix Ovejero, Félix Pérez Romera, Xavier Pericay, Ponç Puigdevall, José Vicente Rodríguez Mora, Ferran Toutain, Carlos Trías, Ivan Tubau y Horacio Vázquez Rial [que r]ecogían el sentir de muchos ciudadanos de Cataluña que no se sienten representados por los partidos políticos existentes», que constituyeron el partido en julio de 2006[135].

Las líneas continuas del Gráfico 7.9 recogen la suma de los partidos catalanistas-independentistas, por una parte, y la de los unionistas por otra, y ponen de manifiesto que ese teórico incremento del apoyo social a la opción independentista no existe en realidad. La primera legislatura autonómica fue crucial para el régimen pujolista que, efectivamente, consiguió que aumentara el apoyo al catalanismo, en ese entonces no independentista, plenamente identificado con CiU y su líder, Jordi Pujol, de apenas un 40 a su máximo de un 60 por 100 en las elecciones de 1992. Esos fueron los años en los que las políticas iden-

---

[135] https://www.ciudadanos-cs.org/origenes

titarias, de la inmersión lingüística a la educativa, pasando por el control de los medios de comunicación, fueron entrando en vigor con intensidad creciente. Parece arriesgado concluir, sin embargo, que estas políticas hubieran surtido efectos sobre la población a tan corto plazo. Hubo un hecho, sin embargo, que sí pudo tener efectos inmediatos y que movilizó a la población detrás de su líder: el caso Banca Catalana, que Jordi Pujol presentó como un ataque de España a Cataluña, como hemos visto. La euforia catalanista culminó en las elecciones de 1992, estimulada por el gran éxito de movilización de la población de Barcelona en torno a las Olimpiadas, momento a partir del cual el líder de los socialistas catalanes y responsable del éxito barcelonés, Pasqual Maragall, asumió, en nombre de su partido el PSC, los postulados catalanistas de CiU. A partir de ese momento se inició un lento pero persistente declive del régimen pujolista, del partido socialista en Cataluña y del catalanismo, y se evidenció la división de la sociedad catalana en dos mitades. El ascenso de los partidos «constitucionalistas» o «unionistas», entre los que aparecieron caras nuevas en torno a *Ciutadans*, tuvo lugar a partir de las elecciones de 2003. Su ascenso no ha llegado a compensar, sin embargo, la caída del apoyo al PSC como consecuencia de los gobiernos tripartitos y del posible desgaste que le causó entre su electorado, en el que los inmigrantes del cinturón obrero de Barcelona son una mayoría, la tramitación y aprobación del Estatuto de 2006.

En las elecciones de 2015 CDC, sin *Unió*, su socio de las décadas pujolistas, se presentó en coalición con ERC en la denominada *Junts pel sí*, en clara alusión a su programa independentista y rupturista con la legalidad vigente. Los escaños que obtuvo esta coalición fueron menos de los que habían recibido ambas formaciones por separado en las elecciones de 2012 y muy alejados de los resultados obtenidos por CiU durante los años dorados del pujolismo. Desde la aprobación del estatuto de 2006 la participación electoral en las elecciones catalanas ha aumentado constantemente, y desde las elecciones de 2010 ese aumento ha sido claramente contrario a las tesis independentistas.

El apoyo «real» al nacionalismo es incluso menor de lo que el número de escaños en el *Parlament* podría hacernos suponer, dado el bajo nivel de participación en las elecciones autonómicas, y ha oscilado entre un 23 y un 36 por 100 del censo electoral desde las elecciones de 1980. El problema en Cataluña es que una nutrida minoría silenciosa no participa en las elecciones autonómicas y no hace oír su voz. Quizá sea este el mayor éxito del régimen pujolista: el silencio al que se ha condenado a esa importante fracción de catalanes. Hay muchos otros indicios, por otra parte, del verdadero apego de los catalanes a España, como el mayor apoyo que ha recibido la Constitución de 1979 en Cataluña en comparación con los sucesivos Estatutos de Autonomía. Está también el hecho palmario y persistente de que los catalanes votan con mucha mayor asiduidad en las elecciones a las Cortes españolas que en las correspondientes al Parlamento catalán. El apoyo a la Carta Magna en Cataluña fue superior al que obtuvo en el resto de España, y en especial en el País Vasco, el otro territorio con una fuerte «identidad histórica», donde menos de un tercio de los vascos con derecho a voto apoyó la Constitución. Los catalanes de 1978 se encontraban pues cómodos con la nueva Constitución y el encaje territorial que ésta proponía, una Constitución que, como ya hemos señalado, les garantizaba un nivel de autogobierno que nunca antes habían alcanzado. De ahí que el Estatuto presentado a referéndum un año más tarde, en 1979, fuese también aprobado por una mayoría, aunque no tan amplia como la que apoyó la Constitución. Años más tarde, en 2006, en plena efervescencia catalanista, se redactó y sometió a votación un nuevo Estatuto que tuvo mucho menos apoyo que el de 1979: apenas el 36,2 por 100 aprobó la nueva norma. De nuevo esta cifra está bastante alejada de la amplia mayoría que los políticos catalanes partidarios de la independencia afirman tener. El Estatuto de Nuria, en cambio, fue aprobado en 1931 por una mayoría abrumadora de los catalanes llamados a las urnas: el 75 por 100 de la población catalana se manifestó a favor de la autonomía catalana recogida en ese *Estatut*.

Contrariamente a lo que sostiene el Gobierno de la *Generalitat*, los niveles de apoyo al nacionalismo no han cambiado mucho desde 1979, y nunca han alcanzado los que obtuvo esta opción durante la II República. En términos de escaños, estos niveles se mueven por debajo del 60 por 100, frente al 87 por 100 que obtuvieron ERC y la *Lliga* en 1932: en términos de apoyo electoral, teniendo en cuenta las tasas de participación, oscilan en torno al 30 por 100 de la población. Treinta años de gobiernos catalanistas y de políticas identitarias de corte nacionalista y excluyente no han conseguido, pues, que el voto nacionalista aumente muy significativamente, algo de lo que los políticos catalanes independentistas son muy conscientes, pese a su retórica autoproclamándose únicos representantes de una voluntad cuasi-unánime, que en realidad es inexistente. Esto lo ponen de manifiesto dos acontecimientos relativamente recientes: el falso Referéndum de 2014 y las elecciones autonómicas de 2015.

Si los catalanes no votan a favor de la independencia, o del catalanismo, definamos quién es catalán y tiene, por tanto, derecho a voto, parecieron decidir los convocantes de una «consulta popular no refrendaria sobre el futuro político de Cataluña» (Decreto 129/2014, de 27 de septiembre). En la convocatoria de dicha consulta, que se fijó para el 9 de Noviembre de 2014, se define quiénes son catalanes, y por tanto, tienen derecho a voto[136]. Y lo son quienes «tengan la condición política de catalanes», condición que el decreto no define explícitamente. Es ilustrativa, no obstante, la referencia a «[l]os catalanes residentes en el extranjero,» de los que el decreto exige «que hayan tenido como última vecindad administrativa la catalana». Ellos y «sus descendientes que mantengan la condición política de catalán» podrán votar en esa consulta sobre el futuro de Cataluña, para lo que «deben estar previamente inscritos en el Registro de catalanes y catalanas residentes en el exterior». ¿Qué sucede, sin embargo, con los «catalanes» residentes en cualquier otro punto de España? ¿Han dejado, quizá de ser «catalanes», o sólo han perdido su «condición política de catalanes» y por tanto su derecho a participar, al igual que el resto de los españoles excluidos de dicha consulta pese a ser todos

---

[136] Artículo 4. Personas que son llamadas a participar:
Son llamadas a participar en la consulta sobre el futuro político de Cataluña las personas que sean mayores de dieciséis años el día de la votación presencial:
a) Que tengan la condición política de catalanes. Los catalanes residentes en el extranjero que hayan tenido como última vecindad administrativa la catalana y sus descendientes que mantengan la condición política de catalán deben estar previamente inscritos en el Registro de catalanes y catalanas residentes en el exterior.
b) Que sean nacionales de Estados miembros de la Unión Europea, inscritos en el Registro de Población de Cataluña, que acrediten un año de residencia continuada inmediatamente anterior a la convocatoria de la consulta.
c) Que sean nacionales de terceros Estados, inscritos en el Registro de Población de Cataluña, que acrediten residencia legal durante un periodo continuado de tres años inmediatamente anterior a la convocatoria de la consulta.
Los catalanes residentes en el extranjero y los nacionales de otros Estados mencionados en las letras b) y c) deben manifestar su voluntad de participar en la consulta, de acuerdo con lo que establecen el artículo 6.4 de la Ley 10/2014, de 26 de septiembre, de consultas populares no refrendarias y de otras formas de participación ciudadana, y las reglas específicas de la consulta».
http://portaldogc.gencat.cat/utilsEADOP/PDF/6715A/1373017.pdf

ellos parte del verdadero sujeto de la soberanía nacional? ¿Qué sucede con los «catalanes» residentes en el extranjero que no se han inscrito en el Registro de catalanes pero sí en el correspondiente consulado español? Aparentemente todos ellos han perdido la condición de «catalanes». Al igual que la han ganado todos aquellos extranjeros «residentes» en Cataluña y, como no, debidamente «inscritos en el Registro de Población de Cataluña». Curiosa, cuando no claramente discriminatoria, esta definición de «catalán» que hizo el Gobierno de la *Generalitat*. La definición parece significar lo siguiente: «Son catalanes todos aquellos que se hayan visto sometidos durante un año por lo menos, a la propaganda separatista de la Generalidad y sus medios educativos y de comunicación». En todo caso, el resultado de la consulta soberanista del 9 de noviembre convocada ilegalmente por la *Generalitat*, mediante subterfugios para evadir la responsabilidad de sus directivos y funcionarios, y con este más que discutible censo electoral, refleja unos reducidos niveles de apoyo al «procés»: en esos falsos comicios votó a favor de la independencia el 34 por 100 de un censo abultado que permitía votar a extranjeros y a mayores de dieciséis años. Como vemos, es una proporción parecida, pero algo inferior, a la de los que votaron a favor del Estatuto de 2006.

Unos meses más tarde, al disolver el *Parlament* tras apenas dos años desde las últimas elecciones, y convocar elecciones anticipadas para el 27 de Septiembre de 2015, el entonces *President* de la *Generalitat* afirmó que si la lista única presentada por convergentes, ERC y una mezcla de asociaciones culturales a las que la propia *Generalitat* ha alimentado y mantenido durante décadas, obtuviera 68 escaños, consideraría que había recibido un mandato claro para declarar la independencia de Cataluña. También dijo considerar las elecciones como un «plebiscito» sobre la independencia de Cataluña, ya que la Constitución no permitía celebrar el referéndum que los separatistas querían. Con ello significaba que si el número de votantes por los partidos que apoyaban la independencia era mayoritario, aunque fuera por mayoría simple de un voto, y aunque no representara una mayoría de los electores (es decir, sin considerar la abstención), consideraría que tenía un mandato para declarar la independenca. Observemos que el relativamente reducido número de escaños y de votos que Mas se marcaba como su objetivo no representaría el apoyo masivo e indiscutible que, según el propio *President*, tiene el «procés». Contrariamente a lo que afirman en público, los políticos partidarios de la independencia son conscientes de la falta de apoyo al independentismo, algo que su machacona propaganda identitaria desde el Gobierno de la *Generalitat* no ha conseguido alterar. De ahí que cifraran «su mandato» en un número de escaños relativamente modesto, al que razonablemente podían aspirar, pese a lo ajustado del apoyo popular requerido. No obstante, el número de escaños que *Junts pel sí* obtuvo (62) resultó claramente por debajo de la cifra propuesta. También en el aspecto «plebiscitario» fracasó la opción separatista, que no llegó al 50 por 100 de los votos emitidos. Sin embargo, como un partido de extrema izquierda (la CUP), partidario no solo de la separación de España, sino también de la salida de la Unión Europea y del abandono del euro, del repudio de la deuda, de la economía planificada y de la colectivización de los medios de producción, para acabar con «la economía capitalista y patriarcal,» y que se presentó a las elecciones sin coaligarse con nadie, obtuvo 10 escaños, los separatistas consideraron haber triunfado y, en consecuencia, proclamaron la independencia de la «República catalana» el día 9 de noviembre de 2015 en el *Parlament* por una muy exigua mayoría simple.

Unos días más tarde la *Generalitat* se dirigía al gobierno español solicitando fondos del FLA para poder pagar a sus funcionarios. Cuando el ministro de Hacienda anunció que los fondos se transferirían con una estrecha supervisión para asegurar que se destinarían correctamente, es decir, al pago de nóminas y de proveedores, que es el objetivo de los préstamos sin interés del Fondo de Liquidez Autonómica, y no a fines propagandísticos o indeterminados, el *president* primero dijo que esta supervisión era (el lector lo habrá adivinado) «un ataque a Cataluña»; no obstante, pocos días más tarde el *conseller* de Economía anunciaba que haría lo que se le exigiera para que se libraran los fondos (se acercaba fatídicamente el fin de mes) y la propia Generalidad explicaba que la declaración de independencia del 9 de noviembre era una simple declaración de intenciones sin ningún valor jurídico. Las ya numerosas declaraciones de independencia de Cataluña raramente carecen de elementos tragicómicos.

La cuestión de las balanzas fiscales, hoy

Del tema de las balanzas fiscales casi podríamos decir que ha protagonizado el debate económico actual acerca de la independencia de Cataluña y que ha sido el principal argumento económico a favor del

7. DE LA TRANSICIÓN A NUESTROS DÍAS

separatismo[137]. Hay que decir de entrada que las balanzas fiscales son un artefacto excepcional, en el sentido de que muy pocos países las calculan y las publican, por varias razones. En primer lugar, porque su valor científico es muy limitado; en segundo lugar, porque son muy complejas de calcular; se trata de desentrañar una maraña económica, jurídica y administrativa muy embrollada, en cuyo proceso es inevitable tomar decisiones que pueden ser tachadas de arbitrarias. Dado su escaso valor informativo y lo arduo de su cálculo, el lector podrá preguntarse por qué se ha dedicado tanto esfuerzo en España a su estimación. La respuesta es: porque este es un país donde el resentimiento nacionalista ha alcanzado niveles insospechados. Las balanzas fiscales se han utilizado por los separatistas catalanes para intentar demostrar que «España roba a Cataluña», que la «maltrata fiscalmente», etcétera. Y, como vamos a ver, cuando se trata de *fer país*, de construir nación, parece que todo vale, incluso los ejercicios más vacuos y las falsificaciones más burdas.

En un país donde se practique una política redistributiva todos los ciudadanos cuya cifra de ingresos esté por encima de un mínimo exento están obligados a pagar impuestos. Como afirma un dicho popular en Estados Unidos, «hay dos cosas inevitables: la muerte y los impuestos». Ahora bien, a cambio de sus impuestos, el ciudadano recibe una serie de bienes. Tradicionalmente, la cosa más importante que se recibía era la seguridad, la defensa, función a la que se dedicaba la mayor parte de los ingresos recaudados por los gobiernos del Antiguo Régimen. Aparte de las imperfecciones y arbitrariedades que tenían los ejércitos premodernos, su existencia tenía una clara justificación económica, porque en materia de defensa las economías de escala son muy claras: para la mayoría de la población siempre resulta más barato contribuir a la defensa del país que pagarse cada individuo o familia una fuerza defensiva privada; sólo los muy ricos podrían sufragar ejércitos propios (algunos lo hacen). Los Estados contemporáneos prestan muchos más servicios que los antiguos: el Estado de bienestar nace en el siglo XX. Ahora bien, muchos de esos servicios son, como la defensa, indivisibles y es muy difícil atribuir qué parte de tal servicio corresponde a qué ciudadano: así

---

[137] Una de las primeras aportaciones a este debate se contiene en Cabana *et al.* (1999). Sobre algunos primeros esbozos anteriores, ver más arriba, Cap. 6.

ocurre con la policía, la medicina pública, la educación pública, la justicia, la representación exterior, las carreteras, las vías de comunicación, etc. Por ello, los ciudadanos más ricos pueden pensar que ellos contribuyen con sus impuestos en mayor medida de lo que reciben, mientras que los ciudadanos que no pagan impuestos, o cantidades muy pequeñas, evidentemente reciben más de lo que contribuyen. Este es un ejemplo de la función redistributiva del Estado, que algunos aceptan solo a regañadientes. La balanza fiscal de los ricos, por tanto, acostumbra a ser negativa y la de los pobres, positiva.

Lo mismo ocurrirá con los colectivos: los barrios ricos tendrán balanzas negativas, los pobres, positivas. Y lo mismo ocurre con las autonomías: aquellas cuyos ciudadanos tienen rentas superiores a la media arrojarán un saldo negativo mientras que aquellas cuya renta por habitante esté por debajo de la media, lo tendrán positivo. Esto será lo normal en España y en cualquier país con un sistema fiscal que se pretenda en alguna medida eficiente y justo. Cataluña, que es una comunidad rica, tiene un saldo fiscal negativo: para esto no hacen falta muchos cálculos. Lo mismo ocurre con varias otras comunidades ricas, como Madrid, Baleares, Aragón, o La Rioja. Las excepciones flagrantes son la comunidades de régimen foral, el País Vasco y Navarra, a las que un sistema especial de cupo permite que, siendo «dos de las Comunidades más ricas del país no solo no contribuyan prácticamente nada a la nivelación interregional sino que ni siquiera pagan la parte que les toca de los servicios comunes que la Administración Central nos presta a todos»[138]. Esto, evidentemente, es irritante para todas las autonomías y para todas las personas con un mínimo sentido de la justicia. Sin embargo, los separatistas catalanes no piden que se ponga fin a esta injusticia y se supriman los regímenes fiscales forales y ello, es de suponer, por dos razones: la primera, que los nacionalistas vascos son sus aliados y no quieren indisponerse con ellos; la segunda, que los nacionalistas catalanes quieren tener también régimen foral, o si no lo consiguen, independizarse.

Los economistas separatistas han hecho esfuerzos sobrehumanos para convencer a los ciudadanos catalanes de que las balanzas fiscales revelan tremendas injusticias con Cataluña, injusticias que

---

[138] De la Fuente (2014), p. 14. Ver también De la Fuente (2012).

justifican lo del «maltrato fiscal» y el «*Espanya ens roba*». Sin duda han tenido éxito con muchos de sus paisanos; pero ¿lo han tenido también con los economistas no separatistas? Rotundamente, no. Al final, se ha demostrado palmariamente, gracias sobre todo a los trabajos de Ángel de la Fuente, de Ezequiel Uriel, de Ramón Barberán, y de Clemente Polo, que de maltrato a Cataluña no hay nada; que el sistema fiscal español tiene graves defectos e injusticias (la principal, la ya vista de las haciendas forales), pero que Cataluña no sale peor parada que otras comunidades autónomas, en particular, Madrid. El trabajo de estos economistas ha producido resultados tan apabullantes que los separatistas han optado últimamente por cambiar de tema con sigilo. Pero la labor de agitación y propaganda ya está hecha, y será muy difícil que los convencidos del expolio adviertan lo falso de sus creencias.

Veamos ahora algunos de los temas de disputa. En primer lugar está el método empleado para calcular las balanzas. Dos son los que se pueden seguir: el más tosco y primitivo es el llamado de *flujo monetario*. Este consiste en determinar cuánto se ha ingresado desde Cataluña al Tesoro estatal en concepto de impuestos, para seguidamente estimar cuánto ha invertido el Estado en Cataluña. La diferencia entre ambas magnitudes será el déficit o superávit. Si lo ingresado es mayor que lo recibido habrá déficit fiscal; en caso contrario, superávit. El criterio parece muy simple, pero no lo es, porque tanto los impuestos como las inversiones son difíciles de «territorializar». Por ejemplo, consideremos una empresa radicada en Cataluña pero propiedad de una familia madrileña: los impuestos que paga esa empresa ¿deben imputarse a Cataluña o a Madrid? Supongamos el caso inverso: una empresa radicada en Madrid, pero propiedad de catalanes, que recibe una subvención ¿se considera este gasto estatal hecho en Cataluña o en Madrid? Como puede verse, las cosas no son tan sencillas. Otro caso que se ha citado mucho: supongamos que se decide construir un aeropuerto militar para proporcionar cobertura aérea a Cataluña. Pero como los terrenos son más baratos en Aragón, el aeropuerto se construye en la zona de esta comunidad lindando con Cataluña. Según el método del flujo monetario ésta inversión no afecta en absoluto a Cataluña. En general, con este criterio, todos los beneficios indivisibles que antes vimos (defensa, seguridad, justicia, etc.) no se contabilizan. Esto, naturalmente, inclina la balanza hacia el déficit. No sorprenderá que este sea el método preferido de los separatistas.

El método alternativo es el de *coste-beneficio*. En él, no es el flujo monetario lo que se considera como recibido, sino que se afina un poco más y se trata de considerar también lo que una comunidad recibe en bienes indivisibles. En el caso del aeropuerto militar, una parte considerable del dinero invertido en él se imputaría a Cataluña, ya que se habría construido en su beneficio. En general, todos los gastos militares del Estado español se consideran como distribuidos entre las distintas comunidades en proporción a su población o su renta. Naturalmente, al evaluar más completamente los beneficios recibidos por cada comunidad, su déficit, en caso de haberlo, resulta ser menor; y, de haber superávit, mayor. Por eso no gusta a los separatistas. Uno de ellos, López-Casasnovas (2013), da una explicación pintoresca de su preferencia por el método del flujo monetario: «Lo que solicita el Parlamento catalán es valorar cuál sería el remanente fiscal si el gasto que impacta directamente en su territorio (los flujos monetarios) lo asumiera Cataluña desde la recaudación realizada a partir de sus propias bases imponibles». Pero él mismo reconoce que el flujo monetario no refleja adecuadamente el beneficio que Cataluña recibe, porque a renglón seguido añade: «Y ello sin ignorar que partidas de gasto estatal no imputadas al no ser territorializables se deberán asumir en detrimento de dicho saldo». Es decir, una Cataluña independiente se encontraría con que sus exigencias de gasto eran mayores que las que había calculado por su método favorito. En otras palabras: el método coste-beneficio refleja más correctamente la realidad, pero a los separatistas no les interesa la realidad, sino la propaganda, y por eso prefieren el sistema del flujo monetario.

Otra palabra frecuentemente mencionada en la discusión de estos temas es «ordinalidad». Este es un principio que debiera regir en los sistemas fiscales por el cual «el sistema de financiación regional no debería modificar el *ranking* original de las Regiones en términos de capacidad fiscal bruta» (De la Fuente, 2014, p. 14), siendo este último concepto aproximadamente equivalente a impuestos pagados, a su vez dependientes de la renta. Pues bien, como ha demostrado De la Fuente, este principio se incumple en España de manera flagrante, por lo que el modelo de financiación resulta «algo mucho más parecido a una lotería de lo que sería deseable». Cataluña, que pasa del tercer lugar al noveno, es víctima de ello, sin duda; pero Baleares (del segundo al octavo) y, sobre todo, Madrid (del primero al noveno, *ex-aequo* con Cataluña) lo son en mucho mayor medida. El sistema está muy mal concebido, pero no está diseñado para perjudicar a Cataluña. También se habla frecuentemente de «normalización» entre los economistas dedicados a estos menesteres. Ello proviene de que las balanzas fiscales elaboradas por la *Generalitat* para los años 2006-2010 recurren a «normalizar» los resultados de manera que los saldos negativos se vean desproporcionadamente inflados. Dos artículos de prensa y un libro recientes[139] han comentado agudamente esta innovación contable de la *Generalitat*. Tomemos, por ejemplo, la balanza fiscal de 2010. Esta se salda, según el método del flujo monetario, con un déficit de 774 millones de euros, un 0,4 por 100 del PIB catalán (por el método de coste-beneficio ese año Cataluña tuvo un superávit de más de 4.000 millones). Pero el déficit por ellos estimado debió parecer poca cosa a los contables de la *Generalitat*, que procedieron a convertir este saldo en 11.258 millones por el simple expediente de sumar 10.484 millones a los impuestos pagados por Cataluña. ¿De dónde salen estos diez mil y pico millones, que los contables creativos del Gobierno catalán llaman «ingresos detraídos de Cataluña»? Pues son el resultado de atribuir a Cataluña una parte del aumento de la Deuda pública española en 2010, alegando que en algún momento esta deuda se saldará con impuestos pagados por Cataluña, aunque hasta ahora nadie los ha reclamado y de cuyo repudio se ha hablado frecuentemente en medios nacionalistas[140]. Se trata, por tanto, de un apunte contable que la *Generalitat* ha sumado arbitrariamente a los impuestos efectivamente pagados. A esto le llaman «neutralizar». Pero, como escribe Zabalza, el «Gobierno catalán debe decirle al ciudadano en qué delegación de la Agencia Tributaria, o en qué oficina del Estado» se han pagado esos 10.484 millones. Si la «neutralización» en 2010 producía unos once mil millones «detraídos de Cataluña» (774+10.484=11.258), la misma creatividad contable aplicada a las cifras de 2009 producía 16.409 millones (siendo el déficit real, aunque calculado por el método del flujo monetario, 792). Esta cifra de los 16.000 millones ha sido muy citada por los separatistas como el «dividendo de la independencia»: lo que dejarían de pagar a España si Cataluña se independizara.

---

[139] Zabalza (2013), y Borrell y Llorach (2014) y (2015).
[140] Ver, por ejemplo, las declaraciones de Oriol Junqueras en *El País*, 1 noviembre 2014.

Pero, como hemos visto, de esa cantidad, 15.617 millones son pura «imaginación» (Zabalza), «corresponde a virtuales impuestos futuros» (Borrell-Llorach), en una palabra, no existe. Es otro cuento de la lechera.

¿Qué queda entonces de tanto agravio largamente rumiado y tan frágilmente sustentado? Pues muy poco, por no decir nada. Ángel de la Fuente (2014) pulveriza en 18 páginas «la tesis nacionalista del maltrato fiscal», incluyendo una comparación internacional (Alemania, Estados Unidos, Italia, Reino Unido, Canadá y Australia) que muestra que el caso español y catalán no tienen nada de extraordinario comparados con otros países y regiones. La conclusión de su estudio se titula, con gran propiedad, «mucho ruido y pocas nueces».

El problema de las balanzas comerciales en la actualidad

Uno de los sectores que con más claridad debieran reflejar los efectos de la hipotética independencia de Cataluña es la balanza comercial o, quizá mejor, la balanza de pagos en su conjunto, de la que la comercial es parte muy importante. La economía catalana, como la española en general, ha pasado en el último medio siglo de ser muy cerrada y autárquica a ser muy abierta. Los principales hitos de esta transición han estado muy ligados a las relaciones de España con la Europa comunitaria, desde el antiguo Mercado Común (o Comunidad Económica Europea) a la actual Unión Europea. Quizá los tres escalones más importantes en el estrechamiento de relaciones comerciales con nuestros vecinos europeos hayan sido el Plan de Estabilización de 1959, que liberalizó parcialmente el comercio exterior español, el Acuerdo Preferencial con la Comunidad Europea, de 1970, que permitió una rebaja arancelaria recíproca, y el ingreso de España como miembro de pleno derecho en la UE en 1986, que dio lugar a una integración económica paulatina durante el decenio siguiente a esa fecha.

El comercio exterior catalán, como el español en total, tuvo una fuerte expansión, especialmente perceptible en los veinte años que siguieron a la accesión de España a la UE. En 1995 las exportaciones catalanas eran ya un 41 por 100 del PIB catalán, proporción que llegó a alcanzar el 49,4 por 100 en el año 2000. Sin embargo, a partir de ese año, la razón exportaciones/PIB inició un suave pero

7. DE LA TRANSICIÓN A NUESTROS DÍAS

persistente descenso hasta alcanzar el 33 por 100 en 2009, tras un fuerte desplome en ese año. A partir de entonces se ha ido recuperando parcialmente.

Podemos distinguir cuatro zonas geográficas destinatarias de las exportaciones catalanas: 1) La UE; 2) El resto de Europa; 3) El resto del Mundo; 4) El resto de España. La UE se ha llevado entre un 40 y un 45 por 100 de las exportaciones catalanas desde 1998. En los años anteriores la tendencia de esta fracción fue creciente. El resto de Europa ha recibido una proporción relativamente pequeña, aunque creciente, de estas exportaciones: un 6,5 por 100 en 2011, habiendo sido un 2,1 en 1995. El resto del Mundo se llevó en 2011 un 16,5 por 100, con una tendencia levemente creciente. La porción correspondiente al resto de España, aunque decreciente, continúa siendo muy considerable: un 35,0 por 100 en 2011, habiendo sido cercana al 50 por 100 en 1995.

A los separatistas, esta dependencia catalana del mercado español no les gusta nada, dicho sea de paso, y tienden a echar la culpa de ella, como no, al Gobierno español. Así, Antràs y Ventura (2012) nos ofrecen la siguiente exhibición de victimismo, de ignorancia, o de ambas cosas a la vez:

> un factor fundamental para entender la desproporcionada importancia del mercado español en el comercio catalán es el hecho de que la economía española permaneció cerrada al exterior durante gran parte del siglo XX. Los productores catalanes de antaño no les quedaba [sic] otro remedio que vender sus productos en el resto del Estado español.

Dejando aparte la extraña redacción de la última frase, resulta difícil creer que los Sres. Antràs y Ventura ignoren que una de las causas principales del aislamiento de la economía española no ya en el siglo XX, sino desde el XVIII, fue la presión incesante de los industriales catalanes en favor de la «protección del mercado nacional» (vimos muestras elocuentes de estas presiones en el Capítulo 5). No es que a los «productores catalanes» no les quedara «otro remedio que vender sus productos en el resto del Estado español»; es que presionaban con todas sus fuerzas y los considerables medios a su alcance para que así fuera.

En todo caso, de las anteriores cifras se deduce que la fracción de las exportaciones que Cataluña envía al resto de España y a la UE, son una parte muy considerable del total: un 77 por 100 en

2011, habiendo sido aún mayor, un 87 por 100, en 1995. En consecuencia, y teniendo en cuenta que la exportación constituye un 43 por 100 del PIB catalán, un 33 por 100 de este PIB depende de los mercados español y europeo. Es por tanto un tercio de su renta lo que Cataluña pondría directamente en peligro si modificara su relación jurídica con España y, por tanto, con la UE. (Hay que señalar que estas cifras, sobre todo las relativas a la exportación al resto de España, son aproximadas y sujetas a revisión por la misma fuente que las suministra —*Intereg*—. Según los datos de una versión más reciente, la exportación de Cataluña al resto de España más la exportación a la UE, en 2010, sumarían el 82 por 100 de las exportaciones catalanas totales, por lo que, en ese caso, representarían una fracción algo mayor, el 35 por 100 del PIB catalán).

Ahora bien, como veremos, hay discusión acerca de las consecuencias jurídicas de la separación. Los separatistas creen que éstas serían pequeñas y de corta duración. Lo más probable, sin embargo, es que fueran graves y duraderas; pero afortunadamente, en todo caso, tenemos varias estimaciones basadas en uno y otro supuesto. La estimación basada en el supuesto más favorable a la independencia es la de Comerford, Myers y Rodríguez Mora (CMRM)[141], que no supone que Cataluña fuera excluida de la UE tras la independencia. Este cálculo está basado en el concepto de «fricciones comerciales».

La idea es como sigue: Portugal sólo tiene frontera con España, y es miembro igualmente de la UE. Sin embargo, el comercio de Portugal con España es considerablemente menos intenso que el de Cataluña con el resto de España, a pesar de ser ya bastante intenso. Esto se debe a que, aunque Cataluña tiene frontera con Francia y con Andorra, además de con España, tiene muchos más puntos en común con el resto de España que Portugal: idioma, parentescos, legislación, gustos, costumbres, todo ello producto de siglos de convivencia en una misma nación. CMRM calculan entonces la «distancia» o «fricción» comercial existente entre Portugal y España, y Cataluña y el resto de España (este cálculo econométrico, bastante complejo, es el meollo del artículo), que queda reducida a dos gua-

---

[141] CMRM (2014); hay una versión algo simplificada en Rodríguez Mora (2014).

7. DE LA TRANSICIÓN A NUESTROS DÍAS

rismos, uno para cada «país»: como era de esperar, la cifra correspondiente a Portugal es casi el doble que la correspondiente a Cataluña. Los autores suponen después que la independencia de Cataluña produciría entre esta y el resto de España una fricción igual a la que hay entre esta y Portugal. La erección de tal barrera invisible, producto de la separación de Cataluña, produciría un empobrecimiento para ambas partes (Cataluña y el resto de España) que ascendería a una cifra global del 3,3 por 100 del PIB conjunto (es decir, de toda España, Cataluña incluida). Ahora bien: esta pérdida se descompondría en dos, la correspondiente al resto de España (2 por 100) y la correspondiente a Cataluña (10 por 100). Estas pérdidas serían debidas a que la reducción del tamaño de los mercados entraña una menor eficiencia y productividad, algo sabido al menos desde que Adam Smith publicara su *Riqueza de las Naciones* allá por 1776; y la mayor pérdida correspondería, naturalmente, al mercado más pequeño.

Aquí hay que mencionar que Antràs y Ventura (2012) han criticado versiones anteriores del trabajo de CMRM y han construido sus propias estimaciones del coste para Cataluña de la separación. Como puede imaginarse, sus resultados son mucho más optimistas que los de CMRM. No creen en las «fricciones», pero sí en altísimas elasticidades, lo que implicaría que con muy pequeñas rebajas de precios los productos catalanes se mantendrían en el mercado del resto de España y que las pequeñas reducciones en lo demandado por este mercado sería ávidamente absorbido por los mercados de terceros países. Tampoco creen que Cataluña se encontrara fuera de la UE si se separara de España. En sus propias palabras: «¿Qué pasaría si Cataluña quedara fuera de la Unión Europea y, ésta nos pusiera aranceles? Bueno, ya hemos dicho antes que pensamos que esto no puede pasar». Sobre la base de todos estos supuestos, Antrás y Ventura creen que la independencia le costaría a Cataluña todo lo más un 2 por 100 de su PIB, más bien un 1 por 100.

De opinión opuesta es Polo, que en sus recientes trabajos desmonta uno a uno los argumentos de Antrás y Ventura[142]. Los cálculos de Polo están basados en las tablas *input-output* de Cataluña, por contraste con los «cálculos a vuelapluma» de Antràs y Ventura. Se-

---

[142] Polo (2013) y (2014); ver especialmente las páginas 41-50 de (2014).

gún Polo, la salida de España colocaría las exportaciones catalanas al otro lado de dos barreras, la barrera de «distancia» o «fricción» que se produce entre las naciones europeas aún dentro de la UE (la estimada por CMRM), más la barrera arancelaria y burocrática que separaría a la Cataluña independiente de la UE. Según Polo, la OCDE estima el valor medio de esta última barrera en un 8,5 por 100 del valor de las mercancías exportadas. Circunscribiéndose a las relaciones comerciales de Cataluña con España, y suponiendo que, tras la independencia, las exportaciones de Cataluña a España tuvieran la misma «intensidad» que ahora tienen sus exportaciones a Francia (Polo, 2013, pp. 74-77), «la reducción del 50% de las exportaciones [catalanas] al resto de España resulta ser una hipótesis más bien conservadora», pero así y todo «supondría una pérdida del 18,1% de la producción, el 16,6% del valor añadido y el 16,5% del empleo total». A esto habría que añadir la reducción de las exportaciones al resto de la UE y al resto de Mundo, que el método input-output no permite cuantificar, pero que forzosamente tendría efectos directos graves sobre la producción y el empleo que se añadirían a las ya reseñadas, a lo que se sumaría que la baja en las exportaciones «reforzaría la pulsión [de las empresas localizadas en Cataluña] a deslocalizarse hacia otros países miembros de la UE, libres de este coste, o a países fuera de la UE con costes laborales más bajos». Aunque, como vemos, Polo no llega a una cuantificación de la caída del PIB que la independencia causaría a Cataluña, una simple reflexión nos hace ver que estaría muy por encima del 20 por 100, ya que si sólo las pérdidas en el mercado español iban a costar el 18 por 100 de la producción, sumando a esto las consecuencias de las pérdidas en el mercado del resto de la UE, más las consecuencias de la caída de las inversiones y la exportación de capital, es evidente que la pérdida total debe situarse por encima de ese 20 por 100.

Buesa (2009) sí calculó la pérdida que se derivaría para Cataluña de la independencia, con datos de 2001. Suponiendo que Cataluña quedaría fuera de la UE, y que con España se daría la doble frontera, Buesa estima en un poco más del 23 por 100 la caída del PIB que se derivaría de la independencia. Hay otras estimaciones, como la de Ghemawat (2011), que situaría sin duda por encima del 10 por 100 la pérdida en el PIB debida a la separación (su cálculo es incompleto). En general, podemos tomar la estimación de Antràs y Ventura como un límite mínimo y la de Buesa como un límite máximo y entre es-

7. DE LA TRANSICIÓN A NUESTROS DÍAS

tos extremos encontraríamos las más verosímiles. La de CMRM y Ghemawat, en torno o por encima del 10 por 100 basándose en el supuesto de que Cataluña no abandonara la UE, y la de Polo, por encima del 20 por 100, suponiendo que sí quedara Cataluña fuera de la UE.

Una cuestión relacionada con esta discusión es la comparación con otras secesiones europeas recientes. Los nacionalistas han alegado que la separación de Chequia y Eslovaquia en 1992 no entrañó un gran trauma comercial. A esto replican Polo y Buesa que la desmembración de Checoslovaquia coincidió con el derrumbe del sistema comunista en la Europa oriental, por lo que es difícil distinguir los efectos de la separación de los de la transición al sistema capitalista. Por otra parte, los efectos inmediatos de la separación sí entrañaron una fuerte caída del comercio entre ambos países, en torno al 30-35 por 100, aunque más tarde el comercio entre ellos experimentara una recuperación parcial. El estudio más citado sobre la desintegración política en la Europa del este en la última década del siglo pasado, dice en sus conclusiones: «La desintegración estuvo asociada a una brusca caída en la intensidad comercial entre los países afectados [Chequia, Eslovaquia, los Estados bálticos, Bielorrusia, Rusia, Ucrania, Eslovenia y Croacia...]. Es más, las fronteras afectan a los flujos comerciales bilaterales, incluso cuando no implican la imposición directa y explícita de barreras comerciales» (Fidrmuc y Fidrmuc, 2000, pp. 21, 94). Esta frase sin duda se refiere a las «fricciones» estudiadas por CMRM. Como dicen estos autores, si a Cataluña no le afectara económicamente la separación, sería un verdadero «bicho raro».

Los problemas de una hipotética separación

Es obvio que ha hecho eclosión en la Cataluña actual una corriente de opinión partidaria de la independencia, incubada durante décadas al calor de la propaganda promovida y financiada por los sucesivos gobiernos catalanes y acrecentada por la idea de que los catalanes históricamente han hecho mayores esfuerzos y han contribuido más al bienestar de España de lo que han recibido y de que si fueran un Estado independiente su situación mejoraría mucho. Para ello, los adalides del separatismo han propugnado el estudio de magnitudes tales como las balanzas fiscales, las balanzas comerciales, las pensiones o la inversión extranjera para concluir que la independencia no solo no tendría consecuencias negativas, sino que, todo lo contrario, sería para Cataluña mucho mejor[143].

Afirman los separatistas que a Cataluña le iría mejor como Estado independiente, porque no tendría costes extras, sino tan solo beneficios. En materia comercial, por ejemplo, suponen que, tras la hipotética separación, Cataluña no tendría que abandonar la Unión Europea, por lo que sus exportaciones no se resentirían. Sostienen también que, si Cataluña dejara de contribuir a la caja única de la Seguridad Social, sus pensiones y demás prestaciones sociales serán más altas. Afirman también que el hecho de que la inversión extranjera no alcance en Cataluña el nivel que sería de desear y esperar no se debe ni a la amenaza independentista ni al clima de incertidumbre que provoca una hipotética separación, sino a la imagen negativa que tiene España en el exterior, y, por tanto, que si dejasen de pertenecer a ella, la inversión fluiría en abundancia[144]. Los hechos refutan esta tesis todos los días, porque el volumen de las inversiones extranjeras en Madrid, tan parte de España como Cataluña, ha venido doblando e incluso triplicando el de las de Cataluña desde hace más de veinte años. En concreto, en el quinquenio 2009-2013 las inversiones extranjeras en Madrid casi han cuadruplicado las inversiones en Cataluña. La imagen negativa de España en el exterior, evidentemente, afecta a Cataluña pero no afecta a Madrid. Esta es la manera de razonar del Profesor Sala i Martín y de sus compañeros del «Colectivo Wilson» (un grupo de distinguidos economistas y científicos sociales adeptos del credo separatista, y cuyo nombre hay que reconocer que está bien escogido porque en sí mismo encierra tanta falsedad como las doctrinas que el colectivo propala)[145].

La lista de razones de este tipo exhibidas por el separatismo

---

[143] Ver, por ejemplo, Bosch y Espasa (2014).
[144] Ver, por ejemplo, Sala i Martín (2012a).
[145] Woodrow Wilson, presidente de Estados Unidos, proclamó al terminar la Primera Guerra Mundial, hace aproximadamente un siglo, el derecho a la auto-determinación de los pueblos sometidos a potencias coloniales o imperiales. Este principio fue protegido por la Sociedad de Naciones y contenido en la Carta de las Naciones Unidas. Pero ni Cataluña es una colonia, ni España un imperio, ni puede alegarse en este caso opresión de ningún tipo, ni siquiera económica, pese a las afirmaciones de algunos miembros del colectivo. Por supuesto, el victimismo es una marca de fábrica de los productos del colectivo.

puede hacerse más larga. Varios economistas de prestigio defienden la tesis de que los catalanes disfrutarían de un nivel de vida más elevado en una Cataluña independiente, porque conseguirían acelerar el proceso de diversificación de su economía. Además, consideran que la independencia constituiría una oportunidad única para construir un Estado más eficiente económicamente (por medio de reformas de la administración, de mejor tratamiento fiscal para las empresas, de una mejora del Estado de bienestar, de la adopción del inglés como lengua oficial, etc.[146]), llegando incluso a considerar la posibilidad de bajadas de impuestos. Estas rosadas perspectivas son en gran parte, si no totalmente, ilusorias. Señalemos por el momento, en cuanto a esta última ilusión, que la hipótesis de una bajada de impuestos también choca frontalmente con la realidad, ya que en el momento actual el Gobierno de la *Generalitat* no tiene liquidez para pagar a sus proveedores, su deuda pública se ha multiplicado por cuatro entre 2008 y 2014 (la de Madrid se ha doblado en el mismo período) y la presión fiscal hoy en Cataluña es de las más altas de España. Si la administración catalana, en manos de los nacionalistas desde 1980, con un grado de autonomía regional de los más altos del mundo, no ha sido capaz de poner en marcha ninguna de las medidas necesarias para resolver estos problemas, ¿por qué hemos de creer que lo hará cuando Cataluña sea independiente?

Sin embargo, todas estas ideas, repetidas machaconamente durante muchos años por el Gobierno catalán y por los medios de difusión por él controlados, y también en las escuelas y universidades, han ido calando gradualmente en la opinión de los habitantes del Principado, de tal modo que es muy difícil contrarrestar tales creencias[147], que se resumen en la frase «España nos roba», de la cual se deduce que es mucho más rentable la independencia[148]. Sin embargo, los datos objetivos no sustentan esa postura. Hemos visto ya que las tesis económicas de los separatistas no resisten un examen

---

[146] Ver Galí (2012).

[147] Es oportuno traer a colación la frase de Ortega: «Las ideas se tienen; en las creencias, se está»; pues bien, una parte sustancial de la opinión catalana parece haber pasado de tener unas ideas a estar en unas creencias, de las que ni la realidad ni la razón resultan capaces de moverles.

[148] Ver, en este sentido los 18 informes publicados por el *Consell Assessor de la Transició Nacional* (CATN), organismo creado por la *Generalitat* en 2013.

crítico. Veamos ahora qué posibilidades tendría Cataluña de separarse de España y quedarse en la Unión Europea. Esta cuestión es crucial, porque incluso los separatistas reconocen que la salida de la Unión acarrearía efectos económicos muy fuertes. Dada la trascendencia del asunto, el tema ha generado gran polémica entre partidarios y detractores de la independencia.

Que se trata de un problema serio es admitido por la propia sociedad catalana. El lema de la manifestación masiva del 11 de septiembre de 2012, «*Catalunya, nou estat d'Europa*», es una prueba de ello. Si Cataluña se encontrase fuera de la Unión Europea como consecuencia de la secesión, desandaría sola en muy corto periodo de tiempo el camino que recorrió con España desde su ingreso en 1986, es decir, una trayectoria de unos 30 años. En particular, Cataluña se vería separada de sus vecinos, España y Francia, por el arancel exterior de la Unión; la legislación de la Unión dejaría de aplicarse en Cataluña, que también se vería privada de los Fondos de Cohesión y de los demás fondos que Europa ha creado para paliar los efectos de la crisis en países que se han visto seriamente afectados por ella. También se vería privada de acceso al Fondo de Liquidez Autonómica (FLA) y de otros fondos del Estado español establecidos con el mismo fin de paliar los efectos de la crisis y de los que la *Generalitat* de Cataluña depende estrechamente para seguir desempeñando sus funciones con normalidad. Una idea del grado de dependencia de la comunidad catalana con respecto a los fondos del Gobierno español nos la da el hecho de que en 2014 Cataluña haya recibido más de la mitad de los fondos de liquidez destinados al conjunto de las Comunidades Autónomas y aún más el hecho de que en octubre de 2015, después de que los partidos que propugnan la independencia, mayoritarios en el *Parlament* (aunque no en el voto popular), hayan propuesto una moción de independencia, el Gobierno en funciones que emana de esos partidos sigue presionando al Gobierno español, del que se quieren separar inmediatamente, para que le adelante más dinero porque no puede hacer frente a sus compromisos.

En materia monetaria, si Cataluña dejase de pertenecer a la Unión, podría continuar utilizando el *euro*, pero el nuevo Estado catalán no podría influir en el diseño de la política monetaria, ni estaría sometido a, y a la vez defendido por, las regulaciones del BCE. Esto significaría, entre otras cosas, que, en principio, la masa monetaria circulando en Cataluña solo dependería de su balanza de pagos. Si esta fuera, como es previsible, deficitaria, la oferta monetaria catalana tendería a decrecer, y el ajuste habría de hacerse bien deprimiendo precios y salarios, bien devaluando el *euro catalán*, con lo que esta moneda ya sería diferente del euro europeo, como el dólar canadiense es diferente del dólar de Estados Unidos. Feito (2014, p. 54) sostiene que «La introducción de una nueva moneda [...] llevaría a una espiral de salidas de capital-devaluación-inflación-devaluación-salida de capital que terminaría en hiperinflación, anulando los efectos positivos de la devaluación sobre la competitividad, y caídas brutales del PIB [...]. Cataluña con una nueva moneda sufriría un proceso no muy diferente del sufrido por Alemania en el período de entreguerras».

La balanza de pagos sería verosímilmente deficitaria porque, debido a la aplicación de los aranceles europeos a sus productos, Cataluña tendría que reorientar drásticamente su comercio exterior, ya que sus exportaciones a la Unión disminuirían y tendría que encontrar nuevos mercados más lejanos, donde tendría que competir en condiciones difíciles; además, por estos problemas y a causa de la incertidumbre generada por el drástico cambio, sus importaciones de capital también se reducirían considerablemente, como hemos visto que está ocurriendo ya como consecuencia de sus veleidades secesionistas. Todo esto repercutiría negativamente en el empleo y también en las cuentas públicas, con una alta probabilidad de que se viera en graves dificultades para pagar sus pensiones, sus nóminas, y sus prestaciones de desempleo.

Por lo tanto es obvio que a Cataluña le interesa, y mucho, seguir siendo parte de la Unión Europea y mantener el euro como moneda. Pero ¿lo puede conseguir? Los independentistas consideran que una ruptura con España no supondría que Cataluña dejara de estar en Europa. Obviamente, Cataluña por su ubicación geográfica pertenece a Europa, pero otra cosa muy distinta es su pertenencia a la Unión Europea. Tratando de convencerse y de convencer a la ciudadanía, frases del tipo: «tanto a España como a la Unión Europea les interesa mucho que Cataluña siga en la UE» son habituales en los discursos pro-independentistas. En palabras de Francesc Homs, hasta muy recientemente consejero de Presidencia y portavoz de la *Generalitat*, «Europa estará acabada si expulsa a siete millones de ciudadanos»[149]. Homs parece olvidar aquí dos hechos importantes; uno, que Cataluña supone el 1,5% del total de la población de la Unión Europea y el 1,55% del PIB comunitario, proporciones cuantitativamente modestas; y dos, que ni España ni la Unión Europea expulsarían a Cataluña, sino que sería Cataluña quien, de cumplirse los planes de los secesionistas, abandonaría la Unión por voluntad propia. Cataluña forma parte de la UE porque forma parte de España y, precisamente por ello, de romper con España, estaría rompiendo con la Unión. Como ha dicho un ilustre jurisconsulto, «No es cuestión de expulsión. La Unión Europea no expulsaría a nadie (nunca lo ha hecho). Todo depende de las condiciones de nacimiento del nuevo Estado»[150]. La indignación de los separatistas ante las consecuencias de sus propios actos, de violar una legislación clara y largamente establecida, constituye un ejemplo más de su victimismo característico, de su acendrada costumbre de responsabilizar a los demás de los propios errores.

Entre los argumentos esgrimidos por los partidarios de la independencia para sostener que ésta no conllevaría la salida de Cataluña de la UE se encuentran los siguientes. Primero, partiendo del hecho de que los catalanes ya son ciudadanos europeos, algunos afirman que no se les podría privar de esta ciudadanía (olvidan que la tienen por pertenecer a España). En segundo lugar está la postura defendida por Oriol Junqueras, líder de ERC, al afirmar que si hubiera separación, los catalanes que lo desearan podrían adoptar la doble nacionalidad (la española y la catalana), lo que permitiría la permanencia de Cataluña en la UE[151]; esta postura sin duda es risiblemente contradictoria, al propugnar independizarse de un país y a la vez conservar su nacionalidad. En tercer lugar están los que afirman que, como la independencia de una región de un Estado miembro no está contemplada legalmente en los Tratados de la UE, habría que crear mecanismos para dar solución a esta hipótesis y por tanto, nadie sabe a ciencia cierta qué podría suceder. Según expone Carles Boix, miembro del «Colectivo Wilson», «los tratados de la UE no pueden ser utilizados en contra de la voluntad democrática de un pueblo. Es cierto que no regulan un hipotético proceso de

---

[149] *El País*, 20 de octubre de 2013.
[150] Jean-Claude Piris en *El País*, 1 de octubre de 2013.
[151] *El Mundo*, 22 de septiembre de 2013. Cabe señalar que Junqueras es historiador, contándose entre sus obras Junqueras (1998).

ampliación interna de la UE. Pero esta falta de regulación no implica prohibición»[152]. Por «ampliación interna» entienden los miembros de este colectivo la ampliación del número de Estados miembros por división de alguno de ellos, algo así como la reproducción celular por mitosis. Y para robustecer su tesis, exponen el ejemplo de la unificación alemana, que permitió que la Alemania del Este se incorporara a la UE.

También se aferran los separatistas a unas declaraciones no oficiales que la vicepresidenta de la Comisión Europea, Viviane Reding, hizo a un diario de Sevilla el 30 de septiembre de 2012. Según afirma Carles Boix, Viviane Reding respondió sobre la posibilidad de una exclusión automática de Cataluña de la UE si se separaba de España que «la legislación internacional no dice nada en este sentido, que España debía resolver sus problemas internos y que confiaba plenamente en la mentalidad europea de los catalanes». Carles Boix completaba la información añadiendo que el «Sr. García-Margallo anunció en el Congreso de los Diputados que la Sra. Reding le había enviado una carta en la que se retractaba de sus declaraciones en Sevilla. Sería bueno que el ministro de Asuntos Exteriores publicara la carta». Pues bien, la carta, de fecha 4 de octubre de 2012, dirigida al entonces secretario de Estado español para la UE (Íñigo Méndez de Vigo), está disponible en internet, por ejemplo, en la página de Wikipedia en español dedicada a la Sra. Reding. Sería bueno que el Sr. Boix reconociera y publicara este hecho. De más está decir que no lo ha hecho.

Según el argumentario independentista, existen dos posibles escenarios en las relaciones entre Cataluña y España: confrontación o cooperación. Galí (2013) afirma que un «divorcio amistoso con costes mínimos para las partes no es una quimera». Según Galí, en el escenario de cooperación, el proceso de admisión sería «simplificado y rápido», teniendo un carácter simbólico y reducido a lo formal (Cataluña no podría pertenecer durante un breve tiempo de trámite a las instituciones y órganos de Gobierno de la UE). En ese caso, la independencia se produciría de común acuerdo entre ambas partes y el Estado español sería favorable a que Cataluña permaneciera dentro de la UE. Pero el resultado final del proceso parece hoy, en el mejor de los casos, incierto, porque, como arguyen los nacio-

---

[152] Ver también, en el mismo sentido, CATN, doc. no. 6.

nalistas, no existen ni herramientas ni precedentes históricos en asuntos de este tipo.

Ahora bien, si el Estado español decidiera no cooperar y actuar con «confrontación», es decir, vetando el ingreso del nuevo Estado, según Galí, esto «no debería acarrear consecuencias adversas para la economía catalana», ya que los derechos de libre circulación de personas, bienes y capital no están restringidos a los Estados miembros (y cita el caso de Suiza) y además la UE sería «la primera interesada en preservar la reciprocidad de esos derechos, dada la importancia cualitativa y cuantitativa del mercado catalán» y Cataluña podría mantener el euro como moneda oficial, previa firma de un acuerdo con la UE, «lo que le permitiría acceder a la liquidez del Banco Central Europeo».

En catalán *somiar truites* (soñar con tortillas o con truchas, ya que la palabra es polisémica) es el equivalente del «hacerse ilusiones vanas» en castellano. Y esto es lo que parecen hacer los Sres. Boix, Galí, y el CATN. Todos estos sueños se desmontan fácilmente refiriéndose, tanto a la Constitución española, donde la secesión no está contemplada, como a los Tratados de la Unión Europea. En primer lugar, respecto a que «los catalanes ya son ciudadanos europeos y no se les puede privar de esta ciudadanía», el artículo 9 del Tratado de la Unión Europea es rotundo: «Será ciudadano de la Unión toda persona que tenga la nacionalidad de un Estado miembro. La ciudadanía de la Unión se añade a la ciudadanía nacional sin sustituirla». Esto implica, como antes vimos, que si Cataluña dejara de ser parte de España, sus ciudadanos dejarían de ser españoles (mal que le pese al Sr. Junqueras) y, por lo tanto, perderían automáticamente la ciudadanía europea. Por añadidura, el artículo 4.2 del mismo Tratado dice: «La Unión respetará [...] las funciones esenciales del Estado, especialmente las que tienen por objeto garantizar su integridad territorial [...]». Esto evidentemente significa que la secesión inconstitucional de una parte de un Estado no puede ser reconocida por la Unión.

En segundo lugar, es verdad que en los Tratados no existen normas específicas sobre secesiones; de ello deducen los separatistas que tal vacío legal permitiría hacer interpretaciones afirmativas del problema de la separación, lo que podría implicar, por ejemplo, que si un Estado se escindiera, las dos partes resultantes quedarían automáticamente admitidas en la Unión: es la supuesta «ampliación interna» que antes vimos. Sin embargo en el artículo 52 del Tratado de la Unión Europea aparecen enumerados todos los Estados que pertenecen a la

7. DE LA TRANSICIÓN A NUESTROS DÍAS

UE, entre ellos, el Reino de España. Por lo tanto, cualquier Estado no incluido en este artículo, se convierte en «tercero» y si quiere pertenecer a la Unión tiene que someterse al largo procedimiento de adhesión recogido en el artículo 49, que requiere, entre otras cosas, la «unanimidad» favorable de los miembros. Por lo que respecta al caso de la unificación alemana, Boix olvida tres cosas: una, que la unión de las dos Alemanias se hizo de común acuerdo; dos, que contó con el apoyo unánime de todos los Estados miembros; y tres, que unificar es lo opuesto de segregar, por lo que la integridad territorial de Alemania no se vio menoscabada con la accesión, sino todo lo contrario.

Por otra parte, además de la legislación comunitaria, están los pronunciamientos de los altos representantes de la Unión. El 1 de marzo de 2004, a pregunta de una europarlamentaria británica (Eluned Morgan) el entonces presidente de la Comisión Europea, Romano Prodi, dictaminó que:

> cuando una parte del territorio de un Estado miembro deja de formar parte de ese Estado, por ejemplo porque se convierte en un Estado independiente, los tratados dejarán de aplicarse a ese Estado. En otras palabras, una nueva región independiente, por el hecho de su independencia, se convertirá en un tercer Estado en relación a la Unión y, desde el día de su independencia, los tratados ya no serán de aplicación en su territorio.

Más claro, imposible. El dictamen, además, fue confirmado por el sucesor de Prodi al frente de la Comisión, José Manuel Durão Barroso, cuando ante una pregunta del eurodiputado holandés Auke Zijlstra realizada el 13 de noviembre de 2013, Barroso respondió:

> La UE se funda en los Tratados, que se aplican sólo a los Estados miembros que los han acordado y ratificado. Si parte del territorio de un Estado miembro deja de formar parte de ese Estado porque se convierte en un nuevo Estado independiente, los Tratados dejarán de aplicarse a ese territorio. […] En otras palabras, un nuevo Estado independiente se convertiría, por el hecho de su independencia, en un país tercero respecto a la UE y los Tratados dejarían de aplicarse a su territorio. […] Cualquier país europeo que respete los principios básicos de la UE puede pedir la adhesión y negociar su entrada, pero ésta debe ser ratificada por todos los Estados miembros y por el Estado solicitante.

La respuesta oficial de Barroso confirmaba lo dicho por su

portavoz Pia Ahrenkilde el 16 de septiembre, que a su vez repetía lo expuesto por el presidente del Consejo Europeo, Herman Van Rompuy unos días antes en Madrid o por el Comisario europeo de la Competencia, Joaquín Almunia, quien en Barcelona el 16 de septiembre de 2013 dijo textualmente que: «La parte segregada [de un Estado de la Unión] no es miembro de la Unión Europea»[153].

En tercer lugar, y respecto a la posibilidad de que Cataluña adquiriera el mismo estatus que Suiza o Andorra con respecto a la UE, es verdad que estos países pertenecen al Espacio Económico Europeo (EEE), y que para ser miembro de éste no se necesita el apoyo unánime de todos sus miembros, sino que basta con una mayoría cualificada. Pero los pro-independentistas están suponiendo que el ingreso en el EEE sólo lo rechazaría España; sin embargo es más que probable que otros países europeos también lo rechazasen, no sólo aduciendo criterios estrictamente económicos, al existir la posibilidad de que el nuevo Estado quebrase y ello conllevase un rescate, sino también para evitar un posible «efecto contagio» en otras regiones de la Unión (en naciones como Francia, Italia, Bélgica, Reino Unido, etc.).

Y en cuarto lugar, sobre la permanencia en el euro: es verdad que hay países que están fuera de la UE y que han adoptado unilateralmente como moneda de curso legal el euro (por ejemplo Serbia, Montenegro, Andorra, Liechtenstein, San Marino o el Vaticano). Cataluña también lo podría hacer, pero ya hemos visto que muy probablemente se vería obligada a introducir su propia moneda por no poder disponer de crédito en euros para su financiación. La diferencia entre Cataluña y estos países es el tamaño, la no existencia de deuda en aquellos y el hecho de que Cataluña tiene la totalidad de sus activos y pasivos en euros mientras que esos países los tenían denominados en su propia moneda. Esto significa que los vencimientos de la deuda y las emisiones de Cataluña los debería pagar en euros; y no parece probable que el BCE ofreciera liquidez a los bancos que operaran en el nuevo Estado, ya que al hacerlo estaría obligando al contribuyente europeo a asumir un riesgo de un país sobre el que el BCE y el Banco de España tendrían escaso (o nulo) control. Por todo ello parece claro que el nuevo Estado se vería obligado a

---

[153] *El País*, 16 de septiembre de 2013.

introducir su propia moneda para hacer frente a los pagos. Por lo tanto, los argumentos esgrimidos por los partidarios de la independencia sosteniendo que Cataluña podría separarse de España y permanecer dentro de la UE no parecen nada sólidos; pero además hay muchos otros testimonios que subrayan tal endeblez. Así, Jean-Claude Piris, ex-jurisconsulto jefe de la Unión Europea, afirma[154]:

> Las tres condiciones que existen para que un Estado pueda pedir su ingreso en la UE son que sea un Estado reconocido por la comunidad internacional, que sea europeo y que cumpla el artículo 2 de los tratados, que establece, entre otras cosas, que se aplique el Estado de derecho. Y para ello su nacimiento tiene que ser legal. [...] Si Cataluña proclama su independencia tras un referéndum, eso no basta para que sea reconocido como un Estado, y por tanto, para que sea un país candidato a la UE.

Además y en respuesta a las ensoñaciones de los separatistas, añade:

> Es peligroso crear falsas ilusiones a la gente sobre una independencia unilateral. Hay que decir la verdad: si Cataluña emprendiera esa vía, supondría un largo camino que requeriría modificar la Constitución [española], los tratados comunitarios [...] Una simple declaración de independencia no tiene efectos jurídicos [...] hacer una declaración unilateral no significa que se conviertan en independientes ni que puedan pedir su entrada.

La cuestión está muy clara: ya vimos que el artículo 4.2 del Tratado de la UE garantiza la «integridad territorial» de los Estados miembros. Esto, evidentemente, significa que la secesión inconstitucional de una parte de un Estado no puede ser reconocida por la Unión. Aún en el supuesto de que la independencia se proclamase con el beneplácito del Gobierno español, el nuevo Estado no podría permanecer automáticamente en la Unión, ya que la inclusión de un nuevo miembro supondría modificaciones en los tratados y en la legislación del Estado del que se separa, en este caso, España. Como ha añadido más recientemente el tan citado jurisconsulto, «aquellos que mantienen que la Unión Europea incorporaría a una supuesta Cataluña independiente demuestran un desconocimiento tanto del

---

[154] *El País*, 1 de octubre de 2013.

derecho aplicable como de las realidades políticas en los Estados miembros de la UE»[155]. O quizá demuestran una clara voluntad de engañar al público, añadiríamos nosotros.

Y es que, a pesar de tantas evidencias, los nacionalistas siguen negando la realidad y aferrándose a la tesis de la «ampliación interna» en los casos infrecuentes en que discuten esta cuestión explícitamente. Acostumbrados a que la ley española no se aplique en Cataluña, parecen suponer que lo mismo ocurrirá con la ley europea.

Pero incluso cuando ya no pueden aducir ningún argumento jurídico a favor de la permanencia automática en la UE de una Cataluña independiente, los separatistas siguen aferrados a sus ensueños. Sala i Martín, miembro del Colectivo Wilson, escribe (2012b): «Yo no soy un experto en leyes por lo que no voy a discutir si Europa le puede quitar el derecho a ser europeos a unos ciudadanos (y a unas empresas) que ya lo son. Pero sí sé un poco de economía y la teoría económica nos dice que si Catalunya se independiza, España va a hacer lo posible para que lo haga lo más pacíficamente posible y dentro de Europa». Y lo que la teoría económica le dice a Sala i Martín es que el mapa de autopistas de España, muestra que quien se quedaría aislada de Europa, si Cataluña se independizara, no sería Cataluña, sino España. Esto recuerda aquel periódico inglés que anunciaba: «Espesa niebla en el Canal de la Mancha: el Continente queda aislado». Otra razón teórica de Sala i Martín es la siguiente, en sus propias palabras: «Si Catalunya se independiza, el PIB español perderá el 20% correspondiente a Catalunya. Y si España se niega a negociar [...], Catalunya no se va a quedar la parte proporcional de la deuda que le corresponde por lo que la deuda española como fracción del PIB será pronto superior al 120% del PIB: uno de las deudas más grandes del mundo. [...] Como para ponerse muy chulo». La elegancia dialéctica del argumento es indiscutible. La fuerza moral también, ya que como aduce en otro de sus escritos en el mismo blog: «La realidad es que la deuda española fue asumida en su día por el Gobierno de España y los mercados se la van a reclamar al Gobierno de España. Si luego España le pasa una factura a Catalunya por la parte proporcional de esa deuda, ya se verá si la asume». La ética del razonamiento es impecable: la Ca-

---

[155] *El País*, 25 de agosto de 2015.

taluña de Mas y de *Convergència* está quebrada y nadie le quiere prestar más que el Estado español, que emite deuda y dedica una parte sustancial de esa emisión a prestar a Cataluña a través del FLA. Pues bien, ya se verá si una Cataluña independiente devuelve el favor y el dinero a quien le salvó de la quiebra. Es un razonamiento ético-teórico digno de quien fundó la Cataluña separatista: el ex-honorable Sr. D. Jordi Pujol i Soley.

A quienes esto escriben no les parece imposible que, si Cataluña se independizara de España, al cabo de muchos años pudiera terminar por ser admitida en la UE, entre otras cosas porque, si el nuevo país desoyese las recomendaciones de Sala i Martín, hiciese honor a sus compromisos, y saldase sus deudas, España terminaría por transigir. Pero el esfuerzo económico que Cataluña tendría que realizar para llevar a cabo la travesía del desierto a donde la habría llevado la obcecación separatista haría que sus ciudadanos se arrepintiesen de haber escuchado los cantos de las sirenas del Colectivo Wilson y del CATN.

CAPÍTULO 8

CONCLUSIONES

... sono tanto semplici gli uomini, e tanto obediscano alle necessità presenti, cho colui che inganna troverrà sempre chi si lascerà ingannare[1].

El peso de la historia

Cataluña se unió a Aragón en 1137 (el primer documento en que se encuentran las palabras «Cataluña» y «catalanes», escrito por un poeta pisano, es anterior en no más de unas décadas a esta fusión)[2]; y Aragón se unió a Castilla al morir Juan II, padre de Fernando el Católico, ya rey consorte de este reino, en 1479.

Cataluña, por tanto, lleva formando parte de España unos 535 años (y de Aragón cerca de nueve siglos). Las relaciones entre una y otra entidad se han caracterizado por largos períodos de armonía y breves períodos de enfrentamiento. Aunque dichos enfrentamientos hayan sido lamentables, no tienen nada de históricamente extraordinario. La historia de Europa abunda en episodios y relaciones conflictivas: el caso catalán no es único, ni mucho menos. Dadas las complejas condiciones que la Edad Media revistió en la Península Ibérica, España se formó aglomerando una gran variedad de reinos y señoríos que tenían formada una fuerte personalidad. Cataluña es uno de ellos. El proceso de formación de la nacionalidad española, aún con rasgos muy especiales, como el haber sido territorio fronterizo, lo cual afectó a la formación de sus estructuras sociales y al carácter *sui generis* de su feudalismo, tiene mucho de común con la formación de otros grandes reinos europeos, como Francia y Gran Bretaña, que también resultaron de procesos de unificación de diversos reinos y territorios, procesos que tuvieron historias largas y tortuosas a lo largo de la Edad Media.

---

[1] Machiavelli (1994), p. 156 («[...] son tan simples los hombres, y tan pendientes de sus necesidades presentes, que quien quiera engañarles siempre encontrará quien se deje engañar»).
[2] Valls i Taberner y Soldevila (2002), p. 101; Soldevila (1952), p. 220.

Se ha afirmado repetidamente, sobre todo por historiadores catalanistas, que la unión de los reinos de Castilla y Aragón por medio del matrimonio de sus respectivos reyes, Isabel y Fernando, no dio lugar a un «Reino de España», sino que Aragón y Castilla siguieron siendo entidades totalmente separadas. Esto no fue exactamente así. Si bien es cierto que Isabel se consideró siempre reina de Castilla y reina consorte de Aragón, este no fue el caso de su marido, que se consideró rey de Castilla por derecho propio, como descendiente directo, al igual que Isabel, de Juan I de Castilla. Al considerarse rey de ambos reinos con idéntico derecho, por tanto, puede decirse que Fernando fue el primero en considerarse propiamente rey de España. Ya hemos visto que fue el primero en poner en práctica medidas de Gobierno para ambos reinos, tanto en política interior como en política exterior. En cuanto a la consideración de España como un reino único y de una pieza casi desde la unión de Castilla y Aragón, el mayor ensayista político del Renacimiento, Nicolás Maquiavelo, en *Il Principe* (1515), llama repetidamente a Fernando el Católico *re di Spagna*, «rey de España», y en una ocasión, al comienzo del Cap. XXI, le llama «Fernando de Aragón, presente rey de España», habla de él con gran admiración y dice de él que ha devenido «por fama y gloria el primer rey de cristianos» o «el primero de los reyes cristianos». No le llama rey de Castilla y Aragón, sino rey de España, como a sus tropas y súbditos los llama «los españoles»; y como a Luis XII le llama rey de Francia.

Aunque esta España renacentista no fuera aún propiamente una nación, sí lo era en germen, como por aquel tiempo lo eran Francia, Inglaterra y Portugal. La consolidación de estos reinos a lo largo de los siguientes siglos, dando lugar a largos períodos de coexistencia entre sus distintos territorios componentes, acabaría conduciéndolos a convertirse en auténticas naciones en el sentido moderno de esta palabra.

La historia muestra que Cataluña apenas conoció la independencia y cuando la conoció quizá durante un siglo a comienzos de la Baja Edad Media, fue como un conjunto de condados, frecuentemente divididos, aunque bajo el «principado» del condado de Barcelona. No sabemos exactamente cuándo empezó a llamarse Cataluña, pero lo que es seguro es que antes de Cataluña se llamó *Marca Hispanica*, es decir, «frontera española», perteneciente al Imperio Carolingio. Su período de grandeza medieval (aproximadamente

8. CONCLUSIONES

desde el reinado de Jaime I hasta el de Pedro IV, es decir desde mediados del siglo XIII a mediados-finales del XIV), la época de expansión que la llevó a reconquistar Valencia y Mallorca y a fundar el imperio mediterráneo y que llegó, durante unas décadas, a crear colonias en el Imperio Bizantino, los ducados de Atenas y Neopatria, tuvo lugar cuando era parte de la Corona de Aragón.

La terrible crisis demográfica del siglo XIV afectó a Cataluña más que a los demás reinos de España; la dinastía catalano-aragonesa (descendiente de Ramón Berenguer y Petronila) se extinguió en 1410 y un segundón de la dinastía Trastámara castellana fue coronado rey de Aragón, lo cual fue un paso importante en el camino hacia la unión de Castilla con Aragón. Cuando esta se llevó a cabo formalmente con la boda de Fernando e Isabel, Aragón era mucho más débil que Castilla, y Cataluña, despoblada y dividida por luchas y guerras intestinas, estaba aún más debilitada. Durante la Edad Moderna casi desaparece de la historia, una sociedad estática y dividida. Su rebelión contra Felipe IV y el Conde-Duque en 1640 (*Guerra dels Segadors*) duró doce años porque la Monarquía hispánica también estaba exhausta. Elliott subtitula su libro sobre esta guerra «un estudio sobre el declive de España». Francia supo aprovecharse del largo combate entre dos púgiles tambaleantes y en la Paz de los Pirineos se firmaba la derrota de España en la Guerra de los Treinta Años y la pérdida de la Cataluña norte.

Pero Cataluña se repuso de las destrucciones de esta guerra y de la de Sucesión de la Corona española y a partir de la tercera década del siglo XVIII emprendió una senda de crecimiento que, con sus inevitables altibajos e interrupciones, ha durado hasta nuestros días. Para Cataluña fueron vitales la profunda renovación que siguió a la Guerra de Sucesión, cuando los decretos de Nueva Planta eliminaron los fueros y privilegios medievales que aún subsistían («el desescombro de privilegios y fueros le benefició insospechadamente», escribió Vicens Vives) y establecieron un sistema fiscal moderno y equitativo, el mejor acceso al mercado peninsular y americano que la abolición de antiguas barreras trajo consigo, y la decidida protección a la industria algodonera por la Corona española. Cataluña devino en consecuencia «la fábrica de España», la adelantada de la economía española, situación que ha perdurado hasta la segunda mitad del siglo XX en que la inevitable convergencia del resto de España la ha situado en un lugar destacado pero no ya singular en el conjunto nacional. En todo caso, no cabe duda de que la integración política y social con el resto de España ha beneficiado a Cataluña «insospechadamente» a lo largo de su historia.

Nación y nacionalismo

La palabra *nación* se ha convertido en elemento de un complejo rompecabezas político que en la España de finales del siglo XX y principios del XXI se ha tornado en arma arrojadiza que algunos hombres públicos manejan con destreza pero muy poca prudencia, olvidando que el concepto moderno de nación es relativamente reciente. Por otra parte, una nación es una convención sin existencia real, es una unidad política que se caracteriza por constar de una población y un territorio, estar organizada en un Estado y compartir una legislación y una historia. Decir que España es una nación significa que tiene estas características y que es generalmente aceptada como tal por la comunidad mundial. España es una de las más antiguas naciones europeas[3] (el testimonio de Maquiavelo es elocuente), aunque, como se muestra muy bien en Fusi (2000), y al igual que otras de las naciones europeas más antiguas, sea un conglomerado de comunidades y haya ido cobrando conciencia de ser una nación, y adoptado la correspondiente organización institucional, de manera gradual y secular.

Cataluña, por otra parte, nunca ha sido una nación (como tampoco lo ha sido Castilla, ni ninguna de las regiones que componen España), y no ha empezado a hablarse de la nación catalana en el sentido moderno hasta muy a finales del siglo XIX y, más precisamente, hasta comienzos del XX, con *La nacionalitat catalana* de Enric Prat de la Riba, que, de repente, en lo que parece un arrebato de inspiración, decide borrar cinco siglos y pico de Historia (o cuatro y pico entonces) y convertir a España en una no-nación, en un Estado (es decir, en sus propias palabras, *«una entitat artificial»*), basándose en una introducción histórica extremamente nebulosa y en una definición totalmente esencialista de la nación, que es «una unidad de cultura o de civilización» (p. 74), «una unidad fundamental

---

[3] Marías (1978) escribió: «España ha sido la primera *nación* que ha existido, en el sentido moderno de esta palabra» (énfasis suyo).

8. CONCLUSIONES

de los espíritus» (p. 99), «un espíritu colectivo, un alma social catalana» (p. 109), «una comunidad natural, necesaria, anterior y superior a la voluntad de los hombres que no pueden ni deshacerla ni cambiarla» (p. 62). De aquí a la definición joseantoniana de España como nación (»unidad de destino en lo universal») no hay sino una distancia muy corta, casi inexistente[4]. Observemos de paso que, para Prat de la Riba, y utilizando criterios que nunca hace explícitos, España es una «entidad artificial» mientras que Cataluña es una «comunidad natural». Pero una nación no es un alma o un sentimiento; se trata de un ente jurídico que ya definimos más arriba.

Las definiciones esencialistas de la nación nos recuerdan la afirmación de Lüthy (1962, p. 85): «Todas las discusiones sobre el nacionalismo en general están marcadas por una esterilidad prolífica y relumbrante característica de las discusiones sobre objetos indefinidos e indefinibles». Y continúa Lüthy:

> Nos enfrentamos aquí con el umbrío espacio de la psicología colectiva, que escapa a la consciencia racional. Todo intento de definir «la nación», «la idea nacionalista» o «el sentimiento nacional» termina en el misticismo o en la mixtificación; solo se puede expresar con imágenes y símbolos —banderas, mitos, animales totémicos, folklore, cultos, ritos— representando un sentimiento de pertenencia a un colectivo de individuos esencialmente diferentes de los individuos de cualquier otro colectivo, algo que es inexplicable racionalmente. Desde el punto de vista nacionalista la nación es la encarnación de un orden superior «directamente conectado con Dios», con su propia alma, voluntad, consciencia y misión, y cuya esencia es incomprensible a todos los demás pueblos [...]

Pues bien, estas definiciones de nación de Prat de la Riba y de José Antonio Primo de Rivera, estas «unidades de destino» y estas «comunidades naturales, necesarias, anteriores y superiores a la voluntad de los hombres», pertenecen a este terreno de misticismo y mixtificación de que nos habla Lüthy, terreno que quizá esté en el ámbito de la religión, pero que desde luego está fuera del de la ciencia.

---

[4] Brubaker (1996) en su capítulo introductorio afirma que ningún estudioso serio sostiene hoy una visión esencialista de la nación, es decir, que las naciones son «entidades primordiales e inmutables», p. 15, n. 4.

Sin embargo, el término «nación» en el sentido moderno y no esencialista tiene un significado muy claro, el que le dimos en el primer párrafo de este epígrafe, y un origen temporal también muy claro: las décadas finales del siglo XVIII, en que tuvieron lugar en sucesión las revoluciones americana y francesa. Ambas fueron, entre otras cosas, rebeliones antimonárquicas, contra el *Antiguo Régimen*, que pretendieron sustituir el concepto de *súbdito* por el de *ciudadano* y, correlativamente, el de *reino* por el de *nación*. Los revolucionarios lucharon por crear un nuevo tipo de sociedad cuyos miembros fueran libres e iguales y donde la soberanía residiera en el pueblo. Cuando en Francia los Estados Generales, divididos en estamentos heredados del antiguo régimen, deciden en junio de 1789 constituirse en asamblea representativa de todo el pueblo francés, sin distinciones entre los diputados, se dan el nombre de *Asamblea Nacional*. Y el Congreso constituyente de los Estados Unidos, en el preámbulo de la Constitución de 1787, en representación de todos los habitantes del nuevo país, se define como *We, the people of the United States*, «Nosotros, el pueblo de los Estados Unidos». En este país el término «nación» tarda más en generalizarse, probablemente por las veleidades soberanistas de los Estados componentes de la Unión. En todo caso, frente a la legitimidad monárquica tradicional nace ahora una legitimidad nacional o popular, siendo ambos términos (nación y pueblo) casi sinónimos.

Por supuesto, aunque la irrupción del concepto de *nación* en la historia contemporánea es revolucionaria, su evolución había sido gradual, en especial durante el siglo que precedió a las grandes revoluciones en América y en Francia. Ya desde la revolución inglesa del XVII había comenzado a ponerse en duda por los pensadores y filósofos sociales la legitimidad de la Monarquía absoluta, y a abrirse camino la idea de que la justificación del poder y el privilegio que ostentaban los monarcas, más que en la voluntad divina o en el derecho hereditario, radicaba en la eficacia del gobierno monárquico para promover la felicidad de sus súbditos. Se desarrolló así la visión de la monarquía como un *despotismo ilustrado*, concepción paternalista que ligaba la legitimidad de esta institución a su eficacia política y administrativa. En Inglaterra (o Gran Bretaña) se daba de hecho, desde la *Gloriosa revolución* de 1688, un principio de soberanía compartida entre el rey y el parlamento y una creciente conciencia nacional; aún así los revolucionarios americanos quisieron llevar mucho más allá el principio democrático y ese fue el motivo principal de su rebelión contra Inglaterra en

8. CONCLUSIONES

1776. En cuanto a Francia, Luis XVI estaba mucho más cerca del concepto de monarca benevolente, de déspota ilustrado, que cualquiera de sus predecesores; y, sin embargo, esto no bastó ni con mucho a los revolucionarios franceses. Fue el deseo de libertad, igualdad, y representación popular lo que movió a los revolucionarios a convertir el reino en nación. En este sentido, por tanto, el principio nacional es democrático, aunque aún no fueran totalmente democráticas las nuevas naciones francesa y americana, ya que en ambas tardaría casi un siglo en imponerse con generalidad el sufragio universal masculino, y casi siglo y medio el sufragio universal de ambos sexos.

La palabra «nación», sin embargo, es mucho más antigua que esta acepción moderna, pues es de origen latino y está derivada del verbo «nacer». Desde la antigüedad, la palabra se empleaba para designar a un colectivo con un origen geográfico común, gentes de una misma región, o también de una misma religión o idioma, incluso de un tronco familiar común. En las universidades y residencias medievales, en los ejércitos, en los conventos, a menudo se agrupaban los individuos por «naciones», es decir, con arreglo a estos criterios, que no eran políticos, sino más bien étnicos, lingüísticos, o geográficos. Pues bien, a lo largo del siglo XVIII (incluso antes, en ciertos casos) este sentido étnico de la palabra «nación» fue cargándose de una connotación política. Ya durante la Ilustración se utiliza, por ejemplo, la expresión «nación española» para designar al conjunto de los integrantes del Reino de España, término que con Felipe V adquirió mayor vigencia y realidad que en siglos anteriores. Tenemos de esto un ejemplo bien conocido de los historiadores económicos. El primer banco oficial español, el antecesor del Banco de España, se funda en 1782 con el nombre de Banco *Nacional* de San Carlos, sin duda para indicar que es un banco público pero no perteneciente a la Corona, aunque el rey Carlos III hubiera favorecido su creación. Es evidente que en el momento de fundarse el Banco la designación «Nacional» no tenía una connotación revolucionaria, aunque sí política. También la bandera roja y gualda recibió el nombre de «bandera nacional» en el decreto que regulaba su utilización, también en tiempos de Carlos III[5]. Sin embargo, la politización del concepto se aceleró con la Revolución francesa, y es bien sabido que ya durante la Guerra de Independencia española

---

[5] Álvarez Junco (2001), p. 552.

era tal la implicación revolucionaria del vocablo que un grito frecuente de los absolutistas era: «¡Viva el rey, muera la nación!». Y es sintomático de ello que, cuando el Banco de San Carlos fue sustituido en 1829 por un nuevo instituto, este recibió el nombre de Banco *Español* de San Fernando, para evitar la carga revolucionaria que ya había adquirido la palabra «nacional».

En España la palabra «nación» adquirió su significado revolucionario y democrático en la guerra contra Napoleón a partir de 1808. Tanto la Carta Otorgada de Bayona de 1808 como la Constitución de Cádiz de 1812 emplean la expresión «nación» refiriéndose a España, aunque la Constitución de manera mucho más enfática y repetida. Su Título Primero trata «De la Nación española y de los españoles», su artículo 2 proclama que la Nación «no es ni puede ser patrimonio de ninguna familia ni persona» (lo cual es un rechazo explícito a la concepción tradicional, patrimonialista, de la monarquía), y el 3º afirma que «La soberanía reside esencialmente en la nación». A partir de entonces, aunque las constituciones y las leyes cambiaran, como hicieron con excesiva frecuencia, el principio nacional no fue ya nunca abandonado en España.

Sin embargo, durante el siglo XIX el significado político de la palabra «nación» cambió de nuevo, o, mejor dicho, adquirió un nuevo sentido. Durante la primera mitad de esa centuria, frente a la nación democrática o revolucionaria, se fue formando el concepto de la nación étnica o espiritual. Esta nueva acepción iba igualmente unida al concepto de «pueblo», pero trascendía el significado meramente factual de una comunidad de ciudadanos sometidos a unas mismas leyes y a un gobierno representativo. Esta nueva idea de nación, no necesariamente democrática, antes bien mística (recordemos las palabras de Lüthy), que implicaba algo más que la suma de unos individuos organizados con arreglo a ciertos principios políticos, y a la que también podríamos llamar «romántica» o «esencialista», nació especialmente en Alemania e Italia, con el antecedente de Grecia. A principios del siglo XIX estos países no eran propiamente naciones, sino designaciones puramente geográficas, divididos los dos primeros en una serie de Estados formalmente independientes aunque en los tres casos existiera un pasado unitario, en Grecia la Antigüedad clásica o la macedónica, en Italia el Imperio Romano, en Alemania el Imperio Carolingio o el Romano Germánico. Nació así la idea del *Volksgeist*, el espíritu del pueblo, que afirmaba la existencia de un ser

8. CONCLUSIONES

colectivo por encima de los individuos que lo componían, unidos por lazos étnicos, culturales, religiosos, etc., y, con ella, la imagen de las «naciones sin Estado», suerte de almas colectivas en pena que vagaban por la Historia con la aspiración de encarnar en un Estado que pusiera fin a su condición errabunda. Estas «naciones sin Estado» (Grecia, Alemania e Italia) lograron encarnarse a lo largo del siglo, con lo que pasaron a constituir un ejemplo para otras colectividades en parecida situación: caso paradigmático fue el de la Polonia sojuzgada por Rusia, Prusia y Austria y el de los pueblos balcánicos sometidos a tres imperios, el ruso, el austríaco y el turco. El fin de estos imperios tras la Primera Guerra Mundial dio lugar a la constitución de todas estas nuevas naciones (o Estados), lo que no dejó de plantear muy serios problemas.

El mundo padeció abundantemente las consecuencias de la concepción esencialista de la nación durante el siglo XX. Las más palmarias fueron el triunfo de los partidos fascista y nazi en Italia y Alemania, y del nacionalismo extremo en Japón, con las olas de totalitarismo, violencia y guerra mundial que estos partidos y movimientos trajeron consigo. Es de observar que el triunfo de los partidos «esencialistas» se dio en países que, por una razón u otra, se consideraban perjudicados en la distribución de poder o hegemonía en el concierto internacional. El victimismo desempeñó un papel primordial en el desarrollo de este nacionalismo esencialista. Alemania se consideró humillada tras ser derrotada en la Primera Guerra Mundial, Italia se consideró postergada por sus aliados tras esa misma guerra, y Japón se sintió amenazado por el resurgir de China y por la hegemonía de Estados Unidos en el Pacífico. No fueron estos, por supuesto, los únicos factores, que explican el triunfo de los nacionalismos extremos en la primera mitad del siglo XX, pero tuvieron un papel muy importante.

España no se libró, ni mucho menos, del azote esencialista. Como nación atrasada en el concierto europeo y con serios problemas de orden interno, tuvo su buena ración de victimismo y, consecuentemente, de nacionalismo extremo. La más clara manifestación de este fenómeno fue el triunfo del bando «nacional» durante la Guerra Civil y la prolongada dictadura de Franco, que usó intensamente de este tipo de nacionalismo, expresado de manera condensada en la antes referida definición acuñada por el fundador de la Falange Española, José Antonio Primo de Rivera. El nacionalismo totalitario acostumbra a tener un paroxismo y un posterior período de regresión y enfriamiento.

Así ocurrió en España, ya durante la segunda etapa de la dictadura, y el nacionalismo esencialista español quedó reducido a una mínima expresión con el fin del franquismo. Pero si el esencialismo salió por la puerta, rebotó y entró por la ventana en forma de nacionalismos periféricos, cuyo peligro no supieron o no quisieron reconocer los protagonistas de la transición a la democracia. De aquellos polvos vinieron estos lodos: hoy el nacionalismo español sigue siendo apocado y minoritario mientras que los nacionalismos periféricos han adquirido un vigor inusitado y amenazan con desmontar el edificio democrático levantado con grandes dosis de buena voluntad (y de ingenuidad) por los llamados «padres de la Constitución de 1978».

Las causas del nacionalismo catalán

Como hemos visto, el nacionalismo catalán se gestó a finales del XIX y a principios del XX adquirió su manifiesto fundacional con Prat de la Riba. Varios factores contribuyeron a su nacimiento y desarrollo. Quizá el más importante y decisivo fuera el desfase entre la renta catalana y la de España en su conjunto, desfase que fue creciendo a lo largo del siglo XIX y alcanzó su punto máximo hacia 1930. El desarrollo económico catalán, en gran parte propulsado por el de la industria textil, dio lugar al crecimiento de un proletariado industrial, que llegó a ser muy militante, y de una burguesía desarrollada y culta que ponía los ojos más en la Europa transpirenaica que en la España interior, la cual apenas le interesaba más que como mercado (al que reprochaba, con bastante injusticia, su escaso poder adquisitivo) y como fuente de poder político, pero no como foco cultural o como modelo social. Un corolario de este desfase económico y cultural era una mezcla de desdén y de irritación hacia el resto de España, del que Cataluña dependía económica y políticamente, pero con insatisfacción e impaciencia crecientes[6].

Estos sentimientos alcanzaron un punto álgido con el *Desastre* de 1898, que constituye un segundo factor explicativo. La burguesía catalana sintió que el resto de España le había fallado al ser derrotada

---

[6] Señalemos de pasada que tampoco estaba muy justificado el desdén cultural, ya que tanto la literatura como la ciencia españolas en castellano alcanzaron un nivel muy notable en el primer tercio del siglo XX.

8. CONCLUSIONES

en la guerra con los Estados Unidos y verse obligada a prescindir de los mercados de las «ricas comarcas» ultramarinas, que tantos beneficios habían rendido a los industriales catalanes. Creció en Cataluña la opinión de que la culpa del *desastre* era enteramente del resto de España y de los gobiernos de Madrid, sin querer reconocer el grado de complicidad y connivencia, e incluso protagonismo, de los intereses catalanes en esa política y en ese fracaso.

Una consecuencia del desarrollo de la industria catalana fue, además del desfase de renta (innegable *fet diferencial*), la llegada al mercado de trabajo catalán de una continua oleada de inmigrantes del resto de España durante este período de fines del siglo XIX y primer tercio del XX (y este es un tercer factor). Este fenómeno es muy común en todos los países en vías de desarrollo, donde las tasas de natalidad y de crecimiento de la población local en las regiones industrializadas no bastan a satisfacer la demanda de mano de obra, dando lugar a un transvase de trabajadores desde las zonas atrasadas a las desarrolladas, atraídos por los más altos salarios: es el modelo, bastante común, que se conoce como de «economía dual». En Cataluña, probablemente en mayor grado que en otras regiones relativamente desarrolladas, esta invasión de trabajadores inmigrantes dio lugar a sentimientos xenófobos, con ribetes de racismo, propiciados por el temor a ver desaparecer o debilitarse el idioma catalán y otros rasgos menos claros de catalanidad. Algo parecido ocurrió en el País Vasco por estas mismas fechas[7]. Resulta grave, en todo caso que estos sentimientos xenófobos se manifestasen hacia compatriotas: se echaban así las bases del nacionalismo catalán. El demógrafo Josep Vandellòs, quizá sin advertirlo, expresó muy crudamente este elemento racista de alarma ante la llegada de inmigrantes.

El cuarto factor es la propia debilidad del nacionalismo español, cuya causa principal es el fracaso del sistema educativo durante el siglo XIX, gran parte del XX y lo que va del XXI. Esto queda claramente expuesto por lo que se refiere al siglo XIX, en un libro de Álvarez Junco y en otro anterior de Carolyn Boyd[8]. Las disensiones

---

[7] Y en Estados Unidos, donde, tanto en aquellas fechas como en la actualidad, el resentimiento contra los trabajadores extranjeros se manifiesta intermitente pero insistentemente.

[8] Álvarez Junco (2001), pp. 545-65; Boyd (1997); para una cuantificación de este fracaso, Núñez (1992).

políticas y la debilidad del Estado en el siglo XIX impidieron que se creara un sistema educativo eficaz y comprensivo que escolarizara a la gran mayoría de la población y la alfabetizara y, al hacerlo, le enseñara a hablar y escribir correctamente el español y le ofreciera una versión coherente de la historia de España. La ineficacia del Estado español, por añadidura, dejó una parte sustancial de la educación primaria y secundaria en manos de una Iglesia mayoritariamente ultramontana, que distaba mucho de ofrecer una versión positiva de la historia del propio siglo XIX, ya que esta reflejaba una progresión, lentísima pero indudable, hacia el Estado liberal, y un alejamiento gradual del absolutismo. Consecuencia de todo esto, a diferencia de Francia, donde la escuela transformó a los campesinos franceses en ciudadanos (Weber, 1976), en España una parte muy sustancial de la población permaneció analfabeta y otra aún mayor tuvo una visión muy borrosa de su calidad de ciudadano español. Tampoco el ejército español contribuyó adecuadamente al desempeño de esta labor cívica[9]. Es comprensible que este vacío en la diseminación del nacionalismo español lo llenaran los nacionalismos o provincialismos locales. Y resulta preocupante que, como hemos visto en el Capítulo 7, el sistema educativo español siga fracasando en este papel en el siglo XXI.

¿Por qué ahora?

Reprimido por el franquismo, el nacionalismo catalán (y el vasco) despertó con mayor fuerza, y encontró simpatía y comprensión en toda España al desaparecer la dictadura y durante la transición a la democracia. El franquismo logró a la larga lo contrario de lo que había perseguido: desprestigió al nacionalismo español hasta extremos inauditos al tiempo que, correlativamente, acreditaba a los nacionalismos periféricos. Ello explica la indiferencia, o incluso la simpatía, con la que el conjunto de la población española ha considerado a estos nacionalismos periféricos, y la pasividad irresponsable con la que los gobiernos de la democracia han tolerado las continuas violaciones de la legalidad vigente perpetradas por los nacionalistas catalanes, repetidamente

---

[9] Álvarez Junco (2001), pp. 550-552, aunque en la primera mitad del siglo XX sí supliera significativamente las deficiencias de la escuela en materia de alfabetización: ver Quiroga (1999).

8. CONCLUSIONES

denunciadas por los catalanes no nacionalistas y condenadas infructuosamente por los tribunales. Esta actitud de simpatía hacia los nacionalismos periféricos se reflejó en la legislación y en la Constitución. Este apoyo y este aliento contribuyeron sin duda al triunfo electoral en 1980 del partido de Jordi Pujol, *Convergència Democràtica de Catalunya*, aliado con los catalanistas cristianodemócratas de *Unió*, para formar *Convergència i Unió* (CiU)[10]. El triunfo de CiU en 1980, que sorprendió a propios y extraños cuando tuvo lugar, fue una de las mayores desgracias políticas que pudieron aquejar a Cataluña y a España. Como diría unos años más tarde Antoni Gutiérrez Díaz, secretario general del PSUC: «Usted, señor Pujol, no es que cometa errores, es que usted es un error. Un error histórico, no sé de qué dimensión, pero un error».

Efectivamente, Pujol fue un error, un grave error histórico de los electores catalanes, unos por votar por él, los otros por abstenerse; porque desde la asunción del poder por Pujol y su partido, el Gobierno catalán ha llevado a cabo una labor de adoctrinamiento de la población, y de represión y hostigamiento de los no nacionalistas, que no podía sino surtir sus efectos. Los instrumentos utilizados han sido todos los resortes de Estado al alcance de la *Generalitat*, pero sobre todo la educación y los medios de comunicación. Se ha difundido entre la población catalana, desde la escuela primaria hasta la prensa y la televisión, una versión deformada y victimista de la historia, repleta de falsedades, como que en 1714 se hubiera aplastado a una nación catalana que luchaba por su independencia, que un ejército de ocupación hubiera impuesto una explotación inicua, que se hubiera sometido a Cataluña a un expolio sistemático y de larga duración. Lo del expolio casa muy mal con el impresionante despegue económico del Principado desde que fue sometido a «opresión», despegue que lo colocó a la cabeza del resto de España en el palmarés económico, donde se ha mantenido por dos siglos, justo hasta que Pujol asumió la presidencia. La trascendencia de la derrota de 1714 tampoco concuerda con que todos aquellos hechos de resistencia heroica no volvieran apenas a ser recordados, salvo en muy contadas ocasiones, hasta finales del siglo

---

[10] La reciente ruptura de esta coalición electoral con motivo del programa separatista de *Convergència* es un ejemplo señalado del efecto divisivo que este programa ejerce en la sociedad catalana.

XIX. Otros mitos ampliamente difundidos son, por ejemplo, que el catalán haya sido una lengua sistemáticamente perseguida en España (su renacimiento desde mediados del XIX y su desaparición en Francia lo desmienten), que Cataluña apenas tuvo acceso a las palancas del poder en España, que la miseria de los campesinos españoles fue un freno al desarrollo de la industria textil catalana, que el franquismo persiguió con especial saña a Cataluña y al catalanismo, que estimuló la emigración a Cataluña para diluir la «catalanidad», etcétera. En este libro hemos tratado de examinar y desvelar estos mitos y otros más, cuya lista sería demasiado larga para enumerarla aquí entera.

La razón de este adoctrinamiento sistemático también es simple: el nacionalismo lo necesita para mantenerse en el poder. Necesita, además, excitar los ánimos de la población contra enemigos exteriores e interiores. Es decir, necesita estimular su componente xenófobo. Todos los nacionalismos necesitan mitos, es decir, historias más o menos falseadas, para justificarse. El franquismo, versión extrema del nacionalismo español, también propalaba una versión maniquea y xenófoba de la historia de España en que los demócratas eran los malos y los autoritarios los buenos. Tenía no uno, sino muchos enemigos exteriores, que servían como cabezas de turco a las que achacar la raíz de todos los problemas y fracasos propios: la masonería, el comunismo, el socialismo, el «demo-liberalismo», la URSS, Inglaterra, Francia, etc. Para los nacionalistas catalanes basta con un solo enemigo: España, causa de todos los males, y que es, curiosamente, la nación de la que forma parte Cataluña desde 1479 nada menos.

En Cataluña hay un problema de encaje con el resto de España, en parte en virtud de unos episodios históricos, muy lejanos y yertos, pero que el nacionalismo moderno recicla y recalienta para sus propios fines; en parte, también está el indudable *fet diferencial* del idioma catalán. Pero este tema no tendría por qué plantear graves problemas —hay muchos países multilingües—, aunque también puede exagerarse y agitarse, apelando a una imaginaria persecución del idioma precisamente en el único país en que el catalán es hablado, escrito y leído por millones de personas; pero todo le vale al nacionalismo para enardecer a las masas. Hay también en Cataluña una vaga frustración, y unos celos violentos por no ser *el centro de España* y porque el idioma catalán tenga un relieve insignificante

8. CONCLUSIONES

comparado con el castellano. Como siempre, las culpas están repartidas: a este resentimiento catalán contribuye el injustificable desconocimiento que hay en el resto de España (salvo entre unas élites culturales muy minoritarias) de la historia y la cultura catalanas. Esto forma parte del problema educativo español y no cabe duda de que esta ignorancia con respecto al resto de España se da también en Cataluña, especialmente ahora. Pero los hechos están ahí, y, aunque pueden y deben ser corregidos, no es probable que desaparezcan del todo; deben sobrellevarse, conllevarse. Por otra parte, las rivalidades regionales y metropolitanas son el pan nuestro de cada día en muchos países. Entre Milán, Roma y Nápoles, entre el norte y el sur, en Italia; entre Glasgow y Edimburgo en Escocia, y entre Escocia e Inglaterra, en Gran Bretaña; entre el norte y el sur, el este, el oeste y el centro, además de las tensiones raciales, en Estados Unidos; entre Flandes y Valonia en Bélgica; entre Múnich, Frankfurt y Berlín, entre Baviera y Prusia, en Alemania, etc. Como dijo José Ortega y Gasset en las Cortes discutiendo el Estatuto de Cataluña en la primavera de 1932,

> el problema catalán, como todos los parejos a él, que han existido y existen en otras naciones, es un problema que no se puede resolver, que sólo se puede conllevar, y al decir esto, conste que significo con ello, no sólo que los demás españoles tenemos que conllevarnos con los catalanes, sino que los catalanes también tienen que conllevarse con los demás españoles.

Son problemas largos, enojosos y reales; pero, desde luego, no justifican el separatismo: la incomodidad no es opresión; el que los ricos paguen más impuestos que los pobres no es expolio, es justicia; *fets diferencials* los hay por todas partes, como hemos visto. Y casi todas las regiones históricas españolas tienen rasgos diferenciales con respecto a un término medio imaginario. El conllevarnos los unos a los otros ha sido la norma en la historia de España y debemos reconocer que nunca nos había ido tan bien como estas últimas décadas. ¿Entonces por qué este *crescendo* del paroxismo separatista?

Indudablemente, puede parecer paradójico que en el año 2016, cuando Cataluña ha conseguido todos sus objetivos de autogobierno y disfruta del período más largo y completo de autonomía de toda su historia —como escribió De Riquer (2004, p. 401), el cuarto de siglo que siguió a la transición a la democracia fue, para Cataluña, «una etapa histórica [...] excepcional, [...] porque se trata de la etapa de autogobierno catalán más prolongada de toda la época contemporánea»—, cuando los gobiernos catalanes violan sistemática e impunemente la Constitución y la legislación española, cuando esos gobiernos han acumulado una enorme deuda pública y producido unos déficits que nadie está dispuesto a financiar salvo el Estado español, nos encontramos con que esos mismos gobiernos son presas de una indignación incontenible contra ese Estado y se quejan de «agravios», de que «un tribunal puso una sentencia por delante de las urnas», de que se ha ofendido «la dignidad de nuestras instituciones», y de que se «cerraron todas las puertas una tras otra», según ha escrito recientemente el *molt honorable* Sr. Mas (2015).

En la medida en que se puede entender entre líneas lo escrito por el *molt honorable*, los agravios recibidos por Cataluña son dos: que el Tribunal Constitucional anuló algunos artículos del último *Estatut*, («sentencia por delante de las urnas») y que la Constitución española no permite la secesión de ninguna Comunidad Autónoma (cierre de «puertas»). En ambas alegaciones demuestra el *molt honorable* un desconocimiento alarmante de las leyes y usos políticos españoles e internacionales. Con respecto al Tribunal Constitucional, éste no puede ni debe ir por delante, o por detrás, de las urnas. Si este Tribunal tuviera que seguir el resultado de las elecciones o de los referéndums, mejor sería suprimirlo. En todos los países con un Estado de Derecho que se precie, la función del Constitucional es dictaminar si las leyes están o no en armonía con la Constitución, independientemente de que las hayan aprobado las Cortes, el Gobierno, el pueblo en referéndum, o el archipámpano de la Indias con toda su prepotencia. Produce sonrojo tener que informar de esto a alguien que ha sido durante cinco años presidente de una importante Comunidad Autónoma. Además, es sorprendente que el Sr. Mas y sus corifeos se rasguen las vestiduras porque el Constitucional recorte unas cláusulas de un *Estatut* que recibió un apoyo tan limitado (menos del 37 por 100 del censo electoral) que, en estricta lógica, nunca debió concedérsele vigencia. Es sorprendente, a menos que estén utilizando la actuación del Tribunal Constitucional como un pretexto más para buscar agravios donde no los hay.

En cuanto a que la Constitución española no contempla ni permite la secesión de una Comunidad Autónoma, si esto constituyera

8. CONCLUSIONES

un agravio para Cataluña, lo constituiría también para las otras 16 Comunidades. Pero es que ninguna constitución escrita de ningún país democrático permite este tipo de secesiones, de modo que los agravios a los estados, provincias, regiones, *länder*, cantones, etc., de todos los países de nuestro entorno están a la orden del día, por lo que el caso de Cataluña, si es un «agravio», desde luego no lo es comparativo. La Constitución española sería una excepción si permitiera la secesión, también llamada «autodeterminación» por sus partidarios, aunque con total impropiedad: el caso catalán no encaja en absoluto en los supuestos del derecho a la autodeterminación según están definidos por las resoluciones de las Naciones Unidas (colonialismo e invasión militar). Aparte del caso canadiense, cuya constitución tampoco admite la autodeterminación, aunque su Tribunal Supremo sí lo hizo para Quebec como caso excepcional, las únicas constituciones que admitían la secesión de sus Estados integrantes eran las de la Unión Soviética y la Federación Yugoslava, con el resultado bien conocido de que ambas «naciones de naciones» hayan dejado de existir en medio de sangrientos conflictos. También resulta embarazoso que el Sr. Mas, dado el cargo que ha ocupado y la frecuencia con que ha viajado por el extranjero hablando de estos temas, desconozca hechos tan elementales de derecho internacional.

El paroxismo está alcanzando su cenit cuando, tras perder las elecciones del 27 de septiembre de 2015, que los convocantes calificaron como «plebiscitarias», ellos mismos, una plataforma separatista formada *ad hoc* llamada *Junts pel sí*, que no tiene el apoyo de la mayoría de los votantes, y mucho menos del conjunto de la población catalana, decide proclamar la independencia en un *Parlament* donde tampoco tiene mayoría absoluta (pero sí relativa gracias a una legislación electoral sesgada, que estatutariamente debió ser reformada hace muchos años), por lo que necesita el apoyo de un grupo anti-sistema cuyo programa es antitético con el de los partidos integrados en dicha plataforma. Esta proclamación no solo es ilegal según las leyes españolas, de las que el *Estatut* de 2006 forma parte, sino que viola el propio *Estatut*, que, en su artículo 222, b), establece que para modificar esta ley catalana se requieren dos tercios de los votos del *Parlament* (más aprobación en las Cortes españolas como ley orgánica, más referéndum en Cataluña). Pues bien, una declaración de independencia unilateral es, de hecho, mucho más trascendental que una norma estatutaria y, en todo caso, es una modificación del propio *Estatut*, lo cual ilegitima la declaración no solo a la luz de la legislación española, sino también de la más específicamente catalana.

Pero volvamos a nuestra anterior pregunta: ¿Por qué ahora el envite separatista? ¿Por qué estas prisas por declarar la independencia saltándose las normas democráticas más elementales, además de la legislación española e incluso la específicamente catalana? Las razones parecen claras: hace ya una generación y media que la población catalana ha sido sometida al bombardeo mental incesante de la salmodia nacionalista: los niños educados con textos y profesores adictos a los dogmas del soberanismo nacionalista son ya adultos enardecidos por los alegatos sobre los supuestos «opresión», «expolio», «agravio», «ofensa», «incomprensión», etc. Por eso, durante estas décadas la fracción de los catalanes partidarios de la independencia ha subido, desde cifras muy pequeñas hacia 1980. Ahora bien, como ocurría en el franquismo, la ineficacia política y la corrupción de los gobiernos nacionalistas han ido resultando demasiado evidentes. Según una reciente investigación de la Unión Europea, Cataluña es la región peor gobernada de España[11]. No tiene que sorprendernos: Jordi Pujol ya nos dio una muestra de incompetencia —y de algo incluso peor— en la gestión de Banca Catalana, y también de la utilidad de envolverse en la *senyera* para evitar las consecuencias de errores y delitos. De igual modo, la pésima gestión de los gobiernos nacionalistas, sus dignos discípulos, se oculta hoy tras un telón de retórica antiespañola. Los nacionalistas han endeudado a Cataluña hasta bordear la bancarrota; la corrupción es flagrante y omnipresente; pero la culpa de todo, según ellos, la tienen España y, especialmente, Madrid. Tras años de guerra sorda, la gran crisis del siglo XXI, la llamada «Gran Recesión» que se inició en 2007, lo ha precipitado todo: por un lado, gran parte del voto de protesta en Cataluña se decantó, al menos inicialmente, hacia el independentismo; por otro, han caído los ingresos fiscales, lo cual ha obligado a aplicar los impopulares recortes, las temidas *retalladas*, que provocaron la impopularidad de Mas y el vuelco del voto hacia ERC. El intento de limitar las *retalladas* obligó a la *Generalitat* a endeudarse, pero el penoso estado de sus finanzas limitaba su crédito. Como medida desesperada, el *molt honorable* se fue a Madrid a pedir un

---

[11] Charron, Lapuente y Djikstra (2012).

8. CONCLUSIONES

régimen fiscal privilegiado, similar al famoso cupo vasco y navarro. Pero ese régimen de privilegio, a costa del resto de los españoles, se puede —aunque nunca se debió hacer— conceder a autonomías relativamente pequeñas, no a Cataluña, con sus 7,5 millones de habitantes. Con la falta de delicadeza a la que los políticos de CiU (o como se llame ahora) son tan proclives, Mas pidió ayuda con amenazas de provocar la independencia si no se le concedía lo que demandaba. Como dicen en México, «limosnero y con garrote». Pero Madrid no puede asumir los enormes compromisos que Mas le exigía y, en vista de esto, el *molt honorable* trata de cumplir las amenazas. Volver a casa con las manos vacías y seguir gobernando como si tal cosa encamina al de CiU a la derrota electoral y la pérdida del poder. En las elecciones de 2012, en efecto, CiU perdió 100.000 votos y doce escaños en el *Parlament*. En esta situación, la pasividad es el suicidio político. De ahí la convocatoria adelantada de elecciones el 27 de septiembre de 2015, con la esperanza (frustrada) de detener el deterioro electoral registrado en 2012.

Aquí conviene recordar que la agitación nacionalista y la amenaza de independencia constituyen para los separatistas un juego en el que siempre ganan (lo que se llama en inglés *a win-win game*). Si se les concede lo que piden, ganan; si no, se busca la independencia, que es el fin último, con su acompañamiento de poder casi absoluto, sin interferencias ni cortapisas, por débiles que sean, provenientes de Madrid. Nada ya de tribunales que se pretenden «por delante de las urnas», ni de «puertas cerradas» por el odioso centralismo. En una Cataluña independiente la élite en el poder tendría una inmunidad total, mayor que la que, de hecho, tiene ahora para cometer las tropelías a las que nos tiene acostumbrados. Pero si se aplaza la dorada independencia y se obtiene lo que se pide, que es casi siempre más dinero, una buena parte de este se utilizará para seguir el proceso de «construcción nacional» y preparar la próxima confrontación: los nacionalistas siempre ganan y el Gobierno español siempre pierde. Con esta convicción, el Sr. Mas *tira pel dret* (se lía la manta a la cabeza), y emprende la vía separatista. Los instrumentos están ahí: medios adictos, población debidamente adoctrinada, mayoría en el *Parlament*, las organizaciones civiles del separatismo (pagadas últimamente con el dinero de Madrid), la *Assemblea de Catalunya* y el *Omnium Cultural*, encuadrando a las masas y haciendo el trabajo sucio que la *Generalitat* no puede asumir. No falta más que lograr un acuerdo con Esquerra (lo que se logró con la plataforma *Junts pel sí*) y, por último, conseguir los votos necesarios; pero aquí hay un pequeño problema. Este problema es que, a pesar de tantos años de propaganda unilateral y de adoctrinamiento en la escuela, la población catalana está profundamente dividida. Aún hay una mayoría reacia a la independencia, que tiene miedo a manifestarse, que se abstiene en las elecciones locales, pero que se resiste a votar lo que le mandan desde el poder.

A este problema se añade otro, coyuntural: una parte sustancial del voto independentista obedece a la protesta contra las *retalladas* y el aumento del paro, que han sido consecuencia de la Gran Recesión. Pero en 2015 la situación económica comenzó a mejorar: el Gobierno de Madrid tiene más ingresos fiscales y está dispuesto a repartir con largueza, máxime en año de elecciones; el paro, además, está comenzando a disminuir, lenta, pero inequívocamente. En las filas separatistas cunde la inquietud: la recuperación, se dicen, nos hace perder votos. Hay que convocar elecciones «plebiscitarias» cuanto antes, porque la tendencia está en contra nuestra. Así se gestó la extrañísima plataforma de *Junts pel sí* y la convocatoria anticipada con toda prisa y aprovechando el puente de la Merced, que es fiesta en Barcelona.

Porque al Gobierno de Barcelona no le gusta que voten los barceloneses, que, en su conjunto, tienen la mala costumbre de no votar nacionalista. Todo el cinturón obrero de Barcelona, o bien se abstiene, o bien vota a los socialistas o, más recientemente, a *Ciutadans* o a *Podemos*. Por esto la ley electoral que se aplica en Cataluña, que ha estado patrocinada por CiU, y que, según el estatuto de 1979, debía ser urgentemente modificada y adaptada a la realidad demográfica de Cataluña, cosa que no se ha hecho, prima el voto de las comarcas agrarias y despobladas, y penaliza el voto urbano, de modo que para elegir un diputado en Barcelona hace falta el doble o más de votos que para elegirlo en las comarcas.

El voto nacionalista en Cataluña está claramente localizado: en las comarcas rurales y en los barrios de clase media y alta de Barcelona[12]. Todo parece indicar que el independentismo está arraigado en los antiguos distritos y comarcas carlistas y entre las familias de

---

[12] Borrell y Llorach (2015), pp. 11-12.

8. CONCLUSIONES

la alta burguesía urbana. Es decir, de los que ostentan el poder, tanto en el campo como en la ciudad, y se prometen que la independencia les dará aún más poder. Podrán contar con su propio sistema judicial, con su propia Agencia Tributaria y con su propia policía. Para la burguesía y la clase política catalana, dos conjuntos en gran parte superpuestos, esto sería casi el paraíso: una finca de ensueño, donde tendrían las manos libres para sus bien conocidos manejos. Para el *charnego*, y para el ciudadano medio, nos tememos que sería todo lo contrario.

Con toda esta precipitación y manipulación, las elecciones que Mas definió como «plebiscitarias» arrojaron una mayoría de votos opuestos a la independencia; además, aunque ganaron la elección gracias a esta ley electoral injusta e ilegítima, los separatistas perdieron una cantidad considerable de votos y no alcanzaron la mayoría absoluta de escaños, que se habían fijado como objetivo. Esta derrota fue disfrazada de victoria, y, saltándose todas las reglas, el *Parlament* ha proclamado la independencia, demostrando que los separatistas no confían en ganar más elecciones y que esta especie de golpe de mano es su única oportunidad de convertirse en los señores feudales de Cataluña. Se trata de una maniobra desesperada, *in extremis*, que no puede terminar bien, como no terminaron bien las anteriores intentonas independentistas, empezando por la guerra *dels segadors*.

Es que los nacionalistas, en esto como en tantas cosas, están equivocados. El poder al que deben aspirar los catalanes es el que viene de Madrid. Es un grave error pretender que Cataluña, región rica, próspera, numerosa, se encierre en sí misma, máxime cuando, como sociedad compleja que es, y que además se ha nutrido secularmente del influjo de inmigrantes, es una comunidad profundamente dividida, lo cual no es un dato negativo, al contrario. La pluralidad es un hecho que se debe reconocer y valorar en sus justos términos; entre otras cosas, introduce un mayor elemento de complejidad en la conducción de la política. Cataluña no debe volver a ir contra la corriente de la historia, que tiende a la aglomeración de las unidades políticas, no a la disgregación. Ya fue contra corriente en la Guerra de Sucesión y salió trasquilada. Como escribió Vicens acerca de aquella guerra, los catalanes «[l]ucharon contra la corriente histórica y esto suele pagarse caro». No debe volverse a las andadas.

¿POR QUÉ AHORA?

A Cataluña le ha ido muy bien cuando ha tenido un papel relevante en el gobierno de España, como sucedió en muchos momentos del siglo XIX y del siglo XX. Estadistas catalanes en los gobiernos de Madrid, como Prim, Figuerola, o Cambó, han tenido un efecto beneficioso para Cataluña y para España desde los ministerios del Gobierno español que ocuparon, aunque la historiografía nacionalista no les tenga ninguna simpatía por ello. Incluso podríamos decir que el grupo de políticos y economistas catalanes que dirigieron la economía española durante los años menos malos del franquismo (López Rodó, Sardá, Estapé, Beltrán, Valls-Taberner) desempeñaron un gran papel en el despegue económico de España e incluso contribuyeron a la relativa facilidad con que se llevó a cabo la transición a la democracia. Pero después, en democracia, los nacionalistas, siguiendo órdenes de Jordi Pujol, se negaron a tomar parte en el Gobierno de España, pese a las reiteradas invitaciones. Esto también es ir contra la corriente y escoger la vía de la involución frente a la de la evolución. No desperdiciemos más oportunidades. Cataluña ha tenido una ejecutoria muy brillante en la historia de España y está llamada a continuar teniéndola. Tiene mucho que enseñar y mucho que contribuir a la mejora de un país que tiene grandes defectos, pero al que pertenece y le pertenece, y que, con la ayuda de todos, es mejorable.

APÉNDICE A

1

El objetivo de este Apéndice es realizar un ejercicio estimativo para llegar a elaborar una cifra aproximada de lo que podría considerarse una «deuda histórica» de Cataluña con España, la que se derivaría del coste para la nación de la protección al sector algodonero. Para ello, compararemos los precios reales de los textiles en España con los que hubieran regido de no haber existido los aranceles. La diferencia de precios, multiplicada por el consumo de productos textiles de algodón, sería la medida del coste que soportó el consumidor español por sostener a la industria textil, cifra que luego relacionaremos con el PIB nacional.

Para realizar este ejercicio necesitamos varios datos. En primer lugar, necesitamos saber cuántos kilogramos de cada tipo de textiles se fabricaban en España cada año. No disponemos de esta información, pero sí tenemos series largas de las importaciones de algodón en las *Estadísticas históricas de España*[1] y parece lógico suponer que prácticamente todo el algodón que se importaba en España, se utilizaba para la fabricación textil y fundamentalmente en Cataluña[2]. Para evitar picos extraños en las importaciones, hemos decidido seguir la misma metodología empleada por Sudrià (1983), es decir, estimar el consumo de algodón en rama de cada año como la media de las importaciones de ese año con el anterior. Pero como el algodón en su tratamiento sufre una merma, hemos considerado que para la fabricación del hilado la merma es del 10 por 100 (como reconocen

---

[1] Ver Carreras y Tafunell (2005), cuyos datos coinciden con los que se publicaron en Sudrià (1983). En general, todas las cifras de comercio exterior en la literatura secundaria provienen de las publicadas anualmente por el Ministerio de Hacienda.

[2] Por lo menos para los años 1871-1883, de todo el algodón importado por España, como media el 86 por 100 se consumía en Cataluña, según Sard (1884), p. 28. Sin embargo, deben tenerse en cuenta dos hechos: 1) una parte muy pequeña del algodón importado podía emplearse en la fabricación de velas de alumbrar; y 2) una parte del hilo producido se utilizaba para tejidos mixtos (los *orleans*, por ejemplo, que combinaban hilo de algodón y de lana). Esto justifica los generosos coeficientes de mermas que hemos utilizado. Hay que advertir, no obstante, que, según testimonio de los comerciantes de Málaga, la producción de tejidos con mezcla en España era «una cantidad insignificante», *Información* (1867), IV p. 170.

los propios fabricantes) y para el tejido del 15 por 100, siguiendo de nuevo a Sudrià (1983), lo cual implica una merma total, de algodón en rama a tejido de algodón, del 25 por 100. Hay que señalar que Prados de la Escosura (1983) estima la producción para 1860 del mismo modo que nosotros, pero promediando la importación de tres años y estimando una merma total del 10 por 100[3].

En segundo lugar, necesitamos una serie de PIB. De nuevo, las *Estadísticas históricas de España* nos proporcionan este dato, y hemos optado por usar el PIB a precios corrientes de mercado. Y en tercer lugar, precisamos estimar los precios de algunos tejidos de algodón, tanto en Inglaterra (o en el extranjero) como en España. Disponemos de datos de tipo *cross-section* (corte transversal) para los años 1860 y 1865 para 25 productos, recopilados por el Círculo de la Unión Mercantil de Madrid[4].

En cuanto a series temporales, disponemos de varias series de precios de tejidos e hilo ingleses, provenientes de Mitchell, Harley y Rosés[5]. Por su parte, las series de precios españoles provienen de dos fuentes principalmente: de un lado, la serie de precios de las *indianas* para los años 1831-1860 publicada por el fabricante textil catalán, José Ferrer y Vidal, de Villanueva y Geltrú[6], propietario de una fábrica de hilados y tejidos no estampados, calificada como la más importante después de la *España Industrial*, además de «ilustre campeón del proteccionismo»[7], y que ofrece

---

[3] El autor considera que esta merma se sufre en el proceso de hilado y que no hay merma en el de tejido. Prados de la Escosura (1983), p. 468.

[4] *Información* (1867), IV, p. 192, para una lista de productos y precios en el extranjero (Inglaterra y Francia) y en España para un «tiempo normal» (se supone que 1860) y para 1865. En la fuente también hay precios proporcionados por comerciantes de Málaga (pp. 170 y ss), por el cónsul de Suiza en Barcelona (pp. 195 y ss) en facturas del período 1860-1863, con expresión de la incidencia de los aranceles, y por el Círculo Mercantil de Barcelona (pp. 159 y ss), aunque este texto no es todo lo claro que fuera de desear. Los datos más completos son los suministrados por el Círculo de la Unión Mercantil de Madrid, que provienen en parte de López Ballesteros (1863), donde puede comprobarse que los precios de los *retores*, los *madapolanes*, el *Hamburgo* y la *percalina* son precios ingleses, aunque sin duda los precios belgas y franceses eran muy parecidos a los ingleses y, por tanto, muy inferiores a los españoles. El libro de Sard (1884) ofrece también algunos precios comparados, para 1883, pero se refieren sólo a hilados.

[5] Mitchell (1998), Harley (1988) y Rosés (2001).

[6] *Información* (1867), IV, pp. 241-242.

[7] Frase de Sanromá (1887), p. 231.

APÉNDICE A

estos datos como argumento para pedir mayor protección ante la comisión nombrada en 1865 para estudiar las cuestiones aduaneras y relativas al derecho diferencial de bandera. La serie, cuya fiabilidad podría ser discutida por provenir de un hombre interesado en defender sus tesis proteccionistas, fue aceptada tácitamente por su interlocutor y contrincante dialéctico, el librecambista Laureano Figuerola, en el propio informe de la Comisión redactora[8]. La serie de Ferrer se refiere a un tipo de tejidos, las *indianas*[9] y viene en reales por *cana*[10].

La segunda serie es la de la *percalina* de la *España Industrial*, recogida por Nadal y Sudrià a partir del archivo de esta empresa[11]. La serie abarca el período 1850-1907 con las excepciones de 1901 y 1902; el encabezamiento de la columna correspondiente (Columna 1) dice, misteriosamente, que la unidad es «pesetas constantes» por metro[12].

---

[8] Esta serie también aparece en el artículo de Rosés (2001), citado anteriormente, aunque, sin cifrar (es decir, solamente en gráfico) y citado con cierta vaguedad.

[9] La variedad de tejidos es muy grande, pero normalmente, se clasifican en tejidos lisos, cruzados, mostreados y afelpados. Entre los primeros (los lisos), están las *empesas* (tejido de algodón crudo al salir del telar sin ningún tipo de acabado, es decir sin aprestar, blanquear o teñir; es el tipo de tejido más básico, que después se transformaba mediante el blanqueo y el estampado), *indianas* (tejidos de algodón estampados con diferentes motivos, sobre todo florales; eran empesas de baja calidad para uso de vestidos sencillos), *muletón*, *cretona* (empesa de baja calidad, destinada a teñir y bastante gruesa), *percal*, *percala* o *percalina* (tipo de tejido crudo, destinado a teñir, pero de mayor calidad que la cretona), *madapolán* (tejido semejante al percal, que se blanquea y se apresta para ropa blanca), *batistas* (que son madapolanes de tejidos más finos que se blanquean y aprestan), destacando las *muselinas* y los *organsins*, los *cutis* (tejidos de ligado raso y cruzado que se estampan y se usan para la confección de colchones), los *retores* y *semirretores* (tejidos de algodón en crudo con mucho apresto y trama floja). A los tejidos cruzados pertenecen la *sarga*, el *cutí*, la *basta*, el *satén* y el *fustán*; a los mostreados, el *piqué* y, a los afelpados, la *pana*. Gutiérrez Medina (1994), p. 751.

[10] Gracias a Figuerola (1849, p. XII) sabemos que la *cana* es una medida barcelonesa que equivale a 1,55 metros.

[11] Nadal y Sudrià (1993), Cuadro 3.

[12] No se aclara en el artículo en qué consiste la «constancia» de esas pesetas. Normalmente, la expresión significaría que se ha deflactado por un índice de precios, pero en el artículo no se dice nada sobre esta operación. Hay que tener en cuenta, sin embargo, que los precios en todo este período, salvo un repunte durante la Guerra de Cuba (1895-1898), muestran una tendencia aproximadamente horizontal, por lo que la deflactación ofrece más inconvenientes que ventajas. Nosotros ignoraremos esa extraña especificación y supondremos que se trata de pesetas corrientes, al igual que el resto de las variables monetarias que aquí manejamos. Esta decisión se vería

APÉNDICE A

Además, disponemos de dos series más, parciales y más cortas en el tiempo. Una está extraída de otro informe oficial[13]. Los datos se refieren a un tipo de tejido muy básico, la *empesa*, para el período comprendido entre 1874 y 1888. Y la otra serie, referida al período 1913-1928 proviene del dictamen de la Comisión del Patrón Oro de 1929, reproducido en *Información Comercial Española* (1960). Se trata aquí de los precios de la *empesa* de sábana, de 21 hilos por cm, calidad, por tanto, muy similar a las de las series anteriores. La mayor parte de los datos disponibles corresponden a series de precios de determinadas calidades de tejido a las que acabamos de hacer referencia: *retores, indianas, percales*, etc.

2

Con todos estos datos, podemos realizar nuestro primer ejercicio con los datos *cross-section* para los años 1860 y 1865, que consiste en estimar los efectos de las diferencias entre los precios españoles y los extranjeros sobre el valor del volumen total producido. Este cálculo tiene serias dificultades porque la producción de tejidos de algodón estaba repartida en una cantidad muy variada de tipos y calidades. Los datos que vamos a manejar principalmente son los que provienen del Círculo de la Unión Mercantil de Madrid, y están contenidos en el cuadro A.1. Nuestro punto de partida es la producción total de tejidos de algodón (Q) medida en kilogramos, que calculamos a partir de la cifra de importación de algodón en rama, deduciendo la merma del 25 por 100, como explicamos antes.

La ecuación inicial, por tanto, es: $Q = M \times 0{,}75$, donde M es la importación de algodón en rama.

A continuación realizamos un experimento, consistente en calcular cuál sería el valor de la producción de tejidos de algodón si

---

refrendada por las *Estadísticas Históricas de España* (2005), en cuyo Cuadro 5.29 (Col. 1474) se ofrecen las cifras de Nadal y Sudrià sin mencionar en absoluto que se trate de pesetas «constantes». Claro que tampoco las *Estadísticas Históricas de España* están libres de gazapos, porque las pesetas por metro de Nadal y Sudrià aparecen aquí convertidas en pesetas por kilo sin la menor explicación y, sobre todo, con los mismos valores monetarios.

[13] *La Reforma Arancelaria y los Tratados de Comercio* (1890); en adelante, *Reforma*.

sólo se produjera una determinada calidad. Y este experimento lo extendemos a todas las calidades, de modo que la Columna 3 del primer panel del cuadro A.1 (referido al año 1860) contiene los volúmenes de la producción total de textiles de algodón, que hemos calculado multiplicando el precio de cada calidad (Columna 1) por la cantidad total de producción textil algodonera. En virtud de lo que antecede, el primer valor de la Columna 3 (Fila 1) es el resultado de multiplicar Q_1 (= 18.116.625 kg)[14] por el precio del *semi-retor* crudo (Col. 1, Lin. 1). Esto nos da el valor que hubiera alcanzado la producción algodonera si sólo se hubiera producido la calidad más simple, el *semi-retor* crudo. El segundo valor de la Columna 3 es Q_1 multiplicado por el precio del *semi-retor* de calidad media (Col. 1, Lin. 2), es decir, el valor que hubiera alcanzado la producción algodonera si solamente se hubiera producido *semi-retor* medio. Y así sucesivamente. La Columna 4 es el resultado de la misma operación, pero utilizando los precios extranjeros multiplicados por 1,07, que es lo que ofrece la Columna 2; esta operación, equivalente a añadir un 7 por 100 al precio extranjero, se debe a que estimamos, según testimonios de fabricantes y comerciantes[15], que los costes de transporte y seguro hubieran añadido un sobreprecio aproximado del 7 por 100 en los textiles extranjeros (sin tener en cuenta el arancel, por supuesto). Es decir, encontramos aquí los valores de la producción textil si sólo se hubiera producido la correspondiente calidad: *semi-retor* simple, de segunda, crudo, etc., y se hubiera vendido a los precios normales en el mercado británico más los costes de transporte. La Columna 5, que es la diferencia entre la Columna 3 y la Columna 4, es decir, entre los valores de lo producido con precios españoles y lo producido con precios extranjeros, nos da los sobreprecios totales que hubieran resultado para cada calidad producida por las diferencias entre precios españoles y precios extranjeros. Por último, la Columna 6 nos da el cociente de dividir el correspondiente sobreprecio por el valor del PIB en 1860 (PIB_1 = 5.959 millones de pesetas), en porcentaje. Por supuesto, esos porcentajes son función de las diferencias entre los precios nacionales y los extranjeros y son tanto más altos cuanto mayores son esas diferencias.

---

[14] El subíndice 1 se refiere a 1860 y el 2, a 1865.
[15] Ver, por ejemplo, *Reforma*, II, pp. 70-71.

Los resultados de la Columna 6 nos dicen, por ejemplo, que si toda la producción (y por tanto el consumo) algodonera en 1860 hubiera sido de *semi-retor* simple, el sobreprecio agregado que hubieran pagado los consumidores hubiera equivalido al 0,26 por 100 del PIB de ese año. Pero si toda la producción hubiera sido de *indianas* para camisas, una calidad bastante común, el sobreprecio hubiera equivalido al 0,96 por 100 del PIB. En algunos casos, como los acolchados con y sin pelo, el sobreprecio, pequeño, hubiera resultado negativo, es decir, ventajoso para el consumidor español. Lo mismo hubiera ocurrido en el caso de los pañuelos de andrinópolis, con una diferencia más considerable. Pero en total, el sobreprecio medio (media simple no ponderada) hubiera sido de un 0,57 por 100 del PIB en contra del consumidor español. Sin embargo, esta media tiene poco valor en sí misma, porque no sabemos la composición real por calidades de la producción algodonera, y, por lo tanto, al ser una media simple, puede estar muy alejada de la realidad. Sin embargo, podemos obtener una mejor aproximación si nos ceñimos a las calidades que sabemos haber sido las más comunes: estas son, según nos dice Gutiérrez Medina[16], los *retores*, las *indianas* y la *percalina*. Estos tres conceptos reúnen nueve calidades, cuyo sobreprecio medio resulta ser un 0,940 por 100 del PIB.

El segundo panel del A.1 está referido al año 1865 y su organización es exactamente igual a la del primer panel. La situación económica, sin embargo, había cambiado bastante de un año a otro, y ello se refleja tanto en los precios como en las cantidades. La producción, Q_2, es el 58,8 por 100 de Q_1. Tal reducción se debe principalmente al *hambre del algodón* provocada por la Guerra de Secesión norteamericana. Esta escasez del algodón es causa también del alza de los precios que se observa cotejando las Columnas 1 y 2 y las 7 y 8. Pero si la cantidad producida había disminuido, el PIB había aumentado, aunque modestamente: PIB_2 (6.184 millones de pesetas) es un 3,775 por 100 mayor que PIB_1 (lo cual implica un crecimiento medio anual del 0,58 por 100). Es de esperar, por tanto, que la repercusión del sobreprecio sobre los consumidores, como fracción del PIB, sea menor en 1865 que en 1860. Y así resulta ser, no sólo porque el volumen producido fue menor, sino también porque el impacto de la crisis sobre los precios ingleses de nuestra muestra fue

---

[16] Gutiérrez Medina (1994), Cap. XIV.

APÉNDICE A

mayor, por lo general, que sobre los precios españoles. De los 25 productos en ambos paneles, solo en cinco aumentó el sobreprecio, en tres permaneció igual y en los restantes 17 disminuyó. Esta menor respuesta de los precios españoles de tejidos[17] al alza general causada por el *hambre del algodón* puede ser debida a la grave crisis agraria y financiera de esos años, que en España alcanzó grandes dimensiones y sin duda provocó una caída sustancial en la demanda de vestido. La resultante de todos estos fenómenos fue que el sobreprecio medio no ponderado de los tejidos de algodón en 1865 fuera del 0,31 por 100 del PIB, y que el sobreprecio de las nueve calidades más comunes fuera del 0,598 por 100 del PIB. Como preveíamos, ambas magnitudes son más bajas que en 1860. En todo caso, sin embargo, debemos observar que, aun con el cambio de circunstancias debido al *hambre del algodón*, el sobreprecio (o sobrecoste), aunque menor, sigue estando considerablemente por encima del 0,5 por 100 del PIB.

Para concluir, debemos observar que estas estimaciones, en lo que valen, parecen más bien sesgadas a la baja. Ello, al menos, por dos razones. En primer lugar, nuestra merma del 25 por 100 es muy alta (recordemos que la de Prados de la Escosura era de un 10 por 100), lo cual da como resultado una estimación del volumen de producción sesgada a la baja; ello hace por tanto que nuestros sobreprecios sean menores, por lo que su valor comparado con el PIB tendrá ese mismo sesgo. En segundo lugar, no hemos tenido en cuenta la elasticidad de demanda de vestido. A causa del sobreprecio que hemos estimado, el consumo de textiles de algodón en España tenía forzosamente que ser menor de lo que hubiera sido con precios más bajos. El diferencial de consumo podría estimarse a partir de hacer algunos supuestos sobre las posibles elasticidades, lo cual implicaría cálculos bastante complejos que no hemos podido acometer aquí. Sin embargo, el hecho de que el volumen de producción sea menor del que sería en condiciones más competitivas es otro sesgo a la baja en nuestras estimaciones.

En cuanto a estimar en un 7 por 100 el recargo de precio de las importaciones de tejidos de algodón, este es el valor medio más común que le asignan varios testimonios en la fuente. Algún otro informante asigna un valor un poco más alto. Para contrastar la robustez

---

[17] En los hilados, en cambio, las alzas de los precios ingleses fueron menores.

APÉNDICE A

de nuestros cálculos, los hemos repetido asignando al coste de transporte y seguro el valor de un 10 del precio en origen. La resultante es, por supuesto, de un sobrecoste algo menor, de un 0,893 del PIB para 1860 y de un 0,560 para 1865. En términos relativos, el sobrecoste habría sido menor en un 5 por 100 en 1860 y en un 6,3 por 100 en 1865. Nuestras conclusiones básicas no se hubieran visto afectadas: el sobrecoste hubiera estado cercano al 1 por 100 en 1860 y hubiera sido mayor del 0,5 por 100 en 1865.

3

Hasta aquí hemos trabajado con datos *cross-section* para dos años, 1860 y 1865, que describimos en el primer apartado. Nuestro próximo ejercicio será trabajar con las series temporales que describimos en el primer apartado para tratar de estimar las consecuencias que las diferencias de precios entre los textiles de algodón españoles y los ingleses tuvieron en la economía española a lo largo del siglo. De entrada debemos aclarar que este cálculo ha de limitarse a la segunda mitad de la centuria, porque para la primera mitad nos faltan datos seriados de las importaciones españolas de algodón en rama y estimaciones fiables de la renta nacional (PIB).

El Gráfico A.1 nos permite advertir de un vistazo el desfase de precios existente entre Inglaterra y España durante el siglo XIX. Aunque la serie de Mitchell para Ingaterra y la de Nadal para España no ofrecen el precio de la misma mercancía[18], las dos series reflejan precios de calidades medias en los respectivos países. La serie de Ferrer, que aquí no vamos a utilizar porque termina en 1861, pero que nos sirve de útil comparación, se refiere a una calidad superior a la percalina, la indiana. También vale la pena observar que existe convergencia de precios entre España e Inglaterra a lo largo del siglo. Este fenómeno, sin duda, refleja la mejora técnica de la industria española a lo largo del período. Además, tanto en ambos gráficos, como en las Columnas 4 y 5 del cuadro A.2 puede observarse que el precio español pasa a estar por debajo de inglés a partir de 1892 y que el sobrecoste, por tanto, se

---

[18] En el caso de Mitchell se trata del precio medio de las exportaciones de tejidos de algodón desde el Reino Unido, y en el de Nadal lo que tenemos es el precio de una calidad concreta, la *percalina*, calidad muy común, cuyo precio era medio tirando a bajo, como puede comprobarse en el Cuadro A.1.

convierte en negativo a partir de esa fecha. La razón principal del rápido descenso de los precios españoles en los doce últimos años del siglo no es técnica, sin embargo, sino monetaria: la continua depreciación de la peseta con respecto a la libra a partir de 1889 fue la principal causa del abaratamiento de los textiles españoles a partir de esa fecha. No podemos entrar aquí a analizar las causas de la caída de la peseta. Baste añadir que el fenómeno se aceleró con la Guerra de Cuba (1895-1898) y que, tras el cese de las hostilidades, el tipo de cambio fue descendiendo (la cotización de la peseta fue subiendo) hasta alcanzar su nivel oficial (25 pesetas por libra esterlina) aproximado en 1915.

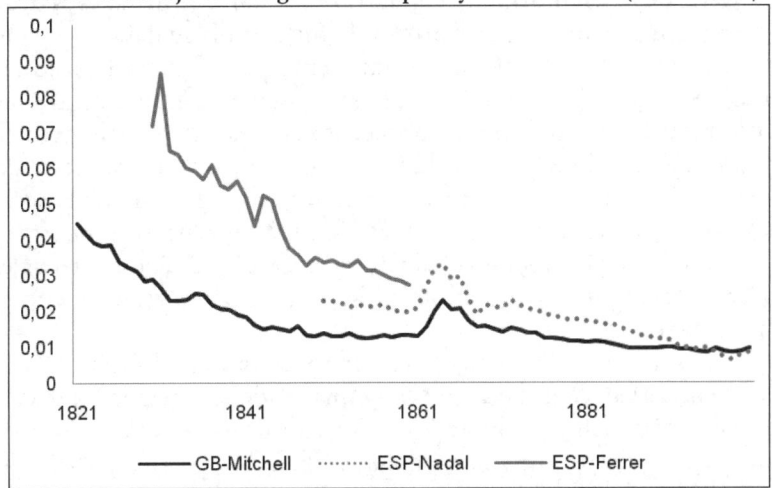

Gráfico A.1
Precios de los tejidos de algodón en España y Gran Bretaña (libra/metro)

Expongamos ahora brevemente cómo hemos procedido a calcular el sobrecoste que significó el sobreprecio de los textiles españoles en el período 1850-1900. Las Columnas 1 y 2 del Cuadro A.2 nos ofrecen las series de precios inglesa y española. La serie inglesa es la de Mitchell, con las siguientes adaptaciones. Hemos convertido el precio en libras por yarda a pesetas por kilogramo utilizando la serie de tipo de cambio libra-peseta de las *Estadísticas Históricas de España*[19], la equivalencia metros-yardas (1 yarda = 0,9144 me-

---

[19] Carreras y Tafunell (2005), II, Cuadro 9.19.

tros), y el coeficiente de conversión de metros de tejido de algodón a kilogramos, obtenido a partir de las cifras de la fuente principal[20], donde puede comprobarse que 1 kg de percalina equivalía a una pieza de 16 metros[21]. A la resultante de estas conversiones la hemos multiplicado por 1,07 para sumarle los costes de transporte, como hicimos en nuestro estudio de los datos *cross-section*. La Columna 1 Cuadro del A.2, por tanto, nos ofrece el precio medio que los tejidos ingleses hubieran tenido en el mercado español en ausencia de arancel.

La Columna 2 nos da el precio de la percalina procedente del citado artículo de Nadal y Sudrià, convertido a kilogramos con el mismo coeficiente de conversión antes explicado. La Columna 3 proviene de la *Estadística de Comercio Exterior* que hemos suavizado, siguiendo a Sudrià, por medio de medias bianuales, y a la que hemos aplicado la merma del 25 por ciento para deducir la producción de tejidos de algodón en kilogramos. La diferencia entre las Columnas 2 y 1 nos dará el sobrecoste en pesetas por kilogramo, que, multiplicado por la producción, nos da el sobrecoste total en pesetas (Columna 4). Dividiendo este sobrecoste total por la serie del PIB a precios de mercado en las *Estadísticas Históricas de España*[22] obtenemos la Columna 5 de nuestro Cuadro A.2, que nos da el valor porcentual del sobrecoste de la protección en relación con el PIB español.

La serie de sobrecoste se ha representado en el Gráfico A.2. Puede observarse en él que presenta una tendencia descendente con altibajos, especialmente hasta 1872. A partir de ese año los descensos son más regulares, aunque ganan en velocidad a partir de 1887; sin duda la depreciación de la peseta que se inicia por entonces explica esa velocidad de caída. Las fluctuaciones anteriores a 1872 también merecen algún comentario. Llama la atención la fuerte subida en 1861-1862, los primeros años del *hambre del algodón*; su causa es que los precios españoles subieron a doble ritmo que los ingleses en

---

[20] *Información* (1867), IV, p. 192.
[21] Lo mismo puede deducirse comparando las cifras de precios en metros de la *percalina* citadas por Nadal y Sudrià para 1860 (1993, Cuadro 3, p. 207) y la que nos ofrece la citada *Información* para un tiempo normal (es decir, antes del hambre del algodón, o sea, en 1860) en kilos.
[22] Carreras y Tafunell (2005), III, cuadro 17.7, columna 4744.

APÉNDICE A

esos dos años (38,6 por 100 frente a 19,0 por 100). La fuerte caída posterior se debe a una recuperación de los precios ingleses frente a una relativa estabilización de los españoles, probablemente debida a la profunda depresión española de la década de 1860. También es interesante observar que la promulgación del Arancel Figuerola en 1869 fue seguida de una relativa recuperación del sobrecoste. Pese a las quejas de los industriales algodoneros, el Arancel mantuvo un férreo proteccionismo sobre el algodón y la tan anunciada ruina de la industria no se produjo. Al contrario, los años siguientes a la promulgación del Arancel vieron una vigorosa recuperación de las cifras de importación de algodón en rama.

Gráfico A.2
Sobrecoste por el diferencial de precios de los textiles catalanes respecto a los ingleses (% sobre PIB)

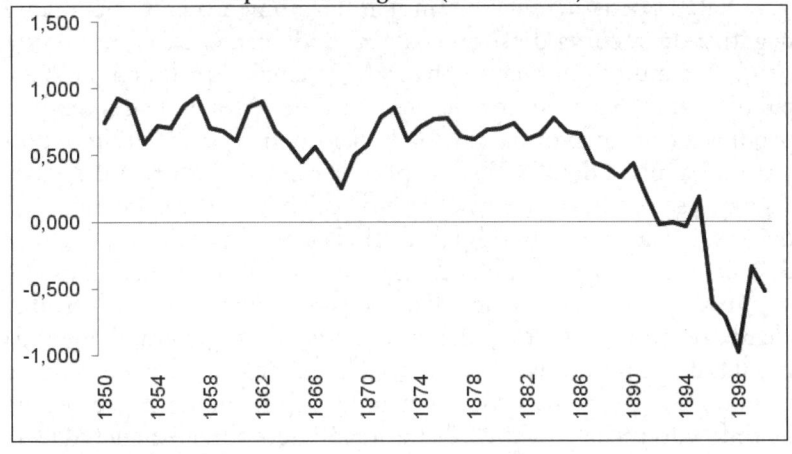

Fuente: Cuadro A.2, Col. 5.

En total, el sobrecoste medio de la protección a la industria algodonera durante el período 1850-1900 fue del 0,478 por 100 del PIB; esta cifra considerable incluye el sobrecoste negativo de los años finales del siglo, atribuible, como vimos, a factores monetarios. Si excluimos los diez últimos años del siglo para neutralizar el efecto de la depreciación de la peseta, el sobrecoste medio resulta ser un 0,663 por 100.

También es interesante observar que las cifras de sobrecoste para los años 1861 y 1866, que hemos obtenido a partir de las series

APÉNDICE A

temporales, son parecidas a las que hemos obtenido por el método *cross-section* para los años 1860 y 1865. Este desfase de un año puede explicarse si tenemos en cuenta que nuestra serie de producción de tejidos de algodón está suavizada por medio de medias bienales. La relativa coincidencia refuerza la fiabilidad de nuestro procedimiento, ya que la naturaleza y fuentes de las series de precios en los datos *cross-section* y en las series temporales son diferentes.

Observemos que, si tomáramos un mayor valor (10 por 100, en lugar del más verosímil 7 por 100 que hemos utilizado en el A.2) para los costes de transporte (flete y seguro), nuestros estimaciones de sobrecoste medio se verían reducidas en un 10 por 100 si tomamos los valores para el período 1850-1900 y en un 6 por 100 si tomáramos los valores para el período 1850-1890. Nuestras conclusiones, por tanto, no se verían grandemente afectadas.

Vale la pena detenerse también un momento en la pendiente negativa de la curva de sobrecoste. Indudablemente, en parte esta pendiente indica una cierta convergencia entre la productividad española y la inglesa. Las grandes innovaciones en la industria textil se producen en su mayor parte en la Inglaterra de finales del siglo XVIII y primera mitad del XIX. Esto explica la caída de los precios en cascada que se produjo en Inglaterra a finales del XVIII y primera mitad del XIX, caída cuyo tramo final se refleja en el Gráfico A.1. A partir de mediados del XIX, la caída de los precios ingleses es más pausada, mientras que en ese período España sigue importando e introduciendo tecnología inglesa, mejorando con ello su productividad. El moderado librecambismo de la década de 1880 sin duda espoleó a los industriales en este proceso de modernización. La consecuencia de todo ello fue la paulatina disminución del sobrecoste debida a la protección. Pero no fue la modernización de la industria la única causa de la baja del sobrecoste. De un lado, hemos visto que la caída en la cotización de la peseta a fines de siglo encareció para el mercado español la producción inglesa y ello naturalmente hizo caer el sobrecoste hasta convertirlo en negativo. Esto ocurrió desde finales de la década de los Ochenta y en realidad convirtió en redundante la protección arancelaria por la que clamaban y que obtuvieron los algodoneros: como muestran nuestras cifras, la caída del tipo de cambio era ya bastante protección.

De otro lado, sabemos que la segunda mitad del siglo XIX fue un período de crecimiento de la economía española, crecimiento moderado, pero constante. Este PIB creciente es el denominador de nuestra serie de sobrecoste relativo; en la medida en que el denominador crecía, el sobrecoste tenía de decrecer. Parte de este crecimiento se debía a la diversificación: la industria minera y la metalúrgica crecieron notablemente en este período: esta diversificación hacía disminuir el peso relativo de la industria algodonera dentro de la economía española, y esta era una razón adicional para que disminuyera el sobrecoste relativo. El sobrecoste absoluto, no disminuyó entre mediados y finales de siglo (antes de la caída de la peseta), todo lo contrario. Si tomamos las medias de 1850-1852 y de 1885-1887, antes de que comenzara a caer fuertemente la cotización, el sobrecoste absoluto aumentó entre esas fechas en un 53,5 por 100, mientras que el relativo disminuyó en un 30,5 por 100.

Por último, hay que señalar que, aunque por falta de los elementos estadísticos imprescindibles nos es imposible llevar hacia atrás en el tiempo nuestra estimación del sobrecoste, todo hace suponer que este fuera mayor en la primera mitad del XIX, porque mayor sería la divergencia de precios, por haber caído mucho los ingleses en ese período y haber sido la protección en España tanto o más férrea que en la segunda mitad del período, incluso haber sido prohibicionista durante su mayor parte.

APÉNDICE A

Cuadro A.1. Estimación del sobrecoste por la protección a la industria textil, 1860 y 1865

	1860					
	Precio kg (pts)		Precio total producción (pts)		Sobrecoste	
	España (1)	Extranjero incluido 7% de fletes y demás Precio kg (pts) (2)	España (3)	Extranjero (4)	TOTAL (5)	% PIB (6)
semiretor crudo	3,71	2,8462	67.212.679	48.190.223	15.649.141	0,26
ídem medio	4,43	2,9318	80.256.649	49.639.553	27.142.328	0,46
ídem curado	4,95	2,8034	89.677.294	47.465.558	38.889.147	0,65
indiana colchas	11,18	5,3393	202.543.868	90.401.959	105.813.772	1,78
ídem luto	9,35	7,1797	169.390.444	121.562.554	39.318.511	0,66
Ídem rosa	13,63	7,1797	246.929.599	121.562.554	116.857.666	1,96
ídem mármol	11,08	7,7254	200.732.205	130.802.033	60.774.030	1,02
ídem camisas	10,33	7,1797	187.144.736	121.562.554	57.072.804	0,96
acolchado	7,09	8,6456	128.446.871	146.382.330	-28.182.222	-0,47
ídem sin pelo	9,43	10,4325	170.839.774	176.637.094	-18.161.917	-0,30
madopolan blanco	5,88	3,68615	106.525.755	62.411.773	39.745.158	0,67
ídem ídem	8,15	4,40305	147.650.494	74.549.912	67.882.088	1,14
ídem ídem	9,4	4,389675	170.296.275	74.323.454	90.770.179	1,52
ídem ídem recio	5,1	4,37095	92.394.788	74.006.413	13.207.925	0,22
hamburgo ídem	7	3,8413	126.816.375	65.038.684	57.224.983	0,96
elefante blanco	3,48	3,2849	63.045.855	55.618.039	3.534.554	0,06
Ídem ídem de España	3,5	3,2849	63.408.188	55.618.039	3.896.886	0,07
busqueta	4,75	3,6915	86.053.969	62.502.356	19.176.448	0,32
percalina	7,5	5,1788	135.874.688	87.684.465	42.052.310	0,71
cuti	5,88	5,457	106.525.755	92.394.788	7.663.332	0,13
pana lisa	6,46	4,5475	117.033.398	76.995.656	34.648.045	0,58
ídem estampada	6,36	4,5475	115.221.735	76.995.656	32.836.383	0,55
brillantina	10,28	7,3616	186.238.905	124.642.380	52.871.558	0,89
pañuelos batista	15	13,91	271.749.375	235.516.125	19.747.121	0,33
ídem andrinopolis	10,44	13,3964	189.137.565	226.820.145	-53.559.990	-0,90
MEDIA	7,77	5,90	140.845.889	99.972.972	33.874.810	0,57

498

APÉNDICE A

Cuadro A.1. Estimación del sobrecoste por la
protección a la industria textil, 1860 y 1865

<table>
<tr><th colspan="7">1860</th></tr>
<tr><th colspan="2">Precio kg (pts)</th><th colspan="2">Precio total producción (pts)</th><th colspan="2">Sobrecoste</th></tr>
<tr><th>España (1)</th><th>Extranjero incluido 7% de fletes y demás Precio kg (pts) (2)</th><th>España (3)</th><th>Extranjero (4)</th><th>TOTAL (5)</th><th>% PIB (6)</th></tr>
<tr><td>semiretor crudo</td><td>5,24</td><td>3,8734</td><td>57.260.100</td><td>82.001.497</td><td>14.933.522</td><td>0,25</td></tr>
<tr><td>ídem medio</td><td>7,05</td><td>5,029</td><td>77.038.875</td><td>191.353.409</td><td>22.084.478</td><td>0,37</td></tr>
<tr><td>ídem curado</td><td>7,13</td><td>4,9006</td><td>77.913.075</td><td>277.279.620</td><td>24.361.769</td><td>0,41</td></tr>
<tr><td>indiana colchas</td><td>13,75</td><td>7,4365</td><td>150.253.125</td><td>1.454.939.360</td><td>68.990.771</td><td>1,15</td></tr>
<tr><td>ídem luto</td><td>12</td><td>9,2769</td><td>131.130.000</td><td>471.822.135</td><td>29.756.675</td><td>0,50</td></tr>
<tr><td>Ídem rosa</td><td>14,35</td><td>6,6019</td><td>156.809.625</td><td>1.676.907.511</td><td>84.667.363</td><td>1,41</td></tr>
<tr><td>ídem mármol</td><td>12,5</td><td>9,6621</td><td>136.593.750</td><td>759.675.378</td><td>31.011.152</td><td>0,52</td></tr>
<tr><td>ídem camisas</td><td>11</td><td>9,095</td><td>120.202.500</td><td>627.800.841</td><td>20.816.888</td><td>0,35</td></tr>
<tr><td>acolchado</td><td>7,93</td><td>10,7428</td><td>86.655.075</td><td>-223.485.019</td><td>-30.736.872</td><td>-0,51</td></tr>
<tr><td>ídem sin pelo</td><td>12,23</td><td>12,5297</td><td>133.643.325</td><td>-222.120.240</td><td>-3.274.972</td><td>-0,05</td></tr>
<tr><td>madopolan blanco</td><td>7,63</td><td>5,778</td><td>83.376.825</td><td>303.255.554</td><td>20.237.730</td><td>0,34</td></tr>
<tr><td>ídem ídem</td><td>10,85</td><td>6,5056</td><td>118.563.375</td><td>736.520.655</td><td>47.473.431</td><td>0,79</td></tr>
<tr><td>ídem ídem</td><td>12,4</td><td>6,4842</td><td>135.501.000</td><td>1.125.550.221</td><td>64.644.905</td><td>1,08</td></tr>
<tr><td>ídem ídem recio</td><td>9,25</td><td>6,5484</td><td>101.079.375</td><td>122.173.310</td><td>29.521.734</td><td>0,49</td></tr>
<tr><td>hamburgo ídem</td><td>8,25</td><td>5,9385</td><td>90.151.875</td><td>472.106.113</td><td>25.258.916</td><td>0,42</td></tr>
<tr><td>elefante blanco</td><td>4,58</td><td>5,3821</td><td>50.047.950</td><td>16.188.255</td><td>-8.764.948</td><td>-0,15</td></tr>
<tr><td>Ídem ídem de España</td><td>5,75</td><td>5,3821</td><td>62.833.125</td><td>22.407.095</td><td>4.020.227</td><td>0,07</td></tr>
<tr><td>busqueta</td><td>8,25</td><td>5,778</td><td>90.151.875</td><td>158.205.692</td><td>27.012.780</td><td>0,45</td></tr>
<tr><td>percalina</td><td>9,58</td><td>7,276</td><td>104.685.450</td><td>402.861.129</td><td>25.176.960</td><td>0,42</td></tr>
<tr><td>cuti</td><td>8,83</td><td>7,5542</td><td>96.489.825</td><td>67.667.225</td><td>13.941.305</td><td>0,23</td></tr>
<tr><td>pana lisa</td><td>8,25</td><td>9,63</td><td>90.151.875</td><td>285.846.374</td><td>-15.079.950</td><td>-0,25</td></tr>
<tr><td>ídem estampada</td><td>8,46</td><td>9,63</td><td>92.446.650</td><td>277.795.799</td><td>-12.785.175</td><td>-0,21</td></tr>
<tr><td>brillantina</td><td>12,65</td><td>12,305</td><td>138.232.875</td><td>668.825.214</td><td>3769987,5</td><td>0,06</td></tr>
<tr><td>pañuelos batista</td><td>16,71</td><td>16,05</td><td>182.598.525</td><td>329.974.396</td><td>7.212.150</td><td>0,12</td></tr>
<tr><td>ídem andrinopolis</td><td>13</td><td>16,05</td><td>142.057.500</td><td>-696.279.872</td><td>-33.328.875</td><td>-0,55</td></tr>
<tr><td>MEDIA</td><td>10,83</td><td>8,92</td><td>118.390.042</td><td>361.125.832</td><td>20.927.632</td><td>0,31</td></tr>
</table>

APÉNDICE A

A.2. Estimación del sobrecoste por la protección a la industria textil, 1850-1900

	Precio de piezas de algodón exportado por Inglaterra incluidos fletes (pts/kg) (1)	Precio del tejido de percalina catalana (pts/kg) (2)	Algodón importado incluido 25% de merma promedio bianual (kg) (3)	Sobrecoste por el diferencial de precios (pts.) (Col. 2 - Col. 1) x Col.3 (4)	Sobrecoste en términos de PIB (%) (5)
1850	5,76	8,832	10.369.500	31.872.094	0,750
1851	5,38	8,832	11.657.625	40.208.001	0,926
1852	5,38	8,656	11.815.875	38.729.715	0,885
1853	5,63	8,144	12.158.625	30.526.880	0,591
1854	5,22	8,320	12.455.625	38.646.043	0,724
1855	5,08	8,224	12.792.375	40.158.499	0,709
1856	5,31	8,224	16.765.875	48.776.755	0,871
1857	5,55	8,576	16.817.250	50.928.382	0,944
1858	5,33	7,888	14.511.750	37.080.711	0,705
1859	5,48	7,712	17.170.125	38.368.328	0,685
1860	5,41	7,424	18.116.625	36.549.937	0,613
1861	5,40	8,176	18.937.500	52.542.767	0,863
1862	6,44	10,288	14.731.500	56.719.787	0,907
1863	8,35	12,432	10.976.250	44.786.495	0,681
1864	9,70	13,120	11.388.750	38.922.386	0,592
1865	8,53	11,168	10.644.000	28.039.760	0,453
1866	8,61	11,600	12.591.750	37.604.281	0,568
1867	7,16	9,184	14.822.250	30.058.395	0,426
1868	6,54	7,488	16.100.625	15.292.189	0,256
1869	6,65	8,400	15.767.625	27.594.509	0,502
1870	6,19	8,192	17.412.750	34.829.728	0,583
1871	5,83	8,000	23.209.875	50.322.722	0,785
1872	6,34	9,008	23.680.875	63.262.154	0,862
1873	6,18	8,496	20.730.375	48.040.418	0,613
1874	5,82	8,096	24.394.125	55.522.907	0,714
1875	5,87	8,096	26.862.000	59.661.005	0,775
1876	5,35	7,632	27.367.500	62.548.669	0,782
1877	5,37	7,456	27.427.875	57.178.798	0,648
1878	5,20	7,216	26.967.750	54.248.150	0,622
1879	4,97	7,072	28.011.375	59.012.022	0,695
1880	4,97	7,040	30.571.500	63.163.373	0,701
1881	4,82	6,896	33.698.625	69.824.379	0,738
1882	5,07	6,880	34.301.250	62.104.973	0,621
1883	4,87	6,640	37.755.750	66.750.113	0,657
1884	4,67	6,560	40.094.625	75.844.742	0,778

APÉNDICE A

A.2. Estimación del sobrecoste por la protección a la industria textil, 1850-1900 (final)

	Precio de piezas de algodón exportado por Inglaterra incluidos fletes (pts/kg) (1)	Precio del tejido de percalina catalana (pts/kg) (2)	Algodón importado incluido 25% de merma promedio bianual (kg) (3)	Sobrecoste por el diferencial de precios (pts.) (Col. 2 - Col. 1) x Col.3 (4)	Sobrecoste en términos de PIB (%) (5)
1885	4,44	6,160	37.846.875	64.944.217	0,673
1886	4,16	6,000	35.304.375	65.054.637	0,663
1887	4,20	5,360	34.544.625	40.075.856	0,445
1888	4,18	5,328	33.254.625	38.249.398	0,407
1889	4,19	4,928	39.784.875	29.469.466	0,338
1890	4,36	5,264	42.573.375	38.530.429	0,436
1891	4,50	4,912	41.463.000	17.284.037	0,192
1892	4,54	4,496	45.818.625	-2.150.911	-0,024
1893	4,77	4,752	44.989.875	-731.754	-0,008
1894	4,46	4,400	47.517.000	-2.768.319	-0,033
1895	4,20	4,512	52.356.750	16.217.881	0,189
1896	4,94	3,920	49.026.375	-49.801.677	-0,606
1897	4,87	3,616	50.726.625	-63.660.144	-0,714
1898	5,63	3,872	53.001.000	-93.225.246	-0,974
1899	4,59	4,016	56.938.875	-32.725.192	-0,337
1900	5,31	4,384	57.247.875	-52.982.569	-0,516
Promedio 1850-1900					0,478
Promedio 1850-1890					0,663
Acumulado 1850-1900				1.657.500.174	
Acumulado 1850-1890				1.922.044.069	

Manual d'Història

APÉNDICE B

Cuadro B.1. Comparación de los cuadros sinópticos sobre el siglo XVIII del Manual de Historia de España y el Manual d'Història, publicados por Santillana en 2009

Manual de Historia de España (p. 107)		Manual de Història (edición para Cataluña en catalán) (p. 13)
Felipe V (1700-1746), Fernando VI (1746-1759), Carlos III (1759-1788), Carlos IV (1788-1808)		Segle XVIII
1700		Mor Carles II. Felip V, rei d'Espanya
1701	Inicio de la guerra de sucesión	Constitució de la Gran Aliança de l'Haia contra el bloc borbònic format per Espanya i França
1702		Comença l'anomenada guerra de Successió
1704	Conquista inglesa de Gibraltar	
1705		Signatura del pacte de Gènova. Els austriacistes catalans es revolten contra Felip V
1707	Decretos de Nueva Planta de Valencia	Derrotes d'Aragó i València y Aragón
1711	Creación de la Biblioteca Nacional	
1713	Tratado de Utrecht. Fin de la guerra de sucesión en Europa	
1714	Fin de la guerra de sucesión en España	Rendició de Barcelona
1715	Decreto de Nueva Planta en Mallorca	
1716	Decreto de Nueva Planta en Cataluña	Decrets de Nova Planta
1719	Manufactura Real de Guadalajara	
1733	Primer Pacto de Familia	
1735	Creación de la Compañía Comercial Guipuzcoana de Caracas	
1737	Concordato con la Santa Sede	
1743	Segundo Pacto de Familia	
1749	Catastro del Marqués de la Ensenada	
1751	Prohibición de importación de tejidos asiáticos	
1753	Concordato con la Santa Sede	
1756-63	Guerra de los siete años	
1758		Es funda la Junta Particular de Comerç de Barcelona
1761	Tercer Pacto de Familia	
1765	Creación de la Sociedad Bascongada de Amigos del País. Ley de liberación del comercio de granos	
1766	Motín de Esquilache	
1767	Expulsión de los jesuitas	
1768	Ordenanzas militares de Carlos III	
1775-83	Guerra de la independencia de las Trece Colonias norteamericanas	
1778	Libertad de comercio con América	Decret de lliure comerç amb Amèrica
1782	Creación del Banco Nacional de San Carlos	
1783	Se declaran honestas las profesiones manuales	
1789	Crisis de subsistencias. Revolución francesa	
1792	Manuel Godoy, valido del rey	
1793-95	Guerra con Francia	
1796-1802	Guerra con Reino Unido	
1798	Desamortización de Godoy	

503

ABREVIATURAS, FUENTES Y BIBLIOGRAFÍA

Listado de abreviaturas

ABCe : Archivo del Banco Central
AEG: *Allgemeine Elektrizitaets Gesellschaft* (Sociedad General de Electricidad)
BCE: Banco Central Europeo
CCMA: *Corporació Catalana de Mitjans Audiovisuals*
CDC: *Convergència Democràtica de Catalunya*
CDS: Centro Democrático y Social
CHADE: Compañía Hispano Americana de Electricidad
CiU: *Convergència i Unió*
CMRM: Comerford, Myers y Rodríguez Mora
CNT: Confederación Nacional del Trabajo
CUP: *Candidatura d'Unitat Popular*
EMPETROL: Empresa Nacional de Petróleos
ENDESA: Empresa Nacional de Electricidad
ENHER: Empresa Nacional Hidroeléctrica del Ribagorzana
ENTASA: Empresa Nacional de Petróleos de Tarragona
ERC: *Esquerra Republicana de Catalunya*
FECSA: Fuerzas Eléctricas de Cataluña
FET: Falange Española Tradicionalista
FGD: Fondo de Garantía de Depósitos
FLA: Fondo de Liquidez Autonómica
FROB: Fondo de Reestructuración Ordenada Bancaria
IB: Informe Bofill
ICV: *Iniciativa per Catalunya Verds*
IDESCAT: *Institut d'Estadística de Catalunya*
IEME: Instituto Español de Moneda Extranjera
INI: Instituto Nacional de Industria
IRAH: Informe de la Real Academia de la Historia
JONS: Juntas de Ofensiva Nacional-Sindicalista
OCDE: Organización de Cooperación y Desarrollo Económico
PCE: Partido Comunista de España
PIB: Producto Interior Bruto
POUM: Partido Obrero de Unificación Marxista
PP: Partido Popular
PSC: *Partit dels Socialistes de Catalunya*
PSOE: Partido Socialista Obrero Español
PSUC: *Partit Socialista Unificat de Catalunya*
Pyme: Pequeña y mediana empresa
REPESA: Refinerías de Petróleos de Escombreras
SOFINA: *Société Financière de Transports et d'EntreprisesIndustrielles*
UCD: Unión del Centro Democrático
UDC: *Unió Democràtica de Catalunya*
UDEF: Unidad Central contra la Delincuencia Económica y Fiscal
UGT: Unión General de Trabajadores
VAB: Valor Añadido Bruto

Archivos consultados

Archivo Histórico Nacional (AHN)
Archivo de Banco Central. Recientemente integrado en el Archivo Histórico del Banco Santander (ABCe)
Archivo de la Fundación Francisco Franco (AFFF)

Bases de datos consultadas

GENCAT.CAT, bases de datos de la Generalitat de Catalunya en www.gencat.cat
IDESCAT, base de datos de www.idescat.cat
INEbase, base de datos de www.ine.es
OECD.Stat, base de datos de www.oecd.org

Prensa

ABC
El Heraldo de Aragón
El Mundo
El País
El Periódico
La Vanguardia

Referencias bibliográficas

AA.VV. (1974), *L'economia de Catalunya avui*, Barcelona, Banco de Bilbao.
AA.VV. (1980), *Immigració i reconstrucció nacional a Catalunya*. Barcelona, Fundació Jaume Bofill.
AA.VV. (2002), *Cataluña hoy. Ciclo de Conferencias de la Universidad Menéndez Pelayo*, celebrado del 23 al 29 de julio de 2001, Barcelona, Generalitat de Catalunya (13-28).
AA.VV. (2007), *Economía catalana, retos de futuro*. Barcelona, Generalitat Catalana y BBVA.
ABELLÓ, Teresa et al. (1998), *La resposta catalana a la crisi i la pèrdua colonial de 1898*, Barcelona, Generalitat de Catalunya y Editorial 92.
AGUSTÍ, Ignacio (1947), *El viudo Rius*, Barcelona, Ediciones Destino.
AJUNTAMENT DE BARCELONA (1985), *Catalunya, la fabrica d'Espanya, un siglo de industrialización catalana, 1833-1936*, Barcelona (hay edición en catalán).
ALBAREDA, Joaquín (2012), *La Guerra de Sucesión de España (1700-1714)*, Madrid, Crítica.
ALTAMIRA, Rafael (1922-23), «Direcciones fundamentales de la historia de España en el siglo XIX», *Anales de la Universidad de Valencia*, 1922-23, Cuaderno 18.

BIBLIOGRAFIA

ÁLVAREZ DE CIENFUEGOS, Isabel *et al.* (1963), *Homenaje a Don Ramón Carande*, Madrid, Sociedad de Estudios y Publicaciones.
ÁLVAREZ JUNCO, José (1990), *El emperador del Paralelo. Alejandro Lerroux y la demagogia populista*, Madrid, Alianza Editorial.
ÁLVAREZ JUNCO, José (2001), *Mater Dolorosa. La idea de España en el siglo XIX*, Madrid, Taurus.
ÁLVAREZ NOGAL, Carlos y Leandro PRADOS DE LA ESCOSURA (2013), «The rise and fall of Spain (1270-1850)», *Economic Histoy Review*, 65, pp. 1-37.
AMAT, Oriol *et al.* (ed.) (2013), *La cuestión catalana, hoy*, Madrid, Instituto de Estudios Económicos.
ANES, Gonzalo (1978), «Tendencias de la producción agrícola en tierras de la Corona de Castilla (siglos XVI a XIX)», *Hacienda Pública Española*, pp. 97-111.
ANES, Gonzalo (1979), «Comercio de productos y distribución de rentas», en Anes, Bernal, García Sanz y Giralt (eds.), pp. 279-294.
ANES, Gonzalo (1990), «La reforma de la Hacienda durante el reinado de Carlos III», *Hacienda Pública Española*,Monografías, pp. 7-12.
ANES, Gonzalo (ed.) (1999), *Historia económica de España, siglos XIX y XX*. Barcelona, Galaxia Gutenberg-Círculo de Lectores.
ANES, Gonzalo, Antonio M. BERNAL, Ángel GARCÍA SANZ y Emilio GIRALT (eds.) (1979), *La economía agraria en la Historia de España. Propiedad, explotación, comercialización, rentas*, Madrid, Alfaguara/Fundación Juan March.
ANES, Gonzalo, Luis Ángel ROJO y Pedro TEDDE (eds.) (1983), *Historia económica y pensamiento social. Estudios en homenaje a Diego Mateo del Peral*, Madrid, Alianza/Banco de España.
ANTRAS, Pau y Jaume VENTURA (2012), «Dos más dos son mil. Los efectos comerciales de la independencia», Col.lectiu Wilson, http//www.wilson.cat/es/.
ANUARIO *EL PAÍS* (varios años).
ARIAS, José (1977), *La Hacienda de la Generalidad, 1931-1938*, Barcelona, Ariel.
ARRANZ, Manuel y Ramón GRAU (1991), «L'economia urbana de Barcelona i la Guerra de Seccessió», *Recerques*, 24, pp. 115-142.
ARTAL, Francesc *et al.* (1973), *Economía crítica, una perspectiva catalana*, Barcelona, Edicions 62.
ARTOLA, Miguel (1982), *La hacienda del Antiguo Régimen*, Madrid, Alianza Editorial
ARTOLA, Miguel (2008), *La Guerra de la Independencia*, Madrid, Espasa Calpe.
ARTOLA, Miguel y Luis M. BILBAO (eds.) (1984), *Estudios de Hacienda, de Ensenada a Mon*. Madrid, Instituto de Estudios Fiscales.
ARTOLA, Miguel (dir.) (1993), *Enciclopedia de Historia de España. I. Economía y Sociedad*, Madrid, Alianza Editorial.
AYMES, Jean René (2008), *La Guerra de la Independencia de España (1808-1814)*. [Trad. Pierre Conard], 6ª ed., Madrid, Siglo XXI.
AZAÑA, Manuel (1967), *Obras completas. III. La Recuperación del Ideal Republicano, etc.*, México, Ediciones Oasis.

AZAÑA, Manuel (1968), *Obras completas, IV. Memorias políticas y de guerra*, México, Ediciones Oasis.
AZAÑA, Manuel (2005), *Sobre la autonomía política de Cataluña*, selección de textos y estudio preliminar de Eduardo García de Enterría, Madrid, Tecnos y Fundación Alfonso Martín Escudero.
BAIGES, Francesc, Enric GONZÁLEZ y Jaume REIXACH (1985), *Banca Catalana. Más que un banco, más que una crisis*, Barcelona, Plaza y Janés.
BALCELLS, Albert (1974), *Cataluña contemporánea, 1900-1936*, Madrid, Siglo XXI.
BALCELLS, Albert (1991), *El Nacionalismo Catalán*, Madrid, Historia 16.
BALCELLS, Albert (coord.) (1980-1981), *Història dels Països Catalans*, 3 vols., Barcelona, Edhasa.
BALCELLS, Albert (dir.) (2004), *Història de Catalunya*, Barcelona, L'Esfera dels Llibres.
BALCELLS Albert (dir.) (2009), *Història de Catalunya*, Madrid, La Esfera de los Libros.
BALMES, Jaime (1949), *Obras completas*, Vol. 5 (incluye «De Cataluña»), Madrid, Editorial Católica.
BANCO DE ESPAÑA (ed.) (1970), *El Banco de España. Una historia económica*, Madrid, Banco de España.
BANCO DE ESPAÑA (ed.) (2006), *150 años de historia del Banco de España*, Madrid, Banco de España.
BARATECH, Feliciano (1985), *Banca Catalana (1959-1984). Toda la verdad*, Barcelona, Planeta.
BARBIER, Jacques A. y Herbert S. KLEIN (1985), «Las prioridades de un monarca ilustrado, el gasto público bajo el reinado de Carlos III», *Revista de Historia Económica*, 3, pp. 473-495.
BARTROLÍ I ORPÍ, Jaume (1979), «La Cort de 1701-1702, un camí truncat», *Recerques*, 9, pp. 57-75.
BEL, GERMÀ (2013), *Anatomía de un desencuentro. La Cataluña que es y la España que no pudo ser*, Barcelona, Ediciones Destino.
BELTRÁN, Lucas (1981), «L'abat Dorda i les finances de l'Arxiduc», *Masoliver*, pp. 111-117.
BEN-AMI, Shlomo (1983), *Fascism from Above. The Dictatorship of Primo de Rivera in Spain. 1923-1930*, Oxford, Clarendon Press.
BENAUL I BERENGUER, Josep M. (1991), «La llana», en Nadal *et al.* (1988-1994), pp. 87-158.
BLASCO, Yolanda y Carles SUDRIÀ (2010), *El Banco de Barcelona, 1844-1874. Historia de un banco emisor*, Madrid, LID.
BLEIBERG, Germán (dir) (1968), *Diccionario de Historia de España*, 3 vols., Madrid, Revista de Occidente.
BOLLOTEN, Burnett (1991), *The Spanish Civil War, Revolution and Counterrevolution*, prólogo de Stanley Payne, Chapel Hill, N.C., The University of North Carolina Press.
BORRELL, Josep y Joan LLORACH (2014) «¿Dónde están los 16.000 millones?», *El País,* 20 de enero de 2014.
BORRELL, Josep y Joan LLORACH (2015), *Las cuentas y los cuentos de la independencia*, Madrid, Catarata.

BIBLIOGRAFIA

BOSCH, Nuria y Marta ESPASA (2014), «La viabilidad económica de una Cataluña independiente», *Revista de Economía Aplicada*, XXII, pp. 135-162.

BOYD, Carolyn P. (1997), *Historia Patria. Politics, History, and National Identity in Spain, 1875-1975*, Princeton, New Jersey, Princeton University Press.

BRICALL, Josep M. (1970), *Política econòmica de la Generalitat, 1936-1939*, 2 vols., Barcelona, Edicions 62.

BRUBAKER, Rogers (1996), *Nationalism reframed. Nationhood and the national question in the New Europe*, Cambridge, UK, Cambridge University Press.

BUESA, Mikel (2009), «La independencia de Cataluña», publicado en su blog personal el 16 de septiembre de 2009.

BUESA, Mikel y José MOLERO (1998), *Economía industrial de España. Organización, tecnología e industrialización*, Madrid, Civitas.

BUSOM, Isabel y Walter GARCÍA-FONTES (2007), «Investigación, desarrollo e innovación en Cataluña», en AA.VV., pp. 189-227.

CABANA, Francesc (1965), *La banca a Catalunya*, Barcelona, Edicions 62.

CABANA, Francesc (1978), *Història del Banc de Barcelona, 1844-1920*, Barcelona, Edicions 62.

CABANA, Francesc (1988), *Banca Catalana, Diari Personal*, Barcelona, Editorial Tibidabo.

CABANA, Francesc (1992-1994), *Fàbriques i empresaris, els protagonistes de la revolució industrial a Catalunya*, 4 vols., Barcelona, Enciclopèdia Catalana.

CABANA, Francesc (1996), *La burgesia catalana, una aproximació històrica*, Barcelona, Proa.

CABANA, Francesc (2000), *37 anys de franquisme a Catalunya*, Barcelona, Pòrtic.

CABANA, Francesc (2003), *Eduard i Francesc Recasens. Dos empresaris de Reus*, Reus, Cambra de Comerç, Indústria i Navegació de Reus.

CABANA, Francesc (2007), *La fallida del Banc de Barcelona, 1920*, Barcelona, Pòrtic.

CABANA, Francesc (coord.) (2006), *Cien empresarios catalanes*, Madrid, LID.

CABANA, Francesc, et al. (1999), *Cataluña y España, una relación económica y fiscal a revisar*, Barcelona, Proa [hay también edición en catalán de 1998 en la misma editorial].

CABRÉ, Anna (1999), *El sistema catalá de reproducció. Cent anys de singularitat demográfica*, Barcelona, Proa.

CABRÉ, Anna (2001), «Entrevista a Anna Cabré», *Barcelona Metròpolis Mediterrània*, 56, julio-septiembre.

CABRÉ, Anna e Isabel PUJADAS (1984), «Tendencias demográficas recientes en Cataluña y su repercusión territorial», *Documents d'Analisi Geográfica*, 5, pp. 3-23.

CABRERA, Mercedes y Fernando del REY (2002), *El poder de los empresarios, política y economía en la España contemporánea (1875-2000)*, Madrid, Taurus.

CALATAYUD, Salvador, Jesús MILLÁN y M. CRUZ ROMERO (eds.) (2009), *Estado y periferias en la España del siglo XIX. Nuevos enfoques*, Valencia, Universidad de Valencia

CALVO SOTELO, José (1974 [1933]), *Mis servicios al Estado. Seis años de gestión. Apuntes para la Historia*, 2ª ed., Madrid, Instituto de Estudios de Administración Local.
CAMBÓ, Francesc (1919), *Ocho meses en el Ministerio de Fomento. Mi gestión ministerial*, Barcelona, Editorial Catalana.
CAMBÓ, Francesc (1923), *El Problema Catalá i els Problemes Espanyols*, Barcelona Imprenta de la Veu de Catalunya.
CAMBÓ, Francesc (1981), *Memòries, 1876-1936*, Barcelona, Alpha.
[RODRIGUEZ] CAMPOMANES, Pedro, conde de (1975) [1774], *Discurso sobre el fomento de la industria popular*; [1775], *Discurso sobre la educación popular de los artesanos y su fomento*, Madrid, Instituto de Estudios Fiscales.
CAMPS, Joan (1978), *La guerra dels matiners i el catalanisme polític, 1846-1849*, Barcelona, Curial.
CANAL, Jordi (2015), *Historia mínima de Cataluña*, Madrid, Turner Publicaciones.
CANDEL, Francisco (1965), *Los otros catalanes*, Madrid, Ediciones Península.
CÁNOVAS, Antonio (1959) [1891] «De cómo he venido yo a ser doctrinalmente proteccionista», *Revista de Economía Política*, 24, pp. 1025-1048.
CAPMANY, Antoni de (1808), *Centinela contra franceses*, Madrid, Gómez Fuentenebro y Cía.
CARRERA PUJAL, Jaime (1947), *Historia política y económica de Cataluña, siglos XVI al XVIII*, Tomo IV, Barcelona, Bosch.
CARRERA PUJAL, Jaime (1961), *La economía de Cataluña en el siglo XIX*, 4 vols., Barcelona, Bosch.
CARRERAS, Albert (1990), «Cataluña, primera región industrial de España», en Nadal y Carreras (dirs.), pp. 259-295.
CARRERAS, Albert y Xavier TAFUNELL (2005) (coords), *Estadística históricas de España, siglos XIX-XX*, 3 vols., Bilbao, Fundación BBVA, 2005.
CARRERAS, Francesc de (2014), «La independencia que viene de lejos», *El País*, 5 mayo.
CASALS, Quintí (2013), «Los diputados catalanes en las Cortes de Cádiz, 1810-1813, proceso electoral y prosopografía», *Manuscrits. Revista d'Història Moderna*, 31, pp. 205-237.
CASASSAS, Jordi, *et al.* (2009), *Història 2. Batxillerat*, Barcelona, Grup Promotor/ Santillana.
CASTEDO, José-Acisclo (1958), *Referencias históricas y comentarios sobre la economía arancelaria española*, Madrid, Imprenta Saez.
CASTRO, Américo (1973), *Sobre el nombre y el quién de los Españoles*, Madrid, Taurus.
CAVALIERI, Elena (2014), *España y el FMI: la integración de la economía española en el sistema monetario internacional, 1943-1959*, Estudios de Historia Económica, 65, Madrid, Banco de España.
CHARRON, Nicholas, Victor LAPUENTE, y Lewis DIJKSTRA (2012), *Regional Governance Matters, A Study on Regional Variation in Quality of Government within the EU*, Bruselas, European Commission Working Papers 012/2012.

BIBLIOGRAFIA

CLARK, Colin (1957), *The Conditions of Economic Progress*, 3ª ed., Londes, Macmillan.
CLUA, Montserrat (2011), «Catalanes, inmigrantes y charnegos, "raza", "cultura" y "mezcla" en el discurso nacionalista catalán», *Revista de Antropología Social*, 20, pp. 55-75.
COL.LEGI D'ECONOMISTES DE CATALUNYA (1985), *Desindustrialització a Catalunya, causes i propostes de futur*, Barcelona.
COLL, Maria y Josep PUIG (2008), *La vaga d'usuaris de tramvies de Barcelona de 1957*, Barcelona, Eumo.
COLOMER, Josep M. (1986), *Cataluña como cuestión de Estado. La idea de nación en el pensamiento político catalán (1939-1979)*, Madrid, Tecnos
COLOMINES, Agustí (1998), «Catalunya-Espanya, descentralitzatió, regeneracionisme i catalanisme», en Abelló *et al.*, pp. 15-27.
[CMRM] COMERFORD, David, Nicholas MYERS y José V. RODRIGUEZ MORA, (2014), «Aspectos comerciales y fiscales relevantes para evaluar las consecuencias económicas de una hipotética independencia de Cataluña», *Revista de Economía Aplicada*, 64, vol. 12, pp. 85-130.
COMIN, Francisco y Pablo MARTIN ACEÑA (eds.) (1996), *La empresa en la historia de España*, Madrid, Civitas
CONSELL ASSESSOR DE LA TRANSICIÓ NACIONAL (2013-), *Informes*, Generalitat de Cataluña.
CORTE, Gabriela dalla (2005), *Casa de América de Barcelona, 1911-1947*, Madrid, LID.
COSTA, M. Teresa (1988), *Vida y obra de Jaime Carner*, Madrid, Instituto de Estudios Fiscales.
CUCARELLA, Vicent, Antonio CUBEL y Jordi PALAFOX (1999), *El stock de capital ferroviario en España y sus provincias, 1845-1997*, Bilbao, Fundación BBV.
CUENCA-ESTEBAN, Javier (1991), «Precios y cantidades en el comercio español con Francia y Gran Bretaña, 1797-1807, Coyuntura internacional y opciones imperiales», *Revista de Historia Económica*, IX, pp. 127-163.
CUENCA-ESTEBAN, Javier (2008), «Statistics of Spain's colonial trade 1747-1820, New estimates and comparisons with Great Britain», *Revista de Historia Económica*, XXVI, 3, pp. 323-354.
CUERVO, Álvaro (1988), *La crisis bancaria en España, 1977-1985*, Barcelona, Ariel.
CULLA, Joan B. (1986), *El republicanisme lerrouxista a Catalunya, 1901-1923*, Barcelona, Curial.
DELGADO RIBAS, Josep M. (1982a), «La emigración española a América Latina durante la época del comercio libre (1765-1820). El ejemplo catalán», *Boletín Americanista*, 32, pp. 115-137.
DELGADO RIBAS, Josep M (1982b), «El impacto de las crisis coloniales en la economía catalana (1787-1807)», en Fontana (ed.), pp. 97-169.
DELGADO RIBAS, Josep M. (1983), «La construcció i indústria navals a Catalunya (1750-1820)», *Recerques*, 13, pp. 45-64.
DELGADO RIBAS, Josep M. (1990), «De la filatura manual a la mecànica. Un capitol del desenvolupamente de l'industria cotonera a Catalunya (1749-1814)», *Recerques*, 23, pp. 161-178.

DELGADO RIBAS, Josep M. (2007), *Dinámicas imperiales (1650-1796). España, América y Europa en el cambio institucional del sistema colonial español*, prólogo de Josep Fontana, Barcelona, Edicions Bellaterra.
DICTAMEN DE LA COMISIÓN NOMBRADA PARA EL ESTUDIO DE LA IMPLANTACIÓN DEL PATRÓN ORO EN 1929 (1960), *Información Comercial Española*, 318, pp. 51-84.
DIEGO, Emilio de (2008), *España, el infierno de Napoleón, 1808-1814. Una historia de la Guerra de la Independencia*, Madrid, La Esfera de los Libros.
DIEGO, Emilio de (ed.) (2009), *El comienzo de la Guerra de la Independencia. Congreso internacional del bicentenario*, Madrid, Editorial Actas.
DOMÍNGUEZ ORTIZ, Antonio (1990a), *Sociedad y Estado en el siglo XVIII español*, Barcelona, Ariel.
DOMÍNGUEZ ORTIZ, Antonio (1990b), «Sociedad y Hacienda durante el reinado de Carlos III», *Hacienda Pública Española*,Monografías, pp. 59-65.
DOMÍNGUEZ ORTIZ, Antonio (2001), *España, tres milenios de Historia*, Madrid, Marcial Pons.
DURAN I PUJOL, Montserrat (1985), «L'evolució de l'ingrés senyorial a Catalunya (1500-1799)», *Recerques*, 17, pp. 7-42.
ELLIOTT, John H. (1984), *The Revolt of the Catalans. A Study in the Decline of Spain (1598-1640)*, Cambridge, UK, Cambridge University Press.
ELLIOTT, John H. (1988), *The Count-Duke of Olivares. The Statesman in an Age of Decline*, New Haven, Conn., Yale University Press.
EISENSTADT, Samuel N. y Stein Rokkan (eds.) (1973), *Building States and Nations*, 2 vols., Beverly Hills, CA, Sage.
ESPADA, Arcadi (2014), «Fer país», *El Mundo*, 27 julio.
ESPINO, Antonio (1999), *Catalunya durante el reinado de Carlos II. Política y guerra en la frontera catalana, 1679-1697*, Bellaterra, Universitat Autònoma de Barcelona.
FEITO HIGUERUELA, José Luis (2014), *Razones y sinrazones económicas del independentismo catalán*, estudio preparado para Panel Cívico.
FELIU DE LA PENYA, Narcís (1983 [1683]), *Fénix de Cataluña*, estudio introductorio de Henry Kamen, Barcelona, Generalitat de Catalunya.
FERNÁNDEZ, Roberto (1982), «La burguesía barcelonesa en el siglo XVIII, la familia Gloria», en Tedde de Lorca, pp. 1-131.
FERNÁNDEZ, Roberto (ed.) (1985), *España en el siglo XVIII. Homenaje a Pierre Vilar*, prólogo de Josep Fontana, Barcelona, Crítica.
FERNÁNDEZ ÁLVAREZ, Manuel (2000), *Carlos V, el César y el Hombre*, Madrid, Espasa Calpe.
FERNÁNDEZ DE PINEDO, Emiliano (1984), «Los ingresos de la Hacienda Real en Cataluña (1717-1779)», en Artola y Bilbao (eds.), pp. 193-215.
FERNÁNDEZ DE PINEDO, Emiliano (1997), «La participación fiscal catalana en la Monarquía Hispánica, 1599-1640», *Manuscrits*, 15, pp. 65-96.
FERNÁNDEZ PÉREZ, Paloma y Pablo DÍAZ MORLÁN (2015), «Entre el poder y el mercado. Aproximación a la evolución histórica de los grandes grupos empresariales familiares en la España del siglo XX», en Fernández Pérez y Lluch, pp. 347-380.

FERNÁNDEZ PÉREZ, Paloma y Andrea LLUCH (eds.) (2015), *Familias empresarias y grandes empresas familiares en América Latina y España. Una visión de largo plazo*, Bilbao, Fundación BBVA.
FERRET, Antoni (1976), *Compendi d'història de Catalunya*, 6ª ed., Barcelona, Editorial Claret.
FIDRMUC, Jan y Jarko FIDRMUC (2000), *Integration, Disintegration and Trade in Europe, Evolution of Trade Relations during the 1990s*, Viena, Österreichische Nationalbank.
FIGUEROLA, Laureano (1849), *Estadística de Barcelona en 1849*, Barcelona, Imprenta y Librería Politécnica de Tomás Gorchs.
FISHER, John R. (1992), *Relaciones económicas entre España y América hasta la independencia*, Madrid, Fundación Mapfre.
FONDO DE GARANTÍA DE DEPÓSITOS DE ENTIDADES FINANCIERAS (2013), *Informe*.
FONER, Eric (1989), *Reconstruction. America's Unfinished Revolution, 1863-1877*, Nueva York, Harper & Row.
FONTANA TARRATS, José M. (1977), *Los catalanes en la Guerra de España*, 2ª ed., Barcelona, Acervo.
FONTANA, Josep (1955), «Sobre el comercio exterior de Barcelona en la segunda mitad del siglo XVII. Notas para una interpretación de la coyuntura catalana», *Estudios de Historia*, V, pp. 197-218.
FONTANA, Josep (2003), *La revolució liberal a Catalunya*, Lleida/Vic, Pagés/Eumo.
FONTANA, Josep (2013), «Espanya i Catalunya, tres-cents anys d'història», en *Simposi Espanya contra Catalunya. Una mirada històrica, 1714-2014*, Barcelona, Centre d'Història Contemporània de Catalunya (Generalitat de Catalunya) y Societat Catalana d'Estudis Històrics (Institut d'Estudis Catalans).
FONTANA, Josep (2014), *La formació d'una identitat, una historia de Catalunya*. Vic, Eumo Editorial.
FONTANA, Josep (ed.) (1982), *La economía española al final del Antiguo Régimen. III. Comercio y Colonias*, Madrid, Alianza/ Banco de España.
FONTANA, Josep et al. (1972), *Política i economia a la Catalunya del segle XX*, Barcelona, Ariel.
FRADERA, Josep M. et al. (1995), *Catalunya i ultramar, poder i negoci a les colònies espanyoles, 1750-1914*, Barcelona, Consorci de Drassanes de Barcelona.
FRAILE, Pedro (1991), *Industrialización y grupos de presión. La economía política de la protección en España, 1900-1950*, Madrid, Alianza.
FRASER, Ronald (2006), *La maldita guerra de España. Historia social de la guerra de la Independencia, 1808-1814*, Barcelona, Crítica.
FUENTE, Ángel de la (2007), «El crecimiento de la economía catalana en la segunda mitad del siglo XX, una perspectiva comparada», en AA.VV., pp. 77-97.
FUENTE, Ángel de la (2012), «¿Cisne negro o pollo del montón? El déficit catalán en perspectiva», *El País*, 5 octubre.
FUENTE, Ángel de la (2014), «¿Maltrato fiscal?», en Fuente y Polo, pp. 11-29.
FUENTE, Ángel de la y Clemente POLO (2014), *La cuestión catalana. II. Balanzas fiscales y tratamiento fiscal de Cataluña*, Madrid, Instituto de Estudios Económicos

FUENTE, Ángel de la y Rafael DOMÉNECH (2015), *El nivel educativo de la población en España y sus regiones, 1960-2011*, Madrid, Documento de trabajo BBVA 15/07.
FUENTE, Ángel de la y Juan F. JIMENO (2011), *La rentabilidad privada y fiscal de la educación en España y sus regiones*, Madrid, Documento de Trabajo FEDEA 2011-11.
FUENTES QUINTANA, Enrique (1991), «Prólogo», en Termes, pp. LI-XCVII.
FUNDACIÓN BANCAJA E IVIE (Instituto Valenciano de Investigaciones Económicas) (2013), *Desarrollo humano en España. 1980-2010*, base de datos disponible en Internet:http,//www.ivie.es/es/banco/desarrollo_humano.php.
FUNDACIÓN BANCAJA E IVIE (Instituto Valenciano de Investigaciones Económicas) (2014), *Capital Humano en España y su distribución provincial*, base de datos disponible en Internet:http,//www.ivie.es/es/banco/caphum/series.php.
FUNDACIÓN BBV (1997), *Capitalización y crecimiento de la economía catalana, 1955-1995*, Bilbao.
FUNDACIÓN BBVA (2000), *Renta nacional de España y su distribución provincial. Año 1995 y avances 1996-1999*, Bilbao.
FUSI, Juan Pablo (1990), *El País Vasco. Pluralismo y nacionalidad*, Madrid, Alianza Editorial.
FUSI, Juan Pablo (2000), *España. La evolución de la identidad nacional*, Madrid, Ediciones Temas de Hoy.
FUSTER, Joan (2006), *Barcelona i l'Estat centralista. Indústria y política a la dècada moderada, 1843-1854*, Vic, Eumo.
GALÍ, Jordi (2012), «La independencia ¿para hacer qué?», *La Vanguardia*, 14 octubre.
GALÍ, Jordi (2013), «Cataluña, cooperación o confrontación. Un divorcio amistoso con costes mínimos para las partes no es una quimera», *El País*, 12 octubre.
GARCIA CÁRCEL, Ricardo (2009) «La cuestión nacional en la Guerra de la Independencia», en De Diego (ed.), pp. 35-47.
GARCÍA DELGADO, José Luis (1988), *La II República española: bienio rectificador y Frente Popular, 1934-1936*, Madrid, Siglo XXI.
GARCÍA MORENO, Luis A. (1981), «Las invasiones y la época visigoda, reinos y condados cristianos», en Sayas Abengochea y García Moreno (eds.), pp. 243-478.
GARCÍA MORENO, Luis A. y Gabriel TORTELLA (2008) (eds.), *La democracia ayer y hoy*, Madrid, Gadir.
GARCÍA RUIZ, José Luis (2003), «Los flujos financieros regionales en la España del siglo XX, una perspectiva desde la historia bancaria», *Revista de Estudios Regionales*, 67, pp. 15-54.
GARCÍA RUIZ, José Luis (2007), «Nuevos datos sobre flujos regionales de la banca española en el siglo XX», *Revista de Historia Industrial*, 35, pp. 115-140.
GARCÍA RUIZ, José Luis y Carles MANERA (dirs.) (2006), *Historia empresarial de España. Un enfoque regional en profundidad*. Madrid, LID Editorial.

GARCÍA-BAQUERO, Antonio (1974), «Comercio colonial y producción industrial en Cataluña a fines del siglo XVIII», en Nadal y Tortella (eds.), pp. 268-294.
GARCÍA-BAQUERO, Antonio (1976), *Cádiz y el Atlántico (1717-1778). El comercio colonial español bajo el monopolio gaditano*, 2 vols., Sevilla, Escuela de Estudios Hispano-Americanos.
GARCÍA-BAQUERO, Antonio (1997), «Los resultados del libre comercio y «El punto de vista», una revisión desde la estadística», *Manuscrits. Revista d'Història Moderna*,15, pp. 303-322.
GARCÍA-CUENCA, Tomás (1990), «Algunas consideraciones sobre la tributación en el reinado de Carlos III», *Hacienda Pública Española*,Monografías, pp. 27-34.
GARCÍA-CUENCA, Tomás (1991), «El sistema impositivo y las rentas generales o de Aduanas en España en el siglo XVIII», *Hacienda Pública Española*, Monografías, pp. 59-74.
GARCÍA-ZÚÑIGA, Mario, Isabel MUGARTEGUI y Joseba de la TORRE (1991), «Evolución de la carga tributaria en la España del setecientos», *Hacienda Pública Española*, 1, pp. 81-91.
GARZÓN PAREJA, Manuel (1980), *La Hacienda de Carlos II*. Madrid, Instituto de Estudios Fiscales.
GASCH, Emili y Jacint ROS HOMBRAVELLA (1974), «Les relacions econòmiques de Catalunya amb l'exterior, amb un estudi especific dels fluxes financers públics», en AA.VV., pp. 587-6
GERMÁN, Luis, Enrique LLOPIS, Jordi MALUQUER y Santiago ZAPATA (eds.) (2001), *Historia económica regional de España, siglos XIX y XX*, Barcelona, Crítica.
GHEMAWAT, Pankaj (2011), «El precio de una frontera», *La Vanguardia*, 19 de junio de 2011.
GIL ARAÚJO, Sandra (2006), *Las argucias de la integración. Construcción nacional y gobierno de lo social a través de las políticas de integración de inmigrantes. Los casos de Cataluña y Madrid*, Tesis Doctoral, Universidad Complutense de Madrid.
GÓMEZ MENDOZA, Antonio, Carles SUDRIÀ y Javier PUEYO (2007), *Electra y el Estado. La intervención pública en la industria eléctrica bajo el franquismo*, 2 vols. Madrid, Comisión Nacional de la Energía y Thomson-Civitas.
GONZÁLEZ CALBET, María Teresa (1987), *La dictadura de Primo de Rivera, el Directorio Militar*, Madrid, El Arquero.
GRAU, Ramón y Marina LÓPEZ (1988), «El creixement demogràfic catalá al segle XVIII, la polémica Vilar-Nadal», *Recerques*, 21, pp. 51-69.
GUARNER, Vicente (1975), *Cataluña en la guerra de España*, Madrid, G. del Toro.
GÜELL, Maia, José V. RODRÍGUEZ MORA y Christopher I. TELMER (2014), *Intergenerational Mobility and the Informational Content of Surnames*, Madrid, Documento de Trabajo FEDEA 2014-01.
GUTIÉRREZ CALVO, Vera y José Manuel ROMERO (2013), «El enigma de las "nacionalidades"», *El País*, 6 diciembre.

GUTIÉRREZ MEDINA, María Luisa (1994), *La España Industrial, 1847-1853. Un modelo de innovación tecnológica*, Tesis Doctoral, Universidad de Barcelona.
GUTIÉRREZ SEBARES, José Antonio y Francisco Javier MARTÍNEZ GARCÍA(eds.) (2013), *Cinco estudios sobre crisis económicas en la historia de España*, Santander, Fundación UCEIF (Cuadernos de Investigación UCEIF, 10).
HAMILTON, Earl J. (1947), *War and Prices in Spain 1651-1800*, Cambridge, Mass., Harvard University Press.
HARING, Clarence H. (1918), *Trade and Navigation between Spain and the Indies in the Time of the Hapsburgs*, Cambridge, Harvard University Press.
HARLEY, C.Knick (1998), «Cotton textile prices and the industrial revolution», *Economic History Review*, 51, pp. 49-83.
HAU, Michel y Clara E. NÚÑEZ (eds.) (1998), *De-industrialisation in Europe, 19th-20th centuries*, Sevilla, Universidad de Sevilla.
HECKSCHER, Eli F. (1964), *The Continental System. An Economic Interpretation*, Gloucester, Mass., Peter Smith.
HERAS, Pedro A. (2009), *La España raptada. La formación del espíritu nacionalista*, Barcelona, Áltera
HERNÁNDEZ, Bernardo (1997), «La opinión castellana sobre Cataluña en el siglo XVI», *Historia Social*, 29, pp. 3-20.
HERNÁNDEZ ANDREU, Juan (1981), «La polémica Cambó-Calvo Sotelo sobre la valoración de la peseta», *Hacienda Pública Española*, 69, pp. 291-302.
IBAÑEZ, Alberto G. y Ramón MARCOS ALLO (coords.) (2014), *A favor de España. El coste de la ruptura*, Madrid, La Esfera de los Libros.
INFORMACIÓN *sobre el Derecho diferencial de bandera y sobre los de aduanas exigibles a los hierros, el carbón de piedra y los algodones presentada al gobierno de su majestad por la comisión nombrada al efecto en real decreto de 10 de noviembre de 1865. Tomo IV, Algodones* (1867). Madrid, Imprenta Nacional.
INSTITUT D'ESTUDIS AUTONÒMICS (1997), *La balança de pagaments de Catalunya, una aproximació als fluxos econòmics amb la resta d'Espanya i l'estranger, 1993-1994*, Barcelona (estudio coordinado por Martí Parellada).
INSTITUT D'ESTUDIS CATALANS (1983), *Els fluxos econòmics de Catalunya amb la resta d'Espanya i la resta del món. La balança de pagaments de Catalunya 1975*, Barcelona (estudio dirigido por Antoni Castells y Martí Parellada).
INSTITUTO DE ECONOMÍA DE LA EMPRESA (1968), *El desarrollo industrial de Cataluña*, Barcelona.
INSTITUTO NACIONAL DE ESTADÍSTICA (1980), *Censo industrial de España 1978. Establecimientos industriales. Serie regional. Cataluña*.
INSTITUTO NACIONAL DE ESTADÍSTICA (varios años), *Censo de la Población española*.
INSTITUTO NACIONAL DE ESTADÍSTICA (varios años), *Estadística de Variaciones Residenciales*.

BIBLIOGRAFIA

IZARD, Miguel (1974), «Comercio libre, guerras coloniales y mercado americano», en Nadal y Tortella (eds.), pp. 295-321.
IZARD, Miguel (1979), *Manufactureros industriales y revolucionarios*, Barcelona, Crítica.
JASZI, Oscar (1961), *The Dissolution of the Habsburg Monarchy*. Chicago, The University of Chicago Press.
JELENSKY, Konstanti A. (ed.) (1962), *History and Hope. Progress in Freedom.The Berlin Conference of 1960*, Londres, Routledge & Kegan Paul.
JULIÁ, Santos, Javier PRADERA, y Joaquín PRIETO (1996), *Memoria de la transición*, Madrid, Taurus.
JUNQUERAS, Oriol (1998), *Els catalans i Cuba*. Barcelona, Proa.
JUTGLAR, Antoni (1984), *Historia crítica de la burguesía en Cataluña*, Barcelona, Anthropos.
KAMEN, Henry (1993), *The Phoenix and the Flame. Catalonia and the Counter Reformation*, Londres y New Haven, Yale University Press.
KAMEN, Henry (2014), *España y Cataluña. Historia de una pasión*, Madrid, La Esfera de los Libros.
KANN, Robert A. (1980), *A History of the Habsburg Empire, 1526-1918*, Berkeley, University of California Press.
KEYNES, John M. (1963 [1931]), *Essays in Persuasion*, Nueva York, W.W. Norton & Company Inc.
KEYNES, John M. (2000 [1923]), *A Tract on Monetary Reform*, Nueva York, Prometheus Books.
KOTZ, D. M. (2015), *The Rise and Fall of Neoliberal Capitalism*, Cambridge, Mass., Harvard University Press.
LAMIKIZ, Xabier (2007), «Patrones de comercio y flujo de información comercial entre España y América durante el siglo XVIII», *Revista de Historia Económica*, 25, 2, pp. 231-258.
LAPESA, Rafael (1962), *Historia de la lengua española*, Madrid, Escelicer.
LAPESA, Rafael (1973), «Prólogo. Sobre el origen de la palabra "español"» en Castro, pp. 11-16.
LARRAZ, José (1932), *La Hacienda pública y el estatuto catalán*, Madrid, Ibérica.
LINZ, Juan J. (1973), «Early State Building and Late Peripheral Nationalism against the State. The Case of Spain», en Eisenstadt y Rokkan (eds.), pp. 2-116.
LINZ, Juan J. et al.(2005), «Elecciones y política», en Carreras y Tafunell (coords.), pp.1027-1154.
LLOMBART, Vicente (1994), «La política económica de Carlos III, ¿Fiscalismo, cosmética o estímulo al crecimiento?», *Revista de Historia Económica*, 12, 1, pp. 11-39.
LLOPIS, Enrique (1986), «El agro castellano en el siglo XVII, ¿depresión o reajustes y readaptaciones?», *Revista de Historia Económica*,4, pp. 11-37.
LLOPIS, Enrique (2004), «El crecimiento de la población española, 1700-1849, índices regionales y nacional de bautismos», *AREAS, Revista Internacional de Ciencias Sociales*, 24, pp.9-24
LLOPIS, Enrique (2013), «España entre la Revolución Francesa y la Era Ferroviaria, convulsiones, crisis y crecimiento económico», en Gutiérrez Sebares y Martínez García (eds.), pp. 60-128.

LLOPIS, Enrique y Carlos MARICHAL (eds.) (2009), *Latinoamérica y España, 1800-1850. Un crecimiento económico nada excepcional*, Madrid, Marcial Pons/ Instituto Mora
LLUCH, Ernest (1973), *El pensament econòmic a Catalunya, 1760-1840, els orígenes ideològics del proteccionisme i la presa de conciència de la burguesia catalana*, Barcelona, Edicions 62.
LLUCH, Ernest (1999), *Las Españas vencidas del siglo XVIII, claroscuros de la Ilustración*, Barcelona, Grijalbo.
LLUCH, Ernest et al. (1962), «La balanza comercial interior de Cataluña», *Información Comercial Española*, 241, pp. 291-299.
LÓPEZ BALLESTEROS, Romualdo (1863), *Informe dado por el Ilustrísimo Señor Don..., Director General de Aduanas y Aranceles, a consecuencia de la Real Orden de 7 de mayo de 1862 encargandole que visitase la Exposición Internacional de Londres y los principales establecimientos fabriles extranjeros*, Madrid, Imprenta Nacional.
LÓPEZ CASASNOVAS, Guillem (2013), «Balanzas fiscales, las verdades del barquero», *El País*, 2 julio.
LÓPEZ-MORELL, Miguel A. (2013), *The House of Rothschild in Spain, 1812-1941*, Farnham, Ashgate.
LOVETT, Gabriel H. (1965), *Napoleon and the birth of modern Spain. Vol. I. The Challenge to the Old Order*, Nueva York, New York University Press.
LÜTHY, Herbert (1962), «A Rehabilitation of Nationalism?», en Jelensky (ed.), pp. 85-99.
LYNCH, John (1964), *Spain under the Habsburgs. I. Empire and Absolutism, 1516-1598*, Oxford, Basil Blackwell.
LYNCH, John (1969), *Spain under the Habsburgs. II. Spain and America, 1598-1700*, Nueva York, Oxford University Press.
MACHIAVELLI, Niccolò (1994 [1515]), *Il Principe*. Milano, Rizzoli Libbri.
MADDISON, Angus (2001), *The World Economy. A Millennial Perspective*, París, OECD.
MALO DE MOLINA, Jose L. (2005), *Una larga fase de expansión de la economía española*, Madrid, Documentos Ocasionales Banco de España 0505.
MALO DE MOLINA, José L. y Pablo MARTÍN ACEÑA (eds.) (2011), *Un siglo de historia del sistema financiero español*, Madrid, Alianza.
MALUQUER, Jordi (1974), «El mercado colonial antillano en el siglo XIX», en Nadal y Tortella (eds.), pp. 322-357.
MALUQUER, Jordi (1998), *Història econòmica de Catalunya, segles XIX i XX*, Barcelona, Universitat Oberta de Catalunya.
MALUQUER, Jordi (2001), «Cataluña, avanzada de la industrialización», en Germán, Llopis, Maluquer y Zapata (eds.), pp. 357-389.
MALUQUER, Jordi (2011), «El turismo, motor fundamental de la economía de Cataluña, 1951-2010», *Historia Contemporánea*, 42, pp. 347-399.
MANENT, Albert (2003), *Fèlix Millet i Maristany. Líder cristià, mecenes catalanista*, Barcelona, Proa.
MARÍAS, Julián (1978), «Nación y "nacionalidades"», *El País*, 15 enero.
MARTÍ ESCAYOL, Maria Antònia (2002), «Industria, medicina i química a la Barcelona del fins del segle XVIII. El tintatge i la introducció del carbó mineral des d'una perspectiva ambiental», *Recerques*, 44, pp. 5-20.

BIBLIOGRAFIA

MARTÍN ACEÑA, Pablo (2006), «El Banco de España y el sistema financiero, 1914-1962», en Banco de España (ed.), pp. 135-164.
MARTÍN ACEÑA, Pablo y Francisco COMÍN (1990), «La acción regional del Instituto Nacional de Industria, 1941-1976», en Nadal y Carreras (dirs.), pp. 379-419.
MARTÍN ACEÑA, Pablo y Francisco COMÍN (1991), *INI. 50 años de industrialización en España*, Madrid: Espasa-Calpe.
MARTÍNEZ SHAW, Carlos (1981), *Cataluña en la carrera de Indias, 1680-1756*. Barcelona, Crítica.
MARTÍNEZ SHAW, Carlos (1980), «Cataluña y el comercio con América, el fin de un debate», *Boletín Americanista*, 30, pp. 223-236.
MARTÍNEZ SHAW, Carlos (1985), «La Cataluña del siglo XVIII bajo el signo de la expansión», en Fernández (ed.), pp. 55-131.
MARX, Karl y Friedrich ENGELS, (1960), *Revolución en España*, Barcelona, Ariel [artículos publicados por los autores entre 1854 y 1873]
MAS, Artur (2015), «A los españoles», *El País*, 6 de septiembre de 2015.
MAS, Matilde, Francisco PÉREZ y Ezequiel URIEL (dirs.) (2015), *Capital público en España, evolución y distribución territorial, 1900-2012*, Bilbao, Fundación BBVA.
MATEOS DORADO, Dolores (1990), «La Única Contribución y el Catastro durante la época carolina», *Hacienda Pública Española, Monografías*, 2, pp. 47-57.
MATILLA TASCÓN, Antonio (1947), *La única contribución y el Catastro de la Ensenada*, Madrid, Servicio de Estudios de la Inspección General del Ministerio de Hacienda.
MAUDOS, Joaquín y Juan F. FERNÁNDEZ DE GUEVARA (2014), *Endeudamiento de las empresas españolas en el contexto europeo, el impacto de la crisis*, Bilbao, Fundación BBVA.
MC DONOGH, Gary W. (1989), *Las buenas familias de Barcelona. Historia social del poder en la era industrial*, Barcelona, Omega.
MERCADER, Juan (1947), «La anexión de Cataluña al Imperio francés (1812-1814)», *Hispania*, pp. 125-141.
MERCADER, Juan (1985), *Felip V i Catalunya*, Barcelona, Edicions 62.
MERINO, José Patricio (1987), *Las cuentas de la Administración central española, 1750-1820*, Madrid, Instituto de Estudios Fiscales.
MESEGUER, P. (2012), *El setge de Barcelona de 1651-1652, la ciutat comtal entre dues corones*, Tesis Doctoral, Barcelona, Universitat Autònoma de Barcelona.
MISKIMIN, Harry A. (1975), *The Economy of Early Renaissance Europe, 1300-1460*, Cambridge, Cambridge University Press.
MISKIMIN, Harry A. (1977), *The Economy of Later Renaissance Europe, 1460-1600*, Nueva York, Cambridge University Press.
MITCHELL, Brian D. (1988), *British Historical Statistics*, Cambridge, Cambridge University Press.
MOLAS, Isidre (1972a), *El catalanismo hegemónico, Cambó y el Centro Constitucional*, Barcelona, A. Redondo.
MOLAS, Isidre (1972b), *Lliga Catalana*, Barcelona, Edicions 62.
MOLINERO, Carme y Pere YSÀS, (2014), *La cuestión catalana*, Barcelona, Planeta.

MORALES, Antonio (coord.) (1998), *Las bases políticas, económicas y sociales de un régimen en transformación (1759-1834)*, vol. 30 de la Historia de España de Ramón Menéndez Pidal (dir. José María Jover Zamora), Madrid, Espasa-Calpe.
MORALES, Antonio (ed.) (2014), *1714. Cataluña en la España del siglo XVIII*, Madrid, Ediciones Cátedra.
MORALES, Antonio, Juan P. FUSI y Andrés de BLAS (dirs.) (2013), *Historia de la nación y del nacionalismo español*, Barcelona, Fundación Ortega-Marañón y Galaxia Gutenberg.
MORI, Arturo (1932), *Crónica de las Cortes Constituyentes de la Segunda República Española*. Vols. 6 (incluye «El Estatuto de Cataluña, debate sobre la totalidad») y 7 (incluye «El articulado del Estatuto de Cataluña, su aprobación definitiva»), Madrid, M. Aguilar.
MORILLA, José, Juan HERNÁNDEZ ANDREU, José Luis GARCÍA RUIZ, y José María ORTIZ-VILLAJOS (eds.) (2010), *Las claves del desarrollo económico y social. Homenaje a Gabriel Tortella*. Madrid, LID/Universidad de Alcalá.
MORISON, Samuel E. (1972), *The Oxford History of the American People. II. 1789-1877*, Nueva York, Mentor.
MÚÑOZ, Juan (1988), *El fracaso de la burguesía financiera catalana, la crisis del Banco de Barcelona*, Madrid, Endymion.
MYERS, A.R. (1975), *Parliaments and Estates in Europe to 1789*, Londres, Thames & Hudson.
NADAL FARRERAS, Joaquín (1971), *La introducción del Catastro en Gerona, contribución al estudio del régimen fiscal de Cataluña en tiempos de Felipe V*, Barcelona, Cátedra de Historia General de España.
NADAL FARRERAS, Joaquim y Philippe WOLFF (eds.) (1992), *Historia de Cataluña*, Barcelona, Oikos-Tau.
NADAL FARRERAS, Joaquim et al. (1986), *El Memorial de Greuges i el Catalanisme politic*, Barcelona, La Magrana y Ajuntament de Barcelona
NADAL, Jordi (en colaboración con Emilio Giralt) (1953), «Ensayo metodológico para el estudio de la población catalana de 1553 a 1717», reproducido en Nadal (1992a), pp. 3-48.
NADAL, Jordi (1956), «El "redreç" demográfico de Cataluña en el siglo XVI», reproducido en Nadal (1992a), pp. 49-53.
NADAL, Jordi (1967), «Denominación de las personas en Cataluña desde el siglo XVII y la correspondiente redacción de las Actas de los Hechos Vitales», reproducido en (1992a), pp. 89-94.
NADAL, Jordi (1975), *El fracaso de la revolución industrial en España, 1814-1913*. Barcelona, Ariel.
NADAL, Jordi (1982), «La población catalana a lo largo del último milenio», reproducido en Nadal (1992a), pp. 95-121.
NADAL, Jordi (1984), *La población española (siglos XVI a XX)*, ed. corregida y aumentada, Barcelona, Ariel.
NADAL, Jordi (1988), «La población española durante los siglos XVI, XVII y XVIII. Un balance a escala regional», en Pérez Moreda y Reher (eds.), pp. 38-51.

BIBLIOGRAFIA

NADAL, Jordi (1991), «L'indústria cotonera», en Nadal *et al.* (1988-1994), pp. 13-85.
NADAL, Jordi (1992a), *Bautismos, desposorios y entierros. Estudios de historia demográfica*, Barcelona, Ariel
NADAL, Jordi (1992b), «Cataluña, la fábrica de España. La formación de la industria moderna en Cataluña», en Jordi Nadal (ed.), *Moler, tejer y fundir. Estudios de historia industrial*, Barcelona, Ariel, pp. 84-154.
NADAL, Jordi (1999), «Industria sin industrialización», en Anes, pp. 183-222.
NADAL, Jordi (2011), *España en su cenit (1516-1598). Un ensayo de interpretación*. Barcelona, Crítica.
NADAL, Jordi (dir.) (2003), *Atlas de la industrialización de España, 1750-2000*, Barcelona, Fundación BBVA y Crítica.
NADAL, Jordi *et al.* (1988-1994), *Història econòmica de la Catalunya contemporània*, 6 vols., Barcelona, Enciclopèdia Catalana.
NADAL, Jordi y Albert CARRERAS (dirs.) (1990), *Pautas regionales de la industrialización española, siglos XIX y XX*, Barcelona, Ariel.
NADAL, Jorge y Emilio GIRALT (1963), «Barcelona en 1717-1718. Un modelo de sociedad pre-industrial», en Álvarez de Cienfuegos, pp. 277-305.
NADAL, Jordi y Carles SUDRIÀ (1993), «La controversia en torno al atraso económico español en la segunda mitad del siglo XIX, 1860-1913», *Revista de Historia Industrial*, 3, pp. 192-227.
NADAL, Jordi y Gabriel TORTELLA (eds.) (1974), *Agricultura, comercio colonial y crecimiento económico en la España Contemporánea*, Barcelona, Ariel.
NADAL, Jordi, Albert CARRERAS y Carles SUDRIÀ (comps.) (1994), *La economía española en el siglo XX. Una perspectiva histórica*, Barcelona, Ariel.
NAPIER, William (1979), *History of the War in the Peninsula*, Chicago and London, The University of Chicago Press.
NAVAS, Manuel y Carles SUDRIÀ (2008), «La crisi financera de 1866 a Barcelona. Una revisió», *Recerques*, 55, pp. 35-72.
NICOLAU, Roser (2005), «La población», en Carreras y Tafunell, I, pp. 77-155.
NORVINS, M. (1834), *Histoire de Napoleón*, 4 vols., París, Furne et Cie Éditeurs.
NÚÑEZ, Clara E. (1992), *La fuente de la riqueza. Educación y desarrollo económico en la España contemporánea*, Madrid, Alianza Editorial.
NÚÑEZ, Clara E. (2005), «Educación», en Carreras y Tafunell, pp. 155-244.
NÚÑEZ, Clara E. (en curso), *Manuales escolares de Historia de España*.
NÚÑEZ, Clara Eugenia y Gabriel TORTELLA (2014), «Más de quinientos años juntos: síntesis de la evolución histórica de Cataluña y el País Vasco», en Ibáñez y Marcos Allo (coords.), pp. 65-92.
OLIVER, Josep (2007), «Cataluña, 1994-2007, una economía en transición», en AA.VV., pp. 33-71.
OLSON, Mancur (1982), *The Rise and Decline of Nations. Economic Growth, Stagflation, and Social Rigidities*.New Haven, Conn., Yale University Press.
ORTEGA Y GASSET, José (1954[1930]), *La rebelión de las masas*, Madrid, Revista de Occidente.

OSSORIO, Ángel (2010 [1943]), *Vida y sacrificio de Companys*, 3ª ed., Barcelona, Generalitat de Catalunya.
PABÓN, Jesús (1952), *Cambó, 1876-1918*, Barcelona, Editorial Alpha.
PABÓN, Jesús (1969), *Cambó. II*. 2 vols. *(Parte Primera, 1918-1930 y Parte Segunda, 1930-1947)*, Barcelona, Editorial Alpha.
PAREJO, Antonio (2004), «La industrialización de las regiones españolas durante la Primera y la Segunda Revolución Tecnológica. Andalucía, Cataluña, País Vasco, 1830-1975», *Revista de Historia Económica*, 3, pp. 669-706.
PAREJO, Antonio, Carles MANERA y Ramón MOLINA (2015), «Datos complementarios del índice de producción industrial de Baleares, 1850-2007», *Revista de Historia Industrial*, 58, pp. 161-214.
PARELLADA, Martí y Montserrat ÁLVAREZ (2007), «El comercio de Cataluña con el extranjero», en AA.VV., pp. 241-272.
PARKER, Geoffrey (2013), *Global crisis, war, climate change and catastrophe in the seventeenth century*, New Haven y Londres, Yale University Press.
PARRA, Emilio la (ed.) (2010), *La Guerra de Napoleón en España. Reacciones, imágenes, consecuencias*, Alicante, Universidad de Alicante y Casa de Velázquez.
PASCUAL, Pere (1999), *Los caminos de la era industrial. La construcción y financiación de la Red Ferroviaria Catalana, 1843-1898*, Barcelona, Universitat de Barcelona.
PÉREZ MOREDA, Vicente (1985), «La modernización demográfica, 1800-1930», en Sánchez-Albornoz (ed.), pp. 25-62.
PÉREZ MOREDA, Vicente (1993), «La población española», en Artola (dir.), pp. 345-431.
PÉREZ MOREDA, Vicente (2010), «Las crisis demográficas del periodo napoleónico en España», en Parra (ed.), pp. 305-332.
PÉREZ MOREDA, Vicente y David S. REHER (eds.) (1988), *Demografía Histórica en España*, Madrid, Ediciones El Arquero.
PÉREZ SAMPER, M. de los Ángeles (1973), *Barcelona, Corte. La visita de Carlos IV en 1802*, Barcelona, Publicaciones de la Cátedra de Historia General de España.
PERICAY, Xavier (2009), *Filología catalana. Memorias de un disidente*, Sevilla, Ediciones Barataria.
PERPIÑÁ, Román (1989), *D'economia catalana i mundial, textos en català, 1926-1986*, Barcelona, Alta Fulla.
PHILLIPS, Carla Rahn (1987), «Time and Duration, A Model for the Economy of Early Modern Spain», *The American Historical Review*, 92, 3, pp. 531-562.
PI I SUNYER, Carles (1927), *L'aptitud econòmica de Catalunya*, 2 vols., Barcelona, Barcino.
PI I SUNYER, Carles (1959 [1931]), *El comerç de Catalunya amb Espanya*, México, El Club del Llibre Català.
PI Y MARGALL, Francisco y Francisco PI Y ARSUAGA (1902), *Historia de España en el siglo XIX. Sucesos políticos, económicos, sociales y artísticos, acaecidos durante el mismo. Detallada narración de sus acontecimientos y extenso juicio crítico de sus hombres*, 7 vols., Barcelona, Miguel Seguí Editor.

BIBLIOGRAFIA

PLAZA PRIETO, Juan (1976), *Estructura económico de España en el siglo XVIII*. Madrid, CECA.
POLO, Clemente (2013), «El peso de las exportaciones en la economía catalana», en Amat *et al.*, pp. 65-83.
POLO, Clemente (2014), «Panorámica del argumentario economicista a favor de la independencia de Cataluña, mitos y realidad», en Fuente y Polo, pp. 31-94
POWELL, Charles (2001), *España en democracia, 1975-2000*, Barcelona, Plaza y Janés.
PRADOS DE LA ESCOSURA, Leandro (1983), «Producción y consumo de tejidos en España, 1800-1913: primeros resultados», en Anes, Rojo y Tedde (eds.), pp. 455-471.
PRADOS DE LA ESCOSURA, Leandro (1984), «El comercio hispano-británico en los siglos XVIII y XIX», *Revista de Historia Económica*, 2, 2, pp. 113-162.
PRADOS DE LA ESCOSURA, Leandro (1993), «La pérdida del imperio y sus consecuencias económicas en España», en Prados de la Escosura y Amaral (eds.), pp. 253-300.
PRADOS DE LA ESCOSURA, Leandro y AMARAL, Samuel (eds.) (1993), *La independencia americana, consecuencias económicas*, Madrid, Alianza Editorial.
PRADOS DE LA ESCOSURA, Leandro y Gabriel TORTELLA (1983), «Tendencias a largo plazo del comercio exterior español (1714-1913)», *Revista de Historia Económica*, 1, 2, pp. 353-367.
PRAT DE LA RIBA, Enric (1998 [1906]), *La nacionalidad catalana/La nacionalitat catalana*. Madrid, Biblioteca Nueva.
PRAT, Marc y Raimon SOLER (2002), «La formación de redes comerciales y el fracaso de la penetración internacional de los tejidos catalanes, 1850-1930», *Revista de Historia Industrial*, 21, pp. 201-225.
PUGÉS, Manuel (1931), *Como triunfó el proteccionismo en España. La formación de la política arancelaria española*, Barcelona, Editorial Juventud.
PUIG, Núria (2006), «La empresa en Cataluña, identidad, supervivencia y competitividad en la primera región industrial de España», en García Ruiz y Manera (dirs.), pp. 27-56.
PUJOL MARIGOT, Rafael (1975), «Las relaciones económicas entre Cataluña y el resto de España», *Cuadernos de Economía*, 3, pp. 450-494.
PUJOL, Jordi (1976), *La immigració, problema i esperança de Catalunya*, Barcelona, Nova Terra.
PUJOL, Jordi (2000), *Ante el gran reto de la inmigración, Casino de Madrid 4 de julio de 2000*, Barcelona, Departament de la Presidencia, Generalitat de Catalunya.
PUJOL, Jordi (2002), «Cataluña, tierra de acogida», en AA.VV.
QUIROGA, Gloria (1999), *El papel alfabetizador del Ejército de Tierra español (1893-1954)*, Madrid, Ministerio de Defensa.
[LA] REFORMA Arancelaria y los Tratados de Comercio (1890), 6 vols., Madrid, Establecimiento Tipográfico Sucesores de Rivadeneyra.
REGLÁ, Juan (1966), «El bandolerismo en la Cataluña del barroco», *Saitabi*, 16, pp. 149-160.

REGLÁ, Juan (1974), *Historia de Cataluña*, Madrid, Alianza.
REINHART, Carmen M. y Kenneth S. ROGOFF (2011), *This Time is Different. Eight Centuries of Financial Folly*, 13ª ed. Princeton, Princeton University Press.
RINGROSE, David (1987), *Imperio y península. Ensayos sobre historia económica de España (siglos XVI-XIX)*, Madrid, Siglo XXI.
RÍOS, Pere (2015), *Banca Catalana, caso abierto. Lo que no se contó del escándalo que enriqueció a Jordi Pujol*, Barcelona, Península.
RIQUER, Borja de (1979), *Regionalistes i nacionalistas, 1898-1939*, Barcelona, Dopesa.
RIQUER, Borja de (1997), *El último Cambó, 1936-1947. La tentación autoritaria*. Barcelona, Grijalbo.
RIQUER, Borja de (2004), *Història de Catalunya*, Vol. 9 («La Catalunya autonómica, 1975-2003, primera part»), Barcelona, Edicions 62.
RIQUER, Borja de y Jordi MALUQUER (2004), *Història de Catalunya*, Vol. 10 («La Catalunya autonòmica, 1975-2003, segona part»), Barcelona, Edicions 62.
RIQUER, Borja de y ALBAREDA, Joaquim (2013), «Todo vale contra el catalanismo», *El País*, 26 octubre.
RODRIGO, Martín (2009), «Cataluña y el colonialismo español, 1868-1899», en Calatayud, Millán y Cruz Romero (eds.), pp. 315-356.
RODRIGUEZ MORA, José V. (2014), «Los costes económicos de una posible ruptura», en Ibáñez y Marcos Allo (coords.), pp. 113-157.
ROMERO-MAURA, Joaquín (1975), *«La rosa de fuego». El obrerismo barcelonés de 1899 a 1909*, Barcelona, Grijalbo.
RONCAGLIOLO, Santiago (2015), «Perdiéndonos la fiesta», *El País*, 23 julio.
ROS HOMBRAVELLA, Jacint (1991), *Catalunya, una economia decadent?*, Barcelona, Barcanova.
ROS HOMBRAVELLA, Jacint (2009), *Més val sols... La viabilitat econòmica de la independència de Catalunya*, Barcelona, Dèria.
ROS HOMBRAVELLA, Jacint y Antoni MONTSERRAT (1967), *L'aptitud financera de Catalunya*, Barcelona, Edicions 62.
ROSÉS, Joan R. (2001), «La competitividad internacional de la industria algodonera catalana», *Revista de Historia Económica*, XIX, pp. 85-109.
ROSÉS, Joan R., Julio MARTÍNEZ-GALARRAGA y Daniel A. TIRADO (2010), «The upswing of regional income inequality in Spain (1860-1930)», *Explorations in Economic History*, 47, 2, pp. 244-257.
ROSS, David (2014), *Scotland. History of a Nation*, Broxburn (Escocia), Lomond.
ROYES, Adrià (1999), *El Banc de Terrassa en el marc de la decadència bancària catalana, 1881-1924*, Barcelona, Proa.
SABATÉ, Flocel (2009), «Catalunya Medieval», en Balcells (dir.), pp. 99-334.
SALA I MARTIN, Xavier (2012a), «Dos imágenes que demuestran que Catalunya independiente estará en la UE», Barcelona, Colectivo Wilson.
SALA I MARTIN, Xavier (2012b), «Soberanía e inversión extranjera», Barcelona, Colectivo Wilson.
SALRACH, Josep M. (1980), «La Corona de Aragón», en Tuñón de Lara (dir.), IV, pp. 199-364.

SANABRE, José (1956), *La acción de Francia en Cataluña en la pugna por la hegemonía de Europa, 1640-1659*, Barcelona, Real Academia de Buenas Letras de Barcelona.
SÁNCHEZ [SUÁREZ], Alejandro (1988), *La formación de una política económica prohibicionista en Cataluña, 1760-1840*, Lérida. Quaderns del Departament de Geografia i Història de l'Estudi General de Lleida.
SÁNCHEZ [SUÁREZ], Alejandro (1996), «La empresa algodonera en Cataluña antes de la aplicación del vapor, 1783-1832», en Comín y Martin Aceña (eds.), pp. 154-170.
SÁNCHEZ, Alex (2000), «Los inicios del sistema fabril en la industria algodonera catalana, 1797-1839», *Revista de Historia Económica*, 3, pp. 485-523.
SÁNCHEZ-ALBORNOZ, Claudio (1956), *España, un enigma histórico*, 2 vols., Buenos Aires, Editorial Sudamericana.
SÁNCHEZ-ALBORNOZ, Nicolás (1963), «La crisis de 1866 en Barcelona (Notas para su estudio)», en Álvarez de Cienfuegos, pp. 419-436.
SÁNCHEZ-ALBORNOZ, Nicolás (1968), «El trasfondo económico de la Revolución», *Revista de Occidente*, 67, pp. 39-63.
SÁNCHEZ-ALBORNOZ, Nicolás (1977), *España hace un siglo, una economía dual*, nuevo texto, revisado y ampliado, Madrid, Alianza Editorial.
SÁNCHEZ-ALBORNOZ, Nicolás (ed.) (1985), *La modernización económica de España 1830-1930*, Madrid, Alianza Editorial.
SANROMÁ, Joaquín María (1887), *Mis Memorias*, 2 vols., Madrid, Tipografía de Manuel G. Hernández.
SARD, Andrés (1884), *Comparación entre el actual estado de desarrollo de la industria algodonera en Inglaterra y el de la propia industria en España*, trabajo leído por su autor, D. Andrés de Sard, ante las Juntas Directiva y Consultiva del Instituto de Fomento del Trabajo Nacional de Barcelona el día 20 de noviembre de 1884.
SARDÀ, Joan y BELTRAN, Lluc (1933), *Els problemes de la banca catalana*, Barcelona, Institut d'Investigacions Econòmiques.
SAYAS ABENGOCHEA, José L. y Luis A. GARCÍA MORENO (eds.) (1981) *Romanismo y germanismo. El despertar de los pueblos hispánicos (Siglos IV-X)*, Barcelona, Labor.
SCHURTZ, William L. (1939), *The Manila Galleon*, Nueva York, Dutton.
SEGURA, Antoni (coord.) (2001), *Els llibres d'història, l'ensenyament de la història i altres històries*, Barcelona, Fundación Bofill, Finestra Oberta 22.
SERRA, Eva (1969), *La guerra dels Segadors*, 2ª ed., Barcelona, Bruguera.
SERRA, Eva (1975) «Evolució d'un patrimoni nobiliari català als segles XVII i XVIII. El patrimoni nobiliari dels Sentmenat», *Recerques*, 5, pp. 33-71.
SERRA, Eva (1988), «Notes sobre l'esforç català a la campanya de Salses, juliol 1639, gener 1640», en *Homenatge al Doctor Sebastià Garcia Martínez*, II, Valencia, Universitat de València y Generalitat Valenciana, pp. 7-28.
SERRANO SANZ, José María (1987), *El viraje proteccionista en la Restauración. La política comercial española, 1875-1895*, Madrid, Siglo XXI.
SERVICIO SINDICAL DE ESTADÍSTICA (1967), *Directorio de empresas con más de 100 productores*, Madrid.
SIMON, Antoni (2009), «Catalunya Moderna», en Balcells (dir.), pp. 335-585.

SOBREQUÉS, Jaume (2011), *L'onze de Setembre i Catalunya. Guerra, resistencia i repressió*, Barcelona, Editorial Base.
SOLDEVILA, Ferran (1952-1959), *Historia de España*, 8 vols., Barcelona, Ariel.
SOLDEVILA, Ferran (1973), *Síntesis de historia de Cataluña*, Barcelona, Ediciones Destino.
SOLÉ, Josep M. (1985), *La repressió franquista a Catalunya, 1938-1953*, Barcelona, Edicions 62.
SOLÉ, Josep M. (1998), «Prólogo» en Junqueras.
SOLÉ TURA, Jordi (1967), *Catalanisme i revolució burguesa. La síntesi de Prat de la Riba*, Barcelona, Edicions 62.
SOLÉ TURA, Jordi (1970), *Catalanismo y revolución burguesa*, Madrid, Cuadernos para el Diálogo.
SOLÉ TURA, Jordi (1984), «El respeto a Pujol y la querella contra Banca Catalana», *El País*, 27 de mayo.
SUDRIÀ, Carles (1982), «Desarrollo industrial y subdesarrollo bancario en Cataluña, 1844-1950», *Investigaciones Económicas*, 18, pp. 137-176.
SUDRIÀ, Carles (1983) «La exportación en el desarrollo de la industria algodonera española, 1875-1920», *Revista de Historia Económica*, 1, 2, pp. 369-386.
SUDRIÀ, Carles (2007), «La banca catalana en los años de entreguerras y el debate sobre la decadencia. Una revisión», *Revista de la Historia de la Economía y de la Empresa*, 1, pp. 269-287.
SUDRIÀ, Carles (2013), «La crisis de 1866. El Estado, los ferrocarriles y los bancos», en Gutiérrez Sebares y Martínez García (eds.), pp. 129-164.
SUDRIÀ, Carles (2014), «Las crisis bancarias en España, una perspectiva histórica», *Estudios de Economía Aplicada*, 2, pp. 473-495.
SUREDA, José Luis (1949), *La Hacienda castellana y los economistas del siglo XVII*, Madrid, Consejo Superior de Investigaciones Científicas.
SYLLA, Richard, Richard TILLY y Gabriel TORTELLA (eds.) (1999), *The State, the Financial System, and Economic Modernization*, Cambridge, Cambridge University Press
TALLADA, José M. (1944), *Barcelona económica y financiera en el siglo XIX*, Barcelona, Dalmau.
TAMAMES, Ramón (2014), *¿A dónde vas Cataluña? Cómo salir del laberinto independentista*, Barcelona, Península.
TAPIA, Juan (1998), *La II República y la quimera de la peseta, la excepción Carner*, Barcelona, Real Academia de Ciencias Económicas y Financieras.
TEDDE, Pedro (ed.) (1982), *La economía española al final del Antiguo Régimen. II. Manufacturas*, Madrid, Alianza/Banco de España.
TEDDE, Pedro (1998), «Una economía en transformación, de la Ilustración al Liberalismo», en Morales (coord.), pp. 333-424.
TEDDE, Pedro (1999), *El Banco de San Fernando (1829-1856)*, Madrid, Alianza Editorial/Banco de España.
TEDDE, Pedro (2009), «Oro y plata en España, un ensayo de cuantificación (1770-1850)», en Llopis y Marichal (eds.), pp. 211-252.
TEDDE, Pedro (2013), *La política financiera de la Monarquía ilustrada, 1760-1808, entre la moderación fiscal y la defensa del Imperio* (mecanografiado).

TEDDE, Pedro (2015), *El Banco de España y el Estado liberal (1847-1874)*, Madrid, Banco de España/Gadir Editorial.
TERMES, Rafael (1991), *Desde la banca. Tres décadas de vida económica española*. I, Madrid, Rialp.
THOMAS, Hugh (2004), *Rivers of Gold. The Rise of the Spanish Empire*, Londres, Phoenix.
THOMSON, J. K. J (1992), *A Distinctive Industrialization. Cotton in Barcelona, 1728-1832*, Cambridge, Cambridge University Press.
TIRADO, Daniel A., Jordi PONS, Elisenda PALUZIE y Julio MARTÍNEZ-GALARRAGA (2013), «Trade Policy and Wage Gradients, Evidence from a Protectionist Turn», *Cliometrica. Journal of Historical Economics and Econometric History*, 7, 3, pp. 295-318.
TORRAS, Jaime (1967), *La guerra de los agraviados*, Barcelona, Universidad de Barcelona.
TORRES, Xavier (2006), *La Guerra dels Segadors*, Lleida/Vic, Pagès/Eumo.
TORRES, Xavier (2008), *Naciones sin nacionalismo. Cataluña en la Monarquía Hispánica (siglos XVI-XVII)*, Valencia, Universitat de Valéncia.
TORTELLA, Gabriel (1964), «El desarrollo de la industria azucarera y la guerra de Cuba», *Moneda y Crédito*, 91, pp. 131-163.
TORTELLA, Gabriel (1970), «El Banco de España entre 1829-1929. La formación de un banco central», en Banco de España (ed.), pp. 261-313.
TORTELLA, Gabriel (1973), *Los orígenes del capitalismo en España. Banca, industria y ferrocarriles en el siglo XIX*, 1ª ed. Madrid, Tecnos.
TORTELLA, Gabriel (1975), *Los orígenes del capitalismo en España. Banca, Industria y Ferrocarriles en el siglo XIX*, 2ª ed., Madrid. Tecnos.
TORTELLA, Gabriel (1988), «El método del historiador: reflexiones autobiográficas», en García Delgado, pp. 241-248.
TORTELLA, Gabriel (1999), «The role of banks and government in Spanish economic development, 1850-1935», en Sylla, Tilly y Tortella (eds.), pp. 158-181.
TORTELLA, Gabriel (2001), «El Banco Central en el período de entreguerras o cómo llevar una empresa a la ruina», *Estudis d'Historia Econòmica*, pp. 241-172.
TORTELLA, Gabriel (2007), *Los orígenes del siglo XXI. Un ensayo de historia social y económica contemporánea*, 3ª ed., Madrid, Gadir.
TORTELLA, Gabriel (2010), «La disciplina y yo», en Morilla, Hernández Andreu, García Ruiz y Ortiz-Villajos (eds.), pp. 23-33.
TORTELLA, Gabriel (2013), «El tigre que nunca debió salir de su jaula», *El País*, 19 octubre.
TORTELLA, Gabriel (2014a), «La renovación económica y social de los Borbones, la política económica de España en el siglo XVIII», en Morales (ed.), pp. 263-291.
TORTELLA, Gabriel (2014b), «Las dos caras del nacionalismo», *Revista de Libros*, 7 febrero.
TORTELLA, Gabriel y Juan C. JIMÉNEZ (1986), *Historia del Banco de Crédito Industrial*, Madrid, Alianza.
TORTELLA, Gabriel y José L. GARCÍA RUIZ (2011), «Un siglo de economía española», en Malo de Molina y Martín Aceña, pp. 61-86.

TORTELLA, Gabriel y José L. GARCÍA RUIZ (2013), *Spanish Money and Banking. A History*, Basingstoke y Nueva York, Palgrave Macmillan.
TORTELLA, Gabriel y Clara E. NÚÑEZ (2002), «Nacionalismo y economía, el caso español», *Claves de razón práctica*, 126, p. 7.
TORTELLA, Gabriel y Clara E. NÚÑEZ (2009), *Para comprender la crisis*, Madrid, Gadir.
TORTELLA, Gabriel y Clara E. NÚÑEZ (2011), *El desarrollo de la España contemporánea. Historia económica de los siglos XIX y XX*, 3ª ed., Madrid, Alianza.
TORTELLA, Gabriel, Alfonso BALLESTERO y José L. DÍAZ FERNÁNDEZ (2003), *Del Monopolio al libre mercado. La historia de la industria petrolera española*, Madrid, LID.
TORTELLA, Gabriel, José M. ORTIZ-VILLAJOS y José L. GARCÍA RUIZ (2011), *Historia del Banco Popular. La lucha por la independencia*, Madrid, Marcial Pons.
TUÑÓN DE LARA, Manuel (dir.) (1980-1986), *Historia de España*, 13 vols., Barcelona, Editorial Labor.
UCELAY, Enric (2003), *El imperialismo catalán, Prat de la Riba, Cambó, D'Ors y la conquista moral de España*, Barcelona, Edhasa.
URIEL, Ezequiel y Carlos ALBERT (2012), *El stock de capital en viviendas (1990-2010) y en otras construcciones (1990-2009) en España, y su distribución territorial*. Bilbao, Fundación BBVA.
UZTÁRIZ, Jerónimo (1968 [1742]), *Theórica y práctica de Comercio y de Marina*. Madrid, Editorial Aguilar.
VALLE INCLAN, Ramón María (1954), *Viva mi dueño*, Madrid, Editorial Plenitud.
VALLS I TABERNER, Ferran y Ferran SOLDEVILA (2002), *Història de Catalunya*, Barcelona, L'Abadia de Montserrat.
VANDELLÓS, Josep A. (1985), *Catalunya, poble decadent*, Barcelona, Edicions 62.
VICENS [VIVES], Jaume (1936-1937), *Ferran II i la ciutat de Barcelona, 1479-1516*, 2 vols., Barcelona, Emporium.
VICENS [VIVES], Jaime (1959), *Manual de Historia Económica de España*, Barcelona, Teide.
VICENS [VIVES], Jaime (1961), *Cataluña en el siglo XIX*, Madrid, Rialp.
VICENS [VIVES], Jaime (1966), *Aproximación a la Historia de España*, Barcelona, Editorial Vicens Vives.
VICENS [VIVES], Jaume (2013), *Notícia de Catalunya*, Barcelona, Editorial Vicens Vives.
VICENS [VIVES], Jaime y Montserrat LLORENS (1958), *Industrials i polítics (segle XIX)*, Barcelona, Teide.
VILAR, Pierre (1962), *La Catalogne dans l'Espagne moderne. Recherches sur les fondements économiques des structures nationales*, 3 vols., París, SEVPEN.
VILAR, Pierre (1964), *Crecimiento y desarrollo. Economía e Historia. Reflexiones sobre el caso español*, Barcelona, Ariel.
VILAR, Pierre (1974), «La Catalunya industrial, reflexions sobre una arrencada y sobre un destí», *Recerques*, 3, pp. 7-22.
VILAR, Pierre (1978), *Historia de España*, Barcelona, Crítica.

VILARASAU, Josep (2012), *Memorias. El extraño camino a «la Caixa»*, Barcelona, RBA.
VILLA URRUTIA, Marqués de (1929), *El General Serrano, Duque de La Torre*, Madrid, Espasa Calpe.
WALKER, Geoffrey J. (1979) *Spanish Politics and Imperial Trade, 1700-1789*, Bloomington, Indiana University Press.
WEBER, Eugene (1976), *Peasants into Frenchmen. The Modernization of Rural France, 1870-1914*, Stanford, Stanford University Press.
YÁÑEZ, César (1996), *Saltar con red. La emigración catalana a América, 1830-1930*, Madrid, Alianza.
YUN, Bartolomé (2004), *Marte contra Minerva. El precio del Imperio español, c. 1450-1600*, Barcelona, Crítica.
YUN, Bartolomé (2013), «Un ensayo sobre la "crisis del siglo XVII" desde la crisis actual», en Gutiérrez Sebares y Martínez García (eds.), pp. 37-59.
ZABALZA, Antoni (2013), «La imaginación al poder», *El País*, 4 junio.
ZAPATA, Santiago (2001), «Apéndice estadístico», en Germán, Llopis, Maluquer y Zapata (eds.), pp. 561-596.
ZAVALA Y AUÑÓN, M (1732), *Representación al Rey N. Señor D. Phelipe V. (que Dios guarde) dirigida al mas seguro aumento del real erario y conseguir la felicidad, mayor alivio, riqueza, y abundancia de su Monarquia,...*, Madrid (disponible en Internet a traves de Google).
ZIMMERMANN, M. (1992), «Origenes y formación de una sociedad feudal (785-1137)», en Nadal Farreras y Wolff (eds.), pp. 207-238.

Índice alfabético

Abd el-Krim, Mohamed, 219, 221, 224
Acció Catalana Republicana (ACR), 228, 237
Acción Regional, 251
Aguirre, José Antonio, 238
Albéniz, Isaac, 247
Albornoz, Álvaro de, 227
Alcalá Zamora, Niceto, 214, 217, 230, 235, 405
Aldavert, Pere, 287
alfabetización, 346, 374, 378, 474
Almirall, Valentí, 162, 187, 188, 195
Álvarez de Castro, Mariano, 119
Amadeo I (Amadeo de Saboya), 139, 160
Ametller, Francesc, 83
Ampurdán, 31, 96, 212
Ampurias (Emporion), 5, 9
analfabetismo (analfabeto), 129, 191, 194
anarcosindicalista, 246
anarquismo (anarquista), 126, 158, 159, 200, 205, 209, 214, 215, 216, 220, 230, 236, 237, 238, 239, 240, 241, 243, 245, 247, 248, 252, 425
Andorra, 350, 353, 382, 383, 384, 446, 458
Andreu Abelló, Josep, 296, 332
Antiguo Régimen, 14, 27, 30, 65, 82, 111, 117, 130, 131, 401, 439, 468
Antillas, 65, 161, 171, 180, 182, 196, 207
arco mediterráneo noroccidental, 358
Aribau, Bonaventura Carles, 146, 187, 193
Asamblea de Parlamentarios, 215, 295, 296
Asamblea Nacional, 226, 468
Ascaso, Francisco, 240, 262
Assemblea de Catalunya (Asamblea de Cataluña), 418
Atenas, 16, 22, 465
Austria, Juan José de, 62, 63

autodeterminación, 215, 227, 252, 312, 403, 430, 479
autogobierno, 121, 189, 213, 306, 307, 309, 310, 312, 376, 400, 404, 405, 417, 420, 425, 435, 477
Ayuntamiento de Barcelona (Ajuntament de Barcelona), 192, 213, 228, 238, 244, 246, 363
Azúa, Félix de, 275, 339, 433
Bacardí, Facundo, 207
Badalona, 325
balanza comercial, 164, 444
balanza de pagos, 128, 444, 453
balanzas fiscales, 269, 270, 438, 439, 440, 442, 443, 444, 450
Baleares, 7, 73, 84, 118, 237, 239, 254, 255, 259, 289, 353, 382, 385, 420, 424, 440, 442
Ballart, Ramón Miquel, 321
Balletbó, Anna, 336
Balmes, Jaime, 136, 275, 340
Banc Industrial de Catalunya (BIC), 322
Banca Arnús, 266
Banca Arnús-Garí, 266
Banca Catalana, 267, 277, 279, 313, 317, 319-338, 423, 434, 480
Banca Dorca, 267, 317, 318, 321
Banca Marsans, 265
Banco Comercial de Barcelona, 265
Banco Comercial Transatlántico, 322
Banco de Barcelona, 96, 168, 172,173, 217, 261, 263, 317, 320
Banco de Cataluña, 261, 262, 263, 264, 265, 318, 320
Banco de España, 140, 206, 217, 219, 238, 249, 261, 262, 264, 279, 280, 300, 322, 326, 327, 328, 329, 330, 332, 334, 458, 469
Banco de Gerona, 322
Banco de Granollers, 265
Banco de Reus, 265
Banco Hispano Colonial, 173, 194, 195, 261, 265, 266

530

Banco Industrial Mediterráneo (BIM), 322
Banco Popular, 248, 266, 321
Banco Sabadell, 322
Banco Urquijo Catalán, 246, 323
Barceló, Josep, 398
Barcelona Traction (Barcelona Traction, Light and Power), 216, 255, 258, 266
Barrera, Heribert, 315, 366
Base 5ª, 160, 161, 171, 182
Bases de Manresa, 189, 298, 406
Bases per a l'autonomia de Catalunya (1918), 406
Batet, Domènec, 411
Batlle, Joan, 109
Berenguer, Dámaso, 226
Berga, 65, 132, 134
Berwick, duque de, 74
Besalú, 9, 212
bilingüismo, 231, 275, 314, 316, 339, 340, 346
Blanca de Navarra, 28
Boada, Claudio, 258
Boadella, Albert, 275, 433
Bonaplata, familia, 145
Borbones (dinastía borbónica), 71, 82
Boscán, Juan, 275, 340
Bosch y Labrús, Pedro, 163
Bruch, 115, 131
bullangas (revuelta de las bullangas), 397
burguesía (burguesía catalana), 26, 136, 143, 158, 162, 163, 190, 209, 254, 472
Burón Barba, Luis, 329
Cabana Vancells, Francesc, 217, 257, 262, 263, 264, 317, 318, 319, 320, 322, 326, 327, 328, 330, 331, 332, 333, 334, 337
Cabrera, Ramón, 21, 22, 134, 135, 137, 141, 145, 159, 161, 162, 199
Caixa de Catalunya, 265, 325, 328
Caixabank, 282
Caja de Ahorros y Monte de Piedad de Barcelona, 265
Caja de Pensiones de Barcelona, 265, 282

Caja de Pensiones para la Vejez y de Ahorros (ver Caixa de Catalunya)
Calvo Sotelo, José, 219, 223, 224, 225, 226, 236, 259, 263, 264
Cambó i Batlle, Francesc d'Assís, 142, 191, 192, 207, 212, 213, 214, 215, 216, 217, 218, 220, 225, 247, 254, 258, 259, 261, 262, 263, 317, 405, 406, 412, 431, 432, 484
Candel, Francisco, 359, 364, 416, 424
Cánovas del Castillo, Antonio, 138, 141, 152, 153, 163, 195, 200, 212, 220
Capmany, Antoni de, 120, 123, 275, 298, 340
Caputxinada, 251
Caresmar, Jaume, 92, 93
Carlomagno, 7, 8, 16, 141
Carlos (el Calvo), 9, 10
Carlos de Austria (archiduque, luego emperador), 71
Carlos de Viana, 28, 29
Carlos María Isidro de Borbón, hermano de Fernando VII y pretendiente al trono, 130, 137, 138, 139, 140
Carner Romeu, Jaume, 228, 269, 318
Carner Suñol, Jaume, 318, 319, 320, 321, 331
Carrasco Azemar, Raimon, 321, 331
Carrasco Formiguera, Manuel, 224, 321
Carrero Blanco, Luis, 250
Carrillo Solares, Santiago, 296
Casamitjana, Rafael, 62
Casanova, Rafael, 76, 79, 192
Casanovas Martí, Salvador, 318
Castellet, Josep Mª, 366
Castillo de Montjuïc, 119, 139, 149, 213, 236, 244, 417
Catalana de Gas, 216
catalanismo (catalanisme), 126, 162, 187, 188, 189, 192, 195, 207, 211, 212, 214, 216, 218, 219, 220, 224, 226, 251, 252, 260, 319, 328, 331, 332, 405, 406, 407, 408, 414, 415, 417, 422, 426, 433, 436, 476

531

Cataluña norte, 57, 63, 64, 342, 465
catastro (catastral), 81, 83, 84, 85, 86, 87, 88, 90, 91, 92, 94, 95, 395
Cendròs Carbonell, Joan, 321
Centre Català, 162, 182, 187
Centre Escolar Catalanista, 188, 189, 212
Centre Nacional Català, 197, 212
Centro Industrial de Cataluña, 180, 182
Círculo Hispano Ultramarino de Barcelona, 194, 195
Ciudadela (Ciutadella), 76, 139, 148, 149, 190
Ciutadans (Ciudadanos), 431, 433, 434, 482
Claret, Antonio María, 150
Claris, Pau, 57, 60, 61, 192, 394
Clos, Joan, 309
CNT (Confederación Nacional del Trabajo), 216, 236, 237, 240, 243, 412, 413
Col·lectiu d'Escoles per l'Escola Pública Catalana, 371
Comillas, marqués de (Antonio López de Lamadrid), 173, 194, 195, 213
Comissariat de Propaganda, 413
Comissió d'Indústries de Guerra, 237
Comissió de Fàbriques de Filats, Teixits i Estampats de Cotó (Comisión de Fábricas), 144
Companys, Lluís, 228, 232, 233, 235, 236, 242, 244, 245, 246, 409, 410, 411, 414
Compañía Hispano Americana de Electricidad (CHADE), 226
Compromiso de Caspe, 25, 242, 391
Comunidad Económica Europea (CEE), 278, 444
Unión Europea (UE), 278, 279, 381, 444
concierto económico, 141, 196, 197, 233, 376
Condado de Barcelona, 9, 10, 12, 13, 17, 20, 464
Condado de Urgel, 13

Conde de Barcelona, 11, 18, 24, 59, 60
Conflent, 9, 63
Congreso de Cultura Catalana, 418
Consejo Audiovisual, (Consell de l'Audiovisual de Catalunya) (CAC), 308
Consejo del Ciento (Consell de Cent), 20, 26
Consell Assessor de la Transició Nacional (CATN), 451
Consolat de Mar, (Consulado del Mar), 4, 16, 81
Constitución, 23, 41, 42, 42, 49, 51, 59, 61, 65, 66, 77, 111, 112, 113, 118, 120, 123, 127, 128, 129, 131, 132, 135, 138, 139, 140, 143, 144, 166, 167, 179, 189, 201, 220, 226, 227
Convergència Democrática de Cataluya, 275, 283, 290, 309, 314, 324, 336, 375, 376, 378, 379, 425, 432, 461, 465, 475, 492, 496
Convergència i Unió (CiU), 7, 273, 275, 475
Coromines, Pere, 263
Corona de Aragón, 5, 9, 13, 15, 18, 19, 20
Corporació Catalana de Mitjans Audiovisuals (CCMA), 315
Corporació Catalana de Ràdio i Televisió, 309
Cortes catalanas (Corts Catalanes), 11, 17, 42, 43, 56, 72
Cortes de Aragón, 18, 42, 44, 50, 59
Cortes de Castilla, 44, 39
Corts, 2, 4, 34, 43, 189
Crédito Mobiliario Barcelonés
croat (cruzado), 16, 26
d'Ors, Eugenio, 340
Descaus, Pere, 22
Deztorrent, Jaume, 32
Diada, 253, 276, 296
Diario de Barcelona, 144, 323
Diputació, 23, 25, 27, 43, 45, 140, 189, 194, 196, 213, 214, 222, 227, 228, 247, 307, 337
Domènech i Montaner, Lluís, 187
Domingo, Marcel·lí, 228

Don Juan de Borbón (conde de Barcelona), 245 Ebro, 12, 359, 382, 512
Escarré, Aureli M. (abad de Montserrat), 251
España Industrial, la, 176, 486, 487, 516
España, Conde de (el Tigre de Cataluña), 130, 145
Esquerra Republicana de Catalunya (ERC), 216
Estapé, Fabián, 257
Estat català, 140, 189, 216, 409
Estatut d'Autonomia (estatuto de autonomía), 238, 252, 297, 305, 366, 407, 409, 419
Estatut de Núria (1932), 228, 229, 231, 238, 241, 243, 251, 252, 253, 269, 310, 406, 409, 410, 435, 477
Estatut de Sau (1979), 303-314, 347, 366, 381, 418, 419, 430, 435, 482
Estatut de 2006, 305, 385, 432, 434, 437-480
Exposición Universal de Barcelona, 188
Eymerich, Nicholas, 33
Fabra, Pompeu, 247, 344, 363
FAI (Federación Anarquista Ibérica), 237
Fainé, Isidre, 282
Felipe de Anjou (Felipe V), 41, 41, 65, 68, 71, 72, 73, 74, 75, 76, 77, 78, 80, 81, 83, 84, 87, 88, 89, 105, 107, 131, 137, 157, 394, 469, 503, 520
Feliu de la Penya, 76
Fernando de Trastámara (Fernando de Antequera), 25
Fernando el Católico (Fernando II de Aragón) (Fernando V de Castilla) (rey de España), v, 5, 27, 28, 31, 32, 33, 35,38, 39, 40, 41, 46, 391, 392, 463, 464, 465
Fernando I de Aragón, 25
Ferrer Guardia, Francisco, 213
Ferrer Vidal, José, 160
Ferrer, Vicente (San), 24
Ferrusola Lladós, Marta, 318
fet diferencial, 11, 126, 275, 473, 476
Figueras, Estanislao, 140

Figuerola, Laureano, 138, 156, 160, 175, 198, 267, 340, 487
Foment del Treball Nacional (Fomento del Trabajo Nacional), 144
Fondo de Liquidez Autonómica (FLA), 452
Fontana Codina, Enrique, 250, 257
Franquesa, Ester, 346
García Oliver, Joan, 238
Generalidad (Generalitat), 22, 23, 33, 44, 80, 232, 238, 241, 295, 297, 335, 347, 371, 410, 437, 438, 469, 507
Gibraltar, 16, 73, 74, 75, 105, 114, 503
Girona Agrafel, Manuel, 160, 172, 261
Girona, familia, 16, 96
Gironella, José María, 340
Godó, 352, 353, 354, 355
Graell, Guillermo, 176, 269
greuges (quejas) (agravios), 18, 59, 162, 176, 188, 198, 394, 520
Grupo Catalana, 322
Gual Villalbí, Pedro, 257
Güell i Ferrer, Joan, 175, 195
Güell, Eusebio, 160
Guerra dels Malcontents (Guerra de los Descontentos) (Guerra de los Agraviados), 6, 127, 130, 131, 133, 145
guerras carlistas (Guerra dels Matiners), 131, 134, 135, 200, 242
Guimerà, Àngel, 187
Guzmán Pimentel, Gaspar (ver Olivares, conde-duque de)
Hispania, 2, 5, 6, 300, 519
Hug Roger (conde de Pallars), 29
Ibiza, 16, 20, 237
ICV (Iniciativa per Catalunya Verds), ICV-IU, 343, 426, 431, 432, 433, 505
independencia (independentismo), 393, 395, 396, 427, 428, 429, 430, 431, 433, 435, 436, 437, 438
industrialización, 6, 7, 94, 125, 127, 142, 157, 160, 164, 165, 166, 168, 170, 172, 174, 176, 178, 180, 182, 184, 186, 198, 203, 210
infantes de Aragón, 26
inmigración (inmigrantes), 47, 259,

533

281, 309, 311, 348, 356, 358, 361, 362, 363, 365, 368, 379, 383, 402, 417, 424, 426, 433, 523
Inquisición (inquisición pontificia), 31, 32, 34, 44, 51, 61, 120, 130, 390, 396
Institut Agrícola Català de Sant Isidre, 232
Institut d'Estudis Catalans, 247, 268, 513, 516
Institut Ramon Llull, 308
Institut-Escola (Instituto Escuela), 412
Instituto de Comercio Exterior Catalán (ICEC), 308
Instituto Industrial de Cataluña, 179
Instituto Nacional de Industria (INI), 256
Isabel I, la Católica, 4, 28, 31, 33, 35, 36, 40, 44, 46
Isabel II, 131, 136, 139, 150, 159, 168, 172
Jaime de Urgel (Jaime II de Urgel), 25
Jiménez Losantos, Federico, 316
Jiménez Villarejo, Carlos, 328
Jocs Florals (Juegos Florales), 187, 188
Jove Catalunya, 187
Juan Carlos I, 250, 251, 252, 293
Junqueras, Oriol, 443, 454
Junta Auxiliar Consultiva (Junta de Cataluña), 145
Junta de Manresa (Junta Suprema Provisional de Gobierno), 131
Junta Provincial de Agricultura, Industria y Comercio de Barcelona, 182
Junta Superior de Cataluña, 120, 123
Junta Suprema Provisional de Gobierno del Principado de Cataluña (1827) (Junta de Manresa), 130
L'Hospitalet del Llobregat, 283
L'Escala, 67, 241, 359
La Franja, 6, 167, 219, 424
Lacy, Luis de, 119, 143
Laforet, Carmen, 340
Lauria, Roger de, 192

Lérida, 12, 15, 29, 62, 116, 119, 120, 243, 259, 341, 430, 525
Lerroux, Alejandro, 208, 214, 227, 233, 507
Ley de Normalización Lingüística de Cataluña (1983), 315, 339
Ley de Política Lingüística (1998), 315, 339, 421
Ley de Relaciones Comerciales con las Antillas, 161, 171, 180, 182, 196
Ley de Responsabilidades Políticas (1939), 244
Ley del CEPEPC (1983) (Col.lectiu d'Éscoles per l'Escola Pública Catalana), 371
Llauder, Manuel, 145
Lliga de Catalunya, 188
Lliga Regionalista, 197, 207, 212, 214, 405, 407
Lluch, Ernest, 267
López Rodó, Laureano, 248, 252, 257, 307, 320, 484
Luis XIII, 60, 61, 394
Luis XIV (Rey Sol), 61, 63, 64, 65, 68, 72, 76
Macià, Francesc, 215, 226, 227
Madoz, Pascual, 138, 156
Madrid, 139, 142, 146, 149, 151, 152, 153, 155, 156, 157, 163, 168, 169, 172, 187, 190, 191, 193
Maestrazgo, 132, 134, 135
Mallorca, 4, 12, 14, 15, 16, 18, 19, 20, 21, 74, 82, 83, 108, 120 236, 392, 465, 503
malos usos, 32
Mancomunidad (Mancomunitat de Catalunya) (mancomunar), 214, 222, 376, 406, 407, 408
Manresa, 9, 62, 116, 130, 131, 164, 189, 198
Mañé i Flaquer, Joan, 398
Maragall, Pasqual, 134, 309, 336, 346, 421
Marca Hispanica, 2, 8, 10, 12, 114, 464
March Ordinas, Juan, 258, 295
Maresme, 96
Marqués de Comillas, 173, 194, 195,

213
Marsé, Juan, 275, 339, 340
Martí Mercadal, Joan, 321
Martínez Anido, Severiano, 219, 220
Martínez Campos, Arsenio, 140
Mas Gavarró, Artur
Masaveu, Pedro, 207
Mascarell, Ferran, 346
Mataró, 67, 151
Mateu Sayos, Delfí, 321
Matute, Ana María, 275, 340
Maura, Antonio, 23, 211, 212, 213, 216, 217, 220, 224, 405
Mediterráneo, 4, 5, 16, 18, 21, 24, 31, 38, 45, 53, 55, 66, 75, 156, 192, 322, 323, 358, 381, 382, 384, 390, 465
Memorial de Greuges (Memoria en defensa de los intereses morales y materiales de Cataluña) (Memorial de Agravios), 162, 188, 198, 394, 520
Mena, José María, 328
Mendizábal (Álvarez de Mendizábal, Juan), 45, 146, 167
Mendoza, Eduardo, 339, 340
Menorca, 16, 20, 74, 75
Mercat Lliure de Valors, 262
Miguel, Amando de, 316
Millet Maristany, Félix, 247, 321
Millet Tusell, Joan, 321
Miravitlles, Jaume, 413
Miró, Joan, 253
Moix, Terenci, 339, 368
monarquía (monarquía hispánica) (monarquía española), 2, 6, 14, 22, 31, 32, 33, 37, 44, 56, 59, 61, 62, 63, 109, 111, 388, 389, 392, 395, 398, 400, 403, 465, 468, 470
Montjuïc, 19, 61, 119, 139, 149, 213, 236, 244, 417
Montseny Viladecans, Frederica, 238
Morella, 132, 134
Mossos d'Esquadra, 137
Moviment Socialista de Catalunya, 252
Movimiento Nacional, 264, 321, 415
Muntadas, José Antonio, 160

nación de naciones, 123, 298, 299, 301
nacionalcatolicismo (nacional-catolicismo), 276
nacionalismo, 84, 111, 126, 134, 190, 191, 192, 193, 211, 225, 242, 258, 273, 275, 298, 301, 309, 312, 316, 333, 337, 338, 344, 348, 363, 371, 384, 387, 405, 407, 426, 427, 434, 435, 466, 467, 471, 472, 473, 474, 475, 476
Nápoles, 26, 28, 33, 44, 59, 62, 75, 82, 477
Neopatria iv, 16, 22, 465,
Nicolau d'Olwer, Lluís, 228, 246
Nin, Andreu, 242
normalització, 314
Nueva Planta, 17, 79, 80, 81, 83, 84, 85, 86, 109, 358, 389, 394, 395, 401, 465, 503
Obiols, Raimon, 336
Occitania, 60
Oda a la pàtria, 146, 193
Olivares, conde-duque de, 57, 58, 59, 60, 82, 393
Olot, 96, 131, 141, 164, 189, 267, 317
Òmnium Cultural, 251, 426, 481
Ortínez Murt, Manuel, 257, 295, 320, 321, 322
Ovejero, Félix, 433
Països Catalans, 229, 231, 380, 381
Pallars, 9, 29
Parlament, 231, 295, 303, 334, 335, 336, 337, 366, 367, 423, 432, 434, 437, 438, 452, 479, 481, 483
Partido Comunista de España (PCE) (comunistas), 200, 230, 238, 240, 241, 242, 243, 248, 252, 294, 295, 296, 301, 413, 418, 433
Partido Conservador, 196, 212, 213, 214, 249, 405
Partido Liberal, 153, 160, 162, 180, 212, 214, 353, 405
Partido Moderado, 126, 135, 137, 150
Partido Nacionalista Vasco (PNV), 238, 295, 418, 422
Partido Popular (PP), 282, 305, 421,

535

422, 431, 433, 488
Partido Radical, 214, 409
Partido Socialista de Andalucía (PSA), 312, 315
Partido Socialista de Cataluña (PSC), 311, 315, 336, 343, 418, 426, 432, 433, 434
Partido Socialista Obrero Español (PSOE) (socialistas), 203, 205, 219, 220, 227, 229, 231, 234, 235, 237, 238, 241, 243, 252, 286, 294, 295, 296, 301, 304, 305, 309, 312, 313, 331, 332, 333, 334, 335, 336, 337, 379, 409, 418, 422, 431, 432, 434
Partido Socialista Unificado de Cataluña (PSUC) (Partit Socialista Unificat de Catalunya), 236, 237, 241, 246, 252, 311, 333, 334, 418, 431, 475
Pastor, Luis M., 171, 268
Patiño, José, 83
Peiró, Joan, 238, 245, 246, 414
Penedés, 11, 96
Península Ibérica, v, 1, 2, 3, 4, 5, 6, 7, 11, 15, 16, 32, 38, 52, 92, 93, 116, 118, 122, 123, 129, 165, 167, 340, 378, 382, 383, 384, 390, 391, 463
Perpiñán, 31, 63, 308, 350
Petronila de Aragón, 12, 25, 465
Pi i Sunyer, Carles, 267, 269
Pi i Sunyer, Jaume, 365
Pi i Margall, Francisco, 140, 157, 340
Pich i Pon, Joan, 234, 235, 263
Pirineos (pirenáico), 1, 2, 3, 4, 7, 8, 9, 11, 13, 16, 37, 47, 55, 56, 57, 60, 63, 64, 106, 114, 123, 132, 206, 420, 465
Pla, Josep, 340
Planas, José A., 163
Portabella, Pere, 252
Portugal, 1, 4, 6, 8, 14, 15, 16, 17, 33, 34, 36, 37, 38, 44, 45, 50, 52, 57, 58, 59, 61, 63, 71, 73, 113, 114, 131, 132, 133, 134, 167, 204, 383, 390, 393, 418, 446, 447, 464
POUM (Partido Obrero de Unificación Marxista), 237, 238, 239, 240, 241, 413
Prades, Juan de, 25
Prat de la Riba, Enric, 189, 193, 194, 207, 212, 213, 214, 239, 247, 298, 466, 467, 472
Prim y Prats, Juan (marqués de los Castillejos), 138, 149, 194
Primer Congrés Catalanista, 187
Privilegio General de Aragón, 18, 19
Privilegio General de la Unión, 18
protección arancelaria, 127
proteccionismo (proteccionistas), 144, 162, 163, 168, 171, 176, 177, 180, 181, 182, 188, 207, 211, 225, 254, 486, 495
procés (prusés) (proceso), 312, 315, 429, 437
Puerto de Barcelona, 137, 147, 161, 162, 171, 177, 181, 186, 199, 256, 397, 399, 402, 496
Puig i Antich, Salvador, 252
Puig i Cadafalch, Josep, 212, 213, 214, 222
Pujol Brugat, Florenci, 267, 318
Pujol Soley, Jordi, 252, 260, 277, 294, 295, 307, 309, 313, 314, 317, 318, 320, 321, 322, 323, 325, 326, 327, 329, 330, 331, 349, 350, 361, 363, 366, 371, 384, 418, 420, 421, 423, 425, 426, 433, 434, 461, 475, 480, 484
Pujol Soley, María, 318
rabassa morta, 232
rabassaire, 232, 233, 237, 271, 410
Rahola, Carles, 246
Rahola, Frederic, 295
Rahola, Pere, 234
Raimundo de Peñafort, San, 33
Recasens Musté, Francesc, 264, 318
Recasens, Eduard, 262, 263, 264
Recasens, Galcerán de, 26
Regàs, Rosa, 339
Reglamento para el Comercio Libre (Reglamento de Libre Comercio), 100, 102, 103, 104
Reial Audiència del Principat de

Catalunya, 189
remensas, 27, 32, 34, 242, 391
Remisa, Gaspar, 146, 187
Renaixença (La Renaxensa) (El Renacimiento), 187, 188, 189, 193
República Catalana, 61, 227, 394, 438
República Federal Española, 233, 298, 299, 399, 410
Reus, 127, 138, 149, 164, 189, 262, 265
Reventós, Joan, 252, 310, 313
Rialp, marqués de, 77
Ribera Rovira, Andreu, 321
Riera, Miquel, 339
Ripoll, 10, 252
Roca Junyent, Miquel, 298, 301, 385
Roger de Lauria, 192
Roma, 6, 58, 245, 477
Rosas, 45, 62
Rosell, Juan, 163
Rosellón, 9, 16, 20, 29, 31, 33, 48, 57, 60, 63, 64, 347, 382, 420
Rothschild, banqueros, 117, 134
Rovira i Virgili, Antoni (historiador), 392
Sala i Argemí, Alfons, 214, 222
Salisachs, Mercedes, 340
Salses, 50, 60
San Juan de las Abadesas, 10
Sanromá, José María, 126, 148, 151, 171, 268, 486
Sardà i Dexeus, Joan, 249, 317
Seat (Sociedad Española de Automóviles de Turismo), 210, 252, 257, 268, 292, 414, 416, 417
Secesión, 1, 57, 71, 75, 82, 289, 393, 429, 449, 452, 453, 454, 456, 459, 478, 479, 490
Segre, 119, 130
Sellarés, Juan, 163
Sellarés, Miquel, 252
Semana Trágica (1909), 213, 242, 404
Semir, Agustí de, 252
Sensat, Rosa, 371
Sentencia Arbitral de Guadalupe, 31, 32, 34, 47, 371, 391
Sentmenat, marqués de, 182
senyera (separatista), 10, 216, 369, 480

separatismo, VIII, IX, 190, 192, 209, 247, 272, 275, 276, 302, 313, 319, 320, 407, 408, 439, 449, 451, 477, 481
Serra, Narcís, 332, 333
Serrallonga, bandolero, 56
Serrat, Joan Manuel, 251
Seu d'Urgell, 60
Sicilia, bandolero, IV, 3, 16, 18, 19, 20, 21, 44, 62, 75
Sociedad General de Aguas de Barcelona, 216
Sol i Padrís, José, 153
Soldevila Godó, Oleguer, 321
Solé Tura, Jordi, 298, 335
Solidaritat Catalana, 215, 220, 405, 431, 432
Suárez González, Adolfo, 286, 293, 294, 295, 297, 371, 418, 419
Sureda, Josep Lluis, 81, 82, 295
Tamarit, Francesc de, 60
Tarradellas i Joan, Josep, 237, 238, 239, 240, 295, 296, 297, 313, 314, 315, 321, 371, 412, 418, 419, 420
Tarragona, 5, 20, 62, 67, 96, 127, 131, 134, 243, 258, 259, 345, 353
Tennenbaum, Moisés David, 318, 321
Terès i Borrull, Joan, 56
Terra Lliure, 293, 316
Terrassa, 283
Teruel, 9, 127, 134, 259, 341
Torras i Bages, Josep (obispo de Vic), 189
Tortosa, 12, 62
Trias, Bartomeu, 263
Trías, Carlos, 433
turismo, 257, 258, 288, 289, 308
TV3-Televisió de Catalunya y Catalunya Radio, 349, 350, 351, 382, 422, 449, 450, 351, 352
UGT (Unión General de Trabajadores), 228, 236, 238, 240, 241, 243
Unió Democràtica de Catalunya, 228, 236, 237, 238, 240, 241, 243
Unió, 252, 313, 432
Unió Catalanista, 188, 193, 196, 197
Unió de rabassaires, 233, 237
Unión de Centro Democrático, 294,

295, 304, 312, 315, 331, 385, 418, 420, 431, 433
Unión Económica y Monetaria (UEM), 280
Unión Europea (UE), VIII, IX, 4, 210, 278, 288, 290, 291, 299, 305, 368, 384, 436, 438, 444, 447, 450, 452, 453, 454, 456, 458, 459, 480
Universidad de Barcelona, 81, 388
Universitat Autònoma (Universitat de Catalunya), 416
Urgel, 9, 13, 25, 30, 60, 96
Utrecht, 74, 77, 98, 503
Valencia, 82, 83, 84, 86, 87, 88, 92, 93, 103, 108, 116, 118, 127, 130, 140, 143, 149, 150, 151, 152, 155, 168, 172, 193, 206, 238, 240, 241, 243, 244, 255, 258, 266, 271, 283, 286, 309, 350, 353, 361, 363, 385, 388, 392, 394, 400, 413, 416, 424, 465, 503
Valls i Taberner, Ferran, 415
Valls Taberner, Luis, 248, 266
Vandellós, 210, 417
Vandellós i Sola, Josep, 358, 359, 360, 363, 365, 424, 473
Vázquez Montalbán, Manuel, 366
veguerías, 85
Verdaguer i Callís, Narcís, 197, 212
Vic (Vich), 10, 131, 136, 164, 189, 252
Vicens Vives, Jaume, IX, 32, 65, 71, 74, 75, 84, 108, 109, 146, 147, 150, 152, 158, 159, 260, 295, 340, 365, 366, 387, 391, 392, 395, 415, 465, 483
Vidal i Barraquer, Francesc (cardenal), 237
Vilà Reyes, Juan, 250
Vilarasau, Josep, 282, 325
Villanueva y Geltrú (Vilanova i la Geltrú), 178, 486
Weyler, Valeriano, 195, 226
Wifredo el Velloso, 9, 10, 192
Xifré i Casas, Josep, 207
Xirinacs, Lluís M., 311
Zona Franca, 9, 257, 416
Zonas de Urgente Reindustrialización (ZUR), 286